Die eisernen Särge

Herbert
A. Werner

Die eisernen Särge

Weltbild Verlag

Titel der Originalausgabe
Herbert A. Werner
»IRON COFFINS«
Erschienen bei Holt, Rinehart and Winston, New York

Vom Verfasser autorisierte deutsche Übersetzung

Lizenzausgabe für
Weltbild Verlag GmbH, Augsburg 1990

Gesamtherstellung: Wiener Verlag, Himberg bei Wien
Printed in Austria
ISBN 3·89350·083·9

Den Seeleuten aller Nationen, die in der Schlacht im Atlantik ihren Tod fanden, und ganz besonders meinen U-Boot-Kameraden, die in ihren eisernen Särgen eingeschlossen sind.

Von den tiefsten Abgründen des Krieges

»Das einzige, was mich wirklich mit Furcht erfüllte, war die U-Bootgefahr.«
Winston Churchill

Der U-Bootkrieg war bisher - also bis zum Erscheinen dieses Buches - in der Literatur so gut wie nicht vorhanden. Abgesehen von vereinzelten braven, gutgemeinten »Tatsachenberichten«, von romantischen, romanhaften An- und Ausdeutungen, von den eindeutig auf Nachruf gezielten »Erinnerungen« eines Großadmirals - abgesehen davon: nichts.
Die Erklärung ist denkbar banal und gleichermaßen erschreckend – wie nicht weniges im Bereich des Krieges: nur vereinzelte hatten überlebt. Von fast neununddreißigtausend Mann blieben etwa achtundzwanzigtausend auf See. Von den etwa eintausend operierenden deutschen U-Booten überstanden nur ganz wenige jenes Inferno, das dann später als der »Zweite Weltkrieg« registriert wurde.
Endloses Schweigen über die eisernen Massengräber auf tiefem Meeresgrund – das, so schien es, war alles, was von dieser seltsamen, sagenumwobenen, nun wie endgültig versunkenen Waffengattung übrig geblieben war.
Doch, das kaum jemals zu Erwartende, das nicht mehr zu Erhoffende, geschah: einer der wenigen »auf See Unbesiegten«, also gerade noch überlebenden U-Bootkommandanten meldete sich nun zur Berichterstattung - mit diesem Buch.

Ein Mann des Krieges und sein Dokument

Der Mann heißt Werner. Er war neunzehn Jahre alt, als sein Krieg begann. Er wurde als Fähnrich zur See einem U-Boot zugeteilt, bewährte sich »hervorragend«, wurde schnell zum Leutnant befördert und nahm als I.W.O. (Erster Wachoffizier) an mehreren höchst »erfolgreichen« Feindfahrten teil. Und dann war er Kommandant eines eigenen U-Bootes.
Ein außerordentlich tüchtiger Mann – wie sein hier vorliegender Bericht beweist. Aber wohl nicht weniger tüchtig auch in dem darauf folgenden

Privatleben, wie zu vermuten ist. Denn der großdeutsche U-Bootheld tauchte bald nach seinem Krieg abermals unter. Seit vielen Jahren lebt er zumeist in den USA - nicht minder erfolgreich, wenn auch auf einem wesentlich anderen Kriegsschauplatz: er wurde Geschäftsmann.
Und er nahm mit sich seine Erinnerungen und seine Aufzeichnungen, wozu auch zahlreiche Dokumente gehörten. Es ist, als habe er sie viele Jahre lang in der hintersten Ecke eines Panzerschrankes aufbewahrt. Dazu die Denkgewohnheiten und Sprachgepflogenheiten jener barbarischen, doch gar nicht selten für großartig gehaltenen Zeit.
Alles das kommt nun hier zum Vorschein.

Ein Soldat erklärt seine Welt

»Soldaten!« rief unser General aus, um eine fällige Feierrede einzuleiten. Doch gleich bei diesem ersten Wort stockte er - denn er hatte, unter den angetretenen Formationen, auch etliche Reihen in marineblauen Uniformen erblickt.
Tief Atem holend und sich dann korrigierend, rief nunmehr der General aus: »Soldaten - und Seeleute!«
Das gefiel ihm - wohl weil er für feineres Unterscheidungsvermögen hielt, was lediglich ein horrender Irrtum war. Denn Seeleute konnten nicht nur durchaus absolut »vollwertige« Soldaten sein - sondern sogar die denkbar besten. Spätestens jetzt - durch dieses Buch - wird das zwingend deutlich.
Dieser schonungslos aufrichtige Autor, auch sich selbst gegenüber, ein einzigartiger Augenzeuge noch dazu, ist ein bemüht soldatischer Mensch - und noch dazu einer von geradezu preußischer Grundhaltung. »Soldaten und Patrioten« sind bei ihm eins. Er ist stets Kamerad unter Kameraden. Auch für ihn gilt: gelobt sei, was hart macht! Nur so kann es gelingen, dennoch zu überleben.
Dazu gehört sogar »Die Hingabe an eine verlorene Sache!« Was aber ihn, den Fachmann des Krieges, nicht daran hindert, gelegentlich auch ein wenig zu rebellieren - und das selbstverständlich mit allem Respekt. So etwa über »unverantwortliche Maßnahmen der obersten Führung«.
Was ihn aber nicht - selbstverständlich nicht - daran hindert, unentwegt »weiterzukämpfen«. Ein Befehl ist ein Befehl und muß befolgt werden - ohne Umschweife, ohne Ausdeutung, ohne Rücksicht auf Verluste. Die ganze Tragik des bedingungslos gehorchenden Soldaten, auch wenn er auf völlig verlorenem Posten steht und das schließlich sogar klar erkennt - das ist hier mit denkbar nüchterner und gewiß auch ernüchternder Sachlichkeit eingefangen.
Und selbst noch auf den spontanen Ausruf »Der Wahnsinn triumphierte!« - folgt unmittelbar danach ein knappes, entschiedenes: Jawohl!

Daß die beständig drohende totale Vernichtung von großer, anhaltender Suggestion sein kann, ist in erschreckendem Ausmaß erwiesen. Der Andrang zu den Spezialfabriken des Todes war in allen Kriegen, und zwischen ihnen außerordentlich.

Jagdflieger etwa, Fallschirmspringer, Froschmänner, Sondereinheiten (wie die Division »Brandenburg«), hatten kaum jemals Nachwuchssorgen. Und die makabre Anziehungskraft der »Eisernen Särge« stand dieser bestaunenswerten »Bereitschaft zum letzten« in nichts nach - schien vielmehr alle Rekorde mit verbissener Anstrengung noch überbieten zu wollen.

Die Überlebenschance dieser U-Bootleute war schwach. Und sie wußten das - zu ihrem Gepäck an Land gehörte fast automatisch eine Art Testament, ein »letzter Wille«. Doch sie dachten darüber möglichst nicht weiter nach. Sie taten ihre »Pflicht«.

Und ihr Oberster Befehlshaber pflegte - ebenso eindeutig anfeuernd, wie auch unmißverständlich deutlich - zu verkünden: »Pflicht - das ist das erste und letzte Wort in unserem Wörterbuch!« Was wie eine große, endgültige Erkenntnis unbedenklich - aber auch glaubhaft aufrichtig - hingenommen wurde.

Was dann zu »Leistungen« führte, die »von keiner Truppengattung, gleichgültig auf welcher Seite sie kämpfte, übertroffen wurde«. »Wünsche zahlreiche Versenkungen!« wurde ihnen, wenn sie ablegten, nachgerufen. Oder auch, und das noch in den letzten Kriegsmonaten: »Heil und Sieg und fette Beute!«

Wobei dann, wahrlich nicht wenige dieser komplizierten Menschenfallen, »auf ewige Fahrt« gingen - also auf dem Grund des Meeres landeten. In manchen dunklen Monaten des großen U-Bootsterbens mehr als dreißig davon. Mit der gesamten Besatzung - versteht sich.

Der Offizier und die weiblichen Wesen

Der Oberleutnant zur See außer Dienst Werner ist ein wohlerzogener, ritterlich veranlagter Mensch. Ein Kavalier der alten und hier auch guten Schule - am liebsten würde er über die weiblichen Wesen seiner Welt schweigen; das ist ihm deutlich anzumerken.

Aber da er sich wie ein Zeuge fühlt, der sich geschworen hat, nichts als die Wahrheit zu sagen, die ganze Wahrheit, nichts hinzuzufügen und nichts zu verschweigen - ist er auch hierbei von großer Offenheit; doch zugleich so diskret wie nur irgend möglich. Wobei er erkennt: auch die Frauen haben ihre besondere Funktion in der Mechanik des Krieges.

Seine weiblichen Wesen sind lediglich Urlaubserinnerungen, Freizeit-

damen, hastige Kriegsgefährtinnen, die freudigen Mädchen bei Madame, eine endlich Erfüllung findende Jugendliebe - zwischen Berlin, Brest, Toulon und unterwegs. Doch der alsbaldige U-Bootkommandant emfindet, bereits als zwanzigjähriger Fähnrich, seine Liebe zu Marianne, seiner deutschen Verlobten, als »behaglich« - seine Liebe zur Marine jedoch bezeichnet er, fast im gleichen Atemzug, als ungleich »dauerhafter«.
Nicht einmal die Andeutung irgendeiner Obszönität, kein noch so winziger Versuch, einigen Einblick in das zu geben, was heute gemeinhin Intimsphäre genannt wird - und auch so: ganz ein Jüngling seiner Zeit.
Es ist die Zeit der Helden. Krankenschwestern, weibliche Schreibkräfte und Hafenhuren dürfen mithelfen, überschüssige Kräfte abzureagieren, sind dazu da, wie es im Jargon heißt, »die Batterie aufzuladen«.
Willkommene und vielleicht auch notwendige Energielieferanten für die nächste Schlacht - denn nach ihr verlangt es den Helden; bereits nach zwei oder drei Wochen Landurlaub.

Ein Held und zugleich ein Fachmann

Dieser Mann kennt sich aus - im Bereich seiner U-Boote unbestreitbar. Er beherrscht seine »Waffe« in allen Details, versteht es sogar, sie plastisch zu beschreiben. Er besitzt das, was man ein photographisches Gedächtnis nennt. Daten und Zahlen stimmen. Wenn er Namen von Kameraden nennt, ist es, als veröffentliche er eine Totenliste.
Und immer wieder zeigt sich sein ausgeprägter Hang zur Klarheit, »Sauberkeit« - aber auch Aufrichtigkeit. Er unterschlägt nichts - auch nicht den Gestank des Todes im verfolgten Boot, zusammengebraut aus Exkrementen, Dieselöl und Schweiß. Diese schmutzige Kehrseite des Krieges jedoch ist für ihn nebensächlich, eine unvermeidliche Randerscheinung - nur der erstrebten Vollständigkeit halber registriert er auch diese Dinge.
Das für ihn allein Entscheidende: sein Krieg - und darin die gerade zu schlagende Schlacht. Und hier nun läßt er nichts aus, beschreibt er mit geradezu fanatischer Genauigkeit Phase um Phase der angestrengten Bemühungen um gegenseitige Vernichtung. Noch dazu, wenn es irgendwie geht, mit jenem »Humor«, den wohl nur unbedenklich soldatische Männer zu produzieren vermögen.
Da werden ausgelegte Minen zu »Eiern«, sogar zu »Ostereiern«. Flugzeuge versenden »Bombengrüße«. Und etwa bis Mitte Mai 1941 feierten die Helden »einseitige Triumphe«, verwandelten sie den Atlantik in einen »Friedhof für alliierte Schiffe«, erlebten sie »das goldene Zeitalter des U-Bootkrieges«.
Alsbald änderte sich das. Die sogenannten »Wölfe« oder »Löwen«, die scharfen, erfolgreichen Jäger, verwandelten sich - ebenso »überrascht wie

erschüttert« - in Objekte, die wie Hasen gejagt wurden. Sie hatten die sich schnell steigernde technische und materialmäßige Überlegenheit ihres Gegners leichtfertig unterschätzt. Sie nannten das: sich wendendes »Kriegsglück.« Womit sie meinten: es werde sich ihnen schon wieder zuwenden. Versprochen war es ihnen tausendmal.

Die vom »Kriegsglück« Verlassenen und ihr Glaube

Wenn einstmals die voreilig für unbesiegbar erklärten U-Boote in ihre Stützpunkte »heimkehrten« - dann empfing sie Blasmusik, eine Ehrenformation stand bereit, eilig zusammengetrommelte Delegationen von »Waffenkameraden«, einschließlich Arbeitsdienst, fanden sich ein. Und dann: Hurrarufe, Blumenschwenken, markige Begrüßungsworte, Händedruck, Küßchen und Festbankett. Sie genossen das.
Bis dann, nach gerade noch überstandener Feindfahrt, keine Blasmusik mehr ertönte, nur noch vereinzelte Damen zum Empfang bereitstanden, die Kameraden von den anderen Wehrvereinen ausblieben - und dichte Schutzzäune aus Stacheldraht sie umstanden. Sie nahmen das hin.
Ihre Bereitwilligkeit, für das alles - und für noch weit mehr - Verständnis zu entwickeln, war erbarmenswert grenzenlos. Sie hielten, genau wie ihnen eingeredet wurde, die einsetzenden Rückzüge der Armeen im Osten gutgläubig für »strategische Bereinigungen«. Und als ein abgeschossener amerikanischer Flieger diesem einfach durch nichts zu erschütternden Berichterstatter überzeugt erklärte: »Die Zeit arbeitet für uns!« - da konnte der nur ungläubig den Kopf schütteln.
Seine Welt - die seines Krieges - war immer in Ordnung, bis zum allerletzten Augenblick. Wie hätten sie denn sonst auch kämpfen können? Kämpfen - also vernichten - mit dieser frappanten Gutgläubigkeit, mit dieser knabenhaften Unbekümmertheit? »Fegte Seegebiet sauber!« lautete ein Funkspruch. »Das war der Tod eines Schiffes!« wird festgestellt. Und dieses Schiff »in Flammen« zu sehen, war »ein grausam schönes Bild«. Und irgendwo »rang ein havarierter Zerstörer erbärmlich um sein Leben.«
Das waren die Sprachgewohnheiten jenes Krieges - und hier erscheinen sie im völlig unverfälschten Jargon. Kaum ein Wort darüber, daß ihre Torpedos Meschenleben in Massen auslöschten. Sie versenken lediglich Tonnageeinheiten. Also Kriegsmaterial. Du oder ich - an nichts anderes dachten sie.

Der Kriegsverlauf und der Großadmiral

Dieser Großadmiral, auch gemeinhin »der Löwe« genannt, hieß Dönitz. Werner, unser Berichterstatter, hat ihn mehrmals gesehen und gehört -

und wurde von ihm, in den letzten Monaten des Krieges, gemeinsam mit anderen erfolgreichen U-Bootkommandanten, mit einer direkten Ansprache beehrt. Werner war nicht unbeeindruckt.
Das Lieblingswort von Dönitz war: »Pflicht«. Seine Pflicht »tun«, sie »erfüllen«, ihr niemals ausweichen. Hinzu kam seine Standardforderung: »Angriff - ran - versenken!« Seine Sprache war denkbar karg, aber absolut unmißverständlich. Er wurde willig bewundert.
Und wahrlich nicht zufällig ist dann dieser Dönitz von Hitler zu seinem Nachfolger erklärt worden. Diesen beiden - dem Führer und seinem Großadmiral - war auch gemeinsam: der totale Einsatz, die absolute Selbstaufopferung - und schließlich sogar: die Forderung an ihre Soldaten - wenn es keinen Ausweg mehr gab - möglichst genau gezielten Selbstmord zu begehen.
Als jedoch die große, alliierte Invasion unmittelbar bevorzustehen schien, ließ der »Löwe« es zu, daß - in letzter Phase durch seine Flotillenchefs - der höchst bedenkliche und bedrückend alarmierende Befehl ausgegeben wurde, feindliche Fahrzeuge mit Rammstoß zu vernichten.
Was das zu bedeuten hatte, weigerten sich die angesprochenen U-Bootkommandanten zu glauben, Werner unter ihnen. Und noch heute ist dies ein Streitobjekt ersten, allerersten Ranges - zumindest bei den Resten der großdeutschen Kriegsmarine. Doch Werner, dessen bemüht sachliche, betont realistische Berichterstattung überzeugt, schwört darauf. Er hat sich nicht verhört; kein Zweifel ist möglich; was er behauptet, stimmt.
Mithin dies: der Großadmiral seines Führers forderte nichts anderes, nichts Geringeres, als daß sich seine U-Boote wie japanische Kamikazeflieger auf den Gegner stürzen sollten. Sich bedingungslos vernichtend, um eine völlige Vernichtung zu erzeugen.
Darüber hinaus dann noch, zu allem Überfluß dies: »Krieg fortsetzen - sich niemals ergeben - durchhalten!« Und eben auch, bereits mitten im endgültigen Chaos, die bewußt verlockende, völlig verantwortungslos optimistische Behauptung von dem sich wieder wendenden Kriegsglück.
Und darauf hoffend, also derart getäuscht und betrogen, kämpften sie weiter - bis zu einem Ende, das denkbar bitter genannt werden kann. Und das von Helden als überaus verbitternd empfunden wurde.

Die Nazis - hat es die überhaupt gegeben?

Über die Nazis verliert unser Berichterstatter kaum mehr als ein paar Worte. Er klagt sie nicht an, er macht sie nicht lächerlich - er nimmt sie hin. Mit seiner U-Bootwelt, so glaubte er, hatten die nichts zu tun - dort existierten sie direkt nicht; und wenn, dann wurden sie, nach einem Anflug leichten Unwillens, einfach übersehen.

Werner hatte nichts mit der Partei zu tun gehabt, er gehörte keiner ihrer Gliederungen an, nicht einmal der Hitlerjugend. Offenbar hatte er, wie nicht wenige andere auch, gedacht: sympathisch sind die gerade nicht, aber die müssen wohl sein - sie halten, auf ihre Weise, die Heimat in Schwung. Und die schien das auch nötig zu haben. Die vorbildlich kämpfende Front mußte eine möglichst zuverlässige Rückendeckung haben.
Dabei waren höchst unliebsame Zwischenfälle, erzeugt von überforderten Kleinbürgern oder gar kriminell veranlagten Außenseitern der Volksgemeinschaft, wohl kaum ganz zu vermeiden. So etwa bei der »Kristallnacht«, die Werner miterlebt hat - und über die er sich dachte: hier war »eine Meute« am Werk, hier tobte sich irgendein »Mob« aus.
Für diese Kreaturen kämpfte er nicht - nur für Deutschland, sein Vaterland. Sich darüber Gedanken zu machen, wie das aussah, oder gar aussehen sollte, hatte er keine Zeit - auch kein sonderlich erkennbares Verlangen. Er war »sauber«, seine nächste Umgebung war das auch - also war alles in bester Ordnung.
Und als sogar in seinem engsten Bereich eine jener gewiß peinlichen »Ausnahmen« geschah, war seine Reaktion darauf ein absolut zeitgemäß verwundertes Kopfschütteln. Da desertierte ein Koch, wurde wieder aufgegriffen und erklärte starrsinnig: »Dies ist ein schlechter Krieg!« Worauf Werner überzeugt feststellte: »Dieser Mann scheint tatsächlich irre geworden zu sein!« Was denn auch wohl sonst?
Dann wurde sein Vater, mitten im Krieg, von der Gestapo verhaftet - aus delikatem Grund überdies. Vier volle Monate saß dieser Vater nun bereits in Haft. Dann tauchte der Sohn auf - wieder einmal auf Heimaturlaub. Und was tat der? Er legte seine Uniform mit seinen zahlreichen Tapferkeitsauszeichnungen an und ließ dem Gestapochef seine Karte überreichen. Der empfing den Kriegshelden, vernahm dessen Anliegen und erklärte prompt und voller Entgegenkommen: heute abend ist Ihr Vater wieder zu Hause.
Nun - war diese Welt etwa nicht in Ordnung? Sie war es! Zumindest für U-Boothelden schien das so zu sein.
Die Zeit, in der ein Werner leben mußte, war nun mal so. Seine Eltern wurden ausgebombt. Dann von Bomben getötet - sie und seine Schwester dazu. Opfer! Unvermeidliche Opfer! Was denn sonst?
Als der Versuch gewagt wird, am denkwürdigen 20. Juli 1944, diesen Hitler, den Führer, Reichskanzler und Obersten Befehlshaber, zu ermorden, ist unser Kommandant sichtlich verstört. Er begreift nichts davon. Wie kann man denn, fragt er sich, ungleich mehr empört als besorgt, dieses »Idol der Nation« meuchelmörderisch anzugreifen wagen? Und ehrlich erschüttert gesteht er: »Das ging ganz einfach über unser Begriffsvermögen!« Was genau stimmte.

Bis zum denkbar bitteren Ende

Erst Mitte April 1945, so schreibt Werner, habe er erkannt, daß dieser Krieg - sein Krieg - verloren war. Und so unfaßbar diese Behauptung auch klingen mag - sie stimmt dennoch. Sie stimmt mit der späten, zu späten Erkenntnis etlicher Millionen Soldaten weitgehend überein, die sich nicht vorzustellen vermochten, daß alle Hingabe, alle Entbehrungen und Qualen jemals »umsonst« gewesen sein könnten.
Und nicht zuletzt auch deshalb ist Werner kein abseitiger heldischer Ausnahmemensch gewesen. Seine tiefe Enttäuschung über den totalen Zusammenbruch teilte er uneingeschränkt mit Armeen verführter und verratener Soldaten.
Er bekennt: »Eltern und Schwester geopfert« zu haben, »um des Vaterlandes, des Sieges willen«. Doch er fragt nicht, noch immer nicht, danach, ob er sich hierbei irgendeiner Schuld bewußt zu sein habe - er fühlt sich völlig schuldlos. Wie Millionen mit ihm.
Und weiter bekennt er »blind geglaubt« zu haben; er habe »gekämpft und gelitten und in tiefer Ergebenheit auf das Wunder gewartet«. Auf jenes Wunder, das sein Oberbefehlshaber und sein Großadmiral wiederholt anfeuernd verkündet und unentwegt feierlich versprochen hatten. Und an das Millionen und Abermillionen Kameraden aller Waffengattungen vorbehaltlos geglaubt hatten - bis dann selbst völlig Verblendete einsehen mußten, daß sie der totalen Verheizung von Kriegsmaterial, wozu selbstverständlich auch sie gehörten, gerade noch entgangen waren.
Und Werner schrieb dann, in Kriegsgefangenschaft, eine Art Gedicht, eine poetisch gedachte Abrechnung eines zutiefst Enttäuschten, die mit den wie zeitlos anklagenden Worten endet:
»Wir haben gehorcht, aber ihr Alten habt uns verraten!«
Dem ist nichts mehr hinzuzufügen. Was hier vorgelegt wird, ist ein einzigartiges Dokument des Krieges. Und mehr als das: eine letzte Lektion für ehemalige Helden - und zugleich eine unerläßliche Pflichtlektüre für alle jene, in allen Armeen der Welt, die sich für kommende Helden halten.

Hans Hellmut Kirst

Ein Wort des Verfassers

Dieses Buch, das von meinen persönlichen Erlebnissen in der U-Bootwaffe im Zweiten Weltkrieg berichtet, erfüllt eine alte Verpflichtung. Seit dem Ende jenes vernichtenden Krieges wurde die Rolle der U-Bootwaffe zeitweilig verzerrt dargestellt und unterschätzt, und zwar besonders von militärischen Geschichtsschreibern auf deutscher wie auf alliierter Seite, die die Wahrheit eigentlich wissen sollten. Weil ich einer der wenigen U-Bootfahrer war, der während des größeren und härteren Teils des Krieges zur See fuhr und dem es gelang, das Blutbad zu überleben, fühlte ich, daß es meine Pflicht gegenüber meinen gefallenen Kameraden war, ihren verzweifelten Kampf zu würdigen und den historischen Ablauf der Ereignisse vom Standpunkt meiner eigenen Erlebnisse aus darzustellen.
Um es vorwegzunehmen: Pflicht war das erste und letzte Wort im Wörterbuch der U-Bootmänner, und ungeachtet aller gegenteiliger Berichte taten wir unsere Pflicht mit einer aufrichtigen Tapferkeit, die von keiner Truppengattung, gleichgültig auf welcher Seite sie kämpfte, übertroffen wurde. Wir waren Soldaten und Patrioten. Nicht mehr und nicht weniger. Und in der Hingabe an eine verlorene Sache starben unsere Kameraden in erschreckend hoher Zahl. Die große Tragödie der U-Bootwaffe war jedoch nicht nur, daß ungezählte, tapfere Männer den Seemannstod fanden, sondern daß so viele junge Menschen auf unzulänglichen Booten und durch unverantwortliche Maßnahmen der obersten Führung geopfert wurden.
Zurückblickend stellen wir fest, daß die U-Bootwaffe von entscheidender Wichtigkeit war. Ungeachtet der Frage, ob Deutschland den Krieg hätte gewinnen können, war es bereits bei Kriegsausbruch klar, daß wir den Kampf verlieren mußten, wenn die gigantische Produktion der amerikanischen Industrie in genügender Menge die englische Insel erreichen würde. Auf diese Kenntnis gestützt, waren die Linien für die Schlacht im Atlantik gezogen, in der die U-Boote als Hauptträger des Kampfes gegen England Ungeheures leisteten. Eine nicht geringere Autorität als Winston Churchill erklärte damals: »Die Schlacht im Atlantik war der dominierende

Faktor während des ganzen Krieges. Niemals, auch nicht einen Moment durften wir vergessen, daß alles, was sich anderswo ereignete - zu Lande, zu Wasser oder in der Luft -, letzten Endes vom Ausgang der Schlacht im Atlantik abhing, und bei all unseren anderen Sorgen betrachteten wir ihr wechselhaftes Glück Tag um Tag mit größter Besorgnis.« Es ist bemerkenswert, daß Churchill, der die Kampfkraft der Luftwaffe und der V 1 und V 2 nur zu gut kannte, ebenfalls schrieb: »Das einzige, das mich wirklich mit Furcht erfüllte, war die U-Bootgefahr.« Wenn wir heute die Dinge von unserer Seite betrachten, so war Deutschlands Kriegsglück eine Parallele des Aufstiegs und Niedergangs der U-Bootwaffe. Dieser Zusammenhang wurde mir bei jedem neuen Einlaufen nach einer langen Unternehmung immer deutlicher.

Der Ausbruch der Feindseligkeiten im September 1939 kam für die Kriegsmarine überraschend. Die U-Bootwaffe insbesondere war völlig unvorbereitet. Dieser Zustand war einerseits durch ein Flottenabkommen zwischen Deutschland und Großbritannien von 1935 hervorgerufen worden, das die Stärke der deutschen Kriegsmarine auf 35 Prozent der englischen festgelegt hatte, andererseits durch die entgegengesetzten Auffassungen über den strategischen Aufbau der neuen deutschen Flotte innerhalb der Ränge der Kriegsmarine, was das Anlaufen der Aufrüstung verzögerte, und schließlich auch durch die vollständige Unerfahrenheit Hitlers in Marinefragen und in der Seekriegsgeschichte, wodurch das Schiffsbauprogramm nicht den notwendigen Vorrang erhielt. Bei Ausbruch des Krieges am 1. September 1939 verfügte Deutschland über 57 U-Boote, von denen nur 39 für den Kriegseinsatz in Frage kamen. Von den 57 Booten waren 30 von geringer Tonnage und konnten nur für kurze Küstenunternehmungen gegen England eingesetzt werden. Achtzehn Boote hatten eine mittlere Wasserverdrängung (750 Tonnen getaucht) und waren für längere Feindfahrten im Nordatlantik, die bis zu acht Wochen dauern konnten, konstruiert. Neun U-Boote von noch größerer Bauart waren in der Lage, Unternehmungen in entfernte Seegebiete durchzuführen. Da einige Boote zur Schulung frischer Besatzungen abgestellt waren und andere noch in der Erprobung waren oder zwecks Reparaturen in Werften lagen, standen tatsächlich nur 39 einsatzbereite U-Boote bei Kriegsbeginn zur Verfügung, um die mächtige britische Flotte, die riesige britische Handelsmarine, die Kriegs- und Handelsflotten der Alliierten Englands sowie eine unerschöpfliche Anzahl neutraler Schiffe, die unter Vertrag der Alliierten fuhren, zu bekämpfen.

Dennoch war das erste Jahr des U-Bootkrieges für Deutschland außerordentlich erfolgreich. Obwohl die U-Bootwaffe 28 Boote verlor, versenkte sie einen englischen Flugzeugträger, ein Schlachtschiff, fünf Hilfskreuzer, drei Zerstörer, zwei U-Boote und 448 Handelsschiffe mit über 2,3 Millionen Bruttoregistertonnen. Darüber hinaus wurden nach dem

Fall von Frankreich im Sommer 1940 unsere U-Boote größtenteils in die französischen Häfen am Golf von Biskaya verlegt. Diese Maßnahme verkürzte die An- und Abmarschwege der Boote in und aus dem Atlantik beträchtlich und kündete eine neue Phase des Seekriegs an: die großen Geleitzugschlachten.
Unmittelbar nach dem Erdröhnen der ersten Torpedoschüsse, die die englische Insel erschütterten, setzte sich Dönitz, der nunmehr zum Konteradmiral beförderte Befehlshaber der Unterseeboote seit 1935, dafür ein, die größte Flotte von Tauchbooten zu bauen, die die Welt je gesehen hatte. Das taktisch wertvollste U-Boot jener Zeit, der Typ VII, wurde zum Standard-U-Boot des Atlantik. Es hatte eine Wasserverdrängung von 770 Tonnen und eine operative Reichweite von 9000 Seemeilen bei sparsamster Marschfahrt. Während des Krieges wurden 694 Boote dieses Typs gebaut, die periodisch mit Verbesserungen versehen wurden. Diese U-Boote waren für etwa 50 Prozent der alliierten Schiffsverluste verantwortlich. Weiterhin wurden mehr als 200 größere U-Boote verschiedener Typen gebaut, deren Aufgabe es war, die alliierte Schiffahrt in entfernten Seegebieten anzugreifen, Minen zu legen, Rohstoffe und Material zu transportieren sowie Kampf-U-Boote auf hoher See mit Treiböl, Torpedos und Proviant zu versorgen.
Großbritannien fühlte bald die Auswirkungen dieses frisch angelaufenen Bauprogramms. Unser seit dem 17. August 1940 uneingeschränkter U-Bootkrieg gegen die im Nordatlantik fahrenden englischen Geleitzüge führte, gemäß alliierten Angaben, zur Versenkung von 129 Schiffen mit zusammen 682 768 Bruttoregistertonnen (BRT) in den vier stürmischen Wintermonaten 1940/1941. Die alliierten Verluste erhöhten sich jedoch in den folgenden vier Monaten bei besserem Wetter und durch den Einsatz frischer Boote auf 203 Frachtschiffe und 1 128 030 BRT. Bis Ende Juni 1941 kostete der zweiundzwanzigmonatige U-Bootkrieg die Alliierten nach ihren eigenen Angaben 848 Schiffe mit zusammen 4 058 909 Bruttoregistertonnen. Churchill schrieb damals über Englands schwärzeste Stunde: »Der Druck wuchs in zunehmendem Maße, und unsere Schiffsverluste lagen gefährlich über unseren Neukonstruktionen ... Mittlerweile wurde die neue Wolfsrudel-Taktik von dem kühnen und gefürchteten Prien und anderen U-Bootkommandanten hartnäckig angewandt.«
Als ich im Mai 1941 meine erste Geleitzugschlacht erlebte, waren unsere Angriffe auf die alliierten Schiffahrtswege einseitige Triumphe. Alliierte Gegenmaßnahmen - Anwendung von Radar, Luftaufklärung, neuartige Zerstörertypen, schnelle Geleitsicherungsfahrzeuge - waren noch in den Anfängen und bedeuteten keine ernsthafte Gefahr für unsere angreifenden Boote. Diese Lage änderte sich auch dann nur wenig, als die 50 Zerstörer, die die Vereinigten Staaten im Herbst 1940 der britischen Flotte als Teil des anglo-amerikanischen Pachtvertrags übergeben hatten, in die

Schlacht geworfen wurden. Mit dem Ende des Jahres 1941 schien unsere zuversichtliche Überzeugung von einem vollkommenen Sieg absolut gerechtfertigt: die alliierten Verluste in jenem Jahr allein betrugen 450 Handelsschiffe mit über zwei Millionen Bruttoregistertonnen.

Kurz nachdem die Vereinigten Staaten in den Krieg hineingezogen worden waren, dehnten die U-Boote ihr Operationsgebiet bis an die amerikanische Ostküste aus und griffen die Schiffahrt dort mit verheerender Wirkung an. Während der ersten sechs Monate der Feindseligkeiten gegen die Vereinigten Staaten versenkten unsere U-Boote 495 Schiffe mit über 2,5 Millionen Bruttoregistertonnen. U-Boote patrouillierten nicht nur unsere alten Jagdgebiete im Nordatlantik ab, sie jagten auch in der Karibischen See, im Mittel- und Südatlantik und im Mittelmeer, einige im Indischen Ozean und in der Java-See; ein Boot erreichte sogar Japan. Im Jahre 1942, dem erfolgreichsten Jahr in der Geschichte der U-Boote, wurden mehr als 1000 alliierte Schiffe, nahezu sechs Millionen Tonnen, auf den Meeresboden geschickt. Jedoch der Monat März 1943, einer der erfolgreichsten Versenkungsmonate in der Geschichte der U-Boote, kündete Unheil an. In jenem Monat versenkten unsere Boote nach alliierten Angaben 108 Schiffe mit 627 377 BRT, stießen aber auf scharf zunehmende Abwehrmaßnahmen, die die Versenkungsziffer feindlicher Schiffe im April auf nahezu die Hälfte der Versenkungen im März herabsetzte. Diese Wendung der Ereignisse kulminierte in einem Eröffnungsschuß der sorgfältig geplanten alliierten Gegenoffensive, die im Mai wie ein Blitz auf die Boote niederkam und der innerhalb von 31 Tagen 39 U-Boote zum Opfer fielen. Die Alliierten hatten viele neue Waffen entwickelt: schnelle und wendige Sicherungsfahrzeuge für den Geleitzugdienst, kleine Flugzeugträger (umgebaute Handelsschiffe) und ein sehr verbessertes Radargerät. Für den Tag der Abrechnung hatten sie in aller Ruhe eine ungeheure Menge von Zerstörern, Korvetten, Fregatten, Flugzeugträgern, Trägerflugzeugen und Langstreckenbombern produziert und sie sorgfältig im und um den Atlantik massiert. Indem die Alliierten all diese Kräfte im April, nachdem die gewaltigen Winterstürme sich gelegt hatten, koordinieren konnten, schlugen sie mit einer derartigen Wucht und zahlenmäßigen und technischen Überlegenheit zurück, daß volle 40 Prozent unserer U-Bootwaffe innerhalb weniger Wochen zerstört waren. Diese alliierte Gegenoffensive zwang den Lauf des Kampfes zur See für immer in eine völlig entgegengesetzte Richtung. Nahezu über Nacht waren die Jäger zu Gejagten geworden, und im weiteren Verlauf des Krieges wurden unsere Boote und Besatzungen in fürchterlichem Ausmaß vernichtet.

Die U-Bootwaffe versuchte verzweifelt, die Gegenoffensive zu zerschlagen, jedoch ohne Erfolg. Im Jahre 1943, als ich Erster Wachoffizier auf U-230 war, verloren wir die Boote schneller, als wir sie ersetzen konnten. Im Sommer 1943 war die Versenkung alliierten Schiffsraums auf eine monat-

liche Durchschnittszahl von 150 000 Tonnen gesunken - und das zu einer Zeit, als die Schiffsbaukapazität der Alliierten eine Million Tonnen im Monat erreicht hatte.
Es war eine schmerzhafte und unabwendbare Tatsache: das U-Boot war veraltet. Zu lange war es ein Überwasserfahrzeug geblieben, das nur gelegentlich tauchte, um ungesehen zu bleiben, einen Unterwasserangriff zu fahren oder einem Verfolger zu entgehen. Wohl hatte die U-Bootführung als Abhilfe gegen die Luftüberfälle die Entwicklung des Schnorchels veranlaßt, einer Konstruktion, die dem U-Boot erlaubt, im Tauchzustand Luft in das Boot zu saugen, die Batterien aufzuladen und für die Gesamtdauer der Feindfahrt getaucht zu bleiben. Jedoch der Schnorchel kam erst im März 1944 in Gebrauch, volle zehn Monate, nachdem die Alliierten ihre Offensive begonnen hatten. Und weitere fünf Monate wurden vergeudet, bevor diese lebensverlängernde Erfindung in die verbliebenen alten U-Boote eingebaut wurde. Erst im August 1944, als ich auf meinem fünften U-Boot fuhr, dem zweiten unter meinem eigenen Befehl, ersparte mir der Schnorchel schließlich das dauernde Auftauchen nach Luft und wenige Minuten später das unvermeidliche Alarmtauchen vor den Massenangriffen alliierter Flugzeuge und Zerstörer, denen unsere Boote wie Freiwild zum Opfer fielen. Aber selbst der Schnorchel war keine zureichende Antwort, um den zahllosen gegnerischen Flugzeugen und U-Bootjagdgruppen, den sogenannten *»hunter-killer-groups«* energisch Einhalt zu gebieten. Das U-Boot blieb weiterhin gefährlich langsam und außerordentlich verletzlich im allgemeinen, taub und ohne Verteidigung im besonderen, wenn es den Schnorchel benutzte.
Die einzige ideale Lösung war ein vollständig neues U-Boot. Mehrere solcher Typen waren seit Jahren geplant. Es waren Tauchboote im wahrsten Sinne des Wortes, konstruiert, um getaucht schneller zu fahren als die Zerstörer über Wasser, um aus einer großen Tiefe mit absoluter Genauigkeit zu schießen, ohne das Ziel zu sehen, und um die doppelte Anzahl Torpedos mitzuführen, als ein konventionelles, altes U-Boot an den Feind zu bringen in der Lage war. Diese Unterwasser-Wunder waren der U-Bootwaffe wiederholt versprochen worden, aber sie wurden erst in die Produktion gegeben, als der U-Bootkrieg bereits zusammengebrochen war. Und nur wenige dieser neuen U-Boote wurden rechtzeitig in Dienst gestellt, um noch an der Front zum Einsatz zu kommen.

So kämpften die U-Bootmänner mit dem, was sie hatten, und erzielten im Verlauf der letzten beiden Kriegsjahre nichts als Selbstzerstörung. Eine nach der anderen unserer U-Bootbesatzungen ging gehorsam und hoffnungsvoll auf unverständliche Feindfahrten, die mit dem Tode endeten. Die wenigen altgedienten Kommandanten, die noch an der Front fuhren, wurden trotz ihrer Erfahrung in der Kunst des Überlebens mit ihren Män-

nern aufgeopfert. Neue Kommandanten mit erfahrenen Besatzungen hatten so gut wie keine Chancen, von ihrer ersten Unternehmung zurückzukehren.
Als die Feindseligkeiten schließlich im Mai 1945 endeten, war der Boden der Weltmeere mit den Wracks des U-Bootkrieges übersät. Unsere U-Boote hatten 2882 Handelsschiffe mit einer Gesamttonnage von 14,4 Millionen Tonnen zerstört. Darüber hinaus hatten unsere U-Boote 175 alliierte Kriegsschiffe versenkt und 264 Frachter und Tanker mit zusammen 1,9 Millionen Tonnen beschädigt. Doch dafür hatten wir einen unglaublichen Preis zu bezahlen. Von den 1170 in Dienst gestellten U-Booten wurden 779 Boote vernichtet oder fielen Unfällen zum Opfer, zwei auf hoher See aufgebracht und der Rest bei Kriegsende entweder selbst versenkt oder, wie befohlen, übergeben. Von 40 000 U-Bootfahrern blieben 28 000 auf See und 6000 gerieten in Gefangenschaft. Diese erschütternden Zahlen entsprechen einem Verlust von 85 Prozent.
Der wirkliche Umfang der U-Boot-Tragödie tritt jedoch erst dann vollständig ans Licht, wenn wir die folgenden Zahlen betrachten. Da nur 862 U-Boote Fronteinsatz sahen und 781 verlorengingen, waren 90 Prozent der aktiven U-Boote ausgelöscht worden. Konkret ausgedrückt, wirkt die folgende Verlustzahl noch niederschmetternder: zur Zeit der anglo-amerikanischen Invasion am 6. Juni 1944 war unsere einst gewaltige U-Bootwaffe an der Atlantikfront von mehreren hundert Booten auf 78 zusammengeschrumpft - und das bei einem fortlaufenden Nachschub neuer Boote aus der Heimat. Nur wenige davon existierten noch am Tag der Kapitulation. Von den am 6. Juni 1944 zum Angriff gegen die Invasion von Brest ausgelaufenen 15 Booten waren bei Kriegsende nur noch drei übrig, nach einer elfmonatigen Hetzjagd, der weitere 290 U-Boote, meistens Neulinge, zum Opfer fielen. Eines dieser drei überlebenden Boote war U-953, das ich als letzter Kommandant befehligte.
Ich habe mein Buch über den heroischen Kampf der U-Boote und der Männer, die auf ihnen fuhren, aus meiner Erinnerung niedergeschrieben. *Die Eisernen Särge* ist deshalb ein persönlicher Erlebnisbericht - und nichts anderes. Das Buch ist weder eine Kopie der Kriegstagebücher, noch ein statistisches Handbuch. Es war nicht meine Absicht, ein Standardwerk des Seekrieges zu schreiben, sondern eine bewegende Geschichte von Menschen im Konflikt des Krieges, ein Epos, das die tragische Rolle des U-Bootfahrers in ein neues Licht rücken soll. Notizen, die ich während des Krieges gemacht, Fotos und Briefe, die ich vor dem Brand unserer Städte und dem Zusammenbruch auf See gerettet habe, frischten meine Erinnerung auf. Ich habe versucht, die Erfolge der Ereignisse zu sichern, indem ich mich auf deutsche und alliierte Veröffentlichungen stützte, bin mir aber bewußt, daß meine Angaben nicht vollständig sein können. Alle U-Boote, die hier aufgeführt sind, sind mit ihren wirklichen Bootsnum-

mern genannt; ihr Ende habe ich dem Heft »Das Schicksal der deutschen U-Boote«, herausgegeben von der Heidenheimer Druckerei- und Verlagsgesellschaft mbH, entnommen. Tage und Stunden der Ereignisse sind annähernd, aber oft auf die Minute genau angegeben. Funksprüche, diejenigen der U-Bootführung wie auch die der Boote auf See, sind rekonstruiert und wurden nicht notwendigerweise abgegeben oder wie aufgeführt gefunkt. Die drei längeren Funksprüche von Admiral Dönitz sind jedoch genau wiedergegeben. Quadratangaben wurden von mir eingefügt, um dem Leser die Möglichkeit zu geben, die ungefähren Standorte der Boote und Geleitzüge und ihre Kurse zu verfolgen; meine Angaben stimmen in vielen Fällen mit den tatsächlichen Lagemeldungen überein.
Von größtem Interesse dürften gewisse überraschende und authentische Episoden in meinem Buch sein, Ereignisse, die wenig bekannt sind oder ganz unterdrückt wurden. Mancher amerikanische Marineoffizier muß zugeben, daß Kriegsschiffe der Vereinigten Staaten, einschließlich der Zerstörer *Greer, Reuben James* und *Kearney,* bereits im Sommer 1941 Angriffe auf deutsche U-Boote unternommen hatten und damit einen unerklärten Krieg gegen Deutschland führten. Darüber hinaus habe ich bis heute noch nirgends einen veröffentlichten Hinweis auf jenen schockierenden Befehl der U-Bootführung gefunden, der kurz vor der alliierten Invasion in der Normandie ausgegeben wurde. Dieser Befehl wies die Kommandanten von 15 in Brest liegenden U-Booten an, nach Erreichen der riesigen Invasionsflotte ihr Boot zusammen mit der Besatzung in ein gegnerisches Fahrzeug zu rammen, mit anderen Worten: Selbstmord zu begehen. Ein nachfolgender Befehl, herausgegeben am Tage der Landung, war sogar noch unverständlicher. Er war ein Todesurteil für die Besten, die die U-Bootwaffe zu opfern hatte.
Jede Person, die in meinem Buch aufgeführt ist, war einst Fleisch und Blut. Die beiden Kommandanten, unter denen ich zu dienen die Ehre hatte, sind mit ihren wahren Namen genannt; das gleiche gilt für andere U-Bootkommandanten und hervorragende Flottillenchefs und Offiziere, die ich meine Freunde nannte, und ebenso für meine engsten Kameraden, Freunde und Männer, die an den Schlachten zur See und an den Abenteuern im Hafen teilgenommen hatten. Leider sind die meisten von ihnen gefallen. Um einige Überlebende zu schonen, habe ich zwei oder drei Namen geändert.
Dieses Buch gehört meinen toten Kameraden, die in der Blüte ihrer Jugend geopfert wurden. Ich hoffe, daß es ihnen die Ehre erweist, die ihnen gebührt. Und sollte es mir gelungen sein, dem Leser eine uralte Lehre zu übermitteln, die jede Generation zu vergessen scheint - daß Krieg teuflisch ist, daß Krieg Menschen mordet -, dann betrachte ich dies als meine hervorragendste Tat.

Herbert A. Werner

Jahre des Ruhms

1

»Fähnriche«, begann der Admiral, »ihr seid heute zusammengerufen worden, um euer erstes Kommando anzutreten. Ihr werdet noch heute an die Front gehen. Wo immer ein Schiff unserer Kriegsmarine Wache steht, sei es in der Ostsee, im Atlantik, im Mittelmeer oder im Eismeer, wird euer uneingeschränkter Einsatz verlangt. Für euch ist nun die Zeit gekommen, zu zeigen, was ihr gelernt habt. Ihr werdet euch für das Wohl unseres Vaterlandes zu beweisen haben. Ihr werdet England schlagen, wo immer ihr seine Schiffe findet, und ihr werdet seiner Macht zur See das Rückgrat brechen. Ihr werdet siegen, damit Deutschland leben kann.«

Wir Fähnriche waren in Hufeisenform auf dem großen Exerzierplatz der Marineschule in Flensburg angetreten. Es war am Vormittag eines sonnigen Tages im April 1941. Der Grund dieses außergewöhnlichen Appells war der Abschluß unserer Offiziers-Hauptprüfung.

Der Admiral fuhr fort, von unserer großen Marinetradition zu sprechen und uns an unsere vaterländischen Pflichten als Deutsche zu ermahnen. Er sprach von Ehre, Tod und dem Sinn unseres Kampfes. Wir alle hatten Reden dieser Art oft genug gehört, aber der Ruf nach Ruhm und Ehre - oder Tod - hatte für die meisten von uns nichts von seiner erregenden Herausforderung verloren.

Für mich war dieser Augenblick besonders befriedigend, weil ich viele Jahre auf ihn gewartet hatte. Die Bestimmung, daß ich einmal die blaue Uniform des Marineoffiziers tragen sollte, war mir bereits mit in die Wiege gelegt worden. Mein Vater, dessen seemännische Ambitionen durch Familienangelegenheiten und geschäftliche Verpflichtungen vereitelt worden waren, entschied, daß ich an seiner Stelle eines Tages die Admiralsstreifen tragen sollte. Und so war ich von Kindheit an der See verschrieben. Bezaubert von Frachtenseglern, Handelsschiffen und luxuriösen Ozeandampfern, die die Menschen an alle erdenklichen Küsten tragen, las ich ungezählte Bücher, die von Seeschlachten, Entdeckern, Eroberern und Seehelden berichteten. Noch bevor ich siebzehn Jahre alt war, erlangte ich praktische Erfahrung im Segeln auf dem Bodensee, wo ich nahezu jede Art Segelboot, von der Nußschale bis zu einer 18 Meter langen zweimastigen Jacht, zu meistern lernte. Als ich achtzehn war, fuhr ich als Moses auf einem miserablen Schoner und kreuzte sechs Monate auf der Nord- und Ostsee. Danach diente ich meine Zeit im Arbeitsdienst, regulierte Flüsse im Taunus, drainierte Wiesen und Felder und baute Wege und Straßen. Während meines letzten Jahres in der Liebig-Oberrealschule in Frankfurt bestand ich nach einer aufreibenden Woche im Marinestützpunkt in Kiel-Wik die schwierigen Prüfungen für die Offizierslaufbahn in der Kriegsmarine. Dann kam der September 1939. Der Ausbruch des Krieges zerschlug plötzlich alle Jugendträume von weißen Schiffen und fernen Ländern. Der Blitzkrieg gegen Polen veranlaßte England, in die Feindseligkeiten einzugreifen, und folglich hatte ich mich früher als erwartet bei der Kriegsmarine zu melden. Am 1. Dezember 1939 zog ich in die Kasernen der 7. Schiffsstamm-Abteilung auf dem Dänholm, einer Insel nahe Stralsund, ein. Hier traf ich mit einer Crew von über sechshundert begeisterten Offiziersanwärtern zusammen.

Als ich an jenem ersten Tag im Dezember die blaue Uniform anzog, war ich neunzehneinhalb Jahre alt. Während dieses kalten und rauhen Winters wurden wir der härtesten militärischen Ausbildung unterzogen, die der Mensch je erfunden hatte. Die schärfsten Erziehungsmethoden und rohesten Schleifereien auf dem verschneiten Exerzierplatz dienten dazu, die Schwachen auszusondern und nur die Tüchtigsten vorankommen zu lassen. Dem harten Training an Land folgten drei Monate seemännischer Grundausbildung an Bord des Segelschulschiffs *Horst Wessel,* in besonders erfreulicher Erinnerung durch mein wohl tausendfaches Entern über alle Toppen auf vereisten Wanten. Dann folgte eine scheinbar endlose und anstrengende Seereise auf dem ehemaligen Ostseedampfer *Tannenberg,* der zu einem Minenleger, Artillerie- und Kadettenschulschiff umgebaut worden war.

Nach dem Fall Frankreichs erhielt ich mein erstes Frontkommando. Ich wurde Bootsführer einer Barkasse der 34. Minensuch-Flottille, die in Den Helder, einem wichtigen Hafen an der holländischen Kanalküste, stationiert war. Hier begegnete ich dem Tod zum erstenmal. Während der Minenräumarbeiten im Küstenvorfeld sah ich manches Boot und manchen Kameraden sich in einer Sprengwolke auflösen. Ich steuerte jedoch klar von englischen, französischen, belgischen und holländischen Minen, überlebte schwere britische Luftangriffe auf See wie im Hafen, schoß mit einem alten wassergekühlten Maschinengewehr aus dem Ersten Weltkrieg einen Bristol-Blenheim-Bomber ab, erduldete meine erste und letzte Seekrankheit, wurde zum Seekadetten befördert und erhielt als Gegenleistung für die Beseitigung einer Anzahl dieser runden, explodierenden Ungeheuer das Minensuch- und Vorpostenabzeichen. Im Spätsommer nahm ich an den Übungen der »Operation Seelöwe« teil, einem Versuch, die englische Insel mittels einer primitiven Invasionsflotte zu erobern, die jedoch nie von der Festlandküste loskam. Alles in allem hatte ich meine Beförderung und meine Auszeichnung hart erarbeitet und erwartete, nach einer weiteren Ausbildung auf der Marineschule, mit dem Kommando eines größeren Schiffes belohnt zu werden.

Es war kurz vor Weihnachten 1940, als ich wieder mit meiner Crew auf der Marineschule in Flensburg zusammentraf. Erst jetzt erfuhr ich, daß mancher Freund gefallen war. Wir, die zurückgefunden hatten, wurden zu Fähnrichen befördert, was uns erlaubte, die Matrosenbluse mit einer zweireihigen Uniform zu vertauschen. Die folgenden fünf Monate standen dem Dienst an der Front in nichts nach. Wir lebten unter einem dauernden Druck mit nur wenigen Stunden Nachtruhe. Wir jagten durch eine schnelle Folge von Unterrichtsstunden, um unsere Ausbildung in astronomischer Navigation, Seekriegstaktik, Artillerie- und Torpedoschießen, Meereskunde, Schiffskunde und Ingenieurwesen zu vervollständigen. Wir verbesserten auch unsere englischen Sprachkenntnisse. Im Sport verausgabten wir uns im Geräteturnen, Boxen, Fechten, Fuß- und Handball, Segeln, Reiten und Springen. Den Rest der Zeit verbrachten wir an Bord des 1000 Tonnen großen Navigationsdampfers oder am Steuer eines der vielen Motorboote. Und nun, da der große Augenblick gekommen war, wurde mir bewußt, daß unsere Crew zum letztenmal als geschlossene Einheit beisammen war.

Der Admiral schloß seine Rede mit Nelsons klassischen Worten, geringfügig geändert, um sie der Situation anzupassen: »Meine Herren Fähnriche, an diesem Tage erwartet Deutschland, daß ein jeder von euch seine Pflicht tut.« Dann verließ er mit seinem Gefolge den Platz. Die Offiziere, die uns während der vergangenen fünf Monate geführt hatten, ergriffen prompt die Initiative, um ihre letzte Aufgabe an uns zu erfüllen.

Ich stand in höchster Erwartung in meiner Gruppe, als unser Leutnant die neuen Kommandos verlas. Einige meiner Kameraden wurden auf Zerstörer befohlen, andere auf Minensuchboote. Nur wenige wurden auf Großkampfschiffe beordert. Der größte Teil unserer Crew wurde angewiesen, sich bei der U-Bootwaffe zu melden. Diese Enthüllung verursachte größte Begeisterung, denn noch keiner von uns hatte mit der meistgefeierten Branche der Kriegsmarine Erfahrungen gemacht. Zu meiner Überraschung erhielt ich den Befehl, mich bei der 5. Unterseeboot-Flottille in Kiel zu melden. Kiel-Wik war der größte Marinestützpunkt an der Ostsee, und es war allgemein bekannt, daß die meisten unserer U-Boote in den vorangegangenen Monaten von Kiel aus zu ihren erfolgreichen Feindfahrten ausgelaufen waren.

Wir zerstreuten uns begeistert und stolz. Nach dem Mittagessen dröhnten die Unterkünfte von unserem Gesang rauher Seemannslieder, vom Spinderäumen, Kofferpacken und lautem, aber herzlichem Abschiednehmen. An jenem Abend sah ich manchen Freund zum letztenmal. Wir verließen die Marineschule in verschiedene Richtungen, um unsere persönlichen Schicksale in der Weite der Weltmeere zu finden.

Der überfüllte Zug rollte monoton durch die Nacht. Ich saß in einer Ecke eines Abteils dritter Klasse und träumte mit offenen Augen. Meine Crewkameraden schliefen in unmöglichen Stellungen, eng zusammengepreßt oder lang ausgestreckt in einem Gepäcknetz hoch über den hölzernen Bänken. Ich dachte an zu viele Dinge zur gleichen Zeit, dachte an die Gegenwart, die Zukunft und an die letzten Veränderungen, die der Krieg von uns und der Welt gefordert hatte. Eine Ewigkeit schien zwischen den Schuljahren und dieser Nacht zu liegen, doch die Zeit verging so schnell, fast zu schnell, um alles zu begreifen. Ich wußte nur, daß die Jugend für immer hinter mir lag, daß Behaglichkeit und Sicherheit Dinge der Vergangenheit waren. Ich fragte mich, was sich in den kommenden Monaten ereignen und wie ich von meiner ersten Feindberührung an Bord des mysteriösen U-Boots beeinflußt werden würde. Ich dachte daran, daß meine erste Geleitzugschlacht auch meine letzte sein könnte. Sollte ich aber das Glück haben, die erste zu überleben, wieviel mehr - versuchte ich zu erforschen - würden mir erlaubt sein, bevor das Schicksal zuschlug? Und ich fragte mich, wie Wasserbomben dröhnen, ob die erste die eiserne Hülle durchschlagen oder ob zehn, fünfzig oder hundert nötig sein würden, um mein Schiff zu versenken. Ich ertappte mich bei dem Versuch, mir die entsetzlichen letzten Minuten in einem sinkenden Boot im Geiste vorzustellen. Würde der Tod in einer Tiefe von fünfhundert Metern langsam kommen oder schnell? Würde die Rettungsweste tragen und wie lange, sollte ich schwimmend auf der endlosen Weite des Meeres zurückgelassen worden sein? Und als ich weiter nachdachte, gingen meine Gedanken und Erinnerungen zurück zu meinen Eltern und zu meiner Schwester. Ich wußte, daß sie zu dieser Stunde in Sicherheit waren, während ich einer fragwürdigen Zukunft entgegenfuhr. Nun wußte ich, daß alles, alles begrenzt war. Ruhm und Ehre, Träume von einem erfolgreichen Leben, die Küsse verlangender Frauen - alles konnte bald vorbei und unerfüllt sein. Ich würde entweder in einer eisernen Tauchröhre eingeschlossen auf dem Meeresgrund liegen oder irgendwo auf dem Weltmeer dahintreiben, ein Köder für hungrige Haie.

Diese Gedanken begleiteten mich durch die Nacht. Ich fühlte mich dem Tod näher als dem Leben, das ich gerade angefangen hatte zu genießen. Was wußte ich eigentlich vom Leben und von der Liebe? Ich mußte zugeben, daß ich in der Tat sehr wenig wußte. Aber ich war bereits willens und gerüstet, diese Welt zu verlassen, wann immer es sein sollte. Man hatte uns immer und immer wieder gesagt, daß unsere Aufopferung den Endsieg garantieren würde.

Es war noch dunkel, als der Zug in Kiel ankam. Nur eine Handvoll Fähnriche verließ das Abteil. Der Rest fuhr weiter nach anderen Häfen. Da zu dieser frühen Morgenstunde noch keine Straßenbahn fuhr, verbrachten wir die Wartezeit im Bahnhofsrestaurant und schlürften einen dünnen Ersatzkaffee. Als schließlich die erste Tram die Klingel anschlug, stürmten wir sie mit unserem schweren Gepäck und verließen die Innenstadt auf laut quietschendem Unterbau in Richtung Kiel-Wik. Während die Straßenbahn durch die erwachenden Vororte schwankte, färbte sich der Himmel im Osten langsam purpurrot. Die Straßenlaternen brannten noch, als wir an unserem Ziel den Wagen verließen.

Plötzlich stand ich vor der hohen Backsteinmauer, die den Marinekomplex umgab. Ein Posten prüfte meine Papiere, trat dann beiseite. Wir zwängten uns durch das schmale, eiserne Tor, das mit schrillem Ton hinter uns ins Schloß fiel. Schweigend marschierten wir zum Wasser. Unsere Schritte hallten hohl von den Mauern der Kasernen wider. Gebäude und Exerzierplatz waren uns längst vertraut. Vor nahezu drei Jahren hatten wir hier die schwierigen Prüfungen gemeistert, die die Marine Bewerbern für die Offizierslaufbahn auferlegte. Im Frühjahr 1940 war ich mit dem Segelschulschiff *Horst Wessel* hierher zurückgekehrt, und im vergangenen Herbst, nach dem Minenräumdienst im Kanal, hatte ich der Wik erneut einen kurzen Besuch abgestattet. Nunmehr stand ich zum viertenmal an dieser historischen Stätte der Kriegsmarine, ahnte aber nicht, daß ich während meiner Dienstzeit noch oft und unter eigenartigsten Umständen hierher zurückkehren würde.

Im Dämmerlicht vor dem Wecken bot sich die Kieler Förde in ihrer ganzen natürlichen Schönheit dar. Das Wasser war ruhig und wie Silber. Das gegenüberliegende Ufer widerspiegelte in dunklem Grün. Morgennebel berührte die zahlreichen vor Anker liegenden Kriegsschiffe und ließ ihre grauen Aufbauten in der diesigen Luft nahezu weiß aufleuchten.

Vor uns lag die Tirpitz-Brücke, die nach dem Gründer der modernen Kriegsmarine, Admiral Alfred von Tirpitz, benannt war. Die Mole reichte wie ein Arm weit in die Förde hinaus. Manches britische Kriegsschiff hatte an dieser Pier zu Kaisers Zeiten anläßlich eines freundschaftlichen Besuchs der international berühmten »Kieler Woche« seine Leinen festgemacht. Während des Ersten Weltkriegs stachen von dieser Mole Teile der deutschen Hochseeflotte in See, um im Skagerrak dem englischen Vetter die größte Seeschlacht aller Zeiten zu liefern. Hier begannen auch unsere kaiserlichen Unterseeboote von 1914 bis 1918 ihre erfolgreichen Feindfahrten gegen England. Dann hallten vorübergehend Schüsse über die Planken der Mole. Die Spartakus-Revolution hatte Verbände der Kriegsmarine in ihr Lager gezogen. In den folgenden Jahren des Friedens sah die Tirpitz-Mole den Beginn neuer Karrieren von Männern und Schiffen. Mit dem Ausbruch des Krieges im September 1939 begann an

dieser Pier ein neues Kapitel der Marinegeschichte: unsere U-Boote eröffneten nach 25 Jahren ihren zweiten Angriff auf die englische Insel.
Die Ebbe war niedrig, und das Wasser plätscherte gegen die hölzernen Pfähle der Pier. Der Geruch von Teer, Salz und Öl vermischte sich mit dem von Fischen, Seegras und Farbe. Zahlreiche U-Boote lagen in Päckchen von zweien und dreien längsseits. Die Posten am Oberdeck lehnten sich gegen die Turmaufbauten oder gegen die 8,8-cm-Kanonen, ihre Maschinenpistolen lässig um den Hals gehängt. Sie musterten uns schwerbeladene Ankömmlinge zuerst kritisch, wandten sich aber dann amüsiert ab, als wir schwitzend über die geteerten Planken paradierten.
Wir erreichten das Ende der hölzernen Mole. Zwei Schiffe, solide vertäut, schienen hier einen dauernden Liegeplatz gefunden zu haben. Ein älterer Dampfer von etwa 10 000 Tonnen lag an der Nordseite der Pier, während an der Südseite der Tender *Lech,* das Kommandoschiff der U-Bootflottille, festgemacht hatte. Wir zeigten einem Posten unsere Marschbefehle, balancierten dann mit unsicheren Schritten über die enge Stelling an Bord der *Lech* und stapelten unser übergroßes Gepäck entlang der Steuerbordreling auf. Ohne weitere Verzögerung suchten wir nach der Offiziersmesse. Der Duft von frischgebrautem Bohnenkaffee führte uns in den hellen Raum. Nach einem ausgezeichneten Frühstück fühlten wir uns wie neugeboren. Bald füllte sich die Messe mit Offizieren aller Dienstgrade. Sie trugen schneeweiße Jacken und schwarze Binder, sahen erholt und zufrieden aus. Es war allzu deutlich, daß sie hier ein ideales Marineleben gefunden hatten: sie arbeiteten und schliefen auf einem Schiff, sahen das Wasser den lieben langen Tag, waren aber nie zu weit von der Stadt und ihrem aufregenden Nachtleben entfernt.
Gegen 8 Uhr bereiteten wir uns vor, vom Chef der 5. U-Bootflottille empfangen zu werden. Sein Adjutant, ein junger, arroganter Leutnant ohne irgendwelche Frontauszeichnung, ließ uns über eine Stunde warten, bevor er uns mitteilte, daß der Flottillenchef nicht für uns zu sprechen war. Wir hatten unsere Wichtigkeit gehörig überschätzt. Unsere vorläufige Unabhängigkeit ausnutzend, verließen wir den Tender, um uns mit den U-Booten und ihren Besatzungen näher vertraut zu machen. Wir erfuhren, daß ein oder zwei Boote erst vor kurzem eingelaufen waren, während andere ihre Ausbildungszeit in der Ostsee beendet hatten und für ihre erste Feindfahrt ausgerüstet wurden. Große Mengen Büchsen, Kisten, Kartons und Frischgemüse wurden von Lkws auf die Pier gefahren und längsseits der Boote aufgestapelt.
Kurz vor 12 Uhr trafen wir uns wieder in der Messe der *Lech.* Kleine Gruppen diskutierten über die letzte Sondermeldung, die wenige Minuten zuvor über das Radio bekanntgegeben worden war. U-Boote hatten einen englischen Geleitzug im Nordatlantik angegriffen und bisher acht Schiffe mit über 40 000 Tonnen versenkt. Da die Boote den Gegner weiterhin

verfolgten, konnte mit weiteren Versenkungen gerechnet werden. Einer der größten Erfolge einer einzigen Geleitzugoperation schien sich anzubahnen. Ein Gefühl des Stolzes ergriff uns, als die Fanfaren ertönten, obgleich wir noch nicht endgültig zur U-Bootwaffe gehörten. Die Begeisterung schlug höher, als der Flottillenchef in die Messe trat. Er ging zu seinem Stuhl, wartete einen kurzen Augenblick, bis jeder einen Platz gefunden hatte; dann wandte er sich an die Versammlung: »Meine Herren, wir haben zahlreiche Funksprüche von unseren Kommandanten aufgefangen, die gegenwärtig das englische Geleit über den Atlantik jagen. Nach diesen Meldungen ist die Zahl der versenkten Schiffe auf vierzehn angestiegen; es sind ungefähr 85 000 Tonnen vernichtet. Ein Zerstörer wurde ebenfalls versenkt. Dies, meine Herren, ist bei weitem die erfolgreichste Jagd. Die Atlantikschlacht ist unsere Schlacht. Es sind unsere U-Boote, die dem Gegner die Bedingungen diktieren.«

Wir ergriffen unsere Gläser und stießen auf den weiteren Erfolg der Operation an; dann ließen wir uns zum Essen nieder. Die Neuigkeit war das Hauptthema unserer Unterhaltung. Mit der stetigen Zunahme unserer U-Boote im Nordatlantik erreichten die Verlustziffern der englischen Schiffahrt beispiellose Ausmaße.

In der Tat, wir hatten allen Grund zu der Annahme, daß unsere Hungerblockade gegen England bald erfolgreich sein würde. Überdies hatten unsere Armeen sich tief in feindliches Gebiet vorgearbeitet. Nach der Besetzung Polens wurde Norwegen nahezu über Nacht besiegt; Holland, Belgien und Frankreich waren innerhalb weniger Wochen überrannt und Dänemark ebenfalls besetzt worden. Unsere schweren Schiffe kontrollierten die europäischen Gewässer bis weit in die Arktis. Es schien mir, daß nur noch eine einzige Sache übrigblieb: die Verschärfung des U-Bootkrieges gegen England, um die Briten auszuhungern und zur Übergabe zu zwingen.

Nach dem Essen versammelten wir Neuankömmlinge uns auf dem Oberdeck der *Lech,* um neue Befehle zu erwarten. Endlich, um 14 Uhr 30, passierte der Adjutant unsere Gruppe, indem er ein Bündel weißer Papiere schwenkte. Wir folgten ihm in die inzwischen leere Messe, umringten ihn und zogen nervös an unseren Zigaretten, während er umständlich die Bogen sortierte. Schließlich begann der Adjutant zu sprechen. Er rief unsere Namen in alphabetischer Reihenfolge auf und nannte die Häfen, in denen wir uns an Bord unserer Schiffe zu melden hatten. Da mein Name am Ende der Liste stand, wurde meine Geduld auf eine harte Probe gestellt. Mancher Kamerad hatte besonderes Glück und wurde auf ein Boot kommandiert, das an der Tirpitz-Mole lag. Einige sahen sich jedoch genötigt, in andere Häfen zu reisen. So wurden meine Freunde Ahlers, Busch und Faust nach Bremerhaven befohlen. Goebel, Gerloff und Fred Schreiber wurden zum U-Bootstützpunkt in Königsberg beordert. Über-

glücklich schlugen sie die Hacken zusammen und eilten in die Schreibstube, um ihre Marschbefehle in Empfang zu nehmen. Dann schloß der Adjutant mit den Worten: »Diejenigen, die sich in Bremerhaven, Danzig oder Königsberg zu melden haben, müssen den nächsten Zug benutzen. Es bleibt keine Zeit für ein letztes Tête-à-tête mit euren Mädchen, meine Herren Fähnriche. Die Pflicht geht vor dem Vergnügen. Fähnrich Werner hält sich hier an Bord der *Lech* zur besonderen Verwendung bereit.«
Ich war betäubt, verwirrt. In der Hoffnung, daß jemandem ein Fehler unterlaufen war, näherte ich mich dem Adjutanten und fragte ihn, warum man gerade mich auf der *Lech* aufs Trockene gesetzt habe.
»Machen Sie sich keine Sorgen«, antwortete er geringschätzig. »Sie kommen noch schnell genug an die Front. Ihr Boot, U-551, ist noch auf Feindfahrt. Sie müssen sich schon gedulden, bis es zurückkommt.«
»Wann wird das Boot erwartet, Herr Leutnant?«
»Das kann ich nicht genau sagen. Aber wenn's Ihnen irgendwie hilft, kann ich Ihnen verraten, daß das Boot bereits per Funkspruch den Abbruch seiner Unternehmung gemeldet hat.«
Zu meiner Erleichterung hörte ich, daß ich einer erfahrenen Besatzung zugeteilt werden sollte. Trotzdem war ich ein enttäuschter und etwas neidischer Fähnrich, als ich die Hände meiner abschiednehmenden Freunde schüttelte. Später an jenem Nachmittag wurde mir befohlen, mich zur Verfügung des Adjutanten zu halten, mit dem Hinweis, daß es in Zukunft meine Aufgabe wäre, die Offiziere der Flottille mit den Verkehrsbooten über die Förde nach Kiel und in die Werften zu fahren. Ich war tief enttäuscht. Ich hatte eine verantwortliche Stellung erwartet und wurde nun mit einer mehr oder weniger geringen Aufgabe betraut, die jeder Bootsmannsmaat hätte ebensogut ausführen können. Ich versuchte vergeblich, den Adjutanten zu überzeugen, daß ich noch nie ein derartiges Fahrzeug gesteuert hätte. »Wir werden sehen, Fähnrich«, sagte er, indem er mich an Bord eines der Boote nahm, »wenn Sie wirklich noch nie eine Pinasse gefahren haben, werden Sie es eben lernen müssen.« Trotz meiner Anstrengungen, einige miserable Manöver zu fahren, schien der Adjutant mit meiner Leistung zufrieden, und zu meinem größten Mißvergnügen fand ich mich am Ende der kurzen Prüfungstour für die Barkassen der Flottille verantwortlich.
Mehrere Tage vergingen. U-551 war noch nicht von Feindfahrt zurückgekehrt. Von Zeit zu Zeit wandte ich mich an den Funkoffizier, um Neuigkeiten aus erster Hand zu erfahren. Ich wurde immer ruheloser, während ich meinen Crewkameraden zusehen mußte, wie sie sich für ihre erste Unternehmung vorbereiteten. Dann kam der Tag, der alle meine Hoffnungen auf ein baldiges Auslaufen zerschlug. Der Adjutant brachte mir die Hiobsbotschaft, daß U-551 nie wieder zurückkehren würde. Das Boot war im Nordatlantik verlorengegangen.

Ich nahm an, daß ich nach diesem Verlust sofort auf ein anderes Boot kommandiert werden würde. Als aber nach mehreren Tagen nichts geschah, wurde ich nervös und besorgt. Ich vermutete, daß der Adjutant es vorsätzlich übersehen hatte, mir ein neues Kommando zuzuteilen, um den nunmehr eingespielten Pendelverkehr über die Förde nicht zu unterbrechen. Ich tat alles, um meine zweitrangige Betätigung mit einem Frontkommando einzutauschen, und es gelang mir an einem der folgenden Tage, mich beim Frühstück neben den Flottilleningenieur zu setzen, den ich als einen wohlwollenden Offizier kannte. Nach einer kurzen Unterhaltung über unwichtige Dinge steuerte ich auf mein Vorhaben zu und erklärte ihm meine unangenehme Situation. Ohne Umschweife versprach er, etwas für mich zu tun. Obwohl ich nicht ganz sicher war, ob er sein Versprechen im Ernst gegeben hatte, oder nur, um mich loszuwerden, kam der Erfolg auf dem Fuße. Bereits am folgenden Nachmittag wurde ich zum Adjutanten gerufen. Ausdruckslos übergab er mir einen Zettel. Innerhalb einer Sekunde war mir klar, daß ich meinen Marschbefehl in Händen hielt. Ich klappte die Hacken zusammen, grüßte und verließ die Schreibstube, so schnell ich konnte. Draußen an Oberdeck las ich den Befehl in allen Einzelheiten durch. Er wies mich an, mich unverzüglich auf U-557 im Hafen Königsberg zu melden.

Gegen 21 Uhr am selben Abend rollte mein Schnellzug in den Stettiner Bahnhof in Berlin. Der Bahnsteig war trotz der späten Stunde von Reisenden und Soldaten aller Wehrmachtsteile überfüllt. Unter dem Gewicht meiner beiden schweren Koffer stöhnend, wechselte ich zur S-Bahn über und fuhr die kurze Strecke zum Bahnhof Friedrichstraße. Bevor ich Kiel verlassen hatte, war es mir gelungen, meiner blonden Marianne ein Telegramm zu schicken. Ich hatte sie seit dem letzten Dezember nicht mehr gesehen, und ein Rendezvous war längst überfällig. Ich hoffte, sie in einem kleinen Café nahe der Scala zu treffen, wo wir gewöhnlich aufeinander warteten. Ich wußte, daß Marianne ebenso zuverlässig wie schön war.

Sie kam tatsächlich nur fünf Minuten zu spät. Ihr Gesicht und ihre Augen leuchteten wie damals, als ich sie zuerst getroffen hatte - in einer lauen Sommernacht am Bodensee kurz vor dem Krieg. Als wir das Café verließen, war es eine unausgesprochene Vereinbarung zwischen uns, daß wir in dieser Nacht zusammenbleiben würden. Nur wenige Schritte entfernt im Osten lag die Friedrichstraße, die pulsierende Ader Berlins. Sie war in Dunkelheit gehüllt. Nur einige abgeblendete Straßenlaternen erlaubten uns, den Weg zu finden. Trotz der späten Stunde war die Friedrichstraße voll von Zivilisten, Soldaten und Seeleuten, alle damit beschäftigt, sich einen Weg durch die verdunkelte Stadt zu bahnen. Marianne und ich schritten nach Norden, passierten den Bahnhof und näherten uns dem dunklen, ruhigen Stadtteil Moabit. Nur gelegentlich sahen wir eine einsame Seele oder ein Auto mit abgeblendeten Scheinwerfern an uns

vorbeihuschen. Wir hatten gehofft, in einer kleinen Pension Asyl zu finden, drückten aber einige Dutzend Klingeln, ohne daß sich eine Tür öffnete. Wir gingen die Straße wohl über eine Stunde auf und ab, bis wir eine kleine Absteige und ein winziges Zimmer für die Nacht entdeckten.
Es war lange nach Mitternacht, als plötzlich die Sirenen aufheulten. Ich hatte bereits vergessen, daß Krieg war und die Tommies gelegentlich durch unsere Luftverteidigung schlüpften. Nach kurzem Zögern entschlossen wir uns zu bleiben, wo wir waren, und nicht in einem Keller Schutz zu suchen. Während die Flak in kurzen Abständen bellte und hämmerte, hörten wir das Sausen fallender Bomben, gefolgt von gedämpften Explosionen.
Wir entschieden uns für ein Frühstück im *Café Wien* auf dem Kurfürstendamm. Dort sahen wir keinerlei Zeichen des nächtlichen Angriffs. Die Welt sah an jenem klaren Aprilmorgen so friedlich aus wie ehedem. Läden, Cafés und Hotels waren belebt wie immer. Die berühmte Allee war wie die Bühne einer modernen Schau, und als die Kirchenglocken die Stunde schlugen, war es wie an jedem sonnigen Sonntag vor dem Krieg.
Der Augenblick des Scheidens kommt immer zu früh; aber an jenem Tag war ich nicht ganz sicher, ob ich es vorgezogen hätte, meine Abreise zu verschieben. Obwohl ich mich in meiner Liebe zu Marianne ganz behaglich fühlte, war, so fand ich, meine Liebe zur Marine von dauerhafterer Natur. Es war kurz vor Sonnenaufgang, als wir uns auf dem Bahnhof zum Abschied küßten, und wir versprachen uns gegenseitig, sobald der Krieg es erlauben würde, uns wiederzusehen.
Die weiten Ebenen von Pommern streckten sich endlos entlang der Geleise. Heidekraut wechselte mit Kiefernwäldern. Vor dem Krieg hatte man auf einer Reise nach Königsberg die deutsche Grenze zweimal überschreiten müssen. Man zeigte seinen Paß, wenn man von Westpreußen nach Polen überwechselte, und präsentierte ihn einige Stunden später nochmals, wenn man Polen verließ und nach Ostpreußen hineinfuhr. Heute war die Überquerung der Grenze sehr einfach geworden.
Ich überquerte die Schlachtfelder des Krieges mit Polen ohne Aufenthalt und kam bei Einbruch der Dunkelheit in Königsberg an. Ich war verblüfft, den Bahnhof völlig erleuchtet vorzufinden, gerade als ob tiefster Frieden herrsche. Straßenlampen, Neonleuchten, Ladenfronten und Schaufenster tauchten die Straßen in strahlende Helle. Trotz der umständlichen Beschreibung eines Polizisten fand ich die Werftanlagen, wo U-557 vertäut liegen sollte. Längsseits einer steinernen Mole erkannte ich im Dunkeln einige U-Boote. Ich blieb für einen Augenblick stehen, starrte auf die langen Boote, die wie schwarze, schmale Dolche in dem trüben Wasser lagen, und fragte mich insgeheim, welches mich wohl in den Kampf tragen würde.
In einiger Entfernung lag an der Pier ein eleganter Ozeanriese. Er war

blendendweiß gestrichen und wie ein Weihnachtsbaum erleuchtet. In der Annahme, daß das weiße Schiff das Hauptquartier der Flottille war, schleppte ich mein Gepäck über die schräge Stelling und meldete mich beim wachhabenden Offizier. Dieser verwies mich an den Unteroffizier vom Dienst. Der UvD schickte mich zum Zahlmeister, einem Überbleibsel der friedensmäßigen Besatzung, der mir schließlich eine Kabine zuwies. Hungrig und erschöpft fiel ich in einen einladenden Lehnstuhl. Ich war endlich an meinem Ziel angelangt.

Es war spät, als ich eine Expeditionsreise durch das Schiff unternahm, um den *Dining Room* und etwas zum Essen zu finden. Als ich an der Bar vorbeischlenderte, entdeckte ich meine Crewkameraden Günther Gerloff und Rolf Göbel, die etwa zwei Wochen zuvor von Kiel abgereist waren. Ich näherte mich ihnen vorsichtig von hinten, schlug gleichzeitig auf ihre Schultern und sagte: »Na, ihr Helden, wie kommt es, daß ihr nicht auf See seid?«

Beide fuhren herum. Göbel, pausbackig und mittelgroß, entgegnete mit gespielter Würde: »Du hast überhaupt nichts zu fragen, du Landratte. Aber zu deiner Information - wir sind heute nach einer langen Übungsfahrt zum erstenmal wieder an Land.«

Gerloff, hochgewachsen und blond, fügte lächelnd hinzu: »Siehst du die Salzkrusten auf unseren Lippen? Die lösen sich nicht mehr mit Wasser auf. Wir probieren es jetzt mit Alkohol. Du kannst ja mal raten, wie lange wir auf See waren.«

»Gib mal nicht so an, Hein Tatendrang. Ich werde euch bald eingeholt haben«, gab ich zurück.

»Aber nicht, wenn sie dich wieder zum Motorbootfahren im Hafen behalten«, antwortete Göbel.

»Macht euch über mich keine Sorgen! Diesmal habe ich ins Schwarze getroffen. Ich bin auf U-557 kommandiert. Wißt ihr zufällig, wo das Boot liegt?«

»Mensch, was für ein Treffer! Das ist unser Boot«, sagte Gerloff. »Der Alte wird verrückt, wenn er von deiner Zukommandierung erfährt.«

Das redselige Paar begann sofort, mir ein Seemannsgarn über ihre ersten Erfahrungen an Bord eines U-Bootes aufzutischen. Ihre Begeisterung für die Waffe, den Kommandanten und die Besatzung war tief und echt und nicht nur das Ergebnis übermäßigen Alkoholgenusses. Ich vergaß meinen Hunger, hörte zu und spülte ihre Erzählungen mit mehr Drinks, als ich gewohnt war, hinunter. Es war lange nach Mitternacht, als ich endlich meinen schweren Kopf, der wie ein Kreisel surrte, auf ein Kissen legte.

2

Kurz vor 8 Uhr am nächsten Morgen meldete ich mich an Bord von U-557 zum Dienstantritt. Das Boot war stark vom Wetter mitgenommen. Der Turm glich einem surrealistischen Gemälde. Die Mennige, der rote Schutzanstrich, wurde in langen Strähnen unter der abgesplitterten grauen Deckfarbe sichtbar. Überall hatte sich Rost gebildet, an der Brückenverkleidung wie auch am Rohr der übermäßig eingefetteten 8,8-cm-Kanone auf dem Vordeck. Eine dünne grüne Schicht von Algen bedeckte die hölzernen Planken des Oberdecks. Das ungepflegte Äußere des Bootes war das Ergebnis monatelanger Erprobungsfahrten in der Ostsee; ich fand sein Aussehen ganz in Ordnung und höchst interessant.

Ich trat vor den Kommandanten, überreichte meinen Marschbefehl und meldete vorschriftsmäßig: »Fähnrich Werner meldet sich an Bord.«

Er warf einen Blick auf das Papier und knurrte: »Was, zum Teufel, hat die Führung veranlaßt, mir einen dritten Fähnrich zu schicken? Ich bin genug bestraft mit zweien von Ihrer Sorte - Anfängern, die noch keinen echten U-Bootmief gerochen haben!« Mit einem unmißverständlichen Fluch machte er seinem Ärger Luft und gab zugleich der Hoffnung Ausdruck, daß ich mich vielleicht als zusätzlicher Ballast nützlich machen könnte.

Das Barometer meiner Begeisterung sank augenblicklich. Obgleich ich über den eigenartigen Empfang enttäuscht war, machte der Kommandant einen starken Eindruck auf mich. Oberleutnant Ottokar Paulshen war ein mittelgroßer, kräftig gebauter Offizier, Anfang der dreißiger Jahre. Er hatte blonde, leicht gelichtete Haare und blaue Augen, die klug unter dem Schild seiner weißen Mütze hervorschauten. Die goldgestickten Ornamente der weißen Mütze, die nur der Kommandant an Bord tragen durfte, zeigten Spuren von Grünspan. Er trug eine lange, hellgraue Lederjacke, deren Säume an den Schultern und Taschen mit weißem Segelgarn musterhaft geflickt waren. Eine kunstvoll geflochtene Pfeifenschnur, die nahezu weiß gebleicht war, reichte von seinem linken Schulterstück in die linke

Tasche. Seine Füße steckten in etwas zu großen, mit Filz ausgelegten Lederstiefeln, die unter den langen, faltigen Lederhosen hervorschauten. Alles in allem glich Paulshen dem Idealbild, das ich mir von einem U-Bootkommandanten gemacht hatte.
Ohne Rücksicht auf Formalitäten befahl er mir, mich aus meiner blauen Galauniform herauszuschälen, und überließ mich dann dem Zweiten Wachoffizier, dem II. W. O. Ein hagerer Mann, schätzungsweise zwei Jahre älter als ich, stellte sich als Leutnant Seibold, Wach- und Funkoffizier vor. Wir schüttelten uns kräftig die Hände.
Leutnant Seibold beantwortete meine Fragen, bevor ich Zeit hatte, sie zu stellen. Er berichtete, daß U-557 gerade seine siebenmonatige Erprobungszeit in der Ostsee beendet hatte. Die Besatzung bestand aus 48 Mann - wir drei Fähnriche noch nicht einbegriffen - und setzte sich aus vier Offizieren, drei Oberfeldwebeln, vierzehn Unteroffizieren und siebenundzwanzig Heizern, Mechanikern, Seeleuten, Torpedomechanikern, Elektrikern und Funkern zusammen. Ein Teil der Männer war bereits an der Front gefahren, und mit ihrer Hilfe und Erfahrung hatte Paulshen aus Boot und Besatzung eine kampffähige und wirksame Kriegsmaschine geschmiedet, die bereit war, das Werk der Zerstörung zu beginnen. Paulshen, fuhr Seibold fort, war ein Veteran der U-Bootwaffe. Während des spanischen Bürgerkrieges hatte er auf einem U-Boot gedient, das als Teil der Internationalen Kontrollkommission das Mittelmeer, den Atlantik und die Biskaya abpatrouillierte. Nach Ausbruch des Krieges hatte Paulshen als Kommandant eines Schulbootes manche Besatzung ausgebildet, die nun auf erfolgreichen U-Booten den Atlantik befuhr. Am Ende dieser kleinen Geschichtsstunde befahl Seibold dem ersten Bootsmannsmaat, mir bei der Beschaffung der notwendigen Bordausrüstung behilflich zu sein.
Zusammen mit der seemännischen »Nummer eins« kehrte ich auf den blendendweißen Luxusdampfer zurück. In der Kleiderkammer empfing ich drei U-Bootpäckchen (olivgrünes Arbeitszeug), eine Lederjacke, Lederhose, Ölzeug für schlechtes Wetter, zwei blaue Pullover, gestrickte blaue Unterwäsche, Gummistiefel, mit Filz ausgelegte Lederstiefel, dicke Lederhandschuhe, Fernglas, Sonnengläser und eine Menge kleinerer Gegenstände. Ich mußte den Weg von der Kleiderkammer zu meiner Kabine dreimal wiederholen, um den unerwarteten Ausrüstungssegen unterzubringen.
Ich war gerade dabei, mich in eines der neuen, nach Mottenpulver riechenden U-Bootpäckchen zu zwängen, als Rolf Göbel in meine Kabine stürmte und dabei beinahe die Tür aus den Scharnieren hob. »He, Seemann, pack' deine Sachen«, rief er. »Um 14 Uhr ist seeklar. Auf geht's und zurück nach Kiel.«
»Verrückte Welt!« knurrte ich. »Von da komme ich gerade. Ohne meinen Abstecher nach Berlin hätte sich die Reise wahrhaftig nicht gelohnt.« Ich

packte hastig meine Sachen, trug mein gewaltig angewachsenes Eigentum in mehreren Gängen auf U-557, zwängte mich durch das vordere Luk in die ungewohnte, bedrückende Enge der Stahlröhre und warf mein Zeug in eine der schmalen Kojen der Oberfeldwebelmesse.
14 Uhr. U-557 löste sich sacht von der Pier. Von den geräuschlosen Elektromotoren angetrieben, glitt das Boot in vollständiger Stille dahin. Paulshen manövrierte es geschickt in das Fahrwasser und schaltete dann auf Dieselantrieb um. U-557 machte bald schnelle Fahrt und nahm Richtung auf die offene See.
Als die Silhouette von Königsberg langsam hinter der Kimm verschwand, befahl der Kommandant die dritte seemännische Wache auf die Brücke. Dann ging das Boot auf westlichen Kurs. Harte, kurze Brecher trafen es von Steuerbord voraus. Feiner Sprühregen überschüttete die Aufbauten. Die Raucher auf der Brücke warfen ihre Zigaretten über Bord und verschwanden durch das Turmluk im Boot. Ich folgte ihnen und schwang mich auf der senkrechten Aluminiumleiter in die lange, enge Röhre. Hier unten war alles friedlich. Jeder einzelne hatte seinen bestimmten Platz eingenommen. Das einzige Geräusch, das ich in den vorderen Räumen hörte, war das monotone Klopfen der Diesel.
Oberleutnant Kern, der Erste Wachoffizier, I. W. O., fing mich im Mittelgang ab und hielt mir eine strenge, fast dramatische Vorlesung über meine bevorstehenden Pflichten. Er teilte mich der zweiten seemännischen Wache zu; bestimmte, daß ich bei Überwasserfahrt als Ausguck auf die Brücke aufzuziehen und im Tauchzustand als Seiten- und Tiefenrudergänger meine Lehrjahre zu ergänzen, außerdem dem Obersteuermann Wiesner mit Standortberechnungen zur Hand zu gehen und schließlich dem II. W. O., Seibold, die Entzifferung von sogenannten Offiziersfunksprüchen abzunehmen hätte. Darüber hinaus befahl er mir, meine Freizeit mit ihm, Kern, und Feder, dem Leitenden Ingenieur, zu verbringen. Sie würden mich schnellstens mit der Konstruktion des Bootes, Maschinen, Einrichtungen, Regel- und Trimmzellen, mit dem Torpedo-Vorhaltrechner sowie mit der Torpedo- und Artilleriebewaffnung vertraut machen. Schließlich riet er mir mit besonderem Nachdruck, den Rest meiner Zeit mit dem Studium technischer Handbücher auszufüllen, damit ich auf kürzestem Wege den Ausbildungsstand der Besatzung erreichte. Dann nahm er mich auf einen Gang durch das Boot.
Die Tour verwandelte sich augenblicklich in ein ernüchterndes Experiment. Nach einigen Schritten verlor ich die Orientierung. Ich stieß mit dem Kopf gegen Rohrleitungen, Luftschächte, Handräder, Instrumente und die niedrigen, runden Kugelschotten in den drucksicheren Wänden, die die einzelnen Räume abteilten. Es war mir, als kröche ich durch einen Flaschenhals. Besonders unangenehm war, daß das Boot in der zunehmenden See stark zu schaukeln begann. Um das Gleichgewicht nicht zu verlieren,

suchte ich fortwährend nach einem Halt und stolperte wie ein Betrunkener über die Flurplatten. Dabei wurde mir klar, daß ich von nun an meinen Kopf einzuziehen, mit weichen Knien zu gehen und mit dem Boot zu schwingen hatte - andernfalls würde ich nicht einen einzigen Tag in der Tauchröhre überleben.
Als wir durch die Zentrale schwankten, beugte ich mich unter der Verlängerung des Zentraleluks zum Turm. Ohne Warnung kam im gleichen Augenblick ein schwerer Brecher krachend durch den Turm herab und durchnäßte mich bis auf die Haut. Die alten Veteranen lachten laut. Der I. W. O., der die Taufe wahrscheinlich vorausgesehen hatte, verbarg sein Lächeln und fuhr fort, mir die Konstruktion des Unterwasserwunders zu erklären.
Das Boot war in vier druckfeste Räume aufgeteilt. Das Achterschiff enthielt die Dieselmaschinen, Elektromotore und Generatoren, elektrische Einrichtungen, Luftverdichter, Handruderanlage und achteres Torpedorohr. Die beiden starken Diesel verliehen dem aufgetauchten Boot eine Spitzengeschwindigkeit von 19 Meilen. Zwei Elektromotore, die von umfangreichen Batterien gespeist wurden, trieben das Boot vorwärts, wenn es getaucht war. Höchstfahrt unter Wasser war allerdings nur 8 Meilen, und diese konnte nur etwa eine Stunde gehalten werden, danach war die Kapazität der Batterien erschöpft. Jedoch konnte sich das Boot bei einer Marschgeschwindigkeit von ungefähr zwei Meilen bis zu drei Tagen unter Wasser halten. Die Batterien mußten unter normalen Umständen alle 24 Stunden nachgeladen werden. Das konnte nur an der Oberfläche geschehen, da die Batterien mittels Generatoren aufgeladen wurden, die wiederum von den Dieseln angetrieben werden mußten.
Vor dem Dieselraum waren eine kleine Kombüse, ein WC, der Unteroffiziersraum und unter den Flurplatten die eine Hälfte der 50 Tonnen schweren Batterien untergebracht. In der druckfesten Abteilung mittschiffs befand sich die Zentrale, das Herz und Hirn des Bootes. Dieser Raum war überladen mit Rohrleitungen, Ventilen, Manometern, Handrädern, Wasserstandsgläsern, Schaltern, Kabeln, Luftschächten und Kontrollapparaten. Die wichtigste Einrichtung bestand aus Kreiselkompaß, Magnetkompaß, Seiten- und Tiefenruderanlage, Luftzielsehrohr, Lenzpumpen, Lufterneuerungsanlage, Frischwassererzeuger, Kartentisch und Trimm- und Regelanlagen.
Die vordere Abteilung enthielt den Funkraum, Horchraum, die kleine Kommandantennische, Offiziers- und Oberfeldwebelmessen mit Kojen, eine Andeutung von einem WC, den Bugraum mit vier Torpedorohren, Reservelagerungen und Kojen für die Mannschaft und schließlich unter den Flurplatten der Offiziers- und Feldwebelmessen die zweite Hälfte der Batterien. Diese drei druckfesten Abteilungen waren wiederum in sieben Räume unterteilt, die mit wasserdichten Schotten versehen waren und

einen Druck von etwa zehn bis zwölf Atmosphären, gleich dem einer Wassertiefe von etwa 110 Metern, aushalten konnten.
Die vierte und kleinste Abteilung, der Turm, enthielt das Angriffssehrohr, Torpedovorhalterechner sowie die zweite Steuerungsanlage. Tauchtanks, Regler- und Trimmzellen, Treibstoffbunker und Frischwasserzellen waren im Boot verteilt und zumeist in den Außenbordbunkern untergebracht.
Nachdem ich durch die Gesamtlänge der Stahlröhre gegangen war, war ich von ihrer Kompliziertheit überwältigt und von den oberflächlichen Erklärungen des I. W. O. vollständig verwirrt. Ich war überzeugt, daß es mich Jahre kosten würde, mir seine Kenntnisse, die Erfahrungen des Leitenden Ingenieurs und die Fähigkeiten des Kommandanten anzueignen.
Noch tief beeindruckt von dem Gesehenen, lehnte ich mich über den kleinen Kartentisch in der Zentrale und versuchte aus der Koppelei des Obersteuermanns klug zu werden. Ein plötzlicher Befehl des Kommandanten wehte von der Brücke ins Boot:
»Auf Tauchstationen - Alarm zur Übung!«
Der Befehl wurde einigemal im Boot wiederholt, ein kurzes Hin und Her, dann kam die Brückenwache die Aluminiumleiter hinuntergestürzt. Die Alarmglocke gellte durch das Boot. Maschinisten hingen an den langen Hebelarmen schnell wirkender Hebelventile, um den Tauchvorgang zu beschleunigen. Andere drehten wie die Teufel zahlreiche Handräder. Mit lautem Getöse entwich die Luft aus den Tauchtanks, und das Seewasser drang gurgelnd ein. U-557 wurde schnell stark vorlastig, und ich mußte mich am Kartentisch festhalten, um nicht auf die Flurplatten geschleudert zu werden. Ich wurde erneut daran erinnert, mächtig auf der Hut zu sein, weil ich sonst mehr fliegend als stehend die Reise überstehen würde.
Da - ein Ruf - durchdringend und schneidend: »Wassereinbruch im Dieselraum, Dieselluft-Fußventil läßt sich nicht schließen.«
U-557 schoß mit einer Vorlastigkeit von 35 Grad in die Tiefe. In der gleichen Sekunde schrie der Maschinengefreite neben dem achteren Kugelschott: »Dieselluft-Kopfventil klemmt.«
Paulshen handelte sofort und brüllte: »Preßluft auf alle Tanks - beide Tiefenruder oben - auftauchen . . .«
Sekunden des Wartens. Die Nadel des Tiefenmanometers schwang auf 60 Meter, dann auf 70, 85, 110 Meter. Plötzlich pendelte das Boot durch - und sackte dann mit dem Heck nach unten. Ich konnte mich gerade noch an einer Rohrleitung festhalten. Das Boot fiel schnell und mit zunehmender Achterlastigkeit dem Boden der Ostsee entgegen. Der Fall war so jäh, daß alles, was nicht festgezurrt war - Koffer, Kisten, Büchsen -, durch den Mittelgang achteraus flog. Die beiden Tiefenrudergänger wurden von ihren Sitzen hochgehoben und in die Ventilstation geschleudert. Ein Mann schnellte durch die runde Öffnung des vorderen Kugelschotts, konnte sich aber im letzten Augenblick daran festhalten.

Der Leitende schien sofort die Lage zu übersehen und rief: »Stop Anblasen - beide E-Maschinen äußerste Kraft voraus . . .«
U-557 fiel weiter dem Meeresboden entgegen. Aus dem Dieselraum kam ein lautes Getöse. Tonnen von Seewasser rauschten durch den Zuluftschacht ins Boot. Dann schlug es mit einem heftigen Stoß auf. Das Licht erlosch. Ich verlor meinen Halt und landete auf dem Obersteuermann, der selbst über einem Zentralemaat lag. Dann war alles sehr still.
Eine hohle Stimme kam wie aus einem Grab aus den achteren Räumen: »Diesellluft-Fußventil ist geschlossen und gesichert.«
Der Wassereinbruch war bewältigt. Aber das Boot, sein Heck tief im Seesand vergraben, hing mit fünfziggradiger Achterlastigkeit in der Ostsee und schwang wie ein Pendel sachte hin und her.
»Hilfsbeleuchtung einschalten - alle Mann zum Bugraum!« Das war die ermutigende Stimme des Kommandanten. Unmittelbar darauf zuckten einige Lichtkegel durch den Raum, und schattenhafte Gestalten begannen nach voraus und oben zu klettern. Mit einem schnellen Seitenblick sah ich, daß die Nadel des Tiefenmessers 142 Meter anzeigte. U-557 schien für immer im Schlick verankert zu sein, unerreichbar für Rettungsfahrzeuge. Der Stromkreis war völlig ausgefallen. Die Batterien hatten eine Menge Säure verloren; den Batterieräumen entwichen giftige Chlorgase. Die Gefahr einer Explosion stand plötzlich wie ein Todesurteil vor uns auf. Meine Gedanken über die beinahe hoffnungslose Lage wurde von einer Stimme unterbrochen, die durch ein Sprachrohr kam: »Hier Heckraum - Maschinengefreiter Eckstein ist tot.«
Augenblicklich jagte der Gedanke durch mein Hirn, daß Eckstein den besseren Teil abbekommen hatte. Wenn nicht die tödlichen Gase unsere Lungen zerfraßen, mußten wir aus Mangel an Sauerstoff kläglich ersticken. Wir krochen auf Händen und Knien nach oben, stemmten unsere Füße gegen eine Pumpe, ein Ventil oder eine Rohrleitung. Flach auf den Flurplatten vorwärtsrobbend, schaute ich in die Gesichter der Männer, die ich kaum kannte. Durchnäßt, mit Öl und Fett beschmiert, schmutzig und schwitzend, folgten sie Paulshens Befehl, ohne irgendeine Gefühlsbewegung zu zeigen. Wir alle waren plötzlich wertvoller Ballast geworden. Es war in der Tat eine Ironie, daß der Kommandant mich als überflüssigen Ballast bezeichnet hatte, als ich mich am Morgen an Bord meldete.
Die Leute sammelten sich im vorderen Torpedoraum. Aber der Bug des Bootes senkte sich nur geringfügig. Es schien in seiner Lage festgerammt zu sein; das ungeheure Gewicht des Wassers in den achteren Bilgen wirkte wie ein Anker. Ich hörte den Kommandanten sich mit dem L. I. in der Zentrale unterhalten. Ich konnte die beiden durch die runde Öffnung des Kugelschotts in dem gering beleuchteten Raum erkennen. Es war, als stände ich auf der obersten Etage eines zehnstöckigen Treppenhauses und schaute in das Vestibül im Erdgeschoß.

Paulshen befahl, daß fünfundzwanzig Männer eine Eimerkette bilden und das Wasser von den überfluteten Maschinenräumen in die Bilge des Bugraums transportieren sollten, um auf diese Weise das Boot auf ebenen Kiel zu legen. Ich konnte nicht länger untätig bleiben, schloß mich dieser Gruppe an und rutschte, auf den Flurplatten sitzend, den steilen Mittelgang nach unten und achteraus. Im Dieselraum angekommen, sah ich das schwarze, ölige Wasser den größeren Teil des Heckraums ausfüllen. Außer Reichweite, im Gestänge des achteren Torpedorohrs, hing der tote Mechaniker. Seine rechte Schläfe war aufgespalten. Blut entstellte sein gelbes Gesicht.

Die dunkle, scheinbar zähe Flüssigkeit, die das Heck ausfüllte, schien mir wie ein Meer, zu weit und zu tief, um sich mit Eimern und Büchsen verteilen zu lassen. Ich war nahezu überzeugt, daß unsere Anstrengungen, das Wasser zum Bugraum zu befördern, nur unnötigerweise Sauerstoff verbrauchen würden. Trotzdem begann ich aus schierer Verzweiflung zu schöpfen. Wir reichten die vollen Eimer von Mann zu Mann durch unser eisernes, langes Grabmal und schütteten das ölige, salzige Wasser fortwährend über uns selbst und die Männer in der Kette unter uns. Während wir so versuchten, die vollen Büchsen nach oben zu reichen, rutschten wir grotesk über die nassen Flurplatten, unfähig, eine bestimmte Stellung lange einzuhalten. Nur allzuoft kam eine leere Büchse oder Kanne wie ein Geschoß an unseren Köpfen vorbeigeflogen. Einige stöhnten unter dem Gewicht der Eimer, andere stießen unterdrückte Flüche durch die Zähne, wenn das schmutzige Wasser über ihre Gesichter schwappte.

Drei Stunden vergingen. Wir zählten die Eimer, Büchsen und Kanister: »Vierhundertundzwanzig, vierhunderteinundzwanzig, ... zweiundzwanzig ...«

Vier Stunden. Fünf Stunden. Mit ungeheurer Anstrengung kämpften wir gegen Ermüdung und Selbstaufgabe. Der Wasserspiegel im Heckraum war nur wenig gefallen. Aber die Eimer gingen in ununterbrochener Kette weiter von Hand zu Hand. »Fünfhundertzweiundachtzig ... dreiundachtzig ...«

Nach sechsstündiger, harter Arbeit übernahm die zweite Hälfte der Besatzung ihren Törn. Die Luft war dick geworden. Sie roch nach Öl, Schweiß, Chlor und Urin. Unser Atem war kurz, unsere Bewegungen schwach. Und trotzdem fuhren wir fort, die Eimer weiterzureichen. Wir waren halb erstickt, halb ertrunken.

Nichts hatte sich nach vierzehnstündiger Tauchzeit geändert. Die erste Eimerbrigade hatte längst ihre zweite Schicht angetreten. Aber U-557 hatte seinen Bug nur unmerklich gesenkt. Paulshen, sichtlich verärgert, machte einen neuen Versuch, zum Leben zurückzukehren. Er befahl, die Eimerkette aufzulösen und in den Bugraum zurückzukehren.

Nach Luft ringend, arbeiteten wir uns in Richtung des aufragenden Vorderteils des Bootes. Als ich mich zwischen die Torpedorohre zwängte, ereignete sich das nahezu Unmögliche. Sehr langsam und sachte begann der Druckkörper zu schwingen. Mit einem gutturalen Laut entwichen plötzlich einige Luftblasen den Entlüftungen der vorderen Tauchzellen. Dann senkte sich der Bug und schlug mit einem dumpfen Geräusch auf den Grund auf.

Irgendwie zwangen sich die Männer zum Handeln. Der tote Mechaniker wurde in die Nische des Kommandanten gebracht und mit einer Persenning zugedeckt. Paulssen zog den grünen Vorhang zu und trennte damit seine Ecke vom Durchgangsverkehr. Er hatte dem Toten den besten Platz an Bord gegeben. Da die Stromzufuhr unterbrochen und damit die Lenzpumpen ausgefallen waren, wurde das überschüssige Wasser in den achteren Bilgen weiterhin mit Eimern verteilt, um den Trimm des Bootes wieder auszugleichen. Die Wasserschäden im E-Maschinenraum - Schäden, die auf See nicht behoben werden konnten - hatten auch unsere Kocheinrichtung ausgeschaltet, und der Smut verteilte auf Befehl des Kommandanten Fruchtkonserven: Pfirsiche, Birnen, Erdbeeren und Stachelbeeren. Die Stimmung hob sich im gleichen Maße, wie Hunger und Durst gelöscht wurden. Doch eine Tatsache stand noch drohend vor uns: Wir waren unsere eigenen Gefangenen, eingeschlossen in einem eisernen Sarg und lebendig begraben. Eine Wassersäule von 165 Metern lag über uns, und etwa 40 Tonnen Wasser hielten das Boot auf dem Meeresboden fest.

Der Leitende ging erneut an die Arbeit, um sich selbst und uns zu befreien. Ein kurzer Befehl - und Druckluft schoß mit einem zischenden Geräusch in die Tauchtanks. Aber das Boot blieb am Grund kleben. Mehr Luft rauschte und strömte durch die Leitungen. Immer noch kein Zeichen von Auftrieb. Dann versiegte das Getöse - der Luftstrom verebbte. Grabesstille. Unser Druckluftvorrat war verbraucht. Was blieb dem Leitenden noch zu tun übrig? Wir schienen verloren.

Der L.I. aber gab noch nicht auf. Er wirbelte herum und brüllte: »Alle Mann voraus. Hebt eure müden Glieder, los, los, meine Herren . . .«

Alles rannte und stolperte vorwärts. Im Bugraum angekommen, kommandierte uns der Leitende wieder achteraus. Außer Atem rannten wir zurück, stürzten in die entgegengesetzte Richtung, bückten uns durch die runden Kugelschotten, schlüpften und rutschten auf den nassen Flurplatten dahin. Im Heckraum hörten wir wieder die schneidende Stimme des L.I., wieder kehrten wir um und begannen nach vorne zu jagen wie wilde Stiere in einer Arena. Wir keuchten, husteten und rannten. Dann fast unmerklich, begann das Boot sich zu bewegen. Als wir in den Bugraum strömten, hob sich plötzlich das Heck. U-557 hatte sich freigearbeitet.

Die Männer eilten auf ihre Stationen. Nahezu unglaublich, doch ganz deutlich, hob sich der Bug, und das Boot trieb sachte und in völliger Freiheit aufwärts. Noch keuchend kam ich in der Zentrale an. Die Nadel des

Tiefenmessers zitterte bereits bei 140 Meter, schwang schnell auf 130 Meter und bewegte sich rapide über die Skala. Der L.I. rief mit unbändiger Freude zum Kommandanten im Turm: »Achtzig Meter, vierzig Meter, zwanzig Meter, Turm kommt frei, Boot ist aufgetaucht.«
Paulshen drückte einen Hebel - und das Turmluk flog auf. Unser zwanzigstündiger Aufenthalt in unserem eisernen Grabmal war zu Ende. Frische, kristallklare Luft strömte durch das Boot und erweckte alle Männer - bis auf einen - zu neuem Leben.
U-557 nahm seine unterbrochene Reise nach Kiel wieder auf und fuhr aufgetaucht westwärts. Bordroutine löste das aufregende Zwischenspiel ab. Eine Untersuchung ergab, daß ein Schraubenschlüssel im Dieselluft-Kopfventil unter dem Zigarettendeck eingeklemmt war. Niemand wußte, wie er dorthin gekommen war.
Während der nächsten beiden Tage und Nächte gewöhnte ich mich langsam an das Leben in der Tauchröhre und an das ewige Rollen und Schwanken. Ich machte mich mit den meisten Männern der Besatzung bekannt und nahm alle acht Stunden meinen Platz in der zweiten Brückenwache ein. Ich lernte, mit dem Boot zu schwingen, die Aluminiumleiter hochzusteigen oder herunterzugleiten, ohne mich zu verletzen, mein Gleichgewicht zu halten, wenn ich in schwerer See durch den Mittelgang balancierte, mich durch die runden Kugelschotten zu bücken, ohne Beulen zu bekommen, meine Mahlzeiten trotz des Stampfens und Schlingerns des Bootes einzunehmen, ohne Teile davon in den Bilgen zu verlieren; ich sammelte beachtliche Erfahrung in der Handhabung der Pumpe im WC und lernte, die verschiedenen Ventile in der richtigen Reihenfolge zu öffnen und zu schließen. Ich erfuhr, daß die Rauheit des Kommandanten nur eine Schale um einen verträglichen Charakter war, daß er verheiratet war und einen kleinen Sohn hatte und daß - zu unserer gegenseitigen Überraschung - wir praktisch zusammen aufgewachsen waren. Wir hatten dieselbe Realschule besucht und dieselben Professoren geärgert, hatten vom gleichen Brunnen auf dem Schulhof getrunken und das Segeln auf dem Bodensee lieben gelernt. Diese Entdeckung änderte jedoch Paulshens Haltung mir gegenüber keineswegs. Im Gegenteil. Ich glaube, daß er sogar, was meine Ausbildung betraf, härtere Anforderungen an mich stellte. Während meine beiden Crewkameraden Gerloff und Göbel seiner ständigen Beaufsichtigung entgingen, entwickelte er die Gewohnheit, mich nach einem ermüdenden Tag in meiner Koje aufzustöbern und mich für einen Wachtörn in den Maschinenraum zu schicken, anstatt mir etwas Ruhe zu gönnen. Trotzdem gelang es mir, meine verschiedenen Wachen durchzustehen, ohne dabei einzuschlafen.
Am fünften Tag unserer beinahe tödlichen Überführungsfahrt näherten wir uns gegen 7 Uhr dem Kieler Feuerschiff. Eine Stunde später passierten wir das Ehrenmal der Marine bei Laboe, das wie ein warnender Finger in

den Morgenhimmel ragte. Die Kieler Förde öffnete sich unter dem schillernden Frühnebel, und unser Boot fuhr vorsichtig durch den zunehmenden Verkehr immer tiefer in die Bucht, in Richtung Marinestützpunkt Kiel-Wik. Um 10 Uhr 30, am 26. April, kam U-557 an der Tirpitz-Mole längsseits.

Unser rostiges Boot machte achteraus des Tenders *Lech* fest. Die Leinen waren noch nicht vollständig gesichert, als Kern, der I.W.O., auch schon auf die Mole sprang und zu dem alten Dampfer an der Nordseite überwechselte, um für die Unterbringung der Besatzung zu sorgen und Ecksteins letzte Reise in seine Heimatstadt vorzubereiten. Für die nächsten zwei Stunden waren wir damit beschäftigt, durchnäßte Seesäcke, beschädigte Koffer und Kisten und halbverkommene Ausrüstungsgegenstände vom Boot zum Dampfer zu transportieren. Die Kammern auf dem großen Schiff unterschieden sich gewaltig von den engen Verhältnissen auf U-557. Ich richtete mich in einer Kabine dritter Klasse ein und kehrte dann in die Stahlröhre zurück, die inzwischen zum Zwecke der bevorstehenden Reparaturen und der anschließenden Ausrüstung zur Feindfahrt völlig ausgeräumt war. Sieben Monate härtester Ausbildung, die ihren dramatischen Höhepunkt in unserem unfreiwilligen Sturz in die Tiefe erreichte, hatten tiefe Wunden im Boot hinterlassen. Aber die Männer hatten bereits ihren Zusammenstoß mit dem Tod vergessen. Sie waren entspannt und verrichteten ihre Arbeit wie gewöhnlich. Die Lautsprecher in den einzelnen Abteilungen verbreiteten die Klänge der bekanntesten Schlagermelodien.

Ich war gerade dabei, meine letzten Kleinigkeiten aus einem Spind in der Oberfeldwebelmesse herauszufischen, als Gerloff sich durchs vordere Luk ins Boot zwängte und atemlos hervorstieß: »Hast du die letzten Nachrichten gehört?«

»Nein, schieß los, was ist denn so wichtig?« fragte ich.

»Kretschmer und Schepke sollen versenkt worden sein. Ich kann's nicht glauben.«

Aber die Nachricht wurde von Leutnant Seibold bestätigt. U-99 unter dem Befehl von Kapitänleutnant Kretschmer und U-100, Kapitänleutnant Schepkes Boot, waren tatsächlich beim Kampf mit einem Geleitzug im Nordatlantik vernichtet worden. Beide Kommandanten wurden als unbesiegbare Helden verehrt, und ihr Verlust - der erste, der nach achtzehnmonatigem U-Bootkrieg öffentlich bekanntgegeben wurde - bewies uns, daß die Schlacht zur See infolge intensiverer englischer Abwehrmaßnahmen an Härte zugenommen hatte. Kretschmer war unser Tonnage-König, er hatte nahezu 325 000 Tonnen feindlichen Schiffsraums und drei Zerstörer versenkt. Schepke, mit mehr als 250 000 Tonnen auf seinem Versenkungskonto, war gefallen, als sein Boot von dem Zerstörer gerammt wurde, der es an die Oberfläche gebombt hatte. Kretschmer dagegen

konnte sein sinkendes Boot rechtzeitig verlassen und geriet mit seiner Besatzung in englische Gefangenschaft.
Diese Doppeltragödie, die sich bereits am 17. März ereignet hatte, verwirrte die Bevölkerung. Hatten die Briten neue Waffen oder eine neue Technik der U-Bootabwehr eingeführt? Seit Beginn des Krieges war die Jagd nach feindlicher Tonnage verhältnismäßig leicht gewesen. Unsere U-Boote waren über Wasser schnell und wendig und konnten vor englischen Wasserbomben mit einer Mischung von Glück und taktischem Können untertauchen. Unsere bisherigen Verluste waren gering im Vergleich zu den Versenkungen, die unsere Boote dem Gegner beibrachten. Wir hatten keine Erklärung für den Verlust von Schepke und Kretschmer. Um die schlechte Nachricht abzudämpfen, veröffentlichte das Oberkommando der Wehrmacht einen Sonderbericht, der die Nation aufhören ließ. Danach hatten unsere U-Boote seit Beginn des Krieges über vier Millionen Tonnen feindlichen Schiffsraums vernichtet sowie ein Schlachtschiff, einen Flugzeugträger und achtzehn weitere Fahrzeuge der *Royal Navy* versenkt.
Am selben Nachmittag wurde U-557 in die Werft verholt. Eine vollständige Überholung der Anlagen, einschließlich der Diesel, E-Maschinen und Batterien, die durch unser nasses Tauchmanöver sehr gelitten hatten, war vorgesehen. Für die Dauer einer Woche fuhr die Besatzung zwischen der Tirpitz-Mole und dem Trockendock hin und her. Für mich ergaben sich völlig neue Erfahrungen in schneller Folge. Am ersten Werftliegetag wurde ich zum Marineamt gesandt, um unsere Navigationsunterlagen mit Seekarten vom Atlantik zu ergänzen; am zweiten Tag half ich dem I.W.O., unsere technische Bücherei mit Torpedo- und Artillerie-Handbüchern aufzufüllen; am dritten Tag machte Seibold von meinen bescheidenen Kenntnissen in der Verwaltung und meinem Vierfingersystem auf der Schreibmaschine Gebrauch. Feder, der L.I., wies mir die Aufgabe zu, unseren Proviant-Stauplan im Querschnitt aufzuzeichnen, und ich verfertigte Listen, die alles fiskalische Eigentum an Bord aufführten, wie Werkzeug, Ersatzteile, seemännische Ausrüstung, Lederlappen und Medizingläser. Die Offiziere zeigten dabei eine erstaunliche Fähigkeit, ihre Pflichten auf uns Fähnriche abzuwälzen, und meine Tage und Nächte waren deshalb mit einer Menge Kleinarbeit ausgefüllt.
Das Wochenende brachte endlich einige Erleichterung. Am Samstag fuhr ich mit Gerloff und Göbel nach Kiel, wo wir die Buchläden nach etwas Lesbarem für die langen Wochen auf See durchstöberten. Wir aßen gutes Wiener Gebäck in einem Café und erlaubten uns zum Abendessen die Extravaganz eines Hammelbratens in unserem bevorzugten Restaurant, dem Ratskeller. Wir füllten unsere Gläser mit Moselwein und stießen wiederholt auf eine erfolgreiche erste Feindfahrt an. Nicht für einen Augenblick kam es uns in den Sinn, daß unsere erste Geleitzugschlacht auch unsere letzte sein könnte.

Am Montag, dem 5. Mai, kehrte U-557 vollständig überholt aus der Werft zurück. Es war mit einem frischen grauen Farbanstrich versehen und roch, als ob es gerade neu in Dienst gestellt worden war. Wir verbrachten die folgenden drei Tage in der Förde, machten Tauch- und Trimmversuche und andere Manöver und prüften Instrumente und Maschinen. Ich war von dem Ausbildungsstand der Besatzung und der großen Manövrierfähigkeit des Bootes tief beeindruckt. Obgleich es 770 Tonnen verdrängte, etwa 67 Meter lang war und mittschiffs einen Durchmesser von etwa fünf Metern hatte, reagierte das Boot auf die Kommandos des Leitenden geschwind und präzise. U-557 war nun bereit, den anderen Booten in ihrem Kampf zur See beizustehen.
Am 8. Mai fuhren wir das Boot ins Arsenal, wo wir vierzehn Torpedos übernahmen. Die Mehrzahl war von neuester Konstruktion, elektrisch angetrieben und mit Magnetzündung versehen. Nachdem die letzten beiden Torpedos in ihren Halterungen auf den Flurplatten im Bugraum festgezurrt waren, wurde ein zweiter Boden über die stählernen Fische gelegt, der den Männern gerade genug Raum ließ, um zu den Kojen und Torpedorohren zu kriechen.
Am 9. Mai übernahmen wir Proviant und Artilleriemunition. Büchsen, Kanister, Fässer mit Butter und Eiern und Kartons wurden sorgfältig sortiert und im Boot verstaut. Während die Granaten für die 8,8-cm-Kanone und das 2-cm-Flugabwehrgeschütz in Spezialbehältern verschlossen wurden, verteilten unsere Männer die Nahrungsmittel im ganzen Boot. Ich war mehr als erstaunt, den gesamten Lebensmittelvorrat für acht Wochen zwischen Rohrleitungen und Ventilen, Spanten und Luftschächten und hinter den Maschinen verschwinden zu sehen. Riesenhafte geräucherte Schinken wurden in der Zentrale aufgehängt. Spezielle Konserven, wie Schlagsahne, Süßrahmbutter, Bohnenkaffee und Tee wurden vom Kommandanten unter Verschluß genommen, der sich die spätere Verteilung vorbehielt. Die Treibstoffübernahme wurde am 10. Mai durchgeführt. Am 12. Mai erhielten wir einige Wagenladungen frisches Gemüse, Eier, Brot und Trinkwasser. Wir zwängten die Laibe in die letzten unbenutzten Spalten, füllten dann noch drei Schlafsäcke mit dem, was übrigblieb, und ließen sie frei im Bug- und Heckraum hin- und herschwingen.
Als diese Tage der Vorbereitung schließlich zu Ende gingen, verwandelte sich unsere sorglose, fröhliche Laune in eine verhaltene, ernste Stimmung. Ich zog mich auf meine Kammer an Bord des alten Dampfers zurück, packte meine überflüssige blaue Uniform und den Rest meiner Habseligkeiten in zwei Koffer, verzeichnete den Inhalt und versah das Gepäck mit meiner Heimatadresse. Falls die See mich nicht mehr zurückkehren ließ, würde irgend jemand sich der Koffer annehmen und sie nach Hause schicken. Ich schrieb einen letzten Brief an meine Eltern und einen anderen an Marianne. Dann war ich bereit, dem Ungewissen entgegenzutreten.

3

Am Morgen des 13. Mai, es war ein Dienstag, war U-557 seeklar. Als letzte rituelle Maßnahme brachten wir unsere wenigen Kleidungsstücke und andere persönlichen Dinge an Bord, wie Bücher, Zahnbürste und Paste sowie Fotos der nächsten Angehörigen und unserer Mädchen. Rasierzeug war nicht erlaubt. Unsere Bärte mußten wachsen. Der begrenzte Vorrat an Frischwasser war nur zum Kochen und Trinken bestimmt. Leutnant Seibold, der diese letzten Vorbereitungen beaufsichtigte, beobachtete wachsam unser geschäftiges Hin und Her. Seine gelegentlichen Kontrollen förderten einige verbotene Flaschen und alles Überflüssige an Kleidung und Zigaretten zu Tage, erzielte jedoch schließlich das gewünschte Gleichgewicht zwischen Angebot und Nachfrage.
Um 11 Uhr 30 versammelte sich die Besatzung zu einem Abschiedsessen im Speisesaal des Dampfers. Der Stab der 5. U-Bootflottille hatte sich ebenfalls eingefunden, um uns gute Reise zu wünschen. Wir waren plötzlich gefeierte Persönlichkeiten und standen im Mittelpunkt der Aufmerksamkeit. Nach der Mahlzeit - jeder einzelne Mann hatte ein ganzes knusperiges Huhn bekommen - hielt der Flottillenchef seine Abschiedsrede. Er wünschte Kommandant und Besatzung zahlreiche Versenkungen und eine glückliche Heimkehr und fügte hinzu: ». . . daß einer von euch heute Geburtstag hat, ist sicher ein gutes Vorzeichen, und euer Auslaufen zur Feindfahrt am 13. Mai wird mit Erfolg gekrönt werden. Viel Glück zu eurer Unternehmung und - ein gutes neues Jahr für den Fähnrich Werner.«
Ich war mehr als überrascht. Ich hatte sofort den II.W.O., Seibold, in Verdacht, dem Flottillenchef mein Geburtsdatum verraten zu haben, um mit einem alten Aberglauben aufzuräumen. Nun selbst überzeugt, daß ich ein Glücksbringer war, stand ich auf und nahm den Trinkspruch mit verhaltener Würde entgegen.
Die Stimmung war auf dem Höhepunkt, als wir unser letztes Glas Champagner leerten und kurz darauf aus dem Dampfer auf die Mole strömten.

Eine Marinekapelle spielte einen dröhnenden Marsch. Soldaten, Seeleute und Zivilisten drängten sich auf den hölzernen Planken. Benommen von dem reichlichen Essen, dem Champagner und der Begeisterung der Menge überschritten wir die Stelling zu unserem Boot. Aber als wir auf dem Achterdeck dichtgedrängt antraten, war alle Verbindung mit dem Land abgebrochen. Die Bordroutine hatte bereits angefangen. Eine letzte Zählung - einige Befehle -, und die Leinen wurden von den Pollern geworfen.
U-557 glitt geräuschlos achteraus. Es trennte sich langsam von der Menge und der Mole, klarierte die Tiefenruder und nahm dann Fahrt auf. Etwa fünfzig Meter von der Pier drehte der I.W.O. das Boot in das Fahrwasser der Förde und schaltete auf Diesel um. Eine starke Erschütterung ging durch das Boot. Für wenige Sekunden entwichen den beiden Auspuffleitungen dunkle Abgaswolken. Die zwei Schrauben schlugen das Wasser unterm Heck zu einem schaumigen Strudel.
Von der Mole gellte ein Ruf übers Wasser: »Heil und Sieg und fette Beute.«
Die Kapelle antwortete mit dem Marsch: ». . . denn wir fahren, denn wir fahren, denn wir fahren gegen Engelland, Engelland . . .«
»Beide Maschinen halbe Fahrt voraus - neuer Kurs 95 Grad.« Der I.W.O. sprach seine Worte ruhig und beherrscht in das Sprachrohr.
U-557 drehte scharf nach Steuerbord in die Fahrrinne und röhrte aus der Förde. Die Musik verklang in der Ferne, und die Menge am Ufer verteilte sich. Die Verbindung mit der Flottille war gelöst.
Eine Stunde später steuerten wir durch die Schleusen bei Holtenau in den Nord-Ostsee-Kanal. Für den Rest des Tages und die folgende Nacht hindurch fuhren wir mit verminderter Geschwindigkeit durch den engen Wasserweg. Bei Morgengrauen erreichten wir die westliche Einfahrt: die Schleusen von Brunsbüttelkoog. Hier trafen wir mit zwei weiteren U-Booten zusammen, die, von Hamburg kommend, auf uns gewartet hatten. Um 10 Uhr legten die drei grauen Wölfe ab und steuerten geradewegs in die offene See. Die flache Küste verringerte sich bald zu einer dünnen Linie und versank dann ganz hinter der schmutzigen Kimm. Das Rudel fuhr in Kiellinie, U-557 an der Spitze. Ich hatte Brückenwache bis 12 Uhr. Als Teil meiner zahlreichen Pflichten hatte ich für die Dauer der Feindfahrt die Brücke um 8 Uhr und um 20 Uhr für vierstündige Törns unter dem Obersteuermann und III.W.O., Wiesner, zu besteigen. Nach einem hastigen Mittagessen kehrte ich auf die Brücke zurück, um die Ausguckposten auf ihrer Suche nach Treibminen zu unterstützen. Bald erschien die Insel Helgoland an Backbord. Eine Regenbö, die wie ein Vorhang niederkam, verwischte jedoch die Sicht.
Das Rudel machte schnelle Fahrt. Weit hinter der Kimm im Osten lag Dänemark und das Festland. Im Westen, nur wenige Meilen entfernt, lauerten riesenhafte Minenfelder dicht unter der Oberfläche. Nach Son-

nenuntergang bestieg ich wieder die Brücke, um meine Wache anzutreten. Wir waren vier Mann: der Obersteuermann, der dritte Seemannsmaat, ein Seemann und ich. Wir kämmten den Himmel nach feindlichen Flugzeugen und die endlose Wasserwüste nach treibenden schwarzen Kugeln ab. Die Dunkelheit senkte sich langsam auf die Nordsee und ließ das Wasser schwärzer und schwärzer werden.

Um Mitternacht löste Gerloff mich ab. Ich fiel durch das Turmluk und ließ mich entlang der Aluminiumleiter in die verdunkelte Stahlröhre gleiten. Der Turm war von der phosphoreszierenden Scheibe des Kompasses nur schwach beleuchtet. Die Zentrale war abgeblendet und fast dunkel. Ich konnte nur mit Schwierigkeit die Rundung des Druckkörpers, die vielen Manometer, Handräder, Schalter, Ventile und Einrichtungen erkennen. Eine kleine Lampe, gut abgeschirmt, verbreitete ein weiches Licht über den Kartentisch. Das ständig überholende und stampfende Boot unter meinen Füßen, taumelte ich in die winzige Oberfeldwebelmesse, wo man mir eine schmale Ledermatratze angewiesen hatte. Ich schwang und zwängte mich in die Koje über der des Diesel-Obermaschinisten, klemmte mich zwischen zwei Spinde und die Bordwand und schloß dann das niedrige Schlingergeländer. Lange Stunden lag ich da, wachgehalten von dem rhythmischen Hämmern der Diesel, dem Plätschern des Wassers am Druckkörper und der Erregung, die diese erste Fahrt gegen den Feind in mir erweckte.

Gegen 6 Uhr kam es mir zum Bewußtsein, daß das Boot heftig stampfte. Wir hatten die Deutsche Bucht längst verlassen und durchkreuzten das Skagerrak. Um 8 Uhr übernahm ich, eingepackt in schweres Ölzeug, meine Brückenwache. Harte Brecher krachten fortwährend gegen die Turmaufbauten. Das Boot zitterte und schüttelte sich unter den wuchtigen Schlägen. Wir hatten die beiden anderen Boote während der Nacht verloren. U-557 war allein in der ungeheuren Weite der stürmischen Wasserwüste. Und wir auf der Brücke kämmten schweigend die See, die Kimm und den Himmel ab - den Himmel, die Kimm und die See.

U-557 fuhr in den zunehmend wilden Gewässern nach Norden. Der Wind blies mit einer Stärke von 7 bis 8. Als das Boot die nördliche Breite von Bergen erreichte und etwa 30 Meilen westlich der norwegischen Küste stand, befahl Paulshen den ersten Tieftauchversuch. Das Turmluk schlug mit einem dumpfen Laut zu. Das Boot sank auf ebenem Kiel langsam tiefer und tiefer. Ein eigenartiges Gefühl überkam mich. Hier hingen wir in einer Luftblase zwischen Oberfläche und Meeresboden, gefährlich überladen mit Torpedos, Treibstoff, Proviant, Trinkwasser - einundfünfzig Mann in einer eisernen Trommel, die kaum genug Auftrieb hatte, um aufgetaucht auf dem Wasser zu schwimmen. Aber die ruhige Stimme von Feder, dem L.I., einem alten, erfahrenen Hasen von der Handelsmarine, beruhigte meine Nerven, und ich folgte dem langsamen Abstieg in die

Tiefe mit aller Anspannung. Gedämpftes Summen der Lenz- und Trimmpumpen erfüllte den Raum. Leise Kommandos und Antworten schwirrten hin und her. Als das Boot unter die 120-Meter-Grenze sank, begann der Stahl unter dem gewaltigen Außendruck zu klopfen und ächzen; die Geräusche vergrößerten sich tausendfach in der Stille der Tiefe des Meeres. Doch das Boot hielt dicht. Die entscheidende Probe war gelungen. Preßluft pfiff plötzlich in die Zellen, die Elektromotore gingen auf höchste Umdrehungen, der Bug des Bootes hob sich, U-557 schnellte nach oben, legte sich auf ebenen Kiel und begann augenblicklich wieder in der wütenden See zu stampfen.

Als U-557 genau östlich der Shetland-Inseln stand und sich seinen Weg durch riesenhafte Berge von Wasser und Schaum bahnte, änderten wir den Kurs auf Westnordwest, Richtung Atlantik. Am 18. Mai gegen 23 Uhr befahl der Kommandant einen weiteren Kurswechsel - rechtweisend West. Wir hatten einen Punkt ungefähr 70 Meilen nördlich der Shetland-Inseln erreicht, von wo wir den Durchbruch durch die englische Luft- und Seeblockade wagen mußten. Die Diesel brummten zuverlässig. Das Rauschen der Zulüfter vermischte sich mit dem Getöse des Sturmes. Das Boot stampfte mit 14 Meilen durch die reißende See. Ab und zu schaute der Mond hinter den fliegenden Wolken hervor. Wir vier auf der Brücke drückten uns hinter die Turmverkleidung, aber die Wasserkaskaden verwandelten die Brücke in eine riesige Badewanne. Mein Frotteehandtuch, das ich um den Hals gebunden hatte, war mit Wasser vollgesogen. Wasser klatschte in mein Gesicht, in mein Genick. Wasser rann über meine Brust. Wasser lief mir den Rücken hinunter. Wasser fand seinen Weg in meine abgebundenen Ärmel, sooft ich die Zeissgläser an die Augen hob, und Wasser rann an meinem Körper entlang in die Stiefel.

Plötzlich die Stimme des Maaten: »Schatten in 300 Grad - scheint ein Frachter zu sein.«

Ich flitzte herum und richtete mein starkes Nachtglas in die angegebene Peilung. Sechs- bis siebentausend Meter voraus überquerte ein schwacher Schatten unsere verlängerte Kurslinie in einem spitzen Winkel. Das Schiff dampfte nach Westnordwest.

»Kommandant auf die Brücke«, rief Wiesner erregt in den Turm.

Die Meldung wurde im Boot zweimal wiederholt. Sekunden später zwängte sich der Kommandant durch das Luk. Wiesner deutete erregt auf das schattenhafte Ziel.

Paulshen, dessen Augen sich schnell an die Dunkelheit gewöhnten, erkannte das Fahrzeug und handelte: »Ich übernehme die Wache. Gehn Sie runter, Wiesner, und koppeln Sie den Angriff.« Dann beugte er sich über die runde Öffnung des Turmluks und brüllte: »Auf Gefechtsstation - hart Steuerbord - neuer Kurs 320 Grad - beide Maschinen äußerste Kraft voraus!«

Die Jagd begann.
Paulshen konzentrierte sich auf das schattenhafte Fahrzeug. Wir andern überwachten angespannt die aufgewühlte See. Der I.W.O. stürmte auf die Brücke und befestigte das starke Angriffsglas auf der U-Bootzieloptik (UZO). Zwei Mann der Wache wurden ausgewechselt. Der Maat im Turm ließ den Vorhaltrechner warmlaufen. Die Torpedomechaniker eilten zu ihren Rohren. Die Funker besetzten ihre Geräte. Die Besatzung war auf Gefechtsstationen.
Mittlerweile hatte der Frachter nach Backbord gezackt und zeigte uns sein Heck. War es Absicht oder Zufall? Paulshen fand sich plötzlich in denkbar ungünstigster Lage. Er drehte sofort sein Boot in den Wind. Die Wellen krachten von rechts voraus gegen den Turm. Bellender Donner folgte. Schwarze Wolken verdeckten den Mond. Für die Dauer einer Minute verloren wir unser Ziel. Als der Mond wieder erschien, entdeckten wir unsere Beute in der kochenden See. Das Fahrzeug lief mit voller Kraft nach Westen ab.
Paulshen, der sich über den geringen Fortschritt der Verfolgung seine Gedanken machte, brüllte in das Sprachrohr, das ihn mit dem Funkraum verband: »Auf 600-Meter-Welle schalten und internationalen Funkverkehr abhören - möglich, daß wir entdeckt worden sind -, der Kerl macht vielleicht mit seinem Hilferuf die ganze Nachbarschaft verrückt.«
Der Gegner zackte wieder nach Steuerbord und legte sich auf seinen alten Kurs. Der I.W.O. nahm eine schnelle Peilung, gab seine Werte in den Turm und rief laut: »Frage Gegnerfahrt und Kurs . . .«
Augenblicke des Schweigens. Dann kam Wiesners Stimme von unten: »Gegnerfahrt vierzehn - Kurs 260 Grad.«
Das Fahrzeug war ein schnelles, modernes Handelsschiff, das den Atlantik allein zu überqueren versuchte. Noch hatte es seine Funkstille bewahrt. Aber während der ersten 70 Minuten unserer Jagd hatten wir die Entfernung beträchtlich verringert, und es war mit Gewißheit anzunehmen, daß es die andere Küste nicht erreichen würde. Und die Verfolgung ging weiter. Jagdfieber hatte uns alle ergriffen. Wir spürten weder die Brecher, die in unsere Gesichter schlugen, noch das Wasser, das an uns herunterlief. Vor uns lag unser erstes Opfer - das allein zählte. Unsichtbar, bis zum Rand der Brücke in mächtige Wellen getaucht, jagten wir auf einem genau berechneten Kurs in die Nacht und hielten das todgeweihte Schiff scharf im Auge. Um 2 Uhr 15 hatten wir es an Backbord rechtweisend 270 Grad. Weiter ging die Verfolgung, weiter pflügten wir die tosende See mit röhrenden Dieseln und fuhren das Boot in Angriffsposition. Um 3 Uhr berichtigte Paulshen den Kurs. Es war uns gelungen, uns ungesehen vor den Gegner zu setzen. Der hatte seinen Kurs in regelmäßigen Zeitabständen gewechselt und damit den Erfolg unseres Angriffs garantiert.
Um 3 Uhr 25 befahl der Kommandant, die Rohre zu bewässern. Kern

zwängte sich hinter das UZO, umklammerte mit seiner Linken den Sockel und richtete mit seiner Rechten das Nachtglas auf den Gegner. Dann brüllte er in den Turm, um das Heulen des Sturmes und der Diesel zu übertönen: »Rohr eins bis vier fertig zum Überwasserangriff - Mündungsklappen öffnen . . .«
Wenige Augenblicke später kam die Meldung von unten: »Rohr eins bis vier fertig zum Überwasserangriff.«
Dann wieder Kern: »Gegnerfahrt vierzehn - Gegnerlage links fünfzig - Entfernung eintausend - Tiefe sieben . . .«
Die nächste Maßnahme mußte vom Frachter kommen. Es würde seine letzte sein, vorausgesetzt, alle unsere Schätzungen waren korrekt. Sie waren es. Auf die Minute genau wendete der Gegner, schwang seinen Bug auf uns zu - und rannte direkt in die Falle, die Paulshen ihm gestellt hatte. U-557 drehte bei und zeigte dem Gegner die schmalste Silhouette.
Das Schiff kam wie ein Ungeheuer auf uns zu und schloß die Entfernung bis auf 1000 Meter.
»Schieß, I.W.O., schieß«, rief Paulshen.
Kern zielte noch einmal, dann bellte er in den Sturm: »Rohre eins fertig . . . fertig . . .«
Ein harter Brecher schlug plötzlich gegen die Turmverkleidung, zersprang und zerstäubte am harten Stahl zu beißendem Sprühregen, der in unsere angespannten Gesichter klatschte. Dann verteilte sich die Gischt, löste sich auf, und das Salzwasser gurgelte von der Brücke. Mit schmerzenden Augen und nassen Gläsern versuchten wir das Ziel wieder zu fassen.
Aber der Gegner hatte abgezackt. Im fahlen Schein des Mondes, der für Sekunden die Aufbauten des Dampfers aufleuchten ließ, erkannten wir, daß er scharf abgedreht hatte. Wieder stand unser Boot in ungünstigster Schußposition.
Ein Fluch - und ein Kommando Paulshens. Die Diesel heulten jäh auf, röhrten laut, und U-557 schoß mit höchster Fahrtstufe dem davonlaufenden Phantom nach. Dichte Rauchwolken entströmten dem Schornstein des fliehenden Riesen. Der Sturm trieb die Schwaden tiefer und auf die schäumende, kochende See. Der Mond verschwand, und die Dunkelheit war wieder fast schwarz. Wir preßten unsere Gläser gegen unsere Augen, daß die Augenhöhlen schmerzten. Dann wurde die schattenhafte Masse aus Stahl kleiner und kleiner.
Da kam Seibolds aufgeregte Stimme durchs Sprachrohr: »Gegner funkt auf 600-Meter-Welle wie folgt: GERMAN SUBMARINE - ATTACK BY GERMAN SUBMARINE - FIFTY NINE NORTH . . ., das Signal wurde nicht beendet.«
Paulshen jagte sein Boot erneut, verbissen und zäh, in die Flanke des ablaufenden Gegners. Ein neuer Zack, ein zweiter, ein dritter. Dreißig Minuten zornigen Jagens vergingen. Noch hatten wir das Schiff in unseren

Gläsern, verschwommen und unwirklich. Aber nach weiteren fünfundvierzig Minuten heißer Verfolgung mußten wir enttäuscht gestehen, daß der Gegner uns und damit seiner Vernichtung entronnen war.

Es war 4 Uhr 10 am 19. Mai. Paulshen drehte den Bug seines Bootes nach Westen. Die Mündungsklappen wurden geschlossen, die Rohre entwässert, die Männer von den Gefechtsstationen entlassen. Aber trotz der entkommenen Tonnage war der Druck, der seit Tagen auf uns lastete, plötzlich verschwunden.

U-557 fuhr aufgetaucht und mit Höchstfahrt nach Westen ab. Der Kommandant wollte in der kürzesten Zeit zwischen uns und dem Ort der Feindberührung eine möglichst große Entfernung legen. Er rechnete damit, daß der Gegner noch vor dem Morgengrauen seine Kräfte in dieser Gegend massieren würde.

Ich war völlig durchnäßt und schauderte nach einer neunstündigen Wache auf der Brücke. Das Wasser in meinen Stiefeln kippte bei jeder Bewegung über, als ich die Leiter ins Boot hinabstieg. Ich schälte mich aus meinem aufgeweichten U-Bootpäckchen und Unterzeug, hängte die Sachen zum Trocknen im Heckraum auf, rannte dann nackt durchs Boot und kroch müde, aber seltsam erregt in meine enge Koje.

Tagelang verfolgte U-557 seinen westlichen Kurs über Wasser. Das Boot wälzte sich in der schweren See mühsam voran. Es schaukelte, schwankte, stampfte, rollte und holte über in einem ewigen Rhythmus. Die Feuchtigkeit im Boot war nahezu unerträglich. Sie schlug sich auf dem kalten Stahl des Druckkörpers nieder und rann in Strömen in die Bilgen. Ein Brecher nach dem anderen fand seinen Weg durchs Turmluk in die Zentrale. Nahrungsmittel verfaulten und mußten über Bord geworfen werden. Das Brot weichte auf und wurde schimmelig. Was immer wir berührten, war naß und schleimig. Seit Tagen hatten wir keinen genauen Standort. Wir sahen weder die Sterne noch die Sonne oder den Mond. Nur das tägliche Prüfungstauchen brachte kurze Erleichterung. Dort drunten in der Ruhe der Tiefe beendeten wir unsere Arbeiten, die wir über Wasser nicht durchführen konnten, und hatten eine Mahlzeit, ohne sie auf den Flurplatten oder in den Bilgen zu verlieren. Für eine oder zwei Stunden erholten wir uns von dem Toben der Elemente, warteten aber bereits mit einem unangenehmen Gefühl in der Magengrube auf den nächsten Angriff von Wasser und Sturm.

An einem dieser wilden Tage, an denen wir das Wetter, aber keinen Gegner bekämpften, erhielten wir vom Befehlshaber der U-Boote, dem BdU, einen Funkspruch von höchster Bedeutung. Danach befand sich das Schlachtschiff *Bismarck* auf einer Such- und Zerstöraktion in arktischen Gewässern und war dabei, in Begleitung des schweren Kreuzers *Prinz Eugen* in den Nordatlantik vorzustoßen. Am 24. Mai wurden alle in diesem Seegebiet stehenden U-Boote vom schnellen Sieg der *Bismarck* über

das englische Schlachtschiff *Hood,* das größte Schiff Seiner Majestät, aufgeklärt. Die Boote wurden angewiesen, weitere Befehle in bezug auf die zukünftige Operation der *Bismarck* abzuwarten. Wir betrachteten das plötzliche Erscheinen deutscher Überwasserstreitkräfte im Atlantik als eine außerordentliche Leistung. Es war klar, der Nordatlantik war ein deutscher Binnensee geworden, und es würde für die britische Home Fleet wie auch für die alliierte Handelsschiffahrt tödliche Folgen haben, sich darin aufzuhalten. Unsere Überzeugung wurde durch Funksprüche bestärkt, die wir von anderen Booten abfingen. U-556, unser Schwesterboot unter Kapitänleutnant Wohlfahrt, hatte auf seiner letzten Feindfahrt Schiffe mit über 30 000 Tonnen versenkt. U-203, Mützelburg, U-93, Korth, und andere hatten weit über 100 000 Tonnen alliierten Schiffsraums in nur wenigen Wochen vernichtet.
Ende Mai, zwischen Sonnenuntergang und Abenddämmerung eines grauen Tages, entdeckten wir Ausgucks der dritten Wache einen Schmierfleck am westlichen Horizont. Einige Augenblicke später hatte sich der Schmierfleck in dicken Qualm verwandelt, in Rauchfahnen, die von einer großen Anzahl Schornsteinen in den Abendhimmel stiegen. Dann sahen wir die Spitzen zahlloser Masten. Wir waren auf Kollisionskurs mit einem Geleitzug.
»Kommandant auf die Brücke!«
Paulshen schnellte auf die Plattform, erfaßte die Lage und stieß eine Reihe Befehle durch seinen zweiwöchigen Bart. Die Alarmglocke schrillte. Wir sprangen in den Turm. U-557 schnitt in die Wellen und war nach zwanzig Sekunden von der Oberfläche verschwunden. Das Boot pendelte schnell durch. Die Besatzung huschte auf Gefechtsstationen.
»Auf Sehrohrtiefe gehen«, befahl der Kommandant.
U-557 steuerte sich auf der befohlenen Tiefe ein. Der I.W.O. stieg zu uns in den Turm, und ich übernahm das elektrische Ruder. Das summende Geräusch des Sehrohrmotors erfüllte den engen Raum. Paulshen fühlte sich sichtlich bequem auf dem Schaumgummisitz des Sehrohrs. Einen Hebel betätigend, fuhr er es vorsichtig ein und aus und folgte mit der Spitze des langen »Spargels« dem mächtigen Heben und Senken der groben See. Der Funkmaat am Horchgerät meldete durchs Sprachrohr mit gedämpfter Stimme die Peilung des Verbands. Bald darauf hörten wir das Mahlen vieler Schrauben mit bloßem Ohr. Plötzlich entdeckte der Horcher eine Suchgruppe vor dem Geleit - die Feger. Das schlagende, klopfende Geräusch vieler Schrauben und Kolbenmaschinen bedeckte den ganzen westlichen Horizont. Dann hörten wir das scharfe, metallische ping, ping, ping der Asdic-Impulse, die die Zerstörer ausstrahlten, um den Gegner aufzuspüren. Für die meisten von uns war es ein völlig neuartiges Geräusch. Die Töne trafen den Druckkörper, als ob eine Stimmgabel dagegen schlüge, drangen durch den dicken Stahl, liefen durchs

ganze Boot, entwichen - und verbreiteten sich über die ungeheure Weite des Atlantik. Das tiefe, stampfende Klopfen der Kolbenmaschinen und der zirpende Gesang der Turbinen wuchs gewaltig an. Dann meldete der Horcher, daß der Verband nach Süden abgedreht sei.
Plötzlich hörten wir die zischenden Schrauben eines Zerstörers. Der Kommandant drehte das Sehrohr schnell um die Achse, hielt an und flüsterte: »Drei Zerstörer in 230 Grad, Entfernung 3000 Meter - Ruder hart backbord, neuer Kurs 260 Grad.«
Paulshen hätte die gefährlichen Zerstörer ohne viel Aufhebens versenken können, wählte aber klugerweise größeres und sichereres Wild. Plötzlich rief er:
»Was für eine Aussicht! Torpedowaffe Achtung! Rohr eins bis fünf klar zum Unterwasserschuß!« Dann leiser zum Maat am Vorhalterechner, »Gegnerfahrt zehn, Lage links dreißig, Tiefe sieben, Entfernung zwölfhundert . . . he, I.W.O., schauen Sie sich mal diese Parade an.«
Kern beugte sich vorwärts und preßte seine Stirn gegen das Schaumgummistück am Okular, keuchte und staunte: »Das sind mindestens dreißig Dobasse dort oben. Schaukeln wie die Elefanten.«
Der Kommandant nahm seinen Rundblick wieder auf, hielt an, stutzte und brüllte: »Beide Maschinen äußerste Kraft voraus, runter mit dem Boot, schnell auf 150 Meter gehen, runter in den Keller, L.I.«
Die Schrauben drehten sich mit höchsten Touren. Das Boot zitterte stark. Dann fiel es dem Meeresboden entgegen.
»Achtung - Wasserbomben . . .«
Das nervenzerreißende swisch-swisch-swisch eines näherkommenden Fegers wurde lauter und übertönte den tosenden Lärm der dreißig Frachter. Der Zerstörer überquerte harmlos unser unsichtbares Kielwasser und stieß dann in nördlicher Richtung davon. Feder brachte das Boot langsam wieder auf Sehrohrtiefe, ein Manöver, das uns zwanzig wertvolle Minuten kostete.
Mittlerweile hatte der Verband wieder gezackt, und ein schneller Rundblick belehrte den Kommandanten, daß er sich in ungünstigster Schußposition befand, zu weit nördlich für einen sicheren Treffer.
21 Uhr 15. Erneuter Rundblick. Es waren nur Minuten bis zum Einbruch der Dunkelheit. Paulshen entschied sich, die Nacht abzuwarten, dann aufzutauchen und das Geleit von achtern anzugreifen. Ölzeug wurde uns in den Turm gereicht. Die Gefechts-Brückenwache machte sich in der Zentrale fertig. Ich wurde vom Ruder abgelöst. Tiefenruder- und Trimmkommandos des Leitenden unterbrachen zeitweilig die Stille im Boot. Dreißig Minuten vergingen, während der Kommandant schweigend und gebeugt am Sehrohr saß. Dann meldete der Horcher, daß der gegnerische Verband wieder gezackt hatte. Das aufreizende Dröhnen vieler Kolbenmaschinen, das Rauschen schlagender Schrauben, gewaltig verstärkt durch

das klare Wasser des Nordatlantik, ließ unsere Herzen schneller schlagen.
22 Uhr 45. Es war soweit. Paulshen sprang hoch und rief: »Anblasen.«
Das Boot brach durch die Oberfläche, der Deckel des Turmluks sprang zurück, und der heulende Sturm fegte eisigen Sprühregen in unsere Gesichter. Fünf Mann folgten dem Kommandanten auf die Brücke. Die Nacht war mondlos und schwarz - ausgezeichnet für eine Geleitzugschlacht. Das Boot lag tief in der schwellenden See. Das Oberdeck war völlig überspült. U-557 gewann Fahrt und jagte mit blökenden Dieseln seinem Ziel entgegen. Unsere Augen bohrten sich ins Dunkel. Die Spannung war bis zur Unerträglichkeit angestiegen. Mit schäumenden Flanken preschte das Boot voraus, zerteilte die Wellen, sprühte Fahnen von Gischt und zog eine hellleuchtende Schaumschleppe achteraus.
Drunten im Boot ölten die Dieselheizer ihre Maschinen, prüften die Torpedomixer ihre Geräte, warteten die E-Maschinen-Heizer ihre Batterien, drückten die Funker ihre Tasten und sandten die Meldung über unsere Feindberührung in den Äther.
»Schatten in 25 Grad, Entfernung 5000 Meter«, meldete ein Ausguck verhalten.
»Mehrere Schatten in 350 Grad«, rief ein anderer.
Wir hatten den Geleitzug rechts voraus und schlossen die Lücke mit hoher Fahrt. Paulshen ließ sein Boot geschickt dreihundert Meter hinter einem schemenhaften Frachter in den Verband hineingleiten. Nirgendwo ein Sicherungsfahrzeug - unglaublich. Sie suchten sicher in der verkehrten Richtung. Gut für uns - schlecht für das Geleit. Der Wolf war mitten in der Herde.
»Beide Maschinen halbe Fahrt voraus«, rief Paulshen und wandte sich an Kern. »Ich steuere zwischen die beiden Kolonnen - nimm einen Aal für ein Fahrzeug - schieß auf das entfernteste Ziel zuerst, auf das nächste zuletzt - schieß nach beiden Seiten - ziel immer auf den Schornstein.«
Die Entfernung zu den schwarzen Ungeheuern wechselte zwischen vier- und siebenhundert Metern. Es war eine überwältigende Situation, unentdeckt in der Mitte der Armada feindlicher Schiffe zu fahren und in aller Ruhe diejenigen auszusuchen, die sterben mußten.
U-557 rollte nun fast gemächlich in der langen Dünung. Die See schäumte und polterte um Turm und Oberdeck. Schwarz war die Nacht, aber unsere Ziele waren noch schwärzer. Der I.W.O. hatte seine Opfer für die Hinrichtung aufgereiht, verbesserte seine Werte und vergewisserte sich, daß sie alle richtig waren.
»Bug rechts Lage 70, Entfernung 500, Gegnerfahrt elf . . .«
Da gellte die Stimme des Kommandanten in den Wind: »Gib es ihnen, I.W.O.! Feuererlaubnis!«
Ich stand gegen den Sehrohrbock gelehnt, beobachtete fiebernd die schaumgekrönte See und erwartete gespannt den Schuß. Zwei Zerstörer

schaukelten in einiger Entfernung an Steuerbord. Für sie waren wir unauffindbar. Unsere niedrige Silhouette konnte in dieser aufgewühlten, langen Dünung unmöglich ausgemacht werden. Dagegen zeigten sich die Frachter wie Freiwild. Paulshen steuerte sein Boot unerschrocken durch die Lücken, die der Gegner ihm bot, und verringerte weiter die Entfernung zu den Zielen. Die Diesel arbeiteten auf höchsten Touren. Unsere Herzen schlugen im Takt der Ventile. Dort, verschwommen, zackten die Zerstörer. Aber wir waren mitten im Geleit, wo Zerstörer nicht mit Sicherheit operieren konnten. Paulshen stand in seiner Steuerbordnock. Unbeirrt fuhr er sein Boot zum ersten Angriff. Für ihn war ein Sieg so sicher wie das Amen in der Kirche.
Jetzt - jetzt mußte der Schuß fallen. Herrgott, wenn der I.W.O. nur schießen würde.
Da erschien Seibolds blonder Schopf im schwarzen Rand des Turmluks »Funkspruch vom BdU, Herr Oberleutnant«, rief er prustend.
»Mach schnell.«
»AN U-557 - ANGRIFF UNTERLASSEN - PEILZEICHEN ERBETEN - BIS AUF WEITERES FÜHLUNG HALTEN - BDU.«
»Himmelkreuzdonnerwetter«, zischte Paulshen durch seine Zähne. Der Befehl zwang ihn, so lange mit dem Gegner Versteck zu spielen, bis unsere Peilzeichen andere Boote an die Beute herangeführt hatten. Verärgert verringerte er die Fahrt. U-557 fiel ans Ende des Verbands zurück und fegte dann mit Höchstgeschwindigkeit nach Nordosten, indem es den dunklen Horizont einer Schlechtwetterfront als Deckung benutzte. Doch als ich gewohnheitsmäßig mit meinem Glas den vorderen Sektor bestrich, war ich vor Schrecken wie gelähmt. Keine 1000 Meter entfernt kam ein Zerstörer mit Lage Null auf uns zu, seine weiße Bugwelle hoch aufwerfend. Zwei andere folgten in Dwarslinie in kurzem Abstand. Waren wir tatsächlich entdeckt worden? Für einen langen Augenblick blieb meine Zunge am Gaumen kleben. Dann erst konnte ich rufen: »Zerstörer in 340 Grad - Lage Null . . .«
Paulshen reagierte sofort: »Hart steuerbord - beide Maschinen dreimal äußerste Kraft voraus!«
U-557 drehte scharf ab und holte stark über. Mit allem, was die beiden Diesel hergeben konnten, stürmte das Boot westwärts und krachte in den Ansturm der Wellen. Die drei Verfolger, jetzt achteraus, schlugen und stampften hart in der hohen See, die sich drohend auftürmte. Ihr Vorschiff bohrte sich tief in die heranrollenden Wellen; sie schüttelten ganze Niagarafälle vom Oberdeck, wenn sie die Kämme erklommen und ihren Kiel freilegten. Aber trotz ihres Wälzens und Schlagens verringerten sie die Entfernung. Ich stand und starrte ihnen entgegen, als hätte ich allein die Kraft, sie aufzuhalten. Und ich dachte: »Wenn wir nur ein oder zwei Meilen mehr aus den Maschinen herausholen könnten, würden wir die

drohende Gefahr abhängen können.« Und die Diesel rasselten, hämmerten. Das Boot bockte und sägte die See. Dann erkannte ich mit einem eisigen Frösteln, daß die Zerstörer verdammt schnell näher kamen.
»Alarm!« Der Ruf des Kommandanten schnitt schrill in die Nacht. Wir fielen Hals über Kopf durchs Turmluk, durch den Turm und auf die Flurplatten in der Zentrale. Paulshen brüllte in das Brausen, Dröhnen und Röhren des Tauchmanövers: »Auf 170 Meter gehen - Zerstörer im Anlauf . . .«
Der L.I. bellte seine Anweisungen ins Mikrophon. Der Kommandant drehte das Boot auf Gegenkurs. U-557 zitterte unter der Wucht der Schrauben, als es sich den Zerstörern entgegenschwang, die sich in voller Fahrt seiner Tauchstelle näherten. Bei unserem fast wahnsinnigen Versuch, den Angriff zu unterschneiden, kippte das Boot vorne stark ab und rauschte mit einer gewaltigen Vorlastigkeit dem Grund entgegen - 5000 Meter unter unserem Kiel. Die zischenden Schrauben der Zerstörer kamen mit irrsinniger Geschwindigkeit näher. Alle Augen richteten sich in der Erwartung des Unvermeidlichen aufwärts.
Eine schauderhafte Explosion. Eine riesige Macht hob U-557 am Heck, schüttelte es wild, warf die Männer auf die Flurplatten, tauchte das Boot in völlige Dunkelheit. Eine zweite Detonation krachte Sekunden später. Tief rollender Donner folgte.
»Hilfsbeleuchtung einschalten - Preßluft auf Tauchzelle 3 - beide Tiefenruder oben hart . . .« Das war Feders verhaltene Stimme.
Einige Lampen flackerten auf. Meldungen kamen von den verschiedenen Räumen. Die Wellenstopfbuchsen machten stark Wasser. Die Druckwelle des wohlgezielten Wurfs hatte das Boot auf 185 Meter gedrückt. Aber der L.I. hatte das Boot in der Gewalt. Es war das schnellste Alarmtauchen, das er je durchgeführt hatte.
Paulshen befahl äußerste Stille. Er sprach leise, flüsternd: »Auf Schleichfahrt gehen - Backbordmotor 70 Umdrehungen - Steuerbordmotor 60.« Alle Hilfsmotoren wurden abgestellt. Alle Instrumente, die nicht unbedingt nötig waren, abgeschaltet. U-557 glitt geräuschlos durch die unermeßliche Tiefe. Aus dem Horchraum kam die Meldung: »Gegner in 120 Grad, ein zweiter in 225 Grad.«
Wir brauchten keinen Horcher, um uns zu sagen, was auf der Oberfläche vor sich ging. Wir konnten mit bloßen Ohren ihre Hilfsmotoren hören. Asdic-Impulse trafen unsere Bordwand wie Pfeile: ping, ping, ping. Die Zerstörer gruppierten sich zum zweiten Anlauf. Wir hörten ihre Pumpen, ihre Ruderketten arbeiten. Wir hörten auch, wie einer der Tommies einen Hammer in die Bilge fallen ließ. Für einen Augenblick lagen alle drei Verfolger gestoppt. Dann warf einer seine Turbine an, brachte seine Schrauben auf höchste Umdrehungen und begann seinen Anlauf. Das zischende Geräusch war von heftigen Asdic-Impulsen begleitet. Sie dran-

gen durch den Stahl unserer Röhre in das Herz eines jeden Mannes. Der Zerstörer kam schnell näher, jetzt - jetzt - zwei, drei deutliche Aufschläge an der Oberfläche - Wasserbomben.
Drei ohrenbetäubende Explosionen Backbord achteraus. Das Boot ächzte unter der Wucht der Detonationen und schüttelte dann mit einem wilden Aufbäumen die Salven ab. Da begann auch schon ein zweiter Zerstörer mit seinem Anlauf.
»Beide Maschinen volle Kraft voraus«, befahl Paulshen, »holt tief Luft, Männer!«
Drei erbarmungslose, gellende, reißende Schläge. U-557 zitterte, bäumte sich; die Flurplatten sprangen hoch, Preßluft zischte, Wasserstandsgläser platzten - aber das Boot hielt dicht. Der letzte Wurf detonierte Steuerbord achteraus. Es schien, als ob die Suchgruppe kein klares Bild über unseren genauen Standort hatte. Die hohe See und unsere große Tiefe hatten uns gerettet. U-557 glitt langsam und geräuschlos aus dem Gefahrenbereich und ließ bald die nervös suchenden Zerstörer weit achteraus. Während der nächsten drei Stunden fuhren wir mit Schleichfahrt ab, während die Zerstörer fortwährend ihre Kanister warfen.
Um 5 Uhr tauchte U-557 auf. Frische Luft strömte in das Boot. Die Nacht war immer noch schwarz, die See rollte noch hoch vom Westen nach Osten. Die Diesel begannen zu klirren, die Lüfter zu rauschen. Die neue Wache kletterte auf die Brücke. Wir waren noch einmal davongekommen. Wir schlugen einen großen Bogen um die Verfolger und nahmen die Jagd nach dem Geleit auf. Der Steuerborddiesel trieb das Boot vor den mächtigen, überrollenden Wellen voran. Die Backbordmaschine heulte laut und lud unsere erschöpften Batterien auf.
Kurz nach der Morgendämmerung am 27. Mai fing unser Funker einen dringenden Funkspruch vom BdU ab: AN ALLE - AN ALLE U-BOOTE MIT TORPEDOS - SOFORT UND MIT HÖCHSTFAHRT ZUR BISMARCK GEHEN - QUADRAT BE 29.
Paulshen erhielt die entzifferte Meldung um 6 Uhr 35 auf der Brücke. Zu diesem Zeitpunkt war der Befehl bereits acht Stunden alt. Er war um 21 Uhr 15 am vorhergehenden Abend ausgestrahlt worden. Aber zu dieser Uhrzeit waren wir getaucht und hatten keine Gelegenheit gehabt, ihn zu empfangen. Da wir für den größeren Teil der Nacht mit Wabos beharkt wurden, hatten wir keinerlei Kenntnis von der ernsten Lage der *Bismarck*. Wir nahmen nun an, daß unser Schlachtschiff auf übermächtige feindliche Streitkräfte gestoßen war, nachdem die *Prinz Eugen* entlassen worden war.
Für Paulshen war guter Rat teuer. Er hatte sich zu entscheiden, ob er seine Jagd nach dem lohnenden Geleit fortsetzen oder dem großen Schiff zu Hilfe eilen sollte. Der Standort der *Bismarck* war mehr als 350 Seemeilen südöstlich von U-557, zu weit, um das Schlachtschiff innerhalb eines Tages

zu erreichen. Während Paulshen noch um eine Entscheidung rang, fingen wir ein Kurzsignal von U-556, Wohlfahrt, auf. Danach war die *Bismarck* in einen aussichtslosen Kampf verwickelt. Diese Meldung veranlaßte Paulshen, den Bug seines Bootes herumzuwerfen und auf die zuletzt gemeldete Position der *Bismarck* zuzusteuern. Als U-557 vor der See nach Südosten jagte, war uns nicht bekannt, daß zwei englische Schlachtschiffe, ein Flugzeugträger, zwei Kreuzer und eine Anzahl Zerstörer sich auf dem entfernten Schlachtfeld konzentriert hatten, um dem deutschen Schiff den Todesstoß zu versetzen.

Die Wellen türmten sich hoch, der Wind wehte hart und zerrte an unseren Südwestern. Scharfer Sprühregen schnitt in unsere Gesichter. Um 9 Uhr 25 sichteten wir zwei Sicherungsfahrzeuge des Geleits und mußten einen Umweg von einer halben Stunde machen, um ihnen zu entwischen. Als wir auf unseren alten Kurs zurückkehrten, war unser Vorhaben bereits überflüssig geworden. Um 11 Uhr 50 erhielten wir den folgenden Funkspruch vom Befehlshaber der U-Boote: BISMARCK OPFER KONZENTRIERTEN FEINDLICHEN FEUERS - ALLE U-BOOTE IN DER NÄHE NACH ÜBERLEBENDEN SUCHEN.

Die ganze Nacht und den folgenden Morgen fuhren wir mit Höchstfahrt durch eine sich langsam beruhigende See in Richtung Planquadrat BE 65, wo die *Bismarck* ihre letzte Schlacht geschlagen hatte. Wir erreichten ihr Grab gegen Mittag des 29. Mai, zwei Tage und sieben Stunden zu spät. Der Atlantik atmete ruhig und war mit einer dicken Schicht Treiböl und zahlreichen Trümmern bedeckt. Während die Brückenwache die Kimm und den Himmel nach dem Feind absuchte, durchforschte die Freiwache die Trümmer nach Überlebenden. Wir fanden keine. Weder eine Leiche, noch einen Rettungsring, noch ein Floß. Wir durchkämmten mit langen Suchstößen einen vollen Tag lang die Gegend und kehrten dann ergebnislos auf die nördlichen Geleitzugwege zurück.

4

Bereits zwei Tage später hatten wir eine unerwartete Feindberührung. Die Sonne schien von einem unbefleckt blauen Himmel. Eine leichte Brise wehte aus Südwest. Das grünblaue Wasser hatte hier und dort weiße Schaumkappen.

Ich hatte meine Wache um 12 Uhr beendet, hatte mein saures Mittagessen mit einer gehörigen Portion Mut und Pfeffer hinuntergewürgt und rauchte gerade eine Zigarette auf der Brücke, als der Backbordausguck nach vorne zeigte und rief: »Mastspitze in 350 Grad.«

Meine Armbanduhr zeigte 13 Uhr 50.

Der I.W.O. drehte sofort das Boot auf Gegenkurs und verständigte den Kommandanten. Bevor U-557 seinen Kreis gezogen hatte, war Paulshen auf der Brücke. Das Ziel war inzwischen achteraus gewandert und reckte seine Masten wie Zahnstocher in die Luft. Paulshen erkannte sofort, daß der Gegner einen westlichen Kurs steuerte, fluchte kurz aber heftig und rief ins Turmluk: »Hart Steuerbord - beide Maschinen äußerste Kraft voraus!«

Das war das Signal. Die Jagd begann. Unser schlankes Boot schnitt die kabbelige Oberfläche mit Eleganz und zog eine schäumende Hecksee hinter sich her. Die Zulüfter rauschten, die Diesel rasselten, das Wetter war klar und sichtig. U-557 dampfte den Gegner am Rande der Sicht aus. Kern schickte einen unaufhörlichen Strom von Peilungen in den Turm, die Wiesner auswertete. Nach fünfzehn Minuten erkannten wir mit Sicherheit, daß wir einen übergroßen, modernen Frachter vor unseren Rohren hatten. Mit einem deutlichen Fahrtüberschuß jagte Paulshen sein Boot hinter der Krümmung der Erde westwärts, die Mastspitzen des Fahrzeugs fest in seinem Doppelglas. Seine Absicht war, sich für einen Unterwasserschuß dem Gegner vorzusetzen. Plötzlich zackte das Schiff weg. Seine drei Masten schmolzen in einem zusammen - und sanken dann schnell ins Meer. Zwanzig Minuten lang stand unsere Verfolgung auf des Messers Schneide. Dann krochen die Masten wieder im Süden über die Kimm.

Dann zackte das Schiff noch einmal und zeigte uns Derricks und Schornstein. Es war 15 Uhr 15.
Kurz darauf kletterte Wiesner auf die Brücke und zeigte Paulshen seine Koppelung. »Herr Oberleutnant«, sagte er keuchend, »der Dampfer zackt deutlich um einen Generalkurs von 260 Grad, Fahrt 14 Meilen. Schätze wahre Fahrt auf 15 bis 16 Meilen.«
Paulshen war sehr zufrieden. Einige Minuten lang koppelten beide den günstigsten Angriffskurs, dann befahl Paulssen gutgelaunt: »Zwo Dez nach Steuerbord - beide Maschinen zehn mehr - Torpedowaffe fertigmachen . . .«
Der Duft frischgebrauten Bohnenkaffees wehte plötzlich durchs Turmluk. Dann erschien auch schon der Smut und lieferte eine Kanne des heißen Getränks und eine Platte mit Pumpernickel und Salami ab. Für eine halbe Stunde hielten wir Seeleute von der Brückenwache ein Kaffeekränzchen, während das verlorene Schiff sich beeilte, sein Rendezvous mit seinem Scharfrichter einzuhalten.
19 Uhr 10. Kurswechsel auf den Generalkurs des Gegners. Eine Stunde später verringerte U-557 seine Fahrt und drehte nach Osten, dem Dampfer entgegen. Mit langsamen Umdrehungen fuhren wir unter dem wolkenlosen Himmel dahin, richteten alle unsere Gläser nach Osten - und warteten. Zuerst sahen wir ein Rauchbällchen, dann erkannten wir die Mastspitzen. Es war Zeit, von der Oberfläche zu verschwinden.
»Alles einsteigen - los, runter - fluuuten . . .«
Das Tauchen ging wie ein Uhrwerk. Der Horcher meldete Schraubengeräusche recht voraus. Paulshen schwang sich in den Sehrohrsitz im Turm, nahm einen schnellen Rundblick und gab routiniert seine Befehle: »Keine weiteren Meldungen mehr, meine Herren, hab' das Schiff im Fadenkreuz. Backbord 10 - recht so - neuer Kurs 70 Grad. Achtung Vorhalterechner: Gegnerfahrt 16 - Lage links 25 - Tiefe 8 . . .«
Der Vorhalterechner ermittelte automatisch den genauen Vorhaltewinkel und übermittelte ihn zu jedem Torpedo in den Rohren. Der Sehrohrmotor summte. Paulshen benutzte das Sehrohr sehr sparsam, verringerte die Fahrt, verbesserte die Werte, änderte geringfügig den Kurs, gab dem Leitenden einige Anweisungen - stieß dann den entscheidenden Befehl hervor: »Neue Entfernung 800 - Lage links 30 - Rohr drei fertig . . . fertig . . . los.«
Ein leichter Stoß - und der Aal hatte das Rohr verlassen. Ein zischendes Rauschen ertönte im Bugraum. Der Druck im Boot nahm gleichzeitig zu. Ich drückte zum Druckausgleich die Nase. Die Preßluft, die den Ausstoß des Aals bewirkte, wurde ins Boot freigelassen. Dadurch wurde eine Luftblase an der Oberfläche verhindert, die im Ersten Weltkrieg den Standort manches getauchten Bootes verraten hatte. Der Torpedo, mit Batterien angetrieben, folgte seinem geheimen Kurs auf das todgeweihte Schiff ohne

die verräterische Blasenbahn, die dem Preßlufttorpedo eigen war. Und sie liefen der stählerne Fisch und der englische Frachter genau aufeinander zu.
Wir zählten die Sekunden und warteten. Wir warteten vergebens. Der Aal war ein Fehlschuß.
Schnelle Reaktion vom Kommandanten. Hastige Verbesserung der Werte. Nur 60 Sekunden nach dem ersten Schuß folgte der zweite. Neues Warten - neues Zählen.
Eine gewaltige Explosion. Treffer! Es war genau 20 Uhr 44.
»Er ist getroffen - er sinkt«, rief Paulshen begeistert. Dann lehnte er sich weit zurück und erlaubte dem I.W.O. einen schnellen Blick durchs Okular. Der zweite Seemannsmaat, der den Vorhalterechner bedient hatte, war der nächste. Ich folgte - und war von dem Schauspiel überwältigt. Das Schiff sank auf ebenem Kiel. Es war kein Feuer an Bord. Seine Aufbauten leuchteten in einem kräftigen Gelb, der Rumpf war rot wie ein Feuerwehrauto. Ein wunderschönes Schiff. Es lag nun bewegungslos, das Oberdeck etwa einen Meter über der Wasserlinie, und machte keine Anstalten, weiter zu sinken. Die Besatzung verließ ihr wundes Fahrzeug ohne Panik in einer öligen See. Als die Rettungsboote vom Frachter abstießen, fuhr Paulssen sein getauchtes Boot durch die kleine Flottille und richtete das Auge seines Sehrohrs auf die niedergeschlagenen Männer. Wieder ließ er uns einen kurzen Blick durch den »Spargel« nehmen. In einem der Boote erkannte ich den Kapitän, der seine weiße Mütze als einen letzten Gruß für sein sterbendes Schiff hin- und herschwenkte. Eine ergreifende Geste des Verlierers.
Paulshen entschied sich, einen weiteren Aal zu opfern und dem Frachter den Todesstoß zu geben. Er steuerte von den Booten klar, richtete den Bug von U-557 auf den stilliegenden Koloß und feuerte einen dritten Torpedo. Aufschlag nach 32 Sekunden. Mit einer hohlen Detonation sank das Schiff auf den Grund.
Dreißig Minuten nach Sonnenuntergang tauchten wir auf. In drei Stunden hatten wir neun Meilen zwischen uns und die Rettungsboote gelegt. Um die Rettung der Schiffbrüchigen zu sichern, funkten wir das übliche SOS-Signal auf der 600-Meter-Welle in die Welt. Minuten später sandte Paulshen den folgenden Funkspruch an den BdU: VERSENKTE FRACHTER - 8000 TONNEN - GERINGER BRENNSTOFFBESTAND - U-557.
Unsere kurze Unternehmung hatte sich bereits als erfolgreich erwiesen. Boot und Besatzung hatten mit fliegender Fahne ihre erste Feuertaufe überstanden. Wir hatten noch genügend Torpedos an Bord, um uns eine Geleitzugschlacht zu leisten. Nach einem Tagesmarsch von etwa 200 Seemeilen nahmen wir die beiden Reservetorpedos aus ihren Oberdeckbehältern und fierten sie bei träger See durchs vordere Luk in den Bug-

raum. Am selben Nachmittag erhielten wir von der U-Bootführung einen neuen Einsatzbefehl: U-557 MIT HÖCHSTFAHRT IN QUADRAT AK 65 GEHEN - HALIFAX-ENGLAND-GELEIT ERWARTET - GEGNERFAHRT NEUN MEILEN - KURS OSTNORDOST.

Paulshen drehte sofort bei und jagte die Diesel auf höchste Touren. Der Frühling war in den Nordatlantik zurückgekehrt, und zum erstenmal seit unserem Auslaufen war der Aufenthalt auf der Brücke angenehm. Bärtige, bleichgesichtige Maschinisten stahlen sich einige Minuten, um den Himmel und die Sonne zu sehen und ihre Lungen mit reiner, frischer Luft zu füllen. Drunten in der bedrückenden Enge der Stahlröhre waren die Verhältnisse völlig anders. Der Geruch von einundfünfzig schwitzenden Männern, von Dieselöl, Schmieröl, verkommenen Nahrungsmitteln und verschimmeltem Brot vermischte sich mit dem Duft, der von der Kombüse und den beiden winzigen Aborten kam. Der üble Geruch, das ewige Schlingern und Rollen des Bootes und das Eingeschlossensein in der erbärmlich kalten Röhre machte uns schwindlig, betäubt und benommen.

Auf unserem Marsch in die nördlichen Regionen überquerte nicht ein einziges feindliches Schiff unseren Kurs. Aber Paulshen war weit davon entfernt, die Borddisziplin zu lockern. Im Gegenteil. Er hatte es sich zur Gewohnheit gemacht, das Boot unerwartet mit einem »Alarmtauchen zur Übung« in einen hektischen Zustand zu versetzen. Ferner hatte er Kern, dem Torpedo- und Artillerieoffizier, Seibold, dem Funkoffizier, Feder, dem Leitenden Ingenieur, und Wiesner, dem Obersteuermann, strenge Anweisungen erteilt, uns Fähnriche zu guten U-Bootfahrern heranzubilden, bevor wir in den nächsten Hafen einliefen. Auch ohne diese Extralektionen wären wir bereits ausgelastet gewesen. Wir bestiegen alle acht Stunden die Brücke für unseren vierstündigen Wachtörn. Gerloff war der ersten, Göbel der zweiten und ich der dritten seemännischen Wache zugeteilt. Wir halfen den Torpedomixern beim Regeln der Aale; standen zusätzlich Wache im Diesel- und im E-Maschinenraum; krochen in die engen Batterieanlagen, um den Säuregehalt zu prüfen und die Luft nach entwichenen Gasen zu untersuchen; halfen den Zentralemaaten beim Trimmen und Regeln und machten darüber hinaus noch Standortberechnungen für den Obersteuermann anhand der Sternhöhen, die er in der Morgen- oder Abenddämmerung mit seinem Sextanten geschossen hatte, wann immer die Sterne sichtbar waren und die Kimm für einen »Schuß« scharf genug war. Trotz dieser gewaltigen Arbeitsbelastung gab uns Paulshen wahllos zu jeder Tages- und Nachtstunde Unterricht über Tauchmanöver und Angriffstaktik. Aus Sorge, seinen Anforderungen nicht genügen zu können, schwangen wir uns regelmäßig nach getaner Arbeit mit einem technischen Handbuch in unsere Kojen und studierten, bis der Schlaf uns überwältigte. Die Kopflampen in den engen Kojen brannten gewöhnlich noch, wenn wir zum Antritt der Brückenwache geweckt wurden.

Nach einem Vorstoß von einem Tag nach Norden kamen wir in unserem Planquadrat an. Die Sicht war ausgezeichnet. Eine leichte Brise kräuselte die See. Aber weder unsere Gläser noch unsere Horchgeräte entdeckten ein feindliches Fahrzeug. Der Nordatlantik schien ausgestorben. Wir durchkämmten die Wasserwüste mit riesigen Suchschleifen - vergeblich. Schließlich benachrichtigte der Kommandant den BdU über unsere ergebnislose Jagd. An einem Nachmittag Anfang Juni wurden wir in ein anderes Quadrat kommandiert. Nach den Mitteilungen unseres Geheimdienstes hatte sich ein Geleitzug vor dem Hafen von Halifax auf Nova Scotia angesammelt. Sein Weg über den Atlantik sollte ihn in eine Gegend etwa 600 Seemeilen südlich Grönland bringen. U-557 ging sofort auf einen neuen Kurs, um den Verband abzufangen.
Nach 30 Stunden Höchstfahrt erreichten wir unsere neue Position in Quadrat AJ 94. Kurz nach unserer Ankunft rollte dichter Nebel heran. Er nahm uns jede Chance, einen Geleitzug auf Sicht zu erfassen. Die milchige Nebelbank war oft derart dick, daß wir auf der Brücke weder unseren Bug noch das Heck erkennen konnten. Wir tauchten alle zwei Stunden für einen Horchrundblick. Aber um unser großes Revier zu überwachen, mußten wir zwischen den einzelnen Tauchmanövern enorme Entfernungen zurücklegen. Diese gefährlichen Vorstöße in die dichten Nebelbänke verringerten unseren Brennstoffbestand beträchtlich; es wurde uns klar, daß wir ohne Ergänzung weder eine Geleitzugschlacht schlagen noch in einen Hafen zurückkehren konnten. Paulshen sandte deshalb erneut einen noch dringenderen Funkspruch an die Führung mit der Bitte um schnellste Beölung. Sechs spannende Stunden warteten wir auf die Antwort. Sie wies uns schließlich an, einen Punkt etwa 80 Meilen südwestlich der Südspitze Grönlands anzusteuern und dort aus dem Tanker *Belchen* Brennstoff und Proviant zu ergänzen. Die Männer der *Belchen* hatten es meisterhaft verstanden, den britischen Suchgruppen zu entgehen, um unsere Hilfskreuzer und U-Boote auf hoher See zu versorgen. Wir berichtigten unseren Kurs und jagten dem Treffpunkt entgegen. Das Wetter veränderte sich schnell. Es wurde kälter, und wir schlüpften in warmes Unterzeug.
Einen Tag später, nach einer anstrengenden Fahrt, stießen wir auf die Eisberggrenze. Wir änderten fortwährend unseren Kurs, um die zahlreichen Eisbrocken zu umsteuern. Bald erschienen riesige Berge, und wir entschieden uns, diese Kolosse in respektvoller Entfernung zu passieren. Niemand an Bord hatte je ein derartiges Schauspiel gesehen; der Kommandant erlaubte der Besatzung, diese einzigartige Szenerie zu bestaunen. Zwischen dem azurblauen Himmel und dem leuchtenden Grün des Meeres glitten Hunderte von Eisbergen, blendend weiß und in allen Größen, majestätisch nach Süden. Die Sonne spiegelte sich millionenfach in der Oberfläche dieser schwimmenden Inseln. Erstaunt und beeindruckt umfaßten wir das gigantische Panorama.

»Rauchwolke an Backbord«, gellte ein Ausguck.
Augenblicke später sichteten wir die grauen, typischen Aufbauten dreier Kriegsschiffe, Fahrzeuge einer größeren Klasse unbekannter Nationalität. »Alarm!« Wir stürzten ins Turmluk, und U-557 verließ die Oberfläche mit einem rasenden Fall. Feder pendelte das Boot auf 60 Meter durch und brachte es mit Höchstfahrt zurück auf Sehrohrtiefe. Paulshens Sicht war durch die gefährlichen und drohend aufragenden Eisberge blockiert. In seiner Anstrengung, einen Rammstoß gegen den unsichtbaren Teil eines dieser Eisklötze zu vermeiden, fuhr er sein Sehrohr wie ein Karussell im Kreise. Dann sichtete er die drei Schiffe - drei englische Kreuzer der *London*-Klasse. Indem er die Optik vom Gegner auf die Eisberge und zurück zum Gegner schwenkte, befahl Paulshen, alle Rohre für einen Unterwasserangriff zu bewässern. Eine fieberhafte Erregung vibrierte durchs Boot. Der Sehrohrmotor summte. Paulshen flüsterte, verbesserte Werte, änderte den Kurs und wartete auf die eine Sekunde, in der alle Werte in fehlerloser Übereinstimmung sein würden. Aber diese eine Sekunde blieb aus. Die Kreuzer wechselten plötzlich scharf ihren Kurs und dampften mit 24 Seemeilen, einem Mehrfachen unserer eigenen Unterwasser-Höchstgeschwindigkeit, nach Norden davon.
Paulshen schüttelte verärgert den Kopf; die Männer fluchten wie die Piraten. Nach kurzer Wartezeit tauchten wir auf und kehrten auf unseren alten Kurs zurück.
Die Anzahl der Eisberge verringerte sich zusehends, je näher wir der Südwestküste Grönlands kamen. Bald war die See völlig eisfrei. Am frühen Morgen des dritten Tages nach unserem Treffen mit den englischen Kreuzern fanden wir die einsame *Belchen* auf dem verabredeten Platz. Wir näherten uns vorsichtig, schossen unser Erkennungssignal, wechselten dann einige Grüße durch die Flüstertüte und fingen die Leine, an der der Schlauch für die Ölübernahme befestigt war. Paulssen manövrierte U-557 in das nahezu unsichtbare Kielwasser des Tankers, eines niedrigen, langen Schiffes von ungefähr 15 000 Tonnen. Es hatte wahrscheinlich noch genug Treiböl an Bord, um unsere Boote für Monate oder ein ganzes Jahr zu versorgen.
Ein Zentralemaat befestigte den Schlauch an einem Außenbordventil und sicherte die Leine an Oberdeck. Dann begann U-557 das kostbare Öl in seine leeren Bunker zu saugen. Nahrungsmittel wurden mittels eines Gummibootes von der *Belchen* herangeschafft. Gegen 12 Uhr mittags erhielten wir Zuwachs. Ein zweites Boot hatte seinen Weg zum Versorger gefunden. U-93, Korth, kam längsseits unseres Bootes, wartete aber in einiger Entfernung. Es war eine seltene und seltsame Zusammenkunft von drei deutschen Schiffen in einer scheinbar verlassenen Ecke des Nordatlantik. Grüße machten ihre Runde von Boot zu Boot, und wir übermittelten unsere Warnung vor den drei englischen Kreuzern an die arglose

Besatzung. Um 17 Uhr schlugen wir den Schlauch ab und übergaben ihn an U-93, wünschten einander »Mast- und Schotenbruch und fette Beute« und trennten uns dann von der Gruppe.
U-557 ging sofort auf einen südsüdwestlichen Kurs und lief mit Höchstfahrt gegen den aufziehenden Abendhimmel. Vier Stunden später, wir waren für unser Prüfungstauchen auf 80 Meter getaucht, hörten wir weit achteraus drei dumpfe Detonationen. Eine ganze Serie dröhnender Aufschläge folgte. Das Bombardement dauerte etwa zehn Minuten und kam aus der genauen Richtung der *Belchen*. Wir waren überzeugt, daß die englischen Kreuzer ihr Wild endlich gestellt hatten.
Um 23 Uhr tauchte U-557 auf, stellte Funkverbindung mit der U-Bootführung her, meldete die Versorgung durchgeführt und das wahrscheinliche Schicksal der *Belchen*. Zwischen Mitternacht und Morgendämmerung fing unser Funker eine Meldung ab, die unsere Annahme bestätigte: BELCHEN MIT KAPITÄN VON DREI ENGLISCHEN KREUZERN VERSENKT - BESATZUNG GERETTET - TREIBSTOFFÜBERNAHME NICHT BEENDET - KEHRE MIT 49 ÜBERLEBENDEN ZURÜCK - U-93.
Wir fuhren mit voller Kraft in Richtung unseres neuzugeteilten Quadrats BB 90, um dort die Geleitzugwege zwischen Halifax und St. John's anzugreifen. In dem Seegebiet, wo der eisige Labradorstrom und der Golfstrom aufeinanderprallen, trafen wir auf dichten Nebel. Aber der Vorhang hob sich augenblicklich, als wir den 47. Breitengrad nach Süden überfuhren. Strahlender Sonnenschein überraschte uns nach mehreren Tagen blinden Fahrens. Die See war kabbelig, aber die Luft war mild. Für 48 Stunden patrouillierten wir auf und ab und machten mit nur einem Diesel langsame Fahrt.
Am 15. Juni, einem dieser wolkenlosen, sonnigen Tage, wurde ich um 16 Uhr von meiner Wache abgelöst. Vier Stunden hatte ich auf dem Rande der Brückenverkleidung gesessen und die scharfe Kimm nach einer Rauchfahne oder einer Mastspitze abgesucht. Der Wind kam aus Süden, Seegang war 2 bis 3. Ich stieg ins Boot und aß eine Scheibe von dem klebrigen Brot, das mit ranziger Butter und grünem Schimmel garniert war. Ich versüßte sie mit einer gehörigen Portion Erdbeermarmelade und spülte sie mit einer Tasse starken Kaffees hinunter. Es war 18 Uhr 15, als meine Mahlzeit jäh unterbrochen wurde.
Ein Schrei von der Brücke, elektrisierend, haarsträubend: »Beide Maschinen äußerste Kraft voraus ... Ruder hart Backbord ... Torpedolaufbahn an Steuerbord ...«
Ich jagte wie ein Blitz durch die Zentrale und auf den Turm. Die Diesel fingen gerade an zu fauchen, als ich mich auf der Brücke aufrichtete. In derselben Sekunde sah ich drei Blasenbahnen mit irrsinniger Genauigkeit auf unser Boot zulaufen. Das Entsetzen über den Anblick des heranschie-

ßenden Todes lähmte uns völlig. Ein - zwei Augenblicke - und die Schaumstreifen würden das Boot erreichen . . . jetzt . . . jetzt!
Aber da war keine Detonation - nicht einmal der Aufschlag von Stahl auf Stahl. Erstaunen über das Wunder überwältigte uns. Wir wandten uns nach Backbord. Drei Blasenbahnen entfernten sich wie von Geisterhand gezogen. Sie verrieten uns, daß zwei Torpedos unter dem Kiel unseres Bootes durchgeschossen waren und einer dicht am Ruder achteraus vorbeigesteuert war. Nicht ganz sicher, ob wir noch am Leben waren, holten wir vorsichtig tief Luft. Dann begannen unsere Herzen wieder zu schlagen.
U-557 hatte in qualvoller Trägheit endlich seine Wendung nach Steuerbord vollzogen und größere Fahrt aufgenommen. Recht voraus war der Ausstoß-Schwall der feindlichen Torpedos auf der Oberfläche deutlich sichtbar. Nach kurzen Augenblicken erreichten wir den Fleck. Paulshen, der die Brücke nur Sekunden, nachdem der Tod uns streifte, erreicht hatte, befahl mit schneidender Stimme: »Auf Gefechtsstationen - klar zum Tauchen - runter von der Brücke, meine Herren, tempo, tempo.«
Die Besatzung brannte auf ein Duell zwischen einem U-Boot und einem *submarine.* Die Alarmglocke schrillte - und U-557 sank in die schwarze Tiefe, seinem unsichtbaren Gegner entgegen. Der Kommandant ließ alle Rohre bewässern und machte es sich in der Zentrale bequem, wo er sich auf den Vorhalterechner und zugleich auf das Horchgerät konzentrieren konnte. Dies war ein Kampf, der von der normalen Regel völlig abwich. Unser Boot glitt nahezu geräuschlos dahin. Unser Horchgerät fing das Schraubengeräusch des feindlichen Unterseeboots auf. Es lief deutlich mit hoher Fahrt nach Westen ab. Sobald wir es vor unserem Bug hatten, verminderte sich das zischende Geräusch seiner Schrauben. Der Gegner war auf der Flucht. Wir jagten ihm mit aller uns zur Verfügung stehenden Kraft nach. Vergeblich. Der Gegner war schneller als wir.
Paulshen wurde argwöhnisch. »Ich wette, der Kerl taucht jeden Augenblick auf. L.I., klar zum Anblasen. Halt die Diesel für sofortige Höchstfahrt bereit.«
Ich folgte mit der Brückenwache dem Kommandanten in den Turm. Die Stimme des Horchers kam plötzlich durch das Sprachrohr: »Gegner bläst an - Gegner taucht auf!«
Paulshen handelte. »Anblasen - ausblasen mit beiden Dieseln! Große Fahrt voraus.«
Sekunden später brach unser Boot durch die Oberfläche, und wir stürmten auf die Brücke. Wir richteten unsere Gläser recht voraus. Dort, nicht mehr als 8000 Meter vor unseren Rohren, war das feindliche Boot. Mit »dreimal äußerste Kraft voraus« jagten wir das *submarine.* Seine qualmenden Diesel verrieten uns deutlich, daß es mit allen Mitteln unseren Gegenangriff zu vermeiden suchte. Es begann zu zacken. Seine aufgeregten Zick-

zacks nach beiden Seiten erlaubten uns, einen Blick auf seine Aufbauten zu werfen, und wir verglichen sie mit den Angaben in Weyers Taschenbuch der Kriegsflotten. Paulshen und Kern machten das feindliche Boot als ein englisches U-Boot der *Thames*-Klasse aus.
Wir stellten bald fest, daß das feindliche Boot uns an Fahrt und Größe überlegen war. Es weiter zu verfolgen, war nutzlos. Wir änderten unseren Kurs nach Osten und verfolgten den Gegner mit unseren Gläsern, bis er hinter der Kimm in Richtung Boston verschwunden war. Wir fragten uns, was der englische *skipper* wohl zu sagen hatte, nachdem es ihm nicht gelungen war, uns mit drei Torpedos zu versenken. Er hatte einen klassischen Anlauf gefahren und einen ausgezeichneten Fächerschuß losgemacht. Zwei der drei Aale wären Treffer gewesen, wenn sie auf der richtigen Tiefe gesteuert hätten. Was immer die Ursache des Versagens war - sie hatte einundfünfzig Mann vor dem Jenseits bewahrt.
Bei Sonnenuntergang und 25 Meilen später tauchten wir, um das Überleben der Besatzung zu feiern. Wir nannten es eine Geburtstagsfeier. In derselben Nacht, wir waren bereits wieder aufgetaucht, setzten wir einen Funkspruch an die Führung ab: WURDEN VON ENGLISCHEM UNTERSEEBOOT ANGEGRIFFEN - DREIERFÄCHER - QUADRAT CC 36 - GEGENANGRIFF ERFOLGLOS - U-557.
Noch fünf Tage dampften wir in derselben Gegend auf und ab. Wir waren höllisch auf der Hut. Der unerwartete Überfall veranlaßte uns, nicht nur nach Rauchwolken, sondern auch nach Sehrohren Ausschau zu halten. Aber wir sahen weder die einen noch die anderen. Zum zweitenmal innerhalb einer kurzen Zeitspanne waren wir in ein bestimmtes Seegebiet befohlen worden, um einen bestimmten Geleitzug zu erfassen - der nicht existierte. Der Gedanke an Verrat, an eine gefährliche Lücke in unserem Sicherheitsdienst, drängte sich auf.
Einem neuen Befehl des BdU folgend, stießen wir ins Quadrat BC 35 vor. Zusammen mit zwei anderen Booten sollten wir einen Vorpostenstreifen bilden, der sich etwa 450 Seemeilen östlich von Neufundland, vom 48. bis zum 53. Breitengrad erstreckte. Zwei Tage später kamen wir in unserem neuen Operationsgebiet an. Zu diesem Zeitpunkt waren wir bereits sechs Wochen auf See und hatten uns zu echten, routinierten U-Bootmännern entwickelt. Unser Proviant, der für zwei Monate berechnet war, war jedoch trotz der Büchsen, die wir von der *Belchen* erhalten hatten, bedenklich zusammengeschrumpft. Vieles war auf den Flurplatten oder in den Bilgen gelandet, manches war ungenießbar geworden oder hatte sich einfach aufgelöst. Aber Paulshen löste das Verpflegungsproblem mit üblicher Schnelligkeit: er befahl Seibold, die täglichen Rationen zu halbieren. Und folglich schnallten wir unsere Gürtel jeden zweiten Tag um ein Loch enger.
Am Vormittag des 20. Juni fingen wir folgenden Funkspruch des Kapitänleutnants Mützelburg auf, dessen Boot ebenfalls im Nordatlantik jagte:

HABE AMERIKANISCHES SCHLACHTSCHIFF TEXAS IM BLOKKADEGEBIET GESICHTET - FRAGE FEUERERLAUBNIS - U-203.
Das plötzliche Erscheinen der *Texas* war eine bemerkenswerte Herausforderung der Amerikaner. Sie wußten genau, daß jedes fremde Schiff, das sich in unser Blockadegebiet wagte, in höchster Gefahr schwebte. Wie würde sich Dönitz entscheiden? Wir waren alle für die Versenkung der *Texas*. Aber U-203 war am Nachmittag noch ohne Antwort der Führung. Mützelburg wiederholte seine Frage um Feuererlaubnis. Erst bei Einbruch der Dunkelheit erhielten und entzifferten wir den Funkspruch vom BdU, der die Entscheidung bekanntgab: DER FÜHRER HAT VERMEIDUNG JEDES ZWISCHENFALLS MIT USA FÜR DIE NÄCHSTEN WOCHEN BEFOHLEN. IN ALLEN DENKBAREN FÄLLEN IN DIESEM SINNE HANDELN. DARÜBER HINAUS BIS AUF WEITERES ANGRIFFE AUF KREUZER, SCHLACHTSCHIFFE, FLUGZEUGTRÄGER NUR, WENN DIESE EINWANDFREI ALS FEINDLICH ERKANNT. ABGEBLENDET FAHREN GILT BEI KRIEGSSCHIFFEN NICHT ALS BEWEIS FEINDLICHEN CHARAKTERS.
Dieser Befehl verweigerte nicht nur U-203 das Recht zum Angriff, er war auch an alle auf See befindlichen U-Boote gerichtet und begrenzte bedeutungsvoll unsere zukünftigen Angriffsmethoden, ganz besonders an bewachten Geleitzügen. Wie wir später erfahren sollten, war es bei Nacht praktisch unmöglich, einen englischen Zerstörer von einem amerikanischen Geleitsicherungsfahrzeug zu unterscheiden.
Am 22. Juni erschütterte der neueste Wehrmachtsbericht unser Boot wie eine Wasserbombe. Unsere Armeen waren auf breiter Front zum Angriff auf die Sowjetunion angetreten und marschierten von der Ostsee bis zum Schwarzen Meer nach Osten. Dieses Ereignis rief eine nicht geringe Begeisterung an Bord hervor. Wir waren in dem Gedanken erzogen worden, daß es für Deutschland keine Möglichkeit gäbe, neben der Sowjetunion zu leben. Der Kommunismus, nicht England oder seine westlichen Alliierten, war Deutschlands Todfeind. Und wie jeder wußte, war der Nichtangriffspakt, den Hitler mit Stalin im August 1939 geschlossen hatte, nur eine vorübergehende Maßnahme, eine geschickte Hinhaltetaktik. Nun, da unsere Ost-Armeen auf dem Vormarsch waren, konnte der Fall Rußlands bald erwartet werden.
Wir kreuzten im Quadrat BC 35 für einige Tage mit weiten Suchschlägen hin und her, hatten aber keinen Erfolg. Dann endlich, im Morgengrauen des 23. Juni, fingen wir das langerwartete Kurzsignal auf: GELEITZUG IN BD 15 - KURS OST - ZEHN MEILEN - ALLE BOOTE IN DER NÄHE SOFORT UND MIT HÖCHSTFAHRT AUF GELEIT OPERIEREN.
Wir berechneten unsere Chancen. Sie schienen ausgezeichnet. U-557 nahm

sofort die Verfolgung auf. Sie entwickelte sich zu einer spannenden und aufregenden Jagd. Wir pflügten mit 18 Meilen nach Südosten und kalkulierten, daß wir den feindlichen Verband in etwa 22 Stunden abfangen konnten. Ein unbeschreibliches Hochgefühl bemächtigte sich der Männer. Jeder bereitete sich auf den Zusammenstoß mit dem Gegner vor. Mit ungeheurer Macht wurde unser Boot von der westlichen Dünung vorwärtsgetrieben. Das Rauschen des Meeres am Druckkörper, das Heulen der Zulüfter und das Klingeln der Diesel war die Musik, die uns in den Kampf begleitete. Der Tag verging; die Nacht versprach eine neue Schlacht. Der Himmel war schwarz, die Luft klirrend frisch, die See kabbelig und dunkel - eine ausgezeichnete Nacht für einen überraschenden Angriff.

Aber nicht ein einziger Schatten wurde gesichtet. Als der neue Tag anbrach, entdeckten wir, daß wir auf der endlosen Weite des Meeres allein waren. Gemäß unserer Berechnungen hätten wir das Geleit bereits vor vier Stunden treffen sollen. Da wir nicht genau wußten, wo der Verband zu suchen war, fuhren wir mit großen Zickzack-Schleifen auf einem östlichen Generalkurs durch die hohe Dünung. Das Wetter war klar und sichtig, und wir suchten mit unseren scharfen Gläsern ständig die Kimm ab.

Um 9 Uhr 15, die Spannung an Bord war nahezu zur Unerträglichkeit angestiegen, erhielten wir neue Anweisung von der Führung: ERSTES BOOT DAS FÜHLUNG MIT GELEIT HERSTELLT VOR ANGRIFF ALLE GEGNERWERTE MELDEN - BDU. Ein nachfolgendes Signal unterrichtete uns, daß noch vier weitere Boote gegen den Verband operierten. Dieser jedoch blieb unauffindbar. Es war, als hätte es ihn niemals gegeben. Die Verfolgung, die sich bereits seit Tagen dahinzog, hatte unseren Brennstoffbestand beträchtlich verringert, und es war uns klar, daß wir nicht mehr nach Westen steuern würden.

21 Uhr 35. Ein Schrei durchs Turmluk: »Kommandant auf die Brücke - Schatten voraus.«

Paulshen riß die dunkle Brille, die er zum Schutz gegen die Beleuchtung im Boot trug, vom Gesicht, warf sie auf den Kartentisch und kletterte die Aluminiumleiter nach oben. Sekunden später hörte ich seinen Ruf: »Auf Gefechtsstationen - Torpedowaffe fertigmachen zum Überwasserangriff!«

Ich hievte mich in Position hinter den Kommandanten. Wir waren von achtern auf den Verband gestoßen. Das erste, was ich sah, war ein Schatten auf Parallelkurs - ein Zerstörer. Paulshen manövrierte den gefährlichen Burschen aus und ließ ihn an Steuerbord zurückfallen. Die Sicht war nur 3000 Meter. Wir pirschten vorsichtig, die Dunkelheit geschickt ausnutzend, nach vorn und hängten uns an die Ausläufer des Geleits, um die Gegnerwerte genau festzustellen. Dann meldete Seibold unsere Feindberührung der Führung, und U-557 stürmte auf Angriffskurs. Von der

Nacht verschluckt und tief in der See liegend, schlich sich das Boot in den Verband, umkreiste die Nahsicherung, schlingerte mit schwerer Schlagseite über den Kamm einer abbrechenden Welle, röhrte gischtsprühend in ein langgezogenes Wassertal, bockte und stampfte mit brausenden Lüftern und hämmernden Dieseln immer weiter in die Formation des Gegners hinein. Zwei Schatten an Backbord. Sie wuchsen schnell zu gigantischen Wänden. Ein anderes Phantom an Steuerbord voraus. Mittlere Entfernung nur 600 Meter. Zwei Fahrzeuge überlappten sich. Ausgezeichnete Ziele. Das Boot war in Schußposition. Paulshen brüllte einige Befehle. U-557 verringerte die Fahrt. Acht, neun Schatten wälzten sich träge unter dem sternenlosen, nachtblauen Firmament durch die lange Dünung. Dann der Kommandant: »Feuererlaubnis!«

Im selben Augenblick erkannte ich, wie ein Zerstörer den Vorhang der Dunkelheit achteraus durchbrach - nein, zwei Zerstörer - in Lage Null. Ich wartete drei Sekunden auf den I.W.O., seine Aale loszuwerden, vier Sekunden, dann konnte ich nicht mehr an mich halten und rief: »Zerstörer in Lage Null! Rechtweisend 170 Grad!«

Paulshen drehte sich um, erkannte die Gefahr und brüllte: »Zum Donnerwetter, I.W.O., schieß!«

U-557 schoß wie ein Pfeil nach vorne. Aber noch während wir auf die Massen von Stahl zujagten, wurden wir von den beiden Zerstörern in eine tödliche Zange genommen. Sternraketen und Leuchtfallschirme überfluteten plötzlich unser Boot mit Tageshelle. In diesem Augenblick erkannten wir, daß wir in der Falle saßen. Die beiden Jäger achteraus waren dicht aufgeschlossen. Ein dritter preschte Steuerbord querab hinter einem Frachter hervor.

»Alarm!« Der Befehl des Kommandanten ging im Klirren der Glocke unter. U-557 tauchte seinen Bug in die tintenähnliche See. Ein Gepolter, ein Rauschen - und ohnmächtige Ungewißheit. Dann hob eine donnernde Explosion das Heck des Bootes, schüttelte es, drehte es um seine Achse und schleuderte es in totale Finsternis. U-557 war außer Kontrolle. Es sank schnell.

»An alle Stationen - Frage Wassereinbrüche.«

»Heckraum dicht.«

»Bugraum dicht.«

»Beide Tiefenruder klemmen . . .«

»Umschalten auf Hand . . .«

»Wassereinbruch im Dieselraum.«

»Steuerbord-E-Maschine ausgefallen.«

Plötzlich vier höllische, vulkanähnliche Ausbrüche. Sie warfen das Boot wie ein Spielzeug herum, zwangen es tiefer und tiefer, schüttelten und bogen den Druckkörper, daß es nur so ächzte und stöhnte und krachte. Die Männer rutschten und flogen auf den Flurplatten entlang. Im flakkernden Dämmerlicht der Hilfsbeleuchtung sah ich die Nadel des Tiefenmessers auf der 152-Meter-Marke zittern, dann schnell auf 160, 180 Meter ausschlagen. Das dreschende Stampfen der Zerstörerschrauben trommelte laut gegen den Stahl unseres Bootes. Alle Augen waren aufwärts gerichtet. Das Zischen der Propeller über uns schwoll abermals an. Ein neuer Anlauf der Zerstörer.

»Ruder hart Steuerbord«, befahl Paulshen, »Backbordmotor halbe Fahrt voraus!«

Drei Wabos explodierten direkt über dem Turm. Krachender Donner. Dreimal sprang das Boot zur Seite, dreimal hüpften die Flurplatten und stießen uns die Füße in den Unterleib. Holz splitterte, Wasserstandsgläser zersprangen mit einem Knall, Büchsen flogen durch das Boot; alles war für Sekunden schwarz, bis die Hilfsbeleuchtung wieder aufflackerte. Der Sitz vieler Ventile hatte sich gelöst, Seewasser strömte rauschend in die Bilgen. Der Druck der Detonationen hatte das Boot tiefer gepreßt, und das eindringende Wasser belastete es mehr und mehr. Ein kurzes Kommando vom Leitenden, und Preßluft zischte in die Tauchzellen, um das Boot nicht ins Bodenlose durchsacken zu lassen.

Die Verfolger gruppierten sich zu einem neuen Anlauf. Die Asdic-Impulse zirpten unaufhörlich. Die Minuten zogen sich qualvoll ins Endlose. Wir wagten kaum zu atmen. Plötzlich zwei harte Explosionen in der Richtung des entschwundenen Geleits. Andere Boote hatten den Verband erreicht. Aber unsere gedämpfte Freude wurde schnell von neuem Schrecken abgelöst, als die Zerstörer wiederum mit hoher Fahrt auf unsere Tauchstelle zustießen. Einer nach dem anderen schäumte über unseren eisernen Sarg und warf zum Abschied eine letzte Serie wie einen Strauß Chrysanthemen auf unser Grab. Die teuflischen Detonationen konnten uns nur betäuben. U-557 war bereits zu tief gefallen, als daß die Wabos es hätten zerstören können. Nur die Tiefe selbst konnte unsere Hülle zerdrücken.

Zwei Stunden später tauchten wir auf, erschöpft und benommen. Das Boot wurde durchgelüftet, und die Brise belebte uns schnell. Dann untersuchten wir unsere Schäden. Sie waren größer, als zuerst angenommen. Der Steuerbordmotor war aus dem Fundament gerissen, die Steuerbordwelle gebogen, die achtere Tauchzelle gerissen. Das bedeutete das Ende unserer Unternehmung.

U-557 begann, lahm und schwer angeschlagen, eine 1600 Seemeilen lange Rückreise zu seinem neuen Heimathafen Lorient in Westfrankreich. Die Moral der Besatzung war jedoch nach unserem Erfolg auf das höchste angestiegen. Wir vergaßen die Wunden, die unser Boot erhalten hatte. Die 8000 Tonnen britischen Schiffsraums, die wir versenkt hatten, hoben alle Schäden auf, ließen uns alles Erduldete schnell vergessen. Sie waren unser Beitrag zum Sieg über Großbritannien.

5

Fünf Tage vorsichtigen Fahrens brachten U-557 an die westliche Grenze der Biskaya. Die Führung hatte uns gewarnt: die Bucht sei mit äußerster Vorsicht anzusteuern, da die Briten inzwischen ihre Luftüberwachung in diesem Seegebiet erweitert hatten. Aber hier wie im Atlantik - wir erfuhren es durch die abgefangenen Funksprüche anderer Boote - kam die Royal Navy schlecht davon. Die Kurzsignale ließen einen scharfen Anstieg der alliierten Verluste erkennen.

Ein U-Boot, das die Biskaya zu einer neuen Unternehmung verließ, meldete: PASSIERTE ACHTEN LÄNGENGRAD WEST - VERSENKTE EINEN ZERSTÖRER.

Ein anderes Boot informierte die Führung: VERSENKTE FÜNF - ZUSAMMEN 28 000 TONNEN - EIN FRACHTER BESCHÄDIGT - LEICHTE ABWEHR - STOSSE NACH.

Von einem Boot im Nordatlantik: VERSENKTE SECHS - 42 000 TONNEN - ALLE TORPEDOS VERSCHOSSEN - KEHRE ZUM STÜTZPUNKT ZURÜCK.

Ein anderes Boot berichtete: GELEITZUG IN AK 40 - VERSENKTE ZWEI 13 000 TONNEN - HALTE FÜHLUNG - SENDE PEILZEICHEN.

Aber der größte Erfolg wurde von einem schwereren Boot, das im Südatlantik operierte, gemeldet: FEGTE SEEGEBIET SAUBER - VERSENKTE ACHT ZUSAMMEN 53 000 TONNEN - EIN ZERSTÖRER - BITTE SENDET TORPEDOS LUFTFRACHT EXPRESS.

Die Schlacht im Atlantik nahm im selben Maße an Stärke zu, wie neue U-Boote durch die wirkungslose englische Abwehrkette zwischen den Shetland-Inseln und Island nach Westen durchbrachen. Die Schlinge um England schloß sich immer enger.

Am Morgen des 10. Juli, genau acht Wochen nach unserem Auslaufen aus dem kalten, unfreundlichen Norden, schauten wir gespannt in die Ferne und warteten, bis die dünne, dunkle Linie der bretonischen Küste sich

endlich aus dem Morgennebel im Osten emporhob. Immer höher stieg das Festland aus dem Meer. Bald konnten wir die grünen Streifen der Vegetation erkennen. Allmählich kamen weiße Häuser mit roten, grauen und blauen Dächern in Sicht.
Um 13 Uhr trafen wir auf einen Sperrbrecher, ein Minenräumschiff, das auf einem vereinbarten Punkt auf uns gewartet hatte. In seinem Fahrwasser folgend, schleusten wir uns durch die minenverseuchten Gewässer nach Lorient. Einige unserer Seeleute hantierten mit einem weißen Wimpel und hißten ihn an einer Leine auf, die von der Spitze des halb ausgefahrenen Sehrohrs zum Geländer des Zigarettendecks reichte. Der Wimpel war mit einer schwarzen Zahl versehen - die Tonnage des versenkten Schiffes. Die Männer waren in aufgeräumter Laune. Sie hatten frische U-Bootpäckchen angezogen und kämmten ihre struppigen, langen Bärte für den Empfang.
Das Boot umrundete die felsigen Ausläufer einer kleinen Halbinsel, glitt dann an der alten Festung Port Louis vorbei. Recht voraus entdeckten wir Lorient. Es war ein heißer Mittsommertag, die Blumen leuchteten farbiger, das Gras war grüner, die Häuser blendeten weißer, und alles schien so völlig anders zu sein, als die düstere Welt, die wir zwei Monate zuvor verlassen hatten.
U-557 verringerte seine Fahrt und steuerte in den inneren Hafen. Geräuschlos trieben wir mit einer Maschine der Menschenmenge entgegen, die den Kai bevölkerte. Unsere Waffenkameraden in Marineblau, Feldgrau und im Braun des Arbeitsdienstes standen neben einigen Schwestern vom Militärkrankenhaus, die mit Blumen auf uns warteten. Wie gut war es, erwartet zu werden; wie gut war es, noch einmal davongekommen zu sein.
Eine Militärkapelle begann plötzlich einen dröhnenden Marsch. U-557 kam am Kai längsseits; helfende Hände fingen und befestigten die Leinen. Der Chef der 2. U-Boot-Flottille rief einen Willkommensgruß, kam dann über die schmale Stelling an Bord, drückte die Hand des Kommandanten und anschließend die vom Salzwasser aufgesprungenen und vom Öl befleckten Hände unserer Leute. Die Schwestern folgten mit einem Lächeln, einem Siegerkuß und einem Blumenstrauß für jeden. Nun wußten wir, daß wir tatsächlich dem Teufel von der Schippe gesprungen waren, daß das Leben süß und lohnend sein konnte.
Mit der Ausnahme einer kleinen Wache, die das rostige und vom Wetter stark mitgenommene Boot zu bewachen hatte, versammelte sich die Besatzung in den alten Räumen der ehemaligen französischen Marinepräfektur. Die Einlauffeier, nur für Männer bestimmt, begann unverzüglich. Zuerst gratulierten wir Paulshen zu seiner Beförderung zum Kapitänleutnant, die nur wenige Stunden zuvor per Funkspruch durchgegeben worden war. Es gab Champagner und Langusten als Vorspeise und eine

Hauptmahlzeit typisch französischen Charakters. Der Kommandant hielt eine kurze Ansprache. Als schließlich die letzte Flasche Champagner geleert war, erhielten wir unsere Post. Die angesammelten Briefe wurden vor uns auf dem Leinentischtuch in großen und kleinen Bündeln aufgestapelt, und wir öffneten die Umschläge in andächtigem Schweigen. Ich schnitt die Briefe mit einem Buttermesser auf. Marianne hatte jede Woche einen besorgten, aber liebevollen Brief geschrieben. Einige Zeilen von meinen Eltern baten um ein Lebenszeichen. Ihre Besorgnis war rührend und tröstend. Ja, ich war zurückgekommen. Ich lebte noch und hoffte noch recht lange am Leben zu bleiben.

Wir gerieten in eine feuchtfröhliche Stimmung. Nach der schweren Mahlzeit flossen Mengen deutschen Biers. Nach Stunden angestrengten Essens und Trinkens lotsten wir drei Fähnriche uns gegenseitig in die Unterkünfte des alten Hafengebäudes. Dort fanden wir unser Gepäck, das per Lkw aus Kiel herangeschafft worden war. Nachdem wir unsere doppelreihigen, blauen Uniformen glattgestrichen und aufgehängt hatten, plantschten wir in einer primitiven Badewanne, setzten uns danach wohlig in einen Sessel des Stützpunktfriseurs und ließen uns Kopf- und Barthaare trimmen - alles zum erstenmal nach einer achtwöchigen Pause. Stunden später, elegant in Blau, mit Geld in der Tasche und Stolz im Herzen, brachen wir erwartungsvoll auf, um die fremde Stadt zu erforschen. Unser Fortschritt war jedoch ungeschickt und unsicher. Wir waren es nicht mehr gewohnt, auf festem Boden zu navigieren, nachdem wir wochenlang auf den fortwährend schwingenden und rollenden Flurplatten dahingeschwankt waren. Nach einigen komischen Versuchen bekamen wir allmählich unsere Landfüße zurück, und es gelang uns, auf einer malerischen Allee in die Innenstadt zu steuern.

Trotz der späten Stunde waren die Straßen noch voll regen Verkehrs. Straßenverkäufer boten Körbe mit Früchten und Fischen an und riefen in ihrer melodischen Sprache die Vorzüge ihrer Waren aus. Frauen trugen die farbenprächtigen bretonischen Trachten - gestickte Blusen, weiße, gestärkte Hauben und aufgebauschte Röcke, die bis zu den Fersen reichten. Aber die Soldaten beherrschten das Straßenbild: überall sahen wir Heeresfahrzeuge und deutsche Uniformen in Grau und Grün und Blau.

Wir tranken in einem Bistro einen Apéritif und machten uns dann im Dunkeln auf den Weg zu einem Restaurant im Hafen, wo die Fischer anzulegen pflegten. Nahe einer vernachlässigten Mole genossen wir ein exotisches Abendessen, bei dem alles französisch war, beugten uns über unsere Gläser mit Beaujolais und schauten auf das träge, schwarze Wasser des Hafens hinaus. Dann stiegen plötzlich die Bilder unserer ersten Feindfahrt in unserer Erinnerung auf und ließen unsere Unterhaltung langsam verstummen.

Die nächsten drei Tage verbrachten wir mit dem Aufklaren unseres Boo-

tes und in Erwartung des Besuchs von Admiral Dönitz, den wir den »Löwen« nannten und der in Kerneval, einer kleinen Stadt nördlich von Lorient, sein neues Hauptquartier aufgeschlagen hatte. Eine Besichtigung unserer Besatzung und derjenigen zweier anderer Boote, die ebenfalls kurz zuvor zurückgekommen waren, war längst überfällig. Am vierten Morgen nach unserem Einlaufen versammelten wir uns vor dem Gebäude der Préfecture, dem ehemaligen Sitz der aufgelösten französischen Hafenverwaltung. Unter der ungewöhnlich heißen Julisonne warteten wir auf den »Löwen« und schwitzten und fluchten in unseren dicken Uniformen, die für dieses Klima viel zu warm waren. Wir schimpften wütend in zwei Sprachen und wünschten uns, im Schatten der Palmen und Akazien, die den Platz umsäumten, vor der sengenden Glut Schutz suchen zu können. Endlich begann die Kapelle zu spielen. Der Admiral betrat den Platz. Ein größeres Gefolge, Offiziere seines Stabes und Gäste der Wehrmacht, drängte sich nach.
Dönitz sprach kurz und bündig, hart und unerbittlich in seinen Forderungen. Für uns, die Männer der U-Bootwaffe, gab es nur drei Pflichten, einen Grundsatz: Angriff - ran - versenken. Dann schritt der Löwe langsam unsere Reihen ab, schüttelte jedem die Hand, befestigte Orden und U-Bootabzeichen an Blusen und Jacken.
Dieser heiße Sommertag war auch in anderer Hinsicht bedeutsam. Nach der Feier auf dem palmenumstandenen Platz erhielten meine beiden Crewkameraden Göbel und Gerloff ihre sofortige Abkommandierung zur U-Bootschule. Die Nachricht dämpfte ihre Begeisterung beträchtlich. Anstatt neuer Versenkungen und Siegesfeiern hieß es für sie, die Schulbänke zu drücken. Für mich jedoch war ihre Abreise eine gewonnene Schlacht. Auf jeden Fall würde ich meine anfänglich verlorenen Seetage bei einer neuen Feindfahrt wettmachen können. Bei Sonnenuntergang trafen wir drei Fähnriche uns zu einem letzten gemeinsamen Essen in einem Restaurant in der Stadt, begossen unsere Auszeichnungen, tranken auf unser gegenseitiges Wohl und versprachen uns, noch manchen Dampfer in die Tiefe zu schicken, bevor der Krieg zu Ende gehen würde.
Meine Freunde reisten mit dem Morgenzug ab. Ich habe sie nie wiedergesehen. Beide fanden ihr Grab in der Weite des Atlantik. Für beide wurde die erste Feindfahrt nach der Schule die letzte.
Die unerwartete Abkommandierung meiner Crewkameraden war nicht die einzige bittere Pille, die ich zu schlucken hatte. Um diese Zeit erreichte uns neben den Siegesmeldungen aus dem Atlanik und von der Ostfront auch die Nachricht von der Vernichtung zweier unserer bekanntesten Boote. Lange nachdem sich der erste Verlust zugetragen hatte, gab unsere Führung bekannt, daß U-47 unter dem Kommando des berühmten Korvettenkapitäns Günther Prien bei der Verfolgung eines Geleits von englischen Zerstörern versenkt worden war. Prien hatte im Herbst 1939 bei

seinem verwegenen Einbruch in die Bucht von Scapa Flow, die Zufluchtstätte der Home Fleet das Schlachtschiff *Royal Oak* torpediert und versenkt und den Träger *Pegasus* schwer beschädigt. Prien war auf einer seiner Siegesfahrten gestoppt worden, nachdem er über 200 000 Tonnen alliierten Schiffsraums zerstört hatte. Der zweite Verlust war U-556 unter Kapitänleutnant Wohlfahrt, das ebenfalls von englischen Zerstörern vernichtet worden war. Wohlfahrt galt als einer unserer hervorragendsten Kommandanten mit mehr als 100 000 Tonnen auf seinem Erfolgskonto. Ich wußte, daß Männer wie Prien und Wohlfahrt nicht ersetzt werden konnten.

Am darauffolgenden Tag wurde U-557 von dem ungeschützten Kai in ein Trockendock verholt, das mit seinem eigenartigen Betondach wie eine Kathedrale aussah. Nachdem das Boot versorgt war, wurde die Besatzung in drei Gruppen geteilt, die sich abwechselnd für eine Woche im Seebad Carnac erholen sollten. Bevor ich meinen Törn antreten konnte, hatte ich mich durch Berge von Papierkram hindurchzuarbeiten und Verantwortungen zu übernehmen, zu denen meine Vorgesetzten keine Lust hatten. So schrieb ich das Kriegstagebuch auf der Reiseschreibmaschine ins reine; tat dasselbe mit dem Bericht des L.I.; machte eine Liste über den Verbleib und die Anwendung eines jeden einzelnen Torpedos; beendete meine Zeichnung, eine Wiedergabe unserer Feindfahrt, mit Tusche auf Leinen, und zeichnete die Angriffskurse Paulshens mit allen Einzelheiten. Um der dauernden Beanspruchung durch Feder, Kern und Seibold zu entgehen, schrieb ich auch freiwillig ihre Urlaubsscheine für einen Aufenthalt in Paris.

Heiß und lang waren diese Sommertage, und lauwarm waren die Nächte. Unsere Männer, die die *établissements* von ihren Vorgängern geerbt hatten, vergnügten sich mit den Mädchen, die manchem Seemann gedient hatten, der längst auf dem Meeresboden lag. Für diejenigen, die einen Gaumen für französische Gastronomie entwickelten, gab es mehrere gute Restaurants mit speziellen Mahlzeiten und langen Weinlisten. Sogar ein Essen mittelmäßiger Qualität war ein gewaltiges Erlebnis für Männer, die sich wochenlang von verdorbener Nahrung und schimmeligem Brot ernährt hatten. Und es war auch ein Vergnügen, so einfach allein auf den Straßen Lorients dahinzuschlendern und in die Schaufenster zu schauen. In dieser Gegend, die vom Krieg verschont geblieben war, wurden Waren in ungewöhnlicher Reichhaltigkeit und in guter Qualität angeboten.

Aber der Krieg war trotzdem überall zu spüren, besonders dort, wo ich meine meiste Zeit verbrachte: im Stützpunkt. Die Wehrmachtsberichte, die regelmäßig über unsere deutschen Sender ausgestrahlt wurden, hielten uns mit Meldungen über die Fortschritte unserer Truppen an der Ostfront in einem Dauerzustand der Begeisterung. Unsere Divisionen hatten der Roten Armee entscheidende Niederlagen beigebracht und nahezu zwei

Millionen Gefangene gemacht. Unsere Infanterie war auf dem Vorstoß nach Leningrad; sie hatte Riga am 29. Juni eingenommen, Minsk einen Tag später. Der Feldzug im Osten versprach unseren Vormarsch auf dem Balkan im vergangenen Frühjahr, jedoch in einem viel größeren Ausmaß, zu wiederholen.

Sondermeldungen berichteten über die Triumphe der U-Boote. Die Fanfarenklänge ertönten nahezu ununterbrochen über alle Sender. Im Monat Juli allein wurden im Nordatlantik mehr als 300 000 Tonnen alliierten Schiffsraums versenkt. Damit wurde das Ergebnis vom Juni weit übertroffen. Wiederholte Erfolge wurden auch von unseren U-Booten, die gegen die britischen Geleitzüge im Mittelmeer operierten, berichtet. Diese Boote sicherten unsere Nachschublinien nach Nordafrika, wo Rommels Afrika-Korps eine Offensive gegen die englischen motorisierten Kolonnen eingeleitet hatte, nachdem unsere italienischen Verbündeten sich im Wüstensand festgefahren hatten.

Das Leben an Land wie auch die Neuigkeiten über den Krieg liefen auf höchsten Touren, als ich endlich in Carnac in der Sonne lag. Ich räkelte mich im weißen Sand am langen Strand in der sengenden Hitze des französischen Sommers, schwamm mit einigen der einheimischen Schönheiten im warmen Wasser der Biskaya. Nach einigen Tagen dieses sommerlichen Idylls rief aber wieder die Pflicht; ich kehrte mit meiner Gruppe nach Lorient zurück, wo wir mit rauhem Ton aufgefordert wurden, auf dem Platz der Préfecture anzutreten. Zum erstenmal nach zwanzig Tagen war die Besatzung wieder vollzählig beisammen. Kern ließ uns ohne Umschweife wissen, daß das gute Leben zu Ende sei und U-557 bereits an den Kai verholt worden war; wir würden für die nächsten Tage wie die Sklaven zu arbeiten haben, um das Boot für die kommende Unternehmung mit Torpedos, Munition, Proviant und Treibstoff auszurüsten.

Unsere Arbeit erwies sich als so hart, wie Kern vorausgesagt hatte. Aber die Leute übernahmen sie mit einer Art Genugtuung. Für die meisten war der Zauber des Lebens an Land bereits verblaßt, und der Wunsch, wieder gegen den Feind zu fahren, war mächtig in uns aufgestiegen.

Die Ausrüstung des Bootes war wie geplant beendet, und unser Auslaufen wurde auf den folgenden Morgen festgelegt. Wiederum durchschritten wir den rituellen Vorgang, uns von allen Verbindungen zu Land und Leben zu lösen. In der Einsamkeit unserer Stuben und Kammern beschrifteten wir unser Gepäck, schrieben unsere letzten Briefe und brachten unsere seemännische Ausrüstung in Ordnung. Wir alle fragten uns dabei, wie oft wir wohl diese Routine wiederholen durften und ob wir das nächstemal wieder zurückkehren oder auf See bleiben würden.

6

Es war am 19. August 1941, ein feuchter und heißer Tag, als U-557 zu seiner zweiten Feindfahrt auslief. Um 14 Uhr warfen wir die Leinen los. Die obligatorische Musikkapelle spielte wieder den üblichen Marsch, und ein donnerndes Hurra kam vom Chef der Flottille, von den Offizieren und Mannschaften an Land. Und am entfernten Ende des Kais, wo die Zivilisten und Werftarbeiter dichtgedrängt standen, hatte sich auch eine Anzahl Mädchen fragwürdigen Gewerbes eingefunden, die ihren Liebhabern zum Abschied winkten.

U-557 verließ den Hafen von Lorient mit elektrischer Kraft. Als wir Port Louis an Backbord querab hatten, begannen die Diesel ihr altvertrautes Lied zu brummen. Ein Teil der Besatzung stand auf dem achteren Zigarettendeck oder lehnte lässig gegen die Reling, schwatzend, lachend, rauchend, um die letzte Stunde Sonnenschein zu genießen. Achteraus verschwand langsam die bretonische Küste und das malerische Lorient in der diesigen Ferne. Als unser Geleitfahrzeug abdrehte, rief sein Kommandant durch die Flüstertüte: »Angenehme Reise und erfolgreiche Jagd!«

Paulshen schwenkte zum Dank seine weiße Mütze. Die Männer wurden nach unten befohlen. Die Wache und der Kommandant blieben auf der Brücke, zusammen mit einem Neuankömmling, der sich erst eine halbe Stunde vor dem Auslaufen eingeschifft hatte. Kapitänleutnant Kelbling, ein Crewkamerad Paulshens, war als zukünftiger Kommandant eines neuen Bootes an Bord befohlen. Er hatte keine besonderen Aufgaben; er sollte lediglich seine Erfahrungen auf einer Feindfahrt abrunden. Später liefen wir durch eine Fischereiflottille, deren Boote träge in der gleißenden Sonne lagen. Ihre gelben, roten und grünen Segel ragten wie farbige Zuckerhüte in das tiefe Blau des Himmels. Als wir an dem letzten Boot vorbeifuhren, befahl Paulshen ohne weitere Zeitverschwendung: »Beide Maschinen volle Kraft voraus - neuer Kurs 270 Grad - Richtung Atlantik!«

Nachdem das Festland ins Meer versunken war, tauchte U-557 zum ersten

Trimmversuch. An den folgenden drei Tagen sahen wir weder ein Flugzeug noch eine Rauchwolke. Die Biskaya lag ruhig und verlassen da.
Als U-557 den achten Längengrad West überquerte, öffnete Paulshen den versiegelten Umschlag, den er von Dönitz erhalten hatte. Gemäß dem Befehl hatten wir die Geleitzugwege im Nordkanal zwischen Irland und Schottland anzugreifen. Der BdU erwartete demnach eine Konzentration feindlichen Schiffsverkehrs in jener Gegend. Der Umschlag enthielt auch Einzelheiten über die Minenfelder nördlich des Kanals.
U-557 ging sofort auf nordwestlichen Kurs. Am folgenden Morgen, genau um 7 Uhr, wurde die Freiwache von einem plärrenden Lautsprecher geweckt. Es war nicht das erstemal, daß Schallplattenmusik einen neuen Tag an Bord ankündigte. Aber es war das erstemal, daß ein englisches Soldatenlied durch die Räume tönte. Jeder erkannte die ehrgeizigen englischen Verse, lächelte und summte mit den Tommies im Chor: »*We are hanging our washing on the Siegfried Line . . .*« Die Briten, die unsere westliche Verteidigungslinie weder im Ersten noch im Zweiten Weltkrieg überrennen konnten, hatten die Platte zusammen mit Uniformen und allerhand Kriegsmaterial in Lorient zurückgelassen, als sie vor unseren anstürmenden Truppen im Jahre 1940 durch Frankreich geflohen waren.
Am dritten Tag unserer Unternehmung durchkreuzten wir eine kritische Gegend 120 Seemeilen südwestlich Fastnet Rock, dem Leuchtturm an der Südspitze Irlands. Die Geleitzugwege bündelten sich hier zu einem engen Trakt, nicht mehr als 80 Meilen breit. Wir sahen jedoch nicht ein einziges feindliches Fahrzeug und fuhren auf einem großen Bogen ungefähr 250 Seemeilen westlich der Irischen Küste nach Norden, um nicht von der englischen Fernluftaufklärung gesichtet zu werden. Schließlich überquerten wir den 58. Breitengrad, machten eine scharfe Wendung nach Steuerbord und gingen auf Ostkurs in Richtung Nordkanal. Sechs Tage nach dem Verlassen des französischen Paradieses erreichten wir eine Position drei Meilen nordwestlich der himmelragenden Klippen der Insel Inishtrahull, die in der Mitte des Schiffahrtsweges liegt. Wir versuchten uns hier auf die Lauer zu legen, da der Leuchtturm uns eine ausgezeichnete Navigationsunterlage bot. Aber die starke Strömung, die durch den Kanal spülte, zwang uns wieder in den Atlantik zurück.
Für mehrere Tage durchkreuzten wir die Gegend mit weiten Suchschlägen, ohne jedoch ein Geräusch zu hören oder ein Fahrzeug zu sichten. Bald war es uns klar, daß die Engländer ihren Schiffsverkehr verlagert hatten. Die ergebnislose Suche begann die Stimmung der Männer zu beeinflussen. Und Paulshen, ebenfalls ungeduldig, meldete schließlich die Lage an den BdU und bat, in ein aussichtsreicheres Jagdgebiet versetzt zu werden. Die Antwort blieb nicht lange aus und bewies, daß die Führung ausgezeichnete Verbindungen in Nova Scotia hatte: NEUES OP-GEBIET QUADRAT AL 69 - HALIFAX-ENGLAND-GELEIT ERWARTET -

KURS OSTNORDOST - ELF MEILEN - LEICHTE ABWEHR - GUTE JAGD.

Drei Tage lang kurbelten wir mit Höchstfahrt westwärts. Als wir in unserem neuen Operationsgebiet ankamen, war es Nacht, und die See atmete schwer. Wir stoppten beide Maschinen, und der Horcher begann seine Wache. Das Boot schlingerte und rollte gemächlich in der langen Altdünung. Das Wasser plätscherte über das Oberdeck, füllte den Raum zwischen Druckkörper und Planken und rauschte aus den Entlüftungslöchern, wenn das Boot sich auf dem Rücken einer Welle wiegte. Nahebei hörten wir das Pfeifen und Puffen vorbeiziehender Wale. Die Aurora Borealis flackerte schillernd am Nordhimmel. Mit den ersten Sonnenstrahlen nahmen wir die Jagd wieder auf und durchquerten das Quadrat in einer unregelmäßigen Zickzackbewegung. Um 15 Uhr 10, das Wetter war gut, Seegang 2 und die Sicht ausgezeichnet, brüllte ein Ausguck auf der Brücke: »Rauchwolke in 300 Grad.«

Ich stand gerade am Kartentisch in der Zentrale, koppelte unseren Kurs und wiederholte den Ruf in Richtung zum vorderen Kugelschott. Der Kommandant flitzte durch die Öffnung, raste an mir vorbei und schoß die Leiter hinauf zur Brücke. Dann hörte ich ihn den Ausguck in unmißverständlichem Ärger anfahren: »Das nennst du eine Rauchwolke! Mann, der ganze Horizont steht in Flammen! Auf Gefechtsstationen . . .«

Ich jagte auf die Brücke. U-557 war bereits auf die schwarze Verfärbung des Himmels zugedreht. Wir fuhren vorsichtig und mit langsamer Fahrt nach Westen. Die Wolke vergrößerte sich zusehends zu einem breiten, dicken Vorhang von Rauch und Ruß. Kurz darauf erkannten wir die Mastspitzen und Schornsteine der aufgeregt zackenden Zerstörer, die der Mahalla voranfuhren: die Feger. Fünf Minuten später kroch ein Wald von Masten über die scharfe Linie der Kimm. Wir hatten einen Riesenkonvoi vor den Rohren.

15 Uhr 35. »Alarm! - - - Fluten!«

15 Uhr 45. Der Dampferpulk war mit dem Sehrohr noch nicht auszumachen. Paulshen verließ sich allein auf die Meldungen des Funkmaaten im Horchraum. Die Besatzung eilte fast lautlos auf Gefechtsstationen. Die Torpedomixer bewässerten die Rohre. Der zweite seemännische Maat hantierte am Vorhaltrechner. Ich übernahm das Ruder im Turm.

16 Uhr 10. Zwei Feger kamen in Sicht. Sie zackten regellos.

16 Uhr 25. Das Horchgerät nahm die beiden Zerstörer auf, deren helles Schraubengeräusch sich nun deutlich von dem tiefen Rauschen und Schlagen der Armada hervorhob. Bald surrten die Propeller in hohen Umdrehungen. Beide Fahrzeuge machten aufgeregte Vorstöße und wendeten unregelmäßig, nicht sicher, in welcher Richtung sich der unsichtbare Gegner versteckte. Asdic-Impulse begannen in langen Abständen auf unsere Außenhülle aufzuschlagen.

16 Uhr 35. Das Poltern, Schaufeln, Mahlen nahm an Stärke schnell zu. Das Hämmern der Kolbenmaschinen, das Dreschen der Schrauben vieler Schiffe, die unbeirrbar auf unseren geheimen Standort zuliefen, erreichte ein gewaltiges Ausmaß.
16 Uhr 45. Wiesner hatte Gegnerfahrt und Kurs genauestens berechnet. Der Rest war Sache des Kommandanten. Und Paulshen schwenkte sein Boot auf Angriffskurs. Seine Hände arbeiteten fieberhaft, um das Auge des Sehrohrs dem Auf und Nieder der See anzugleichen. Er ließ das Fadenkreuz von einem fetten Dampfer zum anderen wandern und suchte sich die besten Brocken aus. Er allein sah - was wir nur ahnen konnten -, wie die großen Schiffe in geordneter Formation heranstampften und, von einer trägen Dünung getragen, unschuldig ihrer Vernichtung entgegenfuhren. Noch war alles friedlich an der Oberfläche. Aber innerhalb weniger Minuten würde diese Parade von fünfundvierzig Giganten sich in ein Inferno von brennenden, auseinanderbrechenden Schiffen verwandeln, in dem die Besatzungen der getroffenen Fahrzeuge Rettungsboote und Flöße bemannen und der Rest in totaler Verwirrung versuchen würde, dem Chaos zu entrinnen.
Ein - zwei - drei harte Explosionen. Wasserbomben.
16 Uhr 55. Plötzliches nervöses, stoßhaftes Herumfahren Paulshens um den Sehrohrsockel. Der Motor summte laut in der atemlosen Stille im Turm. Dann kam der Befehl: »Konvoi zackt nach Norden. Wahrscheinlich normale Abendkursänderung. Unterwasserangriff ausgeschlossen. Fertigmachen zum Auftauchen und Überwasserangriff!«
Enttäuschung huschte über die Mienen der Männer. Nur für Sekunden, dann spannten sich die Gesichter, und es war, als liefe unser Schicksal nach einem genauen Stundenplan ab, auf den wir keinen Einfluß hatten.
17 Uhr 10. Wasserbomben detonierten in nächster Nähe. Paulshen behauptete, daß sie mindestens 1000 Meter Backbord querab krepierten.
17 Uhr 20. Horchpeilungen ließen beträchtlich nach.
18 Uhr. Der Smut verteilte heißen Bohnenkaffee und Gefechtsbrote. Die Torpedomixer prüften die Aale, die Diesel-Heizer ölten ihre Maschinen, und wir von der Gefechts-Brückenwache zwängten uns in unser schweres Ölzeug. Der L.I. handhabte das Boot wie ein Jongleur. Der Kommandant saß immer noch am Sehrohr und beobachtete, wie der Verband in Richtung der Südspitze von Irland floh.
21 Uhr 25. Aufgetaucht. Nur ein dünner, heller Strich im Westen deutete an, daß ein bemerkenswerter Tag zu Ende gegangen war. Die Dunkelheit verminderte die Sicht. Aber der Konvoi konnte uns nicht entwischen - wir waren ihm zu nah auf den Fersen. Mit beiden Dieseln »volle Fahrt voraus« verfolgten wir die Herde.
22 Uhr 05. Wir setzten folgenden Funkspruch an die Führung ab: GELEIT IN AM 71 - KURS 125 GRAD - STOSSE NACH.

Mitternacht. Der Wind hatte sich gedreht, und eine leichte Brise wehte aus Südwesten. Der Himmel war bedeckt. Die Nacht war dunkel, und Seegang war 2 bis 3. Keine Spur von einem Geleit. Wir drehten nach Steuerbord ab und suchten in südlicher Richtung.
0 Uhr 30. Getaucht zum Horchrundblick. Da rief auch schon der Horcher: »Schraubengeräusche in 300 bis 360 Grad. Entfernung wahrscheinlich 10 Meilen.«
0 Uhr 40. Aufgetaucht. Augenblicke später jagte U-557 weiter in die Nacht. Wieder sangen die Diesel, der Sog der Zulüfter und das Rauschen des Wassers am Druckkörper die Hymne, die uns in die Schlacht begleitete.
Eine Leuchtrakete stieg und fiel im Osten. Wir korrigierten unseren Kurs.
0 Uhr 55. Zerstörer an Backbord 3000 Meter. Wir beschrieben einen großen Bogen um das Fahrzeug und schwenkten dann das Boot in das Kielwasser des Konvois. Es war, als führen wir ins Nichts hinein. Himmel und Wasser bildeten eine solide, schwarze Wand. Der Verband war und blieb verschwunden. Wir harkten die See mit langen Zickzackschlägen ab und spähten mit unseren Gläsern in die Nacht.
U-557 stieß unaufhaltsam vorwärts. Es war kurz nach 1 Uhr, am 21. August, als ein Schatten in mein Glas einwanderte. Dann waren es zwei, nein - drei, vier. Paulshen erkannte sie, und der I.W.O. sah sie auch. Zwei Zerstörer lagen am Ende der Steuerbord-Kolonne des Verbands. Einer zackte vor unserem Boot. Sie alle ahnten nicht das geringste von unserem Durchbruch durch ihre Fern- und Nahsicherung. Riesenhafte Schatten, gigantische Frachter schaukelten unbeirrt nach Osten und boten ihre Breitseiten dar.
U-557 schwang sich mit einer Hundekurve in Angriffsposition. Ein Sicherungsfahrzeug brach plötzlich durch die Wand der Nacht, aber wir hängten es schnell ab, indem wir uns nahe an einen Frachter heranschlichen. Paulshen brach in die Herde ein. Kein feindliches Auge konnte unsere winzige Brücke in dem hochgepeitschten Riesenstrudel erkennen. Als Paulshen zäh zwischen die beiden Kolonnen steuerte, wuchsen die fetten Ziele zu wahren Ungeheuern an. Dann brüllte der Kommandant in den zunehmenden Sturm: »I.W.O., such dir die dicksten Brocken aus und mach schnell, wir können nur einmal schießen.«
»Hab' sie alle wie an einer Leine aufgereiht. Rohr eins fertig . . . fertig . . .«
»Ruder hart Steuerbord«, gellte Paulshen. »Schieß, I.W.O.«
Sekunden später sprangen zwei Torpedos, Einzelschüsse, aus ihren Rohren. Uhrzeit: 1 Uhr 25. Der zweite Aal schraubte sich auf den nächsten Schatten in der Kolonne zu. Atemloses Warten folgte.
»Ruder hart Backbord, auf 250 Grad gehen«, rief der Kommandant und klappte den Deckel des Sprachrohrs zu.

Lange Sekunden tickten dahin.
Eine Sprengwolke, ein Feuerball, dann eine krachende Detonation. Eine riesige Fontäne hob sich über einem sterbenden Schiff. Ein zweiter Blitz, ein Knall - ein ungeheures Kreischen. Dann eine dritte Explosion. Große Brocken von Stahl und Planken wirbelten in die beleuchteten Wolken. Der Steven eines Frachters brach vom Rumpf. Das Schiff trieb brennend inmitten des Verbands und konnte nur mit gewagten Hartrudermanövern von den nachfolgenden Fahrzeugen gemieden werden. Platzende Leuchtraketen, explodierende Ladungen und vom Wind gehetzte Leuchtfallschirme verwandelten die Nacht in ein Flammenmeer. Ein Zerstörer schoß plötzlich heran, drohte unsere Kiellinie in knapper Entfernung zu kreuzen. Aber U-557 drehte hart ab, zeigte sein Heck und verschwand in einem Wellental.
Eine neue Explosion zersprengte die Nacht. Vulkane brachen aus dem Wasser hervor. Scharfe Stöße schüttelten das Boot. Das Bersten und Brüllen der Detonationen erfüllte die Luft. Dutzende von Leuchtgranaten stiegen himmelwärts, und zahlreiche Leuchtfallschirme hingen in den Wolken und beleuchteten unser Boot mit einem geisterhaften grünen und gelben Schein.
Wir waren lange dem Schauplatz der Vernichtung entronnen, als zwei Zerstörer auf der Szene erschienen, um Überlebende zu retten. Die Wucht unseres Angriffs war derart heftig und die Verwirrung so groß, daß der Gegner keine ernstlichen Gegenmaßnahmen unternahm. Wir hängten uns an das Kielwasser des Verbands, und Paulshen hielt sich in vorsichtiger Entfernung nahe dem Heck des letzten Dampfers, der schattenhaft vor uns hin- und herpendelte. Das angeschlagene Geleit machte eine scharfe Kurswendung nach Norden. Aber der Wolf war noch immer in der Herde und folgte nach. In einiger Entfernung im Südosten verloren zwei englische Frachter ihren Kampf ums Dasein; die letzten flackernden Flammen wurden schließlich von der stürmischen See verschluckt.
Während dieser Augenblicke zwischen Leben und Tod stellte ich mir vor, wie sich die Seeleute der verlorenen Dampfer auf den riesigen Wellen reitend an einem kümmerlichen Floß festhielten. Sie taten mir leid, diese Männer, deren Mut unumstritten war, die aber ihrem Ende nicht entrinnen konnten. Es war das schreckliche Ende eines hoffnungslosen Ringens. Ich begriff sehr wohl, warum die englischen Seeleute weiterfuhren - sie kämpften für den Bestand ihres Vaterlandes. Aber ich war über die Dickköpfigkeit der Kapitäne und Besatzungen der Schiffe fremder Länder erstaunt. Warum nur fuhren sie für die Briten, und warum stellten sie sich unseren Torpedos und der wachsenden Grausamkeit der Schlacht so hartnäckig entgegen? Was immer die Briten für ihre Dienste bezahlten - der Preis konnte niemals das Risiko und ein verlorenes Leben entschädigen. Ich war erstaunt, daß die britische Admiralität immer noch in der Lage

war, Schiffe fremder Flaggen für den tödlichen Dienst im Nordatlantik anzuheuern.
Als die undurchdringliche Dunkelheit sich wieder über die Wasserwüste legte, stießen wir erneut auf den Verband und erwarteten nichts als Erfolg. Wie immer vor einem Angriff fühlten wir eine Mischung von Erregung und vielleicht ein wenig Angst in uns aufkommen. Bald begrenzte die neblige, schmutzige Nacht wieder unsere Sicht. Dann sahen wir wieder die geisterhaften Fahrzeuge der Weit- und Nahsicherung des Geleits unser Kielwasser mit hoher Fahrt durchkreuzen. Wieder drangen wir unbehelligt in den Dampferpulk ein. Drei, vier Frachter nahmen an Steuerbord querab deutliche Formen an, alle in ausgezeichneter Schußlage.
Ein schneller Befehl, ein hartes Rudermanöver, dann Paulshens Ruf: »Schieß, I.W.O., ich kann den Kurs nicht mehr lange halten . . .«
Kern drehte sein UZO im Kreise; seine Ziellinie war von den hohen Wellenbergen dauernd unterbrochen.
»Zum Teufel, laß' die Aale aus den Rohren«, schleuderte der Kommandant seinen Befehl in Kerns Gesicht.
Der I.W.O., seine Hände um den stählernen Sockel des UZOs gekrampft und seine Stirn gegen das Gummipolster des Nachtglases gedrückt, kreiste, zielte, dann schrie er das entscheidende Kommando und drückte zweimal den Abschußhebel. Es war 1 Uhr 34.
U-557 drehte mit einer scharfen Kurve ab.
Eine Explosion - ein Treffer. Einer der Dampfer brach unmittelbar hinter der Brücke auseinander. Das neue Opfer legte nach Steuerbord über, eine Stichflamme schoß kurz aus dem Schornstein, dann sackte sein Deck langsam ins Wasser. Der Sturm trug den Gestank der Explosionen, den beißenden Geruch brennender Ladung und die Qualmwolken kohlegefeuerter Kessel zu uns herüber.
Von auftürmenden Wellen getragen, jagte U-557 dem nächsten Ziel entgegen. Im Ablaufen hielten wir das letzte Opfer in unseren starken Gläsern fest. Im teuflisch flackernden Schein der Sternraketen sahen wir, daß der Dampfer keine Anstalten machte, zu sinken. Kurzentschlossen warf Paulshen sein Boot herum und fuhr einen zweiten Anlauf auf den stilliegenden Riesen. U-557 schloß schnell die Entfernung. Kern nahm den 6000-Tonner aufs Ziel. Der Schuß fiel aus voller Fahrt. Das Schiff sackte unter dem furchtbaren Schlag sofort weg. Sein Heck richtete sich steil auf, seine Schraube drehte sich in letzten Zuckungen. Sofortige Gegenmaßnahmen der Abwehr. Langbrennende Leuchtraketen fuhren in den Nachthimmel. Ihr Schein war so hell, daß ich die Bartstoppeln im Gesicht des Kommandanten zählen konnte. Nicht weit an Backbord brach das sterbende Schiff knirschend auseinander.
Paulshen manövrierte sein Boot geschickt durch die Kolonnen und stieß in den dunklen Teil der Parade vor. Die Leuchtraketen hatten die Zerstörer

angezogen. Einer kam längsseits des sinkenden Schiffes und begann Überlebende aufzunehmen. Ein verlockendes, leichtes Ziel. Aber ein ungeschriebenes Gesetz verbot Paulshen, Schiffe anzugreifen, die mit einer Rettungsaktion beschäftigt waren. Und so brach er nochmals in die Herde ein. Diese Schlacht war seine Schlacht. Er allein diktierte die Bedingungen. Nach zwanzig Minuten gelang es ihm, in die Mitte des Pulks durchzustoßen. Ein Ungetüm von etwa 5000 Tonnen war sein nächstes Opfer. Ein Kommando in das rasende Geheul des Sturmes. Ein Schuß - und der Torpedo zischte davon. Uhrzeit: 2 Uhr 05.
Ein schneller Ausbruch aus dem Verband. U-557 lief mit Höchstfahrt nach Osten ab. Treffer! Eine Stichflamme hinter der Brücke, himmelhoch - dann ein Knall. Mit einem jähen Aufbäumen brach der Frachter, ein 5000-Tonner, auseinander. Dann umhüllte die nächtliche Schwärze das Drama des Sinkens. Während U-557 mit voller Fahrt aus dem aufgescheuchten Geleit entwich und in die Finsternis stob, gurgelten die beiden Teile des Dampfers in die Tiefe. Mit einer Mischung von Erstaunen, schweigendem Entsetzen und Genugtuung registrierten wir eine neue Versenkung - unsere dritte in dieser Nacht.
U-557 setzte sich zum Nachladen der Rohre ab. Das Boot rollte in respektvoller Entfernung vom Geleit in der schweren See. Über eine Stunde schlingerten wir unbeholfen am Rande der Sicht, bis alle Rohre nachgeladen waren. Dann setzten wir zu neuer Verfolgung an. U-557 schloß vorsichtig die Entfernung zum Verband und riß dann die Formation erneut von achtern auf. Wie ein Keil drang das Boot in das Geleit. Zwei Frachter ächzten schwerfällig durch den nächtlichen Dunst und schnurgerade auf ihrem Kurs. Unglaublich - wir blieben unentdeckt.
»Runter mit den beiden Kästen, I.W.O.«, bellte Paulshen mit triefendem Gesicht. U-557 schwenkte in einen großen Bogen, schüttelte sich unter dem harten Aufprall der Quersee und steuerte erneut in Schußposition.
»Zerstörer rechtweisend 220 Grad.« Ein Schrei, gellend und markerschütternd.
Das große Schiff war plötzlich da. Sein Bug wuchs messerscharf aus der Schwärze.
Paulshen beugte sich übers Luk und rief ins Boot: »L.I., hol' das letzte aus den Maschinen, oder jemand beißt uns in den Hintern.«
Das war das Signal für Feder. Die Diesel heulten auf, U-557 machte einen Sprung. Paulshen zwängte das Boot zwischen zwei Frachter - aber der Verfolger klebte an unserem Heck, keine 200 Meter achteraus. Unsere Chancen, auszureißen, schienen verspielt. Tauchen war ausgeschlossen. Auf unregelmäßigem Zickzackkurs jagte der Kommandant das Boot durch den Verband, stieß vor den Bug eines Frachters, versteckte sich in Schatten eines anderen, kreuzte das Kielwasser kurz hinterm Heck eines dritten und wagte einen verzweifelten Vorstoß durch die hochgehende See in die

Nacht. Minuten um Minuten vergingen. Aber der Tod verfehlte auch diesmal, nach uns zu greifen.
Unverzüglich ging Paulshen wieder zum Angriff über. Er verringerte die Fahrt, drehte das Boot langsam in die See und gegen den Verband und schlich mit »halber Fahrt« wieder auf die Seitenkolonne zu. Schwarz und drohend reckten sich die mächtigen Schiffskörper in die Dunkelheit. Die Trägheit, mit der sie durch die schwarzen Wassermassen furchten, machten sie zur sicheren Beute. Mit verhaltenem Atem und klopfenden Halsschlagadern näherten wir uns wieder den schaukelnden Kolossen. Brecher um Brecher traf unsere Brücke, durchnäßte uns und ließ unser Boot wie ein edles Rennpferd erzittern.
4 Uhr 12. Hoch ragten die Silhouetten der Opfer vor uns auf. Kühn jagte Paulshen das Boot auf die erste Kolonne zu. Mit wachsender Spannung und bis zu den Hüften im Wasser stehend, kämmten wir die See nach Verfolgern ab. Aber wir waren allein mit den Frachtern, der wütenden See und dem heimlichen Tod.
Dann fiel das entscheidende Wort. »Feuererlaubnis«, brüllte Paulshen - und der Sturm riß den Befehl von seinen Lippen.
Kern, die Linke am UZO-Sockel und mit der Rechten das Nachtglas drehend, zielte lange und gut. Er hatte den nächsten Schatten, keine 500 Meter vor unserem Bug, im Fadenkreuz und hielt ihn fest. Zwei, drei heisere Befehle, der Mann am Vorhaltrechner im Turm wiederholte sie - dann fiel der Schuß.
Schneller Kurswechsel. Hart schlug das Boot in der heranlaufenden See. Ein Zerstörer zackte an Backbord 90. Waren wir gesehen worden? Paulshen drehte bei und zeigte dem gefährlichen Burschen unser Heck.
Die Sekunden rannen. Eine Minute verging. Enttäuschung. Fehlschuß.
Rangeschossen, aufgeschlossen. Drei Fahrzeuge, schwarze Wolken von Ruß spuckend, wuchsen wie Berge vor unseren Rohren auf. Ich glaubte das Stampfen ihrer Kolbenmaschinen zu hören, so nah waren sie. Paulshen, über seine Schulter brüllend, gab den Schuß frei. Es war 4 Uhr 26.
Kern stieß seine Befehle in kurzen Stößen heraus. Der Aal zischte los. Eine Explosion riß die Nacht entzwei. Blitze leuchteten, es gellte, prasselte und klatschte. Feuersäulen stießen himmelwärts. Der Dampfer drehte sich mit Ruderklemmer im Kreis. Dann, wie ein wundes Tier, legte er sich auf die Seite und sank, bevor die Rettungsboote weggefiert werden konnten. Ein neuer Blitz von einem der schwimmenden Kolosse. In unserer Begeisterung waren wir ihm zu nahe gekommen. Ameisenähnliche Gestalten hatten eine Kanone bemannt und schossen wilde Salven. Zwei, drei hohe Fontänen nahe unserem Boot. Einige Granaten heulten über unsere Köpfe. Wir jagten dem spuckenden Frachter davon, verbargen uns hinter einem Vorhang von Rauch und Nebel und ließen uns an das Ende der Herde fallen.

Da kamen auch schon die Feger - Zerstörer. Mit Lage null und schäumender Bugsee schossen die Kästen auf uns zu. Paulshen erkannte, daß wir in der Falle saßen.
»Alarm!« brüllte Paulshen, »auf 170 Meter gehen, Ruder hart Backbord.«
Das wilde Getöse des Schnelltauchens übertönte die Schraubengeräusche der Zerstörer, die mit Höchstfahrt auf unser tauchendes Boot zujagten. U-557 fiel mit starker Vorlastigkeit in die endlose Tiefe. Wir hingen an Rohrleitungen und Handrädern, an allem, was uns Halt bot, um uns aufrecht zu halten. Dann hörten wir wieder die Zerstörer auf unsere Tauchstelle zukurbeln. Aber bevor sie unseren Turm aufspalten konnten, war das Boot bereits auf 90 Metern Tiefe.
Zwei Wabos explodierten achteraus. Das Boot schnellte wie von einer Peitsche geschlagen mit dem Heck aufwärts. Für Sekunden war alles schwarz. U-557 stürzte mit rasender Geschwindigkeit dem Grund entgegen. Das war das Ende. Plötzlich wurde es wieder hell, die Hilfsbeleuchtung flackerte, die E-Maschinen summten, Pumpen schnurrten - und Feder pendelte das Boot auf 200 Meter durch.
4 Uhr 40. Beide Zerstörer lagen gestoppt. Ruhe über Wasser - Grabesstille in der Stahlröhre. Der Horcher meldete flüsternd neue Schraubengeräusche, die schnell näherkamen. Die Tommies hatten Verstärkung bekommen. Wir bereiteten hastig uns selbst und das Boot auf eine lange Wabo-Verfolgung vor.
4 Uhr 55. Ein Zerstörer begann an unserer Backbordseite aufzulaufen. Wir gingen sofort mit unserer Fahrt hoch, um seinem Wurf auszuweichen. Wir hörten deutlich drei Aufschläge auf der Oberfläche; kurz darauf drei höllische Explosionen. Drucköl spritzte durch die Zentrale, die Hauptsicherung fiel aus, Seiten- und Tiefenruder klemmten, die Flurplatten hüpften und klirrten - und das Boot fiel durch auf 220 Meter. Als das Echo der dröhnenden Schläge in der Weite des Atlantik verhallte, warf jemand die Sicherungsschalter rein, der Leitende ging wieder auf Schleichfahrt, und die eiserne Trommel war wiederum in Grabesstille getaucht. Und über uns hatten die erfahrenen Jäger für eine neue Horchprobe gestoppt.
5 Uhr 18. Ein zweiter Anlauf. Drei Detonationen folgten einander wie ein Feuerwerk. Dann ein neuer Angriff - und noch einer. Im Zwielicht der Notbeleuchtung hockten wir auf unseren Gefechtsstationen, bissen uns auf die Lippen und hielten den Atem an. Die Asdic-Impulse wurden langsam unerträglich. Einige der Männer saßen auf den Flurplatten an die Schotten gelehnt und starrten nach oben ins Leere. Andere stützten anscheinend gleichgültig ihr Kinn in die Hände. Es wurde weder gesprochen noch geflüstert oder gehustet. Doch keiner der Leute zeigte ein Zeichen der Hoffnungslosigkeit - nur Müdigkeit und Spannung prägte die Gesichter.

Stundenlang wurden die Anläufe in unregelmäßigen Abständen wiederholt. Krachender Donner rollte berstend durch die Tiefe. Es knallte, gellte und bellte in dauernder Folge. Der Druckkörper knisterte, knackte und zitterte unter der Wucht unserer bisher längsten Wasserbombenschlacht.
12 Uhr. Über uns waren sie immer noch auf der Suche, warfen immer noch ihre Kanister. Paulshen befahl dem Smut, Fruchtkonserven und Kekse zu verteilen. Eine gesunde Entscheidung. Das Flattern des Magens, das Vibrieren der Nerven und Muskeln verschwand im selben Maße, in dem die Delikatessen in unsere Bäuche wanderten.
14 Uhr 12. Die letzte Serie, ein Wurf von sechs Wabos, brachte die Gesamtzahl auf 128. Danach behauptete der Horcher, er habe deutlich gehört, wie zwei Zerstörer das Schlachtfeld verließen.
15 Uhr 20. Nicht eine einzige Detonation seit mehr als einer Stunde. Hatten die Tommies ihren Wabo-Vorrat verbraucht? Hatten sie ihr Wild aufgegeben, um es dem sicheren Tod zu überlassen? Der Horcher drehte das Rad des Geräts mit besonderer Sorgfalt und fast liebevoller Zärtlichkeit. Der ganze Horizont schien von Geräuschen frei zu sein. Wo war der dritte Jäger geblieben?
»Hauptlenzpumpe anschalten«, befahl Paulshen nach einer Weile. »Wollen mal sehen, ob der Kerl auf den Köder anbeißt.«
Das unverschämt mahlende Geräusch quälte uns wie der Bohrer eines Zahnarztes. Obgleich der Lärm unsere Lage genau verriet, blieb alles still. Der dritte Zerstörer hatte sein Opfer ebenfalls verlassen.
Wir waren noch einmal davongekommen. Als die Stille zurückgekehrt war, hatte der Kommandant eine Überraschung für uns. Die Versenkung von vier, vielleicht sogar fünf Dampfern verlangte, daß einige »Medizinflaschen« geöffnet wurden, die er unter Verschluß gehalten hatte. Mit einer Porzellantasse in der Hand marschierte die Besatzung durch den engen Mittelgang, hielt für einen Augenblick vor der winzigen Ecke des Kommandanten - aber nur so lange, als es notwendig war, um die Tasse mit einem seltenen Schuß Cognac zu füllen. Dann zogen wir auf unsere Stationen und Kojen zurück, und das erregende Nachvibrieren der Nerven begann langsam abzuebben.
16 Uhr 10. U-557 tauchte nach vierzehnstündiger Schleichfahrt auf. Als der Kommandant das Turmluk öffnete, wurde er buchstäblich von dem stark angestiegenen Innendruck auf die Brücke geschleudert. Wir von der Brückenwache krochen nach oben. Wunderbares Wetter begrüßte uns. Dem Schicksal für unsere Errettung dankbar, sogen wir die reine Luft tief in unsere Lungen. Das plötzliche Übermaß an Sauerstoff ließ uns vorübergehend in die Knie sacken. Dann nahmen wir unseren Rundblick wieder auf. Die Lüfter begannen zu singen und die Frischluft zu den schwitzenden Leuten in der feuchtkalten Stahlröhre zu saugen. Für uns auf der Brücke schien die Sonne niemals so rot, war der Himmel niemals

so blau. Da der Geleitzug sich unserem Zugriff entzogen und bereits das Küstenvorfeld erreicht hatte, jagte U-557 auf der Suche nach neuen Zielen wieder westwärts.

Bei Einbruch der Dämmerung meldeten wir das Ergebnis unserer Schlacht mit folgendem Funkspruch an den BdU: VERSENKTE VIER FRACHTER - ZUSAMMEN 17 000 TONNEN - EINEN WEITEREN MIT 5000 TONNEN TORPEDIERT - U-557.

7

Nach einigen Tagen ruhiger Fahrt bei mildem Wetter trafen wir auf schwere See. Der Sommer war unwiderruflich zu Ende, und die ersten heftigen Herbststürme peitschten die Wellen zu gewaltigen Höhen. Unter einem Himmel, der voller dicker, schwarzer Wolken hing, spielten die Wellen mit unserem Boot Fußball, warfen es wild hin und her und füllten die Brücke bis zum Rand mit dem salzigen Wasser. U-557 arbeitete angestrengt, um auf Kurs zu bleiben und Fahrt über den Grund zu machen.
Am vierten Tag nach unserer Schlacht erreichten wir eine Position ungefähr 300 Seemeilen südwestlich des Nordkanals. Das Boot pendelte stark von einer Schlagseite zur andern, als wir in den alten Jagdgrund eindrangen. Am Nachmittag erhielt ich den Befehl, die dritte Brückenwache zu übernehmen - eine der neuen, größeren Verantwortungen, die mir der Kommandant nach Aussteigen meiner Kameraden anvertraut hatte. Die Wache war ein einziger Kampf gegen die reißenden Elemente. Der Sturm verquirlte die See zu einer milchigen Suppe. Tiefhängende Wolken berührten die hochragenden Wellenberge. Das Sausen und Heulen der Orkanböen übertönte das Stottern und Schlucken unserer Diesel. Augen und Nasen waren mit einer dicken Salzkruste bedeckt. Unsere Gläser waren nutzlos.
Nach drei Stunden ständigen Ringens stieß ein Zerstörer in den steuerbord achteren Sektor. Ich drehte sofort das Heck des Bootes gegen den von einer Regenbö halbverdeckten Gegner, ging mit der Fahrt hoch und verständigte den Kommandanten. Ich war überzeugt, daß der Zerstörer ein Teil der Weitsicherung eines Geleits war. Paulshen erreichte die Brücke, hakte den Karabinerhaken seines breiten Stahlgürtels in die Klampe am Turm und jagte die Diesel auf höchste Touren. Dem Befehl folgend, sich möglichst auf fette, beladene Dampfer zu konzentrieren, verschwendete Paulshen keine unnötige Zeit, preschte davon und ließ den heftig stampfenden Zerstörer an die undeutliche Kimm zurückfallen.
Zwei Stunden lang verfolgten wir die irreführenden Manöver des Fahr-

zeugs in der Hoffnung, es würde uns den Standort des Verbands verraten. Um 15 Uhr 20 war es Wiesner klar, der die Bewegungen des Gegners mitgekoppelt hatte, daß der Zerstörer auf einem Generalkurs von 180 Grad nach Süden steuerte. Der Geleitzug, wenn er wirklich existierte, mußte im Süden stehen. Nach einer weiteren Stunde harten Kampfes gegen gigantische Wellenberge und schneidenden Sprühregen entdeckten wir endlich eine dunkle Wolke an Backbord. Eine neue Jagd begann. Mit äußerster Vorsicht hielten wir mit der dampfenden Herde aus einer wechselnden Entfernung von 6 bis 10 Meilen Fühlung und stürmten mit der Weitsicherung nach Süden.
Wiesner löste mich schließlich auf der Brücke ab. Ich ließ mich in den Turm und dann in die Zentrale fallen. Hier betrug die Luftfeuchtigkeit 100 Prozent. Welle um Welle schüttete Tonnen von Salzwasser durch das Luk auf die Flurplatten. Ich begann meine Arbeit am Kartentisch, um unseren und des Gegners Kurs mitzukoppeln. Die niederschlagende Feuchtigkeit tropfte vom Druckkörper, von Rohrleitungen und Luftschächten auf Seekarte und Millimeterpapier; mein Paralleldreieck klebte auf dem Papier, und mein Bleistift hinterließ keinerlei Striche. Seewasser rauschte in den Bilgen, kippte über die Flurplatten und schwappte im Rhythmus der Schlingerbewegungen des Bootes um meine Füße.
Um 20 Uhr übernahm ich wieder meinen Platz in der Steuerbordnock auf der Brücke. Der Kommandant stand hinter mir. Plötzlich fingerte ein Suchscheinwerfer, sehr verwischt, im Südwesten in den Abendhimmel. Nur für eine oder zwei Sekunden. Wir jagten ihm sofort nach. Vierzig Minuten später erspähten wir einige schattenhafte Umrisse rechts voraus, schwach und unwirklich. Ein schneller Kurswechsel - und wir stießen in einer neuen Richtung in die Nacht, parallel zum Verband. Unsere starken Zeissgläser ließen das klassische Bild abgeblendeter Frachter erkennen, die in der Schwärze einer wilden Sturmnacht scheinbar harmlos dahinstampften. Wir zählten siebzehn Dampfer, vermuteten aber noch mehr hinter der Regenbö. Ein Zerstörer schälte sich plötzlich Backbord achteraus aus der Dunkelheit. Wir hielten ihn unter strengster Bewachung, während wir uns hinter dem schaumgekrönten Gebirge versteckten.
Mitternacht. Wir hatten alle Gegnerwerte ausgedampft - oder geschätzt. U-557 ging zum Angriff über, sprühte Schaum und Gischt. Wir atmeten Luft voller Rauch und Ruß. Der Wind orgelte in allen Tonarten. Die Wellen donnerten über dem Gebrumm der Diesel. Wir jagten an den ersten Silhouetten vorbei und manövrierten zwei Zerstörer ohne Schwierigkeit aus. Die See hatte unsere kleine, stählerne Röhre verschluckt. Nur der Rand der Brücke reckte sich aus dem drohend aufwogenden Nordatlantik. Wir standen im Hufeisen der Turmverkleidung bis zur Brust im Wasser, nur mit einer Stahltrosse ans Boot und Leben gebunden. In all dem tosenden Durcheinander schaukelten die geisterhaften Schiffe in meh-

reren Kolonnen westwärts und zeigten uns ihre Breitseiten. Durch das Heulen des Sturms und den Lärm unserer Maschinen hörte ich das Brüllen der Befehle und das Bellen der Antworten aus dem Boot. Der I.W.O. hatte die UZO-Säule umklammert, um sich aufrecht zu halten, und bewegte das Nachtglas langsam von einem Ziel zum andern.
»Zerstörer an Backbord - 200 Grad - 700 Meter.« Ein Ruf, hell und klar. Kurzes Erschrecken. Ein Blick Paulshens achteraus. Ein Befehl - und U-557 flog mit schnell zunehmender Fahrt westwärts in das unheimliche, lauernde Dunkel der Nacht. Ein Vorstoß nach Backbord, ein Ausbruch nach Steuerbord. Aber der Bursche schien an unserer Hecksee zu kleben. Dann ein Kurswechsel in die auftürmende See. Ganze Berge von Ozean überrollten die Brücke, drückten uns Ausgucks auf die Flurplatten, zwangen uns in hockende Stellung. Aber das half. Nach zweihundert Herzschlägen war der Zerstörer verschwunden.
Minuten später stieß U-557 wieder nach. Über eine Stunde suchten wir nach dem Verband. Noch eine Stunde - keine Spur von Schiffen. Es war, als hätte das Geleit Flügel bekommen. Wir tauchten für einen Horchrundblick. Doch die sturmgepeitschte See verschluckte jedes feindliche Geräusch. Wieder aufgetaucht. Ratlos und rastlos jagten wir nach Süden. Paulshen folgte plötzlich einer Eingebung und legte sein Boot auf Südwestkurs. Morgendämmerung. Mit dem neuen Tag sprang der Wind um, und eine steife Brise kam aus dem Nordwesten. Die Sicht wechselte schnell von null auf drei Meilen und wieder zurück auf null. Wir kurbelten den ganzen Tag gegen die heranrollende See, ohne eine Rauchwolke, eine Mastspitze zu sichten. Bei Einbruch der Dunkelheit hörten die Männer im Boot eine scharfe Detonation Backbord voraus. Eine zweite folgte. Typische Torpedotreffer. Ein anderer Wolf war in die Herde eingedrungen.
Eine Stunde und sechzehn Meilen später entdeckten wir die ersten Schatten. Paulshen folgte zwanzig Minuten den schwarzen Silhouetten. Der I.W.O. sicherte die Gegnerwerte und ließ die Rohre bewässern. Plötzlich rollte dichter Nebel heran, und die Ziele lösten sich in Nichts auf. Ebenso plötzlich stieß ein Frachter aus der Nebelwand auf uns zu.
»Schatten in 240 Grad«, schrie jemand unnötigerweise.
Der riesenhafte Bug des Schiffes war so nah, so groß, daß uns nur eines übrig blieb: schießen und auf und davon. Da war schon der Befehl: »Rohr fünf - los«. U-557 drehte scharf nach Steuerbord, um einen Rammstoß zu vermeiden - und wir warteten und zählten. Vierzig Sekunden ... sechzig ... der Torpedo hatte sein Ziel verfehlt.
Nur Minuten nach unserem Ausbruch aus dem Geleit stießen wir wieder nach. Aber die Verbindung war und blieb abgerissen. Als um 6 Uhr 15 das vage Grau eines neuen Tages aufstieg, waren wir allein zwischen Himmel und Meer. Die Männer, müde und abgezehrt, schliefen oder saßen auf Gefechtsstationen. Das Essen schmeckte fürchterlich. Das Brot war ver-

schimmelt, wie üblich, die Salami war grün und schleimig. Wir spülten die Brote mit einem starken Kaffee hinunter, den *Café Berger* in Frankfurt nicht hätte besser brauen können. Schweiß, Kondens- und Salzwasser hatten unsere Kleidung aufgeweicht. Der Proviant war verwässert, und alles, was wir anfaßten, war klamm und klebrig. Wir waren schwindlig von dem ewigen Schaukeln und Schütteln des Bootes, schwach in den Knien, gefühllos vor Kälte und nahezu taub von dem fortwährenden Donnern der Diesel. Aber die Jagd ging weiter.

Mit dem Tag kam wieder der Regen. Den ganzen Morgen und die Hälfte des Nachmittags schlug er uns ins Gesicht und wusch die Salzkrusten weg. Der Verband war und blieb verschwunden, weit hinter den tiefhängenden Wolken. Wir karrten durch Regenböen in den aufkommenden Abend. Es war, als führen wir ins Leere. Die Feindverbindung war und blieb abgerissen. Der Konvoi war uns tatsächlich entkommen.

Mit großen Suchschlägen setzten wir unsere Jagd am nächsten Tag fort, fanden aber nicht den geringsten Anhaltspunkt über den Verbleib des Geleits. Am Abend meldeten wir dem BdU den Abbruch der Verfolgung, Standort, Wetter und unseren Brennstoffbestand. Dann nahmen wir Kurs auf unser altes Jagdgebiet.

Wir fuhren drei Tage durch eine kabbelige See und legten etwa 450 Seemeilen zurück. In der vierten Nacht funkte ein Boot, das in den nördlichsten Gebieten operierte, folgendes Kurzsignal: GELEIT AJ 35 - KURS OST - FAHRT 12 MEILEN - GREIFE AN.

Das war das Stichwort. Wir drehten sofort ab, änderten den Kurs, und trotz unseres beträchtlich verringerten Brennstoffbestands stürmten wir wie die Husaren in die alten, entfernten Jagdgebiete. Gleichzeitig entzifferten andere Boote das Signal und schwenkten ebenfalls nach Norden, um den Verband abzufangen. Doch für uns war das Pech noch nicht zu Ende. Die Führung hatte andere Pläne mit uns. Wir wurden aufgefordert, ein anderes Quadrat anzusteuern, und mußten die Beute anderen Booten überlassen, die näher am Geleit standen. Die Besatzung fluchte wie eine Schiffsladung Piraten über verschütteten Rum.

Wie es nicht anders zu erwarten war, hatte ein großes Wolfsrudel einen Halifax-England-Konvoi gestellt. Ein Torpedo nach dem andern krachte in die Flanken des Dampferpulks, versenkte, zerstörte, dezimierte und zersprengte den Verband. Kurzsignale in schneller Folge ließen auf eine der größten Geleitzugschlachten schließen, die je im Atlantik geschlagen worden waren. Die Funksprüche häuften sich auf dem schmalen Tisch des Kommandanten und spiegelten die Wildheit der Angriffe wider, die Schiff auf Schiff ins Grab schickten. Die Kurzsignale waren so klar und präzise wie die Schüsse, die die Kommandanten feuerten: ALLE TORPEDOS VERSCHOSSEN - VERSENKTE FÜNF 24 000 - KEHRE ZUM STÜTZPUNKT ZURÜCK.

VERSENKTE DREI 18 000 TONNEN - ZWEI MEHR BESCHÄDIGT - HALTE FÜHLUNG.
VERSENKTE ZWEI FRACHTER - WABOS - SCHÄDEN - SETZE MICH ZUR REPARATUR AB.
VERSENKTE VIER 21 000 TONNEN - JAGE NACH.
Die Schlacht zog sich noch weitere zwei Nächte und zwei Tage dahin. Während dieser Stunden pausenlosen Versenkens schalteten wir auf unsere deutschen Sender und lauschten den Sondermeldungen. Dann verloren die Wölfe den feindlichen Verband im nördlichen Nebel, aber nicht, bevor sie den Boden des Nordatlantik mit zwanzig zerschlagenen, geborstenen Schiffsrümpfen übersät hatten.
Kurz darauf stieß eines der siegreichen Boote auf seinem Rückmarsch zum Stützpunkt auf ein neues Geleit. Innerhalb Stunden war eine neue Jagd in vollem Gange. U-557 wurde endlich angewiesen, dieses neue Ziel anzugreifen. Als wir in die nördlichen Regionen vorstießen, stieg die See gewaltig an. Umweht von weißen Gischtfahnen, fegte unser Boot in die heranheulende Quersee. Kalter Sprühregen, salziger Schaum und ein schneidender Wind richteten mich auf der Brücke übel zu. Die Sicht verringerte sich schnell von sechzehn Meilen auf vier. Das Sausen und Heulen der Sturmböen vermischte sich mit dem Dröhnen der Maschinen. Wie von einer Riesenfaust geschüttelt, wälzte sich das Boot durch die wilde, schäumende, tosende, schwellende See. Das typische Nordatlantikwetter hielt uns wieder in seinen Klauen. Ich hatte deshalb nicht das geringste dagegen, die Brückenwache mit meiner Koje zu vertauschen, als Wiesner mich am zweiten Tag unserer Jagd ablöste.
»Alarm.« Es war genau 17 Uhr 30.
Das Boot kippte sofort an und sank in die Fluten. Paulshen rannte in die Zentrale und rief in den Turm: »Was ist denn los dort oben, I.W.O.?«
Kern antwortete mit steifgefrorenen Lippen: »Zerstörer in 30 Grad, 4000 Meter.«
Als der Leitende sein Boot völlig in der Gewalt hatte, meldete der Horcher, daß die Schraubengeräusche auswanderten und langsam verschwänden. Wir waren nicht gesehen worden. Der Funker machte aber noch eine andere Entdeckung: »Geräuschband Backbord voraus. Typischer Geleitzug.«
Wir waren in die Steuerbordseite eines nicht gemeldeten Konvois gerannt. Paulshen befahl die Besatzung auf Gefechtsstationen und das Boot auf Sehrohrtiefe. Der Rundblick war jedoch frei. Der Verband mußte hinter der Regenwand versteckt sein. U-557 tauchte sofort auf.
Der Turm brach durch die Wassermassen. Wir kletterten durch die herabstürzenden Kaskaden auf die Brücke und pickten die Karabinerhaken unserer breiten Feuerwehrgurte eiligst, aber sorgfältig in die Ösen an der Turmverkleidung. Eine dichte Wolkendecke lag über der kochenden See.

Wir stießen sofort in Richtung des Geräuschbands vor. Vierzig Minuten später sichteten wir einen zweiten Zerstörer, den Paulshen geschickt ausmanövrierte. Die See, die hoch von West nach Ost dahinrollte, trieb uns mächtig voran. Eine riesige, lange Dünung packte unser Heck und hob und schob unser Boot unbarmherzig auf schwindelhohen Wellenkämmen vorwärts.

Während sich die Verfolgung im violetten Zwielicht des sterbenden Tages dahinzog, benachrichtigten wir den BdU über unsere Entdeckung und unseren geringen Brennstoffbestand. Doch bald wurde uns klar, daß der Verband eine drastische Schwenkung durchgeführt hatte: wir fuhren zwei Stunden lang in großen Suchschleifen in östlicher Richtung. Aber da war kein Geleit. Widerstrebend ließ Paulshen das Boot wieder unter Wasser gehen. Horchrundblick in äußerster Stille und unaussprechlicher Spannung. Da meldet der Horcher tatsächlich ein schwaches Geräuschband in Schiffspeilung 40 Grad.

Aufgetaucht. Rangeknüppelt. Die Nacht hatte sich schwarz aufs Meer gesenkt. Sicht war weniger als eine Meile. U-557 schüttelte sich, stampfte und rollte mit starker Schlagseite durch eine tobende See. Tonnen von Salzwasser krachten auf unsere Aufbauten, peitschten unsere Gesichter und brannten in unseren Augen. Ich stand in Hockstellung schutzsuchend hinter der Turmverkleidung und hatte mein Glas auf dem Rande der Brücke aufgelegt. Der scharfe Sprühregen zerriß mir Lippen und Haut, durchnäßte das um meinen Hals gewundene Frotteehandtuch und rannte in Strömen am Körper entlang in die Stiefel. Trotz der dreifachen Schicht Kleidung und dem saumlosen Taucheranzug aus dickem Gummi, der alles wie ein Paket umhüllte, schüttelte ich mich vor Kälte in der Kühle der Nacht.

Aber die Nacht verstrich ohne weitere Feindberührung. Wir karrten mit Höchstfahrt und langen Kreuz- und Querschlägen in den neuen Tag hinein. Der Morgen bescherte uns weder besseres Wetter, noch das Geleit. Dagegen verfuhren wir unsere letzten wertvollen Liter Dieselöl, und jede Meile, die wir mit unserer Suche nach dem entkommenen Gegner verschwendeten, war eine Meile weniger in Richtung Heimat. Am Spätnachmittag meldete Feder, daß er eine weitere Jagd in eine Europa und dem Festland entgegengesetzte Richtung nicht länger verantworten könnte. Damit war Paulshens Jagdfieber ein energisches Halt geboten. Eine Hartruderlage zwang das Boot auf östlichen Kurs. Die Verfolgung war endgültig abgebrochen.

Wir nahmen wieder Kurs auf die Biskaya und tauchten nach zwei Stunden, um der Besatzung eine wohlverdiente Ruhe zu gönnen. Nur einige wenige Leute blieben auf ihren Stationen. Für einige Stunden herrschte Ruhe - im Boot wie auch in der ewigen Tiefe des Atlantik. Die einzigen Geräusche, die wir hörten, waren die Tiefenruderkommandos des wach-

habenden Offiziers, das leise Summen der E-Maschinen und das leichte Klopfen der winzigen Kondensattropfen, die auf die Flurplatten aufschlugen.
Beim Angriff auf einen einzigen Geleitzug hatten wir vier Schiffe versenkt und wahrscheinlich eines beschädigt. Aber unser Triumph wurde von anderen Booten geteilt und von einigen sogar übertroffen, wie wir den Funksprüchen entnahmen, die wir auf unserem Rückmarsch nach Lorient auffingen. Allein im September waren über 200 000 Bruttoregistertonnen auf den Meeresgrund geschickt worden. In diesem Jahr 1941 mußte in London wieder eine Rekordtonnage aus Lloyds Register gestrichen werden. Es war in der Tat eine schwere Zeit für die internationale Seeschifffahrtsversicherung.

8

Am 18. September lief U-557 wieder in Lorient ein. Die übliche fröhliche Menge erwartete uns am Kai. Als siegreiche Veteranen der Atlantikschlacht nahmen wir den herzlichen Empfang als eine Selbstverständlichkeit hin. Die stürmische Menge, die Blumen, die Klänge der Kapelle, die Begrüßung durch den Flottillenchef und seinen Stab - all das war der Lohn, den man uns schuldete. Aber diesmal waren die Damen von den *établissements* nicht beim Empfangskomitee. Der Marinekomplex war während unserer Abwesenheit durch einen hohen Zaun von der Außenwelt abgeschnitten worden. Nach der Begrüßungszeremonie und der gründlichen Reinigung fand aber ein guter Teil unserer Leute heraus, daß ihre Mädchen offenes Haus in der Innenstadt hielten, und so wurden die meisten von ihnen nicht mehr vor dem Wecken im Stützpunkt gesehen.

Unsere zweite Unternehmung hatte die Besatzung völlig verändert. Wir waren nunmehr anerkannte, alterprobte U-Bootmänner. Unsere Vernichtungsaktion gegen den Geleitzug, den wir entdeckt hatten, war ein Beitrag zur unvermeidlichen Niederlage Englands. Wir selbst hatten vier Schiffe aus diesem Verband versenkt und damit unseren Gesamterfolg auf 25 000 Tonnen hochgeschraubt. Unsere letzte Operation wurde von anderen Booten fortgesetzt, die in weniger als vier Tagen weitere sechs Frachter versenkten. Damit hatte sich der Angriff auf den ersten Verband in eine zwölftägige Schlacht gegen drei Geleitzüge ausgedehnt, die versucht hatten, den Nordatlantik nacheinander in östlicher Richtung zu überqueren. Unsere Boote hatten aus dem ersten Geleit die unglaubliche Zahl von zwanzig Schiffen versenkt, vier Frachter aus dem zweiten und neun aus dem dritten Konvoi. Das ergab ein Totalergebnis von über 165 000 Tonnen, die innerhalb von zwei Wochen vernichtet worden waren. Diese bedeutungsvollen Versenkungen bewiesen das große Potential unserer Wolfsrudel-Taktik, die England ohne Verteidigungsmöglichkeiten ließ und den Atlantik sowie die angrenzenden Gewässer um England in einen Friedhof für die alliierte Schiffahrt verwandelte.

Als siegreiche Veteranen der Atlantikschlacht nahmen wir den herzlichen Empfang als eine Selbstverständlichkeit hin. Die stürmische Menge, die Blumen, die Klänge der Kapelle, die Begrüßung durch den Flottillenchef und seinen Stab - all das war der Lohn, den man uns schuldete.
Unsere erste Pflicht nach dem Einlaufen war aber die Teilnahme an der üblichen zeremoniellen Feier in der Préfecture, die zu unseren Ehren gegeben wurde. Das Essen war ein langer und umständlicher Vorgang, der mit Champagner und Rotwein begann und mit deutschem Bier endete. Als die Trinksprüche und Reden schließlich vorüber waren und die Leute sich in ihren verbesserten Unterkünften eingerichtet hatten, wurde ich aufs Boot zurückkommandiert, um die erste Nachtwache im Hafen zu übernehmen.
U-557 lag wie ein Geisterschiff im niedrigen Wasser. Meine drei Posten standen leise plaudernd am Oberdeck und genossen die stille, lauwarme Nacht. Ich ging nach unten, wo der beklemmende Gestank von Dieselöl, Schweiß, Batteriesäure und verfaulendem Proviant die Luft nahezu unerträglich machte. Die plötzliche Ruhe, der bewegungslose Zustand des Bootes, das nahezu fünfzig Tage lang geschaukelt und gestampft und Tod und Zerstörung verbreitet hatte, war ein neuartiges Empfinden. Ich erkannte auf einmal, wie wichtig dieses Instrument höchster Präzision für mich geworden war. Ich fühlte mich ganz im Banne dieses Bootes. Seine Kraft war zu einem wichtigen Bestandteil meines Lebens geworden - wenn nicht ein Teil meiner selbst. Weil ich wußte, daß ich in der nahen Zukunft sehr wenig Zeit haben würde, setzte ich mich auf die grüne Ledermatratze der Kommandantenkoje, knipste die kleine Lampe über dem schmalen Pult an und begann, meine Briefe nach Hause zu schreiben.
Meine Nachtwache endete am frühen Morgen. Kaum hatte die Dämmerung die Nacht abgelöst, kamen die Werftarbeiter an Bord, um U-557 vor seiner Verholung ins Trockendock auszuräumen. Die Männer, auch diejenigen, die erst kurz vor dem Wecken von ihrem Rundgang durch die *établissements* zurückgekommen waren, richteten sich für einen längeren Aufenthalt in dem alten Marinekomplex ein. Ich war erstaunt über die Verbesserungen in den Unterkünften, die während unserer Abwesenheit durchgeführt worden waren. Bald fand ich, daß auch meine Lebensverhältnisse an Land sich zu meinem Vorteil verändern sollten. Die Flottille hatte für mich ein großes Zimmer im Hotel *Beauséjour* requiriert; mein Gepäck war bereits dort angeliefert worden. Bald darauf räkelte ich mich unter einer heißen Dusche und schabte mir danach den wochenalten Bart aus dem Gesicht. Nachdem ich mir Salzkruste und U-Bootgeruch von der Haut gewaschen hatte, streckte ich mich auf einem riesigen Doppelbett aus und fiel in einen langen Schlaf.
Die ersten drei Tage in Lorient gaben uns gerade genug Zeit, uns von den Strapazen der Unternehmung und den Einlauffeierlichkeiten zu erholen

und uns auf den obligatorischen Besuch von Dönitz vorzubereiten. Der Appell wurde wieder auf dem sonnenüberfluteten Platz der Préfecture abgehalten, wo ein Musikzug einen schmetternden Parademarsch herausfordernd in die anliegenden französischen Wohnviertel blies, während Dönitz mit dem üblichen Gefolge unsere Reihen abschritt. Wieder verteilte er mit freizügiger Hand Abzeichen und Eiserne Kreuze und heftete eines davon auch an meine Jacke.

Nun, da ich der einzige Fähnrich auf U-557 war, verdreifachten sich meine Pflichten. Während die Überholung des Bootes voranging, wurden meine Tage mit zunehmend verantwortlicheren Aufgaben ausgefüllt. Ich erhielt wenig oder keine Hilfe vom Kommandanten, der nach dem Bodensee zu seiner Familie abgereist war, noch von seinem Crewkameraden Kelbling, der kurz nach dem Einlaufen unsere Gemeinschaft verlassen hatte, oder von Seibold und Kern, die ebenfalls einen zweiwöchigen Urlaub angetreten hatten. Aber meine Arbeit blieb nicht ohne Belohnung. An den lauwarmen Abenden schlenderte ich durch die Straßen der Hafenstadt, genoß mein Alleinsein oder zog mich in eines der Eßlokale zurück und ergänzte die Seemannsration des Stützpunkts mit einem Hummergericht. Und als die Besatzung nach drei Wochen wieder beisammen war, hatte ich bereits genug von der Freizeitgestaltung in der Hafenstadt.

Die Schüsse, die unsere Boote im Nordatlantik, in der Arktis und neuerdings auch im Mittelmeer feuerten, und die Fanfaren, die die Sondermeldungen über ihre Erfolge begleiteten, hatten den Ehrgeiz unserer Besatzung mächtig angeregt. Die Versenkungsziffern bewährter Kommandanten hatten in immer zunehmendem Maße die 100 000-Tonnen-Grenze überschritten. U-107, unter dem Befehl von Kapitänleutnant Hessler, hatte im Südatlantik auf einer einzigen Reise nahezu 100 000 Tonnen versenkt. Ein Rekord. Und wir von U-557, Offiziere, Unteroffiziere und Männer, waren davon überzeugt, daß auch Paulshen das Zeug zu einem U-Boot-As in sich hatte und daß es nur eine Frage der Zeit war, bis auch er seine ersten 100 000 Tonnen versenkt haben würde. Die letzte Unternehmung hatte seine Fähigkeiten gezeigt. Wir alle waren stolz auf ihn. Mit ihm würden wir die monatlichen Versenkungsziffern noch weiter in die Höhe treiben und die 160 000 Tonnen englischen Schiffsraums, die im Oktober versenkt worden waren, im kommenden Monat mit unserer Zugabe noch übertreffen.

Ich hoffte noch mindestens eine Feindfahrt mit U-557 machen zu können, um mit Paulshen und seinen Männern die Lorbeeren zu ernten, nach denen wir strebten. Ich wußte, daß mir nicht viel Zeit dazu gegeben war, um noch einmal eine Geleitzugschlacht zu schlagen. Nach der Abreise meiner Kameraden Gerloff und Goebel zum Wachoffizierslehrgang gab es keinen Zweifel, daß ein gleicher Befehl auch mich bald von der Front vertreiben würde.

Als die Blätter der Akazien sich langsam verfärbten und der Geruch des Herbstes die Stadt umhüllte, war die Besatzung von U-557 damit beschäftigt, die letzten Arbeiten an Bord durchzuführen. Das Nieten und Hämmern der Werft in Lorient war Musik in den Ohren der Männer, die ihren Stahlfisch für eine neue Unternehmung vorbereiteten. Tag für Tag marschierten sie singend zur Werft und kehrten abends mit dem Bewußtsein zurück, dem Auslaufen wieder einen Tag nähergekommen zu sein.
Mit dem Eintreffen des Kommandanten änderte sich die Routine sofort. Das Boot wurde vom Dock an die Pier im Stützpunkt verholt, und mit dem sechsten Morgenappell im November, Paulshens erstem nach dem Einlaufen, waren die Freuden im Hafen zu Ende.
Nach dem Appell übergab mir der Kommandant den Marschbefehl. Ich war ab sofort zur 1. U-Bootflottille in Brest, unserer Stammflottille, abkommandiert. Nur ungern nahm ich den Befehl entgegen. Die Kameradschaft der Männer und Offiziere von U-557 war für mich plötzlich eine Sache der Vergangenheit. Ich fühlte mich aus einer Gemeinschaft gestoßen.
An jenem Tag schüttelte ich zum letztenmal die Hände der Männer, mit denen ich so oft dem Tod entronnen war. U-557 lief am 19. November mit dem Befehl von Lorient aus, ins Mittelmeer, sein zukünftiges Operationsgebiet, einzudringen. Dem Boot gelang der riskante Durchbruch durch die Meerenge von Gibraltar, und es krönte seine Laufbahn mit der Versenkung des norwegischen Dampfers *Fjord* vor Spanien und des englischen Kreuzers *Galatea* vor Alexandrien. Aber die Tage von U-557 waren gezählt. Das Boot traf sein Schicksal am 16. Dezember in der ironischen Form des italienischen Torpedoboots *Orione,* das es in der See von Kreta rammte und mit nahezu der gesamten Besatzung versenkte.
Am 5. November wurde ich von einem russischen Taxifahrer, der behauptete, einst ein zaristischer Kosakenoffizier gewesen zu sein, durch die sonnenüberflutete Landschaft der Bretagne gefahren. Unser Citroën raste wie eine Höllenmaschine über die Landstraße nach Quimper. Geschwindigkeit, Sonne und die herbstlichen Felder und Wälder ließen meine Enttäuschung über die Abkommandierung schnell abebben. Es war wunderbar, nach dem Inferno zur See durch eine Welt voll heller Farben zu fahren. Dennoch war ich etwas erleichtert, als der Wagen vor dem Tor der 1. U-Bootflottille in Brest zum Halten kam.
Vor mir lag auf einem Hochplateau ein weitläufiger Granit-Komplex, der die Bucht von Brest beherrschte. Einige der Gebäude waren noch nicht fertig. Die stattlichen Bauten waren einst dazu vorgesehen, die französische Marine-Akademie aufzunehmen. Aber unsere Eroberung Frankreichs hatte dem Schulprogramm ein Ende bereitet. Anstatt der französischen Offiziersanwärter waren deutsche U-Bootmänner in die Quartiere eingezogen.

Unverzüglich meldete ich mich beim Adjutanten. Er bestätigte mir, was ich bereits wußte: daß ich in Kürze zum U-Bootwachoffiziers-Lehrgang nach Deutschland abkommandiert werden würde. Der Winterlehrgang sollte Anfang Dezember beginnen. Ich war über diese bevorstehende Ortsveränderung nicht gerade erfreut und wäre viel lieber weiter zur See gefahren. Jedoch hatte ich nach meinem aufreibenden Fronteinsatz nichts gegen einige Tage des Müßiggangs einzuwenden und richtete mich in einem Zimmer mit herrlicher Aussicht auf die Brester Bucht und die Halbinsel Crozon häuslich ein. Nach einem Erkundungsgang durch die kühlen Räume des festungsartigen Komplexes verließ ich den Stützpunkt, um die altertümliche Stadt zu erforschen.

Brest war, wie ich gewarnt wurde, ein Brutkasten der Spionage und Sabotage. Angehörige der französischen Untergrundbewegung entführten und ermordeten hin und wieder deutsche Soldaten. Aber ich fand die Stadt friedlich und geschäftig. Cafés, Bistros und Läden blühten und gediehen. Die Gegenwart zahlloser Deutscher in Uniform gab mir zusätzliche Rükkendeckung. Es war ein sonniger Tag im November, der Duft des Herbstes lag in der Luft, und ich entschloß mich, die Welt und das neue Leben bis zur Neige zu genießen.

Nach einem schmackhaften Fischgericht schlenderte ich durch die malerischen Straßen, besuchte das eine oder andere Café und durchstöberte jeden Buchladen, an dem ich vorbeikam. In einem dieser Läden sah ich Yvonne. Sie arbeitete dort. Sie hatte blonde Haare und blaue Augen. Ich fragte sie nach einigen Büchern, die sie nicht haben konnte, und es gelang mir, sie in eine Unterhaltung zu verwickeln, die mit einer Einladung zum Abendessen am nächsten Abend endete.

Am folgenden Tag verließ ich den Stützpunkt früh am Vormittag. Ich fürchtete, daß eine plötzliche Abkommandierung meine Pläne zerstören könnte. Ich besichtigte die alten Befestigungen der Stadt und verbrachte den warmen Herbsttag in den etwas vernachlässigten, aber interessanten Vierteln von Brest. Lange bevor die Zeit gekommen war, Yvonne zu treffen, wartete ich auf sie in einem Bistro gegenüber dem Rathaus. Yvonne war graziös, anmutig und zart und voller Furcht. Ihre einzige Berührung mit den Deutschen, behauptete sie, bestand in einer gelegentlichen Bemerkung am Ladentisch über Bücher. Aber bald fand sie sich in einem unpatriotischen *Tête-à-tête* mit einem der Eindringlinge im Halbdunkel eines verschwiegenen Restaurants. Das Essen war ausgezeichnet, und der Nachtisch wurde noch durch ihr Versprechen versüßt, mich wiederzusehen. Der Abend endete viel zu früh an der Gartentür ihres Hauses auf der anderen Seite der Stadt.

Ich traf Yvonne am folgenden Abend wieder. Nicht bei Tageslicht, denn sie wollte nicht mit mir in der Öffentlichkeit gesehen werden. Nach Sonnenuntergang, unter dem Schutz der Dunkelheit war sie nicht mehr so ängstlich. Von dieser Stunde an war ich ein regelmäßiger Gast in ihrer Wohnung. Immer wenn ich zu ihr ging, nahm ich meine Pistole mit und beobachtete wachsam die Straßen. Ich wollte mir ein klares Bild über meinen Gegner machen können, falls ich verfolgt wurde. Ich fragte Yvonne nie mehr, als ich wissen wollte. Sie versicherte mir, daß sie mich liebte - und das war alles, was ich hören wollte.

Ich genoß diese Tage voller Sonnenschein und duftender Herbstblumen mit vollen Zügen. Aber nach zwei Wochen stand ich vor der schwierigen Aufgabe, Yvonne über mein neues Kommando aufzuklären. Wir vereinbarten ein Wiedersehen, sobald ich zurückkehren würde. Ich hoffte im Frühling wieder in Brest zu sein, wenn meine Ausbildung beendet war. Das letzte, was ich von Yvonne sah, war ihr heller Schal, der sich in der Nacht auflöste, als mein Zug langsam aus dem Brester Bahnhof fuhr.

Gare de Montparnasse in Paris. Ich beschloß, den ganzen Tag in Paris zu verbringen und mit dem Abendschnellzug nach Deutschland weiterzureisen. Ich eilte durch den Louvre, schlenderte die Champs Elysees hinauf und hinunter, stand auf dem Place de l'Étoile, überschaute die Stadt von der Spitze des Eiffelturms, saß vor dem Café de la Paix und beobachtete die Vorübergehenden.

Am nächsten Morgen, es war kühl und neblig, überquerte mein Zug den Rhein bei Mainz. Aber als er durch die Kiefernwälder südlich von Frankfurt fuhr, hatte die Sonne den Nebel bereits aufgelöst. Im Hauptbahnhof war der Bahnsteig leer. Niemand erwartete mich. Wie üblich, hatte ich meine Ankunft nicht angemeldet. Ich war es so gewöhnt, und es sollte so bleiben. Ich war kein Freund sentimentaler Begrüßungen in der Öffentlichkeit.

Nicht weit vom Bahnhofsplatz lag die Wohnung meiner Eltern in der ruhigen, baumbestandenen Savignystraße. Als ich in die Allee einbog, ging ein Mädchen vor mir. Ich schaute einmal, zweimal hin und erkannte meine Schwester. Ich rief: »Trudel!«

Sie fuhr herum und fiel mir um den Hals. »Warum hast du uns nicht geschrieben, daß du kommst? Wir hätten dich am Bahnhof abholen können. Du siehst gut aus. Aber mir scheint, du hast etwas Gewicht verloren.«

»Ich glaube nicht. Es sieht nur so aus, weil du mich seit einem Jahr nicht mehr gesehen hast. Wie geht es Vater, und was macht Mutter?«

Trudel versuchte, mir innerhalb der wenigen Minuten alle Neuigkeiten zu erzählen, die es gab. Mutter war voller Freude, natürlich. Ein Jahr lag zwischen diesem Augenblick und meinem letzten Urlaub. Mutter fragte nicht nach dem Krieg. Ihr Interesse war hauptsächlich auf meine Gesundheit und meinen Appetit gerichtet: »Du hättest uns ein Telegramm schikken sollen, und ich hätte heute einen Kuchen für dich.«

Der Kuchen wurde trotzdem gebacken. Ich telefonierte mit Vater. Er schloß sein Büro für den Rest des Tages und kam in aller Eile nach Hause.

»Hallo, alter Krieger, wie lange haben sie dir diesmal Urlaub gegeben?« fragte er.
»Ich habe keinen Urlaub, Vater. Bin nur auf der Durchreise nach der Ostsee, von einem Kommando zum anderen. Ich habe nur etwa dreißig Stunden, die ich hier verbringen kann.«
»Das ist aber viel zu kurz. Laß mal sehen, was wir in diesen Stunden mit dir anfangen können.« Er beriet sich mit Mutter und fing dann an, Fragen zu stellen: wie ich meine Auszeichnungen erworben hatte, wie eine Geleitzugschlacht geschlagen wird und wie Wasserbomben auf Boot und Besatzung wirken. Er war auch begierig, meine Ansicht über unsere Fortschritte im Kampf gegen England zu erfahren und wollte möglichst alle Einzelheiten über meine Feindfahrten hören. Doch bald ging unsere Unterhaltung auf ein anderes Thema über, das ihm große Sorgen zu machen schien: »Glaubst du nicht, daß wir unsere Kräfte etwas zu dünn über das europäische Festland verteilen?«
»Es scheint mir, daß wir genügend Menschenmaterial zur Verfügung haben, um die besetzten Gebiete zu halten.«
»Aber wieviel neue Fronten können wir uns denn erlauben?« fragte er skeptisch.
Darauf gab es keine Antwort. Noch nicht. Die Frage beunruhigte mich ein wenig, und ich steuerte das Gespräch auf erfreulichere Themen zurück.
Jener erste Abend zu Hause und auch der nächste waren besonders angenehm. Das Elternhaus bedeutete Sicherheit und Geborgenheit, es war eine Insel der Ruhe im Chaos dieses Krieges. Trotz aller Fragen meines Vaters berichtete ich wenig über den U-Bootkrieg oder von den Gefühlen, die mich während der Schlacht beherrschten. Ich wollte meine Eltern mit der Gewißheit verlassen, daß ich immer wieder zurückkehren würde.

Als mein Zug in Berlin ankam, war es eisig kalt. Marianne war am Bahnhof, pünktlich wie immer. Wir gingen durch die nahezu verlassenen Straßen zum nahegelegenen Hotel *Fürstenhof,* wo ich diesmal absteigen wollte. Das Hotel war eine deutliche, wenn auch teurere Verbesserung gegenüber den schlichten Unterkünften, mit denen wir uns während meiner früheren Besuche begnügen mußten. Aber mit meiner Gehaltsaufbesserung konnte ich mir diese Extravaganz erlauben. Und Marianne ließ mich vergessen, daß der Krieg um uns tobte und daß ich den Sommer und Herbst im Einsatz auf See gewesen war.
Während der zwei Tage meines Besuches eilten wir von einer Unterhaltung zur andern. Zum Leidwesen der Kritiker hatte der Krieg das kulturelle Leben Berlins und das Niveau der Veranstaltungen sehr nachteilig beeinflußt. Eine weitere bedeutende Verschlechterung hatte die Qualität der Mahlzeiten erfahren, die in den Restaurants auf dem Kurfürstendamm angeboten wurden. Nein, Berlin war nicht mehr das alte Berlin.

Die Temperatur war auf minus fünfzehn Grad gefallen, als ich am letzten Tag im November in Königsberg ankam. Zitternd in meiner leichten Uniform, gelang es mir, den Lokalzug nach Pillau zu erreichen. Steifgefroren kam ich in dem kleinen Hafen am Frischen Haff an und meldete mich kurz danach auf dem luxuriösen Ozeandampfer *Pretoria,* dem Sitz der 1. U-Bootausbildungsabteilung, an Bord.

Beim Frühstück gab es ein großes Wiedersehen. Ich drückte die Hände vieler Crewkameraden und Freunde, und wir feierten unsere gemeinsame Beförderung zum Oberfähnrich ausgiebig an der Bar. Wir waren aus ganz Europa wieder zusammengetroffen. Sieben Monate lagen zwischen unserer Abschiedsfeier im April und diesem bitterkalten ersten Tag im Dezember 1941.

Der praktische Teil des Wachoffiziers-Lehrgangs begann unter schwersten Bedingungen. Der Hafen von Pillau war völlig mit Eis bedeckt, an manchen Stellen bis zu dreißig Zentimeter dick. Eisbrecher arbeiteten fortwährend, um das Fahrwasser für den Verkehr offenzuhalten und unseren U-Booten Zugang zur Ostsee zu erlauben. Wir fuhren Tag und Nacht zur See, wobei wir abwechselnd die Aufgaben des Kommandanten und Leitenden Ingenieurs übernahmen. Unsere Ausbilder, erfahrene Kommandanten, lehrten uns alle Tricks des nächtlichen Überwasserangriffs und des Unterwasserangriffs bei Tag. Tauchmanöver wurden vorsätzlich gestört, und wir schwitzten Blut, um unsere Boote vor dem Absaufen zu bewahren. Bald waren wir in der Lage, Routine- und Notmaßnahmen im Schlaf auszuführen. Aber wir hatten kaum je genügend Ruhe, um uns von den rauhen Übungen und strengen Anforderungen des Lehrganges zu erholen. Aber es gab auch stillere Tage. Der Chef der Flottille, Korvettenkapitän Schuhart, war ein hervorragender Lehrer, und wir hörten seinen Erfahrungsberichten mit besonderem Interesse zu. Schuhart hatte als U-Bootkommandant im Herbst 1939 den englischen Flugzeugträger *Courageous* versenkt und war für diese und andere Leistungen mit dem Ritterkreuz ausgezeichnet worden.

Die Wochenenden verbrachte ich an Bord der *Pretoria,* las ein Buch, spielte Skat oder diskutierte über die Gründe, die Japan bewogen haben mochten, den amerikanischen Flottenstützpunkt Pearl Harbor anzugreifen. Damit waren die Vereinigten Staaten unmittelbar in den Krieg hineingezogen. Die Kämpfe auf den Philippinen und im Pazifischen Ozean waren jedoch zu weit entfernt, um für uns von größerem Interesse zu sein. Ich war mir allerdings bewußt, daß die Ereignisse im Fernen Osten tiefsten Einfluß auf den U-Bootkrieg im Atlantik haben würden. Mit dem Eintritt der USA in den Krieg, und ganz besonders in unseren Kampf zur See, änderten sich die Zukunftsaussichten beinahe über Nacht. Wir hatten Grund, uns auf einen langen Krieg vorzubereiten.

Die Schlacht im Atlantik ging jedoch gut voran. Unsere Sender ließen fast täglich die Fanfaren ertönen, unterrichteten die Bevölkerung von den Siegen unserer Boote auf See und registrierten Schiffe und Tonnage, die von unseren Torpedos auf den Meeresboden geschickt wurden. Nahezu drei Millionen Tonnen, einschließlich der Versenkungen der Luftwaffe, waren im Jahr 1941 zerstört worden. Nach wie vor waren die Engländer unfähig, sich dem zunehmenden Druck entgegenzusetzen. Ganze Geleitzüge wurden aufgerieben und oft ohne Widerstand unseren reißenden Wölfen zur See überlassen. Natürlich erlitten auch wir Verluste. Im Dezember vorigen Jahres ging wiederum einer unserer erfahrensten Kommandanten verloren. Kapitänleutnant Endrass, Kommandant von U-567, der mehr als 200 000 Tonnen feindlichen Schiffsraums vernichtet hatte, wurde in der Nähe von Gibraltar versenkt. Es gab keine Überlebenden.

Unsere Ausbildung in Pillau wurde bis Ende Januar 1942 fortgesetzt. Anfang Februar wurde ich zusammen mit meinen Kameraden wieder auf die Marineschule in Flensburg kommandiert, um uns mit der Torpedowaffe näher vertraut zu machen. Sechs Wochen Unterricht an Bord des Luxusdampfers *Patria,* verbunden mit Übungsschießen, belehrten mich über die letzten Geheimnisse dieser Waffe. Lehrgänge in Seekriegstaktik und Nachrichtenmittel folgten, als der Winter seinen harten Griff löste. Mit dem Einzug des Frühlings wurde ich zum Leutnant zur See befördert. Zu diesem Zeitpunkt war ich in Swinemünde, wo ich zum Abschluß meiner Ausbildung zum Wachoffizier den Artillerielehrgang besuchte. Nach einigen Scheingefechten auf See und der Abschiedsfeier im Kreise meiner ebenfalls beförderten Crewkameraden wartete ich ungeduldig auf mein neues Kommando, das mich, wie ich hoffte, wieder an die Front rufen würde. Ich dachte an unsere Feiern in Lorient und an Yvonne in Brest und wünschte, daß sich alles wiederholen würde.

Aber Admiral Dönitz hatte andere Pläne mit Leutnant Werner. Ich wurde angewiesen, mich in Danzig auf U-612 als Erster Wachoffizier zu melden. Ich las das Fernschreiben zweimal durch, bevor ich den Inhalt begriff. Hier stand es schwarz auf weiß, daß ich zum ersten Mann nach dem Kommandanten auf einem neuen U-Boot ernannt war. Die Aussicht, selbst U-Bootkommandant zu werden, rückte plötzlich in die Reichweite des Möglichen.

Am 19. Mai kam ich in Danzig an. Ich fand U-612 in der Werft. Das Boot, von Wetter und See stark mitgenommen, schaukelte sachte längsseits einer alten Steinmole. Ein Posten bestätigte mir, daß der Kommandant an Bord war. Ich stieg durch das vordere Luk in den Bugraum der Stahlröhre, fand den Kommandanten in seiner kleinen Nische und sagte:

»Melde mich gehorsamst an Bord, Herr Oberleutnant.«

»Herzlich willkommen! Ich bin Oberleutnant Siegmann, Paul Siegmann. Ich habe seit gestern auf Sie gewartet. Wir sind klar zum Auslaufen. Kommen Sie, ich möchte, daß Sie die anderen Offiziere des Bootes kennen-

lernen.« Der Kommandant, ein kräftiger, untersetzter Offizier mit rotblonden Haaren, hatte das Aussehen eines alten Seefahrers. Ich folgte ihm in die kleine Offiziersmesse und wurde dem Leitenden und dem Zweiten Wachoffizier vorgestellt. Wir wechselten einige Freundlichkeiten, dann wurde ich über die Geschichte des Bootes unterrichtet. U-612 war im vorigen März in Hamburg in Dienst gestellt worden. Seitdem war es ununterbrochen zur Frontausbildung in der Ostsee gewesen. Oberleutnant Siegmann hoffte die erforderlichen Übungen innerhalb dreier Monate zu beenden; dann würde die Besatzung für die Schlacht im Atlantik vorbereitet sein. Ich erfuhr, daß der ehemalige Erste Wachoffizier wegen Krankheit abkommandiert worden war, daß der schwarzhaarige L.I., Leutnant Helmut Friedrich, verheiratet und etwa ein Jahr älter war als ich, und daß der II.W.O., Leutnant Heinz Riedel, zu meiner Überraschung ein Crewkamerad war. Beide hatten keine Fronterfahrung, was wohl ausschlaggebend für meine Zukommandierung war. Siegmann dagegen hatte, wie er erklärte, als Kommandantenschüler an einer Atlantikunternehmung teilgenommen. Ein Drittel der Besatzung war auf Frontbooten gefahren, während der Rest für die erste Feindfahrt ausgebildet wurde. Ich stellte mich den Oberfeldwebeln vor, die einen prächtigen Eindruck machten und lange Dienstjahre nachweisen konnten. Daraufhin zog ich mich mit dem Kommandanten in seine enge Nische zurück, wo er mir kurz und bündig mitteilte, was er von mir erwartete.
Als I.W.O. von U-612 war ich Torpedo- und Artillerie-Offizier. Es war meine Aufgabe, bei nächtlichen Überwasserangriffen zu schießen und bei Unterwasserangriffen die Feuerleitung zu überwachen. Als Stellvertreter des Kommandanten hatte ich mich um das Wohl der Männer zu kümmern, Dienstpläne aufzustellen, ihre Durchführung zu überwachen und die Ausbildung der Leute mit allen Mitteln voranzutreiben. Ich war allein aufgrund meiner Feindfahrten für die Stellung des I.W.O. ausgewählt worden. Heinz Riedel und ich hatten später in der winzigen Messe eine entscheidende Unterredung. Wir einigten uns, die Stellung des anderen zu achten und den gemeinsamen Feind und nicht uns gegenseitig zu bekämpfen. Die kurze Plauderei entwickelte sich zu einer engen Freundschaft, die erst mit seinem Tod endete.
U-612 legte noch am selben Tag ab. Wir überquerten die Danziger Bucht und machten unsere Leinen am Spätnachmittag an der Mole der »Ausbildungsgruppe Front« auf der Halbinsel Hela fest. Ich brachte unsere Männer in sauberen Baracken unter, die idyllisch inmitten der Krüppelkiefern in den Dünen lagen. U-612 setzte seine Ausbildung mit einer sechswöchigen Torpedo-Schießübung fort. Tag für Tag stachen wir um 7 Uhr in See. Eine Stunde später schoß ich bereits Übungstorpedos auf die bereitliegenden Zielschiffe. Wir änderten unsere Routine am Nachmittag. Diesmal war es der Kommandant, der ein Rohr nach dem anderen während seiner

Unterwasser-Scheinangriffe losmachte. Leergeschossen jagten wir in den kleinen Hafen auf Hela zurück und übernahmen eine neue Ladung Torpedos. Wir wiederholten das Programm in der Dunkelheit und schossen den letzten Aal gewöhnlich um Mitternacht. Die Männer arbeiteten rastlos sechs Tage in der Woche, für sechs lange Wochen.
Anfang Juli beendete die Besatzung ihre wohl anstrengendste Übung. U-612 wurde einer anderen Lehrdivision zugeteilt, und eine gelockerte Tagesordnung löste die fieberhafte Tätigkeit ab. Wir verholten das Boot an eine Pier in Gotenhafen, wo ich mit unseren Männern in die steinernen und kühlen Unterkünfte der ehemaligen Hafenkommandantur zog. Wieder fuhren wir täglich zur See, hatten aber genügend Muße, unseren Freizeitinteressen eine neue Richtung zu geben. Das berühmte Seebad Zoppot war nur eine Eisenbahnfahrt von 20 Minuten entfernt. Ich verbrachte die Wochenenden in seinem luxuriösen Casino, am Strand oder in den Cafés, veranstaltete oder besuchte kleine Feste mit Kameraden und ihren Mädchen.
Während sich Boot und Besatzung auf die Atlantikschlacht vorbereiteten, stießen unsere Armeen immer tiefer nach Rußland hinein. Leningrad war eingeschlossen, hielt jedoch hartnäckig stand. Sewastopol auf der Halbinsel Krim hatte kapituliert. Unsere Divisionen hatten den Kaukasus erreicht, Rostow am Don eingenommen und stießen auf die reichen Ölfelder von Maikop vor. In Nordafrika hatte Rommel sein Afrikakorps von Sieg zu Sieg geführt; er hatte El Alamein in der Libyschen Wüste erobert und stieß gegen den Nil vor. Im Atlantik überfielen unsere Boote die alliierten Geleitzugwege mit zunehmender Härte und erzielten gewaltige Erfolge. Unsere Operationen waren bis zur Ostküste der Vereinigten Staaten vorgeschoben worden, wo die Boote wenig oder keine Gegenwehr fanden. Von Nantucket bis Cap Hatteras, von Florida bis zu den Windward-Inseln zersprengten unsere Torpedos die Stille des bisher ungestörten Handelsverkehrs. Zwischen Boston und New York, vor Jacksonville, Miami, Havana, New Orleans und Corpus Christi, nahe Baranquilla, Maracaibo und Port of Spain, Barbados und Guadalupe griffen unsere U-Boote die alliierten Schiffahrtswege an, torpedierten, beschossen und versenkten eine große Zahl von Schiffen. Während der ersten sechs Monate des Krieges mit den USA wurden 2,5 Millionen Tonnen - über 500 Schiffe, darunter 140 Tanker, auf den Meeresgrund geschickt. Das goldene Zeitalter des U-Bootkrieges war angebrochen.
Der Ausbildungsstand unserer Männer erreichte einen neuen Höhepunkt. Ich selbst aber war angesichts unserer zeitraubenden Übungen in einem Zustand dauernder Gereiztheit. Ich wünschte mich an die Front, um Schiffe zu versenken und Siegesfeste feiern zu können. Aber meine Geduld wurde noch einmal auf eine harte Probe gestellt.
Der 6. August setzte beinahe meinen Ambitionen ein Ende. Wie an

jedem anderen Tag lief U-612 um 8 Uhr aus Gotenhafen aus. Die Danziger Bucht war flach, und die Sonne warf ihre Strahlen wie von einem Spiegel zurück. Der Tag versprach wieder heiß zu werden. Über zwanzig U-Boote fuhren in die ihnen zugeteilten Übungsquadrate; ihre Hecksee sprudelte silberig in der klaren Morgenluft. Danzig lag an Steuerbord und reckte seine alten Kirch- und Stadttürme in den fleckenlos blauen Himmel. Unser Obersteuermann Prager nahm fortwährend Peilungen von Land. Nach nahezu zwei Stunden mittlerer Fahrt und träger Unterhaltung meldete Prager, daß das Boot im zugewiesenen Quadrat angekommen sei. Der Kommandant wurde unterrichtet; gleich darauf erschien seine weiße Mütze im Turmluk. Wir begannen mit unseren täglichen Übungen. Die Seeleute, in drei Wachen eingeteilt, exerzierten abwechselnd an der 8,8-cm-Kanone und am 2-cm-Flugabwehrgeschütz, simulierten Tauchmanöver und führten eine Anzahl Scheinangriffe durch. Um 11 Uhr tauchten wir. U-612 fuhr auf einer Tiefe von 30 Metern und machte drei Seemeilen Fahrt. Ich saß mit einem Teil der Besatzung und 12 zusätzlichen U-Bootschülern im Bugraum und hielt Unterricht über das Einmaleins der Torpedo- und Artilleriekunde.
Um 11 Uhr 42 erhielt das Boot einen scharfen Stoß achteraus. Die Wucht warf das Heck zuerst nach oben, dann nach Steuerbord. Wir waren unter Wasser gerammt worden! Ich rief sofort: »Klar bei Tauchretter - alle Mann in die Zentrale!« Dann rannte ich durch den Mittelgang nach achtern, bis ich im Dieselraum von einem armdicken Wasserstrahl aufgehalten wurde.
U-612 wurde sofort achterlastig. Es sank. Ich sah einige Männer im achteren Torpedoraum und brüllte: »Alle Mann nach vorn, oder ihr kommt nicht mehr lebend raus.«
Sie zögerten einen Augenblick, dann sprangen sie durch den Wasserfall. Das Boot füllte sich schnell. Es gelang mir, die Leute aus den hinteren Räumen zu bekommen; ich schlug die wasserdichten Schotten dicht, sprang in die Zentrale und warf das achtere Kugelschott hinter mir zu. Siegmann war es mittlerweile gelungen, alle Zellen anzublasen und das Boot an die Oberfläche zu bringen. Friedrich ließ die Druckluft durch die Rohrleitungen zischen sowie die Tiefenruder vorne hart oben und hinten hart unten legen, um das Boot möglichst so lange über Wasser zu halten, bis alle Mann der Stahlröhre entronnen waren. Noch rasten die E-Maschinen auf Höchsttouren. Der Kommandant auf der Brücke fuhr sein verwundetes Boot gegen die Küste, vier endlose Meilen im Süden. Ich befahl, alle verfügbaren Tauchretter an unsere U-Bootschüler zu verteilen, und jagte die Männer die Aluminiumleiter nach oben. Für eine Sekunde erblickte ich den blauen Himmel über der runden Öffnung des Turmluks. Ich fühlte einen unwiderstehlichen Drang, die Leiter hinaufzustürmen. Aber die Pflicht verdammte mich dazu, in der engen Röhre auszuhalten und mög-

licherweise zusammen mit dem L.I. zu ersaufen. Mit einem Auge schaute ich auf die schwingende Nadel des Tiefenmessers und mit dem anderen überwachte ich die Männer, die das sinkende Schiff verließen. Bald würde das Heck des Bootes zu schwer sein. Es würde wie ein Stein absacken und uns in der Zentrale mit auf den Grund ziehen. Ich wirbelte herum und brüllte in den Turm: »Schüttelt das Blei aus euren Füßen, Männer, die andern wollen auch aus der Röhre raus.«
U-612 fiel plötzlich achtern weg. Ein Schrei von der Brücke: »Boot sinkt! Zum Teufel, raus mit euch!«
Die beiden letzten Heizer stemmten sich die Leiter hinauf. Friedrich sprang über die Ventil-Station, beugte sich unter der Verlängerung des Turms und raste nach oben. Ich folgte. Ein plötzlicher, schwerer Wassereinbruch riß mich beinahe von der Leiter. Ich drückte gegen eine Tonne Wasser, zwang mich durch die runde Öffnung und - wurde vom Kommandanten auf die Brücke gezogen. Dann spülte mich die See fort. In diesem Augenblick streckte U-612 seinen scharfen Steven aus der Wasserlinie, dann das ganze Vorschiff, wie die Hand eines Ertrinkenden, richtete sich nahezu senkrecht auf und versank. Ich war über die Plötzlichkeit seiner Vernichtung erschüttert.
Die Besatzung trieb in der sachte dümpelnden See. Ich bemerkte mit siedendheißem Erschrecken, daß ich weder Tauchretter noch Schwimmweste anhatte. Ich hatte beides an die Schüler abgegeben. Das Wasser war aber warm, nur eine leichte Brise riffelte die Oberfläche. In einiger Entfernung sah ich die weiße Mütze des Kommandanten in der Sonne glänzen. Sie saß noch säuberlich auf seinem Kopf, der innerhalb der gelben Schwimmweste dahintrieb. Siegmanns Stimme gellte über das Wasser. »Bleibt zusammen, Leute, wir werden bald aufgefischt.« Dann schwamm er einen Halbkreis und wandte sich an mich: »Haben Sie alle Männer aus dem Boot bekommen, I.W.O.?«
»Nicht eine Seele ist an Bord. Ich war der letzte, der das Boot verließ.«
Schwarze Punkte in gelben Schwimmwesten und roten Tauchrettern schaukelten in der schwachen Dünung auf und ab. Im dunstigen Süden erkannte ich verschwommen die Küste. Die Strömung trieb uns immer weiter in die Bucht hinaus. Mit ihrer Stärke gut vertraut, wußte ich, daß es unmöglich war, die Küste schwimmend zu erreichen.
Wir trieben etwa zwanzig Minuten. Dann durchschnitt der Bug eines Bootes die Oberfläche in unmittelbarer Nähe. Innerhalb von Sekunden war das Boot aufgetaucht und gewann Fahrt in Richtung der schwarzen, roten und gelben Punkte. Das Boot, das den tödlichen Schlag gelandet hatte, war dabei, einen zweiten Fehler zu machen. Ich reckte mich weit aus dem Wasser und schwenkte beide Arme. Es war ein verzweifelter Versuch, dem Boot zu signalisieren, daß es die Maschinen stoppen sollte. Irgend jemand verstand meine Zeichen. Die Diesel wurden abgeschaltet, und das

Boot glitt langsam auf uns zu. Plötzlich tauchte ein zweites Boot auf und manövrierte vorsichtig näher. Unsere Männer schwammen auf die beiden stählernen Inseln zu und wurden hustend, schnaubend, niesend und triefend an Bord gezogen. Helfende Hände legten Decken um ihre Schultern.
Ich kletterte auf das Boot, das das unsrige auf den Grund geschickt hatte. Siegmann nahm die Entschuldigung des Kommandanten mit sichtlichem Unbehagen entgegen. Sein Ärger stieg erneut, als der Schuldige erklärte, er habe nicht gemerkt, daß er unter Wasser einen fremden Gegenstand gerammt habe.
Unsere Männer traten auf dem Achterdeck zur Musterung an. Ich zählte siebenunddreißig Köpfe; einschließlich einiger unserer Schüler, die sich ausgezeichnet verhalten hatten. Ich rechnete, daß zweiundzwanzig Leute mit Friedrich auf dem zweiten Boot sein mußten, nahm die Klappbuchse und signalisierte: »Melde bitte Zahl der geretteten Leute.«
»Habe 20 Mann an Bord«, antwortete der L.I.
»Bist du in dieser Zahl miteinbegriffen?«
»Ja«, blinkte er zurück.
»Zähle bitte noch mal, zusammen müßt ihr 22 Mann sein.«
»Tut mir leid, ich kann aus 20 Mann keine 22 machen«, blinkte er.
Zwei Mann waren vermißt. Ich war meiner Sache sicher, niemand an Bord von U-612 zurückgelassen zu haben. Siegmann, vom Ergebnis der Zählung erschüttert, sagte wütend: »Das fehlt uns gerade noch, I.W.O.! Zwei Mann vermißt. Haben Sie mir nicht gemeldet, daß Sie der letzte waren, der das Boot verlassen hat?«
»Jawohl. Ich habe getan, was ich konnte, um alle Männer aus dem Boot zu bekommen. Es ist niemand mehr an Bord«, antwortete ich und deutete hilflos auf die Stelle, an der unser Boot abgesackt war. Unsere Suche nach den beiden Leuten blieb ergebnislos. Wir fanden nur zwei treibende Schwimmwesten. Dann fuhren wir auf dem Boot, das uns in die miserable Lage versetzt hatte, nach Gotenhafen zurück. Der Standort des Bootes war im Augenblick des Zusammenstoßes falsch gewesen. Sein Kommandant hatte die starke Strömung, die durch den Ausfluß der Weichsel verursacht wurde, falsch berechnet oder ganz außer acht gelassen. Er war auf einer Tiefe von 30 Metern gefahren, ohne das Horchgerät oder das Sehrohr zu benutzen. Nachlässigkeit und Irrtum hatten das Leben zweier Männer gekostet und ein U-Boot zerstört.
Welch verheerende Folgen die Versenkung von U-612 nach sich zog, sollte der nächste Morgen zeigen, als Siegmann die tägliche Musterung abhielt. Anstatt an Bord unseres Bootes, waren wir auf dem Innenhof der Unterkunft angetreten. Es war ein ernüchterndes Erwachen. Da standen wir nun - eine hochqualifizierte Besatzung ohne Boot. Nach dem Appell bat der Kommandant uns Offiziere auf sein Zimmer, um unsere Zukunft zu besprechen. Die Stimmung war auf den Nullpunkt gesunken. Wir wußten,

daß wir als eine vollausgebildete Besatzung zweifellos ein neues Boot bekommen würden. Aber das langwierige Verfahren von Baubelehrung, Probefahrten, Schießübungen und allgemeiner Ausbildung bis zur Frontreife des Bootes würde uns viele Monate zurückwerfen. In der Zwischenzeit würden die fettesten Geleitzüge von anderen Booten aufgerieben und versenkt sein, und wir mußten uns mit den kläglichen Überresten abfinden. Irgendwie mußte es eine andere, schnellere Lösung geben. Und so prüften wir die Möglichkeit, U-612 aus einer Tiefe von 48 Metern zu heben.
Der Gedanke, unser Boot zu bergen, nahm schnell konkrete Formen an, und Siegmann unterbreitete seinen Plan in allen Einzelheiten der U-Bootführung. Zwei Tage später erhielten wir die Antwort: Hebt U-612. Ohne weitere Verzögerung gingen wir an die Arbeit. Ich fand eine Taucherfirma mit der notwendigen Erfahrung. Friedrich heuerte zwei riesige Schwimmkräne. Ein Schlepper mit einem Taucher, Friedrich und mir selbst an Bord verließ am folgenden Morgen den Danziger Hafen. Das Wetter war ausgezeichnet und unserem Unternehmen günstig. Die beiden Kräne kamen noch am selben Tag über dem Grab von U-612 an. Die Verankerung nahm den größten Teil des nächsten Tages in Anspruch. Während Friedrich und ich uns den Bergungsarbeiten widmeten, verlagerten Siegmann und Riedel die Besatzung nach Danzig, wo wir auf einem altersschwachen Ozeanriesen der Hamburg-Amerika-Linie untergebracht wurden.
Am fünften Tag der Bergungsarbeiten gelang es dem Taucher endlich, die schweren Stahltrossen um den Druckkörper unseres Bootes zu legen. Doch als die beiden Kräne versuchten, das Boot anzuheben, kenterten sie beinahe unter dem Gewicht, und die beiden Trossen rissen. Ersatzkabel mußten aus Danzig per Boot herangebracht werden. Die Arbeit ging in den siebten Tag, als der Taucher seinen zweiten Versuch beendet und die Stahlschlingen um Bug und Heck des Bootes gewunden hatte. Einem der Kräne gelang es endlich, den Bug von U-612 aus dem Schlick zu befreien und etwa einen Meter über den Grund zu heben. Nachdem der Saugeffekt damit ausgeschaltet war, gelang es dem zweiten Kran, das schwere, vollgelaufene Achterteil unseres Bootes anzuheben. Die beiden Kräne, mit dem Boot in den Schlingen, lichteten daraufhin die Anker und krochen langsam in Richtung Danzig. Nach zweitägiger quälender Fahrt und 16 Seemeilen stufenweisen Anhebens schleppten sie U-612 über den seichten Grund des Hafenbeckens, bis der Turm des Bootes aus dem Wasser ragte. Ein weiterer Tag verging mit dem Abdichten des Lecks von außen. Am zwölften Tag wurde endlich ein Schlauch durch das Turmluk geführt, und ein Schlepper begann das ölige Wasser aus dem Boot zu pumpen. Der Wasserspiegel sank schnell und entblößte Instrumente und Einrichtung. Nach etwa drei Stunden war das Mittschiff leergepumpt.

Neugierig stieg ich die Aluminiumleiter hinunter ins Boot. Die Zentrale war ruiniert. Feiner Sand, mit schwarzem Öl und Algen vermischt, bedeckte alle Teile. Dann machte ich eine vernichtende Entdeckung: auch das Vorschiff zwischen Bugraum und Zentrale war vollgelaufen. Damit waren die vorderen Batterien, die beiden Funkräume, Offiziers- und Oberfeldwebelmessen ebenfalls ruiniert. In der Aufregung des Unglücks hatten wir vergessen, das Sprachrohr, das den Turm mit dem Funkraum verband, zu schließen. Während das Boot auf Grund lag, war das Wasser der Ostsee vom Turm durch die enge Rohrleitung in die vordere Abteilung geflossen und hatte auch diese geflutet.
Das Boot wurde vollständig ausgepumpt und ins Trockendock geschleppt. Ich besuchte U-612 am nächsten Morgen wieder, als es hoch und trocken lag. Das Leck im Druckkörper war so groß wie ein Eimer. Die einzige Abteilung, die nicht gelitten hatte, war der Bugraum. Die Schotten hatten dichtgehalten. Die beiden vermißten Männer waren nicht an Bord. Die Inspektion einer Sonderkommission ergab, daß es acht bis zwölf Monate dauern würde, bis das Boot wieder einsatzbereit war. Meine Hoffnung auf eine baldige Rückkehr in den Atlantik war damit zunichte gemacht.
Zwei Tage warteten wir gespannt auf Nachrichten über unsere weitere Verwendung. Dann wurden wir vom BdU aufgefordert, ein neues Boot, U-230, in Dienst zu stellen, das gegenwärtig in der Germania-Werft in Kiel seiner Fertigstellung entgegensah. Der Besatzung wurde großzügigerweise ein Sonderurlaub gewährt, bevor sie sich auf dem neuen Boot der alten Aufgabe zu widmen hatte.
Die Versenkung von U-612 und der Verlust der beiden Männer waren nicht das einzige Unglück, das uns in jenen Tagen traf. Während der Bergungsarbeiten hatte Riedel entdeckt, daß unser Koch, der Matrosengefreite Messner, eine größere Menge Bohnenkaffee, Tee, Butter und andere Nahrungsmittel gehortet hatte. Von Riedel zur Rede gestellt, gab Messner zu, ähnliche Mengen auf dem Schwarzen Markt verkauft zu haben. Einige unserer Männer gestanden, auch von Messners Machenschaften gewußt zu haben, seit er an Bord gekommen war. Es war mir unverständlich, daß er mit seinen Diebstählen und Schiebereien fortfahren konnte, ohne gemeldet zu werden. In jedem Fall hatte Messner sich zu verantworten. Messner gestand und wurde zu zehn Tagen strengem Arrest und Dienstgradherabsetzung verurteilt.
Am Tage nach der Verurteilung war Messner verschwunden. Ich suchte in seiner Unterkunft vergeblich nach einem Hinweis über seinen Verbleib. Dabei meldeten mir zwei verstörte Seeleute, daß der Koch dem einen die Kamera und dem andern die beste blaue Uniform gestohlen hatte. Eine schnelle Untersuchung unseres eigenen Gepäcks ergab eine neue Überraschung. Messner, der auch Aufklarerdienste für den Obersteuermann versah, war mit Pragers Pistole verschwunden. Bevor ich jedoch allgemei-

nen Alarm gab, ließ ich einen Tag und eine Nacht verstreichen, um Messner die Gelegenheit zur Rückkehr zu geben. Inzwischen hörte ich, daß Messner für seine Kollektion von Mädchen bekannt war. Ich stellte eine Liste von Adressen zusammen, wo er sich möglicherweise aufhalten und verstecken konnte, und beschloß, Messner selbst zu fassen und ihm ein Kriegsgericht zu ersparen. Siegmann, der mich unterstützte, gelang es, einen Wagen mit Fahrer zu beschaffen. Ich lud zwei unserer Männer auf den Rücksitz und begann meine private Menschenjagd.

Ich fand die erste Adresse in einer Danziger Vorstadt. Eine saubere Gegend. Das Mädchen behauptete, den Koch seit Wochen nicht gesehen zu haben. Auf der Küstenstraße fuhren wir dann nach Zoppot. Die Mutter einer anderen »Braut« öffnete zögernd die Tür. Ich war auf der richtigen Fährte, war aber zu spät gekommen. Der Koch hatte tatsächlich in der vorherigen Nacht hier geschlafen, war dann aber verschwunden - nach Hause, so habe er gesagt. Ohne weiteren Aufschub rasten wir nach Gotenhafen, wo Messner einem anderen Mädchen den heiligen Stand der Ehe versprochen hatte. Ich fand das Haus, aber nicht den Ausreißer. Die letzte Adresse war eine von Kiefern umgebene Baracke auf Hela. Ein ausgezeichnetes Versteck. Die Hütte war jedoch leer. Erschöpft kehrten wir spät in der Nacht zum Dampfer zurück.

Früh am nächsten Morgen - es war der vierte Tag nach Messners Verschwinden - erhielt ich einen Telefonanruf von der Polizei in Danzig. Danach war ein Seemann in der vorangegangenen Nacht in ein Vorstadthaus eingebrochen. Ich war überzeugt, daß es mein Mann war. Damit war uns der Fall völlig aus den Händen geglitten. Der Koch war zu weit gegangen. Schon am selben Nachmittag wurde ich von der Zoppoter Polizei über einen neuen Fall unterrichtet. Ein Matrose, auf den Messners Beschreibung paßte, war gesehen worden, wie er nach einem Diebstahl ein Lebensmittelgeschäft verließ. Der Mann entkam. In Erwartung weiterer Entwicklungen blieb ich bis spät in die Nacht wach.

Zwei Tage später wurde das Kapitel Messner für immer geschlossen. Eine Wehrmachtstreife rief von Zoppot an und informierte den Kommandanten, daß Messner im Graben neben der Danziger Straße aufgefunden worden sei. Er habe versucht, sich mit der Pistole das Leben zu nehmen. Es sei ihm aber nur gelungen, sich für den Rest seines Lebens blind zu schießen. Falls wir daran interessiert seien, ihn zu verhören, könnten wir ihn im Stadtkrankenhaus in Zoppot aufsuchen.

Siegmann riet mir, Messner zu verhören, solange er sich noch im Zustand des Schocks befand. Ich fuhr sofort ab. Der Tag war heiß und schwül, Gewitterwolken ballten sich über der Stadt zusammen, als ich in Zoppot ankam. Blitze zuckten über der Danziger Bucht, rollender Donner folgte. Ich erreichte das Krankenhaus noch vor dem Regen. Eine Schwester begleitete mich in den zweiten Stock zu Messners Zimmer. Das Fenster war offen, der Sturm blies die Vorhänge zu einem Ballon. Der Lärm des Gewitters hallte von den weißen Wänden wider. Der Koch lag wie ein Toter ausgestreckt und völlig apathisch. Er war aber bei Bewußtsein. Seine blinden Augen waren blutunterlaufen, seine Lider geschwollen. Eine schmale, weiße Binde um seinen Kopf verdeckte die beiden kleinen Löcher auf beiden Seiten der Schläfen. Ich fühlte Mitleid für den Mann in mir aufsteigen, der die Nerven hatte, sich das Leben zu nehmen, aber nicht den Mut, für seine Fehler geradezustehen.

Ich saß schweigend neben ihm und wartete darauf, daß er zu reden anfing. Aber Messner blieb lange stumm. Ich sah, wie seine nutzlosen Augäpfel sich hinter den geschwollenen Lidern bewegten. Dann kamen ihm die Tränen. Er konnte sich nicht mehr zurückhalten. Der verirrte Krieger weinte, weinte wie ein Kind. Die Tränen verwandelten den Mann in einen Knaben.

Blitze und Donner erreichten einen Höhepunkt. Das halbe Kind in den Kissen bat um Vergebung und weinte und fragte nach seiner Mutter. Ich war unfähig, ihm zu helfen. Von nun an würde er auch sich selbst nicht mehr helfen können.

Als das Gewitter abgezogen war, bat ich den Arzt vom Dienst um eine Schreibhilfe. Sie setzte sich an das Fußende des weißen Bettes, verwirrt und scheu, den Schreibblock auf den Knien. Messner konnte sie nicht sehen. Er beantwortete meine Fragen willig. Am Ende des Verhörs stöhnte er: »Herr Leutnant, ich bin kein Verbrecher, ich wollte nicht stehlen.«

»Warum hast du dann Verpflegung unterschlagen und auf dem Schwarzen Markt verkauft? Warum hast du die Kamera und die Uniform gestohlen? Und warum bist du in das Haus und in den Laden eingebrochen?«

»Herr Leutnant, glauben Sie mir, es ist die reine Wahrheit. Ich wollte erwischt werden. Ich glaubte, es wäre der einzige Weg, dem Krieg zu entgehen. Ich verabscheue diesen Krieg.«

»Was du sagst, Messner, ist reiner Unsinn«, sagte ich erstaunt. »Warum bist du dann vor der Strafe ausgerückt? Und warum hast du danach wieder gestohlen?«

»Meine Kumpels lügen, Herr Leutnant. Sie haben die Kamera und die Uniform für Kaffee, Schokolade und Zigaretten eingetauscht. Und die Nahrungsmittel, die ich in Zoppot und Danzig genommen habe - glauben Sie mir, die habe ich nur gestohlen, weil ich hungrig war.«

»Und warum wolltest du dich umbringen? Ich kann deine Handlungsweise nicht verstehen, Messner.«

»Ich denke, ich war durchgedreht. Ich wollte mich nicht umbringen. Ich habe die Nerven verloren, ich bin erledigt.«

»Du hast recht. Niemand kann dir jetzt helfen. Bete lieber für deine Seele.«

»Herr Leutnant, ich bete nicht - auch jetzt nicht. Ich glaube nicht an Gott.

Ich glaube an den Kommunismus. Mein Vater war Kommunist. Er wurde während der Spartakus-Revolution erschossen. Und darum verdamme ich diesen Krieg. Herr Leutnant, es ist ein schlechter Krieg.«
Ich starrte ihn fassungslos an und war überzeugt, daß der Mann den Verstand verloren hatte. Da ich genügend Beweismaterial hatte, bat ich die Schwester, seine letzten Bemerkungen nicht niederzuschreiben und mir einen Durchschlag zum Dampfer zu schicken. Ich schloß das Fenster und zog die Vorhänge dicht. Ich glaubte bezeugen zu können, daß Messner tatsächlich irre geworden war.
Tage höchster Betriebsamkeit folgten dem Zwischenfall. Ich beendete die Schreibarbeiten, die mit der Außerdienststellung des Bootes verbunden waren. Der Kommandant war damit beschäftigt, die Besatzung auf Urlaub zu schicken, Berichte zu schreiben und Vorbereitungen für die Übernahme unseres neuen Bootes zu treffen. In der zweiten Septemberhälfte würden wir uns alle wieder in Kiel treffen.
Kurz vor meiner Abreise ereignete sich eine neue Tragödie. Am 2. September fingen unsere Landfunkstellen ein Notsignal auf. U-222, von einer Übungsfahrt zurückkehrend, war von einem anderen Boot gerammt worden. Mit Ausnahme von drei Mann, die beim Aufprall auf der Brücke waren, war die Besatzung mit ihrem Boot auf den Boden der Danziger Bucht gesunken. Als ich davon erfuhr, war es nahe Mitternacht. Ich ging an Bord des Schleppers, der uns geholfen hatte, U-612 zu bergen, und fuhr zur Ansteuerungstonne Hela, wo U-222 gesunken war. Zahlreiche Boote suchten bereits die schwarze See mit Scheinwerfern ab. Unmittelbare Hilfe für die Eingeschlossenen war unmöglich. U-222 lag in einer Tiefe von 93 Metern auf Grund. Die Leute mußten sich selbst helfen, vorausgesetzt, sie waren noch am Leben. Die um die Unglücksstelle versammelten Boote hatten ihre Horchgeräte eingeschaltet und lauschten nach einem Lebenszeichen aus dem gesunkenen Boot. Alle Überwasserfahrzeuge in der Nähe lagen gestoppt, um die Stille nicht zu stören. Das führende Rettungsschiff versuchte stundenlang, Horchverbindung mit unseren Kameraden in dem eisernen Sarg herzustellen. Vergeblich. Die zahlreichen Rufe wurden nicht mehr beantwortet.
Vier Tage später war ich der letzte Angehörige unserer Besatzung, der dem extravaganten Zoppot Adieu sagte. Ich bestieg den nächsten D-Zug nach dem Süden und begann eine lange Reise. Vor Tagen hatte ich von zu Hause gute Nachricht erhalten. Daß meine Schwester am kommenden Wochenende am Bodensee heiraten würde, paßte gut in meine Pläne. Ich entschloß mich zu einem meiner unangemeldeten, kurzen Besuche.
Einen Tag später kam ich im Paradies an. Der See entfaltete sich hinter den Tannen, und sein silbriges Wasser spiegelte die weißen Alpenspitzen wider, die majestätisch in den Himmel ragten. Der Zug hielt in Überlingen-West. In dieser kleinen Stadt am Nordufer des Sees hatte ich viele

Jahre meiner Jugend zugebracht. Alles war so friedlich hier, daß ich zögerte, den Zug zu verlassen und die Stille des Ortes mit meiner kriegerischen Erscheinung zu stören. Ich schlenderte in die vertraute Stadt, erkannte die alten Pinien und Kastanienbäume, die seit Jahrhunderten dort standen; betrachtete die Fachwerkhäuser, die sich nie veränderten; sah die Blumenkästen frisch gemalt, die Läden, die Gasthäuser und die Menschen in ihrem alten Gewand. Alles war genau so geblieben, wie es damals war, als ich die Stadt vor sieben Jahren verlassen hatte.

Meine überraschende Rückkehr und meine bereits vergessene Beförderung zum Leutnant verursachten einige Aufregung, aber nur für eine oder zwei Stunden. Dann richtete sich alle Aufmerksamkeit auf die Braut. Die Trauung fand in einer kleinen Dorfkirche statt. Der Bräutigam erschien ebenfalls in Uniform.

Die Hochzeit änderte jedoch das Leben meiner Schwester nur wenig. Fünf Tage nach der Zeremonie mußte ihr Ehemann zu seiner Flak-Einheit zurückkehren. Meine Eltern verließen den See, aber nicht ohne ihre Tochter mitzunehmen. Auf dem Bahnhof versprach ich ihnen, in Zukunft öfters zu schreiben, wußte aber so gut wie sie, daß es wohl bei dem Versprechen bleiben würde.

Ich verbrachte noch einige Tage im Schatten der Alpen. Einmal, als ich an einem der lauen Abende die Seepromenade entlangging und an der Bank neben dem alten Kastanienbaum vorüberkam, erinnerte ich mich an die Mittsommernacht vor dem Krieg, in der ich hier mit Marianne das Feuerwerk bestaunt hatte; mir war, als gäbe es den Krieg überhaupt nicht. Und als ich auf der mittelalterlichen steinernen Mole stand, wo ich nach der Schule die Möwen gefüttert hatte, war ich - wenn auch nur kurz - wieder ein Junge.

9

Es war spät im September 1942. Ich betrat die Tirpitz-Brücke in Kiel kurz vor Mitternacht. Ein Jahr und sechs Monate waren vergangen, seit ich von dieser Pier auf U-557 zu meiner ersten Feindfahrt ausgelaufen war. Vieles hatte sich seither geändert. Die lange Pier, an der eine Anzahl U-Boote festgemacht hatten, war gegen Luftaufklärung abgeschirmt. Wie ich von einem weißbejackten Steward an Bord des alten Dampfers erfuhr, flogen die Engländer regelmäßig täglich über die Förde. Zuerst kamen einzelne Aufklärer bei Tag und fotografierten die Förde und den Hafen. In der Nacht drangen dann die Bomber in den Luftraum ein, warfen zuerst Leuchtfallschirme, sogenannte Christbäume, und dann die Bomben. Ich war einigermaßen beruhigt zu hören, daß unsere Flak die einzelnen Maschinen in große Höhe zwang und die Angriffe lästiger waren als wirklich gefährlich. Aber die zunehmende Betriebsamkeit der Engländer verursachte mir nicht geringe Sorgen um die Sicherheit von U-230. Falls unser Boot von einer verirrten Bombe beschädigt oder gar versenkt werden sollte, konnte von unserer Teilnahme an der Schlacht im Atlantik auf lange Zeit nicht die Rede sein.

Unsere Männer kamen gut erholt aus dem Urlaub zurück. Drei Tage nach meiner Ankunft musterte ich die Besatzung auf der Mole. Die Männer zeigten sich ohne Ausnahme begierig, in See zu stechen. Aber wie sich bald herausstellen sollte, waren wir weit davon entfernt, von unserem neuen Boot Besitz zu ergreifen. Siegmann dämpfte unseren Tatendrang mit der Nachricht, daß U-230 nicht vor Ende Oktober fertiggestellt sein würde. Als eine Folge räumten wir die Kajüten des alten Dampfers und quartierten uns auf einem uralten abgetakelten Kreuzer ein. Die ehemalige *Hamburg,* ihre Aufbauten bis aufs Oberdeck abmontiert, diente als schwimmende Unterkunft für Besatzungen auf Baubelehrung. Sie bot zusätzlichen Splitterschutz bei nächtlichen Bombenangriffen. Ich konzentrierte mich auf meine Aufgabe, unsere Männer für die Front vorzubereiten.

Anfang Oktober machte ich mich auf eine Reise zur belgischen Küste, um

an einem Lehrgang über Funkmeßgeräte teilzunehmen. Unser neues Boot war mit einem Funkmeßgerät ausgerüstet, das uns erlauben würde, den Gegner bei Nacht und Nebel zu orten, lange bevor wir ihn mit unseren Gläsern ausmachen konnten. Das Gerät war seit Jahren auf unseren Großkampfschiffen in Gebrauch und bei der Versenkung der *Hood* durch die *Bismarck* ausschlaggebend gewesen. Nun würde dieses Ortungsgerät den U-Bootkrieg in eine neue Phase führen. Es würde uns erlauben, die Zerstörer an den Geleitzügen auszumanövrieren und die Ziele, ohne sie zu sehen, anzugreifen und zu vernichten. Von dem Potential dieser neuen Waffe beeindruckt, kehrte ich von der Funkmeß-Schule zurück.
Wieder in Kiel, beanspruchte U-230 jede Minute meiner Zeit. Ich hatte nicht nur dafür zu sorgen, daß der Fertigstellungstermin eingehalten wurde; ich hatte auch den Einbau des Funkmeßgerätes zu überwachen, zahlreiche technische Handbücher zu studieren, um mich über die Entwicklungen auf dem laufenden und darüber hinaus die Besatzung körperlich und geistig in guter Form zu halten.
Am 24. Oktober wurde U-230 in Dienst gestellt. Wir hatten das Boot von der Werft an die Tirpitz-Brücke verholt, unsere besten Uniformen angelegt und waren auf dem Achterdeck angetreten. Nach einer kurzen Ansprache gab der Chef der 5. Flottille den Befehl, die Flagge zu hissen. Es war die Flagge des unglücklichen U-612; wir glaubten im Ernst, gemischt mit etwas Aberglaube, daß die alte Flagge das Leben unseres neuen Bootes verlängern würde. Nach der Zeremonie an Bord gab es eine Feier an Land und ein bemerkenswert mageres Essen, das deutlich unseren zusammenschrumpfenden Nahrungsmittelvorrat im vierten Kriegsjahr anzeigte.
U-230 wurde von seiner Besatzung mit einem Gefühl der Dankbarkeit übernommen. Begierig, uns wieder an der Schlacht im Atlantik zu beteiligen, stürzten wir in eine lange und harte Serie von Übungen, Prüfungen, Tieftauchversuchen und Angriffsmanövern. Auf diesen kurzen Seefahrten schalteten wir bei jeder Gelegenheit unser Funkmeßgerät ein, orteten Bojen und Schiffe, wenn sie über die Kimm krochen. Das Gerät erfüllte jedoch nicht unsere Erwartungen. Da die Dipol-Antenne starr an der Vorderseite der Turmverkleidung angebracht war, konnten wir nur Ziele orten, die recht voraus lagen. Um den ganzen Horizont zu bestreichen, waren wir gezwungen, mit dem Boot einen Vollkreis zu beschreiben - ein Verfahren, das nicht nur zeitraubend, sondern im Atlantik und besonders bei Feindberührung unmöglich auszuführen war.
Es war früh im November, als U-230 zu den Schießgründen in der Ostsee auslief. Nicht weit von der Stelle, an der wir U-612 verloren hatten, schossen wir einige Dutzend Torpedos, prüften unsere Feuerleitanlage und frischten unsere Gefechtsroutine auf. Alarmtauchen und Scheinangriffe wechselten mit Trimmversuchen und Übungen an den Kanonen. Die ent-

scheidende Probe unserer verkürzten Ausbildungsperiode kulminierte in einer einwöchigen »Geleitzugschlacht« in der Ostsee. Ein deutscher Verband von etwa 20 Frachtschiffen, begleitet von einigen Zerstörern und Torpedobooten als Geleitschutz, fuhr irgendwo in der östlichen Ostsee. Es war die Aufgabe einiger frontreifer U-Boote, den Verband zu finden, zu jagen und zu »vernichten«. Eine Luftwaffen-Einheit flog kriegsmäßige Luftabwehr, um das Angreifen der Boote zu erschweren.

An einem bitterkalten Dezembertag kroch U-230, das sich im Hafen von Pillau mit anderen Booten getroffen hatte, durch die Eisschollen der Hafeneinfahrt und steuerte dann nach Norden. Ein sibirischer Wind trieb gefrorenen Sprühregen gegen die Aufbauten und bedeckte sie bald mit einer dicken Eisschicht. Sechzehn Stunden später sichteten wir das Geleit in der Dunkelheit einer Winternacht und griffen sofort an. Unsere Angriffe wurden Tag und Nacht wiederholt. Der Kommandant wandte jede erdenkliche Taktik an. Wir feuerten unsere Torpedos aus allen Lagen und »dezimierten« den Verband einige Male. Dauernde »Luftangriffe« unserer eigenen Bomber lehrten unsere Männer auf der Brücke höllischen Respekt vor dem Tod aus der Luft. Das Kriegsspiel endete fünf Tage vor Weihnachten. Boot und Besatzung hatten sich ausgezeichnet bewährt und waren ohne Vorbehalt frontreif erklärt worden. Bald darauf navigierten wir U-230 um das Kieler Leuchtschiff, dann durch das enge Fahrwasser der Förde, das ein Eisbrecher in die dicke Eisschicht gebrochen hatte. Rostig und mit Eis überzogen, kam das Boot schließlich wieder längsseits der Tirpitz-Mole an. Aber damit waren die langen Verzögerungen noch immer nicht vorbei.

Einen Tag vor Weihnachten, das Thermometer war auf 17 Grad unter Null gefallen, verholte ich unser Boot in die Werft. Es sollte mit einer Verlängerung des Turms und einem zweiten Deck für eine zusätzliche Flak-Kanone versehen werden. Diese Umbauten waren am Silvesterabend beendet, und unser Auslaufen zur Feindfahrt wurde auf den 9. Januar festgelegt. Aber am 8. Januar entdeckten wir ein ernstes Leck im Dieselraum und mußten unser Auslaufen auf den folgenden Montag verschieben.

Diese letzten beiden Wochen angestrengten Wartens waren für uns alle eine Nervenbelastung. Das Wetter war kalt und stürmisch - ausgezeichnet für Geleitzugkämpfe im Atlantik, aber unangenehm für uns, die wir in den schäbigen Kabinen des alten Dampfers an der Pier gefangen waren. Das Essen war schlecht, sogar am Weihnachtsabend. Der Tag wäre völlig unbemerkt verstrichen, hätten wir nicht einige Briefe und Päckchen von zu Hause erhalten. Wir hörten gespannt die Rundfunkmeldungen und die letzten Wehrmachtsberichte. Doch auch die neuesten Nachrichten waren nicht dazu angetan, unsere Feststimmung zu heben. Rommels Afrikakorps hatte bei El Alamein eine empfindliche Niederlage erlitten und war gezwungen worden, sich in Winterquartiere irgendwo in der Wüste zu-

rückzuziehen. Der russische Winter hatte sich als unüberwindlicher Gegner erwiesen. Aber die Schwierigkeiten, auf die unsere eroberungsgewohnten Armeen plötzlich stießen, waren leichter zu ertragen als die Meldungen über die Erfolge unserer U-Boote, an denen wir nicht teilnehmen konnten. Nach einer Jahresabschlußmeldung des Oberkommandos der Kriegsmarine hatte unser uneingeschränkter U-Bootkrieg die Alliierten allein im Jahre 1942 mehr als sechs Millionen Tonnen Schiffsraum gekostet. Von Juni bis Oktober wurden monatlich über 500 000 Tonnen auf den Grund geschickt. Im November waren 117 Schiffe mit über 600 000 Tonnen versenkt worden. Die Blockade um England schien ihr Ziel zu erreichen. Das Gespenst des Hungers und eines verlorenen Krieges marschierte mit Riesenschritten durch das Vereinigte Königreich.
Der erstaunliche Erfolg der U-Boote war trotz der zunehmenden alliierten Luftüberwachung in den kritischen Abwehrgebieten zwischen Schottland und Grönland und über der Biskaya errungen worden. Der Gegner hatte ein neues Funkmeßgerät entwickelt, das seine Bomber instand setzte, ein aufgetauchtes Boot in schwerer See und auf große Entfernung zu orten. Um dieser Gefahr aus der Luft zu entgehen, wurden unsere Boote mit einem Instrument ausgerüstet, dem Metox, das die feindlichen Ortungsstrahlen auffing und anzeigte. Vor einem unmittelbaren Angriff gewarnt, hatte das Boot Zeit, mit Alarm zu tauchen und schnellstens auf größere Tiefe zu gehen, bevor das Flugzeug anfliegen und seine Bomben abladen konnte.
Die alliierten Luftangriffe hatten auf See wie an Land an Heftigkeit erheblich zugenommen. Hamburg, Düsseldorf und andere Städte waren wiederholt schweren Angriffen ausgesetzt. Wir selbst erlebten einen geringfügigen Angriff in Kiel.
Als das Leck am 8. Januar entdeckt worden war, nahm Siegmann die Gelegenheit wahr, noch einmal nach Hamburg zu fahren und Frau und Kind zum letztenmal vor dem Auslaufen zu besuchen. Ich entschloß mich ebenfalls, diesen letzten Aufschub auszunutzen und einen kurzen Abstecher nach Berlin zu machen. Am Samstagabend war ich wieder bei Marianne. Die Bomber erschienen über Berlin, als wir im *Café Wien* auf dem Kurfürstendamm frühstückten. Unter dem Heulen der Luftschutzsirenen bezahlte ich ein unberührtes Frühstück und rannte mit Marianne am Arm in die nahegelegene U-Bahnstation. Wir arbeiteten uns durch die stoßende und drängende Menschenmenge tiefer in den Tunnel hinein. Die ersten entfernten Explosionen erschütterten die Grundmauern tief unter der Erde. Frauen saßen auf Koffern oder Kartons, die ihre wenigen Habseligkeiten enthielten. Andere standen in Gruppen zusammen und behüteten Säcke und Taschen. Alte Männer und Frauen standen an den Wänden oder saßen auf kleinen Feldstühlen. Kinder spielten unbekümmert und schienen die Erschütterungen, den Donner der Bombenauf-

schläge sowie das harte Bellen der Luftabwehrgeschütze nicht zu hören. Der Angriff dauerte etwas über eine Stunde. Als wir schließlich wieder auf die Straße traten, war sie mit Zement, Glas, Backsteinen und Trümmern übersät. Die Luft stank nach Kordit und schwelenden Feuern. Am Himmel hingen schwarze, schmutzige Wolken, die über der gemarterten Stadt aufstiegen. In einiger Entfernung hörte ich das Gewimmer der Feuerwehrglocken und das lange, seufzende Hupen der Polizeiautos.
Mein Zug nach Kiel sollte den Stettiner Bahnhof um 17 Uhr 30 verlassen. Aber die Bomber hatten die Geleise in einem nördlichen Vorort zerstört. So stand ich hoffnungslos im Schutt der geborstenen Fassade und in dem zerbrochenen Glas, das vom Dach des Bahnhofs gefallen war. U-230 würde unmöglich pünktlich auslaufen können. Ich erkundigte mich nach der Möglichkeit, einen Zug nach Hamburg zu bekommen, um von dort nach Kiel zu gelangen. Man sagte mir, daß ein Zug um 20 Uhr mit sechsstündiger Verspätung die Hauptstadt verlassen würde.
Der Abschied war keine herzzerreißende Angelegenheit. Marianne war ein tapferes Mädchen. Wir versprachen uns gegenseitig, recht vorsichtig zu sein und unsere Liebe zu bewahren. Als der Zug langsam aus dem verdunkelten Bahnhof fuhr, hörte ich wieder das Heulen der Luftschutzsirenen.
Um 20 Uhr 30 am folgenden Abend erreichte ich endlich Kiel. Vierzig Minuten später klopfte ich an die Tür des Kommandanten. Er hatte bereits von dem Luftangriff auf Berlin gehört, und bevor ich meine vorbereitete Entschuldigung anbringen konnte, sagte er mit einem Ton der Erleichterung: »Sie hätten in Berlin umkommen können, I.W.O. Es wäre für Sie besser gewesen, hierzubleiben.«
Ich war erleichtert. Es war mir klar, daß eine erneute Verzögerung unseres Auslaufens nicht von mir abhing. Ich fragte: »Wann legen wir ab, Herr Oberleutnant?«
»Da sind noch einige kleine Veränderungen und Reparaturen notwendig geworden. In ein, höchstens zwei Tagen sollte das Boot klar sein. Ich möchte am Mittwoch nach dem Mittagessen auslaufen und erwarte Boot und Besatzung zu diesem Zeitpunkt einsatzbereit.«
Wir verließen Kiel um 14 Uhr am 4. Februar 1943. Die Abschiedsfeier war kurz gewesen und die traditionelle letzte Mahlzeit nur ein Schatten der Gelage, die uns bei solchen Anlässen in den vergangenen Jahren serviert worden waren. Ein wütender Schneesturm hatte die Marinekapelle davon abgehalten, zu unserem Abschied an der Pier zu spielen. Für unsere Männer bedeutete das wenig. Nichts war wichtiger, als daß wir endlich wieder hinausfuhren. U-230 kämpfte zäh gegen den Wintersturm. Starke Windstöße trieben Schnee und Hagel in unsere Gesichter. Kurze, harte Wellen schlugen gegen die Turmaufbauten, und der Sprühregen gefror im Flug. Wir steuerten Kurs Nord. Die Sicht war Null. Wir schalteten das

Funkmeßgerät ein und tasteten uns durch das enge Fahrwasser zwischen den dänischen Inseln voran. Die See war öde und verlassen. Überwasserfahrzeuge getrauten sich nicht, während eines derartig undurchsichtigen Schneesturms durch diese gefährlichen Gewässer zu fahren. Aber U-230 tastete sich sicher durch die engen Passagen zwischen den Inseln und verholte sich vorsichtig von Boje zu Boje.

Das Schneetreiben hörte gegen 4 Uhr auf. Bei Tagesanbruch jagten wir mit Höchstfahrt auf neuem Kurs nach Norwegen. Wir durchquerten das Skagerrak über Wasser, liefen kurzer Reparaturarbeiten wegen in Kristiansand ein, umrundeten dann die Südspitze Norwegens und schlüpften in den Hardangerfjord mit seinen prächtigen, schneebedeckten Bergen. Die Landschaft wurde immer grandioser, und die himmelragenden Felsen folgten uns bis in den Hafen von Bergen. Wir lagen dort für einen Tag an der Pier, machten einige geringe Reparaturen, füllten unsere Bunker und Bilgen mit Treibstoff, ergänzten unseren Proviant mit saftigem Grünzeug und vier Fässern frischer Eier. U-230 war nun für eine Reise ausgerüstet, die es leicht bis an die Ostküste der Vereinigten Staaten und zurück nach Frankreich hätte führen können.

Die Sonne schien blendend weiß am Tag unseres Auslaufens. Aber ein ungezähmter Wind fegte mit einer Stärke von etwa 60 Stundenmeilen durch den Fjord. U-230 näherte sich mit halber Fahrt dem Nordausgang. Ich war mit meiner Wache auf der Brücke. Vor uns sah ich die offene See wie eine Riesenwand aufsteigen. Ich sicherte die Antenne unseres neuen Funkmeß-Warnungsgeräts im Windschatten hinter der Turmverkleidung und ließ das zerbrechliche Instrument von einem Seemann ständig im Kreise drehen. Die Antenne war ein unhandliches, hölzernes Kreuz, über dessen Spitzen ein Kabel geschlungen war, das die Ortungsstrahlen des Gegners auffing. Wir nannten es das Biskaya-Kreuz, weil es von unseren Booten in der Biskaya zum erstenmal angewandt worden war.

Im selben Augenblick, in dem wir den Bergenfjord verließen, traf uns die wogende See mit einem fürchterlichen Schlag. Das Biskaya-Kreuz zerbrach unter der Wucht des Ansturms und löste sich in seine Bestandteile auf. Ich stieß die Trümmer in den Turm und befahl, das Gerüst in aller Eile zu reparieren. Blind und ohne Warnungsgerät waren wir dem Gegner aus der Luft unterlegen. Für zwei Stunden arbeiteten wir uns durch die heranrollende See und verließen uns nur auf unsere Augen und unseren sechsten Sinn. Glücklicherweise war die Sicht ausgezeichnet.

U-230 steuerte einen nordwestlichen Kurs, geradewegs in die Nordwestpassage zwischen den Shetland-Inseln und der Färöer-Gruppe. Seegang Stärke 6, der Wind kam aus Westen. Schwere Brecher schüttelten das Boot wie mit einer Riesenfaust, die Brücke stand unter Wasser. Wir nahmen an, daß unser Auslaufen den Engländern bereits bekannt war. Das Ausrüsten eines U-Bootes in Norwegen konnte kein Geheimnis bleiben. Wir erwar-

teten den ersten Angriff aus der Luft zu jeder Minute. Aber der erste Tag der Unternehmung endete ohne Anflug. Die Dunkelheit senkte sich langsam auf die aufgewühlten Wassermassen, und das Biskaya-Kreuz, inzwischen repariert, wurde unser einziges und mächtiges Auge. U-230 fuhr mit hoher Fahrt immer tiefer in die feindlichen Abwehrgebiete hinein.
2 Uhr 20 die erste Ortung. Ein hoher, zirpender Ton, alarmierend, wurde schnell lauter. Der Funker in seinem Schapp regte sich sofort und rief in den Mittelgang: »Ortung - Stärke zwo, wird schnell lauter.«
Siegmann sprang von seiner ledernen Matratze, schoß durch das niedrige Kugelschott in die Zentrale und brüllte zur Brücke: »Runter mit dem Kreuz . . . Alarm!«
Die Diesel gingen auf Höchsttouren. Das Kreuz fiel auf die Flurplatten in der Zentrale, und ein Mann nach dem andern kam wie ein Stein von der Brücke hinterher; ihre Stiefel krachten auf die Metallplatten und zermalmten die Antenne zu einer unkenntlichen Masse. Das Boot senkte seinen Bug, tauchte und war nach 20 Sekunden von der Oberfläche verschwunden. Dreißig Sekunden - und die Nadel des Tiefenmessers kroch auf 40 Meter. Aber das Heck hing noch gefährlich nahe der Tauchstelle. Fünfzig Sekunden - und das Summen der Elektromotoren wurde von vier erbarmungslosen Explosionen ausgelöscht. Viermal wurde U-230 von den Druckwellen gepeitscht. Das ganze Boot schien sich zu biegen. Die Freiwache flog aus den Kojen. Das Licht ging aus. U-230 bäumte sich auf, sein Heck wurde an die Oberfläche zurückgeworfen; dann kippte das Boot in eine starke Vorlastigkeit, schnellte in die Tiefe und schleuderte die Leute, die nicht blitzschnell reagierten, gegen das nächste Schott.
Friedrich stoppte den rapiden Fall des Bootes bei 125 Metern. Die Männer waren mächtig durcheinandergeschüttelt. Für die meisten waren es die ersten Bomben. Aber U-230 blieb unverletzt, hielt dicht. Es hatte die erste Probe bestanden. Um 4 Uhr 30 tauchten wir auf. Die See glitzerte friedlich im Mondlicht. Unser Biskaya-Kreuz war wieder geflickt und drehte sich monoton, während unten in der eisernen Röhre der Funker gespannt in die Stille der Nacht horchte und nervös auf den nächsten aufschreckenden Ton, auf den anfliegenden Tod wartete.
In dieser Nacht tauchten wir noch zweimal. Und am nächsten Tag entzogen wir uns viermal den höllischen Bombenserien und stürzten jedesmal halb betäubt von den Schlägen in die Tiefe. Jedesmal entkamen wir um wenige Meter und wenige Sekunden dem tödlichen Bukett, das uns die Bomber präsentierten. Von einer ununterbrochenen Kette von Anflügen gehetzt, vom Gellen und Bersten der Fliegerbomben verfolgt, die nur zu kurzen Vorstößen an die Oberfläche zum Nachladen der Batterien Zeit ließen, passierten wir schließlich die Inselgruppen und ließen die unfreundliche Gegend bald hinter uns.
U-230 arbeitete schwer gegen die immer höher aufsteigende See in Rich-

tung des ihm zugewiesenen Operationsgebiets 600 Seemeilen östlich von Neufundland. Ein Sturmtief nach dem andern orgelte von West nach Ost. Nebelbänke versperrten die Sicht, und die Verhältnisse an Bord verschlechterten sich zusehends. Das Seewasser rauschte durch das Turmluk, prasselte auf die Flurplatten in der Zentrale und klatschte um unsere Füße. Die hohe Luftfeuchtigkeit in der stählernen Röhre ließ den Proviant verfaulen, die Haut runzlig werden und unsere Seekarten verschimmeln. Der Gestank war brutal. Das zusätzliche Treiböl, das wir in den Bilgen mit uns führten, verbreitete einen penetranten Geruch. Unsere Kleidung stank nach Öl; auch die Verpflegung nahm den Geschmack von Treibstoff an. Das fortwährende Schwingen, Schaukeln und Rollen des Bootes war zuviel für alle, die keine Atlantikerfahrung und keinen gußeisernen Magen hatten. Die Männer verloren ihren Appetit und oft noch viel mehr. Nur eine kleine Gruppe Unverwüstlicher blieb übrig, um die Eier in den vier Fässern zu vertilgen, bevor sie schlecht wurden. Ich selbst half kräftig nach, aß den ganzen Tag Eier in allen möglichen Variationen - roh, bevor ich auf Wache zog; Rühreier, nachdem ich abgelöst wurde; hartgekocht zum Mittagessen; gebacken zum Abendessen und weichgekocht, wann immer ich Appetit auf ein Ei verspürte.

Seit Tagen kämpften wir uns durch die Februarstürme, die schwersten des Winters. Die See kochte und schäumte und schwoll höher und höher unter den Peitschenschlägen der Orkane, die nacheinander von Westen nach Osten über den Atlantik jagten. U-230 quälte sich durch gurgelnde Strudel und über gigantische Wellenberge. Das Boot, von einer turmhohen Woge emporgeworfen, wurde von einer zweiten gefangen und von einer dritten unter Tonnen von Wasser begraben. Sturmböen mit Geschwindigkeiten bis zu 150 Meilen per Stunde pfiffen in den höchsten Oktaven und brummten in tiefstem Baß. Und wie zur Strafe schlug der Wind unserer Brückenwache treibenden Schnee, Schlossen, Hagel und gefrorenen Sprühregen in die verzerrten Gesichter. Er zerrte an unseren dicken, gummierten Taucheranzügen, schnitt in unsere Haut wie eine Geißel und drohte unsere Augenmasken wegzureißen. Nur die breiten Stahlgurte um unsere Hüften hielten uns am Boot und am Leben. Drunten in der tanzenden Stahlröhre schleuderten uns die wilden, schlagenden, stampfenden Bewegungen des Bootes auf die Flurplatten oder gegen die Schotten, warfen uns die starken Schlagseiten wie Puppen durcheinander. Trotz alledem gelang es uns, den rasenden Sturm und die irrsinnige See zu überleben und gefechtsklar in unserem zugewiesenen Quadrat anzukommen.

Der Krieg zur See hatte seit meinen Feindfahrten auf U-557 an Heftigkeit und Ausmaß erheblich zugenommen. Unsere Boote operierten nicht mehr allein oder in kleinen Gruppen von drei oder fünf Booten. Sie patrouillierten nunmehr den Nordatlantik in Wolfsrudeln von zwanzig und vierzig Booten ab und bewachten die ungeheure Wasserfläche mit

mathematischer Genauigkeit und in engster Zusammenarbeit mit der U-Bootführung. Ungefähr 100 U-Boote, von einer Gesamtzahl von etwa 200 einsatzbereiten Frontbooten, waren gegenwärtig in mehreren Vorpostenstreifen in den nördlichen Regionen zusammengefaßt. Zweimal innerhalb von zehn Tagen waren wir auf Befehl des BdU umgestaffelt worden, um einen bestimmten Geleitzug abzufangen. Aber Hagel und Schnee, die wie Vorhänge über die See wehten, verringerten die Sicht auf weniger als eine Meile, und unsere Chancen, einen Verband zu entdecken, schrumpften auf ein absolutes Minimum.
Bis Ende Februar kreuzten wir in den sturmgepeitschten Jagdgründen auf und ab. Die alliierten Verluste in diesem Monat waren auf 60 Schiffe mit mehr als 350 000 Bruttoregistertonnen angestiegen - eine bedeutend größere Versenkungsziffer als im Februar des Vorjahres. Das neue Jahr versprach die besten Jagdergebnisse, und wir hofften, die sechs Millionen versenkten Tonnen des Vorjahres noch zu übertreffen. Das einzige Problem war: die Geleitzüge fuhren nicht immer auf Marschrouten, die unseren Ehrgeiz begünstigten.
Schiffsroutine hatte bald die Begeisterung der Jagd abgelöst. Und es war eine völlig verrückte Routine. Das kleine Boot rollte und schlug, holte über und schüttelte sich ohne Unterlaß - endlos, ewig. Kochgegenstände, Ersatzteile, Werkzeug, Konservenbüchsen flogen fortwährend durch die Räume. Porzellantassen und Teller zerbrachen auf den Flurplatten oder in den Bilgen, und wir aßen unsere Mahlzeiten direkt aus den Büchsen. Die Männer, in der stampfenden, schwitzenden Trommel zusammengepfercht, nahmen die Bewegungen und die Monotonie mit stoischer Ruhe hin. Gelegentlich ging das Temperament des einen oder anderen durch, aber die Moral der Besatzung war und blieb ausgezeichnet. Wir waren nunmehr alle, ohne Ausnahme, geduldige Veteranen der Atlantikschlacht. Wir alle hatten manches gemeinsam. Ein jeder schaute aus wie der andere, roch wie der andere, hatte dieselben Phrasen und dieselben Flüche und dieselben Bewegungen. Wir ertrugen die Fehler des andern und wurden Fachleute unserer gegenseitigen Gewohnheiten - wir wußten genau, wie ein jeder lachte, knurrte, redete oder schnarchte, seinen Kaffee schlürfte oder seinen Bart pflegte. Die nervöse Spannung stieg mit jedem Tag, der ereignislos dahinschlich, konnte sich aber beim Sichten eines fetten Geleits spontan in ein gemeinsames Angriffsfieber verwandeln.
An einem rauhen, nebligen Tag früh im März stieg der Kommandant zu mir auf die Brücke und brummte ungehalten: »Sagen Sie, I.W.O., was ist bloß mit den Tommies los? Fahren die denn nicht mehr zur See?«
»Ich glaube, Herr Oberleutnant, die haben auch einen Rucksack voller Probleme«, antwortete ich, ohne das Glas von den Augen zu nehmen. »Mag sein, daß sie ihre Kräfte umbilden, ihre Geleitzugwege verlagern, wer weiß?«

»Irgend etwas muß sich bald ereignen. Diese Nichtstuerei kann so nicht weitergehen«, grollte Siegmann und zündete sich eine Zigarette an. Ein plötzlicher Brecher krachte unangemeldet gegen die Turmverkleidung und überschüttete ihn mit einem Schauer von Sprühregen, der seine Zigarette durchweichte. Mit einem Fluch bückte er sich, sprang ins Luk und zündete sich im Turm eine neue an.
»Geleitzug in AK 79, Ostkurs, Fahrt neun Meilen«, rief Riedel von der Zentrale auf die Brücke.
Minuten später stand Siegmann in Ölzeug verpackt wieder hinter der Turmverkleidung. »I.W.O., ich kann Ihnen nun verraten, was mit den Tommies los ist. Die lassen keine kleinen Geleite mehr allein fahren. Sie warten, bis sechzig oder siebzig Schiffe beisammen sind, bevor sie sie über den Atlantik jagen. Das neue Geleit ist laut Meldung 120 Meilen im Süden, soll fünfundsechzig Schiffe umfassen. Auf, auf, meine Herren, keine Müdigkeit vorschützen - beide Maschinen volle Kraft voraus - Ruder hart Backbord, neuer Kurs 140 Grad.«
Es war der 6. März. Unsere Jagd begann. Das Boot, das den feindlichen Verband entdeckt hatte, funkte zu festgesetzten Zeiten Peilzeichen. Schneeböen verringerten unsere Sicht. Nebel zwang uns, für lange Zeit blind zu fahren. Heulende Böen sandten Flockenwirbel und Hagel von oben. Blitze kamen wie grelle Schlangen aus dem Nichts. Es zischte, klatschte, prasselte. Wir fuhren von einer schwarzen Wetterwand in die andere. Nach vierzehn gefahrvollen Stunden, wir hatten bereits über 150 Seemeilen zurückgelegt, jagten wir immer noch nach Südosten, suchten, schnüffelten, horchten in den Sturm hinaus.
Um 19 Uhr 10, es war eine pechschwarze Nacht, stellten wir Fühlung mit dem Geleit her. Borchert, ein Ausguck mit Falkenaugen, erkannte den Zerstörer zuerst. Ich schwenkte das Glas nach Backbord und sah eine typische Breitseite hinter einem Vorhang von Schneegestöber. Das Schiff war auf Parallelkurs. Ich nahm an, daß wir seine Gesellschaft schon seit geraumer Zeit hatten. Wir drehten ab, richteten unser Heck gegen den Schatten und knüppelten davon. Aber wir waren entdeckt. Der Zerstörer schwenkte majestätisch herum und preschte mit Volldampf heran. Siegmann jagte seine Maschinen auf Höchsttouren, fuhr sein Boot in eine Schneebö, folgte der Bewegung des Gestöbers und verbarg sich in dem fallenden Schnee. Während wir den Gestank von Rauch, Ruß und Treiböl einatmeten, befahl der Kommandant die Besatzung auf Gefechtsstationen.
20 Uhr 30. Es klarte plötzlich auf, und der Himmel wurde sichtbar. Strahlende Sterne erschienen zwischen den Wolkenfetzen. Der Mond, der ab und zu aus den dahinfegenden Schneevorhängen hervorschoß, überflutete die aufgewühlte See mit silbernem Licht. In einiger Entfernung änderte ein Sicherungsfahrzeug seinen Kurs in normalen Suchschlägen. Wir wichen

dem Schatten aus - und ich sah den ganzen östlichen Horizont mit schwarzen Punkten übersät. Da verschwand der Mond, und der Vorhang der Dunkelheit fiel vor uns nieder. Zwei Minuten später entdeckten wir einen weiteren Zerstörer. Er stieß aus einer niedrigen Wolke wie ein Phantom auf uns zu. Ein Ruderkommando, und wir jagten nach Steuerbord in eine weiße, flaumige Wand.
20 Uhr 50. Eine Doppelexplosion recht voraus. Wir stießen nach. Dreißig Minuten vergingen - keine Fühlung. Plötzlich ein Zerstörer - groß wie ein Schlachtschiff. Hart abgedreht. Wir blieben ungesehen. Kurz danach schwenkte Siegmann in die alte Richtung. Der Verband aber blieb verschwunden.
Borchert, unser Mann mit den magischen Augen, sah den Schatten wieder zuerst: »Zerstörer, Kurs Nord, Entfernung 4000 Meter!«
»Paß gut auf ihn auf, Borchert, und sag' mir, wenn er andreht«, mahnte Siegmann ruhig, ohne seinen Sektor außer acht zu lassen. Waren wir gesehen oder geortet worden? Unser Biskaya-Kreuz hatten wir längst im Boot verstaut. Während der Angriffe im Atlantik, wo bisher noch kein feindliches Flugzeug gesichtet worden war, war das sperrige Gerät nur ein Hindernis. Und dann verschwand der schattenhafte Zerstörer in einer Bö. Es war genau 21 Uhr 30. Für die nächsten zwei Stunden jagten wir durch eine der wildesten Nächte, durch heulende Stürme und rasende Schneegestöber. Die See verschlang das Boot bis zur Oberkante der Brücke, griff mit riesenhaften Brechern nach uns, kroch von achtern in die Turmverkleidung, hob uns mit mächtiger Gewalt und drohte uns in die Unendlichkeit wegzuspülen. Nur unsere Stahltrossen, an der Brücke verankert, hielten uns an Bord. Das Boot schlug das Meer zu Schaum und Gischt, und ein großer, weißer Strudel hing ständig an unserem Turm. Diese weißen, phosphoreszierenden Wassermassen waren wie ein leuchtender Kometstreifen, den wir wie eine Fahne in unserem Kielwasser nachschleppten - eine Einladung für jeden aufmerksamen Gegner.
22 Uhr 40. Wieder war es Borchert, der das Geleit zuerst sichtete. »Schatten Backbord voraus, Entfernung 6500 - es ist die ganze Herde.«
Die Schatten, Punkte so groß wie Kakerlaken, bewegten sich an der scharfen Kimm, die für kurze Augenblicke vom Mond beleuchtet war. Lange, rollende Wellen verbargen die Parade von Zeit zu Zeit. Wir schlichen von Südwesten an das Geleit heran, und Siegmann versuchte, in die Steuerbordkolonne einzubrechen. Bald erreichten wir eine Position etwa 4000 Meter südlich der letzten Schiffe des gewaltigen Dampferpulks, ritten für eine Weile die hohen Wellen auf Parallelkurs vor dem Wind und der See, dampften die Gegnerfahrt aus und berechneten die Angriffswerte.
23 Uhr 30. Der erste Zerstörer der Nahsicherung schoß aus dem nächtlichen Zwielicht. Für einige Minuten zackte er zwischen uns und dem Geleit, drehte um 120 Grad, jagte in unser Kielwasser, wechselte wieder den

Kurs und stob dann auf die Endkolonne der langsam dahinschaukelnden Kolosse zu. U-230 preschte in die südliche Flanke des Verbands in Angriffsposition. Die Nahsicherung flitzte in alle Richtungen, aber nicht in unsere. Als U-230 seine Drehung beendete, begann es wieder hart zu stampfen und schlingern. Das verräterische Kielwasser leuchtete breiter, heller. Es flackerte wie eine Fackel im plötzlichen Schein des Mondes. Ein Schatten trennte sich aus dem schwarzen Hintergrund. Die Silhouette eines Zerstörers wuchs schnell zu einem Ungetüm. Siegmann drehte ab, steuerte sein Boot in das Tal einer langen Dünung, sah den Feger nach Süden stampfen, hielt ihn 60 Sekunden lang scharf im Auge; dann schwenkte er sein Boot wieder herum und griff von neuem an.
23 Uhr 55. Detonationen lösten unsere Spannung. Der Wettlauf nach Tonnage begann.
0 Uhr 13. Eine neue Explosion. Ein Blitz folgte. Sternraketen verrieten die Position des Dampferpulks. Wir verbesserten unseren Kurs und stürmten vorwärts, nach Norden, parallel mit den Wellen. Doch dann erloschen die Sterne. Die Sicht war Null im Tal der langen Dünung. Die Finsternis war vollkommen.
»Rohr eins bis fünf fertigmachen zum Überwasserschuß!« Ich rief meinen Befehl laut in den Turm, begierig, zu schießen, und besorgt, mein Befehl könnte im Sturm überhört werden.
0 Uhr 25. Zwei Zerstörer liefen ins Blickfeld unserer starken Gläser. Sie zackten aufgeregt vor uns hin und her. Während U-230 mit seinen niedrigen Aufbauten nahezu verborgen blieb, präsentierten die Zerstörer ihre hohen Silhouetten nahezu unverdeckt. Ihre unregelmäßigen Vorstöße zwangen uns mehrmals, unseren Kurs zu ändern. Siegmann warf schließlich sein Boot nach Backbord, brach durch den Sicherungsgürtel und zwang sein Boot in den Ansturm der See. U-230 sägte mit seinem scharfen Bug die Wellen, glitt durch sie hindurch und jagte fast getaucht seinen ersten Zielen entgegen.
Fünfzig Minuten vergingen in unbarmherziger Verfolgung. Das Boot preschte durch Schneeböen, Hagelgestöber, Dunkelheit und durch die peitschende See. Plötzlich drei Sicherungsfahrzeuge an Backbord. Mit einem schnellen Hartrudermanöver nach Steuerbord tauchte U-230 in ein Wellental - lange genug, um zu entkommen. Wir ließen die drei Burschen 600 Meter achteraus. Fünf Minuten später drehte Siegmann wieder nach Norden.
Ein Scheinwerfersignal recht voraus. Im Augenblick des Aufleuchtens erkannten wir die Armada. Bald hatte ich eine Anzahl Schatten in meinem Nachtzielglas. Weitere fünf Minuten - und sie waren zu gigantischen Frachtern angewachsen. Zwei Zerstörer zackten Steuerbord querab, einer an Backbord. Wir waren auf die Steuerbordkolonne des Verbands aufgeprallt. Die Konzentration feindlicher Abwehrkräfte war ungeheuer. Ein

Durchbruch in das Herz des Geleits war unmöglich. Die Verhältnisse hatten sich wahrhaftig geändert.
Das wilde Stampfen und Kreisen des Bootes machte ein Zielen mit dem UZO fast unmöglich. Mit aufgeblasenen Backen brüllte ich dem Kommandanten in das Steuerbordnock zu: »Ich nehm' die vier Dobasse Backbord voraus.«
Siegmann verstand, nickte, änderte den Kurs. U-230 jagte in Schußposition, in die Flanken einer schattenhaften Kolonne schwarzer Ungeheuer. Ich schrie meinen Feuerbefehl. Das Boot schüttelte sich leicht. Uhrzeit war 2 Uhr 10, am 1. März.
Der Aal zischte dem Feind entgegen. Würde er in der wilden Wassermasse sein Ziel erreichen? Der Kommandant schwang sein Boot herum. Der Schuß aus Rohr V war gefallen. U-230 krachte frontal in die aufbäumende See; damit wurde jede weitere Aktion unmöglich. Ein Feuerball, ein Treffer. Ein zweiter Blitz, ein dritter. Drei Riesendetonationen sandten Feuersäulen und Funken in den nächtlichen Himmel. Dann fielen die Flammen in sich zusammen. Das Schiff brannte. Seine Derricks ragten grotesk in die Dunkelheit. Der Verband jagte Notsignale in den Nachthimmel. Leuchtraketen stiegen und fielen. Aber der Sturm wehte das Feuerwerk fort wie große Fetzen brennender Segel. Leuchtfallschirme entfalteten sich, wurden aber im Nu ins Wasser gedrückt. Bald bedeckte die Dunkelheit das Schlachtfeld achteraus, wo der wundgeschossene Frachter langsam unter der Oberfläche verschwand.
2 Uhr 15. Gewaltige Schatten voraus. Frachtschiffe. Ich schätzte sofort Gegnerwerte, alle Schußunterlagen. Die Rohre waren bewässert, die Torpedowaffe feuerbereit. Der Kommandant fuhr sein Boot, die Wellentäler geschickt ausnutzend, in Schußposition. Zwei, drei Minuten - und U-230 war in idealer Lage. Plötzlich eine Bewegung der Kolonne. Die ganze Parade zeigte uns ihr Hinterteil. Neuer Anlauf. Von Steuerbord voraus kam ein Feger herangepescht. Hart Ruderlage, Rückzug. Dann neuer Vorstoß. Nach einer waghalsigen Fahrt von zwei Meilen durch Hagel und Schnee krachten wir beinahe in das Heck eines Frachters. Ein schnelles Rudermanöver, eine Wendung nach Steuerbord, ein Anlauf parallel zum Dampfer, Entfernung 400 Meter, ich zielte und schoß. Uhrzeit: 2 Uhr 20.
Das Schiff brach vor der Brücke auseinander. Es sackte wie ein Stein unter den Füßen seiner Besatzung ab. Der Verband begann sofort wild zu signalisieren. Leuchtraketen spritzten in die tiefhängenden Wolken, blitzten kurz über den nachtdunklen Himmel, wurden dann von den weißen Fetzen von Hagel und Schnee ausgelöscht. Wir jagten weiter, immer weiter voraus. Unser nächster Schuß mußte fallen.
Drei neue Explosionen irgendwo im Osten. Andere Boote zerfetzten das Geleit und schnitten die Zerstörerbewachung in zwei Teile. Wände von Wasser und Feuer stiegen in den Nachthimmel. Während die Schlacht

weiterwütete, setzten wir uns ab und luden die Rohre nach. Die Männer tief unten in der Enge des Bootes begannen ihr schwierigstes Werk. Mit Hilfe von Laufkatzen, Kränen und klirrenden Ketten hievten sie schwitzend und keuchend die Torpedos in die vorderen Rohre. Um ihre Arbeit zu erleichtern, änderte der Kommandant den Kurs, legte sein Boot vor den Wind und die See und jagte mit dem Geleit nach Osten.
Dann erkannten wir den Zerstörer. Eine schwarze Silhouette in ungestümer Bewegung. Unser Ablaufen vor dem Wind war eine Vergnügungsfahrt im Vergleich zu dem Tanz des Gegners. Auf nordwestlichem Kurs der See entgegenstampfend, tauchte er seinen Steven in die riesigen Wasserberge und schöpfte ganze Ozeane mit seinem Bug. Turmartige Wellen krachten gegen seine Brückenaufbauten und zwangen ihn in eine gefährliche Schlagseite. Seine Geschützrohre schöpften das Wasser wie Pützen. Ich hatte das bestimmte Gefühl, daß ich an Bord meines Bootes sicherer war, und hatte nicht den geringsten Wunsch, auf ein Überwasserfahrzeug umzusteigen, gleichgültig, um welchen Preis. Während der Sturm mit der Gewalt eines Orkans weiterblies, arbeiteten unsere Männer in der nassen Trommel taumelnd und benommen, um die Rohre zu laden, die Maschinen auf Touren zu halten, die Bilgen zu lenzen und das Boot an der Oberfläche zu halten.
Die Nacht war undurchsichtig. Die See hatte an Stärke zugenommen. U-230 schlug hart in die aufsteigenden Wellen, um die Fühlung mit dem Verband wieder herzustellen. Plötzlich ein weißes Licht an Steuerbord. Drei Meilen voraus. Wir drehten bei, verlangsamten unsere Fahrt und krochen vorsichtig näher. Bald erkannten wir das weiße Strahlenbündel eines Scheinwerfers, das auf einen sinkenden Dampfer gerichtet war. Wir sahen eine Korvette gestoppt neben dem todgeweihten Frachter liegen und Überlebende aufnehmen. Das Fahrzeug war das leichteste Ziel, das ich jemals vor den Rohren hatte. Es lag dort, etwa 800 Meter voraus, und bot mir seine volle Breitseite an. Aber Siegmann beugte sich einem ungeschriebenen Gesetz der Ritterlichkeit und fluchte leise: »Zur Hölle mit diesen Blechbüchsen. Frachter sind mir lieber - Ruder hart Backbord - beide Maschinen kleine Fahrt voraus.«
U-230 drehte langsam ab, um seine Gegenwart nicht zu verraten. Da kroch ein rotes Licht, klein und rund, plötzlich hinter dem absackenden Frachter hervor und tanzte wie ein Lampion um dessen Heck. Der rote Fleck wuchs schnell zu einem rotglühenden Ballon. Erst jetzt erkannten wir einen Zerstörer in voller Verfolgung, ein Infrarotlicht voll auf uns gerichtet. Ein Kommando - und die Diesel gingen sofort auf Höchsttouren. Siegmann warf sein Boot vierkant in die heranstürmenden Wellen, schnitt sie, untertauchte sie. Der Zerstörer schlug stark in der hohen See, holte gewaltig über und rollte gefährlich - schloß aber die Entfernung mit irrsinniger Beharrlichkeit. Siegmann aber hatte den Vorteil, den Kurs zu

diktieren. Er zackte in unregelmäßigen Stößen und trieb das Boot wie einen Keil in die heranrollenden Wasserwände. Von Zeit zu Zeit brüllte Siegmann in den Sturm: »Was macht der Zerstörer, I.W.O.?«
»Hält die Entfernung«, rief ich über meine Schulter, unwillig zuzugeben, daß der Zerstörer seinen Abstand weiter verringert hatte und zu einem lebensgroßen Schlachtschiff angewachsen war. Er stampfte gewaltig in der hohen See. Aber die Jagd ging weiter. Der Wind nahm an Stärke zu. Die Wellen türmten sich höher und versetzten dem Zerstörer schwere Hiebe. Wir sicherten uns mit Stahltrossen an der Brücke und untertauchten die mächtigen Wellen, um den Gegner abzuschütteln. Minuten um Minuten vergingen in zunehmender Spannung. Endlich, nach 90 Minuten heißer Verfolgung und verzweifelten Aushaltens auf der Brücke, hatten wir den Zerstörer im schwarzen Atlantik verloren.
Die Dämmerung brach mit ungewöhnlich plötzlicher Schnelligkeit an. Sie überfiel uns zwischen Geleit und Zerstörersicherung. Wir fuhren in großen Zacks durch die kochende See, hielten Fühlung mit den Fegern, spielten im Schneegestöber Versteck und atmeten die stinkenden Abgase von etwa sechzig rußenden Schornsteinen ein.
8 Uhr 15. Tiefliegender Schatten an Steuerbord. Zerstörer, Entfernung 1400 Meter. Rotes Licht an der Mastspitze. Rettet wahrscheinlich Überlebende.
8 Uhr 40. Große, schwarze Silhouette Backbord voraus. Daneben eine kleinere. Ein Zerstörer löste sich von dem größeren Schatten und überquerte unseren verlängerten Kurs. Während dieser atemlosen Sekunden verschwand der Frachter im Dunst. Nachgestoßen. Wieder ein Zerstörer an Backbord. »Wieviel dieser Blechbüchsen haben denn diese Kerle am Geleit . . .«, knurrte Siegmann ärgerlich, machte eine schnelle Ausweichbewegung, und U-230 kreuzte das Kielwasser des Fegers ungesehen.
9 Uhr 23. Zwei Silhouetten an Backbord, hoch und schwerfällig. Eine dritte, tiefliegend an Steuerbord. Siegmann schwang sein Boot sofort in Angriffsposition. Seine rauhe Stimme wurde vom Wind weggefegt: »Nun sind Sie dran, I.W.O., der Rest ist Ihre Sache!«
Ich zielte und bellte: »Rohr eins und drei . . . los!«
Die Schüsse fielen aus voller Fahrt. Der Untergang des Schiffes schien besiegelt. Während die beiden Aale in Fächerform gegen das Ziel ausscherten, stürmte U-230 unaufhaltsam vorwärts. Ich reihte drei weitere Schatten im Fadenkreuz auf und machte den Rest der Torpedos für eine schnelle Feuersalve fertig. Bevor ich den Abschußhebel drücken konnte, explodierte der erste Torpedo. Ein Feuerstrahl. Schneller Zielwechsel. Noch lag die Dämmerung wie Blei über der tintenähnlichen See. Ich faßte einen schweren Brocken mit dem Fadenkreuz auf. Ein Brecher klatschte gegen das Nachtglas und in mein Gesicht. Triefend von salzigem Wasser, brüllte ich neue Gegnerwerte in den Turm, wartete auf die Ant-

wort aus der dunklen Röhre und rief dann in eine zerstäubende Welle: »Rohr zwei und vier ... fertig ... fertig ... los.« Es war 9 Uhr 25. Kurswechsel nach Backbord - und ein neues Ziel kroch durch das Fadenkreuz. Da - ein Knall. Jähes Aufflammen. Dann wieder bleigraues Dämmerlicht. Eine neue Stichflamme, riesenhaft, wie ein Strom glühender, goldener Lava. Im flackernden Schein des Brandes sahen wir, wie der Dampfer langsam auseinanderbrach. Ein Drama von grausamster Wirklichkeit, ein Bild von teuflischer Schönheit. Das war das Ende des Schiffes - und das Ende meines Schießens. Zwei Zerstörer kamen auf uns zugeschwungen. Der Kommandant brüllte einen Befehl, das Boot beschrieb eine scharfe Kurve und stob davon. Wir passierten den sterbenden Frachter etwa 70 Meter hinter dem Heck, und Siegmann brachte ihn geschickt zwischen uns und die Verfolger. Dann war die See plötzlich leer, das Fahrzeug war gesunken. U-230 stieß in den Wind, schnitt die Wellen im rechten Winkel und zackte in unregelmäßigen Stößen nach beiden Seiten, um die Verfolger abzuschütteln. Eine schnelle Drehung nach Steuerbord, eine zweite Wendung - und innerhalb einer Minute glitten wir hinter den Vorhang einer Hagelbö. Mit diesem Manöver verloren wir die Fühlung. Die Dampfer blieben verschwunden. Wir suchten drei Stunden in nördlicher Richtung, pflügten dann nach Osten. Abgesehen von einigen Berührungen mit den Fegern begegneten wir nicht einem einzigen Dampfer.

Bei Tagesanbruch kreuzten wir durch eine himmelhohe See - aber weit und breit kein Geleit. Mit unheimlicher Anstrengung erklomm U-230 die Wellengebirge, kreiste auf den scharfen Kämmen, stürzte dann die Hänge hinunter und vergrub sich tief in den Wellentälern. Wenn das Boot den Gipfel eines der gigantischen Wasserberge erklomm, konnten wir für lange Sekunden über eine Alpenlandschaft imposanter Wasserberge schauen und tief hinunter in die Täler, vierzig oder sechzig Meter unterhalb der Brücke. Und wenn dann das Boot in die Tiefe brauste und sich in einem gischtenden Mahlstrom vergrub, schlugen die Wellen über uns zusammen und nahmen die Sicht in den blauen Himmel. Um 11 Uhr waren die Wellen so gewaltig angewachsen, daß unsere Suche nach dem Geleit sinnlos wurde. Der Tauchbefehl des Kommandanten wurde deshalb mit allgemeiner Zustimmung aufgenommen. Bald trieben wir auf einer Tiefe von 140 Metern, wo das Boot noch von der wahnsinnigen See auf- und niederbewegt wurde.

Irgendwann am Nachmittag - ich lag erschöpft und halbwach in meiner Koje, hörte ich eine leise Stimme wie aus einer anderen Welt sagen: »Schraubengeräusche in 35 Grad.« Das war der Horcher, und er hatte nur geflüstert.

Das mußte der verschwundene Geleitzug sein, Frachter oder Zerstörer. Siegmann befahl das Boot auf Sehrohrtiefe. Wieder stieg ich in meinen

Taucheranzug, schloß den Reißverschluß bis zum Kinn, stopfte das Frotteehandtuch zwischen Hals und Gummihaut, stülpte den Südwester über mein filziges Haar und verholte mich in den Turm. Als U-230 auf 60 Meter kam, wurde es von einem gewaltigen Sog gepackt und wie ein hüpfender Ball aus dem Wasser geworfen. Siegmann und ich erreichten die Brücke Sekunden später, hakten unsere Stahltrossen und damit uns selbst an die Klampen auf der Brücke. Ein schneller Rundblick - und ein plötzliches Erschrecken: wir waren inmitten des Geleits aufgetaucht.
Dort, nicht mehr als 500 Meter ostwärts, rang ein havarierter Zerstörer erbärmlich um sein Dasein. Noch näher trieb ein Frachter mit beschädigter Brücke vor dem Wind. Sechs andere Schiffe, ihre langsam drehenden Schrauben aus dem reißenden, strudelnden Wasser streckend, erklommen die Kämme kliffähnlicher Riesenwellen und boten ihre Breitseiten zum Todesstoß an. Sie alle waren in erstklassiger Schußposition. Sie alle waren in Seenot. Riesige Wasserwände, die unbarmherzig gegen die Schiffskörper und Aufbauten schlugen, zerbrachen ihre Reling wie Strohhalme, zerschlugen ihre Rettungsboote und rissen sie von den Davits, zerquetschten Schornsteine, knickten Masten und Ladebäume, durchlöcherten die Rümpfe, zersplitterten Decks, hoben die Deckel der Ladeluken ab, rissen die Ladung von Deck und warfen sie über Bord. Brecher auf Brecher zerschmetterte Ruder, bog Wellen, zerbrach ihr Rückgrad. Diese Schiffe brauchten keine Torpedos, um zu sinken.
Die gelähmte Armada, von dem schlimmsten Orkan des Jahrhunderts hilflos von Westen nach Osten getrieben, war unfähig, Kurs zu halten. Unser Boot, umgeben von bewaffneten Schiffen und einem Zerstörer in Schußentfernung, tanzte wild und ausgelassen in den schäumenden Strudeln. Es bestand keinerlei Gefahr, angegriffen zu werden. Während dieser Augenblicke schauderhaften Erfassens der übernatürlichen Kraft der Elemente, stellte ich mir den Schrecken vor, den wir mit unserem plötzlichen Erscheinen unter den Seeleuten des Geleits hervorriefen. Sie waren wahrscheinlich weiß vor Angst, nacheinander, Schiff auf Schiff, torpediert und versenkt zu werden, ohne sich verteidigen oder entkommen zu können. Aber U-230 war selbst nicht in der Lage, anzugreifen. Torpedos, in diese wilde See geschossen, hätten nie ihr Ziel erreicht. Es blieb uns nichts anderes übrig, als fluchend in die grimmigen Fluten zu tauchen und den Orkan in sicherer Tiefe zu überstehen.
Zwanzig Stunden später wurden alle Boote aufgefordert, die Operation gegen das Geleit abzubrechen und ihren Standort zu melden. Wir wurden ebenfalls unterrichtet, daß andere Boote die Versenkung von sechs Schiffen aus diesem Verband gemeldet hatten. Zwölf U-Boote hatten sich für drei Nächte und drei Tage an diesem Geleit festgefressen, hatten es wieder und wieder angegriffen, bis die Operation schließlich wegen des fortwährend schlechten Wetters abgebrochen wurde.

U-230 brach seine Funkstille und meldete: VERSENKTE DREI, 16000 TONNEN - EIN VIERTER TORPEDIERT - SINKEN NICHT BEOBACHTET - GERINGER BRENNSTOFFBESTAND.
Ich war gerade von der Wache abgelöst worden und schüttete einige Liter Salzwasser aus meinem Taucheranzug in die Bilge, als der Kommandant seinen Kopf durchs Kugelschott in die Zentrale steckte. Sein rauhes Gesicht war von einem dreiwöchigen roten Bart eingerahmt. Seine Zähne leuchteten hellweiß. »I.W.O., eins der Boote hat das Geleit gesichtet. Auf zur Jagd - beide Maschinen äußerste Kraft voraus.«
Die Neuigkeit jagte wie ein Funke durchs Boot. Ich hängte meine nasse Kleidung zum Trocknen in den achteren Torpedoraum, lief nackt durch das hüpfende Boot zu meiner Koje, schlüpfte in frische Wäsche und gesellte mich zu der kleinen Konferenz um das Pult des Kommandanten. Wir beugten uns über die schimmelnde Seekarte, auf der Prager bereits den gemeldeten Standort des Geleits eingetragen hatte. Trotz des fortwährenden Stampfens und Schlingerns gelang es uns, den besten Angriffskurs festzulegen. Die Jagd begann.
Während die hämmernden Diesel das Boot über die gigantischen Wellengebirge trieben, bedienten die Torpedomixer ihre Aale, ölten die Heizer ihre Maschinen, warteten die Männer ihre E-Maschinen und Batterien, entschlüsselten die Funker eine ununterbrochene Kette von Kurzsignalen, stand die Wache auf der Brücke bis zu den Achselhöhlen im Wasser. Alle taten ihre Arbeit wie alte Krieger. Der Wind kam von achtern und blies die Männer auf der Brücke wie nasse Blätter gegen die Turmverkleidung. Mächtige Wellen hoben das Boot himmelhoch und schnellten es wie einen Pfeil vorwärts. Nur wenn der Abend sich niedersenkte, verlor das Meer etwas von seiner Wildheit. Aber sobald der Tag anbrach, erreichte der Sturm neue, ungebändigte Kraft und türmte die Wellen zu neuen Höhen.
Am Ende des ersten Tages unserer Jagd, als die Dämmerung die Kimm verschwimmen ließ, stießen wir auf die Weitsicherung des Geleitzugs. U-230 bereitete sich auf seinen zweiten Angriff vor.
Typische Zerstörersilhouette an Steuerbord. Leichte Kursänderung nach Backbord. U-230, von harten Brechern durcheinandergeschüttelt, arbeitete sich hartnäckig in die angenommene Richtung des Verbands.
Nach fünfzehn windgepeitschten, spannungsgeladenen Minuten erneute Feindberührung. Zwei Schatten, weit auseinandergezogen, schossen aus dem Vorhang von Dunst und Dunkelheit auf uns zu. Sekunden des Abwägens, Abwartens. Keine auffallende Bewegung der Abwehr. Weiter vorgeschossen, rangeschlossen, immer weiter voraus, wo wir das Geleit vermuteten.
Mitternacht. Immer noch kein Dampfer. Riesenwellen um uns herum, aber keine Ziele. Fortgetragen von der aus dem Westen heranrollenden See, jagte U-230 in die schwarze Wand eines neuen Wintersturms. Sicht

plötzlich Null. Schneeflocken klatschten in unsere Gesichter. Die Gefahr eines Rammstoßes in eines der gegnerischen Fahrzeuge stieg drohend vor unseren gemarterten Augen auf. Trotzdem jagte Siegmann sein Boot immer weiter vorwärts, immer tiefer in die wütende Nacht.
2 Uhr 17. Ein Zerstörer zerriß plötzlich den Vorhang, rauschte schemenhaft auf entgegengesetztem Kurs an uns vorbei, nur 200 Meter Steuerbord voraus, verschwand dann in einer Hagelbö.
Neuer Vorstoß nach Steuerbord. Irgendwo mußten sich die dicken Brokken verstecken. Mit röhrenden Dieseln jagten wir ins Nichts. Zwanzig Minuten vergingen. Keine Feindberührung. Kurswechsel nach Backbord. Naß bis auf die Haut und frierend wie ein Rudel Wölfe in einem sibirischen Schneesturm, klammerten wir uns auf der Brücke an die Klampen, um von der See nicht weggespült zu werden, und bohrten unsere Augen in die undurchdringliche Dunkelheit.
Stunde um Stunde verging - kein Geleit. In dieser Nacht hatten wir noch sieben oder acht Berührungen mit Zerstörern, fanden aber keine Spur des Dampferpulks.
10. März. 6 Uhr 40. Der Kommandant entließ die erschöpfte Besatzung von Gefechtsstationen und ließ sich in das abgedunkelte Boot hinunter, nicht ohne Ermahnung: »I.W.O., ich nehm' ein Auge voll. Melden Sie mir sofort jede Lageveränderung.«
Ich blieb auf der Brücke, um meine Wache zu beenden. Grüne, schmutzige Wellen mit langen weißen Schaumstreifen verwandelten das Meer in dunklen Marmor. Ein donnernder Wind trieb schwere Wolken tief übers Wasser und ließ das Dämmerlicht des Morgens hier und dort durchscheinen. Dunstbänke hoben und senkten sich verschwommen im Zwielicht. Dann kamen wieder Schnee und Hagel trommelnd nieder. Seegang war 4 bis 5. Die Sicht war nur 200 bis 300 Meter.
7 Uhr 10. Ich begann zu schnüffeln. Ein deutlicher Geruch von verbranntem Dieselöl hing in der Luft.
7 Uhr 13. Der Gestank wurde schnell schärfer. Da brachen wir plötzlich durch eine Wolkenwand, der Himmel riß auf und - vor uns lagen etwa sechs Schiffe, die in einem hellen Flecken dahinschaukelten.
»Kommandant auf die Brücke, Besatzung auf Gefechts . . .«
Ein alles erschütternder Knall. Das nächste Fahrzeug, 500 Meter Backbord voraus, ein 10 000-Tonnen-Frachter, explodierte und zerbarst in seine Bestandteile. Die Druckwelle traf uns mit ungeheurer Wucht. Unsere Lungen drohten zu platzen. Siegmanns Kopf erschien im Luk, verschwand aber schnell wieder, als der gigantische Feuerzauber riesige Sprengstücke durch die Luft schleuderte und Tonnen von Trümmern auf uns niederregnen ließ. Die Wache nahm Deckung hinter der Brückenverkleidung. Sekunden später, als ich es wagte, über den Brückenrand zu blinzeln, sah ich fünf Dampfer schwerfällig die Wellen reiten. Aber dort, keine

1000 Meter an Steuerbord, stürzten zwei Zerstörer hinter einem Frachter hervor und auf uns zu. Ein dritter kam von achtern. Es gab nur eine Lösung: »Runter von der Brücke - beide Maschinen äußerste Kraft voraus ... Alarm.«
Wir hatten nur einen Weg: den Sturz in große, sichere Tiefe. Wir mußten die Bestrafung auf uns nehmen, die eigentlich dem Boot galt, das den Dampfer torpediert hatte. U-230 schüttelte sich und kämpfte mit äußersten Mitteln, um in den Fluten zu verschwinden. Aber die Oberflächenspannung schien es festzuhalten, als schwämme es in einem Meer von zähem Leim. Alle verfügbaren Männer stolperten und strauchelten in den Bugraum. Das verlagerte Gewicht ließ das Boot endlich ankippen, während die dröhnende, mahlende Kadenz der Schrauben der Zerstörer schnell näher kam. Mit unfaßbarer Trägheit bohrte sich U-230 in die Tiefe. Eine Serie von acht Wabos peitschte unser Boot mit harten Schlägen und schickte es mit dreißiggradiger Vorlastigkeit zum Boden des Atlantik. Friedrich gelang es, das Boot auf 200 Meter abzufangen; er ließ es durchpendeln und steuerte es in aller Eile ein. U-230 schwang nahezu geräuschlos in eine ausweichende Kurve. Wir hörten, wie sich der Verband nach Osten absetzte, und wie die Asdic-Impulse auf unseren Druckkörper auftrafen. Wenige Minuten nach dem ersten Angriff explodierten sechzehn Wasserbomben über unserem Turm. Ein infernalisches Konzert. War das das Ende? Der Stahl stöhnte, die hölzernen Spinde splitterten, ohrenbetäubendes Krachen, Bersten, Zischen, Brausen, Rollen, Reißen. Scharfe Kursänderung, um der nächsten Salve zu entgehen. Aber der Gegner über uns war kein Anfänger. Ein neuer Teppich von vierundzwanzig Kanistern detonierte über unserem Heck. Wir wurden auf die Flurplatten geschleudert, zur Decke geworfen. Die Wasserstandsgläser platzten, Rohrleitungen zischten, Wasser sprühte. Bärtige Gesichter wandten sich gegen die Decke, blutunterlaufene Augen suchten ängstlich nach einem tödlichen Leck in der dünnen Stahlhaut. Der Befehlsübermittler am hinteren Kugelschott flüsterte: »Wellenstopfbuchsen machen stark Wasser.«
Der L.I. versuchte vergeblich, das Boot auf ebenen Kiel zu legen. Die zahlreichen Wassereinbrüche hatten die achteren Bilgen gefüllt. Das Boot hing mit starker Achterlastigkeit wie an einem seidenen Faden. U-230 glitt weiter abwärts, immer abwärts, mit zunehmender Lastigkeit. Wabos explodierten alle zwanzig Minuten. Neun Stunden vergingen, und die Zerstörer warfen immer noch ihre Kanister. Die Kälte kroch durch den Stahl des Druckkörpers, ließ uns frösteln, schaudern, zittern. Die Feuchtigkeit schlug sich an der blanken Bordwand, an Rohrleitungen und Luftschächten nieder und durchnäßte uns bis auf die Haut. U-230 trieb durch die unendliche Tiefe immer nach unten, immer weiter nach unten. Der L.I. kämpfte verzweifelt, um das Sinken aufzuhalten. Das Boot war auf 245 Meter durchgefallen, und es schien, als sollten wir jeden Augenblick

in die Ewigkeit durchsacken. Falls die Verfolgung nicht bald aufhörte und wir nicht in der Lage waren, das Boot auf eine geringere Tiefe zu heben, würde unsere Endstation der Boden des Nordatlantik sein, rund 5000 Meter unter unserem Kiel.

Aber als der Tag zu Ende ging, geschah das Unfaßbare. Die drei Zerstörer drehten ab und fuhren mit Höchstfahrt nach Osten, Richtung Geleit. Wir blieben noch zwei Stunden auf einer etwas angenehmeren Tiefe unter Wasser, dann tauchten wir auf.

Ich versprach mir, den Kommandanten des Bootes zu finden, dessen Aale uns die Zerstörer und die Wasserbomben beschert hatten. Wochen später erfuhr ich, daß Kapitänleutnant Trojer mit U-221 den Munitionsträger torpediert hatte. Leider gab mir das Schicksal keine Gelegenheit, ihm zu sagen, in welch miserable Lage er uns gebracht hatte. U-221 blieb auf einer späteren Unternehmung am Feind. Es gab keine Überlebenden.

Wir durchlüfteten das Boot, lenzten die Bilgen, luden unsere Batterien, reparierten die Schäden, benachrichtigten die Führung und jagten dann wieder mit Höchstfahrt in die Nacht. In den frühen Morgenstunden entzifferte Riedel einen Funkspruch vom BdU. Danach hatte unsere Gruppe in einer Schlacht, die sich über drei Tage und Nächte hinzog, sechs Schiffe mit über 50 000 Tonnen versenkt. Ferner forderte uns das Signal auf, eine Position in einem neuen Vorpostenstreifen einzunehmen und Anweisung betreffs Treibstoffübernahme abzuwarten. Die Aufgabe war, einen größeren Verband aus Halifax abzufangen und aufzureiben. Aufgrund der verschiedenen Meldungen, die wir in den folgenden Stunden auffingen, schloß ich, daß etwas Besonderes in der Entwicklung war. Zumindest vierzig U-Boote waren über ein Seegebiet von 80 000 Quadratmeilen, durch das die bekanntesten Geleitzugwege im Nordatlantik führten, verteilt worden.

U-230 nahm seinen Platz im Vorpostenstreifen kurze Zeit später ein, kreuzte drei Tage lang in einer außergewöhnlich schweren See und verringerte seinen Brennstoffbestand auf ein gefährlich niedriges Maß. Am 16. März prallte ein Boot unserer Gruppe auf den Geleitzug SC 122 auf und meldete Fühlung. Ohne Verzögerung erhielten vierzig U-Boote den Befehl: ALLE BOOTE GRUPPE RAUBGRAF MIT HÖCHSTFAHRT AUF GELEIT OPERIEREN - QUADRAT BD 14 - ÜBER 60 SCHIFFE - KURS NORDOST - FAHRT NEUN MEILEN.

Wir errechneten, daß wir den Verband in zwölf bis vierzehn Stunden erreichen konnten und gerade noch genügend Brennstoffvorrat hatten, um uns für eine Nacht am Geleit aufzuhalten und unsere letzten Torpedos an die Ziele zu bringen. Mit neuer Energie jagten wir ihm nach. Trotz der außerordentlichen Belastung eines siebenwöchigen Kampfes gegen Orkane, Schneestürme, himmelhohe Seen und einen zähen Gegner war die Moral und Stimmung der Besatzung auf dem Höhepunkt. Wir hatten drei

Dampfer versenkt und einen weiteren torpediert, dessen Sinken angenommen werden konnte. Es war eine angemessene Belohnung für unsere wochenlangen Kämpfe gegen die Elemente und einen zähen Gegner, eine Leistung, auf die wir alle stolz sein konnten. Irgendwo im Südosten, wo die Nacht sich bereits auf das Meer gesenkt hatte, schaukelte das Geleit, dessen Offiziere und Mannschaften dauernd der Gefahr ins Auge sehen mußten, augenblicklich angegriffen, dezimiert und versenkt zu werden. Diese Gefahr wuchs mit jeder Meile und war in der Mitte des Atlantiks am größten. Und dieser Punkt war in der kommenden Nacht erreicht. Zwei Stunden, nachdem die Sonne im Wasser versunken war, stieg der Mond hinter den schnell dahinfliegenden Wolken auf. Sein gelbes, fahles Licht war keine Hilfe für uns. Im Gegenteil, es hinderte uns, aus naher Entfernung zu schießen. Aber als die Nacht voranschritt, ließ der heftige Sturm etwas nach.
Mit klirrenden Dieseln stürmten wir dem berechneten Standort des Riesenkonvois entgegen. Wenige Stunden später meldete ein Boot Fühlung am Geleit. Der neugemeldete Standort war jedoch viel weiter östlich, als früher angenommen. Schneller Kurswechsel, nachgestoßen. Aber mit jeder Meile, die wir in nordöstlicher Richtung fuhren, verringerte sich unsere Chance, wieder in einen Hafen einzulaufen. Doch trotz des hohen Brennstoffverbrauchs und der Aussicht auf leere Bunker setzte Siegmann die Jagd nach dem Verband fort. Zeitweilig nahmen Schneegestöber uns die Sicht. Dann wieder strich das silbrige Licht des zunehmenden Mondes wie ein Scheinwerfer über die bewegte, glitzernde Fläche der See. Gegen Mitternacht meldeten acht Boote Feindberührung. Neue Lage- und Standortmeldungen folgten einander wie Blitze in einem Unwetter. In den ersten Morgenstunden des 17. März meldeten weitere sechs Boote, daß sie die Verbindung mit dem Feind hergestellt hatten. Eine Geleitzugschlacht von unvorhergesehenem Ausmaß schien sich zu entwickeln. Aufgepeitscht von den Kurzsignalen und unzähligen Tassen heißen, starken Bohnenkaffees, flogen wir mit unserem Boot dem Konvoi entgegen.
Ein Feuerschein hinter dem östlichen Horizont. Ein zweiter folgte. Dort, nur Meilen voraus, war der Feind. Wir konzentrierten unsere Augen auf die Kimm, die sich im Schein des Mondes vom Nachthimmel abhob.
»Zerstörer an Steuerbord 120 Grad.« Das war Rocher, unsere seemännische Nummer eins. Siegmann zwang sein Boot sofort auf einen nördlichen Kurs. Der Schatten folgte uns hartnäckig. Dann warf Siegmann das Boot in ein wildes Zick-Zack-Manöver. Aber der Verfolger klebte an der weißen Fahne unseres Kielwassers. Brecher über Brecher zerstäubte am Turm und überschüttete uns und das Boot mit einem weißen Schauer von Gischt, die uns wie eine Fackel aufleuchten ließ.
Minute um Minute verging in aufreibender Verfolgung. Klar und deutlich standen die vom Mond beleuchteten Aufbauten des Zerstörers vor dem

Nachthimmel. Siegmann hielt zäh an der Oberfläche fest. Er wußte, daß wir hier eine Chance hatten, zu entkommen, während ein Alarmtauchen eine lange Wabo-Verfolgung nach sich ziehen würde. Er wußte, daß ein falscher Entschluß unseren Tod bedeuten konnte. Und so rasten wir mit singenden Zulüftern und knatternden Dieseln in nördlicher Richtung davon, unsere starken Nachtgläser in die Augenhöhlen gepreßt. Zwanzig, fünfundzwanzig wie eine Ewigkeit erscheinende Minuten - dann nahm eine Schneebö uns die Sicht. Mit einem scharfen Kurswechsel verschwanden wir in dem aufkommenden Gestöber. Fünfzehn Minuten später schlugen wir eine Kurve nach Osten in Richtung Geleit.
Plötzlich Leuchtraketen an Backbord. Ein schauriger Knall folgte. Unsere Boote bissen sich am Geleit fest. Dann war nur noch das Sausen und Brausen des Sturms und das Rauschen des Meeres in der Luft. Kurze Zeit darauf erhielten wir die Anweisung vom BdU, uns am 22. März in Quadrat BE 12 aus U-463, einem U-Tanker, zu versorgen und dann unverzüglich den Rückmarsch anzutreten.
Aber in dieser Nacht war das Kriegsglück nicht mit U-230. Um 4 Uhr 40 meldete Friedrich dem Kommandanten, daß er einen weiteren Vorstoß nicht mehr verantworten und daß eine zweite Verfolgung durch Zerstörer tödlich sein könnte. Mit anderen Worten: unsere Brennstoffbunker waren nahezu leergefahren. Siegmann, seine Lippen gesprungen, seine Augen gerötet und sein Bart vom Salzwasser weiß gebleicht, gab unwillig den Befehl zum Abbruch der Jagd.
U-230 zog sich vom Schlachtfeld zurück. Die ganze Nacht hindurch sahen wir zuckende Blitze, hörten das harte Bellen von Torpedodetonationen und das Brechen von Schotten und Schiffskörpern. Als die Morgensonne zögernd aufging, den Nebel auflöste und rote und goldene Wolken in den hellblauen Himmel sandte, hatten die Alliierten 14 Schiffe mit über 90 000 Tonnen verloren. Sechs weitere Fahrzeuge trieben beschädigt durch das peitschende Meer langsam nach Osten.
U-230, sein Treibstoff nahezu aufgebraucht, der Proviant verkommen oder verzehrt, begann den langen Marsch zur Biskaya-Küste. Während wir durch neue Schneestürme nach Südosten abliefen, wurde die Schlacht gegen den Geleitzug SC 122 von den anderen Booten fortgesetzt. Als der 17. März sich zu Ende neigte, waren weitere acht Handelsschiffe in ihr nasses Grab gesunken. Und als die Nacht des 18. März sich auf Jäger und Gejagte legte, hallte erneut der Donner von Wasserbombenexplosionen und Torpedodetonationen über den Atlantik, und der Kampf des alliierten Verbands gegen die totale Vernichtung erreichte einen neuen Höhepunkt. Den ganzen folgenden Tag verfolgten unsere Boote den Feind, bissen und schossen ihren Weg durch die zusammengeschrumpfte Flotte. Dann entdeckten die Boote plötzlich ein zweites Geleit, den HX 229 im Kielwasser des ersten. Eine neue Schlacht begann. Bald vereinig-

ten sich die beiden angeschlagenen Verbände - 91 Handelsschiffe, über 30 Zerstörer und Korvetten im Kampf mit 38 U-Booten. Die Schlacht wütete für weitere zwei Nächte und drei Tage. Die unendliche Weite des Atlantik hallte wider vom scharfen Knall der Torpedotreffer und dem grauenvollen Krachen zerbrechender Schiffe.

Erst als die U-Boote ihren Treibstoff verausgabt und ihre Torpedos verschossen hatten, als neue Schneestürme die schwer angeschlagenen alliierten Verbände mit Schnee und Hagel bedeckten, als ihre verwundeten Überreste schließlich den Schutz der britischen Langstreckenbomber erreichten - erst dann kam die höllische Schlacht zu einem Ende. Der Boden des Atlantik war übersät mit den Wracks alliierter Schiffe. Eine lakonische Meldung der U-Bootführung beschrieb das Ausmaß unseres Sieges: »Insgesamt wurden 32 Schiffe mit 186 000 Tonnen und ein Zerstörer versenkt, außerdem auf 9 weiteren Schiffen Treffer erzielt. Das ist der bisher größte Erfolg einer Geleitzugschlacht und um so erfreulicher, als fast 50 Prozent der Boote (ein Verlust) aktiv daran beteiligt waren . . .«

Während eine der größten Seeschlachten der Geschichte 32 britischen, amerikanischen, holländischen, norwegischen, griechischen und panamesischen Schiffen das Leben kostete, hatten wir nur ein einziges U-Boot verloren. U-384 war den Bomben eines Flugzeugs des *British Coastal Command* am letzten Tag der Riesenschlacht zum Opfer gefallen.

Am 22. März, es war ein grauer und diesiger Tag, trafen wir den Versorger im zugewiesenen Quadrat. Der Wind blies aus dem Südwesten mit Stärke vier. Seegang war Stärke drei. Wir fischten den Gummiball mit dem losen Ende des Schlauches, den der Tanker im Kielwasser nachzog, aus der rauhen See, verbanden das Ende mit einem Außenbordventil und begannen dann, das kostbare schwarze Öl an Bord zu saugen. Nach einer zweistündigen, schwierigen Übernahme, während der die tanzenden Boote sorgfältig Abstand hielten, lösten wir die Schlauchverbindung zum Tanker, wünschten den Männern von U-463 gute Reise und nahmen Kurs auf das europäische Festland.

Zwei Tage später erreichte U-230 die westlichen Ausläufer der Biskaya. Unser rostiges, vom Seeschlag mitgenommenes Boot machte vierzehn Meilen Fahrt. Siegmann gab über die Lautsprecheranlage bekannt, daß wir nach Brest gehen würden. Das hieß für mich: zurück zu jenem Hafen, wo ich Yvonne zurückgelassen hatte. Ich war über meine günstigen Aussichten recht zufrieden. Die Welt war wunderbar. Alles schien nach Wunsch zu gehen.

Und über uns die Hölle

1

Wir alle auf U-230 waren unbekümmert und ohne Vorahnung. Aber unsere Rückreise durch die Biskaya sollte ein Vorbote kommenden Unheils werden. Der 25. März, der fünfte Tag nach der gewaltigen Geleitzugschlacht, verging noch ereignislos. Mit vorgefluteten Außenbordbunkern, Back und Heck geöffnet, das Oberdeck überflutet und unser Metox-Warnungsgerät wieder auf den Gegner eingestimmt, fuhren wir vorsichtig auf Ostkurs in den kommenden Abend hinein. Während der Nacht registrierten wir drei Funkmeßortungen. Dreimal tauchten wir mit Alarm. Dreimal warfen Flugzeuge ihre Bombenserien in unser Kielwasser.
Am folgenden Morgen, um 10 Uhr 12, streckte Borchert, unser Mann mit den magischen Augen, den Arm aus und brüllte: »Flugzeug!«
Ich sah den kleinen, schwarzen Punkt aus der Wolkendecke hervorstoßen, warf das Biskaya-Kreuz in den Turm - und meine Männer fielen hinterher. Die Alarmglocke schrillte, der Bug tauchte unter. Ich warf einen sekundenschnellen Blick nach dem Flugzeug, kalkulierte instinktiv und wußte, daß wir eine Gnadenzeit von etwa dreißig Sekunden hatten, bevor die Koffer explodierten. Dann fiel ich ins Luk und schlug den Deckel dicht. U-230 tauchte innerhalb 18 Sekunden. Das gab uns einen Sicherheitsfaktor von 12 Sekunden. Aber während U-230 mit vierziggradiger Vorlastigkeit in die Tiefe schnellte, flog die Maschine mit irrsinniger Geschwindigkeit auf unsere Tauchstelle zu. Vier Detonationen schlugen gegen unsere Steuerbord-Ballastbunker. Grausam, höllisch. Das Boot bog sich unter der Wucht der Hiebe. Das Heck wurde aus dem Wasser geworfen. Dann sank U-230 kopfüber in die Tiefe. Der Bombenschütze hatte allen Grund, einen Volltreffer zu registrieren.
Drinnen in der Stahlröhre war jeder überrascht. Der Anflug war ohne Ortung erfolgt. Der Anflug aus den Wolken war ein Rätsel. Wir blieben eine halbe Stunde unter Wasser, erholten uns von dem Schock und reparierten die Ausfälle.
10 Uhr 55. Aufgetaucht.

12 Uhr 25. Alarmtauchen vor zweimotorigem Flugzeug. Keine Ortung. Vier Bomben.
12 Uhr 50. Aufgetaucht.
13 Uhr 32. Alarm. Flugzeug. Keine Ortung. Vier Bomben explodierten überm Heck. Ruderklemmer. Hinteres Tiefenruder ausgefallen. Wasserdichtes Heck gerissen.
14 Uhr 05. Mit hoher Fahrt aufgetaucht.
14 Uhr 22. Alarm. Viermotoriges Flugboot, Sunderland. Hartes Rudermanöver nach Steuerbord. Vier Bomben. Lagen gut. Geringe Ausfälle.
Es konnte tatsächlich nicht abgeleugnet werden, daß die Engländer ein engmaschiges Netz von schnellen Flugzeugen über die Biskaya gelegt hatten. Siegmann entschloß sich, während des Tages unter Wasser zu bleiben und nur nachts aufgetaucht zu marschieren, wenn die Tommies gezwungen waren, ihr Ortungsgerät zu benutzen, um uns zu finden. Trotzdem geschah in der Nacht das gleiche wie am Tag. Wir tauchten dreimal mit Alarm und entgingen um Haaresbreite zwölf Bomben. Wir blieben den nächsten Tag getaucht, glitten mit einer Marschfahrt von nur drei Meilen pro Stunde durch die Tiefe und lauschten den singenden, drohenden Schraubengeräuschen einer Suchgruppe, die die Briten in unserem Seegebiet stationiert hatten. Wir hörten auch das endlose Rollen einer Wasserbombenverfolgung am westlichen Horizont. Zu unserer Überraschung war die Biskaya voll regen Lebens. Die Verhältnisse hatten sich wahrhaftig geändert.
Nach Einbruch der Dunkelheit waren wir wieder auf der Oberfläche. Sechsmal tauchten wir mit Alarm, und jedesmal gab es die unvermeidlichen, tödlichen Grüße aus der Luft. Aber jedesmal gelang es uns, mit harter Ruderlage und schnellem Absacken dem krachenden Bombensegen zu entkommen. Den nächsten Tag verbrachten wir wieder auf einer Tiefe von 60 Metern, von vereinzelten, unerklärlichen Explosionen begleitet. Bei Abenddämmerung tauchten wir wieder auf und drangen gegen Mitternacht in eine größere französische Fischereiflotte ein, die friedlich nach Sardinen fischte. Ihre Gegenwart rettete uns vor weiteren Belästigungen aus der Luft. Ab und zu hörten wir das Dröhnen von Flugzeugmotoren. Dann stießen wir in die unmittelbare Nähe einiger Trawler, verholten uns von Boot zu Boot und erschreckten die Fischer mit unseren verrückten Manövern. Kurz nach Tagesanbruch erreichten wir endlich den Ansteuerungspunkt, an dem ein Vorpostenboot sich mit uns treffen sollte. Aber die See war leer. Alles schien verkehrt zu gehen. Unsere Aussichten, bald den Hafen zu erreichen, waren nicht gerade überwältigend. Sie wurden noch mehr in Frage gestellt, als wir von der Versenkung von U-665 an dieser Stelle erfuhren. U-665 war nur eine Stunde vor Geleitaufnahme von einem Flugzeug angegriffen und versenkt worden.
Wir tauchten sofort und warteten. Endlich, gegen 12 Uhr, kam der Sperr-

brecher mit sechsstündiger Verspätung angedampft. Siegmann wartete, bis das Schiff so nahe herangekommen war, daß er die Augenfarbe des Kapitäns in seinem Sehrohr ausmachen konnte. Dann tauchten wir auf. Bleichgesichtige Männer quollen aus der übelriechenden Röhre und atmeten begierig die frische Luft. Einige Seeleute befestigten Magazine an den Flugabwehrkanonen und klemmten sich hinter die Waffen. Die anderen versuchten an Oberdeck die ersten unsicheren Schritte. Ein fast unmerklicher violetter Streifen Steuerbord voraus verkündete Land. Die ersten grünen Flecken, von der Sonne beschienenen weißen Wände und roten Dächer wurden langsam sichtbar. U-230 erreichte den Hafen von Brest, ohne einen Schuß abgefeuert zu haben.
Siegmann, seine weiße Mütze verwegen auf dem blonden Haarschopf, sah mit seinem langen, roten Bart wie ein Wikinger aus. Mit Genugtuung paffte er seine Zigarre. Seine Leute versammelten sich an Deck, rauchten, machten Witze und kämmten ihre Bärte, während ihre Gesichter in der Sonne hell aufleuchteten. Ein Willkommensruf schallte über das innere Hafenbecken, als ich U-230 auf die steinerne Pier zusteuerte. Eine Marinekapelle blies einen dröhnenden Marsch. Unsere Männer, die ihre erste Feindfahrt beendeten, waren von der Aufmerksamkeit wie betäubt. Selbst für uns alte Veteranen war diese Heimkehr nach achtwöchigem Kampf gegen Orkane, die See und den Gegner eine bewegende Angelegenheit.
Voraus wuchs ein riesenhafter Betonbunker aus dem Wasser - der bombensichere U-Boot-Bunker, der über vierzig Wölfen Schutz bieten konnte. U-230 suchte sich den Weg in eine Öffnung dieses neugebauten Unterschlupfs.
»Beide Maschinen halbe Fahrt zurück - beide zwomal stop - Leinen festmachen.«
Die Menge an Land war plötzlich still. Die Besatzung stand in Dreierreihe auf dem Achterdeck ausgerichtet. Ich meldete die Männer dem Kommandanten. Siegmann meldete dem Chef der 9. U-Bootflottille, Korvettenkapitän Lehmann-Willenbrock, das Boot von erfolgreicher Unternehmung zurück. Ein dreifaches Hurra von Land, dann allgemeines Händedrücken. Als wir bleichgesichtig und bärtig über die Stelling liefen und vorsichtig auf feste Erde traten, wurden wir von den Mädchen der Marineverwaltung mit Blumen und Küssen empfangen.
Wir taumelten auf unseren schwachen Seebeinen in die Gebäude der 9. U-Bootflottille, wo wir uns, noch benommen von der Einlauffeier und dem kühlen deutschen Bier, einrichteten. Unsere neuen Unterkünfte waren sehr gepflegt und stark bewacht. Große Abschirmnetze waren auf den Dächern der einzelnen Gebäude angebracht, um englische Aufklärungsflugzeuge zu täuschen.
Bevor ich Gelegenheit hatte, mich zu rasieren, wurde ich in mehrere Runden feuchtfröhlicher Begrüßung verwickelt. Sie erstreckten sich bis spät in

die Nacht. Stolz über unsere Siege und begierig, wieder einmal recht ausgelassen zu sein, taten wir alles im Übermaß. Wir überaßen uns an dem reichhaltigen bretonischen Essen, tranken zu viel von den französischen Weinen, sangen die alten Seemannslieder, daß die Gläser zitterten. Niemand hatte etwas dagegen einzuwenden. Im Gegenteil. Es war gut zu wissen, daß nach Wochen der Anstrengung, der seelischen und körperlichen Spannung, unsere Freunde im Stützpunkt unsere Triumphe, unsere Nöte und unseren Ärger verstanden.

Am folgenden Morgen um 8 Uhr musterte ich die Besatzung auf dem Hof des Stützpunkts. Nur eine kleine Schar war zum Appell erschienen. Die übrigen waren noch außer Gefecht. Während der nächsten Stunden war ich damit beschäftigt, die Männer ins Leben zurückzurufen, Riedel und Friedrich kalte Kompressen aufzulegen und den Kommandanten mit den Unterlagen auszurüsten, die er für seinen Vortrag beim BdU benötigte. Erst nach sechzehnstündigem Landaufenthalt kam ich dazu, auch an mich selbst zu denken. Ich wiederholte das Ritual der Verjüngung, an das ich mich nur allzugut von meinen Tagen in Lorient erinnerte, nahm ein heißes Bad, entfernte vorsichtig das neunwöchige schwarze Bartgestrüpp, schlüpfte in eine frischgebügelte blaue Uniform und saß dann mit geschlossenen Augen im Friseurstuhl, während man mir meine lange Mähne schnitt. Später, als neuer Mensch, sortierte ich meine Post. Zuerst öffnete ich die Briefe von Marianne. In Berlin schienen die Dinge nicht gut zu stehen. Sie schrieb:

»... Die Engländer waren wieder hier. Letzte Woche kamen sie in vier Nächten und zweimal an einem einzigen Tag. Die Angriffe sind erschrekkend. Wie Du weißt, arbeite ich im Zentrum Berlins; letzte Woche verbrachten wir lange, bange Stunden im Luftschutzkeller des Bürohauses. Während ich mit den andern im Keller saß, traf ein Volltreffer das Geschäftshaus gegenüber der Straße und zerstörte es vollständig. Alle Leute wurden im Keller begraben. Ich frage Dich, wozu suchen wir Schutz in einer Falle? Als ich schließlich nach Hause ging und die brennenden Häuser, die Zerstörungen und die Toten sah, weinte ich den ganzen Weg. Meine beste Freundin wurde an diesem Tag im Schutt begraben. Ich kann nicht verstehen, warum wir die Tommies nicht vertreiben. Berlin ist doch unsere Hauptstadt und sollte besseren Luftschutz haben. Es ist so schwer zu sagen, wohin wir von hier gehen. Göring versprach uns, daß kein englisches Flugzeug deutsches Gebiet erreichen würde. Wir fragen uns, was jetzt aus seinen Versprechungen geworden ist.

Gestern hörte ich die Sondermeldungen, die von dem großen Erfolg unserer U-Boote im Atlantik berichteten, und ich dachte an Dich. Ich bete darum, daß Du immer von Deinen Feindfahrten zurückkommst und daß meine Briefe Dich erreichen. Ich denke immer an Dich und wünschte, ich könnte bei Dir sein. Bitte, paß gut auf Dich auf. Und wenn der Krieg zu

Ende ist, wird alles wieder so sein wie damals am Bodensee unter dem Kastanienbaum in jener langen Nacht im Sommer 1939 . . .«

Ich war bestürzt. Ich dachte daran, Marianne aufzufordern, Berlin zu verlassen und sich irgendwo auf dem Lande einzurichten - zumindest für einige Zeit, bis die Gefahr vorüber war. Die Nachrichten von meinen Eltern waren längst nicht so dramatisch. Mutter schrieb von einigen erfolglosen Luftangriffen in der Frankfurter Gegend. Sie berichtete, daß die Leute sich zusammengetan hatten, sich gegenseitig halfen, kleine Dachstuhlbrände zu löschen; daß einige englische Flieger abgeschossen worden waren; daß Vater geschäftlich sehr viel zu tun hatte und daß Trudel, Soldatenfrau seit sieben Monaten, ihm weiterhin als Sekretärin zur Hand ginge. Die Nachrichten von zu Hause waren also gut, und ich schrieb in meinen Briefen an Mutter und Marianne, daß sich alles bald zum Besseren wenden würde.

Ich glaubte fest an das, was ich sagte - trotz zunehmender gegenteiliger Entwicklungen. Die Luftangriffe auf unsere Städte hatten ständig an Ausmaß und Heftigkeit zugenommen und den Punkt reiner Belästigungen längst überschritten. Der Rundfunk und die Zeitungen berichteten nur vage über die Bombenschäden und Todesopfer; ich hatte den Eindruck, daß wir tatsächlich starke Verluste und Schäden hinnehmen mußten.

Es galt auch noch anderen bitteren Tatsachen ins Auge zu blicken. Nur widerstrebend nahm ich die Meldungen über die Rückschläge an der Ostfront hin, die sich während unserer Unternehmung zugetragen hatten. Die Winteroffensive der Sowjets hatte mit der Vernichtung unserer Divisionen bei Stalingrad geendet, wo die 6. Armee geschlagen und gefangen oder aufgerieben worden war. Die Nachrichten vom nordafrikanischen Kriegsschauplatz waren ebenfalls nicht ermutigend. Die Engländer waren mit frischen Kräften gegen unsere Wüstenstellungen angerannt und hatten die Front weiter nach Westen zurückgetrieben. Doch alle diese Rückschläge schienen mir nur örtlichen Charakters zu sein; ich glaubte nicht, daß sie das Endergebnis des Krieges beeinflussen würden.

In der Tat, die einzige Front, an der wir ausgezeichnete Fortschritte erzielten, war unsere Front zur See. Unsere U-Boote, die in großen Wolfsrudeln operierten, versenkten eine unglaubliche Menge alliierten Schiffsraums und schlugen vom arktischen Zirkel bis zur Karibischen See hart zu. Der Monat März hatte sich als einer der besten Monate in der Geschichte der U-Boote herausgestellt. Unsere Boote hatten nahezu 650 000 Tonnen alliierten Schiffsraums auf den Meeresboden geschickt. Gegenwärtig waren etwa 250 U-Boote an verschiedenen Fronten im Einsatz, in der Ausbildung in der Ostsee, in deutschen Häfen zur Ausrüstung und in den Werften zur Überholung. Und für die Zukunft trug das U-Boot-Bauprogramm den Stempel höchsten Vorrangs.

Aber selbst im Krieg zur See wurden unsere Erfolge dem Gegner mit einer

Zähigkeit abgerungen, die es in den vorhergegangenen Jahren noch nicht gegeben hatte. Wie die Geleitzüge an Größe zunahmen, hatte sich auch die Zusammenarbeit der englischen und amerikanischen Sicherungsstreitkräfte bedeutend verbessert. Zerstörer neuer Bauart, die schnellen und wendigen Korvetten, vergrößerten die Gefahren unserer Angriffe. Schlimmer aber war die Plage der feindlichen Bomber. Immer mehr Flugzeuge stießen immer tiefer in die Weite des Atlantik vor und bombardierten unsere auslaufenden oder zurückkehrenden Boote mit zunehmender Genauigkeit. Die Gefahr aus der Luft hatte dem Seekrieg neue Dimensionen gegeben, und es fiel uns immer schwerer, uns den neuen Verhältnissen anzupassen.

Ich war davon überzeugt, daß der Ausgang des Krieges von dem Erfolg unserer U-Boote im Atlantik abhing. Es war nur allzu deutlich, daß die Alliierten Zeit genug gehabt hatten, sich von ihren anfänglichen Rückschlägen zu erholen; ihre neue Aktivität zu Lande, auf dem Wasser und in der Luft hatten sie allein dem Nachschub von Kriegsmaterial zu verdanken, das aus den USA über den Atlantik herangeschafft worden war. Wir U-Bootfahrer waren die einzigen, die verhindern konnten, daß amerikanische Lebensmittel, Kriegsmaterial, Munition, Flugzeuge und Bomben in britischen Häfen oder an den Docks von Murmansk oder Archangelsk ausgeladen würden. Wir hatten den Feind zur See abzufangen und zu vernichten, bevor es ihm gelang, genügend Kriegs- und Menschenmaterial für eine Invasion des europäischen Festlands auf den englischen Inseln zu massieren. Und wir waren überzeugt, daß wir das verhindern konnten.

Mit Hilfe aller verfügbaren Hände wurde U-230 ausgeräumt und am Ende des zweiten Tages im Hafen den Werftingenieuren übergeben. Meine Arbeit an Bord war nur ein geringer Teil einer hektischen Routine. Ich verfertigte Zeichnungen über unsere Angriffe, schrieb das Kriegstagebuch ins reine und verfertigte Berichte für Siegmanns Vortrag bei Dönitz. Der Kommandant war nach Paris befohlen, wo Admiral Dönitz inzwischen sein Hauptquartier aufgeschlagen hatte, nachdem er im Januar zum Oberbefehlshaber der Kriegsmarine ernannt worden war. Ich traf auch Vorbereitungen, ein Drittel der Besatzung auf Urlaub zu schicken.

Aber nicht alles war Arbeit und Truppenbetreuung. Ich fand auch Zeit, an Yvonne zu denken. Und an einem Spätnachmittag im April ging ich in die Stadt. Mit einem Blumenstrauß bewaffnet, betrat ich den Buchladen, in dem ich sie kennengelernt hatte. Aber Yvonne war nicht dort. In der Annahme, daß sie ihre Stellung gewechselt hatte, verließ ich das kleine Geschäft, ohne den Inhaber in meine persönliche Angelegenheit einzuweihen, und begann sie in den anderen Buchläden zu suchen. Aber Yvonne war nirgendwo aufzufinden. Ich entschied mich endlich, den langen Weg zu ihrer Wohnung zu machen, wo ich so manche Nacht verbracht hatte. Aber Yvonne schien dort unbekannt zu sein - selbst die Nachbarn behaupteten, sie nicht zu kennen. Auf dem Rückweg zur Stadt warf ich die Blumen über eine niedrige Steinmauer, überzeugt, daß ich Yvonne nie wiedersehen würde. Dann kehrte ich, einer plötzlichen Eingebung nachgebend, zum ersten Buchladen zurück und fragte den alten Inhaber hinter dem Ladentisch: *»Pardon, monsieur, oú est-ce que je pourrais trouver Yvonne?«*

»Yvonne? Oh, Yvonne ...« Er blinzelte über den Rand seiner Brillengläser und erzählte mir, was ich bereits wußte: »Sie ist nicht mehr hier.«

Ich wiederholte meine Frage: »Sagen Sie, wo kann ich sie finden?«

»Junger Mann, da ist nicht viel zu sagen. Yvonne hat vor acht, neun Monaten die Stadt verlassen. Sie wollte zu einer Tante in Toulouse ziehen - das hat sie mir gesagt. Aber ...«, gab er mir mit einem vielsagenden Blick zu verstehen, »sie hat die Stadt verlassen müssen. Haben Sie nicht gewußt, daß sie schon damals verfolgt wurde? Solche Dinge können hier kein Geheimnis bleiben.« Der Blick des Alten war ohne Haß. Nur Traurigkeit war in seinen Augen.

Das war das letztemal, daß ich von Yvonne hörte.

Zwei Tage später, beim Mittagessen in der Messe, verkündete der Flottillenchef, daß er anläßlich der Rückkehr von U-230 ein Fest geben würde. Er entwickelte seinen Plan in allen Einzelheiten und lud alle Anwesenden ein, an dem Fest auf Schloß »Chateau Neuf« irgendwo auf dem Lande teilzunehmen. Abschließend verkündete er mit einem Lächeln: »Meine Herren, ich habe den Platz, das Essen, die Getränke und die Kapelle organisiert. Für Damenbegleitung müßt ihr eure eigenen Verbindungen spielen lassen.«

Wie ich bald herausfinden sollte, war die Beschaffung von Damen in einer Stadt voller Offiziere, die nie zur See fuhren, keine leichte Sache. Als der Bus uns aus dem Stützpunkt fuhr, waren diese Herren ohne Ausnahme von hübschen Krankenschwestern und Angestellten der deutschen Verwaltung begleitet. Wir frauenlosen Neuankömmlinge hatten keine andere Wahl, als uns auf die frische und blühende Landschaft der Bretagne zu konzentrieren.

Kurz nach Sonnenuntergang erreichten wir das Chateau, ein Schloß aus dem 17. Jahrhundert, eingenistet zwischen den rollenden Hügeln. Die Zeit war zu kurz, um die elegante Architektur und die großzügigen Anlagen zu bewundern. Die Hallen füllten sich schnell, und ich schüttelte die Hand manches Freundes und einiger Crewkameraden und traf, zu unserer gegenseitigen Überraschung, Fred Schreiber, meinen alten Freund aus der Rekrutenzeit und den Tagen der Marineschule. Die kleine Kapelle spielte zur Eröffnung der Feier *»Tiger Rag«*, dann deutsche, französische und englische Schlager. Das Essen, wie die Weine, war französisch und von ausgezeichneter Qualität. Das Gelage begann früh am Abend und wurde bis zur späten Nachtstunde fortgesetzt. Das Tanzen endete lange nach Mit-

ternacht, nachdem die glücklichen Paare im zweiten Stock verschwunden waren. Das Trinkgelage, mit dem wir benachteiligten Gäste uns begnügten, ging weiter, bis der Wein und die Müdigkeit selbst die härtesten Krieger gefällt hatten. Ich brachte Riedel und Schreiber in ein breites Bett und fand schließlich meinen Frieden in einem übergroßen Armstuhl.
Nach dieser imponierenden Siegesfeier verließ Siegmann, ein standhafter Familienvater, den Stützpunkt. Meine Offizierskameraden nahmen die Abreise des Kommandanten als Stichwort und fuhren ebenfalls in die Heimat, um zwei Wochen mit ihren Familien zu verbringen. Ich blieb mit dem kleinen Überrest der Besatzung in Brest. Meine täglichen Pflichten nahmen etwas gelockertere Formen an. Die bretonische Landschaft stand in diesen klaren Apriltagen in voller Blüte. Ich besuchte das Schloß, wann immer ich Zeit dazu fand, plantschte in den großen Marmorbädern, die tief im Boden versenkt waren und goldene Wasserhähne hatten, durchstöberte die reichhaltige Bibliothek nach alten und wertvollen Büchern, ging mit den Bauern aus der Nachbarschaft auf Fasanenjagd und beobachtete, wie die Blüten und Blätter sich unter der warmen Brise entfalteten, die vom Meer herüberwehte. Der Geruch des Frühlings war überall - auf dem Lande, in der Stadt und auch im Stützpunkt.
An einem dieser milden Abende wurde ich von meinen neuen Freunden, die mein Schicksal teilten, in das süße Leben im Hafen eingeführt. Wir hatten seit Stunden an der Bar im Stützpunkt Cocktails getrunken, Karten gespielt, Seemannslieder gesungen und Seemannsgarn gesponnen, und allmählich befiel uns die Langeweile. Da hatte Forster, einer der jungen Leutnants, eine plötzliche Eingebung: »Kameraden, wie wär's mit einer kleinen Feier in der Stadt? Die Nacht hat ja kaum angefangen. Warum beenden wir sie nicht bei Madame? Schlage vor, wir gehen geschlossen ins C. B. Einverstanden?«
Sein Vorschlag wurde mit allgemeiner Begeisterung aufgenommen. Um mehr über Forsters Idee zu erfahren, fragte ich meinen Gefährten mancher Landschlachten, Fred Schreiber: »Du, Fred, was ist denn so besonders an diesem C. B.?«
Er kippte den Rest seines Gin Fizz hinunter und antwortete mit breitem Lachen: »Zu deiner Aufklärung: das C bedeutet Casino und das B steht für Bar. Die Casino Bar ist ein sehr gemütliches, privates *établissement,* wo einer seinen Kummer vergessen, seinen Durst mit guten französischen Weinen löschen und seinen Hunger nach Liebe mit *Madames* Schönheiten stillen kann - alles in absoluter Abgeschiedenheit.«
»Mit anderen Worten, ein besseres Bordell?«
»Nenn es, wie du willst. Es ist bestens empfohlen.«
Wir marschierten durch die verdunkelte Stadt. Nach einiger Zeit kamen wir vor einer unscheinbaren Tür an, nur von einer kleinen Lampe mit den Initialen C. B. beleuchtet. Forster drückte die Klingel in einem bestimm-

ten Rhythmus - ein Zeichen, daß wir, nur wir draußen warteten. Eine ältere Frau öffnete die Tür, erkannte meine Freunde und ließ uns eintreten. Als die Tür weit aufging, hörte ich das helle Gelächter junger Mädchen, tiefe Männerstimmen und ein Grammophon, das *»J'attendrais le jour et la nuit, j'attendrais toujours . . .«* plärrte. Abgedunkeltes, rotes Licht herrschte in den Räumen. Als wir eintraten, ertönten melodische Grüße von beiden Seiten des Eingangs zur Bar, und meine Freunde antworteten *»Hallo, hallo, Suzanne, Janine, bon soir, Paulette, Simone, Yvette. Ah, bon soir, Madame, comment allez-vous?«*

Etwa ein Dutzend hübsche Mädchen hießen uns mit wahrscheinlich gespielter Freude willkommen. Madame war eine zarte, zerbrechliche Frau in den dreißiger Jahren; sie hatte volles, schwarzes Haar. Fred ertappte mich dabei, daß ich sie anstarrte und riet: »Hände weg von *Madame.* Rühr' sie nicht an, es ist gegen die Spielregeln. Niemand hat bisher das Glück oder den Vorzug gehabt, *Madame* zu erobern. So, ich denke, du konzentrierst dich besser auf die Mädels.«

Madames Mädchen, alle nur wenig über zwanzig Jahre, waren uns Männern an Zahl unterlegen, zumal als unsere Offizierskameraden von der 1. Flottille einige von ihnen entführten. Als der allgemeine Begrüßungstumult nachließ, wurden gemäß der Sitte des Hauses die Neulinge willkommen geheißen. Ich erhielt einen würdevollen Kuß von *Madame.*

Fröhlichkeit und Ausgelassenheit entfalteten sich ohne besondere Aufforderung. Der Champagner sprudelte in den Gläsern, und die Mädchen glühten in unseren Armen. Wir tanzten zu den sanften Klängen des Grammophons, schlürften den schäumenden Wein und küßten die willigen Geschöpfe, als hätten wir niemals zuvor geküßt und als würden wir nie wieder Gelegenheit dazu haben.

Als der Abend in die Nacht überging, wurden unsere Lieder immer ausgelassener, unser Gelächter lärmender und die Mädchen mit jeder Stunde bezaubernder. Wir tranken den Champagner in immer größeren Mengen, und bald fielen unsere Hemmungen - und die seidenen Spitzen der Mädchen. Ich tanzte mit Janine durch die halbe Nacht und fragte mich, wann ich sie wohl dem Feste entführen konnte.

Die Hauptattraktion des *établissements* sollte aber aufgeschoben werden, bis eine Darbietung ganz anderer Art die Voraussetzung dafür geschaffen hatte. Ballard, der Leitende eines der alten Boote, verlangte ohne Vorrede: »*Madame,* zeigen Sie uns doch einen dieser tollen Filme.«

»*Mais Messieurs*«, protestierte *Madame,* »ist es denn nicht schon zu spät für eine solche Schau? Die Mädchen haben ihre beste Vorstellung noch nicht gegeben.«

»Das hat noch Zeit«, widersprach Ballard, »die Nacht hat erst angefangen, und wir waren viel zu lange auf See und haben viel von der Liebe vergessen. *Madame,* wir brauchen einen Auffrischungslehrgang.«

Dem allgemeinen Druck nachgebend, seufzte *Madame:* »*Très bien.* Ich verstehe eure Wünsche nur zu gut, wie jede Mutter. Ich hab' ein zu gutes Herz.«
Ich legte meinen Arm um Janines schlanke Taille, griff nach einer neuen Flasche Champagner und folgte der Gruppe in ein Zimmer im zweiten Stock. Die Lichter wurden gelöscht, der Vorführapparat begann zu summen, und der Film fing an. Die nächste Stunde, ich muß gestehen, war lehrreich. Der Film lehrte uns, daß Liebe ohne Kunst wie ein Rennwagen ohne Fahrer ist. Janine war die erste, die mit Wonne das Ergebnis des Unterrichts entgegennahm.
Der Morgen graute bereits, als ich der alten *Concièrge* an der Tür den Tarif bezahlte. Eine frische Brise wehte vom Meer herüber.

Im Stützpunkt gingen die Dinge ihren üblichen Gang. Ich musterte täglich die zusammengeschmolzene Besatzung, erledigte Papierarbeit und machte meine regelmäßigen Werftbesuche, um die termingerechte Fertigstellung des Bootes zu überwachen. Ich traf manchen alten Kameraden aus den ersten Tagen des Krieges, die auf Minensuch- und Vorpostenbooten dienten, erkannte manches Gesicht aus meinen Hafenliegezeiten in Lorient und besuchte Crewkameraden in den Unterkünften der 1. U-Bootflottille, in denen ich im November 1941 gewohnt hatte. Ich hörte dabei von mir bisher unbekannten Verlusten, von Kommandanten und Booten, die nicht von Feindfahrt zurückgekehrt waren. Das vergangene Jahr, so außerordentlich reich an Erfolgen, hatte viele Opfer verlangt. Die Ausdehnung des U-Bootkrieges hatte Lücken in unsere Reihen gerissen: mancher alte Atlantikfahrer, aber auch mancher Neuling an der Front hatte anstatt feuchtfröhlicher Siegesfeiern sein Grab in den Wellen gefunden.
Die Wochen im Hafen vergingen wie Aprilschauer. Unsere Vergnügungen und Trinkgelage an der Bar und im C. B. waren nur geringe Entschädigungen für das, was wir auf See ertragen mußten. Ich besuchte die Treffpunkte der bretonischen Feinschmecker, verschwiegene Lokale, in denen die besten französischen Gerichte ohne Essenmarken zu haben waren; ich hatte unvergeßliche Hummermahlzeiten im »Seekommandant«, einem deutschen Restaurant in Brest, und verbrachte friedliche Abende am Kamin in unserem Schloß auf dem Land. Dann waren da die Nächte in der Casino Bar mit Janine, in denen wir uns vom Krieg und seinen rauhen Pflichten lösten.
Aber da waren auch jene stillen Stunden in der Einsamkeit meines Zimmers im Stützpunkt, in denen ich daran dachte, daß die Schlacht im Atlantik noch lange nicht gewonnen war. Die Bilder der von uns verursachten Zerstörung erschienen lebhaft in meiner Erinnerung. Die bellenden Explosionen der Torpedos, gellende Wasserbomben, krachende Fliegerbom-

ben klangen laut in meinen Ohren. Dies waren die Stunden, in denen ich erkannte, wie sehr sich der Krieg seit 1941 verändert hatte. Er war in eine neue Phase gerückt. Auch war die Front gefährlich nahe an die Küste herangetragen worden. Sie begann dort, wo der Himmel und das Meer sich im Westen trafen, an der Kimm, die in zwei Stunden mit »halber Fahrt« erreicht werden konnte. Das war die Linie zwischen Krieg und Frieden.

Unser Leitender, Friedrich, kehrte Mitte April aus seinem Urlaub zurück. Ich sah ihn während des Abendessens mit seinem tiefschwarzen, gutgetrimmten Spitzbart stolz in die Offiziersmesse treten. Belustigt ging ich auf ihn zu: »Hallo, alter Seemann, wie ist Papa zu Hause empfangen worden?«

»Mit Pfeifen und Trompeten. Du siehst, der Bart ist noch da. Die Kinder hatten einen Heidenspaß daran. Also hab' ich ihn weiterwachsen lassen.« Er berichtete, viel Zeit auf der Bahn und bei Verwandten verloren zu haben, und gestand, daß er froh sei, wieder in Brest zu sein. Ich unterrichtete ihn über den Stand der Arbeiten an unserem Boot und gab ihm einen Überblick über die noch ausstehenden Reparaturen, war aber mit der Beschreibung meiner Eskapaden eher zurückhaltend. Als jedoch Junggeselle Riedel mit dem Abendexpreß aus Paris zurückkehrte, erzählte ich ihm von meinem ausgelassenen Leben und hatte keinerlei Schwierigkeiten, ihn in den exklusiven Klub der Günstlinge *Madames* einzuführen.

Die übrigen Urlauber kehrten in kleinen Gruppen von ihren Familien zurück, die über die Hälfte des europäischen Festlands verstreut waren. Auch der Kommandant kam sichtbar erholt im Stützpunkt an. Die Furchen der Anstrengung und Spannung, die unsere Unternehmung in sein Gesicht geprägt hatten, waren verschwunden wie sein flammend roter Wikingerbart. Mehrere Tage eifriger Tätigkeit lösten drei Wochen der Beschaulichkeit ab. Die Werft hatte U-230 auftragsgemäß frontklar abgeliefert. Die Ausrüstung zur Feindfahrt nahm nur vier Tage in Anspruch.

Meine letzte Nacht im Hafen war ruhig und beschaulich. Meine Gedanken kreisten um die bevorstehenden Kämpfe und um das Schicksal, das allen U-Bootfahrern gemeinsam war. Ich versuchte mich zu konzentrieren und meine letzten Briefe zu schreiben. Ich bat Marianne, besonders vorsichtig zu sein, und berichtete meinen Eltern, daß ich für eine Weile stumm sein würde. Gegen Mitternacht packte ich meine wenigen Habseligkeiten zur Lagerung in der Last der Flottille. Ein neuer Befehl wies uns an, außer dem üblichen Inhaltsverzeichnis den Koffern auch ein Testament beizufügen. Es war nicht viel, was ich wegzugeben hatte, sollte ich beim nächsten Mal nicht mehr zurückkehren. Doch als ich in der Einsamkeit meines Zimmers meinen letzten Willen unterschrieb, hatte ich das Gefühl, mein Leben abgeschrieben zu haben. Und ich fragte mich, ob ich diesen Umschlag jemals wieder aus meinem Gepäck hervorholen oder ob ein anderer ihn öffnen und meinen letzten Wunsch erfüllen würde.

2

24. April 1943. U-230 lag im Halbdunkel des Betonbunkers. Die Leinen waren von den Pollern losgeworfen. Die Besatzung war auf dem Achterdeck angetreten und der Pier zugewandt, wo die Abschiedsgäste standen. Unsere Männer hatten kleine Blumensträuße an ihren Mützen oder in den Knopflöchern ihrer U-Bootblusen befestigt. Das ölige Hafenwasser wurde von den langsam rückwärtsschlagenden Schrauben aufgewirbelt. U-230 löste sich geräuschlos von der Betonwand und fuhr, das Heck voraus, aus dem Dunkel des schützenden Bunkers in blendendes Sonnenlicht. Ein dreifaches Hurra folgte aus der Katakombe. Zur gleichen Zeit trennte sich ein anderes Boot, U-456, von der gegenüberliegenden Pier und folgte in unserem Kielwasser. U-230 und U-456 hatten denselben Befehl, die gleiche Aufgabe. Ich sah Forster, meinen Gefährten mancher gemeinsamen Besuche bei *Madame*, auf der Brücke stehen. Wir winkten uns mit der behandschuhten Rechten zu. Dann vergrößerte unser Boot schnell die Entfernung zu Land und Freunden. Bereits in der Bucht von Brest war alles auf U-230 im Kriegszustand: die Handlungen, das gesprochene Wort und die Gedanken. Es war, als wären wir nie an Land gewesen, niemals auf Urlaub, als hätte es nie einen heiteren Augenblick in der Casino Bar, nie eine Nacht in den Armen einer Frau gegeben.

U-230 rauschte mit 17 Meilen durch das träge Wasser. Der Himmel hing voller dunkler Wolken. Es war kühl und windstill. U-456 jagte auf Parallelkurs nur 500 Meter Steuerbord achteraus. Im Osten verschwand der Sperrbrecher hinter der Kimm. Voraus mischte sich das Grau des Himmels mit dem Grün der See. Wir hämmerten nach Westen, hielten ständig Ausschau nach Flugzeugen und horchten mit geübtem Ohr auf jeden zirpenden Dauerton aus unserem Funkmeß-Warnungsgerät. Wir waren mit einem neuen elektronischen Instrument ausgerüstet worden, einer verbesserten Ausgabe des Biskaya-Kreuzes. Das unhandliche Kreuz, das wir beim Alarmtauchen mit viel Umständen von der Brücke in den Turm zu reichen hatten, war einer kleinen Antenne gewichen, die an die Ober-

kante der Turmverkleidung geschweißt war. Schwache Impulse begleiteten uns, seit wir Brest verlassen hatten. Als ihre Stärke plötzlich zunahm, verschwand U-230 mit einem schnellen Tauchmanöver von der Oberfläche. U-456 folgte nur Sekunden später. An diesem Nachmittag verloren wir die Verbindung mit unserem Gefährten. Wir marschierten getrennt, aber auf gleichem Kurs ins gemeinsame Operationsgebiet, in die Weite des Nordatlantik.
Bei Einbruch der Nacht tauchten wir auf, um beim Rennen nach Seemeilen, Strom und Luft unser Glück zu versuchen. Das Boot wurde schnell durchgelüftet, beide Diesel auf Hochtouren gejagt, die Batterieladung eingeschaltet. Die Unendlichkeit des nachtblauen Firmaments und die schwarze Weite des Meeres, die in der Ferne miteinander verschmolzen, gaben uns das Gefühl, durch den leeren Raum zu fahren. Allein zwischen Himmel und See, eine lange, helle Schaumfahne nach sich ziehend, schob sich unser schlankes Boot nach Westen - ein sicheres Ziel für jeden feindlichen Bomberpiloten. Während die Diesel in stetem Rhythmus hämmerten, zählte ich die Minuten, die uns über Wasser vergönnt waren. Siebzehn Minuten vergingen, achtzehn Minuten, dann eine lautstarke Ortung. Wir tauchten sofort.
Kurz nachdem U-230 in der folgenden Nacht die Oberfläche durchstoßen hatte, reagierten die Engländer mit heftigen Angriffen. Indem sie ihr Funkmeßgerät nur sparsam bedienten, überraschten sie uns mit plötzlichen Anflügen. Stunde um Stunde wiederholten wir das Spiel, stürzten stark vorlastig in die Tiefe, warteten, bis wir glaubten, der Gegner habe seine Beute verloren, tauchten nach 20 Minuten wieder auf, karrten mit klirrendem Diesel einige Meilen nach Westen - nur um Minuten später unter dem Getöse nach uns greifender Bomben wieder in die Tiefe zu sinken. Nacht für Nacht entkamen wir den hartnäckigen Verfolgungen, untertauchten die krepierenden Koffer. In der fünften Nacht ließen die Angriffe nach, und in der sechsten Nacht waren wir wieder in der Lage, normal zu atmen. U-230 hatte die Blockade durchbrochen und pflügte in einer phosphoreszierenden See weiter nach Westen. In dieser Nacht erhielten wir den Befehl, zusammen mit zehn anderen Booten, die die Gruppe *Drossel* bildeten, Quadrat BE 85 anzusteuern und eine Position in einem Vorpostenstreifen einzunehmen. Äußerste Vorsicht und Unsichtbarkeit waren die Voraussetzungen, wenn wir das Geleit stellen wollten. Die Boote waren angewiesen, getaucht auf der Stelle zu treten. Auftauchen war nur kurz und nur zur Lufterneuerung erlaubt. Das Geheimnis des Vorpostenstreifens mußte unter allen Umständen gewahrt werden. Ungesehen bleiben - das war der Schlüssel zum Erfolg.
Die Nächte wurden zu unseren Tagen und die Tage zu unseren Nächten. Die schleichenden Stunden, in denen wir in unserer Röhre eingeschlossen waren, verbrachten wir im Dämmerlicht einiger schwacher Lampen der

Notbeleuchtung, um Strom zu sparen. Die Nächte auf der Brücke waren schwarz wie Teer. Wir fuhren mit langen Suchschlägen im Quadrat auf und ab, die Ohren auf das Ortungsgerät abgestimmt, die Augen abwechselnd auf die tintenschwarze See und in die schattenblaue Luft gerichtet, immer bereit, den Bomben auszuweichen, die mit alarmierender Regelmäßigkeit und Genauigkeit vom Himmel fielen. Und am Tage, wenn die Sonne für alle andern Lebenden schien, glitten wir auf einer Tiefe von 40 Metern, horchten auf die entfernten, trauten Schraubengeräusche, lauschten gespannt den Asdic-Impulsen und den detonierenden Wasser- und Fliegerbomben.

Aber so sehr wir auch horchten und unsere Augen anstrengten - weder wir, noch eines der anderen Boote entdeckten den Konvoi. Es war, als ob er nicht existierte.

Gegen Abend erhielten wir folgenden Ansatzbefehl: GRUPPE DROSSEL SOFORT 60 SM NACH WESTEN VERLEGEN - NORDGEHENDES GELEIT VON EIGENER LUFT GESICHTET - BDU.

Mit Einbruch der Dunkelheit hämmerten elf Boote mit Höchstfahrt westwärts. Elf phosphoreszierende, weiße Schaumstreifen schnellten in die dunkle Weite des Atlantik und griffen nach dem Feind, der im Schutz der Nacht nach Norden stampfte.

Am 1. Mai erreichten wir unsere neue Position, eine Gegend, in der noch kein feindliches Flugzeug gesehen wurde. Die Ortungen hatten nachgelassen, und wir getrauten uns wieder, am Tage aufgetaucht zu bleiben und unter der Sonne weiterzusuchen. Nach dem ewigen Versteckspielen, nach Tagen und Nächten unter dem Druck der Vorstellung, jeden Augenblick mit wohlgezielten Bombenserien angegriffen werden zu können, betrachtete ich die Sonne als den einzigen Garanten unseres Fortbestehens. Ihre Helligkeit erlaubte uns, hoch und weit zu sehen. Mit Hilfe unserer Augen und dem Metox, hoffte ich, würden wir die schwarzen Bienen aus sicherer Entfernung aufspüren und unseren rechtzeitigen Rückzug in die Tiefe garantieren können.

Unser neues Operationsgebiet lag weit südlich der stürmischen Nordregionen des Atlantik, in denen wir während der Wintermonate gekämpft hatten. Ich erwartete günstigere Wetterverhältnisse und Schießbedingungen, wie auch eine schnellere Geleitverfolgung. Die Spannung, die sich während unseres Marsches durch die Biskaya bis zur Unerträglichkeit gesteigert hatte, war plötzlich verschwunden.

2. Mai. Das Wetter war ungetrübt. Die See war ruhig und schillerte in allen Regenbogenfarben. Um 14 Uhr 08 sah Riedel ein schnellfahrendes Ziel hinter dem südlichen Horizont: ein Einzelfahrer. Wir jagten sofort auf einem neuen Kurs in westliche Richtung, um die verlängerte Kurslinie des Gegners noch vor Abenddämmerung zu erreichen. Drei Stunden heißer Verfolgung trieben das Jagdfieber auf einen neuen Höhepunkt.

Wir dampften das Fahrzeug am Rande der Sicht aus, hielten Fühlung an Mastspitzen und Schornsteinkappe, setzten uns auf den Kurs des Gegners, tauchten und legten uns in den Hinterhalt. Eine Stunde später ging unsere Hoffnung, den ersten Torpedo auf dieser Reise zu feuern, buchstäblich im Rauch des Dampfers auf. Siegmann erkannte in ihm einen schwedischen Frachter, der auf neutraler Route fuhr. Das Fahrzeug hatte seine Landesfarben auf die Bordwand gemalt und benutzte die »Philadelphia-Route«, einen Schiffahrtsweg, den unsere Führung neutralen Schiffen als sichere Passage garantiert hatte.
Nachdem wir dem Schweden erlaubt hatten, unsere Rohre zu passieren, tauchten wir auf. Bald danach fingen wir einen Funkspruch von einem unserer Boote auf: GELEITZUG IN AJ 37 - KURS NORDOST - TORPEDIERTE ZWEI - ZUSAMMEN 11 000 - HALTE FÜHLUNG - U-192. Das Quadrat AJ 37 lag zwischen Neufundland und Grönland - zu weit entfernt für unseren Zugriff. Wir hatten die Vernichtung dieses Geleits den Wölfen zu überlassen, die im nördlichen Seegebiet operierten.
Kurz nach Einbruch der Nacht kehrten wir auf unsere Ausgangsposition zurück. Wir legten uns sofort auf die Lauer nach dem gemeldeten Verband.
Die Erregung an Bord nahm mit jeder Stunde zu. Die Nacht verging jedoch, ohne daß eines der angesetzten Boote Feindberührung meldete. Unsere Diesel arbeiteten gemächlich in langsamer Fahrt, und die Zulüfter sangen ihr altes, seufzendes Lied.
3. Mai. 10 Uhr 30. Neuer Funkspruch von der Führung: GRUPPE DROSSEL SOFORT AUF SÜDGEHENDES GELEIT IN BD 91 OPERIEREN - FAHRT NEUN MEILEN - DOENITZ. Das galt wieder uns. Diesmal mußten wir die Ziele vor die Rohre bekommen. Ungeachtet der Gefahr, unter einer strahlenden Sonne gesichtet zu werden, karrte das Rudel grauer Wölfe auf den neugemeldeten Konvoi zu. Neben U-230 rauschten U-456, U-436, U-89, U-607, U-603, U-659, U-439, U-600, U-406 und U-447 einer neuen Geleitzugschlacht entgegen. Die See war kabbelig, und die kurzen Wellen zeigten hier und dort ihre weißen Zähne. Den ganzen Vormittag jagten wir in Richtung des Geleits und erwarteten zu jeder Minute Feindberührung. Die Spannung wuchs, und mit ihr unser Appetit. Wir auf der Brücke standen hinter der Turmverkleidung in leichter Kniebeuge, kauten an unserem Salami-Doppeldecker und spülten die Bissen mit starkem, heißem, Bohnenkaffee hinunter.
Bei Einbruch der Abenddämmerung - Überraschung: U-89 funkte, daß es auf einen nicht gemeldeten Verband mit Landungsfahrzeugen gestoßen war. Kurs Süd, starke Abwehr. Wir waren mehr als erstaunt. Landungsboote im Atlantik? Unsere Kampfstimmung stieg augenblicklich. Niemals sollten diese Kähne gegen unsere Landser eingesetzt werden. Sie mußten in der kommenden Nacht von der Oberfläche gefegt werden.

20 Uhr 10. U-230 tauchte zum Horchrundblick. Schwaches Geräuschband im Nordosten.
21 Uhr. Aufgetaucht. Irgendwo im dunklen Norden schaukelte das Geleit, auf das ein konzentrierter Angriff durchgeführt werden sollte. Ein nächtlicher Überwasserangriff versprach ein Wiederaufleben der alten Rudeltaktik, versprach Verfolgung, Versenkungen und Siegesfeiern. Die Nacht war mondlos und schwarz. Seegang 3 bis 4. Der Wind kam aus dem Westen. Gelegentliche Schauer näßten uns auf der Brücke.
22 Uhr 30. Wir ließen schwache, kurze Ortungen außer acht. Sie waren oft für lange Minuten verschwunden. Das mußten die Sicherungsfahrzeuge des Verbands sein, die die Oberfläche nach uns abstrichen.
22 Uhr 50. Die Ortungen nahmen in Stärke und Anzahl zu. Der Metox machte uns nervös, und die Meldungen von unten störten meine Feuerbefehle. Siegmann befahl, das Gerät abzuschalten. Wir waren ohnehin von den Zerstörern längst entdeckt. Aber die Gefahr, abgefangen zu werden, war nicht größer als bei jeder früheren Geleitzugschlacht. Gemäß Pragers Berechnungen sollten wir bereits Feindberührung gehabt haben. Mit murmelnden Dieseln jagten wir diagonal in die lange, anrollende Altdünung, horchten, schnüffelten. Wir hofften den Qualm des Verbands zu riechen, bevor wir die Schatten zu sehen bekamen.
23 Uhr 50. Borchert entdeckte die ersten Schatten. »Korvette Bug rechts. Entfernung 3000 Meter.«
Die Korvette zeigte ihre Breitseite, verschwand aber innerhalb Sekunden in dem nächtlichen Dunst. Plötzlich ertönte Rochers Stimme: »Zerstörer 2000 Meter, Lage Null.«
»Beide Diesel dreimal AK voraus! L.I., heiz deine Töpfe an!« Das war Siegmanns Befehl an Friedrich, die letzte Kraft aus den Dieseln herauszuholen. Es war keine Rede davon, in den Keller wegzutauchen. In derartig gefährlicher Lage waren wir schon oft.
Ein anderer Schatten schoß aus der Dunkelheit. Schiffspeilung 100 Grad. Korvette Bug links. Sie schnitt langsam zwischen unser Boot und den verfolgenden Zerstörer. Siegmann erkannte seine Chancen, drehte sein Boot nach Backbord und brach mit nahezu 20 Meilen Fahrt nach Norden aus, während die beiden Verfolger sich in wilde Manöver verwickelten, um eine Kollision zu vermeiden.
4. Mai. 0 Uhr 25. Kurzsignal von U-89: DREI EINZELSCHÜSSE - ALLE FEHL - ABGEDRÄNGT - STARKE SICHERUNG. Wir bereiteten uns auf einen neuen Zusammenstoß mit der Abwehr vor. Der Seegang hatte inzwischen zugenommen. Die Dunkelheit war vollkommen. Siegmann legte sein Boot wieder auf alten Kurs, verringerte die Fahrtstufe auf »Große Fahrt« und jagte vor der See dem berechneten Standort des Verbands entgegen. Unsere Operation verlagerte sich stetig nach der spanischen Küste. Uns wurde klar, daß das Geleit für Gibraltar bestimmt

war. Mit unserer Annäherung an Land rechneten wir mit dem Aufkommen der feindlichen Lufttätigkeit und mit erneutem Segen von oben.
2 Uhr 17. Funkspruch von U-456: HABE FÜHLUNG MIT GELEIT IN BF 97 - KURS SÜD - FAHRT ZEHN - GREIFE AN. Von den elf Booten, die an das zuerst gemeldete Geleit angesetzt worden waren, hörten nur neun dieses letzte Funksignal. U-439 und U-659 waren im Dunkel der mondlosen Nacht und in der Hitze der Verfolgung aufeinandergeprallt und gesunken.
Siegmann berichtigte sofort seinen Kurs - und U-230 schloß die Entfernung zum zweiten Verband mit den Landungsbooten mit einer Annäherungsgeschwindigkeit von 24 Seemeilen. Ich ließ die Rohre bewässern, die Feuerleitanlage überprüfen und versuchte mit meinem Nachtglas die Weite der Nachtbläue zu durchdringen.
4 Uhr 45. Zwei Stunden vor Sonnenaufgang. Ein neuer Schatten, tiefliegend und drohend, schnitt in unseren achteren Sektor. Wir knüppelten mit Höchstfahrt davon, Kurs Nord - und liefen plötzlich auf den Geleitzug auf. Schatten recht voraus - drei - vier - zehn. Ich wirbelte herum und nahm die Brocken ins Fadenkreuz.
Ich kam nicht weiter. Eine Korvette stob hinter einem Frachter hervor direkt auf uns zu. U-230 drehte ab und stieß in eine riesenhafte Welle - unser einziger Ausweichkurs.
Eine neue Jagd - eine neue Verfolgung. Der Zerstörer achteraus versuchte uns zu rammen. Wie schon einmal in dieser Nacht wiederholten wir unser Ausbruchmanöver und schüttelten den Gegner nach einer Stunde ab. Siegmann schwenkte das Boot in neue Schußposition. Aber als sich ein grauer Schimmer über den östlichen Horizont verbreitete und ein neuer Tag die See von den Wolken trennte, erkannten wir, daß wir allein waren.
In den frühen Morgenstunden nahm die Operation eine scharfe Wendung. Unsere nächtlichen Angriffe hatten die Engländer herausgefordert. Wie vorauszusehen war, warfen sie alles, was fliegen konnte, in die Schlacht - von einmotorigen Maschinen bis zu den modernsten Langstreckenbombern. Eine Massenverfolgung aus der Luft nahm ihren Anfang.
8 Uhr 25. Ich sah eine viermotorige Maschine aus einer Wolkenbank hervorstoßen. Alarm. Das Boot winkelte sofort an und stürzte weg. In diesen Augenblicken völliger Blindheit, Ungewißheit, größter Gefahr und rasantem Fall in die Tiefe - erinnerten uns vier harte Detonationen daran, daß wir in der Hitze des Gefechts vergessen hatten, den Metox wieder einzuschalten. Wir warteten, bis die Maschine abgeflogen war, tauchten nach 40 Minuten auf, jagten der verlorenen Herde nach, hefteten unsere Augen auf Himmel und Kimm.
9 Uhr 23. Alarm vor einer Liberator. Die Tauchröhre folgte brav den harten Lagen von Seiten- und Tiefenruder. Vier Wasserbomben detonierten an Backbord.

9 Uhr 45. Aufgetaucht. Die Luft war rein.
10 Uhr 20. Liberator. Alarm. Vier Wabos. Ausfälle.
10 Uhr 50. Aufgetaucht.
Am Spätnachmittag, wir fielen vor Müdigkeit fast um, hatten wir noch immer keine Berührung mit dem Konvoi. Auch die beteiligten Boote meldeten nichts von einer Sichtung. Der Gegner schien hinter dem Schirm seiner Luftaufklärung unbehelligt seinem Bestimmungshafen entgegenzudampfen. Als die Nacht sich auf den östlichen Atlantik legte, gingen wir in den zweiten Tag ohne Schlaf; wir standen nahezu 24 Stunden auf Gefechtsstationen und hofften unter dem Schutz der Dunkelheit endlich den Gegner zu treffen. Die Rohre klar zum Schuß, schlug U-230 riesige Suchschläge, zuerst nach Norden, dann nach Osten und nach Mitternacht nach Süden. Kein Geleit.
5. Mai. Bei Tagesanbruch war die See leer und so feierlich, wie an einem Tag im Mai zur Friedenszeit. Das Geleit hatte tatsächlich seinen Ausbruch aus unseren Fängen erzwungen. In den Morgenstunden wurden wir von der Führung aufgefordert, einen neuen Vorpostenstreifen im selben Seegebiet mit dem Rest der Gruppe *Drossel* zu bilden, um zwei gemeldete Nordgeleite abzufangen. Es war eine unangenehme Erkenntnis: der Atlantik wimmelte von feindlichen Geleitzügen, denen es allzuoft gelang, rechtzeitig und auf unerklärliche Weise durchzubrechen.
Neuer Vorstoß - neue Jagd. Mit röhrenden Dieseln, alle Sinne auf den Gegner gerichtet, stießen wir in unser zugewiesenes Quadrat. Das Wetter war ausgezeichnet. Der Himmel fast wolkenlos. Seegang war 2 bis 3. Eine leichte Brise kräuselte die Oberfläche. Dann endlich, um 14 Uhr 02, eine erste Feindmeldung: HABE KREUZER UND ZWEI ZERSTÖRER GESICHTET IN CF 39 - U-456.
Das war der Paukenschlag, die Eröffnung zu einer neuen Verfolgung. Kurswechsel - rangeknüppelt. Das Boot wiegte sich leicht in der langen Dünung. Die Sicht war klar und weit. Der Tag ungewöhnlich ruhig. Die Stille schien trügerisch - aber nicht für uns. Wir hatten gelernt, die Gefahr vorauszuahnen wie ein alter Bär, der schon viele Treibjagden überlebt hat. Wir hatten gelernt, daß eine Sekunde der Sorglosigkeit unser Leben kosten konnte, daß die Gefahr und der Gegner aus der Luft überall lauerten.
Ein neues Funksignal, kurz und bündig, wurde uns von Riedel durchs Turmluk auf die Brücke gereicht: WERDE VON ZERSTÖRER VERFOLGT - AJ 62 - U-638. Dieser Vorfall ereignete sich zur selben Minute an dem Grönlandgeleit, das am Vortag von U-192 gesichtet worden war. Stoisch nahm Siegmann die Nachricht zur Kenntnis. Es war die letzte Meldung des Bootes. Wir haben nie wieder etwas von ihm gehört.
Nur kurze Zeit später ein weiteres Kurzsignal aus dem kalten Norden: ZWEI ZERSTÖRER - U-531. Nicht mehr, nicht weniger. Dieser zweite alarmierende Notruf ließ klar erkennen, daß der Angriff auf das Grön-

landgeleit auf ungewöhnlich heftige Abwehr gestoßen war. Trotz mehrfacher Aufforderung durch den BdU, sich zu melden, antwortete das Boot nicht mehr.

»Rauchwolken an Backbord.« Es war 16 Uhr 25. Der schneidende Ruf von Borchert, unserem Späher, ließ uns unsere Müdigkeit vergessen. Eine fahle Verfärbung am Horizont war die rußige Visitenkarte des Gegners. Mit neuem Elan setzten wir zur Verfolgung an. Bald krochen die Mastspitzen der Frachter und die Rahen der Zerstörer über die Kimm. Unsere Augen in den klaren Maihimmel gerichtet und nur ab und zu einen kurzen Blick auf die Armada werfend, kurbelten wir mit höchsten Umdrehungen voran, um noch vor der Nacht eine vorliche Stellung zum Geleit zu erzwingen. Stunden heißer Verfolgung hielten die Männer in gespannter Bereitschaft. Doch als die Abenddämmerung, von Osten kommend, sich über das Wasser legte, wurde sie zur Verbündeten der Alliierten. Sie umhüllte den Verband mit einer derartigen Plötzlichkeit, daß wir ihn schnell aus den Augen verloren. Siegmann dampfte rücksichtslos in die aufziehende Nacht. Stunde um Stunde kreuzten, suchten und jagten wir durch eine pechschwarze Finsternis. Aber so sehr wir uns auch bemühten, der Verband war so plötzlich verschwunden, wie er gesichtet worden war. Dies war nun die dritte Geleitoperation innerhalb drei Tagen, die fruchtlos endete und uns enttäuscht im Fahrwasser des Gegners zurückließ.

In dieser Nacht verlor die Gruppe *Drossel* zwei weitere Boote. U-600 und U-406 kollidierten bei ihren Angriffsversuchen und mußten schwerbeschädigt den Rückmarsch zu ihren Stützpunkten antreten. Nur U-447 gelang es, an den Feind zu kommen und einen Sperrballon abzuschießen. U-456 meldete später ebenfalls Feindberührung: es war abgedrängt und von der Sicherung mit Wabos bedient worden. Es war in der Tat eine verflixte Nacht, eine enttäuschende Situation.

6. Mai. Es war noch früh und dunkel, als ein neues Kurzsignal über den Atlantik jagte: VON KORVETTE ANGEGRIFFEN - U-438. Diese neue Nachricht verwirrte uns. Was war die Ursache dieses plötzlichen Stroms von Unglücksmeldungen, die nur von Verlusten unserer Boote berichteten?

Eine weitere Abmeldung aus unseren Reihen wurde am selben Vormittag aufgefangen: FLUGZEUG - BOMBEN - VON ZERSTÖRER GERAMMT - U-125.

Ein viertes Opfer! Unsere anfängliche Überraschung verwandelte sich in totale Bestürzung.

Im Vorgefühl eines aufsteigenden Unheils stießen wir weiter nach Norden, in der Hoffnung, Nachzügler des Konvois zu erwischen und sie aufzureiben. Dann am Nachmittag sichtete eine deutsche viermotorige »Condor« das Geleit. Sofort wurden alle restlichen Boote der Gruppe *Drossel* darauf angesetzt. Wir suchten bis in die späten Abendstunden. Vergeblich. Da sichtete eine zweite »Condor« das Geleit wieder. Es hatte in Richtung Kap Finisterre gezackt. Nachgestoßen. Die ganze Nacht hämmerten unsere Diesel im Konzert mit denen der sieben verbliebenen Boote, die in der mondlosen Dunkelheit auf den Kollisionskurs mit der Mahalla zujagten. Aber auch in dieser Nacht kamen wir nicht zum Schuß. Die Nacht war wie verhext. Und der Konvoi.

7. Mai. Nach einigen kräftigen Tassen Kaffee, die meine Müdigkeit etwas verscheuchten, schwankte ich um 4 Uhr auf die Brücke, um meine Wache anzutreten. Seit Tagen waren die Männer auf ihren Gefechtsstationen, aßen im Stehen ihre kalten Mahlzeiten, riskierten in Hockstellung einige Minuten Schlaf. Seit Tagen taten sie ihren aufreibenden Dienst in schulmäßiger Routine. Sie brauchten keine Befehle, um ihre Pflicht zu tun. Sie waren zu jeder Sekunde einsatzbereit, mit Körper und Geist.

5 Uhr 53. Funkmeldung von U-607: GELEITZUG IN CF 37 - KURS NORD.

Eine Kurswendung nach Westen. Wir richteten unsere Zeissgläser auf die nachtschwarze Kimm. U-230 fegte mit außerordentlicher Vorsicht unter einem sternenübersäten Himmel in die Nacht. Plötzlich hörten unsere Funker einen neuen Ruf: BF 45 - VON FLUGZEUG ANGEGRIFFEN - SCHWER GEBOMBT - ERBITTE JAGDSCHUTZ - BESCHRÄNKT TAUCHKLAR - U-663. Auf eine sofortige Anfrage der Führung antwortete das Boot nicht mehr. Es war einem neuen Angriff zum Opfer gefallen. Ich prüfte den Standort des neuen Opfers auf unserer schimmeligen Seekarte und markierte den Punkt seiner Versenkung mit einem schwarzen Kreuz. Das Boot starb in der Mitte der Biskaya. U-663 war das fünfte Boot, das innerhalb dreier Tage sank. Sieben Stunden später mußte ich die Liste erneut berichtigen, als U-192 und U-531 auf die wiederholte Aufforderung der Führung, Standort zu melden, nicht mehr antworteten. Beide Boote hatte das Schicksal bei jenem Geleit südöstlich Grönland ereilt.

7 Uhr. Wieder ein Kurzsignal. Der Strom der Meldungen ging ununterbrochen ein. Dieses kam von unseren Freunden: GELEIT IN CF 34 - LEUCHTGRANATEN - U-456.

Wieder Kursänderung. Mit verbissener Energie, übernächtigt, hungrig und durchnäßt, stießen wir nach.

8 Uhr 25. »Mastspitzen in 40 Grad.« Steuerbord voraus war der Gegner. Wir hatten es geschafft. Siegmann ließ sofort unsere Entdeckung an die Führung funken, drehte sein Boot nach Steuerbord auf Parallelkurs mit dem Geleit, befahl dem L.I., die letzten Pferdestärken aus den Maschinen herauszuholen - und U-230 preschte wie ein Mustang durch die See. Am Rande der Sicht dampften wir nach alter, erprobter Taktik nach vorne und hofften vor Einbruch der Dunkelheit eine vorliche Position erreicht zu haben, dann getaucht in das Geleit einzudringen und unseren Aalen end-

lich die Ziele zu geben, für die sie konstruiert worden waren. Mit unseren starken Gläsern Fühlung haltend, jagten wir hinter der Erdkrümmung mit dem Verband nach Norden. Die See war wie eine Silberplatte und der Himmel so blau wie eine Kornblume.
Am Spätnachmittag, die Sonne stand in dieser westlichen Breite noch hoch am Himmel, sichteten wir rechtzeitig eine viermotorige Maschine. Sofort getaucht. Keine Bomben. Fünfunddreißig Minuten später wieder aufgetaucht. Batterieladung eingeschaltet. Das erzwungene Tauchmanöver hatte unseren deutlichen Vorsprung verdorben. Erneuter, zäher, langsamer Vorstoß. Hart klirrten die Diesel, hell seufzten die Zulüfter. Langsam senkte sich der Abend auf die Wasserwüste.
21 Uhr 45. »Flugzeug!« Der Schrei ging im schrillen Klang der Alarmglocke unter. U-230 fiel wie ein Stein in die Tiefe. Eine Sunderland war aus der dunklen Wand der heranrollenden Nacht auf uns herabgestoßen.
Vier vulkanische Schläge. Das Boot machte vier Sätze, stürzte dann weiter in die Tiefe. Ein Rauschen, Brausen, Dröhnen, Sausen. Dann plötzlich Stille. Nur die Elektromotoren summten. Das Boot zitterte unter dem schnellen Schlagen der Schrauben. Friedrich gab einige Befehle nach vorne und achtern. Dann richtete das Boot seine Nase auf, legte sich auf ebenen Kiel, pendelte durch und glitt dann auf die befohlene Tiefe.
22 Uhr 20 aufgetaucht. Die Dämmerung war vollständig. Die Mastspitzen waren verschwunden. Siegmann schwang das Boot in die Richtung, wo er das Geleit vermutete.
22 Uhr 50. »Alarm!« Kurz vor dem Absacken sah ich noch, wie die Sunderland, die Dunkelheit ausnutzend, tieffliegend heranschlich. Ein - zwei - drei - vier gewaltige Detonationen. Mit Hartruderlage wichen wir dem Explosionsdruck aus. Plötzlich Ruderklemmer Steuerbord. Wir fuhren wie wild im Kreis. Heckraum meldet Wassereinbruch durchs achtere Luk. E-Verdichter ausgefallen. Wir waren haarscharf am Tode vorbeigeschossen. Der Kommandant befahl, die wichtigsten Schäden sofort zu reparieren. Kurz nach Mitternacht, nahezu zwei Stunden später, hatte der L.I. das Boot wieder völlig in der Hand. Dann tauchten wir auf.
8. Mai. Für drei Stunden stießen wir in nordwestlicher Richtung nach. Dann änderten wir Kurs auf Nordost und jagten weitere zwei Stunden in diese Richtung. Aber das Geleit war und blieb verschwunden. Als die Morgenröte im Osten aufstieg und die Helligkeit den Horizont erweiterte, sahen wir, daß wir allein waren. Um 6 Uhr 10 wurden alle Boote aufgefordert, Standort zu melden. Es meldeten sich alle, bis auf U-447. Wir haben nie wieder etwas von ihm gehört. U-89 und U-607 berichteten von erfolglosen Angriffen und Zerstörerverfolgungen. Keines der Boote hatte einen Erfolg erzielt.
Am Vormittag befahl uns die Führung, die Verfolgung abzubrechen, in das Quadrat BD 95 vorzustoßen und dort einen größeren ebenfalls nord-

gehenden Geleitzug abzufangen. Mit äußerster Vorsicht und sparsamster Marschfahrt fuhren wir nach Westen. Die Verlagerung gab uns nach einer einwöchigen, aufreibenden, zehrenden Jagd die Möglichkeit, den verlorenen Schlaf nachzuholen. Normale Bordroutine löste die hektischen Tage ab.

10. Mai. Es war ein sonniger, wolkenloser Tag. Wir stießen in unser zugewiesenes Quadrat, einen kleinen Flecken in der Mitte des Atlantik. Die Lücke im Vorpostenstreifen war geschlossen. Der gemeldete Verband konnte nicht entkommen. Die Gruppe *Drossel,* nunmehr auf sechs Boote zusammengeschrumpft, lag auf der Lauer, weitere Boote standen in gestaffelten Vorpostenstreifen zwischen unserem Standort und den englischen Inseln. U-456 unter dem Befehl von Kapitänleutnant Teichert, unser Gefährte seit unserem Auslaufen aus Brest, lag irgendwo hinter der Kimm in seinem Versteck. Die Falle war gestellt.

Um 18 Uhr 30 ging ein neuer Funkspruch ein. Er war von U-403 abgegeben, das weiter westlich stand: GELEITZUG IN CE 24 - KURS NORDOST - FAHRT ZEHN MEILEN. Das war der Verband, nach dem wir suchten. Nur wenige Minuten später wurde die Gruppe *Drossel* vom BdU aufgefordert, die Verfolgung aufzunehmen. U-230 machte eine scharfe Wendung und jagte dem Geleit entgegen.

11. Mai. Eine neue Todesnachricht, wieder aus der Biskaya: BE 65 FLIEBOS - TAUCHUNKLAR - ERBITTE SOFORT FLUGHILFE - U-528. Die Meldung traf uns hart. Wir wußten, daß sich ein so schwer angeschlagenes Boot nicht lange halten konnte. Tatsächlich sank das Boot noch am gleichen Tag. U-558, zur Hilfe angesetzt, mußte seine Suche aufgeben. Wir waren fest entschlossen, den Verlust des Bootes hundertfach zu vergelten.

Inzwischen schäumte U-230 mit klingenden Dieseln einem neuen Feind entgegen. Sein Bug teilte die See in zwei sprühende Fontänen. In Erwartung des Angriffs befahl ich, alle Torpedos zu prüfen und die Feuerleitanlage zu überholen. Wir erwarteten nichts anderes als Erfolg.

12. Mai. 4 Uhr. Die Spannung war im ganzen Boot zu spüren. Als ich die Brücke zur Übernahme meiner Wache bestieg, waren wir alle von seltsamer Erregung erfüllt.

6 Uhr 40. Der neue Tag kündete sich im Osten an. Prager erschien auf der Brücke und schoß mehrere Sterne. In der Stille der Dämmerung errechnete er unsere Position. Um 6 Uhr 20 meldete er, daß das Boot auf dem gemeldeten Generalkurs des Geleits angekommen war. Ich verminderte die Fahrt, legte U-230 auf einen Südwestkurs, dem Verband entgegen, und fuhr, vorsichtig die Kimm abstreichend, voraus. Der östliche Himmel verfärbte sich blutigrot, als die Sonne sich anschickte, aus dem Wasser zu steigen. Nur ein dunkler Strich im Westen erinnerte an die Nacht.

7 Uhr 15. Die Sonne schoß wie ein Feuerball aus dem Meer. In diesem

großartigen Augenblick erkannte ich eine verschwommene Rauchwolke über dem westlichen Horizont - das Geleit. Ich rief nach dem Kommandanten und sagte Sekunden später, als Siegmann sich durchs Turmluk zwängte: »Habe eine Morgengabe für Sie, Herr Oberleutnant.«
»Danke, I.W.O., endlich mal 'ne gute Nachricht.«
Wir beobachteten mit unseren starken Zeissgläsern, wie die Rauchwolke größer und breiter wurde. Dann drehte der Kommandant das Heck des Bootes gegen die grauen und schwarzen Schwaden. Drei Mastspitzen krochen über die scharfe Linie der Kimm im Westen und stiegen schnell höher - die Feger vor dem Verband. Sie zackten schnell näher und bewegten sich ruckweise, wie Puppen auf einer leeren Bühne. Wir liefen langsam nach Osten ab, hielten sichere Entfernung zu den Masten, dampften den Gegner schulgemäß aus, bestimmten genauen Kurs und Fahrt.
7 Uhr 38. Neue Mastspitzen erschienen über einem weiten Sektor des westlichen Horizonts. Dann folgten die Schornsteinkappen. Das waren die Frachter, das eigentliche Wild unserer Jagd. Ein gigantisches Panorama von Masten und Schornsteinen entfaltete sich und stieg immer höher aus dem Meer. Wir standen vor der Parade in ausgezeichneter Schußposition.
Innerhalb einer Stunde, sagte ich mir, würden wir eine Unmenge dieser Opfer zur Auswahl vor unseren Rohren haben.
7 Uhr 45. Riedel sandte folgendes Kurzsignal an den BdU und die anderen Boote im Hinterhalt: GELEITZUG IN BD 28 - KURS NORD - FAHRT 9,5 SM - TAUCHE ZUM ANGRIFF - U-230.
7 Uhr 55. Siegmann handelte. Es war höchste Zeit. »Brücke räumen! - Auf Tauchstationen.«
Ich sprang nach den Männern in den Turm. Die Alarmglocke schrillte. Es war das Signal zum Angriff. Fünf Minuten später war das Boot auf Sehrohrtiefe eingesteuert und glitt nur wenige Meter unter der Oberfläche dem Gegner entgegen. Der Kommandant saß auf dem Sehrohrstuhl, ergriff das Mikrophon und sprach mit verhaltener Stimme: »Wir haben einen besonders großen Geleitzug gesichtet. Wahrscheinlich über einhundert Schiffe. Wir werden unter Wasser angreifen. Ich erinnere euch daran, daß wir nicht auf einer Ferienreise sind. Ich erwarte euer Bestes, um diesen Angriff erfolgreich durchzuführen.« Dann drückte er einen Hebel, und der Motor des Sehrohrs begann zu summen.
8 Uhr 05. Das Geleit war noch außer Sichtweite. Siegmann befahl, alle Rohre zu bewässern.
8 Uhr 10. Ich meldete die Torpedowaffe fertig zum Angriff. Das schlagende, klopfende Geräusch des Verbands verbreitete sich immer lauter durch die Tiefe.
8 Uhr 16. Der Horcher meldete durch das Sprachrohr. »Geleit hat Kurs gewechselt. Geräuschband auf 310 Grad ausgewandert.« Siegmanns Plan für einen Unterwasserangriff war plötzlich ruiniert.

Der Kommandant, über den unerwarteten Kurswechsel verärgert, fuhr das Sehrohr weiter aus, um einen Überblick über das Geleit zu bekommen. Die singenden Sägegeräusche zahlreicher Zerstörer hallten schrill durch die Tiefe, und das dumpfe, mahlende Rollen der mächtigen Armada traf auf den Stahl unseres Druckkörpers wie das tiefe Schlagen zahlloser Urwaldtrommeln.

»Verdammter Trick«, brummte Siegmann. »Das Geleit hat tatsächlich nach Nordosten gezackt. Etwa ein Dutzend Korvetten sind über seine Steuerbordseite verteilt.«

Während U-230, von der Fernsicherung unentdeckt, geräuschlos dahinglitt, dampfte der Verband mit 11 Seemeilen Fahrt davon. Wir waren unfähig, die Lücke zu schließen. Das rhythmische Dreschen von über einhundert Schrauben drang durch den Stahl unserer Außenhaut und schien im Boot weiterzuschwingen. Der Kommandant gab seinen Sitz am Sehrohr auf und knurrte: »Kommen Sie, I.W.O., und schauen Sie sich das mal an. Wenn ich ein schnelleres Boot hätte, könnte ich das Geleit wie einen Teppich aufrollen.«

Ich schwang mich in den Sessel. Sieben Meilen an Backbord sah ich ein erstaunliches Bild. Der gesamte Horizont, soweit mein Auge reichte, war von Schornsteinen und Masten dick wie ein Wald bedeckt. Schnelle Zerstörer schnitten mit arroganter Eleganz durch die kabbelige, grüne See. Wahrscheinlich flitzten zwei Dutzend dieser schnellen Korvetten um die Ausläufer des Verbands. Ich sagte voller Erstaunen: »Das ist wahrscheinlich der größte Verband, den wir je vor die Rohre kriegen.«

»Sie mögen recht haben, I.W.O. Wenn wir an diese Riesenwand von Schiffen rankommen, können unsere Aale überhaupt nicht fehl gehen.«

Bevor wir es riskieren konnten, aufzutauchen und in eine neue Schußposition zu jagen, hatten wir eine beträchtliche Entfernung zwischen uns und das Geleit zu legen. Das Zischen der Schrauben und Klopfen der Kolbenmaschinen, das Singen der Turbinen und Zirpen der Asdic-Impulse begleitete uns auf unserer geheimnisvollen Fahrt durch die Tiefe. Für nahezu eine Stunde liefen wir diagonal von den Stahlgiganten ab und bereiteten uns für eine Verfolgung über Wasser vor.

9 Uhr 30. Aufgetaucht. Ich folgte Siegmann auf die Brücke. Das Oberdeck lag noch unter Wasser. Wir nahmen einen schnellen Rundblick. Weit entfernt, im Nordwesten, bewegten sich die Mastspitzen an der scharfen Linie, die das Meer vom Himmel trennte. U-230 nahm schnell Fahrt auf und arbeitete sich am Rande der Sicht durch eine stetig zunehmende See. Der Wind kam aus dem Westen, Stärke 5 bis 6, Seegang Stärke 4. Unser Kurs war parallel zum Geleit. Unsere Fahrt: alles, was die Diesel hergeben konnten. Siegmann beabsichtigte, sich mit allen Mitteln vor das Geleit zu setzen, um vor Dunkelwerden einen neuen Unterwasserangriff zu fahren.

9 Uhr 55. Ein Schrei in meinem Rücken: »Flugzeug!«
Ich sah die einmotorige Maschine aus den Wolken auf uns herabstürzen. Die Überraschung war vollkommen.
»Alarm . . .« Wir stürzten Hals über Kopf in den Turm. Das Boot reagierte sofort und schnitt schnell unter.
Vier kurze Explosionen. Das Wasser um uns herum bebte, barst, brüllte. Das Boot zitterte, bäumte sich auf - und schoß dann mit fünfziggradiger Vorlastigkeit in die Tiefe. Wasser spritzte, der Stahl schrie, die Spanten ächzten, Ventile platzten, Flurplatten klirrten, das Boot versank in völliger Dunkelheit. Als die Notbeleuchtung aufflackerte, schaute ich in die erstaunten Augen der Leute. Sie hatten alles Recht, erstaunt zu sein. Der Angriff aus der Sonne war ein Rätsel. Von woher war das kleine Flugzeug gekommen? Es hatte nicht die Reichweite, um zwischen dem nächsten Flugplatz an Land und unserem Standort im Atlantik hin- und herzupendeln. Die Schlußfolgerung war enttäuschend, aber unabweisbar: der Verband hatte seine eigene Luftsicherung. So sehr wir uns gegen die Wahrheit sträubten, es war unverkennbar, daß die Maschine zum Geleit zurückkehrte und auf einem Flugzeugträger niederging. Die Tatsache, daß ein Geleit nun seine eigene Flugsicherung besaß, zerstörte unsere Grundbegriffe vom U-Bootkrieg. Nach diesem Eröffnungsschlag erkannten wir mit Bitterkeit, daß wir nicht mehr in der Lage waren, einen Überraschungsangriff zu fahren oder unser Entkommen zu sichern, ohne wilde Gegenmaßnahmen des Feindes aus der Luft auf uns zu ziehen.
10 Uhr 35. U-230 ging auf Sehrohrtiefe. Ein sorgfältiger Rundblick mit unserem Luftzielsehrohr ließ kein Flugzeug erkennen. Wir tauchten mit hoher Fahrt auf.
Die Jagd ging weiter. Die Diesel hämmerten und drückten das Boot durch schaumgekrönte Wellen stetig nach Osten. Ich warf nur gelegentlich einen kurzen Blick auf den dichten Wald von Masten entlang der Kimm und konzentrierte mich auf den Himmel. Bauschige, weiße Wolken folgten uns in mittlerer Höhe, von einer steifen Brise dahingetrieben. Der Wind peitschte das Wasser auf Deck und blies ab und zu Schaumfetzen auf die Brücke.
11 Uhr 10. Ich erspähte ein Glitzern von Metall, hoch über uns in den Wolken. Eine Maschine setzte zum Sturzflug an.
»Alarm.«
Fünfzig Sekunden später belehrten uns vier harte Detonationen, daß der Pilot auch ein guter Bombenschütze war. Die Druckwellen schüttelten das Boot, es prasselte, krachte, bellte. Jetzt nur nicht die Nerven verlieren, tief durchatmen und die Sinne behalten. Friedrich kämpfte mit aller Kraft, um das Boot vor dem Sinken zu bewahren. Er fing es auf 180 Meter, ließ es durchpendeln und brachte es zurück auf Sehrohrtiefe.
11 Uhr 25. Aufgetaucht. Wir schäumten vorwärts, immer vorwärts, und

hängten uns an die Ausläufer des Geleits. Es war reiner Instinkt, der uns vorwärts hetzte, uns zwang, das Geleit weiter zu verfolgen. Instinkt, der uns gefühllos gegen die wiederholten Detonationen machte. Trotz der lauernden Gefahr aus der Luft, karrten wir weiter - gegen die Spitze des Geleits.

11 Uhr 42. »Flugzeug - Alarm . . .!«

U-230 stürzte in die Tiefe. Vier gewaltige Aufschläge peitschten den Druckkörper, warfen die Besatzung durchs Boot. Aber U-230 überlebte auch diese Detonationen. Mit pumpenden Lungen warteten wir stumm, bis die Maschine abgeflogen war.

12 Uhr 04. Wieder aufgetaucht. Der Seegang hatte inzwischen bedeutend zugenommen. Die Wellen hatten weiße Kronen aufgesetzt. Das Boot zitterte unter ihren Schlägen. Aber weiter ging es nach Osten, weiter vorwärts. Der Verband war trotz unserer irrsinnigen Tauchmanöver bedeutend achteraus gefallen. Trotz der dauernden Belästigungen aus der Luft hatten wir eine günstige Position erreicht. Ich entdeckte die Feger des Geleits an der Grenze der Sicht, etwa 16 Seemeilen in Westnordwest. Von ihnen drohte keine Gefahr. Der Tod lauerte in der Luft, wo die Wolken tief und schnell dahinwanderten und die letzten blauen Flecken des Atlantikhimmels bedeckt hatten.

12 Uhr 08. Ein Ruf kam von unten auf die Brücke geweht: »Meldung an Kommandant. Kurzsignal gerade eingelaufen: VON FLUGZEUG ANGEGRIFFEN - U-89.«

Ein neuer Verlust, ein neuer Schlag. Wir waren betäubt, erschüttert.

12 Uhr 17. »Flugzeug achteraus - Alarm!«

U-230 sackte sofort weg. Es sank mit größtmöglicher Schnelligkeit. Ich biß auf meine Lippe und wartete auf den schauderhaften Knall, den letzten, den ich hören würde. Fünfundvierzig Sekunden - und vier ohrenbetäubende Schläge hieben auf das Boot ein. Sekunden entschieden über Leben und Tod. Jede Sekunde, die wir den Flugzeugen abringen konnten, brachte uns dem Geleit und dem Erfolg näher. Tauchten wir nur eine Sekunde zu spät, so würden die Bomben unser Boot in einen Riesensarg verwandeln.

12 Uhr 30. Aufgetaucht. Wir waren nur drei Mann auf der Brücke: der Kommandant, Rocher, der erste Seemannsmaat, und ich. Wir kurbelten unbeirrt nach Nordosten, von dem quälenden Gedanken verfolgt, innerhalb einer Stunde sterben zu müssen.

13 Uhr 15. Ein einmotoriger Doppeldecker fiel plötzlich aus einer niedrigen Wolke, nur 800 Meter achteraus. Es war zu spät zum Tauchen. Die Schrecksekunde ließ uns gefrieren - dann handelten wir. Siegmann brüllte: »Ruder hart Steuerbord!« Ich sprang achteraus aufs Zigarettendeck, um zu schießen. Rocher besetzte die zweite Kanone. Die anfliegende Maschine wuchs im Bruchteil von Sekunden zu einem Ungetüm. Da stürzte

sie auch schon auf uns nieder und feuerte aus allen Bordkanonen in unsere offene Brücke. Das Boot drehte nur langsam an. Ich drückte verzweifelt auf den Abzug meiner 2-cm-Kanone - Versager. Rocher brüllte vor Wut - Versager. Dann klinkte die Maschine ihre Bomben aus. Ich sah die schwarzen Koffer auf mich zufallen; die Maschine zog hoch, schoß tief über unsere Brücke und jagte heiße Abgase in unsere Gesichter. Dann vier Explosionen. Vier Fontänen entlang unserer Steuerbordseite. Die harten Schläge warfen uns zur Seite. Dann brachen die Geyser über uns zusammen. Das Boot sackte weg - nein, es hob sich aus der tosenden See - und stampfte unbeschädigt weiter. Das Flugzeug, um seine Ladung erleichtert, drehte ab und verschwand augenblicklich in Richtung des Geleits.

13 Uhr 30. Riedel reichte einen dringenden Funkspruch durch das Luk: BD 42 - FLIEBOS - TAUCHUNKLAR - FLUGZEUG HÄLT FÜHLUNG - ERBITTE DRINGEND HILFE - U-456.

»Laß Prager den genauen Standort festlegen, Riedel«, rief Siegmann zurück. »Wir müssen die Besatzung retten, sie müssen ganz in unserer Nähe sein.«

Die impulsive Reaktion des Kommandanten, seinen Kameraden Teichert vor dem Ersaufen zu retten, konnte sehr gut mit Selbstmord enden. Wir waren dem Tod näher als dem Leben. Aber Hilfe mußte gewagt werden. Wir erwarteten dasselbe von andern, wenn unsere Hülle geborsten war. Augenblicke später meldete Prager, daß U-456 nur 12 Meilen und 15 Grad an Steuerbord voraus war. Siegmann änderte sofort den Kurs.

13 Uhr 50. Wir entdeckten ein Flugzeug vier Meilen voraus. Es flog nicht an. Es drehte Kreise über einer Stelle. Dann nahmen meine Gläser den Bug von U-456 auf. Er ragte nur wenig aus der aufgewühlten See. Die Männer von U-456 hingen am Stahlkabel, das von der Brücke zum Steven führte, und klammerten sich an das schlüpfrige Deck. Sie alle standen bis zur Brust im Wasser. Und über ihnen kreiste die Maschine. Das Boot war im Sinken begriffen. Hilfe war ausgeschlossen. Auch wir selbst waren plötzlich in größter Gefahr. Dann kam eine neue Drohung über die Kimm gekrochen - eine Korvette - unzweifelhaft von der Maschine herbeigerufen. Wir drehten scharf ab und flüchteten in Richtung des Geleits.

Meine Gedanken über das Schicksal von Teicherts Boot wurden von Rochers Schrei jäh unterbrochen: »Flugzeug achteraus.« Es war 14 Uhr 22.

Zu spät zum Tauchen. Die einmotorige Maschine kam im Tiefflug und in gerader Linie über unsere Hecksee auf uns zugeschossen. Wieder fingerte ich an meiner Kanone, wieder war sie verklemmt. Ich stieß mit dem Stiefel gegen das Magazin - da hackte sie los, stockte wieder. Rochers Automatik bellte kurz auf. Mit irrsinniger Genauigkeit kam die Maschine

auf uns zugeflogen. Nur langsam schwang das Boot nach Steuerbord - aber genug, um den Anflug um wenige Meter zu vereiteln. Die Maschine röhrte voraus, drehte zu neuem Anflug an, unser Boot schwang träge nach Backbord - da war die Maschine heran, kam mit Genauigkeit von rechts voraus dahergeschossen, tief und schnell. Und das träge Boot jagte direkt in das Ziel. Plötzlich begann der Motor der Maschine zu spucken, sie schwankte, berührte mit einem Flügel den Kamm einer Welle - krachte dann mit voller Wucht in die nächste, schmetterte das Ende eines Flügels gegen unsere Aufbauten und brach im Schaum der Welle entzwei. Ich sah, wie der Pilot aus der Maschine geschleudert wurde, sah noch im Vorbeirauschen, wie er den Arm hob und um Hilfe winkte, und sah dann, wie er von den Explosionen seiner vier Bomben, die für uns bestimmt gewesen waren, zerrissen wurde. Vier heftige Schläge an Steuerbord. Sprühregen durchnäßte uns. Aber U-230 verließ die erschütternde Szene unbeschädigt.
Der Absturz der Maschine schien die Flugroutine des Gegners durcheinandergebracht zu haben. Minute um Minute verging, ohne daß sich die Angriffe wiederholten. Es waren Minuten voll quälender Spannung. Minuten, in denen wir mit äußerster Kraft vorauskarrten und eine vorliche Lage zum Geleit erkämpften. Noch eine Stunde, rechneten wir, und wir konnten in den Generalkurs des Verbands einbrechen, tauchen und schießen.
15 Uhr 45. Eine neue Meldung vom Funkraum: »Meldung an Kommandant: U-186 antwortet auf wiederholte Aufforderung der Führung nicht mehr.« Dieser neue Verlust war der elfte seit Beginn unserer Unternehmung. Eine Katastrophe größten Ausmaßes schien sich anzubahnen.
16 Uhr. U-230 traf auf den verlängerten Generalkurs des Verbands. In der klaren Luft sah ich vier Kolonnen wuchtiger Schiffe über die scharfe Kimm im Südwesten herandampfen. Wir mußten diese Kolosse aufhalten, mußten Feuer und Zerstörung in ihrer Mitte verbreiten und tiefe Lücken in diese Masse von Eisen und Stahl reißen.
16 Uhr 03. »Flugzeug in 320 Grad!«
Wir fielen stark vorlastig in die Tiefe. Vier barbarische Detonationen. Das Boot wurde wie von einer Riesenfaust geschüttelt und nach unten gewuchtet. Seiten- und Tiefenruder blockierten in harter Lage. Wasserstandsgläser platzten. Plötzliche Dunkelheit. Dann erschütterten weitere Explosionen das Boot. Danach ein langes, grollendes Nachrollen. Bald konnten wir das mahlende, dreschende Dröhnen des Riesengeleits mit bloßem Ohr hören. Siegmann befahl das Boot auf 15 Meter. Minuten später fuhr er das Sehrohr vorsichtig aus, zog es aber sofort wieder ein und fluchte: »Verdammt, der Keil hat eine Rauchbombe geworfen und das Wasser gelb gefärbt.«
Trotz des Farbflecks, der unsere Tauchstelle markierte, befahl der Kom-

mandant den Angriff aufs Geleit, bevor die Sicherungsfahrzeuge Zeit und Gelegenheit hatten, sich auf uns zu stürzen. Zirpende Asdic-Impulse, bellende Detonationen und das Rauschen von über einhundert Schiffsmaschinen bildeten den musikalischen Hintergrund unseres Angriffs.
16 Uhr 38. Sehrohr aus. Schneller Rundblick. Plötzliches Erschrecken, dann Siegmanns Befehl: »Rohr eins bis fünf fertig zum Unterwasserschuß, schnell, schnell, I.W.O., wo bleiben die Meldungen?«
»Rohr eins bis fünf *sind* fertig«, gab ich schnell zurück - und hielt den Atem an.
Irgend etwas mußte sich oben abspielen. Siegmann fuhr rasend um die Achse des Sehrohrs, ich sah, wie sein freies, linkes Auge sich im Kreis bewegte, dann rief er wie vom Blitz getroffen: »Runter mit dem Boot, L.I., runter um Gottes willen, Zerstörer in Rammlage, runter auf 200 Meter.«
»Mündungsklappen schließen«, brüllte ich dazwischen und erwartete jeden Augenblick, daß der scharfe Steven eines Zerstörers in den Turm einschnitt. Das Boot kippte an, fiel aber nur langsam. Das Geräusch näherkommender Schrauben traf den Stahl unserer Außenhaut mit erschreckender Heftigkeit. Der Lärm wuchs so schnell und hallte so schrill, daß wir alle unfähig waren, zu reagieren. Nur die E-Maschinen im Heckraum arbeiteten präzise. Aber das Boot sank nur langsam, zu langsam, um dem Vernichtungsschlag zu entgehen.
Eine ohrenbetäubende Explosion, dann eine zweite, eine dritte . . . Eine Serie von sechs Wasserbomben schleuderte das Boot zurück zur Oberfläche, wo vier Zerstörer zum Todesstoß angesetzt hatten. Für Sekunden war Stille. Für Sekunden drehten sich die Schrauben unseres Bootes in höchsten Umdrehungen. Für Sekunden lag das Boot auf dem Wasser. Für Sekunden waren die Briten überrascht. Dann, nach einer ganzen Ewigkeit, kippte der Bug an, tauchte unter - und das Boot sank und sank.
Eine neue Serie explodierender Kanister warf unser Heck wie mit magischer Kraft wieder nach oben. U-230, völlig außer Kontrolle, stürzte in eine starke Vorlastigkeit und wurde von der gewaltigen Druckwelle in Richtung Meeresboden katapultiert, der fünf Meilen unter unserem Kiel lag. U-230 fiel mit fünfziggradiger Vorlastigkeit wie ein Stein in die Tiefe. Bei etwa 250 Metern gelang Friedrich sein Meisterwerk. Er stoppte den rapiden Fall, lenzte und trimmte das Boot und steuerte es auf Schleichfahrt ein - alles in einer Rekordzeit. Das Boot glitt auf einer Tiefe von 230 Metern fast geräuschlos dahin. Eingetrimmt für eine lange Wabo-Verfolgung, schlich es mit einer geringen Vorlastigkeit, aber leichten Aufstiegstendenz, unter dem Kiel der Verfolger davon.
16 Uhr 57. Eine neue Serie betäubte uns, nahm den Atem weg. Der Stahl des Druckkörpers klopfte, ächzte, quietschte gefährlich. Ventile wurden in offene Stellungen geworfen. Die beiden Wellendichtungen machten stark Wasser. Ein kleiner Wasserfall füllte die achtere Bilge und belastete das

Boot zusätzlich. Pumpen ächzten, spritzten. Die Sehrohrpackungen ließen das Wasser in Strömen in die Zylinder fließen. Wasser war überall. Sein Gewicht zwang unser Boot immer tiefer. Mittlerweile kroch das Geleit wie eine Riesenprozession über unser Boot.

17 Uhr 40. Der Aufruhr war auf dem Höhepunkt. Ein plötzliches Klatschen auf der Oberfläche warnte uns vor einer neuen Salve. Wir hatten ungefähr 15 Sekunden, um uns auf einen neuen, vernichtenden Schlag vorzubereiten. Dann schien die Welt unterzugehen. Während der Atlantik unter dem vulkanischen Ausbruch zahlloser Sprengladungen erzitterte, fuhr der riesige Dampferpulk über die Stätte unserer Hinrichtung. Ich stellte mir vor, wie die Frachter einen respektvollen Bogen um die Zerstörer machten, die sich über unserem Grab versammelt hatten, um uns auszulöschen. Sollten wir versuchen, tiefer zu gehen? Aber wo war die Festigkeitsgrenze, die Linie zwischen Leben und Tod? Ich wußte nicht, wo diese Grenze lag, auf welcher Tiefe unser Druckkörper zerquetscht werden würde. Niemand an Bord wußte es. Diejenigen, die diese Grenze herausgefunden hatten, hatten ihre Kenntnis mit in die Tiefe genommen.

Stunden vergingen. Für Stunden nahmen wir die Züchtigung und die Qualen dahin und sanken immer tiefer. Gutgezielte Würfe in Serien von vierundzwanzig Wasserbomben schlugen alle 20 Minuten gegen unser Boot. Einmal, es war bereits Abend, glaubten wir gewonnen zu haben. Das war, als die Jagdgruppe in nordöstlicher Richtung abdampfte, um sich dem Geleit anzuschließen und seine alte Stellung einzunehmen. Aber unsere Hoffnung auf ein Ende der Marter war nur von kurzer Dauer. Die Jäger hatten den Todesstoß den Fegern überlassen, die im Kielwasser des gewaltigen Geleits folgten.

20 Uhr. Die neue Gruppe begann ihren ersten Anlauf. Ein erbärmliches Reißen, Gellen, Brüllen. Ein zweiter Anlauf folgte, dann ein dritter. Wir saßen hilflos unter einer Wassersäule von 265 Metern. Unsere Nerven zitterten, unsere Muskeln vibrierten. Unsere Körper waren steif von Kälte, Furcht und unbeschreiblicher Spannung. Die Bilgen verbreiteten einen üblen Gestank, waren von Seewasser, Urin und Öl überflutet. Unsere Waschräume waren verschlossen. Die Öffnung eines Außenbordverschlusses hätte das Boot sofort überflutet. Büchsen, halb gefüllt mit Treibstoff, wurden herumgereicht, damit sich die Männer erleichtern konnten. Unsere Nieren arbeiteten übermäßig, und die Bilgen nahmen auf, was die Büchsen nicht halten konnten. Der Gestank von Exkrementen, Dieselöl und Schweiß vermischte sich mit dem üblen Geruch der Batteriegase. Die zunehmende Feuchtigkeit schlug am Druckkörper nieder, rann in die Bilgen, tropfte von Röhren und durchnäßte unsere Kleidung. Um Mitternacht erkannte Siegmann, daß die Briten nicht die Absicht hatten, die Bombardierung einzustellen. Er befahl, Kalipatronen zu verteilen, um uns das Atmen zu erleichtern und Sauerstoff zu sparen. Bald hatte jeder

eine der großen Metallbüchsen umgeschnallt. Mit einem Gummischlauch zwischen den Zähnen und einer Nasenklemme im Gesicht sahen wir aus wie Ungeheuer von einem anderen Planeten. Und weiterhin hockten wir und warteten, warteten - und das Boot sank immer tiefer und tiefer.
13. Mai. Über 200 Wabos waren über uns und um uns herum krepiert. Es war inzwischen 1 Uhr geworden, und wir hatten bereits einige Male versucht, eine Kriegslist anzuwenden - aber ohne Erfolg. Durch ein kleines Außenbordventil hatten wir einen »Bold« ausgestoßen, einen kleinen Schwimmkörper, der sich im Salzwasser auflöste und einen riesigen, sprudelnden Blasenfisch verursachte. Dieser Schirm von Myriaden von Schaumperlen bildete eine solide Wand, auf die das Asdic-Gerät des Gegners ansprach und hinter der wir zu verschwinden versuchten. Aber unsere Verfolger jagten nur zweimal hinter dem Köder her. Und in beiden Fällen ließen sie einen Feger über unserem Boot zurück. Unfähig, die Verfolger abzuschütteln, gaben wir die Sache auf und konzentrierten uns darauf, Strom, Preßluft und unseren gefährlich nachlassenden Sauerstoffvorrat zu sparen.
4 Uhr. Das Boot war auf 275 Meter durchgesackt. Wir waren den Angriffen seit über zwölf Stunden ausgesetzt und erkannten noch kein Zeichen des Nachlassens der Verfolgung. Dieser Tag war mein Geburtstag, und ich fragte mich, ob es mein letzter sein würde.
8 Uhr. Immer noch kein Nachlassen der Angriffe. Das Wasser in den Bilgen war über die Flurplatten gestiegen und spritzte um unsere Füße. Die Lenzpumpen waren in dieser Tiefe nutzlos. So oft eine Wasserbombenserie losbrach, ließ der L. I. Preßluft in die Tauchzellen strömen, um so den Auftrieb des Bootes zu garantieren. Aber wie lange würde er diese Maßnahme durchführen können, bis der Luftvorrat erschöpft war?
12 Uhr. Die Achterlastigkeit des Bootes hatte bedeutend zugenommen. Unser Vorrat an Druckluft war nahezu aufgebraucht. Und das Boot sank immer weiter.
20 Uhr. Die Luft war dick und schlecht und brannte wie Feuer, wenn wir sie durch unsere heißen Kalipatronen atmeten. Überall lagen die Männer, röchelnd, schwer atmend. Auch der Vorrat an Sauerstoff war zu Ende. Unter dem gewaltigen Außendruck ächzte und stöhnte unsere Stahlhülle.
22 Uhr. Die Wasserbombenschlacht nahm an Heftigkeit zu, während die Abenddämmerung sich auf das Meer senkte. Wilde Angriffe in kürzeren Zeitabständen deuteten an, daß die Tommies die Geduld verloren hatten.
14. Mai. Gegen Mitternacht waren wir auf eine Tiefe von 280 Metern gesunken, und das Boot fiel noch weiter, schneller, unaufhaltsam. Ich schleifte mich durch den Mittelgang und stieß einen Mann hier und schüttelte einen Mann dort, zwang sie so, wach zu bleiben. Wer jetzt einschlief, hatte keine Chance, wieder aufzuwachen.

3 Uhr 10. Eine neue Serie kam donnernd auf uns niedergeprasselt. Ohne Wirkung. Wir waren näher daran, von dem zunehmenden Außendruck zusammengequetscht, als von den explodierenden Wabos zerrissen zu werden. Doch als das Echo der letzten Ladung verebbte, hörten wir etwas Besonderes. Es war das dreschende Geräusch auswandernder Schrauben. Aber wir waren unfähig, zu begreifen, daß die Tommies die Jagd aufgegeben hatten.
4 Uhr 30. Für über eine Stunde war Stille. Wir verbrachten die ganze Zeit damit, unser Glück zu bezweifeln. Um zu prüfen, ob wir tatsächlich alleine waren, stellte der L. I. den Frischwassererzeuger an und ging mit den Umdrehungen der E-Maschinen etwas hoch. Keine Reaktion von oben. Mit Hilfe der letzten Atmosphären Preßluft gelang es Friedrich, das überschwere Boot Zentimeter um Zentimeter zu heben. Dann plötzlich, unfähig, seine schnelle Auftriebsbewegung aufzuhalten, ließ er das Boot frei nach oben schnellen und rief in den Turm: »Boot steigt schnell, 50 Meter, 30 Meter ... 15 Meter ... Turm kommt frei ... Boot ist aufgetaucht.«
U-230 brach durch die Oberfläche. Siegmann zwängte sich auf die Brücke, ich folgte. Um uns herum erstreckte sich die unendliche Nacht. Die Sterne glitzerten prächtig, und die See atmete leicht. Der Augenblick der Wiedergeburt war überwältigend. Noch vor einer Minute konnten wir kaum glauben, die Schlacht überlebt zu haben. Und jetzt konnten wir kaum begreifen, daß der Tod für 35 grausame Stunden seine Finger um unsere Kehle gelegt hatte - so wunderbar war unser Erwachen.
Plötzlich spürte ich die sauerstoffreiche Luft. Ich sackte in die Knie, verlor nahezu die Besinnung und fiel mit dem Oberkörper über den Rand der Brückenverkleidung. Hier hing ich, bis der Anfall vorüber war. Dem Kommandanten ging es ebenso, doch auch er erholte sich schnell, und wir gratulierten uns gegenseitig.
Dann rief Siegmann: »Beide Diesel halbe Fahrt voraus - Boot durchlüften, Batterieladung einschalten - wegtreten von Gefechtsstationen - alle Schäden melden - neuer Kurs 180 Grad.«
Die Diesel erwachten zu neuem Leben. Da der Geleitzug längst verschwunden war, steuerten wir nach Süden in Richtung unserer letzten Position. Die Maschinen murmelten stetig, luden unsere erschöpften Batterien und fuhren das Boot einem neuen Sonnenaufgang entgegen. Die Ausfälle wurden repariert, die Bilgen gelenzt, die Luft erneuert und der Abfall über Bord geworfen. Als sich die Dunkelheit langsam auflöste, war U-230 wieder einsatzbereit.
Noch gefühllos von der mörderischen Schlacht und steif von der Kälte der Tiefe, zogen wir Bilanz. Drei Boote unserer Gruppe waren versenkt worden. Dem Verlust standen über einhundert alliierte Schiffe gegenüber, die an uns vorbeigepflügt waren. Wir konnten mit ziemlicher Sicherheit annehmen, daß damit über 700 000 Tonnen Kriegsmaterial die englische

Insel erreichen würden. Das war in der Tat ein nicht sehr ermutigendes Bild.
Der Tag versprach schön zu werden. Der Himmel war wolkenlos. Prager schob sich durchs Luk auf die Brücke und schoß mehrere Sterne, bevor die Sonne sie von dem blauen Firmament wischen konnte. Ich zündete mir eine Zigarette an und betrachtete voller Dankbarkeit den überwältigenden Sonnenaufgang.
7 Uhr 10. »Rauchwolken recht voraus«, rief Rocher. Alle Gläser fuhren herum und hefteten sich auf den dunklen Flecken, der sich über der Kimm im Südwesten gebildet hatte. Es gab keinen Zweifel - wir hatten einen zweiten Geleitzug gesichtet. In diesem Augenblick kam es mir in den Sinn, daß es kein Zufall war, daß uns die U-Boot-Jagdgruppe verlassen hatte. Sie wußten, wir würden früher oder später in die Hände der nachfolgenden Zerstörer des neuen Geleits fallen.
7 Uhr 20. Alarm. Getaucht. Die Männer, seit über 70 Stunden ohne Schlaf, gingen auf Gefechtsstationen. Sie hatten hohle Wangen, schmale Gesichter und gerötete Augen. Ihre Blicke gaben mir zu verstehen, daß auch sie begriffen, wie sehr sich die Dinge verändert hatten.
7 Uhr 45. Eine Stimme kam durchs Sprachrohr im Turm: »Horcher an Kommandant - Schraubengeräusche wandern nach Steuerbord aus - Gegnerkurs ist Ost - nicht Nordost.«
Siegmann brummte einen unmißverständlichen Fluch durch seinen roten Bart, suchte mit dem Sehrohr aufmerksam die Oberfläche ab, sah nichts, befahl dann dem L. I., aufzutauchen. Ich entdeckte plötzlich, daß diese neue Geleitzugoperation eine verdammte Ähnlichkeit mit der vor drei Tagen hatte.
7 Uhr 50. Aufgetaucht. Siegmann stürmte auf die Brücke. Ich hinterher. Wir überprüften den Himmel - dann den Verband - alles innerhalb von zwei Sekunden. Es war uns sofort klar: die Parade hatte ihren Morgenzack gemacht. Der Verband lief diagonal ab, genau so, wie es das vorige Geleit getan hatte. War es Zufall oder Ortung? Ohne weiteres Zögern nahm Siegmann die Jagd auf.
8 Uhr 22. »Flugzeug aus der Sonne.«
Alarm. Das schnelle Tauchmanöver brachte uns rechtzeitig aus dem Wirkungsbereich der detonierenden Bomben. Der L.I. fing das Boot sofort ab und steuerte es auf Sehrohrtiefe ein. Die Luft war leer. Sekunden später klappte Siegmann die Handgriffe des Luftzielsehrohrs zurück, richtete sich auf und brummte ärgerlich: »Zum Teufel mit diesen Bienen. Die Maschine hat 'ne Rauchbombe geworfen. Nur weg aus dieser unfreundlichen Gegend! Friedrich - fertigmachen zum Auftauchen und mit sofortiger Höchstfahrt ausblasen.«
8 Uhr 32. Aufgetaucht. U-230 schwenkte nach Osten und entfernte sich schnell von der dicken, schwarzen Rauchwolke, die unsere Tauchstelle

markierte und wie ein Pilz in den Himmel stieg. Weitab an Steuerbord, durch die Erdkrümmung verdeckt, ließen zahllose Schiffe ihre Masten und Schornsteinkappen an der Kimm entlangwandern. Korvetten und Zerstörer zackten arrogant. Ein überwältigendes Schauspiel zusammengeballter Macht.
8 Uhr 55. Eine zweimotorige Maschine flog von achtern an. U-230 tauchte innerhalb von 18 Sekunden. Vier Bomben zerrissen die See.
9 Uhr 15. Aufgetaucht. Wir jagten vorwärts, immer vorwärts. Ein Notsignal wurde Siegmann auf die Brücke gereicht: GEBOMBT - U-640.
10 Uhr 05. »Alarm!« Ein Flugzeug war plötzlich in der Luft. U-230 tauchte in Rekordzeit. Als der Donner der Detonation verhallt war, stellten wir mit Erstaunen fest, daß das Boot noch immer schwamm.
Wieder und wieder tauchten wir auf und schossen mit übermäßiger Vorlastigkeit in die Tiefe. Wir duckten uns vor den Schlägen, fieberten unter den berstenden Detonationen. Das Boot schien unter ihnen auseinanderzufallen. Nieten platzten, Schrauben barsten, Bolzen brachen, Spanten bogen sich, und der Druckkörper wurde wie Wellblech eingedrückt. Aber U-230 gehorchte weiterhin Siegmanns Befehlen, der immer wieder zu neuem Angriff fuhr.
Bei Sonnenuntergang schien Siegmanns Zähigkeit belohnt zu werden. Vor der Weitsicherung durch die Krümmung der Erde verborgen, hatten wir uns 25 Meilen vor den Verband gearbeitet. Aber dann zwang ein Luftangriff uns wieder in die Tiefe. Siegmann erkannte seine Chance. Während der Geleitzug langsam durch die höher werdenden Wellen stampfte, eilten unsere Leute hastig auf Gefechtsstationen. Ihre Bewegungen verrieten verhaltene Erregung. Entschlossen bereitete ich die Torpedowaffe für eine nächtliche Geleitzugschlacht über Wasser vor.
Aber es gab keinen neuen Erfolg. Im Aufruhr und Lärm des heranrollenden Geleits war es drei Korvetten gelungen, sich an unsere Tauchstelle heranzuschleichen. Siegmann sah sie und brüllte: »Schnell auf 200 Meter gehen - Achtung Wasserbomben.«
Sekunden später präsentierten uns die Feger ein verschwenderisches Geschenk. Ein dicker Teppich von Wasserbomben, der alle früheren Serien in den Schatten stellte, explodierte wie ein Vulkanausbruch. Totale Dunkelheit folgte dem betäubenden Getöse. U-230 sank wie ein Lot. Ich richtete mich am Sehrohr in der Zentrale auf, leuchtete mit meiner Taschenlampe auf den Tiefenmesser, sah mit Schrecken, wie die Nadel stark ausschlug, sah die beiden Tiefenrudergänger in voller Verwirrung an den großen Handrädern hängen, horchte auf die verzweifelten Befehle des L.I und auf das Geräusch einbrechenden Wassers. Dann hob sich der Bug, das Boot pendelte durch - und legte sich auf ebenen Kiel.
Damit begann eine neue Wasserbombenschlacht. Sie entwickelte sich zu einem genauen Abbild der Verfolgung, die wir am letzten Geleit durch-

gestanden hatten. Als der Abend hereinbrach, ließ der Wind nach, die See glättete sich, und die Schlacht nahm an Grausamkeit zu. Wilde Salven ließen den Atlantik aufdröhnen und widerhallen. Wir froren vor Kälte, zitterten vor Spannung. Wir waren heiß und kalt und gefühllos. In dieser Nacht entwichen unseren Batterien giftige Gase. Wir waren der Ohnmacht nahe. Die Männer übergaben sich in die Bilgen, röchelten vor Atemnot. Unsere Sauerstoffflaschen waren längst leer - aufgebraucht während der letzten Verfolgung. Und als die Sonne wieder aufging, erneuerten unsere Verfolger die Angriffe mit äußerster Heftigkeit. Wir zählten über dreihundert Wasserbomben, die sie ergebnislos an uns verschwendeten. U-230 glitt weiterhin in der unglaublichen Tiefe von 280 Metern dahin, nur wenige Meter unterhalb der explodierenden Kanister.
Am Nachmittag sahen wir der Tatsache ins Gesicht, daß es für uns keinen Ausweg mehr gab. Die Atemluft war verbraucht. Der Sauerstoffvorrat war erschöpft. Die Batterien waren nahezu leergefahren. Wir hatten zwischen Selbstmord und Übergabe zu wählen. In seiner letzten Anstrengung, dem Tod oder der Gefangenschaft eine weitere Stunde abzuringen und das Boot vor dem Durchsacken zu bewahren, entließ Friedrich neue Preßluft in die Tauchzelle 3. Das zischende Geräusch erregte sofort die Aufmerksamkeit der Verfolger. Ein wahnsinniger Knall schleuderte das Boot aufwärts. Die Detonation lag unter dem Heck. Die Luft in den Tauchzellen dehnte sich aus - das Boot schnellte nach oben. Eine neue Serie explodierte überm achteren Deck und drückte das Boot wieder in die Tiefe. Wir krochen durch den Mittelgang nach vorn, um unser Gewicht zu verlagern. Sehr sachte senkte sich der Bug, das Boot pendelte durch, und U-230 schüttelte sich nahe der 300-Meter-Grenze. Die Männer bissen auf die Mundstücke der Kalipatronen und sogen die heiße Luft in die Lungen. Sie husteten, röchelten. Acht Minuten nach der letzten Explosion war U-230 immer noch am Leben und glitt weiterhin durch die Tiefe. Dann detonierten sechs Wasserbomben weiter achteraus. Danach blieb alles still, über eine Stunde. Nicht ein Ping, nicht ein Piep, nicht ein Geräusch war von oben zu hören. Da wir die Grenze unseres Sauerstoffgehalts längst unterschritten hatten, versuchten wir, die Tommies mit einem Hammerschlag gegen den Druckkörper zu einer Reaktion zu zwingen. Aber alles blieb unheimlich ruhig. Nach weiteren zwanzig Minuten begann U-230 seinen langsamen Aufstieg.
19 Uhr 55. Der Deckel des Turmluks flog auf. Siegmann und ich wurden von dem inzwischen mächtig angestiegenen Innendruck auf die Brücke geschleudert. Heller Sonnenschein empfing uns. Luft gab es im Überfluß. Aber kein Gegner, soweit das Auge reichte. Nach einem sorgfältigen Rundblick überprüften wir unsere Schäden. Der Steuerbord-Außenbunker war weit aufgerissen. Dieselöl quoll in dickem Strom aus dem Leck und ließ eine lange, schillernde Farbe in unserem Fahrwasser zurück. Für den

Gegner war ein derartig großer Ölfleck das sichere Zeichen eines direkten Treffers - einer Versenkung. Das war der Grund, weshalb die Briten die Verfolgung eingestellt hatten und so schnell verschwunden waren.
Das Boot war ein Wrack. Zwei Außenbordbunker waren leck gesprungen. Die Steuerbordwelle war verbogen. Das Fundament des Steuerborddiesels war gerissen. Zahlreiche kleinere Schäden vervollständigten die Liste. Eine große Menge Treibstoff war Neptun geopfert worden. Die Fortsetzung unseres Unternehmens war damit unmöglich gemacht. Selbst die Rückkehr zum Stützpunkt schien in Frage gestellt. Wir waren im Atlantik gestrandet.
Um 21 Uhr 05 schickte Riedel einen Funkspruch an die Führung, meldete unseren hoffnungslosen Zustand, berichtete von der enormen Luftabwehr in der Mitte des Atlantik und von den beiden Geleitzügen, die sich unserem Angriff entzogen hatten, ohne daß wir in der Lage gewesen waren, einen einzigen Schuß abzufeuern.
Am Abend des 15. Mai, am Ende der Viertageschlacht, wurde uns bestätigt, daß U-456 tatsächlich verloren war und daß drei weitere Boote ihm auf den Meeresboden gefolgt waren. U-266, U-89 und U-753 hatten die wiederholte Aufforderung der Führung, Standort zu melden, nicht mehr beantwortet. Das Ergebnis des Kampfes war erschütternd: sechs U-Boote waren versenkt worden, und das siebte war schwer angeschlagen und kampfunfähig gebombt. Es war ein Unglück größten Ausmaßes und die zweite Niederlage im Mai. Die alliierte Gegenoffensive zur See hatte uns mit überraschender Kraft und Genauigkeit getroffen.
U-230 hinkte durch den Atlantik, unfähig, schnell zu reagieren. Der Kurs war Ost. Glücklicherweise sichteten wir für die zwei nächsten Tage kein Flugzeug. Die Ruhe wurde jedoch durch eine lange Reihe verzweifelter Kurzsignale unterbrochen, die unsere Boote in Seenot ausstrahlten. Die Entzifferung der Todesnachrichten wurde zu einem normalen Bestandteil unserer Bordroutine. Die Meldungen häuften sich auf dem kleinen Tisch des Kommandanten; so oft ich einen neuen Notruf durchlas, traf es mich wie ein Schlag, und ich erwartete halbwegs, eine ähnliche Meldung von U-230 zu lesen:
VON FLUGZEUG ANGEGRIFFEN - BOOT SINKT.
VON ZERSTÖRER ANGEGRIFFEN - TAUCHUNKLAR - VERLASSE BOOT.
ZERSTÖRER - FLUGZEUG - BOMBEN - TAUCHUNFÄHIG.
VON FLUGZEUG ANGEGRIFFEN - BOOT SINKT.
Nie wieder hörten wir von diesen Booten. Der Gedanke an unsere eigene Vernichtung verfolgte uns täglich, stündlich, je mehr Todesrufe wir auffingen. Es konnte nicht mehr lange dauern, bis die Jäger auch uns in unserer lahmen Tauchröhre einfangen und den Tod in unserem eigenen eisernen Sarg bringen würden.

16. Mai. Bei Morgengrauen wurden wir aufgefordert, von U-634 in Quadrat BE 81 am 17. Mai Brennstoff zu übernehmen.
17. Mai. U-230 kreuzte für Stunden auf dem angegebenen Treffpunkt mit U-634. Um 13 Uhr 15, wir hatten bereits an der Existenz von U-634 gezweifelt, machte Borchert das Boot in der Ferne aus. Vierzig Minuten später kamen wir längsseits unseres Versorgers. Es war ein seltsames Wiedersehen. Ich erkannte in dem Kommandanten von U-634, Oberleutnant Dahlhaus, einen Freund aus meinen Minensuchtagen in Holland und in dem I.W.O. des Bootes meinen Crewkameraden Bosch aus Stuttgart. Wir riefen uns Grüße zu und begannen dann sofort, Feuerlösch-Schläuche von Boot zu Boot zu legen. Während wir auf Parallelkurs gegen die See und den Wind andampften, transportierten die Pumpen fünfzehn Tonnen Dieselöl in unsere leeren Bunker. Die Treibstoffübernahme dauerte etwa zwei Stunden. Für zwei Stunden suchten wir nervös und angespannt den grauen Himmel nach Flugzeugen ab, zu jeder Sekunde bereit, die Schläuche zu kappen und wegzutauchen - oder uns mit den nie funktionierenden Fla-Waffen in einen ungleichen Kampf einzulassen. Aber kein Flugzeug erschien. Erleichtert beendeten wir die Übernahme, trennten uns von U-634, und beide Boote setzten ihren Marsch nach Brest fort.
19. Mai. U-230 überquerte den 15. Längengrad West, das Tor zur Biskaya - das Tor zum Fegefeuer.
Um 10 Uhr 40 tauchten wir vor einem viermotorigen Flugboot - Sunderland. Keine Ortung. Sehr wahrscheinlich auf Sicht angeflogen. Vier Bomben. Dieser Angriff war der Beginn einer unbeschreiblichen, fünftägigen Hetzjagd.
Unter dem Schutz der Dunkelheit wagte U-230 einen Sprung über Wasser nach Luft und Strom. Höchstgeschwindigkeit: zwölf lächerliche Meilen. Siebenmal tauchten wir vor schreienden Ortungen und schüttelten achtundzwanzig gut liegende Bomben ab. Bei Sonnenaufgang waren wir wie erschlagen, nahezu taub, und unsere Batterien waren nur dreiviertel aufgeladen. Wir verschwanden für den Rest des Tages in den Fluten.
Die Engländer vernichteten an diesem Tage zwei unserer Boote. U-954 und U-273 wurden nahezu gleichzeitig gebombt und versenkt. Ihr Schicksal war dasselbe, nur der Standort ihres Untergangs war verschieden.
20. Mai. Die Briten hatten offenbar erkannt, daß zwei Boote nach Osten, zur Küste strebten. Ungezählte Bomber, einschließlich viermotoriger Landmaschinen, jagten uns. Während der folgenden Nacht stürzten wir neunmal in die Tiefe und überlebten sechsunddreißig mörderische Bombenwürfe.
21. Mai. Drei Stunden nach Tagesanbruch trieben wir in den gefährlichen Bereich einer U-Boot-Jagdgruppe. Auf einer Tiefe von nur 40 Metern dahinschleichend, gelang es uns, an den endlosen Feldern der Asdic-Impulse vorbeizuschlüpfen. Eine Stunde vor Mitternacht tauchten wir auf,

gierig nach Luft und Strom und völlig bewußt, daß die kommende Nacht unsere letzte sein konnte.
Erster Angriff. Getaucht. Vier wilde Detonationen schüttelten das Boot. Plötzlich ein Feuerstrahl im achteren Teil der Zentrale. Funken schossen quer durch den Raum. Sofort umhüllte uns dichter Rauch. Die Zentrale stand in hellen Flammen. Es schien unmöglich, das Boot zur Oberfläche zu bringen. Der Erstickungstod stand drohend vor uns auf. Die Schotten wurden zugeschlagen, die Abteilungen abgeschlossen. Einige Männer bekämpften die Flammen mit Feuerlöschern. U-230 wurde plötzlich achterlastig und schoß zur Oberfläche zurück, wo nur Sekunden zuvor die feindliche Maschine ihre Visitenkarte abgeworfen hatte. Dicke Rauchschwaden nahmen uns den Atem. Ich preßte ein Taschentuch ins Gesicht und folgte dem Kommandanten in den Turm. Feuer sprang von Wand zu Wand. Da legte sich das Boot auf ebenen Kiel - es war aufgetaucht. Wir stürzten auf die Brücke. Irgend jemand warf Munition auf die Plattform. Der Backborddiesel begann zu stottern. Rote Rauchwolken entwichen dem Turmluk. Wir fuhren wie eine lodernde Fackel durch die schwärzeste Nacht. Endlich gelang es den Männern unten in der Zentrale, die Flammen zu ersticken.
In dieser Nacht überlebten wir sieben Angriffe aus der Luft und manövrierten 28 Bomben aus.
22. Mai. Es war der vierte Tag unserer Jagd nach dem Leben, unseres Rennens nach dem Hafen. Wir trieben auf 40 Metern und lauschten einer Wasserbombenverfolgung irgendwo im Westen. Sie dauerte den ganzen Tag. Um 22 Uhr 30 tauchten wir auf. Die Nacht war schwarz, undurchsichtig. Für über eine Stunde keine Ortung. Die Lüfter sogen die Nachtluft ins Boot. Plötzlich hing ein riesenhafter Scheinwerfer am dunklen Firmament; er wuchs mit wahnsinniger Geschwindigkeit, dann umfaßte sein langer, weißer Lichtstrahl unsere Brücke, überflutete das Boot mit gleißendem Tageslicht - blendete uns. Eine viermotorige Maschine, eine Liberator, stürzte aus allen Kanonen schießend auf uns nieder. Ein Ruderkommando - und das Boot schwang träge dem näherkommenden Lichtkegel entgegen. Dann röhrte der Riesenvogel auch schon wie ein vorsintflutliches Ungeheuer über unsere Brücke, überschüttete uns mit heißen Abgasen und katapultierte in die Nacht. Vier Bomben explodierten. Meine Beine wurden bei jedem Schlag in meinen Körper gestoßen. Dann fielen vier Riesenfontänen in sich zusammen.
»Boot ist tauchklar«, kam der Ruf von unten.
Die Alarmglocke schrillte - und U-230 fiel sofort in die schützende Tiefe. Als es auf 60 Metern durchpendelte, stürmte Siegmann in den Funkraum, um dem Maaten, der uns nicht gewarnt hatte, eine Lektion zu erteilen: »Was zum Teufel ist denn mit Ihnen los, Kästner? Haben Sie geschlafen? Um Haaresbreite wären Sie von Petrus zum Rapport gerufen worden.«

»Herr Oberleutnant, da war keine Ortung«, protestierte der Maat, »und unser Gerät ist in bester Ordnung.«
»Erzählen Sie mir doch keinen Rees, Kästner«, wetterte Siegmann wütend. »Die ganze Besatzung ist in Ihren Händen, Mann. Wenn Sie wieder versagen, ist Ihre Haut keinen Pfennig wert.«
23. Mai. Kurz nach Mitternacht aufgetaucht. Wir hatten nur wenig Frischluft im Boot und noch weniger Strom in den Batterien. Die Spannung war auf dem Höhepunkt. Ich rechnete damit, daß wir ein zweites Mal nicht davonkommen würden, sollte sich der Anflug wiederholen. Aber für lange Minuten war nur das Heulen unseres Backbord-Diesels und das Stöhnen der Zuluft das einzige Geräusch, das wir hörten.
Nach einer Gnadenfrist von etwa einer Stunde war unsere Zeit abgelaufen. Ein Lichtbündel erhellte plötzlich die Brücke. Der scharfe Strahl kam von Steuerbord voraus auf uns zu. Alles ging viel zu schnell. Zum Schießen keine Zeit. Wie ein Gespenst kam die Liberator auf uns zu. Kleine Flammen züngelten aus ihren Bordkanonen. Die Geschosse zirpten um unsere Köpfe. Sekundenschneller Überflug, heiße Abgase, dann totale Finsternis. Vier Bomben krachten entlang unserer Außenbordbunker. Vier Geyser stiegen in die Nachtluft. Das Boot wurde zur Seite geschlagen, löste sich aus dem Wirbel von Schaum und Gischt - noch immer tauchklar. Wir tauchten sofort.
Als ich dem Kommandanten in seiner Nische gegenüberstand, knöpfte er seine salzüberkrustete Lederjacke auf und sagte kopfschüttelnd: »Ich muß zugeben, I.W.O., da war tatsächlich keine Ortung, auch diesmal nicht. Unser Metox scheint in Ordnung zu sein. Die Engländer müssen einen neuen Ortungstrick angewandt haben. Ich habe keine andere Erklärung für diese mysteriösen Anflüge.«
Wir waren völlig überrascht, erschüttert. Zuerst die Flugzeugträger am Geleit, nun dieser neue Trick der Bomber, der es ihnen erlaubte, uns zu orten, ohne ihre Position zu verraten. Es gab keinerlei Gründe, unser Leben sinnlos zu riskieren, also bei Tage getaucht und bei Nacht aufgetaucht zu fahren. Wir mußten unsere Taktik umkehren und am Tage über Wasser marschieren, wenn wir unseren Gegner mit dem bloßen Auge sehen konnten. Es schien günstiger, bei Tage ein Duell zu wagen, als uns in der Nacht von den Bomben in Stücke hacken zu lassen.
Um 7 Uhr 20 tauchten wir auf. Unsere Aussichten, den letzten Sprung von 170 Meilen in den Hafen von Brest zu schaffen, waren nicht gerade vielversprechend. Vorgeflutet und zu sofortigem Tauchen bereit, fuhren wir der Küste entgegen. Wir entdeckten vier Sunderlands und fünf Liberators. Neunmal tauchten wir wieder auf und riskierten einen neuen Vorstoß nach Osten. Wir erreichten den Festlandsockel am gleichen Nachmittag. Bei Einbruch der Dunkelheit meldeten wir der Führung, daß wir am folgenden Morgen um 8 Uhr am Aufnahmepunkt sein würden.

3

Am 24. Mai, um 12 Uhr 20, glitt U-230 in das innere Hafenbecken von Brest. Das Achterdeck halb unter Wasser, die Aufbauten durchlöchert und beschädigt, vermittelte das Boot jedem auf der Pier einen Eindruck davon, was es durchgemacht hatte. Die Kapelle, die sonst einen Marsch spielte, war nicht da. Nur die Mädchen mit ihren Blumensträußen erinnerten uns an die glorreiche Vergangenheit. Der Chef der 9. U-Bootflottille und sein Gefolge zeigten deutliche Zeichen der Verstörtheit. Wir wurden schnell und unzeremoniell in den Stützpunkt transportiert. Aber als wir im Empfangssaal an den weißgedeckten Tischen Platz genommen hatten, versuchten die Landratten doch, uns die Heimkehr so angenehm wie möglich zu machen.

Nach der Feier kehrte ich in mein Zimmer zurück, das ich fünf Wochen zuvor verlassen hatte. Meine Koffer waren bereits aus der Last angeliefert worden. Als ich den Umschlag mit meinem Testament aus meinem schweinsledernen Koffer herausfischte, fühlte ich Dankbarkeit in mir aufsteigen. Ich war noch einmal davongekommen. In meiner Post fand ich nur zwei Briefe von Marianne. Eine Menge eigenartiger Gedanken drängten sich mir auf. Ein kleines Päckchen von zu Hause aber lenkte mich ab. Mutter hatte mir einen Geburtstagskuchen gebacken. Er war schon vier Wochen alt, hart und in viele Krumen zerfallen. Aber um Mutters Glauben an mein Glück zu ehren, aß ich den harten Kuchen auf.

Die anstrengende Routine der ersten beiden Tage im Hafen - das Ausräumen des Bootes und seine Verholung ins Dock - hielten mich vorerst davon ab, über unser Unglück nachzudenken. Aber am dritten Morgen wurde ich wieder an unsere gescheiterte Unternehmung erinnert, als ich den Kommandant von U-634 auf der Mole vor seinem Boot antraf, das in der unserer Rückkehr vorangehenden Nacht ebenfalls zurückgefunden hatte. Ich dankte Dahlhaus für seine Hilfe mit einem kräftigen Handschlag.

Trotz allem gelang es mir, die Gedanken an den Tod zu unterdrücken.

Mit meinen Freunden - jenen, denen es ebenfalls gelungen war, zurückzukehren - ging ich in die Casino Bar. Wir feierten unsere Wiederauferstehung mit den Schönen von *Madame* und tanzten mit einer Ausgelassenheit, wie sie nur die Überlebenden einer Schlacht aufbringen. *Madame* hatte ihren Vorrat an exotischen Blumen neu aufgefüllt; sie war immer sehr charmant und widerstand meinen gelegentlichen Annäherungen mit sachter Entschiedenheit. Nicht einer verließ die Casino Bar in dieser Nacht. Jede der Stunden mit Janine, jede Nacht konnte die letzte sein.
In der Tat, der U-Bootkrieg wurde langsam zu einer langen Beerdigungsprozession. Die alliierte Gegenoffensive hatte mit unerwarteter Kraft zugeschlagen. Die Engländer und Amerikaner hatten in aller Stille ihre Hochseeflotte mit schnellen Korvetten ausgerüstet, eine große Zahl kleiner Flugzeugträger - umgebaute Handelsschiffe - in Dienst gestellt, eine Menge kleinerer Flugzeuge auf diesen Taschenträgern stationiert und eine Flotte von Langstreckenbombern auf günstig gelegenen Flugplätzen um den Atlantik massiert. Dann hatten sie überraschend zugeschlagen und in achtunddreißig Fällen ins Schwarze getroffen. Das war das bittere Ergebnis: nicht weniger als achtunddreißig Boote waren in diesem schicksalsschweren Monat Mai versenkt worden. Viele meiner Kameraden hatten auf diesen Booten den Tod gefunden. Es war mir klar, daß unsere stolzen U-Boote sich in einen gewaltigen Schrotthaufen eiserner Särge verwandeln würden, sollte es unserer Führung nicht sofort gelingen, wirksame Gegenmaßnahmen einzuleiten.
Die Werftingenieure berechneten die Liegezeit zur Überholung unseres Bootes auf mindestens vier Wochen. Da ich diesmal Anrecht auf einen längeren Urlaub hatte, nahm ich mir vor, mich einen Tag in Paris aufzuhalten, eine Stippvisite bei meinen Eltern zu machen und den Rest, eine volle Woche, mit Marianne in der heißen Sommersonne am Wannsee zu verbringen.
An einem Juniabend übergab ich meine Aufgaben an Heinz Riedel und verließ Brest mit dem Nachtschnellzug nach Paris. Als der Zug durch die französische Landschaft raste, glaubte ich bekannte Geräusche zu hören: das Hämmern der Diesel, Wasserbombenexplosionen, Detonationen von Fliegerbomben und Torpedos, das Brechen von Schiffen und das wilde Geheul des Sturms. Aber es war nur das Klicken der Eisenbahnräder, das mich nicht einschlafen ließ.
Ich kam auf dem Gare Montparnasse an, als der Morgen noch frisch und jung war. Ein Taxi fuhr mich zu meinem Hotel nahe der Place Vendôme, das für Marineoffiziere reserviert war. Ich hatte mich entschlossen, während meines kurzen Besuchs frei und unabhängig zu bleiben. Aber der Überfluß an freundlichen Damen machte es mir schwer, zu meinem Entschluß zu stehen. Ich eilte in die kühlen Hallen des Louvre und verbrachte den größten Teil des Tages, indem ich durch die Galerie d'Apollon, die

Grande Galerie und die Salle des Cariatides schlenderte, in der, wie es hieß, die Hugenotten an den Deckenbalken aufgehängt worden waren. Bei Sonnenuntergang ging ich in ein teures Restaurant in der Nähe der Oper und gab mich ganz allein einem Schlemmeressen hin. Dann wanderte ich über den Boulevard des Capucines, wies einige Aufforderungen käuflicher Liebe höflich ab und zog mich in die behagliche Stille meines Hotelzimmers zurück.
Am nächsten Tag stand die Zeit für mich still. In der Morgenkühle ging ich zur Place Pigalle, frühstückte in einem kleinen Straßencafé, stieg dann die weiten Marmortreppen zur Sacré Cœur hinauf und verbrachte Nachmittag und Abend auf den Straßen und in den Cafés des Quartier Latin. Um 22 Uhr bestieg ich den D-Zug nach Deutschland.
Die Morgensonne stand bereits hoch am Himmel, als mein Zug in den Frankfurter Hauptbahnhof einfuhr. Ich sah sofort, daß der riesige Glasdom, der die Gleise überspannte, schwer beschädigt war. Das Glas war aus dem Gerüst herausgefallen; nur das nackte Stahlskelett war noch übrig. Der Anblick war ein düsteres Vorspiel meines Besuchs.
Wie immer kam ich unangemeldet zu meinen Eltern. Meine Mutter hörte die Klingel, öffnete die Glastür und starrte mich an, als wäre ich ein Fremder. Nach einer Sekunde des Abwägens sagte ich mit leichter Befremdung: »Guten Tag, Mutter - nun laß mich schon rein, ich bin noch am Leben. Es ist gut, wieder hier zu sein.«
Ich bemerkte, daß meine Mutter seltsam nervös war. Sie hatte beträchtlich Gewicht verloren. Ich glaubte einen Zug des Kummers in ihrem Gesicht zu entdecken. Aber anstatt sie mit Fragen zu belästigen, sagte ich: »Ich bin wirklich froh, daß ich die Füße wieder unter deinen Tisch strekken kann.«
Wie alle Mütter, fragte sie mich, ob ich auch genug zu essen bekäme; sie behauptete, ich sei sehr dünn geworden, und wollte wissen, wie es um meine Gesundheit stände. »Hast du auch genügend Wäsche, um dich warm zu halten? Du kannst es nicht wissen, aber ich muß es dir sagen - wir haben deine Sachen und die Wäsche für unsere Soldaten an der Ostfront abgegeben. Wir haben auch deine Schuhe und sogar die Skiausrüstung weggeben. - Und was ist mit dem U-Bootkrieg im Atlantik? Wir hören nicht mehr viel von unseren U-Booten.«
Ich warf ein, daß sie bald wieder von unseren Erfolgen hören würde, wechselte dann aber schnell das Thema. Ich hatte mir vorgenommen, nichts von unseren augenblicklichen Rückschlägen zu erzählen, und fragte: »Wie geht es euch allen? Was macht Trudel? Hat sie ihren Hans seit der Hochzeit wieder zu sehen bekommen?«
»Trudel geht es gut«, sagte sie, »Hans war zu Ostern hier. Seine Eltern haben uns auch besucht. Sie hatten ein paar sehr ernsthafte Luftangriffe in Düsseldorf und hatten die Stadt verlassen, um im Schwarzwald abzu-

warten, bis die Verhältnisse sich wieder bessern. Wir hatten neulich auch einige schwere Angriffe; du hast sicher davon gehört. Aber sie waren nicht so verheerend wie in anderen Städten, Berlin und Hamburg zum Beispiel.«

Dann fragte ich: »Und wie geht es Vater?«

Da brach Mutter plötzlich in Tränen aus. Schluchzend berichtete sie, daß man Vater abgeholt hatte. Die Gestapo hatte ihn vor drei Monaten verhaftet. Er saß im Untersuchungsgefängnis in der Hammelsgasse. Und Mutter weinte: »Ich habe dir nichts davon geschrieben. Ich wollte dir das Leben an der Front nicht noch schwerer machen, als es schon ist.«

Zwischen Unglauben und aufsteigendem Zorn hin- und hergerissen, gelang es mir, aus Mutter herauszufragen, was tatsächlich geschehen war. Vater hatte eine etwas mehr als nur oberflächliche Freundschaft mit einer jungen Frau unterhalten. Sie war in seinem Betrieb angestellt gewesen, und er hatte sie lange Zeit als Sekretärin in seinen Büchern geführt. Eines Tages im Frühjahr hatte er Mutter um die Scheidung gebeten, um das Mädchen zu heiraten. Aber das war natürlich nicht der Grund seiner Verhaftung. Das Schicksal wollte es, daß die junge Frau eine »jüdische Vergangenheit« hatte; Vater hatte ein gefährliches Verbrechen begangen, indem er sie dem Zugriff der Gestapo entzog. Unglücklicherweise hatte jemand herausgefunden, daß das Mädchen Jüdin war, und so hatte die Gestapo beide verhaftet. Die junge Frau wurde in ein Konzentrationslager abgeschoben und Vater ins Gefängnis geworfen.

Ich war über Vaters Verhaftung entsetzt; aber die Ungerechtigkeit des ganzen Verfahrens überraschte mich nicht. Vater hatte schon früher unter den Maßnahmen der Regierung zu leiden gehabt. Im Winter 1935 wurde sein Geschäft, ein Mobiliar-Zweckspar-Verband, aufgrund einer Regierungsverordnung zusammen mit sechsunddreißig ähnlichen Firmen geschlossen. Nur weil derartige Gesellschaften nicht länger der Auffassung unserer neuen Führer des Dritten Reiches entsprachen, wurde Vater ohne vorherige Warnung, Erklärung oder Berufungsmöglichkeit um sein Lebenswerk gebracht. Und so hatte er im Alter von sechsundvierzig Jahren von vorn anfangen müssen. Seiner Erfindungsgabe und seinem Fleiß war es zu verdanken, daß es ihm wieder gelungen war, ein neues Geschäft aufzubauen und für seine Familie zu sorgen.

Bald nach diesem Vorfall hatte der ideologische Irrwahn unserer Regierung weit üblere Folgen. Ich selbst hatte die Kristallnacht im Herbst 1938 erlebt, als die Meute durch die Straßen Frankfurts tobte, Schaufenster zertrümmerte und jüdische Geschäfte plünderte, während die Polizei danebenstand und nichts unternahm. Der Mob warf Möbel aus den Fenstern jüdischer Wohnungen, kippte Klaviere über Balkongeländer und schleuderte Porzellan, Bücher, Lampen und Haushaltsgegenstände auf die Straßen. Und nachdem alles Wertvolle gestohlen war, wurde der Rest zu

einem Berg angehäuft und verbrannt. Ich erinnerte mich, wie Vater mich durch die brennenden Trümmerhaufen im Zooviertel führte, um einem jüdischen Geschäftsfreund zu helfen - und wie wir seine Wohnung ausgeplündert vorfanden. An jenem Tag sah ich meinen Vater zum ersten Mal mit feuchten Augen.
Für uns war die Kristallnacht beschämend und tragisch. Aber mein Vater war kein Rebell oder Aufrührer, kein Partisan einer hoffnungslosen Sache, und ich war es auch nicht. Natürlich wußte ich, daß nicht alles in bester Ordnung war. Aber der Krieg überraschte mich, als ich neunzehn war, und ich hatte weder die Zeit noch das politische Interesse, um mir darüber Gedanken zu machen. Nun aber war ich unentrinnbar in eine Angelegenheit verwickelt, die mich hell empörte. Ich hatte die Sache zu lösen, selbst wenn es meine Stellung kosten oder meine soldatische Laufbahn zerstören sollte.
Ich ging zum Hauptquartier der Gestapo in der Lindenstraße; es war nur ein kurzer Weg von unserer Wohnung. Meine Uniform und die Auszeichnungen ließen mich die Wache ungehindert passieren. In der Empfangshalle fragte mich eine Sekretärin hinter einem schwarzen Eichentisch, ob sie mir helfen könnte.
»Ich möchte Obersturmbannführer von Molitor sprechen, bitte.« Ich setzte mein gewinnendstes Lächeln auf, gab ihr meine Visitenkarte und fügte hinzu: »Es wird für Herrn von Molitor eine Überraschung sein.« Ich nahm an, daß er wohl selten einen U-Bootfahrer zu sehen bekam - und schon gar keinen, dessen Vater hinter Gittern saß.
Ich hatte gerade genug Zeit, um mir einen Angriffsplan zurechtzulegen, als das Mädchen mich in ein gut eingerichtetes Zimmer führte und mich dem obersten SS-Offizier der Stadt vorstellte. Das also war einer der gefürchteten SS-Männer, dessen Wort über das Leben eines Menschen entscheiden konnte. Der Offizier mittleren Alters glich in seiner hellgrauen SS-Uniform eher einem jovialen Geschäftsmann als einem kaltblütigen Henker.
Von Molitors Begrüßung war genauso friedfertig wie sein Aussehen. »Es ist mir ein Vergnügen, zur Abwechslung jemanden von der Marine begrüßen zu können. Ich sehe, Sie dienen in der U-Bootwaffe. Wohl eine sehr aufregende und interessante Sache, was? Nun, was kann ich für Sie tun, Herr Leutnant?«
Ich antwortete in ernstem Ton: »Obersturmbannführer, Sie haben meinen Vater verhaften lassen. Ich glaube nicht, daß ein triftiger Grund dafür vorliegt. Ich erwarte, daß Sie ihn sofort freilassen.«
Der Ausdruck in seinem fleischigen Gesicht wechselte von einem freundlichen Lächeln zu totaler Überraschung. Er schaute auf meine Visitenkarte, las wiederholt meinen Namen und stotterte dann: »Es tut mir leid, Herr Leutnant, da muß jemandem ein Fehler unterlaufen sein. Ich werde

die Sache sofort prüfen lassen.« Er schrieb etwas auf ein Stück Papier und drückte auf einen Knopf. Eine hellblonde Sekretärin kam herein und nahm den Zettel aus seiner Hand.
»Sie müssen wissen, Herr Leutnant, ich bin nicht über jeden einzelnen Fall unterrichtet. Aber ich weiß natürlich, daß Sie nicht hier wären, wenn sich Ihr Vater nicht in Haft befände.«
»Das ist richtig, und ich halte den Grund seiner Verhaftung für völlig . . .«
Bevor ich einen gefährlichen Fehler machen konnte, kam das Mädchen zurück und reichte von Molitor einen anderen Zettel.
Er nahm sich die Zeit, ihn sorgfältig durchzulesen, und sagte dann in versöhnlichem Ton: »Herr Leutnant, ich erinnere mich nun an den Fall. Sie können Ihren Vater noch heute abend zurückhaben. Ich bin überzeugt, daß drei Monate Einzelhaft ihm eine Lehre erteilt haben. Der Vorfall tut mir leid. Aber es war einzig und allein die Schuld Ihres Vaters. Ich bin froh, daß ich Ihnen einen Gefallen tun konnte. Ich nehme an, Sie werden Ihren Urlaub nun auf angenehme Weise verbringen können, Herr Leutnant. Heil Hitler!«
Ich stand schnell auf und dankte ihm kurz - nicht, weil er mir einen Gefallen getan hatte, sondern weil er mir meine Forderung kaum hätte abschlagen können. Ich verließ ihn mit einem herausfordernden militärischen Gruß. Als ich wieder auf der Straße war, dachte ich auch an die junge Frau, die wohl für immer in einem Lager verschwunden war. Es tat mir leid, ihr nicht helfen zu können.
Lange nach Kriegsende erfuhr ich, daß sie den Krieg und das Lager überstanden hatte.
Ohne Umwege ging ich zu Vaters Geschäft, um meine Schwester zum ersten Mal nach ihrer Hochzeit zu sehen. Als ich ihr sagte, daß Vater zum Abendessen zu Hause sein würde, brach sie in Tränen aus. Sie sagte weinend: »Wir haben immer wieder vergeblich versucht, Vater freizubekommen. Aber die Gestapo reagierte nicht auf unsere Eingaben. Ich bin so froh, daß du zurückgekommen bist. Die Ehe unserer Eltern ist dahin. Seit Vater in der Hammelsgasse ist, habe ich das Geschäft allein geführt.«
Ich ließ Trudel wissen, wie stolz ich auf sie war, und schlug vor, das Geschäft für den Rest des Tages zu schließen und meinen Erfolg gebührlich zu feiern. Sie gab der Vorarbeiterin ihre Anweisungen, und wir beide gingen den kurzen Weg nach Hause.
Es war beinahe Essenszeit, als sich ein Schlüssel in der Glastür drehte und Vater, von meiner Anwesenheit nichts ahnend, in das Vestibül trat. Als er mich sah, war ihm natürlich klar, daß ich für seine Entlassung verantwortlich war. Schweigend schüttelten wir uns die Hände. Er trug einen einwöchigen Bart. Die Gestapo hatte ihm nicht einmal erlaubt, sich zu rasieren.

Der Abend schleppte sich unbehaglich dahin. Es fiel uns schwer, uns auf einen Gesprächsgegenstand zu konzentrieren; eine Unterhaltung kam kaum zustande. Ich berichtete kurz von der Atlantikfront, ohne jedoch die volle Wahrheit zu sagen. Die Schwierigkeiten unserer Armeen auf dem russischen Kriegsschauplatz und die Niederlage Rommels in Nordafrika machten Vater mehr Kummer, als das Intermezzo mit der Gestapo. Er erzählte mir von den ständigen Angriffen auf Frankfurt und sprach davon, sein Geschäft aufs Land zu verlagern. Wir unterhielten uns über viele Dinge, aber Vater berührte niemals die Angelegenheit, die zu seiner Verhaftung führte. Und was mich anging, so war mir nichts wichtiger, als daß Vater wieder zu Hause war.

Einen Tag und eine Nacht später kam ich in Berlin an. Ich trat aus dem Anhalter Bahnhof in die Schwüle eines Sommertages - und stand mitten in einer zerstörten Stadt. Glasscherben und Trümmer lagen überall verstreut. Und zum ersten Mal war Marianne nicht am Bahnhof.

In der Hoffnung, Marianne in ihrem Büro zu treffen, bestieg ich eine Straßenbahn und fuhr in das Zentrum Berlins. Die Fahrt war erschütternd, niederschmetternd. Große Stadtteile waren von den Bombenteppichen völlig eingeebnet worden. Mir war, als verlöre ich den Boden unter den Füßen. Eine innere Stimme ermahnte mich, umzukehren und Berlin mit dem nächsten Zug zu verlassen. Aber ich erreichte schließlich den Häuserblock, in dem Marianne arbeitete. Aber das siebenstöckige Bürohaus war nicht mehr da. Nur einige zerborstene Mauern waren davon übriggeblieben. Backsteine, Eisenträger, verkohlte Balken bildeten einen riesigen Trümmerberg. Die Verwüstung war vollständig.

Mit einem Schaudern wandte ich mich ab, suchte und fand den Eingang zur nächsten U-Bahn und nahm einen Zug in die Vorstadt, wo Marianne mit ihren Eltern lebte. Ich verließ die Endstation und sah nur Trümmer. Hier ein Haus in Asche, dort ein Wohnhaus zerbombt. Während ich mich Mariannes Heim näherte, bereitete ich mich auf die Wirklichkeit vor, die ich bereits ahnte. Dann stand ich vor dem Berg verkohlten Gebälks, das einmal ein Haus gewesen war. Ein Schornstein ragte wie ein warnender Finger in den Himmel. Das zerbrochene Mauerwerk war vom Ruß schwarz gefärbt. Stahlträger hatten sich in der Hitze des Feuers durchgebogen. Dann sah ich das Holzschild, das im Geröll steckte. Irgend jemand hatte mit roter Kreide darauf geschrieben: ALLE ANGEHÖRIGEN DER FAMILIE HARDENBERG SIND TOT.

Ich las das Schild zwei- oder dreimal, bevor ich mich abwandte. Ich war unfähig zu begreifen. Irgend etwas Scharfes brannte in meiner Kehle. Ich schluckte wiederholt. In diesem Augenblick war in mir alles tot - ausgebrannt, wie die Häuser um mich herum. Ich war ohne jede innere Erregung.

Der Autor an Bord von U-230 auf Feindfahrt im Nordatlantik, März 1943.

1 Der Verfasser als Offiziersanwärter der Kriegsmarine, 1940.
2 Offiziersanwärter im ersten Ausbildungsjahr, Winter 1939; der Autor im ersten Glied, zweiter von links.
3 Hauptgebäude der Marineschule.
4 Schon als Vierjähriger in Marineblau.
5 U-557, das erste U-Boot-Kommando des Autors.

4

5

1

1 13. Mai 1941: U-557 legt zur ersten Feindfahrt von der Tirpitzbrücke im Kieler Hafen ab; der Autor in Bildmitte.

2 Proviantübernahme zur ersten Unternehmung an Bord von U-557 am 9. Mai 1941.

3 U-557 im Mai 1941 auf Geleitzugjagd im Nordatlantik. Mit Fernglas: Crewkamerad Gerloff.

4 Oberleutnant Paulshen, Kommandant von U-557, im Mai 1941 in der Nordsee.

5 U-557 in schwerem Atlantiksturm.

2
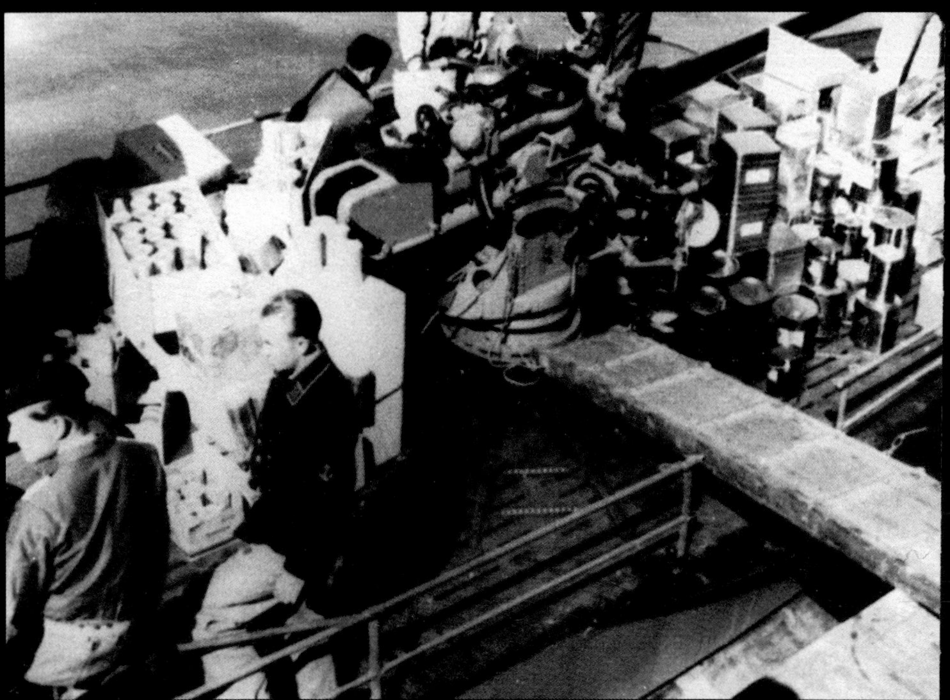

3

4

5

1 

1 Bei der 1. U-Boots-Ausbildungsab teilung im Hafen von Pillau, Winte 1941–1942.

2 Der Autor auf der Brücke vo U-953, im Hintergrund das einzieh bare Funkmeß-Warngerät.

3 Ein Geleitzug ändert den Kurs, ur U-Booten auszuweichen.

4 Alliierter Frachter geht auf Grunc

5 Frachter sinkt nach Torpedotreffe hinter dem Bug.

2 

3 

1

2

1 Ein schwer getroffenes alliiertes Schiff kurz vor der letzten Fahrt in die Tiefe.

2 Kommandant Paulshen von U-557 bei der Rückkehr von seiner ersten erfolgreichen Feindfahrt in Lorient an der Biskayaküste, Juli 1941.

3 Admiral Dönitz bei der Verleihung des Ritterkreuzes an Kommandant Wohlfahrt von U-556, das von seiner nächsten Feindfahrt nicht zurückkehrte.

4 Alliierter Geleitzug, von einem »Sunderland«-Flugboot überwacht, auf dem Weg nach England.

5 Ein britischer Zerstörer verfolgt ein U-Boot mit Wasserbomben.

6 U-Boot mit Tonnagewimpeln, die den auf einer einzigen Feindfahrt vernichteten alliierten Schiffsraum anzeigen.

1

2

1 Die Besatzung von U-612 an Deck angetreten.
2 Der Marktplatz von Lorient; im Hintergrund das Hotel Beauséjour, die Offiziersunterkunft der Kriegsmarine.
3 U-230 am 24. Oktober 1942 in Kiel-Wik. Von links nach rechts: der Autor, der Leitende Ingenieur Friedrich, der II. Wachoffizier Riedel, Kommandant Paul Siegmann.

3

4

4 U-612 im März 1942 in Hamburg. Auf diesem Boot fuhr der Verfasser zum ersten Mal als I. Wachoffizier.

5 Nächtlicher Angriff auf einen alliierten Geleitzug.

6 Die Brücke von U-230 während der Zweiten Wache, rechts Kommandant Siegmann; im oberen Bildteil das hölzerne »Biskaya-Kreuz«, die Antenne des Funkmeß-Warngeräts.

5

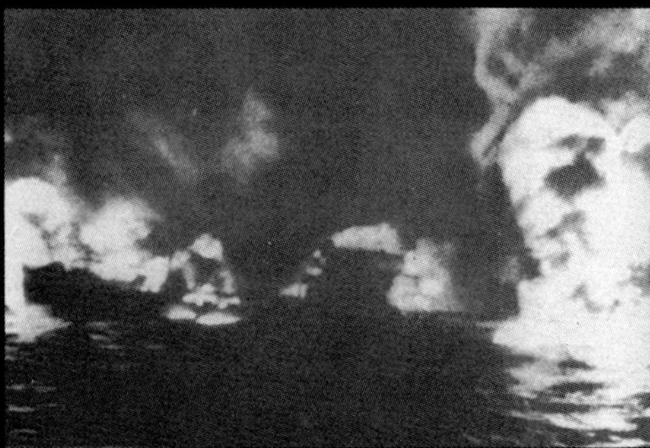

6

1

2

1 Englische Zerstörer begleiten einen großen Geleitzug; eines der Schiffe erhält gerade einen Torpedovolltreffer.

2 Torpedotreffer bei einem Nachtgefecht.

3 Alliierter Tanker sinkt mit gebrochenem Schiffsrumpf bei schwerem Sturm im Nordatlantik.

5

4 U-230, das dritte U-Boot des Verfassers. An der Turmkante das fest angebrachte Ortungsgerät.
5 Februar 1943: U-230 auf Geleitzugjagd.
6 Ein alliierter Tanker sinkt auf ebenem Kiel.

6

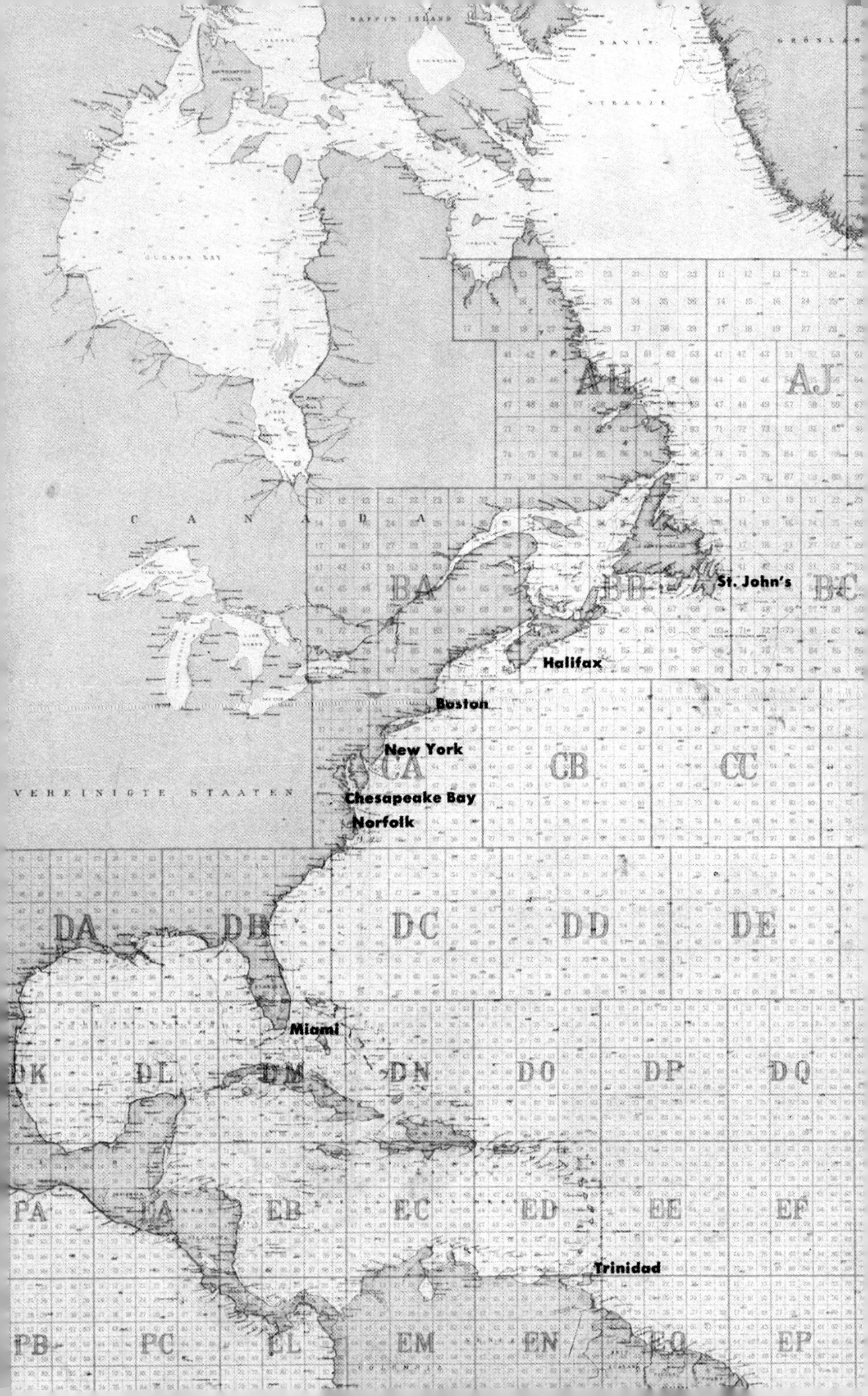

C A N A D A
VEREINIGTE STAATEN
AH
AJ
BA
BB
BC
St. John's
Halifax
Boston
New York
CA
CB
CC
Chesapeake Bay
Norfolk
DA
DB
DC
DD
DE
Miami
DK
DL
DM
DN
DO
DP
DQ
PA
EA
EB
EC
ED
EE
EF
Trinidad
PB
PC
EL
EM
EN
EO
EP

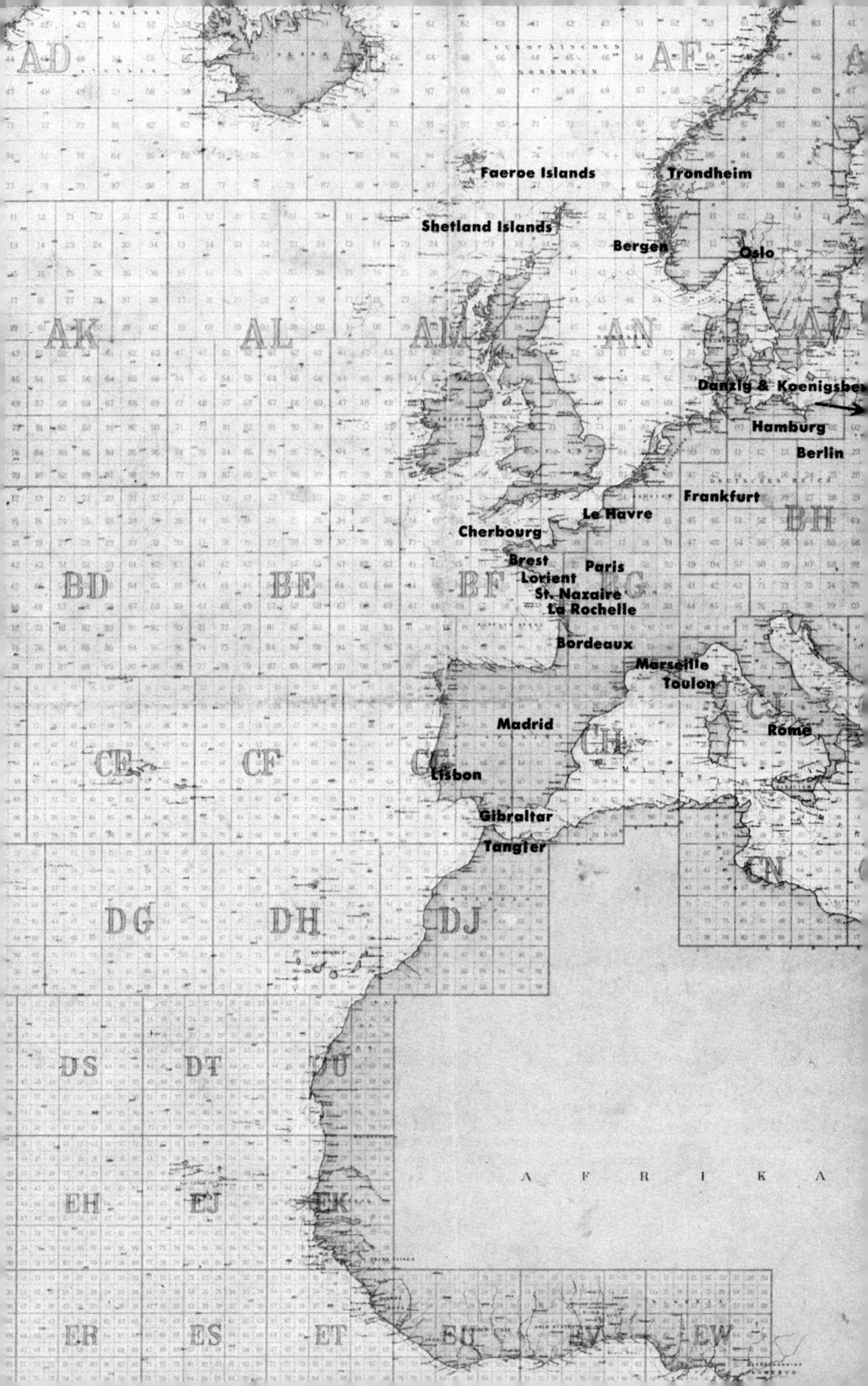

AD
AE
AF
Faeroe Islands
Trondheim
Shetland Islands
Bergen
Oslo
AK
AL
AM
AN
Danzig & Koenigsbe
Hamburg
Berlin
Frankfurt
Le Havre
Cherbourg
BH
Brest
Paris
Lorient
St. Nazaire
La Rochelle
BD
BE
BF
Bordeaux
Marseille
Toulon
Madrid
Rome
CE
CF
CH
Lisbon
Gibraltar
Tangier
CN
DG
DH
DJ
DS
DT
DU
AFRIKA
EH
EJ
EK
ER
ES
ET
EU
EV
EW

1

2

3

4

5

Eine Wasserbombenserie detoniert über der Tauchstelle eines U-Bootes, das von einem amerikanischen Zerstörer geortet wurde.
Brückenausguck und Seemännische Nummer Eins Rocher in schwerem Regenzeug.
U-230 kehrt im April 1943 von einer Unternehmung zurück. Rechts der Autor; im Hintergrund wird das begleitende Minenräumfahrzeug sichtbar.
Obersteuermann Prager »schießt« die Sonne mit dem Sextanten zur exakten Positionsbestimmung.
Eine schwere Welle rauscht durch das Brückenluk in die Zentrale.

1 Außenhülle
2 Druckkörper
3 Oberdeck
4 Bugraumluk
5 Offiziersraum
6 Turm
7 Brücke
8 Luftzielsehrohr
9 Funkpeiler
10 Angriffssehrohr
11 2-cm-Flak auf Doppellafette
12 3,7-cm-Flak
13 Ruder
14 Achtere Tiefenruder und Schrauben
15 E-Maschinenraum und achteres Torpedorohr
16 Dieselraum
17 Kombüse und achteres W. C.
18 Unteroffiziersraum und Batterie I unter den Flurplatten

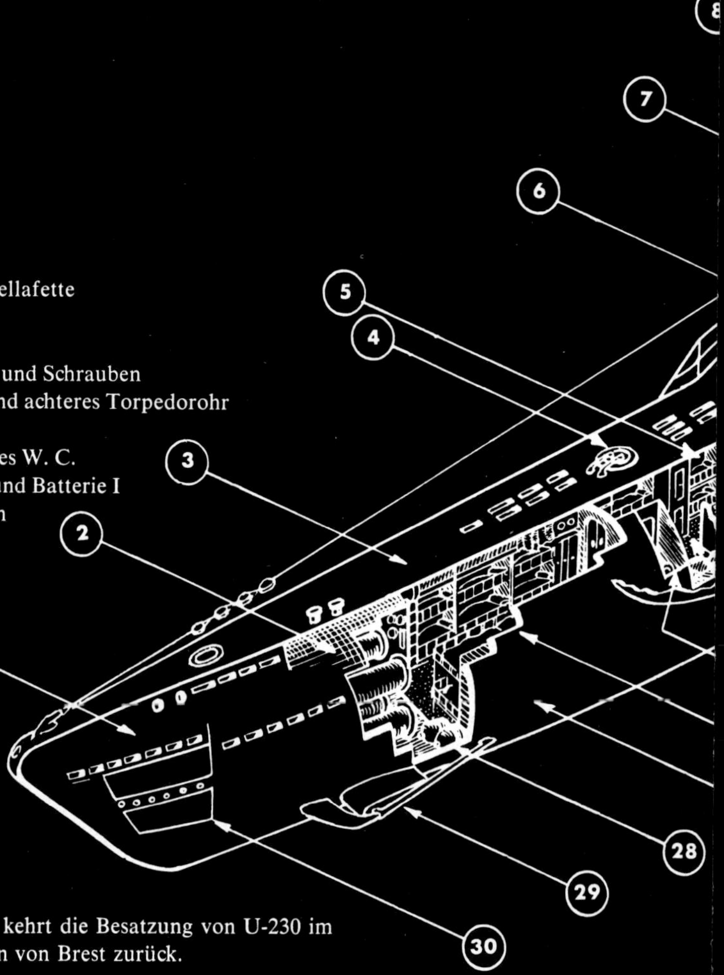

Froh über ihre Erfolge kehrt die Besatzung von U-230 im April 1943 in den Hafen von Brest zurück.

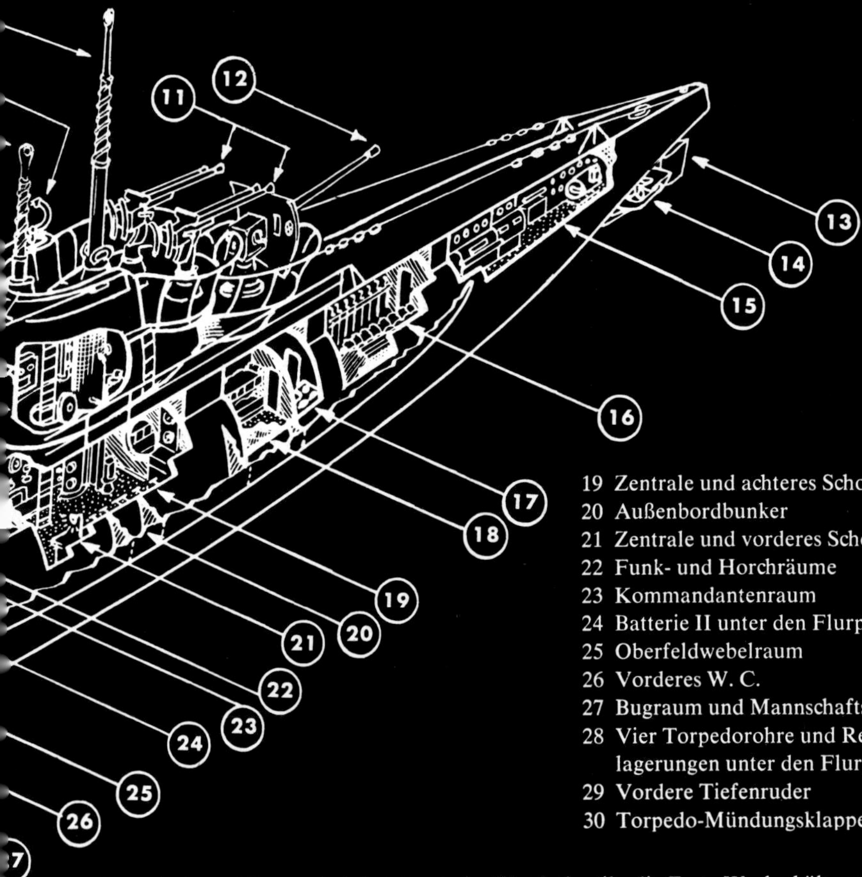

19 Zentrale und achteres Schott
20 Außenbordbunker
21 Zentrale und vorderes Schott
22 Funk- und Horchräume
23 Kommandantenraum
24 Batterie II unter den Flurplatten
25 Oberfeldwebelraum
26 Vorderes W. C.
27 Bugraum und Mannschaftsraum
28 Vier Torpedorohre und Reservelagerungen unter den Flurplatten
29 Vordere Tiefenruder
30 Torpedo-Mündungsklappen

U-230 auf einer alliierten Geleitzugroute im Nordatlantik: die Erste Wache hält gespannt nach feindlichen Schiffen Ausschau.

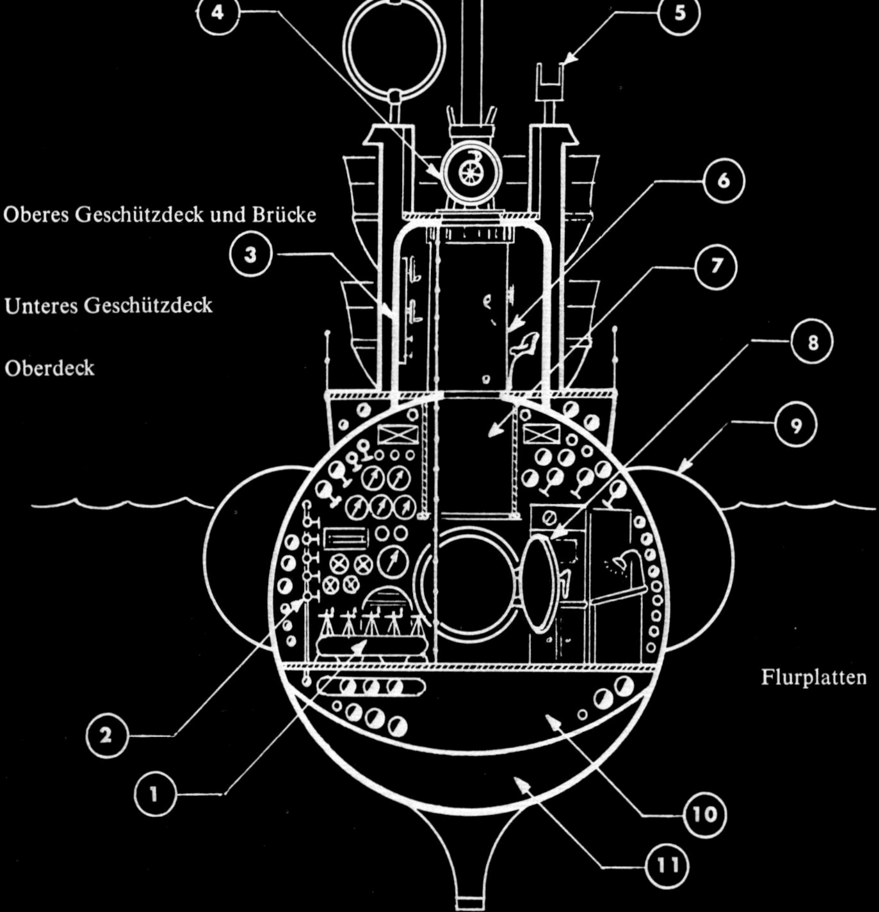

Atlantik-U-Boot
Schnitt durch Zentrale und Turm

1 Trimmwasser-Ventilstation
2 Preßluft-Verteiler
3 Turm mit Vorhaltrechner
4 Turmluk mit Deckelverschluß
5 Funkmeß-Warngerät
6 Sehrohr-Gehäuse
7 Notausstiegsluk
8 Kugelschott zu den achteren Räumen
9 Außenbordbunker
10 Zentrale-Bilge
11 Tauchzelle Nr. 3

1

2

3

1 L. I. Friedrich von U-230 erinnert sich zufrieden des Erfolgs der beendeten Feindfahrt.

2 Kommandant Siegmann demonstriert dem Chef der 9. U-Boot-Flottille im April 1943 seine Angriffsmanöver.

3 Ein Teil der alten Befestigungsanlagen von Brest; im Vordergrund zwei französische Zerstörer aus Vorkriegszeiten.

1 

2 

3 

1 Der Stützpunkt der 9. U-Boot-Flottille in Brest.

2 Ein typischer U-Boot-Bunker: eine sieben Meter dicke Konstruktion aus Stahlbeton schützt die U-Boote im Hafen.

3 Ein U-Boot an seinem Liegeplatz im Bunker.

4 U-634 unter dem Befehl von Dahlhaus versorgt U-230 auf hoher See mit Dieseltreibstoff.

5 Der Autor begrüßt während der Treibstoffübernahme alte Freunde an Bord von U-634.

6 Unablässige Wache an Bord von U-230: im Mai 1943 erreichte die alliierte Gegenoffensive ihren Höhepunkt.

4

5

6

1

2

3

1 Mai 1943: der »Thunderbolt« der Alliierten schlägt zu. Ein tauchendes U-Boot wird von einem Bomber mit Bordwaffen angegriffen.

2 Ein U-Boot wird von einer »Sunderland« mit Bomben belegt.

3 Volltreffer am Achterschiff: das U-Boot macht schnell Wasser und sinkt über das Heck. Die Brückenbesatzung kann über Bord springen, doch keiner der Männer überlebte.

4

5

6

4 Eine Vier-Bomben-Serie detoniert am Heck eines U-Boots, das mit leergefahrenen Batterien tauchunklar ist. Das Boot kehrte nicht zurück.

5 U-Boot, das von einer »Sunderland« des *British Coastal Command* angegriffen wurde. Die Besatzung versucht, sich in Einmannschlauchboote zu retten. Das Bild wurde von einem »Liberator«-Bomber aus aufgenommen, der das Boot mit Wasserbomben belegt hatte.

6 Von Wasserbomben auf See schwer beschädigtes U-Boot, dem die Rückkehr zum Hafen gelang, im Trockendock.

1 U-847 unter Kuppisch versorgt am 27. August 1943 im Mittelatlantik fünf U-Boote mit Treibstoff.

2 Die Besatzung von U-847 drängt sich auf der Brücke; sie scheint die alliierten Flugzeuge nicht zu fürchten.

3 U-847 versorgt U-172 (im Hintergrund) und U-230 mit kostbarem Dieselöl. Noch am gleichen Tag wurde U-847 von einer Maschine des US-Flugzeugträgers »Card« angegriffen und versenkt.

4 Die ehemalige französische Marineschule in Brest, Stützpunkt der 1. U-Boot-Flottille.
5 Schloß Château Neuf, Erholungsstätte der 9. U-Boot-Flottille in Brest.
6 Der Autor auf der Brücke von U-415; das Boot passiert gerade jene Stelle an der Pier des Innenhafens von Brest, an der es später auf eine Mine lief und sank.

1 Das letzte Photo der Kommandanten der 1. U-Boot-Flottille; von links nach rechts: Boddenberg (U-963), Werner (U-415), Marbach (U-953), Bugs (U-625, gefallen), Flottillenchef Kapitän Winter, Sieder (U-984, gefallen), Sachse (U-413, gefallen), Knackfuß (U-821, gefallen), Lehesten (U-373, gefallen); 4. Juni 1944.

2

2 Die Gefallenen von U-415 wurden an Land zu Grabe getragen.

3 Die Besatzung von U-415 bestattet am 23. Juli 1944 in Brest ihre gefallenen Kameraden; der Autor spricht an den Gräbern.

4 U-415, das erste U-Boot, das der Verfasser als Kommandant übernahm. Auf der Brücke die beiden 2-cm-Zwillingsflakgeschütze. Das Bild wurde im April 1944 aufgenommen.

3

1

2

3

 4

Erholung für U-Boot-Kommandanten in Le Treshier; das Bild wurde drei Tage vor Beginn der Invasion aufgenommen. Von links nach rechts: Lehesten (gefallen), Bugs (gefallen), ein Marinearzt, Hartmann (gefallen); im Vordergrund: Sieder (gefallen), Sachse (gefallen), Boddenberg.
Hein Sieder, Kommandant von U-984, erhielt Ende Juni 1944 das Ritterkreuz.
U-953, das Boot des Verfassers, im August 1944 bei Manövern in der Bucht von Brest.
Februar 1945: U-953 wird zur letzten Feindfahrt ausgerüstet. Rechts am Turm ist der Luftmast der Schnorchelanlage befestigt.
An Bord von U-593: der Autor vor dem Kugelschott zwischen der Zentrale und den Bugräumen.
Nach sieben Wochen fast ununterbrochener Tauchfahrt erreicht U-953 den Stützpunkt der 11. U-Boot-Flottille in Bergen, Norwegen.

 5

 6

1 U-1009 war das erste U-Boot, das übergeben wurde. Mit der schwarzen Flagge am ausgefahrenen Sehrohr nähert es sich am 7. Mai 1945 dem Begleitschiff HMS »Byron« der *Royal Navy*.

2 Die *Royal Navy* versenkte alle ausgelieferten U-Boote in einer Massenaktion. Auf dem Bild wird U-2335 durch Geschützfeuer eines britischen Zerstörers vernichtet. Die Boote wurden von Loch Ryan in Südschottland in den Atlantik geschleppt und dort auf Grund geschickt.

3 Mai 1945: deutsche U-Boote an der Pier eines schottischen Hafens.

Der nächste Schnellzug brachte mich nach Frankfurt zurück. Ich verbrachte vier ruhelose Tage im Haus meiner Eltern. Ich saß eine Nacht im Keller, hörte das Heulen der Sirenen und das Bellen der Flak, spürte die Erschütterung explodierender Bomben und sah die versteinerten Gesichter der Menschen, die den Luftangriff als ein routinemäßiges Ereignis über sich ergehen ließen. Als der Angriff vorüber war, war die Nacht vom Korditgestank, vom Stöhnen der Verwundeten und vom schrillen Klingeln der Feuerwehrautos erfüllt. Dahin also hat uns der Krieg gebracht, überfiel es mich bitter - daß Marianne das Opfer der Luftangriffe geworden war, daß meine Eltern sich daran gewöhnen mußten, in einem Keller ihr Dasein zu fristen, von der dauernden Furcht geplagt, augenblicklich ihr Leben verlieren zu müssen. Nach dieser Nacht gab es nichts mehr, das mich hätte zu Hause halten können. Ich mußte zu meinem Boot zurückkehren, allein um derer willen, die in der Heimat zurückblieben.
Nach einer ermüdenden Nachtfahrt in einem verdunkelten Zug kam ich in Paris an. Die Stadt atmete Frieden, und die Junisonne vergoldete Bäume und Dächer. Die Hitze machte meine Uniform doppelt schwer und unbequem; die Vorteile einer Zivilgarderobe waren kaum zu bestreiten. Ich stellte mir vor, wie sehr ich es genießen würde, den Franzosen vorzutäuschen, ich gehörte zu der gutgekleideten Pariser Menge, die sich über den Krieg nicht den geringsten Gedanken machte. Mein Wunsch, mir einen Zivilanzug zuzulegen, wurde zum Entschluß, als ich in einem Rohrstuhl vor dem Café de la Paix saß und einen Aperitif schlürfte. Mir fiel auf, daß die elegantesten Pariserinnen uns Männern in Uniform absolut keine Aufmerksamkeit schenkten. Mir wurde bewußt, wie weit ich von ihrem Charme, ihrer Schönheit und ihrem Leben voller Glanz entfernt war und wie tief die Kluft war zwischen den Bewohnern dieser herrlichen Stadt und uns Männern von der Front.
An einem späten Juniabend war ich wieder in Brest. Ich fand Riedel und meine Kameraden in fröhlicher Runde in der Bar der Flottille. Ich gesellte mich zu der trinkfrohen Gruppe, und bald erzitterten die Wände von unserer Ausgelassenheit und dem Echo rauher Seemannslieder. Das war es, was wir alle brauchten, um zu vergessen, daß unsere Namen in Kürze aufgerufen werden würden, daß wir alle nur eine beschränkte Zeit zum Singen und Trinken hatten. Das war, was ich brauchte, um Mariannes Tod und Vaters Schwierigkeiten mit der Gestapo zu vergessen. Ich brauchte aber auch die Pflicht und die Arbeit, um zu vergessen.
Ich fiel schnell wieder in die gewohnte Routine, machte meine täglichen Gänge zur Werft und nahm die Besatzung wieder unter meine Obhut. Nur ein Mann machte mir Schwierigkeiten. Ein überlanger Seemann, der sich nachts regelmäßig über die Mauer schwang, um in der Stadt das Vergnügen zu finden, das der Stützpunkt nicht aufzuweisen hatte. Er hatte jedoch das Pech, wiederholt in Schlägereien verwickelt zu werden, natür-

lich wegen Mädchen, die er, ohne eine Gebühr zu bezahlen, erobern wollte. Ich hielt es für angebracht, ihn für acht Tage in Einzelhaft zu schicken. Andererseits war er ein ausgezeichneter Seemann und zuverlässig, sobald unser Boot den Hafen verließ.

Während meiner Abwesenheit war das Flottillenpersonal auf bemerkenswerte Art bereichert worden. Offenbar hatte man die Wichtigkeit unserer Flottille für die Geschichtsschreibung der Marine entdeckt; und damit ergab sich die Notwendigkeit, daß ein Fotograf die interessanten Ereignisse für die Nachwelt festhielt. Der Fotograf war eine attraktive junge Frau. Als wir uns zufällig an der Bar trafen, begann ich die Unterhaltung:

»Sie haben aber einen sehr vertrauten süddeutschen Dialekt.«

»Sie sprechen aber auch nicht gerade Berlinisch«, gab sie mit einem Lächeln schnippisch zurück.

»Man kann seine Herkunft nicht verbergen. Ich bin am Bodensee aufgewachsen, in Überlingen, um es genau zu sagen.«

»Was für ein Zufall«, rief sie, »ich wohnte auf der anderen Seeseite - in Konstanz. Ich heiße Vera.«

Wir prosteten einander zu. Dann lud ich Vera zum Abendessen in der Stadt ein. Ohne Zögern nahm sie an. Nachdem meine Tagesarbeit erledigt war, nahm ich ein Bad im Schwimmbecken, das ebenfalls eine neue Attraktion im Stützpunkt war, bereitete mich auf mein Rendezvous mit Vera vor und klopfte schließlich an der Tür des kleinen Bungalows, der ihr als Wohnung zugewiesen war.

Gemeinsam verließen wir den Stützpunkt und schlenderten durch die Straßen von Brest. In einem mir seit Jahren vertrauten Restaurant bestellten wir Schnecken in Butter gebacken, Krabben in Tartarsauce, einen Hummer und eine Flasche Beaujolais. Später zogen wir uns in ein kleines Café zurück und tanzten zur Musik eines Pianisten, der uns alle französischen Lieder vorspielte, die wir hören wollten.

Vor Mitternacht kehrten wir in den Stützpunkt zurück. Es war für mich ein seltenes Erlebnis, mit einer Frau von der Wache am Tor eingelassen zu werden.

Von nun an traf ich Vera regelmäßig nach meiner Arbeit.

Am folgenden Samstag fiel mir ein, daß ich mir einen Zivilanzug schneidern lassen wollte; ich lud Vera ein, mich auf der Suche nach Stoff und einem Schneider zu begleiten. Trotz des langen Krieges bot mir ein *tailleur* eine erstaunliche Auswahl von Stoffen an - natürlich ohne die obligaten Kleiderpunkte. Ich wählte ein Pepitamuster, ließ den Schneider maßnehmen, vereinbarte einen Preis und den Liefertermin. Daß ich unter Umständen nie Gelegenheit haben würde, den Anzug zu tragen, beunruhigte mich nicht. Ich zwang mich mit diesem Kauf, ein Optimist zu sein und zu bleiben.

Während dieser Tage im Hafen hatten wir tatsächlich allen Grund zum

Pessimismus. Sooft ein Freund nicht mehr von Feindfahrt zurückkam oder die Wahrheit über unsere Verluste im Mai bestätigt wurde, sooft ein Boot schwer beschädigt in den Hafen kroch und wenn die Nachrichten über das zunehmende Sterben der Boote in den Messen der Flottillen umliefen, stieg die Vorahnung eines bevorstehenden Unglücks wie eine Wand um uns auf. Das Schlimmste war, daß unsere Männer nicht in der Lage waren, ihre Haut teuer zu verkaufen. Der Lohn unserer Anstrengungen im April war nur ein Drittel des Schiffsraums, den wir im März versenkt hatten. Und nur fünfzig alliierte Schiffe mit zusammen 265 000 Tonnen waren im Mai auf den Grund des Atlantik geschickt worden. Mitte Juni war der U-Bootkrieg praktisch zum Stillstand gekommen. Innerhalb zweier Wochen waren weitere sechzehn Boote verloren gegangen. Daraufhin hatte Admiral Dönitz unsere Angriffe auf die Nordatlantik-Geleite vorübergehend gestoppt. Die überlebenden Boote wurden auf andere Ziele angesetzt, aber nicht von der Front zurückgezogen. Im Gegenteil! Um unsere Verluste auszugleichen, geschah alles, was nötig war, um die Boote in den Werften, auf den Helligen und in den Trockendocks schnellstens frontklar zu machen. Die Absicht war, jedes verfügbare Boot für den Fronteinsatz bereitzustellen, um den Alliierten zu beweisen, daß unser Rückgrat nicht gebrochen war. Dönitz versicherte uns anläßlich einer Rede in Lorient, daß der Rückschlag in der Schlacht im Atlantik nur vorübergehend sei und die Lage sich bald wieder ändern würde, sobald unsere Gegenmaßnahmen frontreif seien; mittlerweile müßten wir aber weiterhin zur See fahren, um die alliierten Flottenverbände im Atlantik zu binden und ihre Bomber von den Städten unserer Heimat fernzuhalten.

Ende Juni übernahm ich U-230 aus dem Trockendock und verholte es an die Pier, wo die Frontausrüstung vorgenommen werden sollte. Damit kamen alle unsere Abenteuer im Hafen zu einem plötzlichen Ende. Wirklichkeit war unser Boot, der Krieg und der unvermeidliche Zusammenprall mit dem Gegner.

Am Nachmittag des 29. Juni, kurz nachdem der Kommandant von einer Lagebesprechung beim Führer der U-Boote West zurückgekommen war, bat er mich auf sein Zimmer und fügte hinzu: »Bringen Sie Friedrich und Riedel mit. Ich habe einige sehr interessante Neuigkeiten.«

Zwanzig Minuten später trafen wir Siegmann in seiner kleinen Wohnung. Er begann ohne Umschweife: »Nehmen Sie Platz, meine Herren. Was ich Ihnen zu sagen habe, dauert eine Weile. Und was Sie hören werden, wird dieses Zimmer nicht verlassen.

Die Führung hat uns für einen Sondereinsatz vorgesehen. Hauptaufgabe unserer nächsten Feindfahrt ist eine Minenunternehmung. Unser Ziel ist die Ostküste der Vereinigten Staaten. Wir werden vierundzwanzig Magnetminen neuester Konstruktion übernehmen und sie in der Chesapeake

Bay - genauer: vor den amerikanischen Marinestützpunkt Norfolk legen. Ich brauche die Gefahr dieser Unternehmung nicht besonders hervorzuheben. Wichtig ist, daß das Marschziel ein Geheimnis bleibt, bis wir auf See sind. Ich möchte nicht in den Vereinigten Staaten von einem Empfangskomitee begrüßt werden.
Noch eine andere Sache. Die Chesapeake Bay ist sehr flach - zu flach, um eine derartige Aufgabe getaucht durchzuführen. Wir werden das Legen der Minen deshalb über Wasser durchführen. Ich bitte Sie, I.W.O., alle notwendigen Seekarten dieser Gegend an Bord zu schaffen, ganz diskret, wenn ich bitten darf, und sie unter Verschluß aufzubewahren.«
Wir drei hatten gespannt zugehört und begrüßten den Plan als eine willkommene Abwechslung. Eine normale Feindfahrt ließ nicht viel Raum für Erfolge. Über unsere Verteidigung besorgt, fragte ich den Kommandanten: »Die vierundzwanzig Minen erlauben uns aber nicht mehr als zwei Torpedos, Herr Oberleutnant.«
»Zwei Torpedos, genau. Und die werden wir auch mitnehmen. Der Bugraum wird von den Minen überladen sein, für die Sie, I.W.O., verantwortlich sind.«
Friedrich hatte eine andere Frage: »Wieviel Treibstoff werden wir an Bord nehmen?«
»Die normale Menge, L.I. Alles ist sehr gut vorbereitet. Wir werden auf See von einem unserer großen U-Tanker irgendwo in der Nähe der westindischen Inseln versorgt werden. Das ist unser zukünftiges Operationsgebiet, nach Erledigung der Minenaufgabe, versteht sich. Wir werden dort genügend Proviant, Treibstoff und Aale übernehmen. Und Sie, Riedel, werden für Tropenausrüstung und Spezialverpflegung sorgen.« Und Siegmann schloß: »Meine Herren, ich nehme an, daß wir für den Rest des Sommers auf See bleiben.«
Am 1. Juli übernahmen wir die Minen. Die Anlieferung der eigenartig geformten Kapseln brachte unter den Männern allerlei Gerüchte in Umlauf. Einige waren überzeugt, daß wir einen englischen Hafen verminen würden. Die besonders Schlauen behaupteten jedoch, wir würden die Eier vor dem entfernten, aber wichtigen afrikanischen Hafen Freetown legen.
Aber je näher der Tag unseres Auslaufens heranrückte, desto skeptischer wurde ich, was die Lage im Atlantik anging. Nicht eins der versprochenen Abwehrgeräte war auf U-230 eingebaut worden. Das Metox, unser Funkmeßbeobachter, wurde weiterhin als das beste Flugzeugwarngerät angesehen. Zusätzliche Abwehrkanonen hatte man uns versprochen; sie waren aber nicht in genügender Menge im Hafen eingetroffen. Gerüchte über neue Erfindungen, wie zum Beispiel eine Gummihaut um Druckkörper und Aufbauten, die Funkmeß- und Asdic-Ortungen aufschluckte, blieben Gerüchte. Die einzige wirkliche Verbesserung an Bord war der Einbau starker Panzerplatten um die Brückenaufbauten, als Ersatz für unser

aktives Ortungsgerät, das so nutzlos geworden war wie die 8,8-cm-Kanone auf dem Vordeck - die man ebenfalls abmontiert hatte. Wie die Dinge standen, waren alle Wahrscheinlichkeiten gegen uns. Die Briten hatten eine derartig große Anzahl von Flugzeugen eingesetzt, daß kein U-Boot die Biskaya unentdeckt passieren konnte. Während einer Zeitspanne von nur sechs Wochen hatten die Alliierten unsere aktive U-Bootwaffe um 40 Prozent verringert, und viele der überlebenden Boote mußten noch die Blockade in der Biskaya durchbrechen, um den schützenden Hafen zu erreichen.

Trotz dieser erschreckenden Dezimierung unserer Reihen glaubten wir das Kriegsglück wenden zu können, wenn wir lange genug aushielten. Und aushalten mußten wir.

Zwei Tage vor dem Auslaufen besuchte ich meinen Schneider. Mein Anzug war noch nicht fertig. Ich sagte ihm, ich würde in zwei Wochen wiederkommen, und bezahlte den Rest des Kaufpreises im voraus. Falls ich nicht mehr zurückkehren sollte, wollte ich ihm nichts schuldig bleiben.

4

Montag, 5. Juli. Das Auslaufen von U-230 war für den Abend festgesetzt. Während des Tages erhielten wir einen zusätzlichen Passagier. Wegen der erwarteten Länge der Unternehmung und weil die Geschützbedienungen immer häufiger durch Bordwaffenbeschuß der Flugzeuge verwundet wurden, hatte die Führung uns einen Arzt zugewiesen. Beladen mit mehreren Gepäckstücken kam er auf der Pier an, als ginge es auf eine Erholungsreise. »Hallo, Herr Leutnant«, rief er. »Ich bin Dr. Reche. Werde versuchen, auf ihre Leute gut achtzugeben. Aber ich muß gestehen, ich war noch nie auf einem Schiff, geschweige denn auf einem U-Boot. Würden Sie mir bitte meine Kabine zeigen?«

Unsere Männer, die grinsend zugehört hatten, machten einige unangebrachte Bemerkungen. Ich drückte die schmale Hand des Arztes und erklärte: »Herr Doktor, auf einem U-Boot gibt es keine Kabinen. Auch für Ihr großes Gepäck haben wir keinen Platz. Bitte nehmen Sie nur, was Sie wirklich brauchen - ungefähr ein Drittel von dem, was Sie haben - und folgen Sie mir bitte unter Deck.« Nachdem er sein Gepäck, nicht ohne Widerstand, drastisch verringert hatte, gelang es mir, ihn in einer Koje über der des Obersteuermanns unterzubringen.

Bei Sonnenuntergang versammelten wir uns zur Abschiedsfeier im großen Saal des Stützpunkts. Danach gingen wir in kleinen Gruppen an Bord. Nicht ein Mann, vom Kommandant bis zum letzten Seemann, verriet seine Gedanken über unser bevorstehendes Treffen mit dem Gegner. Trotz angestrengtester Geheimhaltung war bekannt geworden, daß die alliierten Bomber von fünf Booten, die ihren Marsch durch die Biskaya wagten, drei versenkten. Allein am 24. Juni hatten die Tommies innerhalb von 16 Stunden vier Boote auf den Boden der Biskaya geschickt.

Die Nacht war mondlos und sehr dunkel. Kein Musikzug, keine beifallsrufende Menge verriet den französischen Partisanen oder den englischen Spionen unser heimliches Auslaufen. In diesen Tagen und Wochen hatte der englische Spionagedienst seine Augen und Ohren überall - im Stützpunkt, in der Werft, in den Restaurants und sogar in den *établissements*.

An der westlichen Spitze der Bretagne, wo die Felsen im Meer versinken, wurden wir von einem Vorpostenboot aufgenommen, das uns zu einem Treffpunkt mit anderen Booten aus Lorient geleitete. Die Nacht verging ohne Zwischenfall. Bei Tagesgrauen trafen wir auf U-506 und U-533. Wir hatten Befehl, zusammen durch die Biskaya zu marschieren und mit konzentrierter Feuerkraft die britischen Luftangriffe abzuschlagen.
Die Boote liefen auf Rufweite nebeneinander her. Vier Bewachungsfahrzeuge umkreisten die seltsame Versammlung in gespannter Aufmerksamkeit, ihre Rohre fertig zum Schuß. Die drei Kommandanten der Boote unterhielten sich durch ihre Flüstertüten und besprachen die Strategie des Gruppenmarsches. Danach sollten alle drei Boote am Tage aufgetaucht und mit Höchstfahrt nach Westen stoßen, während der Nacht aber getaucht und in engster Verbindung bleiben. Bei Tagesanbruch sollte auf ein gemeinsames Zeichen aufgetaucht und der Marsch über Wasser fortgesetzt werden. Bei der Sichtung eines Flugzeugs aus sicherer Entfernung sollte eine gelbe Flagge geschwenkt und sofort mit Alarm getaucht werden. Eine rote Flagge sollte geschwenkt werden, falls eine der feindlichen Maschinen bereits zu nahe herangekommen war und damit ein Tauchen unmöglich machte. Die rote Flagge bedeutete: oben bleiben und aus allen Rohren schießen.
Dieser Plan, von unseren Stabsoffizieren am grünen Tisch ausgeklügelt, war von Grund auf fehlerhaft und unter Kriegsverhältnissen nicht ausführbar. Da wir aber nichts Besseres hatten, versuchten die drei Kommandanten ihr Glück.
8 Uhr 10. Die drei Boote drehten ihren Bug westwärts und begannen ihren Versuch, die alliierte Verteidigungslinie zu durchbrechen. Die Geleitfahrzeuge dampften nach Osten zurück, zum sicheren Hafen. Die Wolken trieben hoch, der Dunst hing tief. Die See war träge und grau. Unser Metox war still. Drei angespannte Stunden vergingen - keine Ortung - keine Feindberührung.
11 Uhr 35. Plötzlich wurde auf der Brücke von U-533 die gelbe Flagge geschwenkt. In Sekundenschnelle erkannten wir ein Flugzeug 10 000 Meter an Steuerbord. Alle drei Boote tauchten sofort. Dreißig Minuten später hörten wir das Unterwasserschallgerät von U-506, das Signal zum Auftauchen. Wie trainierte Seelöwen brachen die drei Boote gleichzeitig durch die Oberfläche, gingen sofort auf hohe Fahrt und hämmerten westwärts, drei lange, weiße Streifen nach sich ziehend.
13 Uhr 10. Eine Liberator schoß aus der Wolkendecke hervor, Entfernung 3000 Meter. Keine Ortung. Zu spät zum Tauchen. Die rote Flagge ging auf unserer Brücke hoch. Alle Rohre schwenkten gegen die Maschine. Dann setzte der große Vogel zum Angriff an. Aber bevor wir das Feuer eröffnen konnten, zog die Maschine hoch, flog außer Reichweite und begann unsere Gruppe zu umkreisen.

13 Uhr 18. Eine zweite Liberator erschien am nördlichen Horizont – eine neue Variation einer bekannten Methode. Beide Flugzeuge umflogen uns in respektvoller Entfernung. Ich befahl, mehr Munition auf die Brücke zu bringen und zusätzliche Magazine im Turm aufzustapeln. Tauchen war nun völlig ausgeschlossen. Von den Maschinen in die Zange genommen, schossen wir kurze Feuerstöße in die Luft, um ihre Angriffslust abzukühlen. Und weiter brüllten unsere Diesel und trieben unsere Boote immer tiefer in die Weite des Atlantik. Aus der Luft kam das tiefe Gebrumm der Flugzeugmotoren.
13 Uhr 25. Eine Sunderland tauchte durch die Wolkendecke und schwenkte in den Kreis der beiden andern Maschinen ein. Das plötzliche Erscheinen einer dritten Maschine verringerte unsere Chancen, der Falle zu entkommen.
13 Uhr 32. Mit der Ankunft einer dritten Liberator sanken unsere Chancen auf den Nullpunkt. Unsere Unternehmung, nur wenige Stunden alt, schien ein vorzeitiges Ende erreicht zu haben. Wir erwarteten den Angriff mit einem winzigen Rest des Vertrauens, mit dem wir ausgelaufen waren.
13 Uhr 40. Eine Liberator stürzte zum Angriff herunter. Unsere Kanonen jagten dem Piloten, der wie irrsinnig in unser konzentriertes Feuer flog, einen Hagel hochexplosiver Geschosse entgegen. Dann griff eine zweite Liberator von der gegenüberliegenden Seite an und zwang uns, die Feuerkraft zu verteilen. Alle drei Boote versuchten mit wilden Zickzackbewegungen den Anflügen auszuweichen. Eine Maschine röhrte plötzlich feuerspeiend auf uns zu, warf ihre Bomben, überflog unsere Brücke nur wenige Meter über unseren Köpfen. Sengende Hitze traf unsere Gesichter. Vier gewaltige Schläge in unsere Flanke, vier Geyser. Gewaltige Wassermassen brachen über uns herein. Ein Mann an der unteren Kanone sackte in die Knie. Ein anderer löste ihn ab. Und wieder standen vier weiße Pilze um den Turm von U-506; dann schnitt die zweite Maschine durch unsere Feuerlinie.
Einige Sekunden Ruhe. Wir hievten neue Munition auf die Brücke. Plötzlich begann U-506 zu tauchen. Die vier Geier erkannten ihre Gelegenheit und stürzten zum Angriff nieder. Doch dann hob sich der Turm von U-506 wieder aus dem Wasser, Männer sprangen an die Kanonen, das Boot drehte scharf nach Backbord und entwich den Bomben der Sunderland. Dann krachten die Explosionen zwischen dem Bellen unserer Flak, dem Stottern der Bordkanonen, dem Geheul der Diesel und dem Donner der Flugzeugmotoren. Die See dampfte vom Qualm der Auspuffgase, schäumte vom Bersten der Bomben. Querschläger, die von unserer Panzerung absprangen, pfiffen durch die Luft. Dann kam der entscheidende Augenblick. Mit donnernden Dieseln duckten sich alle drei Boote gleichzeitig und verschwanden sekundenschnell in der aufgewühlten See. Wir

waren noch nicht auf schützender Tiefe angekommen, als der Schwall detonierender Bomben uns bewies, daß die Engländer noch nicht aufgegeben hatten.
Das war das Ende unseres Versuchs, in einer Gruppe durch die Biskaya zu marschieren. Wir verloren bald darauf die Verbindung mit den beiden anderen Booten. Keines erreichte jemals wieder den Hafen. U-506 sank sechs Tage nach diesem Scharmützel und U-533 zwölf Wochen später. Beide wurden das Opfer alliierter Flugzeugangriffe.
Dr. Reche, von Furcht und Seekrankheit geplagt, behandelte unseren einzigen Verwundeten. Glücklicherweise hatte das Geschoß den Oberschenkel glatt durchschlagen. Reche verband den Mann unter größten Schwierigkeiten, Schweißperlen auf der bleichen Stirn. Als er fertig war, kroch er in seine Koje, selbst der Hilfe bedürftig.
Tage und Nächte fuhren die Jäger in der Luft fort, uns mit ihren schweren Koffern zu bombardieren. Wir wurden gehetzt, verfolgt und nahezu zum Wahnsinn getrieben. Stunde um Stunde stürzten wir in die Tiefe; die Detonationen griffen mit tödlicher Genauigkeit nach uns. Und trotzdem gelang es uns, der Vernichtung zu entgehen. Erst als U-230 schließlich die rollende Prärie des Mittelatlantik erreichte, wo wir uns verhältnismäßig sicher fühlten, tauchten wir auf, erstaunt, noch einmal davongekommen zu sein. Andere Boote hatte weniger Glück gehabt. U-514 und U-232 waren am 8. Juli in Stücke gerissen worden, U-435 wurde einen Tag später versenkt. Am 12. Juli gelangen dem Gegner zwei Volltreffer auf U-506 und U-409. Einen Tag danach versenkten die Briten U-607.
Nachdem wir dem Hexenkessel der Biskaya entronnen waren, tauchten wir nur zwei- oder dreimal am Tag vor plötzlichen Anflügen und gewannen lange Stunden Überwasserfahrt. Das Boot wurde von Schimmel und Fäulnis gereinigt. Die Bilgen wurden geschrubbt, der Abfall über Bord geworfen - eine Routinearbeit, die wir in der Biskaya wohlweislich unterlassen hatten. Wir bereiteten unsere Minen zum Wurf vor und warteten unsere Aale, um sie für den Notgebrauch schußfertig zu haben. Die Brückenwachen genossen die sonnigen Tage, und die glühende Sonne brannte ihre Haut tiefbraun. Die Besatzung begann wieder Appetit zu zeigen; einige Männer von der Maschine kamen abwechselnd in den Turm oder auf das Zigarettendeck, um eine Pfeife oder eine Zigarette zu rauchen. Der einzige, der nie die Sonne sah und sich nie von seiner Ledermatratze erhob, war unser Doktor. Von der Seekrankheit geschüttelt, löste er sich langsam in seiner Koje auf. Gelb und dünn ruhte er still auf seiner schmalen Matratze, aß nichts, verlangte nichts, sprach nichts. Nur wenn unser Boot während unseres täglichen Prüfungstauchens auf 60 Meter Tiefe zur Ruhe kam, kroch er aus seiner Koje und erinnerte uns daran, daß er noch an Bord war.
U-230 hielt in sparsamster Marschfahrt Kurs auf die Chesapeake Bay.

Im Durchschnitt legten wir täglich etwa 160 Meilen zurück, was allerdings von der Heftigkeit der Belästigungen aus der Luft abhing. Der Strom der Kurzsignale, der Todesnachrichten von unseren Booten, versiegte jedoch nie. U-509 meldete, daß es von einem Flugzeug angegriffen und schwer beschädigt worden sei. Es erbat dringend Ersatzteile, das war die letzte Nachricht. Um diese Zeit sanken auch U-513, Guggenberger; U-67, Müller-Stockheim; U-160, Pommer-Esche; U-159 und U-622, alles alte Kämpen des U-Bootkrieges. Unsere Funker entschlüsselten jedoch nicht nur Notsignale. Sie hörten täglich die Wehrmachtsberichte und vervielfältigten sie auf unserer Reiseschreibmaschine. Auf diese Art erfuhren wir von den aufsehenerregenden Landungen der Alliierten auf Sizilien und von den fortwährenden Rückschlägen unserer Truppen an der russischen Front. Die Welt stand in Flammen, und die Flammen schlugen am höchsten, wo man es am wenigsten erwartet hatte: in Deutschland. Unsere Luftwaffe, von Göring vernachlässigt und von den Alliierten dezimiert, konnte die anglo-amerikanischen Bomberverbände, die unsere Städte in Schutt und Asche legten, nicht aufhalten. Ich erkannte mit größter Besorgnis, daß die Rückschläge unserer U-Bootwaffe eine alarmierende Ähnlichkeit mit der Niederlage der Luftwaffe hatten. Aber trotz der Brände und der Bombenteppiche in der Heimat, trotz der Rückzüge und der Niederlagen an den Landfronten und der Gefahr, die uns unmittelbar drohte, hielten wir unsere Hoffnung hoch.

Aber unsere U-Boot-Verluste stiegen auch weiterhin. Am 20. Juli bestätigte ein Kurzsignal, daß das Logbuch eines unserer Kameraden aus besseren Tagen in Brest für immer geschlossen war: VON FLUGZEUG ANGEGRIFFEN - BOOT SINKT - GEHE IN GEFANGENSCHAFT - U-558. Das war die letzte Meldung des Bootes.

Am folgenden Tag sichteten wir eine Catalina, ein zweimotoriges Flugboot. Wir tauchten sofort, blieben zwei Stunden unter Wasser und zwangen den Piloten der amerikanischen Maschine, seine Jagd aufzugeben. Als wir am Spätnachmittag auftauchten, war der Himmel mit schweren Wolken überzogen. Wir erkannten den Vorteil der Sturmfront und stießen mit äußerster Kraft in den Abend hinein. Die Nacht legte sich über den Atlantik, verwandelte sich aber bald in hellen Tag. Blitze zuckten über das nachtblaue Firmament und ließen den Himmel in hellen Flammen auflodern; der Donner krachte, knallte und rollte wie ein gigantisches Artilleriegefecht. Nach fünf Stunden kam der Regen. Während die grellen Strahlenbündel die Wolken durchstachen und der Donner im Himmel widerhallte, glätteten die Ströme von oben die Meeresoberfläche. Als der tropische Sturm schließlich vorüber war, stieg ein neuer Tag am Horizont auf - der Tag, an dem wir den Festlandsockel von Nordamerika erreichten.

In Erwartung schwerer amerikanischer Luftüberwachung, tauchten wir

um 9 Uhr 45 und legten U-230 in einer Tiefe von 110 Metern auf einen neuen Kurs. Während der langen Unterwasserfahrt saß ich mit dem Kommandanten, Riedel und Friedrich in der Offiziersmesse. Wir planten die Taktik unseres Vorgehens. Die Besatzung ruhte in vollkommener Stille. Gegen Abend wurden die Männer über das Ziel unserer Reise aufgeklärt. Nach Einbruch der Nacht tauchten wir auf. Es war 21 Uhr 15. Die See atmete leise. Der tiefblaue Abendhimmel war wolkenlos. Die Kimm war scharf und schwarz. Prager kam auf die Brücke, um einige Sterne zu schießen. Während er seinen Sextanten justierte, sagte ich: »Sehen Sie nur zu, daß Sie einen guten Standort kriegen. Es wäre verdammt ungemütlich, wenn wir uns in den Schleusen des Panamakanals wiederfänden.«
»Was würden Sie sagen, I.W.O., wenn ich das Boot in den Ontariosee gelotst hätte?« entgegnete Prager; und als die Wache laut auflachte, fügte er hinzu: »Lacht nicht so unverschämt, ihr Waisenknaben, wir sind auf dem richtigen Kurs.«
Um 1 Uhr 40 entdeckten wir einen Schatten an Steuerbord. Wir erkannten einen schnellfahrenden Frachter. Sein Kapitän hatte wahrhaftig einen Schutzengel auf der Brücke. Um unsere Minenunternehmung mit Erfolg durchzuführen, hieß das erste Gebot: unentdeckt bleiben und keine Schiffe versenken. Der Rest der Nacht war ereignislos, mit der Ausnahme eines falschen Alarms, als die Venus in vollem Glanz aufging. Die Luft und die See blieben feindfrei. Weder ein Flugzeug noch ein Boot der amerikanischen Küstenwache stoppte unsere heimliche Annäherung an die Küste. U-230 jagte unentdeckt mit 18 Meilen Fahrt westwärts und hatte Cape Charles recht voraus.
In jener entscheidenden Nacht empfingen wir eine aufregende Nachricht. Wir hörten über unseren Kurzwellenempfänger, daß in Italien ein Staatsstreich stattgefunden hatte, daß Mussolini verhaftet war und Marschall Badoglio ihn als Staatsoberhaupt abgelöst hatte. Wäre diese Meldung nicht von einer deutschen Rundfunkstation ausgestrahlt worden, hätten wir sie als Lügenpropaganda der Alliierten abgewiesen. Sie kam uns trotzdem sehr unwahrscheinlich vor, und wir maßen ihr keine besondere Bedeutung zu.
Als die Sonne aufging, tauchten wir auf 40 Meter, stießen langsam nach Westen vor und kamen bis auf 30 Meilen an Cape Charles heran. Da wir keine Informationen über die amerikanische Küstenverteidigung hatten, gingen wir auf Gefechtsstationen und machten unser achteres Rohr klar zum Schuß. Kurz nach 12 Uhr meldete der Horcher zunehmende Schraubengeräusche. Friedrich brachte das Boot auf Sehrohrtiefe. Zu Siegmanns Überraschung standen wir direkt vor einem kleinen Geleit - viel näher, als unser Horchgerät angezeigt hatte. Vier Zerstörer bewachten nur sieben Frachter. Plötzlich rief der Kommandant: »Boot kommt raus, L.I., bring das Boot runter! Die Brücke bricht durch, L.I., runter, runter.«

Friedrich versuchte alle erdenklichen Notmaßnahmen - jedoch ohne Erfolg.
»Was zum Teufel ist bloß mit dieser Schaluppe los! L.I., runter in den Keller«, donnerte Siegmann.
Wertvolle Sekunden vergingen. U-230 hing wie ein Fisch an einer Angel vorlastig unter der Oberfläche und bot die Oberkante des Turms dem Gegner an. Dann bohrte es sich langsam, wahnsinnig langsam durch eine dichte Wasserschicht. Gerade als das Heck in das spezifisch schwerere Wasser eindrang, detonierte eine Waboserie in unmittelbarer Nähe. Die Explosionen drückten das Boot nach unten. Seine Schrauben mahlten in höchsten Umdrehungen. Sie trieben und zwangen das Boot in die Tiefe, bis es Grund berührte. Dann legte sich die Röhre schwerfällig auf die Seite. Asdic-Impulse, von den amerikanischen Zerstörern ausgestrahlt, zirpten durch das flache Wasser, trafen aber den Druckkörper nicht mit der gewöhnlichen Stärke. Die Schallwellen wurden von den verschiedenen Wasserschichten entweder aufgeschluckt oder abgelenkt. Nahezu zwei Stunden durchsuchten die Jäger die See - vergeblich. Dann liefen sie, ohne eine weitere Wasserbombe an uns zu verschwenden, in Richtung des kleinen Geleits ab.
Bei Dunkelwerden tauchten wir auf. U-230 stieß schnell nach Westen vor. Die Nacht war mondlos und fast windstill. Drei Stunden vergingen in zunehmender Erregung. Dann hob sich ein leichter Schimmer über die Kimm - die Lichter von Norfolk. Minuten später brüllte Borchert: »Amerika recht voraus!«
Wir hatten unser Ziel erreicht. Die Zeit: 23 Uhr 25. Der Tag: der 27. Juli 1943.
Als die dünne Linie der Küste über dem Wasser sichtbar wurde, kam Pragers Stimme aus der Dunkelheit der Zentrale: »Boot steht vier Meilen östlich Cape Charles. Vorschlage Kursänderung auf 235 Grad.«
»Sehr gut, Prager«, bestätigte Siegmann. Dann wandte er sich an mich und befahl: »Machen Sie die Eier für den Wurf fertig, I.W.O.«
»Jawohl, Herr Oberleutnant«, antwortete ich, »hart oder weich gekocht?«
Ich befahl, die vier vorderen Rohre zu bewässern und die Mündungsklappen zu öffnen. U-230 jagte mit hoher Fahrt in die Bucht und ließ Fisherman's Island an Steuerbord. Unser Elektrolot tastete in langen Abständen die Tiefe ab. Prager nahm dauernd Peilungen von Punkten an Land. Unsere Gegenwart blieb unbemerkt, unser Vorstoß ein Geheimnis.
Als wir halbwegs zwischen Cape Charles im Norden und Cape Henry im Süden standen, drehte Siegmann den Bug seines Bootes in die flachen Wasser der Chesapeake Bay. Noch blieb alles ruhig. Nirgends ein gegnerisches Fahrzeug, das unser Eindringen aufhalten konnte. Wir gingen mit der Fahrt herunter und schlichen langsam voran. Die Lichter von Norfolk wurden immer deutlicher. Die amerikanischen Seeleute mußten sämtlich

auf Landgang sein; auf See waren sie wahrhaftig nicht. Wir ließen den Marinestützpunkt an Backbord liegen. Die Silhouette der Stadt hob sich scharf gegen den Nachthimmel ab. Überall um uns herum stieg Land auf, während wir vorsichtig tiefer in die Bucht eindrangen.
Zwei Stunden nach Mitternacht entdeckten wir einige Frachter, die uns entgegenkamen und in die offene See hinausfuhren. Ihr plötzliches Erscheinen vereitelte unseren Plan, die Minen in dieser Nacht zu werfen. Das flache Wasser erlaubte uns nicht, zu tauchen und damit ungesehen zu bleiben. Wir hatten nur einen Weg: Rückzug in die Dunkelheit, zurück zum Atlantik. Für eine lange Minute zeigten wir den Fahrzeugen unsere Breitseite, bis U-230 seine volle Kurve beschrieben hatte. Dann röhrten wir vor den Frachtern aus der Bucht. Später sahen wir einen der Schatten nach Norden abbiegen. Drei Fahrzeuge drehten nach Süden. Bald waren sie in der Nacht verschwunden. Wir fuhren dreißig Meilen nach Osten, tauchten und legten das Boot auf Grund, um den neuen Abend abzuwarten.
28. Juli, 21 Uhr 45. Als die letzten Strahlen der Sonne hinter der Kimm versunken waren, tauchten wir auf. Wieder dampften wir mit Höchstfahrt in die Chesapeake Bay. Die Nacht war pechschwarz, aber klar. Wir passierten die Linie Cape Charles - Cape Henry. Auch diesmal war die amerikanische Marine an Land. Die Bucht lag völlig verlassen vor uns. Erst kurz vor Mitternacht entdeckte Borchert einen Schatten recht voraus. Wir verlangsamten unsere Fahrt. Der Schatten wuchs schnell zu einem Riesenschiff. Siegmann stoppte beide Maschinen, um einen Rammstoß zu vermeiden. Das Fahrzeug steuerte Kurs Baltimore. Es machte acht Meilen. Viel zu langsam für unseren begrenzten Stundenplan. Da wir aber dem Kapitän nicht befehlen konnten, Dampf aufzumachen, glichen wir unsere Fahrt der seinen an und folgten in seinem Kielwasser. Wir hatten minutenlang Zeit, unsere Nachtgläser auf dem Rand der Brücke aufzulegen und die amerikanische Landschaft zu beobachten.
29. Juli, 0 Uhr 10. Siegmann glaubte weit genug in die Bucht eingedrungen zu sein. Er schwenkte das Boot auf Gegenkurs, den Lichtern von Norfolk entgegen. Als U-230 sicher auf seinem neuen Kurs lag, verschwand ich im abgeblendeten Boot, um den Wurf der Minen zu überwachen. Nach fünf Minuten fiel das erste Ei mit einem weichen Stoß aus dem Rohr. Drei Minuten später folgte das zweite, dann das dritte - und das erste Rohr war leer. Während die Minen in regelmäßigen Zeitabständen ausgestoßen wurden, luden die Männer die leeren Rohre nach. Der Bugraum dampfte vom Schweiß halbnackter Körper und dröhnte vom Klirren der Ketten und Laufkatzen. Der Ausstoß der tödlichen Ladung war Präzisionsarbeit und dauerte eine Stunde und fünfzig Minuten. Danach eilte ich auf die Brücke: »Melde gehorsamst, vierundzwanzig Eier in Onkel Sams Vorgarten gelegt.«

Siegmann grinste. »Wir haben erst in neun Monaten Ostern und können nicht warten, bis das Eierrollen anfängt. Beide Maschinen große Fahrt voraus. Neuer Kurs 90 Grad.«
Das Boot gewann schnell Fahrt und lief mit 17 Meilen ab, passierte Norfolk, dann Fisherman's Island und jagte dann einem neuen Morgenhimmel entgegen. Gegen 6 Uhr tauchten wir und trieben langsam in die offene See hinaus.
Um 22 Uhr 30 am selben Abend tauchten wir auf. Wieder war die Nacht mondlos, nur eine leichte Brise kräuselte die See. Siegmann ging auf Südkurs und jagte die Maschinen auf Höchsttouren, um den Ort unserer heimlichen Tätigkeit so schnell wie möglich weit hinter sich zu lassen. Am folgenden Tag waren wir wieder in unserer alten Routine und tauchten täglich drei- oder viermal vor den geschäftigen Bienen. Da unser Metox keine zuverlässige Hilfe war, um feindliche Flugzeuge rechtzeitig zu erfassen, verließen wir uns auf unsere Augen.
Am 30. Juli fingen wir drei Kurzsignale auf, die kurz hintereinander abgegeben worden waren. Es waren die letzten Meldungen dreier Boote. Sie alle gaben denselben Standort in der Biskaya an. Riedel, sichtbar erschüttert, überreichte mir die entschlüsselten Signale:
VON FLUGZEUG ANGEGRIFFEN - BOMBEN - BOOT SINKT - 46N 10W - U-504.
BOMBEN - BOOT SINKT - 46N 10W - U-461.
FLUGZEUG - BOMBEN - BOOT SINKT - 46N 10W - U-462.
Bestürzt erkannten wir, daß die Boote in derselben von unserer Führung so genial erfundenen Formation gelaufen waren, die wir schnellstens als unpraktisch aufgegeben hatten. Und diese drei Boote waren, wie wir wußten, unhandliche U-Tanker und viel verletzlicher als die Kampfboote. Wir konnten uns deshalb ein klares Bild über die letzten Minuten ihres Kampfes machen. Unfähig, innerhalb Sekunden zu reagieren und blitzschnell zu tauchen oder sich gegenseitig mit den ungenügenden Bordkanonen zu unterstützen, hatten sie die Schlacht bereits verloren, bevor sie Gelegenheit hatten, eine Flagge zu schwenken, wie es die Phönizier vor dreitausend Jahren getan hatten. Mit dem Verlust dieser drei Boote verringerten sich unsere Aussichten, auf hoher See versorgt zu werden, bedeutend.
Der britische Sieg in der Biskaya wurde aber von einem anderen an Land noch weit übertroffen. Zum drittenmal innerhalb kurzer Zeit hörten wir über unseren Kurzwellenempfänger, daß Hamburg wieder schwer zerbombt worden war. Wie es hieß, hatte sich der schwerste aller Angriffe in der vergangenen Nacht zugetragen. Die halbe Stadt sei in Flammen aufgegangen. Ich sah das Gesicht des Kommandanten erbleichen. Er zog sich wortlos in seine Nische zurück, schloß den grünen Vorhang und rührte weder das Mittag- noch das Abendessen an. Wir alle wußten, daß seine Familie in Hamburg wohnte - seine Frau, die Kinder und auch die Eltern.

1. August. Wir hatten etwa 400 Seemeilen zwischen uns und die Chesapeake Bay gelegt und riskierten es nun, einen Funkspruch an den BdU abzugeben: SONDERAUFGABE ERFOLGREICH DURCHGEFÜHRT - ERBITTE NEUE BEFEHLE - GERINGER TREIBSTOFFBESTAND - STANDORT 27N 68W - U-230.
Drei Stunden nach Abgabe unserer Meldung stürzten plötzlich aus dem wenig bewölkten Himmel zwei viermotorige Maschinen auf uns zu. Wir tauchten sofort. Wasserbomben explodierten in unmittelbarer Nähe. An diesem Tag tauchten wir noch viermal. Uns war nunmehr völlig klar, daß unser Funkspruch eine umfangreiche Jagd amerikanischer Flugzeuge ausgelöst hatte. Nach Einbruch der Dunkelheit erhielten wir den Befehl, unseren Weg nach Süden in die Gegend östlich der Windward-Inseln fortzusetzen. Dort sollte U-459, eine unserer Milchkühe, uns versorgen.
Zwei Stunden nach Eingang dieses Funkspruchs entzifferte Riedel eine persönliche Nachricht für den Kommandanten: U-230 - SIEGMANN - FAMILIE GESUND UND WOHLAUF AUF DEM LANDE - DÖNITZ. Diese Meldung war für uns alle wichtiger, als es jede Auszeichnung hätte sein können.
Wir setzten unseren Marsch nach Süden mit äußerster Vorsicht fort. Das Alarmtauchen wurde wieder Routine; von den Bomben galt das gleiche.
Am 3. August erhielten wir einen Funkspruch vom BdU, der seit Beginn der alliierten Gegenoffensive die größte Überraschung an Bord verursachte: ACHTUNG ALLE BOOTE - METOX SOFORT ABSCHALTEN - STARKE EIGENSTRAHLUNG DIE VOM GEGNER ANGEPEILT WERDEN KANN - KURZWELLENSENDER UND EMPFÄNGER EBENFALLS BIS AUF WEITERES ABSCHALTEN - NEUE MELDUNGEN FOLGEN. -
Diese Warnung erreichte U-230 noch zur rechten Zeit; aber für die vielen hundert Boote, die bereits auf dem Grund der sieben Meere lagen, kam sie zu spät. Monatelang hatten wir ein Gerät benutzt, das wie ein Leuchtturm dem Gegner unsere Position verraten hatte. Diese Erkenntnis ließ unser Überleben wie ein Wunder erscheinen.
Wir schalteten unser Metox mit einigen deutlichen Ausdrücken der Erleichterung ab und setzten die Reise nach dem Süden mit gesteigerter Vorsicht fort. Unsere Hoffnung, jemals wieder in Brest einzulaufen, sank jedoch von Tag zu Tag, weil unser U-Tanker die wiederholten Aufforderungen der Führung, Standort zu melden, nicht mehr beantwortete.
In diesen Tagen wurde unsere Treibölübernahme dreimal verschoben. Jedesmal warteten wir auf einem neu angewiesenen Treffpunkt vergeblich auf den U-Tanker. Jedesmal mit weniger Brennstoff in den Bunkern. Schließlich trieben wir nahezu hilflos irgendwo in der Weite des Atlantik. Unsere Lage verschlimmerte sich täglich und wurde ernst, als unser Brennstoffvorrat immer mehr versiegte.

Am 9. August ereignete sich eine neue Tragödie, in die drei unserer Boote verwickelt waren. Sie begann mit einem Kurzsignal von U-604, das einige hundert Seemeilen westlich Recife in Seenot war: VON FLUGZEUG ANGEGRIFFEN - SCHWERE SCHÄDEN - TAUCHUNKLAR - U-604. Um die Besatzung zu retten, befahl die Führung U-172 und U-185, die in der Nähe des angeschlagenen Bootes standen, mit Höchstfahrt zur Hilfe zu eilen. Dann herrschte für etwa 30 Stunden Funkstille. Am 11. August kam ein neuer Hilferuf aus dem Südatlantik: FLUGZEUG - BOMBENSCHÄDEN - U-172. Nur wenige Minuten später ein drittes Kurzsignal: VON LIBERATOR ANGEGRIFFEN - BOOT SINKT - U-604. Und eine Stunde später empfingen wir folgenden Funkspruch: FLUGZEUG ABGESCHOSSEN - BESATZUNG VON U-604 GERETTET - SCHÄDEN - U-185.
Nachfolgende Meldungen verrieten, daß U-172 ebenfalls Überlebende von U-604 an Bord genommen hatte und mit Hilfe von U-185 notdürftig repariert worden war. Dann begannen die beiden Boote den Rückmarsch über 3000 Seemeilen zu ihrem Heimathafen in Westfrankreich. Aber U-185 kam niemals dort an. Es wurde am 24. August das Opfer eines neuen Flugzeugangriffs.
Am 13. August trieb U-230 mit nur zwei Tonnen Brennstoff auf einer trägen See. Unser Standort war etwa 300 Seemeilen östlich der westindischen Inseln. Am Nachmittag erhielten wir eine vierte Aufforderung, ein neues Versorgungsboot, U-525, in Quadrat DE 59 zu treffen. Die Ölübernahme war auf den 17. August festgesetzt. Um unentdeckt zu bleiben und gleichzeitig mit Treibstoff und Strom sparsam umzugehen, blieben wir während des Tages getaucht und fuhren nachts mit sparsamster Fahrt über Wasser dem Tanker entgegen. Wir kamen pünktlich im zugewiesenen Quadrat an und kreuzten langsam durch das Seegebiet, bis unser Brennstoff aufgebraucht war. Dann trieben wir hilflos in der sachten Dünung. Stunden später entdeckten wir einen schwarzen Punkt in weiter Ferne. Er kam langsam näher. Bald erkannten wir die vertrauten Umrisse einer U-Bootbrücke. Aber anstatt den Tanker zu treffen, begrüßten wir U-653, das ebenfalls aus U-525 versorgt werden sollte.
U-525 aber blieb verschollen. Nach nahezu zweitägigem Warten entschlossen sich Siegmann und der Kommandant von U-653 zu folgender Taktik: U-653, das noch etwa 15 Tonnen Treibstoff hatte, sollte 150 Seemeilen nach Westen stoßen, dann die Führung von unserer Lage unterrichten und nach Abgabe des Funkspruches wieder zurückkommen. Dieses vorsichtige Manöver würde unseren Standort weiterhin geheimhalten, selbst wenn es dem Gegner gelingen sollte, das Kurzsignal von U-653 einzupeilen.
U-653 verschwand bald hinter der westlichen Kimm. U-230 lag bewegungslos an der Oberfläche. Nach zehn spannungsgeladenen Stunden fingen wir das Notsignal an Dönitz auf. Dann warteten wir mit noch grö-

ßerer Spannung auf die Antwort. Sie kam im Morgengrauen des 20. August und gab uns neue Hoffnung: U-653 TREIBSTOFF MIT U-230 TEILEN - BEIDE BOOTE IN QUADRAT DF 91 GEHEN - DORT VERSORGUNG AUS U-847 AM 27. AUGUST - RÜCKFAHRT ZUM STÜTZPUNKT AUF KÜRZESTER MARSCHROUTE.
U-653 kam nach 46stündiger Abwesenheit zurück. Anstatt bei Tageslicht Brennstoff zu übernehmen und dabei in Stücke gebombt zu werden, entschlossen wir uns, bis zum Sonnenuntergang zu tauchen. Nach Einbruch der Dunkelheit waren beide Boote wieder oben, kamen längsseits, und bald saugten wir unseren Anteil der kostbaren Flüssigkeit aus den Bunkern von U-653. Danach trennten sich die Boote und marschierten allein zum neuen Treffpunkt.
Die Nächte auf unserem Marsch nach Osten waren ruhig. Wir blieben getaucht, solange die Sonne am Himmel stand. Aber als wir die Mitte des Atlantik erreichten, wo der Flugverkehr bedeutend nachließ, gewannen wir viele helle Stunden an der Oberfläche. In der Nacht zum 27. August stießen wir in das Quadrat unseres neuen Treffpunkts mit dem U-Tanker und suchten die Wasserwüste nach der vertrauten Silhouette ab. Stunden angespannter Aufmerksamkeit folgten. Am Vormittag hoben sich plötzlich die Aufbauten dreier Boote aus der rollenden Dünung. Kurz darauf waren es bereits sechs Boote. U-847, der Versorger, war ebenfalls angekommen. Wir begrüßten das große Boot, winkten den Männern auf U-653 zu, riefen unsere Wünsche hinüber zu U-508, das längsseits gekommen war, sprachen durch die Flüstertüte mit Neide auf U-415 und sandten unsere Anerkennung an Emmermann auf U-172, der die Hälfte der Besatzung von U-604, Höltring, gerettet hatte. Vergeblich aber warteten wir auf das Eintreffen von Maus und seinem U-185. Es lag bereits auf dem Boden des Mittelatlantik.
Diese Ansammlung von sechs Booten mußte den Gegner wie ein Magnet anziehen. Wir konnten nur hoffen, daß er von unserem Treffen nichts ahnte. U-653 und U-415 verloren deshalb keine Zeit; kamen längsseits des Versorgers und begannen die ihnen zugeteilte Brennstoffmenge zu übernehmen. Drei Stunden höchster Alarmbereitschaft folgten. Danach übergab U-653 seinen Schlauch an uns, und U-230 begann das Treiböl aus den Bunkern von U-847 zu saugen. Bald hatte auch U-415 seinen Anteil erhalten und machte für U-172 Platz. Kurz bevor U-415 zum Trimmversuch wegtauchte, wünschten wir ihm eine glückliche Rückreise nach Brest. Ich hätte ihm ein Stoßgebet nachgesandt, wäre ich hellseherisch begabt gewesen. Denn sieben Monate später sollte ich Kommandant von U-415 werden.
In unserer Manövrierfähigkeit stark beeinträchtigt und einem Angriff aus der Luft nahezu hilflos ausgesetzt, trieben wir und U-508 auf Parallelkurs neben dem Versorger dahin. Wir postierten nur die besten Ausgucks auf

die Brücke, zwei Mann an die beiden Fla-Waffen und einen Mann an Oberdeck, der ständig bereitstand, mit einer Axt den Schlauch zu kappen. Die Besatzung des Versorgers benahm sich jedoch unverständlicherweise völlig unbekümmert. Die Männer lagen an Deck, hingen faul über der Reling oder standen wie Eckensteher auf der großen Brücke. Erstaunt über soviel Leichtsinn, rief ich durch die Flüstertüte den I.W.O. des Bootes an: »Was ist bloß mit Ihren Leuten los? Habt ihr gar keinen Respekt vor den Bienen?«
»Wir haben nicht eine einzige gesehen, seit wir die Dänemarkstraße hinter uns haben«, brüllte er zurück.
»Seien Sie lieber vorsichtig! So viel Glück kann nicht ewig dauern. Sagen Sie, wo fahren Sie eigentlich hin?«
»Nach Japan«, rief er aufgeräumt zurück. »Aber nachdem wir fünfzig Tonnen Sprit an euch abgegeben haben, werden wir es wohl nur bis Surabaja machen.«
Ich wünschte ihm und der Besatzung viel Glück, hatte aber meine Zweifel. Bald darauf wurde unser Schlauch abgeschlagen, und U-230 zog sich aus der gefährlichen Lage zurück. Nach einem kurzen Trimmversuch tauchten wir wieder auf und marschierten mit größter Vorsicht nach Nordosten, im Kielwasser unserer Vorgänger und auf geradem Kurs nach Brest. An jenem Spätnachmittag hörten wir das Echo zahlreicher Detonationen aus der Richtung unseres verlängerten Kielwassers durch den Atlantik rollen. Instinktiv wußten wir, daß Bomben das Ende für die Männer von U-847 bereitet hatten.
Unsere Annahme wurde zwei Tage später bestätigt. U-508, das als letztes Boot die Treibölübernahme beendet hatte, funkte am 29. August folgende Einzelheiten: U-257, U-172, U-653, U-230, U-415, U-508 AUS U-847 VERSORGT - U-185 NICHT EINGETROFFEN - AM 27. 8. LUFTABWEHR - SPÄTER SCHWERE DETONATIONEN - VERMUTLICH U-847 GEBOMBT. Auf wiederholte Signale der Führung, sofort Standort zu melden, antwortete U-847 nicht mehr. Das Boot war von den Flugzeugen des amerikanischen Trägers *Card* aufgefaßt, mit Bomben belegt und versenkt worden.
Wie die anderen Boote hatte auch U-230 nicht genug Brennstoff, um im Falle einer Verfolgung ein größeres Ausweichmanöver durchzuführen. Wir waren deshalb genötigt, uns durch die Inselgruppe der Azoren hindurchzuwinden. Nachdem wir die Inseln am Nachmittag des 29. August passiert hatten, fingen wir ein Kurzsignal von U-634, Dahlhaus, auf: GELEITZUG - KURS NORD - WERDE VON KORVETTE VERFOLGT. Nur Minuten später hörten wir das Dröhnen einer Wasserbombenschlacht aus der Richtung des von Dahlhaus zuletzt angegebenen Standorts. Die Schlacht dauerte über acht Stunden. Danach antwortete U-634 nicht mehr. Es war mit der gesamten Besatzung gesunken.

Kurz nachdem wir den 20. Längengrad West überquert hatten, verdichteten sich die Angriffe aus der Luft. Wir entschlossen uns, während der Nächte getaucht zu bleiben und nur am Tage über Wasser zu marschieren, wenn der Himmel klar und wolkenlos und die Sicht nicht behindert war. Aber die Tommies beherrschten die Luft und das Meer, und die Biskaya erzitterte unter den Detonationen ihrer Bomben. Wir fuhren unaufhaltsam vorwärts, immer ostwärts, durch unablässige Angriffe, durch das züngelnde Feuer der Bordkanonen und durch eine kochende See, um nur einige Meilen zu gewinnen. Stunde um Stunde untertauchten wir die Bombenschläge, Tage um Tage entwischten wir den nervenzerreißenden Asdic-Impulsen und den summenden Schraubengeräuschen der U-Jagdgruppen. Mit fliegenden Nerven schlüpften wir durch die Barriere von Korvetten und Fregatten, bis wir nach sieben Tagen endlich wieder die Felsen der bretonischen Küste aus dem Meer aufsteigen sahen. Es war der achte Tag im September, nahezu zehn Wochen nach unserem Auslaufen aus Brest.

Am Ansteuerungspunkt, nahe der Einfahrt in die Bucht von Brest, trafen wir ein Minenräumfahrzeug und hängten uns in sein Kielwasser. Das Boot blinkte sofort mit Scheinwerfer: LUFTGEFAHR - BESETZEN SIE SOFORT IHRE FLAWAFFEN. Wir nahmen den Vorschlag sofort an. Es war allzu deutlich, daß unsere Unternehmung noch nicht beendet war. Die Hölle aus der Luft folgte uns direkt in den Hafen.

Inzwischen zwängten sich unsere bärtigen Männer in frische U-Bootpäckchen, kämpften sich erschöpft auf die Brücke und an Oberdeck, um nach Wochen der Enthaltsamkeit ihre erste Zigarette zu paffen. Unser Arzt kroch aus der Koje, hob sein gelbgraues Gesicht in die Sonne und erinnerte uns damit an seine Gegenwart. Siegmann, die weiße Mütze verwegen auf einem Ohr, steckte eine große Zigarre in seinen dichten, roten Wikingerbart und paffte zufrieden vor sich hin. Wieder hatten wir die Anstrengungen unseres Gegners vereitelt, uns auf den Grund des Meeres zu befördern.

U-230 steuerte vorsichtig in einen der Liegeplätze unter dem Betondach des Bunkers. Die Leinen wurden festgemacht, die Besatzung trat an Oberdeck an. Da kam Friedrich, einen Strohhut auf dem langen, schwarzen Haar, das bleiche Gesicht von einem dicken Bartgestrüpp umrahmt, aus dem Boot gekrochen. Mit einer Porzellantasse in der Rechten kam er vorsichtig die Brücke heruntergeklettert und präsentierte die Tasse dem Kommandant: »Melde gehorsamst, das ist der letzte Tropfen Treibstoff, den ich aus den Bunkern herausquetschen konnte.«

Siegmann verzog sein Gesicht zu einem gezwungenen Lächeln und entgegnete: »Da sehen Sie, L.I., wie geschickt ich neuerdings operiere. Sie müssen zugeben, daß ich für den Notfall immer noch genug Spielraum lasse.«

5

U-230 kam im Betonbunker von Brest zur wohlverdienten Ruhe. Nur hier, mit sieben Metern Stahlbeton über unseren Köpfen, fühlten wir uns sicher. Als ich die Stelling überquerte, zog ich die Luft tief ein und stieß dann einen hörbaren Ton der Erleichterung aus. Das war alles, was ich tun konnte, um mein Unbehagen über unser sinkendes Glück auszudrükken. Unsere Jagd endete allzuoft im Chaos. Wir hatten nur noch wenig Boden zu verlieren. Vor zwei Jahren lag die Linie zwischen Krieg und Frieden weit draußen im Atlantik. Im letzten Frühjahr war sie bereits bis zur Zweihundert-Meter-Linie, zum Festlandsockel, zurückgefallen. Nun lag die Front an der Küste Frankreichs. So manches U-Boot, dem es gelungen war, sich während der Wochen seiner Feindfahrt über Wasser zu halten, war in Sicht der Küste und kurz vor der Geleitaufnahme angegriffen und versenkt worden.

Der Unterschied zwischen damals und heute war in Brest deutlich sichtbar. Die Liegeplätze im Bunker waren nur halb gefüllt. Im Frühjahr hatten sich noch bis zu drei Boote in jede der dunklen Öffnungen gezwängt, und manches Boot hatte unter freiem Himmel an der steinernen Mole festgemacht. Auf der Werft war es ungewöhnlich still. Vor nicht allzu langer Zeit hatte die Werft unsere Boote in einem 24-Stunden-Tag überholt. Das Klingen der Hämmer gegen Stahl, das Rasseln der Kräne war nahezu verstummt. Nicht, daß die Boote draußen standen und Geleitzüge jagten – nein, es gab nur noch etwa 70 Wölfe im Atlantik, die einzelne Suchaktionen durchführten, um weiterhin die Kräfte des Gegners zu binden. In den ersten sechs Monaten dieses Jahres waren über 120 Boote verloren gegangen. Und die Zahl der Verluste schnellte weiterhin nach oben. Allein in den letzten zehn Wochen waren über 50 U-Boote überfällig. Eine vernichtende Anzahl. Die meisten sanken unter dem Hagel von Fliegerbomben, der Rest unter den Schlägen neuer und viel gefährlicherer Wasserbomben. Das Ergebnis unserer Unternehmung war ein erstaunlicher Beitrag zu der geringen Versenkungsziffer feindlichen Schiffsraums, die von einer kleinen Anzahl unserer Boote eingebracht wurde.

Unser Empfang in Brest spiegelte die angespannten Verhältnisse und war von der allgemeinen Bestürzung über die ununterbrochene Kette unserer Verluste überschattet. An der Pier im Betonbunker standen nur wenige Männer in Marineblau. Nur zwei Mädchen hatten Zeit gefunden, uns mit Blumen zu begrüßen. Das zeremonielle Essen im Stützpunkt war zwar mit Liebe zubereitet, aber die Stimmung hatte nichts mehr von dem Frohsinn früherer Empfänge. Ich zog mich bald auf mein Zimmer zurück und fand meine Sachen säuberlich auf dem Boden aufgestapelt. Wieder zog ich mein Testament aus dem Koffer und zerriß es in Stücke. So endete meine längste Feindfahrt.

Dann folgte das Ritual der Menschwerdung: ein heißes Bad, Rasieren und der obligate Haarschnitt. Nach dieser gründlichen Überholung wollte ich mich Vera präsentieren. Während der langen Wochen auf See hatte ich oft an diesen ersten Abend an Land gedacht, und für die kommenden Wochen hatte ich große Ideen. Ich war gerade dabei, meine Krawatte zu binden, da trat Fred Schreiber, Verbündeter mancher Gefechte an Land, unsicher in mein Zimmer. In einer Hand jonglierte er ein halbgefülltes Glas, in der anderen hielt er eine Flasche Champagner. »Sieh mal an«, sagte er, »da bereitet sich doch tatsächlich einer auf seine Rückkehr vor. Wie lange warst du auf See? Zehn Wochen? Soll ich mit dir wetten?«

»Was meinst du, Fred? Um was geht die Wette?«

»Ich wette, daß deine Hübsche mit einem andern durchgebrannt ist. Du kannst dein Mädchen doch nicht zehn Wochen allein lassen und dann noch glauben, sie wäre dir treu geblieben. Hier, trink mit uns Benachteiligten, die den Kummer über die Untreue ihrer Mädchen bereits hinuntergespült haben.«

Ich widerstand der Versuchung, ihm zu verraten, daß in meinem Falle die Dinge anders standen und daß mein Mädchen hier im Stützpunkt auf mich wartete.

Da fuhr Fred fort: »Warum willst du nicht bei uns mitmachen? Wir haben für heute abend im Atelier der Fotografin ein Fest organisiert. Eine Menge Mädchen werden dabei sein. Es gibt Champagner, eine Kapelle und Liegewiesen. Burks Freundin, die Fotografin, gibt eine Geburtstagsfeier, und jeder, der trinken und singen kann, ist eingeladen.«

Hatte ich recht gehört? Aufs höchste interessiert, fragte ich: »Sag mal, Fred, wer ist denn dieses Mädchen, das die Feier gibt?«

»*Oh là-là,* da hast du keine Chancen. Sie ist bei Burk in festen Händen. Es ist Vera, die Fotografin. Sie wohnt im vierten Stock.«

Das war das Ende meiner Träume, meiner schönen Pläne. Ich nahm Freds Glas, füllte es mit Champagner und spülte meinen Ärger über Veras Treulosigkeit mit einem Schluck hinunter. Ich erzählte Fred, daß ich bereits eine andere Verabredung hätte, und dankte ihm für die Einladung. Als er gegangen war, zündete ich mir eine Zigarette an und versuchte, mir die Enttäuschung über Vera aus dem Sinn zu schlagen. Natürlich hatte ich kein Anrecht auf Vera. Sie hatte wahrscheinlich nicht mehr mit meiner Rückkehr gerechnet. Zu viele meiner Freunde waren draußen geblieben. Die Lebensspanne eines U-Bootfahrers an der Front war auf sechs oder sieben Monate zusammengeschrumpft, nicht mehr. Vera hatte allen Grund, mich zu vergessen.

Ich entschädigte mich schließlich auf andere Weise. Riedel, Friedrich und ich feierten unsere Rückkehr mit einem Gala-Essen im »Seekommandant«, dem deutschen Restaurant, das alles bot, was ein hungriger Seemann begehrte.

Während der Werftliegezeit unseres Bootes sollten größere Verbesserungen an Bord eingebaut werden. U-230 sollte mit zwei 2-cm-Doppellafetten und einer 2-cm-Vierlingsflak ausgerüstet werden, eine Maßnahme, auf die wir lange gewartet hatten. Die Feuerkraft dieser acht Rohre würde unzweifelhaft manchen englischen Flieger davon abhalten, sich auf uns zu stürzen und seine Bomben auszuklinken. Ein neues Funkmeß-Warngerät, die Wanze, ersetzte das veraltete Metox-Gerät. Die Wanze war in der Lage, Wellenlängen im unteren Zentimeterbereich aufzufangen. Damit hatten wir ein Gerät, das uns vor den heimtückischen Anflügen, besonders in der Nacht, warnen würde. Unsere Erfahrung hatte gezeigt, daß das Abschalten des Metox den Gegner veranlaßte, sein aktives Ortungsgerät zu benutzen, um uns zu finden. Neben diesen Verbesserungen waren auch neue Torpedos entwickelt worden, die nun zum Einsatz gebracht werden sollten. Diese und andere Waffen versprachen eine baldige Änderung des U-Bootkrieges.

Die Zeit für eine Veränderung war tatsächlich schon lange reif. Siebenunddreißig Boote waren im Juli verlorengegangen. Von siebzehn Booten, die in den letzten Julitagen versucht hatten, die Biskaya zu durchqueren, hatten zehn das Rennen mit dem Leben bezahlt. Im August wurden weitere sechzehn Boote versenkt. Damit waren in vier Monaten über 100 U-Boote vernichtet worden - 60 Prozent der einsatzbereiten U-Bootflotte. Die Folge war für den Verlauf des Krieges katastrophal. Unsere Versenkungen alliierten Schiffsraums hatten sich von beinahe einer Million Tonnen im März auf nur 96 000 Tonnen im August verringert. Viele Kameraden, viele bekannte Gesichter waren verschwunden. In den Messen standen leere Stühle, und das fröhliche Lachen früherer Tage war verstummt. Wir, die noch einmal davongekommen waren, hatten allen Grund zu der Annahme, daß auch unsere Gesichter bald vermißt werden würden.

Hafenroutine löste die Spannung der langen Feindfahrt ab. Unsere Männer bemühten sich um ihr Boot mit derselben liebevollen Hingabe, mit der sie sich um ihre Mädchen kümmerten. Siegmann fuhr zur üblichen Lagebesprechung bei Dönitz. Danach absolvierte er mehrere Lehrgänge, um sich über die schnellen Entwicklungen fremder und eigener Waffen auf dem laufenden zu halten. Unser Doktor wurde von seiner Pflicht, auf U-Booten zu fahren, enthoben und in die österreichischen Alpen entlassen, um sich von den Strapazen seines Abenteuers zu erholen. Die Führung hatte es endlich aufgegeben, U-Boote mit Ärzten auszurüsten, nachdem eine große Anzahl von ihnen zusammen mit ihren Booten geopfert worden waren. Ihre ärztliche Kunst wurde anderswo viel dringender benötigt.

Für die nächste Feindfahrt waren uns neuartige Torpedos zugesagt worden. Um sie kennenzulernen, besuchte ich einen kurzen Auffrischungskurs in Gotenhafen - ein Zwischenspiel, dem ich mit größter Erwartung und wachsender Hoffnung auf eine Besserung der Lage entgegensah. Vor meiner Abreise fand ich gerade noch genug Zeit, meinen Schneider zu besuchen. Er war sichtlich überrascht, mich wiederzusehen. Unser Dilemma war den Franzosen natürlich kein Geheimnis geblieben. Mein Anzug hing fertig auf einem Ständer. Um meine Garderobe zu vervollständigen, kaufte ich einen Gabardinemantel, Seidenhemden und elegante Sportschuhe mit Kreppsohlen. Obwohl wir bereits im vierten Kriegsjahr waren, beschafften die Franzosen alles, was das Herz begehrte - ohne Marken, aber zu entsprechenden Preisen. Ich konnte es mir leisten, jeden Preis zu bezahlen. Auf See gab es weder Mädchen oder Bars noch ausgelassene, teure Festlichkeiten.

Fünf Tage nach der Rückkehr von U-230 saß ich im Schnellzug nach Paris. Meinen Zivilanzug hatte ich sorgfältig in meinem schweinsledernen Koffer untergebracht. Nach der Ankunft in meinem Hotel nahe der Place Vendôme verwandelte ich mich in einen Zivilisten. Zum erstenmal seit jenem Tag im Dezember 1939, an dem ich das Blau der Marine angezogen hatte, konnte ich meine Uniform für einige Stunden zur Seite legen. Nun konnte ich Paris genießen. Es pulsierte von üppigem, friedlichem Leben. Und ich wünschte mir, daß das Leben immer so bliebe. Mein Verlangen nach einer Atmosphäre des Friedens war gewachsen, je länger der Krieg sich hinschleppte. Ich wünschte mich den Glücklichen anschließen zu können, die sich nicht mit den quälenden Gedanken über das Morgen zu plagen hatten - über ein Morgen, das vom Geheul der Diesel und dem Krachen explodierender Wasser- und Fliegerbomben erfüllt war und mit dem Tod in unserem eigenen eisernen Sarg enden würde. Ich wünschte mir, nur für Stunden vergessen zu können, daß ich ein Rad in der Kriegsmaschine war, die zerstörte und zermalmte. Ich wünschte mir, für ein paar Stunden das Leben so erleben zu können, wie es wirklich war: nicht als Soldat, sondern fern vom Krieg als unschuldiger Zuschauer. Nur ein Ort in der Welt, so schien es, konnte mir das wunderbare Gefühl der Losgelöstheit, der Freiheit und Beschaulichkeit geben, das ich suchte - Paris.

Paris enttäuschte mich nicht. Es war, wie immer, bezaubernd. Ich fühlte den Charme dieser Stadt, wie ihn Menschen vieler Länder und Zeiten

erfahren hatten. Frei von den Einschränkungen des Daseins in Uniform schlenderte ich durch die Straßen; und daß meine Verkleidung ausgezeichnet war, wußte ich, als mich die verstohlenen Blicke jener Pariserinnen trafen, die sich nicht herabließen, einen Mann in Uniform zu beachten. Fünf wundervolle Stunden lang war ich vollständig vom Krieg getrennt. Ich hatte mich selbst wiedergefunden.
Ich war wieder in Uniform, als ich in Frankfurt ankam. Den Abend verbrachte ich mit meinen Eltern und meiner Schwester. Die Zerstörungen in der Stadt hatten groteske Ausmaße angenommen. Seit meinem letzten Besuch im Juni waren ganze Stadtteile ebenso beschädigt worden wie in Berlin. Vaters Betrieb hatte unter den Angriffen stark gelitten und war nur oberflächlich repariert worden. Nach Vaters Bericht war das sechste Feuer im Dachstuhl seines Lagerhauses nur zwei Tage zuvor mit größter Mühe gelöscht worden. Unser Wohnhaus hatte ebenfalls einen Brandschaden erlitten. Diese Eröffnungen waren erschütternd. Irgendwie fühlte ich mich für die vielen Schiffsladungen voll amerikanischer Bomber verantwortlich, die unbehelligt den Atlantik überquerten und nun unsere deutschen Städte zerschlugen.
Im Grunde war ich froh, daß mein gedrängter Reiseplan mir nur wenige Stunden zu Hause vergönnte. Noch in derselben Nacht verließ ich Frankfurt in einem abgedunkelten Zug. Wir hielten mehrfach in Wäldern und auf offenem Felde; und jedesmal war das langgezogene, tiefe Brummen alliierter Bomber zu hören, die am Nachthimmel über Deutschland dahinzogen. Die Reise nach Berlin war eine qualvolle, ermüdende Angelegenheit; ich kam mit achtstündiger Verspätung an. Ich durchquerte die Reichshauptstadt mit der U-Bahn und dachte dabei an glücklichere Zeiten. Seit Mariannes Tod hatte Berlin für mich sein Gesicht und seine Anziehungskraft verloren. Ich verließ die Stadt auf meiner altbekannten Route zur Ostseeküste mit einer weiteren Verspätung von sechs Stunden.
Eine zweite miserable Nacht auf den Schienen. Die einzige Beleuchtung waren die aufflammenden Streichhölzer und die glühenden Spitzen von Zigarren und Zigaretten. Rauch und Gestank verpesteten die überfüllten Abteile. Lebhafte Erörterungen über die Kriegslage hielten Soldaten und Zivilisten wach. Ich war von dem Geist unserer Leute in der Heimat und der Haltung unserer an die russische Front zurückkehrenden Landser tief beeindruckt.
Der Schnellzug fuhr mit zehnstündiger Verspätung in Danzig ein. Ich mußte nochmals umsteigen und kam schließlich mit einer Gesamtverspätung von einem Tag in Gotenhafen an. Ich bemerkte eine gewisse Erregung unter den U-Bootfahrern, die hier zusammengekommen waren, um sich über die erste grundlegende Änderung in der U-Bootkriegführung seit der Einführung der Funkmeßgeräte aufklären zu lassen. Eine praktische Vorführung neuer Torpedos war für die Nacht vorgesehen.

Die Danziger Bucht lag in völlige Dunkelheit gehüllt. Die Nacht war lauwarm. Ich hatte mich auf ein mittelgroßes Motorschiff begeben, das vor dem Kriege als schmucker Passagierdampfer zwischen deutschen und schwedischen Häfen bessere Zeiten gesehen hatte. Das Fahrzeug stoppte in der Mitte der Bucht. Das Wasser war flach und ruhig. Der Chef der Torpedoprüfstelle bat seine Gäste auf das Promenadendeck. »Meine Herren, wir werden Ihnen heute zwei Torpedos vorführen, die den U-Bootkrieg revolutionieren werden. Zuerst werden wir Ihnen die Leistungsfähigkeit des Zerstörerknackers T-5 demonstrieren. Der T-5 ist ein akustischer Torpedo größten Potentials. Danach werden wir den LUT-Torpedo mit seinen vielseitigen Anwendungsmöglichkeiten vorführen. Beide Torpedos sind elektrisch angetrieben. Zum Zwecke dieser Vorführung sind sie mit Leuchtköpfen versehen. Sie können somit den Schlangenbewegungen der Aale folgen und ihre Treffsicherheit beobachten.«
Das Motorschiff begann Fahrt aufzunehmen. Minuten später sah ich ein grünschillerndes Licht im dunklen Wasser der Bucht auf uns zukommen. Unser Fahrzeug schwenkte hart nach Backbord. Das Licht folgte. Dann drehte der Dampfer nach Steuerbord. Das Licht änderte den Kurs und folgte. Eine gespenstische Angelegenheit. Der leuchtende Torpedo verringerte stetig die Entfernung. Das Motorschiff versuchte den Verfolger mit wilden Zickzackbewegungen abzuschütteln. Aber das unheimliche Licht huschte ihm im Wasser nach, folgte standhaft, schloß die Entfernung und jagte unterm Heck des Schiffes durch. Das war der Augenblick, in dem die Magnetzündung eines scharfen Sprengkopfes detoniert wäre. In unserem Fall steuerte jedoch der Übungstorpedo einige Sekunden seinen alten Kurs, wendete dann, schoß dem Dampfer voraus, beschrieb einen Kreis, griff das Schiff ein zweitesmal an, unterschnitt den Kiel, schlug einen neuen eleganten Bogen und untersteuerte das Schiff ein drittesmal, bevor seine Batterien erschöpft waren. Dann tauchte er wie ein toter Fisch auf, und das Licht in seinem Kopf glühte hell im Wasser.
Das war eine erstaunliche Demonstration. Ich erkannte, daß wir hier eine Waffe hatten, die den Kampf gegen die neuen schnellen Zerstörer und Korvetten revolutionieren würde.
Dieser Vorstellung folgte eine zweite, die ebenso eindrucksvoll war. Eine Anzahl Torpedos mit Leuchtköpfen durchquerten die dunkle Bucht mit langen und kurzen Suchschlägen. Bald war die Oberfläche von zahlreichen fackelgleichen Lichtern übersät, die den Generalkurs unseres Motorschiffs fortwährend schnitten, abliefen, andrehten, zurückkehrten und das Spiel wiederholten, bis auch ihre Batterien erschöpft waren.
Von dieser neuen Waffe begeistert, verfolgte ich den dreitägigen Kurs wie eine junge Katze, die darauf wartete, ihre Klauen ausprobieren zu können. Der Zerstörerknacker T-5 war mit einem Horchgerät ausgerüstet, das auf die Schraubengeräusche des Gegners reagierte. Lag das Ziel ge-

stoppt, erfaßte das hochempfindliche Gerät das Geräusch der Hilfsmotoren. Es genügte, den Torpedo in die allgemeine Richtung des Gegners abzufeuern. Der Horchapparat fand die Geräuschquelle und steuerte den Torpedo an das feindliche Fahrzeug heran, gleichgültig, ob es mit hoher Fahrt oder harten Ruderlagen zu entkommen suchte.
Die zweite Zugabe zu unserem Torpedoarsenal hatte einen anderen Anwendungszweck. Es war zunehmend schwieriger geworden, sich den feindlichen Schiffen auf günstige Schußentfernung zu nähern. Der neue LUT-Torpedo sollte diese Lücke überbrücken. Er konnte aus großer Entfernung vom Geleit abgeschossen werden. Er konnte in langen oder kurzen Schleifen auf dem Generalkurs des Geleits den Dampferkolonnen entgegen oder mitlaufend geschossen werden. Ein Viererfächer mit abwechselnd langen und kurzen Suchschleifen konnte so innerhalb eines Geleits eine wirksame Barrikade errichten und versprach hohe Treffmöglichkeiten. Es war also nicht mehr notwendig, die Nahsicherung eines Verbands zu durchbrechen, um mit Treffsicherheit zu schießen.
Ich verließ Gotenhafen, von der neuen Waffe begeistert und voll von Gerüchten über andere Entwicklungen. Ich hatte von Wunder-U-Booten gehört, die in der Erprobung waren und auf den Helligen unserer Werften lagen - Boote, die dauernd getaucht fahren und von feindlichen Flugzeugen nicht mehr geortet werden konnten; Boote, mit einer Unterwassergeschwindigkeit, die unserer gegenwärtigen Höchstfahrt über Wasser entsprach. Diese neuen Tauchröhren waren mit einem einziehbaren Mast versehen, einem Schnorchel, der ihnen erlaubte, auf Sehrohrtiefe Frischluft ins Boot zu saugen und die Batterien zu laden. Dieses Gerät schien mir für unsere alten Boote so lebenswichtig, daß ich mich entschloß, sofort nach meiner Rückkehr in den Stützpunkt die Einbaumöglichkeit des Schnorchels in unseren Bootstyp zu überprüfen. Zum erstenmal seit Monaten fühlte ich, daß Dönitz uns endlich die Waffen in Aussicht stellte, mit denen wir unser Leben halbwegs sinnvoll riskieren und die Wende unseres Kampfes zur See herbeiführen konnten.
Die Luftschutzsirenen heulten, als ich in Berlin ankam, und der Gestank von Kordit und schwelenden Bränden erfüllte die Luft, als ich Berlin verließ. Der Nachtschnellzug nach Paris war wieder unbeleuchtet und mit flüchtenden Menschen vollgepackt. Europa brannte, Europa war in flammendem Aufruhr. Die Front war überall: in den Städten, in den Dörfern, in den Herzen der Ausgebombten, der verängstigten Flüchtlinge und Heimatlosen, die die Züge überfüllten.
Fünf Stunden östlich Paris traf ich Marguerite. Sie war in Châlons-sur-Marne zugestiegen. In der Dunkelheit sah ich nur wenig von ihrem Gesicht, roch aber ein Parfüm, das in jedem Salon auf dem Boulevard Haussmann verkauft wird. Zuerst war es nur Höflichkeit, als ich ihr Gepäck ins Netz hob. Später, als die trüben Lampen kleiner Bahnhöfe für Sekunden

ihr Gesicht erhellten, sah ich, daß sie hübsch war. Zuerst sprachen wir über nichtssagende Dinge. Aber schließlich erbot sie sich, mir St. Denis zu zeigen, eine nördliche Vorstadt von Paris, wo sie wohnte. »Paris ohne St. Denis«, sagte sie, »ist wie Wein ohne Alkohol.«

Marguerite zeigte mir St. Denis. Am folgenden Morgen fuhren wir nach dem Frühstück nach Paris. Die Sonne stand hoch am Himmel, als wir uns in meinem Hotel nahe der Place Vendôme einlogierten. Aber es war bereits dunkel und Zeit zum Abendessen, als wir das Zimmer verließen. Nach einer Schlemmermahlzeit in der Brasserie Veil schlenderten wir über den Boulevard Montmartre und verbrachten den Rest des Abends im Tabarin. Am anderen Morgen wanderten wir durch die herbstlichen Parkanlagen, die stark nach verwelkendem Laub dufteten. Ich versprach Marguerite, sie und Paris, falls die See mich noch einmal freigab, wiederzusehen. Als wir uns zum Abschied küßten, weinte sie - und ich ging zurück in meinen Krieg.

Der Stützpunkt in Brest war in heller Aufregung. Über den Rundfunk war gerade die Kapitulation Italiens bekanntgegeben worden. Die Nachricht war das Thema heißer Diskussionen in den Messen und an der Bar der Flottille. Nachdem englisch-amerikanische Divisionen bei Salerno einen neuen Brückenkopf gebildet hatten und damit Rom bedrohten, hatte die Regierung Badoglio den italienischen Soldaten befohlen, die Waffen niederzulegen. Damit waren unsere Truppen in Italien gezwungen, dem Gegner allein Widerstand zu leisten. Zum Glück schienen unsere Linien den Ansturm aufzuhalten. Aber es war deutlich, daß sich der stählerne Ring um die Festung Europa immer mehr verengte.

Schon bei der ersten Mahlzeit im Hafen erfuhr ich weitere deprimierende Neuigkeiten. Strohmeyer, ein Stabsoffizier der Flottille, berichtete, daß drei Kameraden auf See geblieben waren. Ein anderer war zerquetscht worden, als die vordere Batterie des Bootes explodierte. Man hatte ihm im Atlantik das übliche Seemannsbegräbnis gegeben: eingenäht in einen Schlafsack und mit Grundgewichten versehen, hatten sie ihn über Bord gleiten lassen. Und dann kam Strohmeyer mit der Nachricht heraus, daß Gerloff und Göbel, meine Gefährten auf U-557, in den Sommermonaten mit ihren Booten auf ewige Fahrt gegangen waren.

Ich wünschte Strohmeyer einen guten Abend und ging in den anliegenden Raum.

An der Bar saß eine kleine Gruppe Unverwüstlicher, die ebenfalls noch einmal davongekommen waren. Da war Riedel mit seinem Menjou-Bärtchen, einer Erinnerung an seine vielen rasurlosen Fahrten. Da waren von Stromberg, Burk und einige andere, denen der Rückweg nach Brest ebenfalls gelungen war. Ich setzte mich auf einen hohen Stuhl, trank und sang, um zu vergessen. Wir sangen mehr oder weniger melodisch unser ganzes Repertoir von Seemannsliedern, während Burk die Klänge auf dem Klavier herunterhämmerte, dazu den Refrain unserer Version des bekannten Soldatenlieds:

». . . und wenn wir auf tausend Meter geh'n,
woll'n wir zu Fuß nach Hause geh'n
zu dir, Lili Marleen, zu dir, Lili Marleen . . .«

Wie so oft, wenn der Gin Fizz nicht mehr schmeckte und Geduld oder Erfindungsgabe versiegten, entschlossen wir uns, *Madame* und ihren Mädchen in der Casino Bar einen Besuch abzustatten. Ich zwängte mich in den überfüllten Wagen und fuhr mit den anderen durch die verdunkelte Stadt. Die Casino Bar war wie immer laut, verräuchert und bunt beleuchtet. Einige Kameraden der 1. U-Flottille kippten an der Bar ihre starken Getränke, riefen Worte der Begrüßung oder machten sarkastische Bemerkungen über unser Eindringen. *Madame* begrüßte mich charmant wie immer, aber mit einem Anflug des Vorwurfs: »*Monsieur,* wir haben Sie lange nicht zu sehen bekommen. Ich hoffe, meine Mädchen haben Sie nicht schlecht behandelt.«

»*Non, madame,* es war nicht Ihre Schuld, es war . . .« Ich hielt an, weil ihr Haus ein alliiertes Informationszentrum sein konnte, und sagte nur: »Es waren die Gezeiten, die mich weggetragen hatten, *madame, c'est tout.*«

Ich setzte mich an die Bar, schlürfte einen Cognac, lauschte dem Plärren der Grammophonmusik und beobachtete amüsiert, wie meine Freunde ungestüm durch die Räume tanzten. Und dann spürte ich auf einmal, daß mich das alles nichts mehr anging und daß die Casino Bar ihre Anziehungskraft auf mich verloren hatte.

Kurz nachdem die Uhr Mitternacht schlug, begannen die Luftschutzsirenen zu heulen. Meine Freunde stürmten aus den Zimmern der oberen Stockwerke, knüpften ihre Krawatten, warfen ihre Jacketts über die Schulter. Natürlich waren sie von dem, was kommen würde, weder beeindruckt noch gar eingeschüchtert. Sie wollten lediglich vermeiden, daß man sie in den Trümmern der Casino Bar fände; es hätte ihnen wenig erwünschte Nachrufe eingebracht. Die Sirenen heulten laut und eindringlich, als wir durch die dunklen Straßen zum Stützpunkt eilten. Ich hörte das tiefe Bellen der schweren Flak aus der Richtung von Ouessant herübertönen.

Da waren auch schon die Bomber über der Stadt. Wir stürzten in einen öffentlichen Luftschutzkeller. Ich blieb am Eingang stehen und starrte in den nachtblauen Himmel, an dem die explodierenden Geschosse aufblitzten. Ich beobachtete, daß der Hauptstoß des Angriffs gegen den Süden von Brest gerichtet war, sah, wie sechs oder sieben Maschinen Feuer fingen, aus der Formation ausscherten und in eleganten Bögen, lange Kometstreifen hinter sich herziehend, abstürzten. Die bedeutend verstärkte Flak um Brest bot ein derart grandioses Schauspiel, daß ich ganz vergaß, Schutz zu suchen. Aber dann war wieder Ruhe eingekehrt. Der Bomberpulk war in Richtung Lorient abgeflogen.

Die nächtlichen Ereignisse hatten uns wieder munter gemacht; niemand dachte daran, schlafen zu gehen. Wir trafen uns in der Bar der Flottille und bestellten mehr Champagner. Ich ließ mich gerade auf einem der Barstühle nieder, als die Tür aufflog und jemand rief: »Die Amerikaner kommen . . .«
Ungläubig sprangen wir sofort auf. Nach den alliierten Landungen auf Sizilien und in Italien war alles möglich. Doch der Stabsleutnant, der uns die Neuigkeit so ungestüm überbrachte, fügte schnell hinzu: »Nun werdet nicht nervös. Ich wollte nur sagen, daß die abgeschossenen amerikanischen Flieger ins Lazarett eingeliefert werden. Wollt ihr sie sehen?«
Die Nacht wurde immer interessanter. Ich eilte zum nahegelegenen Marinelazarett. Der Platz vor dem Krankenhaus war von zahlreichen Bogenlampen in Tageshelle getaucht - trotz der Gefahr aus der Luft. Lastwagen und Krankenwagen fuhren ununterbrochen heran. Schwestern, Helfer und Neugierige drängten sich um die Fahrzeuge am Eingang. Die Opfer unserer Flak, einige stark verbrannt, wurden auf Tragbahren eingeliefert. Ein Arzt, den ich kannte, erlaubte mir, in den Verbandsraum zu gehen. Einer der Yankees, er trug noch seine braunlederne Fliegerjacke, schien in etwas besserer Verfassung zu sein als seine Kameraden. Er rollte die Augen und drehte den Kopf, sichtlich in Schmerzen. Eine üble, aber oberflächliche Wunde lief von seiner Stirn über den Kopf bis ins Genick: Sie hatte seine Kopfhaut säuberlich in zwei Hälften geteilt. Sein Haarschnitt war kurz, wie der eines preußischen Soldaten um die Jahrhundertwende. Als ich meinem ersten Gegner so nah gegenüberstand, drängte es mich, einige Fragen an ihn zu stellen. Ich sagte: *»Now you see, that's what you get for trying to hit our U-Boat bases.«*
Der Amerikaner zog es vor, zu schweigen.
Ich versuchte es noch einmal: »Haben Sie Schmerzen?«
Wieder keine Antwort. Ich fuhrt fort: »Sagen Sie, wie haben Sie bloß diese Wunde bekommen?«
Nun bewegte er leicht den Kopf, überrascht, weil ein Gegner an seinem Zustand Anteil nahm. Dann sagte er: *»Well,* ich muß mich wohl verletzt haben, als ich aus der Kanzel ausstieg. Meine Maschine war getroffen, sie brannte. Die Besatzung war bereits abgesprungen. Aber ich konnte nicht aus der Kanzel raus, das Dach klemmte. Ich schlug mit dem Kopf mehrmals dagegen, bis es aufbrach und wegflog. Ich muß mich dabei verletzt haben. Wie ich runtergekommen bin, weiß ich nicht.«
Sein breiter amerikanischer Akzent beeindruckte mich, denn ich hatte in der Schule englisches Englisch gelernt. »So«, sagte ich endlich, »das bedeutet für Sie das Ende des Krieges. Sind Sie nicht dankbar, daß alles vorüber ist?«
»Well, der Krieg mag für mich vorbei sein. Aber für euch wird er auch bald zu Ende sein.«

»Wie meinen Sie das?«
»*You heard me.* Wir werden eure U-Bootbunker und Industrieanlagen pulverisieren und in wenigen Monaten . . . *never mind.*«
»*Yes*«, fuhr ich fort, wo er stehenblieb, »aber in wenigen Monaten werden wir euch alles zurückzahlen. Ich weiß nicht, was man Ihnen über uns und unser Potential gesagt hat. Aber eines kann ich Ihnen versichern: eines Tages werden alle eure Maschinen vom Himmel fallen, und das ist das Ende des Krieges.« Ich dachte an die vieldiskutierten neuen Waffen, an Düsenflugzeuge und Todesstrahlen, an denen unsere Wissenschaftler mit Hochdruck arbeiteten.
»*Oh sure*«, antwortete der Amerikaner sarkastisch. »Aber was ist mit euren U-Booten los? In den letzten sechs Monaten haben wir die meisten versenkt. Der Rest wird denselben Weg gehen. Ihr könnt nicht mehr lange weitermachen.«
Ich war von seiner Kenntnis beeindruckt, aber auch von seiner Anmaßung verärgert. »Was Sie sagen, ist Unsinn. Wer hat Ihnen bloß dieses Märchen erzählt, daß wir keine U-Boote mehr hätten?«
»Ist das denn nicht die Wahrheit?«
»Natürlich nicht. Ich selbst bin ein Beweis des Gegenteils. Ich komme gerade von einer Unternehmung zurück und kann Ihnen versichern, daß noch manche Boote in See sind. Und bald werden einige Hundert an der Front stehen, schneller und größer, als unsere gegenwärtigen Boote.« Als ich ihm das gesagt hatte, war ich irgendwie erleichtert.
Aber der Yankee setzte wieder sein skeptisches Lächeln auf und antwortete: »Hören Sie, was ich Ihnen zu sagen habe. Eines Tages werden Sie an mich denken, und der Tag ist nicht allzu fern. Was immer ihr unternehmt, es wird zu spät sein. Die Zeit arbeitet für uns. Nur für uns.«
Überzeugt davon, daß er ein typisches Opfer alliierter Propaganda war, legte ich die Hand auf seine Schulter und sagte versöhnlich: »Wir sind nicht so schlecht, wie Ihre Zeitungen es behaupten. Ich wünsche Ihnen gute Erholung. Eines Tages werden Sie zugeben müssen, daß ich im Recht war.«
Wir beide lachten uns gegenseitig an, und ich verließ das Lazarett. Der Amerikaner lag auf dem Operationstisch; danach winkte ihm ein langer Genesungsaufenthalt hinter Stacheldraht.
Inzwischen war es bereits heller Tag geworden - zu spät, oder zu früh, um ins Bett zu gehen. Ich kehrte zum Stützpunkt zurück, packte meine Koffer aus, hängte Uniform und Zivilanzug in einen Schrank, ordnete meine Bücher auf dem Schreibtisch, nahm eines und begann zu lesen. Aber es gelang mir nicht. Ich hörte den amerikanischen Flieger immer wieder sagen, daß die Zeit für sie allein arbeite, nur für sie. Ich griff nach den Briefen von zu Hause und las sie ein zweitesmal. Aber die Stimme des Amerikaners sprach auch aus den Zeilen der Briefe. Die Luftangriffe,

schrieben meine Eltern, hätten bedeutend zugenommen, und ein Geschäftsfreund meines Vaters sei bei einem der Angriffe gefallen. Die Briefe verrieten auch, daß Hans, Trudels Mann, auf Urlaub gewesen war und beide eine Woche im Schwarzwald zugebracht hatten, wo die Nächte noch ruhig waren. Aus diesen Briefen sprach die reine Wahrheit: daß auch zu Hause sich die Dinge schnell verschlimmerten. Und wieder hörte ich den Amerikaner sagen, daß die Zeit für sie arbeite, nur für sie.

Anfang November versprachen die Werftingenieure die umfangreichen Reparaturen an U-230 innerhalb zweier Wochen zu beenden. Unser altes Arbeitspferd würde dann mit überholten und teilweise neuen Organen für seine nächsten Schlachten bereit sein. Aber im Grunde war es dasselbe Boot, derselbe Typ, mit dem wir den Krieg begonnen hatten. Noch immer war es ein Überwasserschiff, das nur gelegentlich tauchte, sei es, um einen Unterwasserangriff zu fahren, sich einer Gefahr zu entziehen, das tägliche Pflichttauchen durchzuführen, um Trimm und Gewicht zu regulieren oder eine bestimmte Aufgabe mit der notwendigen Geheimhaltung durchzuführen. Noch immer war das U-Boot infolge seiner beschränkten Tauchkapazität und Geschwindigkeit unter Wasser darauf angewiesen, an der Oberfläche zu marschieren, aufgetaucht die Geleitzüge zu suchen, zu jagen und anzugreifen. Wie unsere Vorgänger im Ersten Weltkrieg vor dreißig Jahren waren wir gezwungen, zum Nachladen der Batterien und zur Frischluftaufnahme aufzutauchen. Nach der Einführung modernster Abwehrmaßnahmen durch die Alliierten war aber unser altes, tapferes Boot den total veränderten Kampfbedingungen nicht mehr gewachsen. Zu lange hatte die Führung auf den Lorbeeren ausgeruht, ohne sich rechtzeitig auf eine veränderte Situation zur See vorzubereiten oder umzustellen. Zu lange fuhren unsere Boote ohne nennenswerte Konstruktionsänderungen gegen den Feind, der die modernsten Errungenschaften der Technik zur U-Bootbekämpfung einsetzte. Nahezu über Nacht waren unsere Boote veraltet. Anstatt den Schnorchel bereits im Jahr 1940 zu entwickeln, als die Holländer uns eines ihrer U-Boote mit einer Schnorchelanlage unfreiwillig in die Hände lieferten, und unsere Boote seit 1941 mit einem Schnorchel als Standardausrüstung zu versehen, anstatt die Forderungen des Kampfes fortwährend kritisch zu prüfen und im Anfangsstadium des Krieges die revolutionären Typen zu konstruieren und die Front nach und nach mit dem totalen U-Boot auszurüsten, liefen noch in diesem Herbst die alten Boote vom Stapel, fuhren wir weiterhin nach einer erschütternden Niederlage auf veralteten Booten gegen einen übermächtigen Gegner, der uns mit hochentwickelten Geräten und einer zermürbenden Taktik empfing und unser Leben in der Tauchröhre zur Hölle machte. Wie zum Trost erfuhr ich, daß wir mit zwei neuen, bedeutend verbesserten Funkmeß-Warngeräten ausgerüstet werden sollten - Geräten, die in der Lage waren, Wellenlängen im niedrigen Zentimeterbereich zu orten. Mit diesen Geräten sollten wir uns im Rennen um die Fortschritte des elektronischen Krieges behaupten können. Bisher waren wir auf diesem Gebiet unwiderruflich in die Defensive gedrängt worden. Es waren die Alliierten, die die Bedingungen der Schlacht und die Waffen diktierten.

Am nächsten Wochenende kehrte ich Hafen und Boot den Rücken und bestieg spät am Freitagabend den Schnellzug Brest-Paris. In der Nacht ging ich in den Waschraum und zog Zivil an. Wie vereinbart, traf ich Marguerite unter dem Eiffelturm. Sie trug ein blaues Kleid mit aufgestickten Blumen. Als ich sie küßte, trafen mich die verstohlenen Blicke unserer Landser, die auf den ungestümen Franzosen ganz offensichtlich eifersüchtig waren. Paris war warm und voller Herbstdüfte. Und über allem schien die Sonne, die ich so oft auf See zu meiden gezwungen war.

Kurz nach meiner Rückkehr nach Brest - ich war wieder in Marineblau, und nichts deutete an, daß ich in einer anderen Welt zu Besuch gewesen war, beendete die Werft die Überholungsarbeiten auf U-230. Ich begann sofort damit, das Boot für unsere nächste Unternehmung auszurüsten. Die Anlieferung der neuen Torpedos schien jedoch auf Schwierigkeiten gestoßen zu sein: wir erhielten nur einen der Zerstörerknacker und acht LUT-Torpedos neben drei Aalen alten Typs. Ich fragte auch nach der Verfügbarkeit einer Schnorchelanlage, begegnete aber nur erstaunten Gesichtern. Keiner der Werftingenieure hatte jemals von einer solchen Vorrichtung gehört. Doch das kriegerische Aussehen des Bootes, die schwere Bewaffnung von acht Rohren, gab uns neues Vertrauen. Die Schnellfeuerkanonen, die vielversprechenden Torpedos und das neue Funkmeß-Warngerät gaben uns eine gute Chance, wieder in den Hafen zurückzukehren.

Einen Tag vor dem Auslaufen wurde der Kommandant unerwartet zum FdU West befohlen. Der Befehl mußte etwas mit unserer nächsten Unternehmung zu tun haben. Nach eintägiger Abwesenheit kehrte Siegmann zurück und bat uns Offiziere auf sein Zimmer. »Meine Herren«, sagte er ernst, »ich mache es kurz. Man hat uns befohlen, durch die Meerenge von Gibraltar durchzubrechen. Unser zukünftiges Operationsgebiet ist das Mittelmeer.«

Siegmann hielt an, um die Wirkung seiner Worte abzuwarten. Ich zwang mir ein Lächeln auf. Meine Kameraden, Friedrich und Riedel, zeigten Überraschung. Es war allgemein bekannt, daß der Versuch, die Meerenge von Gibraltar zu durchbrechen, nur sehr geringe Erfolgschancen hatte. Aber zu dieser Zeit war es eigentlich gleichgültig, wohin wir fuhren. Es war überall dasselbe - unsere gewaltigen Anstrengungen, an den Feind zu kommen, trafen überall auf heftigste Abwehr. Wir hatten alle Hände voll zu tun, um nicht bombardiert, beschädigt oder versenkt zu werden. Das Ende war immer dasselbe. Nur der Name des Meeres würde sich ändern.

Aber es gab auch einen Trost, eine Belohnung, falls wir die Straße von Gibraltar durchbrechen konnten: wir würden in Zukunft in den ruhigen

Wassern des Mittelmeeres operieren können. Um die Spannung zu lösen, sagte ich unvermittelt: »Es gibt dort einige Hafenstädte, die ich noch nicht gesehen habe. Die einzige Schwierigkeit ist nur: wie kommt man hin?«
Der Kommandant nahm mein Stichwort auf und fuhr fort: »Wenn Sie, meine Herren, das Ziel unserer Reise absolut geheimhalten, haben wir begründete Aussichten, im Januar an einem italienischen Strand in der Sonne zu liegen.«
Das Eis war gebrochen. Unsere Unterhaltung wurde sehr angeregt. Aber bald nahm uns Siegmann den Wind aus den Segeln. Er berichtete vom Verlust zweier Boote, U-732 und U-340, die Anfang November bei dem Versuch, die Straße von Gibraltar zu durchbrechen, von den Briten abgefangen und versenkt worden waren. U-455, U-264 und U-661, die ebenfalls die Blockade brechen sollten, waren schwer beschädigt zur Rückkehr gezwungen worden, bevor sie die Meerenge erreicht hatten. Nur drei von acht Booten war der Durchbruch durch die Meerenge gelungen. Weitere Versenkungen im Seegebiet westlich Spanien und Portugal bestätigten die starke Abwehr auf dem Anmarschweg. U-566 war am 31. Oktober nahe der spanischen Küste durch Flugzeuge versenkt worden. Dasselbe Schicksal erlitt U-966 am 10. November. Aber niemals hörten wir von U-134 und U-535, die in jener Gegend versenkt worden waren, ohne ein Notsignal abgeben zu können. Diese Verluste gaben uns ein klares Bild über das, was uns erwartete.
In den Tagen der Vorbereitung unserer Fahrt stiegen die Verlustziffern weiter an. Bis zum 25. November waren weitere fünfzehn Boote vernichtet worden. Damit war die einst große und stolze U-Bootflotte im Atlantik auf weniger als die Hälfte der Stärke vom Frühjahr zusammengeschlagen worden - und das nach einem steten Zustrom neuer und frischer Boote aus der Heimat. Den englisch-amerikanischen Erfolgen im November standen nur 31 000 Tonnen alliierten Schiffsraums gegenüber, die unsere Torpedos kleineren Geleitzügen abgerungen hatten.

6

Am Abend des 26. November verließ U-230 den Hafen von Brest zum letzten Mal. Es folgte im Kielwasser eines Minenräumboots, passierte das Netz in der Hafeneinfahrt, fuhr in den engen Wasserweg, der der Bucht von Brest vorgelagert ist, und stieß dann mit hoher Fahrt in die offene See, Kurs Süden. Unser Ablegen war diesmal ein wohlbehütetes Geheimnis geblieben. Der alleswissende englische »Soldatensender Calais«, der Nachrichten in deutscher Sprache sendete, hatte heute keine besonderen Grüße anläßlich unseres Auslaufens.
Nur Minuten später die erste Feindortung. Unser neues Warnungsgerät schien tatsächlich gut zu funktionieren. Anstatt sofort zu tauchen, blieben wir oben, gingen auf hohe Fahrt, hielten unsere acht Rohre schußbereit und wandten eine neue Ablenkungstaktik an, die, wie man uns sagte, sehr wirksam sein sollte. Heinz Riedel, mit der Handhabung des neuen Systems beauftragt, füllte einen Ballon mit Heliumgas, das wir in druckfesten Flaschen an der Reling mitführten, befestigte eine lange Leine mit Aluminiumfolien am Ballon und das lose Ende an einem Schwimmer und warf dann das seltsame Bündel achteraus über Bord. Der Schwimmer setzte sich aufs Wasser, der Ballon stieg hoch, und die Schnur mit den Folien streckte sich in voller Länge aus. Der Köder verschwand schnell in der Dunkelheit. Minuten später wiederholte Riedel den Wurf mit einem zweiten Ballon, und ein zweiter Baum trieb durch die dunklen Wasser der Biskaya. Die Aluminiumfolien sollten einen starken Reflex auf dem Bildschirm des feindlichen Funkmeßgerätes verursachen, stärker als der unseres Bootes; sie würden uns erlauben, hinter unserem eigenen Wald von Aluminiumbäumen zu verschwinden. Unglücklicherweise verwickelten sich zwei weitere Aluminiumleinen in der Reling, und drei Ballons platzten, während Riedel sie mit Gas füllte. Das Durcheinander der verworrenen Folien ließ unsere Position nur noch deutlicher erscheinen und bedeutete eine zusätzliche Gefahr. Aber das Glück war wieder mit uns. Noch während Riedel mit den Folien und den Ballons kämpfte, drangen wir in eine

größere französische Fischerflottille ein. Sie bot uns mehr Schutz als die Köder und unsere Kanonen. Wir verstauten die Ballons und Folien und gebrauchten sie niemals wieder. Sie waren eine Gefahr - keine Hilfe.
Wir fuhren im Zickzack durch die weit auseinandergezogenen Fischerboote. Während des größten Teils der Nacht machten wir ausgezeichnete Fahrt. Dann waren wir wieder allein mit dem Wind, der See und dem Tod, der auf uns wartete. Aber unser neues Warngerät, die Wanze, arbeitete zuverlässig. Mehrere Male registrierte es anfliegende Maschinen aus großer Entfernung und gab uns damit genügend Zeit zu einem schnellen Sturz in die schützende Tiefe. Jedesmal blieben die Tommies verwirrt in der Luft zurück.
Sobald die Briten erkannten, daß unser neues Gerät uns wieder vor ihren Anflügen warnte, änderten sie ihre Taktik. Sie flogen über unserem Generalkurs auf und ab und griffen in wohlberechneten Zeitabständen an, um uns zu zwingen, in immer kürzeren Abständen zu tauchen, und uns daran zu hindern, die Batterien zu laden, kurz - um uns auszuhungern. Das Ergebnis der ersten Nacht: wir hatten unsere Batterien nur zu 70 Prozent aufgeladen. Aber wir hatten gelernt, daß wir in unserer Wanze ein zuverlässiges Instrument hatten, das uns ermöglichte, den Bombensegen rechtzeitig zu untertauchen.
Lange nach Eintritt der Dunkelheit am nächsten Abend tauchten wir auf und jagten weiter nach Süden. Anstatt ins Todestal zu fahren, marschierten wir zur Nordküste des neutralen Spanien. In dieser Nacht tauchten wir vor drei Ortungen, ohne die sonst üblichen Bombengrüße zu empfangen. Während des Tagesmarsches unter Wasser sprach Siegmann über die Lautsprecheranlage zur Besatzung und informierte sie über unser riskantes Unternehmen. Die Reaktionen waren eine Mischung von Überraschung und vorsichtiger Aufnahme des Unvermeidlichen. Die Leute waren schon durch genug Höllen gegangen, um die Regeln des Spiels zu kennen.
Es gab auch andere, vorauszusehende Auswirkungen. Mancher Seemann hatte ein Mädchen in Brest zurückgelassen. Nun erkannte er plötzlich, daß er es nicht mehr wiedersehen würde, und die Enttäuschung über die erzwungene Trennung trat oft entscheidend zutage. Auf einem meiner Rundgänge durchs Boot sah ich im Bugraum einen unserer Torpedomixer, von seinen Kameraden umringt, auf einer Koje sitzen. Er hielt einen Büstenhalter und ein seidenes Höschen in seinen rauhen Händen. Seine Kameraden sparten nicht mit eindeutigen Bemerkungen.
Bei unserem vorsichtigen Vorstoß zur spanischen Küste passierten wir das schwerbeschädigte Lorient. In der nächsten Nacht hatten wir La Rochelle an Backbord. Als wir die Lichter von San Sebastian erspähten, tauchten wir auf, drehten nach Westen ab und folgten den schwarzen Umrissen der hohen Berge in einem Abstand von etwa vier Seemeilen. Unsere vorsichtige Fahrt an der Küste blieb unentdeckt. Wir bestaunten abwechselnd die

Lichter von Santander und Gijon, die in den dunklen Nächten zu uns herüberleuchteten, und umrundeten in der fünften Nacht Kap Finisterre. In der folgenden Nacht sahen wir den Widerschein von Millionen Lichtern am Nachthimmel - Lissabon. Während die Bürger der Millionenstadt ihren nächtlichen Vergnügungen nachgingen oder friedlich schlummerten, durchquerten wir die Bucht von Lissabon. Am achten Tag unserer Unternehmung gingen wir gelegentlich auf Sehrohrtiefe und nahmen Peilungen von Kap St. Vincent. Als wir am 5. Dezember kurz vor Mitternacht aufgetaucht und im Schatten des Landes die Bucht von Cadiz ansteuerten, schwang sich Riedel auf die Brücke, um mich abzulösen, und sagte: »Da ist ein Offiziers-Funkspruch auf der Back in der O-Messe. Hatte keine Zeit, ihn zu entschlüsseln. Kannst du das übernehmen? Muß was Wichtiges sein.«
Riedel übernahm meinen Platz hinter der Turmverkleidung, und ich stieg in das Dunkel der Stahlröhre. Bewaffnet mit den Entschlüsselungs-Unterlagen setzte ich mich an die Back. Aber der Funkspruch war bereits entschlüsselt, und ich las die Glückwünsche der Führung zu Riedels und Werners Beförderung zum Oberleutnant.
Bald darauf ließen wir Cadiz achteraus und nahmen mit größter Vorsicht Kurs auf die konzentrierte englische Verteidigung der Straße von Gibraltar. Am 6. Dezember drangen wir zwei Stunden nach Mitternacht in die Bucht von Barbate ein. Dies war die Grenze unseres Vorstoßes auf der europäischen Seite der Straße. Wir tauchten und legten U-230 auf Grund. Während des Tages hörten wir die Detonationen einiger Wasserbomben nur einige Meilen entfernt im Osten. Sie machten uns klar, daß die Tommies alles daransetzten, einen Durchbruch von U-Booten durch ihre Blockade zu vereiteln. Während die meisten Männer schliefen, saß ich mit dem Kommandanten in seiner kleinen Ecke. Siegmann entwarf seinen Plan für den Durchbruch durch die Blockade. Wir erwogen unzählige Möglichkeiten; dann beschloß Siegmann, über Wasser bis vor die nordafrikanische Hafenstadt Tanger vorzudringen und von dort getaucht durchzustoßen.
Am Abend des 6. Dezember schlich die Besatzung auf Gefechtsstationen und wurde angewiesen, für die nächsten drei Tage auf ihren Posten zu verbleiben. Um 21 Uhr tauchten wir auf. Die See war glatt und träge. Die Nacht war mondlos und windstill. Die Spannung an Bord war dem Zerreißen nahe. Dann heulten die beiden Diesel auf, und wir hämmerten mit äußerster Kraft der afrikanischen Küste entgegen. Über uns wölbte sich ein schwarzer, klarer Himmel voller Sterne. Als wir aus dem Schutz der spanischen Küste hervorschossen, trafen uns die Ortungen wie glühende Pfeile.
»Ortung - Stärke drei . . .« Der Schrei schnitt durch die Nacht wie splitterndes Glas. Wir fielen in den Turm, und das Boot sackte sofort weg.

Doch als sich der Aufruhr des Alarmmanövers gelegt hatte, blieb alles still. Keine Bomben. Ermutigt tauchten wir auf. Acht Meilen später zwang uns eine hartnäckige Ortung wieder in die Tiefe.
23 Uhr, aufgetaucht. Ein neuer Sprung mit allen verfügbaren Pferdestärken. Die Diesel klingelten hell, die Auspuffs dröhnten, die Lüfter rauschten. Wir luden die Batterien voll auf, genug, um eine dreitägige Schleichfahrt durchzuhalten. U-230 pflügte durch eine schier endlose, spiegelnde Wasserfläche, warf eine schillernde Bugwelle auf, peitschte das Wasser um unseren Druckkörper zu weißer Gischt und zog eine verräterische sprudelnde Schaumschleppe hinter sich her. Minute um Minute stürmten wir voran, bis die Lichter von Tanger sichtbar wurden; dann wechselten wir Kurs nach Osten in die Bresche zwischen den beiden Erdteilen.
Bald darauf drangen wir in eine Flottille afrikanischer Fischerboote ein und fuhren im Zickzackkurs durch die verstreut liegenden Fahrzeuge. Siegmann steuerte das Boot immer näher an die Meerenge heran. Vierzig Minuten später hatten wir die arglosen Fischer hinter uns gelassen und waren damit am Ende unserer Überwasserfahrt angekommen. Die Ortungen wurden untragbar laut. Um unser Glück nicht weiter herauszufordern, tauchten wir.
7. Dezember. Um 0 Uhr 42 begann U-230 seine Schleichfahrt durch die Tiefe. Das Boot war ausgezeichnet eingetrimmt. Geräuschlos glitt es mit geringer Vorlastigkeit, aber mit einer leichten Aufwärtstendenz dahin. Die Fahrt des Bootes durchs Wasser war auf anderthalb Seemeilen festgesetzt, gerade genug, um es in der Schwebe zu halten. Die Strömung, die wir an unserer Tauchstelle auf drei Meilen berechneten, würde unsere Fahrt über den Grund auf viereinhalb Meilen heraufschrauben. Mit weiterer Annäherung an die Meerenge erwarteten wir eine Zunahme der Strömung ins Mittelmeer, die an der engsten Stelle eine Stärke von 8 Meilen erreichen sollte.
Ich ließ mich in der Zentrale nieder. Kästner, unser bester Horcher, nahm bald geringe Schraubengeräusche und Asdic-Ortungen auf. Sie alle lagen recht voraus. Dazwischen hörte er seltsame Impulse, die er nie zuvor aufgefaßt hatte. Friedrich hatte Tiefenwache, der Kommandant saß an seinem Pult und horchte angespannt auf Kästners Meldungen. Ich schlich in den Horchraum, um das Phänomen zu studieren, stülpte einen Kopfhörer über meine Ohren und lauschte. Neben den bekannten, herausfordernden Asdic-Impulsen war ein helles Zirpen zu vernehmen, das, wie Kästner behauptete, von einem neuen Unterwasser-Ortungsapparat der Engländer zu kommen schien. Die Impulse hörten sich an wie das Pfeifen und Quietschen eines Gummispielzeugs, wenn man es drückt. Plötzlich kam mir die Erleuchtung. »Das ist kein neuer englischer Kniff, Kästner, das sind Delphine, die sich unterhalten. Hör zu, man kann ihre Stimmen unterscheiden.«

Fasziniert lauschten wir der Unterhaltung der zahlreichen Delphine, die sich in der Unterwasserströmung tummelten. Einige schwammen vor dem Bug, andere aalten sich an unserem Druckkörper. Aber alle schienen einen Gefallen an dem Riesenfisch gefunden zu haben, der scheinbar gekommen war, um sich an ihren Spielen zu beteiligen. Ihr Palaver nahm zu, als wir tiefer in die Meerenge eindrangen und die Strömung stärker wurde. Das gleiche galt für die Asdic-Impulse. Doch als die ersten Wasserbomben explodierten, flohen unsere Begleiter in den Atlantik hinaus.
Über uns zogen Zerstörer geschäftig ihre nervösen Kurven. Ihre Betriebsamkeit erreichte gegen 10 Uhr einen Höhepunkt. Asdic-Impulse trafen uns wie Hagel. Aber die schnellbewegten Wasserschichten verschiedener Temperatur und Dichte legten eine schützende Decke über unser Boot. Die Zerstörer, unfähig, Fühlung herzustellen, nahmen zu ihrem alten Spiel Zuflucht - sie warfen ihre Wasserbomben aufs Geratewohl. Um 12 Uhr übernahm ich die Tiefensteuerung. Die Asdic-Impulse hatten nachgelassen und waren achteraus gewandert. Es wurde immer deutlicher - wir hatten die Blockade durchbrochen, die Zerstörer überlistet und die engste Stelle der Straße von Gibraltar passiert. Der allgemeine Aufruhr der Abwehr ließ weiter nach. Um 16 Uhr war Siegmanns Geduld am Ende. »L.I., bringen Sie das Boot auf Sehrohrtiefe. Will mal sehen, wie weit wir gekommen sind. Müßte interessant sein, Europa und Afrika mit einem einzigen Rundblick zu sehen. Wollen Sie auch ein Auge voll nehmen, I.W.O.?«
Der Kommandant schwang sich in den Sitz des Sehrohrs, fuhr es dann um seine Achse und prüfte die nächste Umgebung. Dann richtete er das gläserne Auge auf einen Punkt an Backbord, drehte nach Steuerbord, dann wieder zurück nach Backbord. Schließlich sagte er: »Ich glaube fast, I.W.O., wir haben den Felsen bereits achteraus. Lassen Sie mich mal das Seehandbuch sehen.«
Ich reichte ihm das Handbuch der spanischen Küste. Es enthielt ein Bild des Felsens von Gibraltar, wie man ihn von See aus sah.
»Natürlich, wir haben ihn bereits passiert. Wir haben bedeutend mehr Fahrt gemacht, als angenommen. He, Prager, schreiben Sie auf - ich nehme einige Peilungen.«
Einige Augenblicke später gab uns der Obersteuermann einen genauen Standort. Das Ergebnis war überraschend. Wir waren bereits siebeneinhalb Seemeilen ins Mittelmeer eingedrungen. Eine schnelle Berechnung ergab, daß wir in der engsten Stelle eine Fahrt von 14 Meilen über den Grund gemacht hatten, wobei die Strömung für 12½ Meilen verantwortlich war.
Siegmann verließ seinen Sitz, ich schwang mich hinein und richtete das Sehrohr auf den Felsen, der schillernd aus dem grünen Wasser in den azurblauen Himmel ragte. Durch den niedrigliegenden Dunst zählte ich

mindestens sechs Kriegsschiffe, Zerstörer, die den Eingang ins Mittelmeer bewachten. Ich drehte das Auge des »Spargels« nach Steuerbord und sah die nordafrikanische Küste nahezu senkrecht aus dem Meer emporsteigen. Auf den hohen Klippen von Ceuta stand ein schlankes Kriegerdenkmal, ein Andenken an die Gefallenen des spanischen Bürgerkriegs. Die Küste zu beiden Seiten des Denkmals löste sich im Dunst des Nachmittags auf. Ich war von der Sicht fasziniert und entdeckte das Flugzeug fast zu spät: »Runter mit dem Boot«, rief ich schnell, »auf 60 Meter - Maschine im Anflug.«
Ich fuhr den langen Schaft des Sehrohrs ein, zog meinen Kopf zwischen die Schultern und wartete. Aber U-230 kam ohne Bomben auf der befohlenen Tiefe an. Ich löste Friedrich wieder am Tiefensteuer ab und übernahm auch seine Aufgabe, die Zahl der explodierenden Wasserbomben zu notieren. Letzteres nur aus reiner Neugier. Das Boot war in wunderbare Stille eingehüllt. Die Gefahr, geortet zu werden, verringerte sich mit jeder Meile. Um 22 Uhr wurde die kleine Lampe in der Nische des Kommandanten zum erstenmal nach zwölf Tagen ausgelöscht und der dunkelgrüne Vorhang vor seiner Koje zugezogen.
Nahezu vierundzwanzig Stunden später, um 21 Uhr 30 in der folgenden Nacht, tauchte U-230 auf. Wir hatten die Lichter von Malaga recht voraus. Die dunklen Berge hinter der beleuchteten Stadt ragten bizarr vor dem fahlen Nachthimmel. Die Nacht war so mild, daß ich schnell meine Lederjacke auszog. Die Diesel begannen wieder zu brummen, und U-230 folgte der schwarzen Gebirgskette nach Osten. Wir durchlüfteten das Boot, schalteten die Batterieladung ein, warfen den Abfall über Bord und setzten unseren ersten Funkspruch an den BdU ab: SONDERAUFGABE ERFÜLLT - ERBITTE NEUE ANWEISUNGEN - U-230.
Wir waren darauf gefaßt, daß unser Signal binnen einer Stunde heftige feindliche Gegenmaßnahmen hervorrufen würde. Aber die Nacht blieb ruhig. Kurz vor Tagesanbruch erhielten wir die Antwort: GUT GEMACHT - SOFORT NACH TOULON GEHEN - BESONDERE VORSICHTSMASSNAHMEN VOR TOULON GEBOTEN - FEINDLICHE U-BOOTE MÖGLICH - DÖNITZ.
Wir hatten uns auf ein hartes Gefecht mit den Alliierten vorbereitet, die zwischen den nordafrikanischen Häfen und der besetzten süditalienischen Küste ein lebhaftes Nachschubgeschäft betrieben. Diesen Handelsverkehr zu stören und damit unsere Italienfront zu entlasten sollte die eigentliche Hauptaufgabe unserer Unternehmung sein. Ich konnte deshalb den Befehl der Führung nicht verstehen, der uns in den Hafen von Toulon diktierte. Der Gedanke, daß wir für eine neue Sonderaufgabe vorgesehen waren, die eine Lagebesprechung verlangte, drängte sich förmlich auf.
Es kostete uns drei Nächte schneller Überwasserfahrt und zahllose unfreiwillige Tauchmanöver, um den Liebesgaben aus der Luft auszuwei-

chen, bevor wir in den Golf du Lion vor Marseille eindrangen. Am 15. Dezember informierten wir um 1 Uhr den Führer der U-Boote Mittelmeer von unserer bevorstehenden Ankunft. In der Morgendämmerung tauchten wir. Nach einigem Suchen erkannte Siegmann durchs Sehrohr ein Vorpostenboot, das nervös zackend über die Kimm kroch. Eine Stunde und zwanzig Minuten später tauchten wir vor dem Bug des aufgeregt kreuzenden Fahrzeugs auf. Ein Flaggensignal empfahl uns höchste Alarmbereitschaft. Englische *submarines* hatten zwei Wochen zuvor eines unserer Vorpostenboote und noch früher ein U-Boot versenkt. Wir dampften hinter dem Sicherungsfahrzeug her und kommandierten alle Leute mit Schwimmwesten an Oberdeck. In der Hafeneinfahrt von Toulon öffnete ein Schlepper das schwimmende Stahlnetz, das den Hafen vor dem Eindringen feindlicher U-Boote bewahrte, und ließ uns passieren.
Mit halber Fahrt liefen wir in den neuen Hafen ein. Ein prächtiges Panorama breitete sich vor uns aus. Die helle Wintersonne schien auf grüne Berge, rote und grüne Ziegeldächer, weißgetünchte Häuser und auf die rostigen Aufbauten einiger beschädigter und auf Grund liegender französischer Kriegsschiffe. U-230 manövrierte vorsichtig durch das innere Hafenbecken. Wir passierten zwei gesunkene französische Zerstörer und drei deutsche U-Boote, die völlig unbeschützt an der Mole lagen. Siegmann entdeckte eine bescheidene Ansammlung von Männern in Marineblau und steuerte U-230 auf einen leeren Platz am Kai. Was wir in Brest als eine Selbstmordunternehmung angesehen hatten, hatte sich in eine spannungsvolle, aber interessante Seereise verwandelt. Unser Glück war noch immer mit uns.
Die Herren der 29. U-Bootflottille empfingen uns mit den altbekannten Begrüßungsformeln und bewirteten uns mit einem ausgezeichneten Essen. Unser Gepäck war von Brest angeliefert und die Post umgeleitet worden. Nichts war vergessen, um uns den Aufenthalt in unseren neuen Unterkünften so angenehm wie möglich zu machen. Ich war gerade dabei, meine Koffer auszupacken, als Siegmanns Aufklarer mich zum Kommandanten bat.
»Hier, I.W.O., nehmen Sie eine Zigarette«, sagte Siegmann. »Ich habe hier ein Fernschreiben von der Führung. Sie sind ab Januar zum Kommandantenlehrgang nach Neustadt abkommandiert. Herzlichen Glückwunsch.«
Bevor ich begreifen konnte, stand Siegmann auf und schüttelte meine Hand. Er wünschte mir mit einem der modernen Boote eine bessere Zukunft, als er sie mit seinem alten U-230 erwarten konnte.
Noch überrascht, dankte ich ihm für die zwanzig Monate, die ich unter ihm gedient hatte, wünschte ihm weiterhin viel Glück und bald ein Kommando über ein neues Boot. Dann besprachen wir die unmittelbaren Probleme, die aus der veränderten Lage entstanden. Der größere Teil der

Besatzung, einschließlich Heinz Riedel und Helmut Friedrich, war für einen längeren Urlaub vorgesehen. Da meine Ausbildung nicht vor dem 10. Januar 1944 begann, war ich bereit, für Boot und Männer zu sorgen und zwei Wochen in einer Hafenstadt zuzubringen, die ich noch nicht kannte.
Am 18. Dezember, zwei Tage nach unserem Einlaufen, wurde die Besatzung dem Kommandierenden Admiral Mittelmeer vorgestellt. Er überschüttete uns mit Lob und Auszeichnungen. Als er ein weiteres Eisernes Kreuz an meine Uniform heftete, kam mir in den Sinn, wie ungleich doch das Eisen verteilt war; ich dachte an meine Freunde und Kameraden, die in ihren eisernen Särgen auf dem Grund des Meeres lagen. An diesem sonnigen Tag im Dezember 1943 war die alte Garde der Atlantikfront nahezu ausgelöscht. Und viele der Neulinge, die aus deutschen Häfen ausgelaufen waren, waren in der Norwegischen See oder in der Nordpassage versenkt worden, bevor sie ihr Operationsziel erreichen konnten. Auch das Mittelmeer war eine einzige U-Boot-Falle. Wer einmal drin war, kam nicht mehr heraus. Das letzte Boot, das der alliierten Übermacht zum Opfer fiel, war U-593 unter der Führung von Kapitänleutnant Kelbling, der einst mit uns auf U-557 im Atlantik gefahren war. Seine erfolgreiche Laufbahn fand nach dreizehn Feindfahrten ein plötzliches Ende. Nachdem er zwei englische Zerstörer an der nordafrikanischen Küste versenkt hatte, wurde er von amerikanischen Zerstörern abgefangen. Glücklicherweise wurde Kelbling mit Besatzung gerettet.
Was unsere Boote in einem Kampf über vier lange Jahre nicht erzielen konnten - die Seeherrschaft über den Atlantik -, hatten die Alliierten in weniger als sieben Monaten erreicht. Ihre gewaltigen Anstrengungen, die Meere von U-Booten freizufegen, hatten Früchte getragen. Bis Mitte Dezember hatten die Alliierten 386 Boote vernichtet, von denen allein im Jahre 1943 237 Boote versenkt worden waren.
Einen Tag nach der Ordensverleihung fuhren Siegmann und der größte Teil der Besatzung in Urlaub. Ich machte mich mit den Offizieren im Stützpunkt bekannt. Meine neuen Freunde versäumten keine Zeit, mich in das Nachtleben des Hafens einzuführen. Wir feierten die Feste, wie sie kamen. Sie kamen in schneller Folge, und wir feierten sie mit verzweifelter Ausgelassenheit. An einem dieser Abende besuchte ich ein Fest, bei dem Damen und Herren in einer Badewanne voll Wein und Champagner badeten, bevor sie sich zurückzogen. Bei einer anderen höchst privaten Veranstaltung verursachte eine dunkelhaarige Italienerin eine dramatische Szene, indem sie sich, von ihrem Geliebten in Blau vernachlässigt, nackt in die Arme eines überraschten Infanterieleutnants warf, der als Gast geladen war.
Gerade als das milde Klima der Côte d'Azur mich davon überzeugt hatte, daß der Frühling vor der Tür stände, kam Weihnachten. Die mageren im-

portierten Tannen, mit Lametta und Engelshaar geschmückt, ließen die Feiertage recht unwirklich erscheinen. In der Woche nach Weihnachten fuhr ein Omnibus uns durch das Küstengebiet. Eine Überfülle von Blumen, Zypressen und Pinien begleitete uns auf dem Weg zwischen den Ferienorten Lavardon, Saint Tropez und Saint Maxime; die Landschaft glich ganz den farbenfrohen Gemälden, die in Paris auf der Straße verkauft werden.

Silvester wurde durch die Ankunft einer Wehrmachts-Betreuungstruppe zu einem besonderen Ereignis. Ich tanzte mit den jungen Mädchen vom Ballett durch die Nacht und in das neue Jahr und vergaß für einige Stunden, daß die Meere von Wasserbomben bebten und widerhallten, daß unsere Städte unter den alliierten Bombenteppichen zusammenfielen und daß der Boden in Rußland unter dem Anprall der sowjetischen Dampfwalze dröhnte.

Meine Tage in Toulon fanden ihr Ende, als Riedel von seinem Urlaub zurückkehrte. Er hatte mit seiner Reise nicht viel Glück gehabt. Infolge der vernichtenden Luftangriffe war es ihm nicht gelungen, bis in seine böhmische Heimat durchzukommen. Vielmehr hatte er den größten Teil seines Urlaubs auf Zügen, in Bahnhöfen und in München verbracht. Ich übergab meinem Freund, der mich als I.W.O. auf U-230 ablöste, meine bisherigen Pflichten und Angelegenheiten. Zum Abschied ermahnte ich ihn: »Denk daran, Heinz, halt' die Augen offen und die Ohren steif. Vorsicht ist das halbe Leben.«

Dies war in der Tat mein Abschied von Heinz Riedel. Ein Jahr später fiel er auf seiner ersten Feindfahrt als Kommandant von U-242 in der letzten Runde der Schlacht um England.

7

Meine Reise zur Kommandantenschule in Neustadt begann am Abend des 5. Januar 1944. Ich wurde von einem meiner neuen Freunde von Toulon mit selbstmörderischer Geschwindigkeit über die kurvenreiche Küstenstraße nach Marseille gebracht. Unsere Eile hatte einen Grund. Wir hatten uns in der Silvesternacht mit den Mädchen vom Ballett verabredet und waren bereits spät daran. Minuten vor Mitternacht betraten wir das kleine Hotel an der Canebière, in dem die Mädchen logierten. Zu unserer Enttäuschung war die Truppe am Vormittag abgereist. Mein Freund zog es vor, trotz der mitternächtlichen Stunde nach Toulon zurückzufahren, anstatt eine Gebühr für eine enttäuschte Nacht zu bezahlen. Ich dagegen ließ mir ein Zimmer mit Aussicht auf die Canebière geben, schlief bis 12 Uhr am Mittag, vertauschte die Uniform mit meinem Zivilanzug und begann die berüchtigtste Stadt Europas zu durchstreifen. Seeleute, Bettler, ehemalige französische Soldaten in ihren alten Uniformen, Diebe, Zuhälter, Prostituierte, Araber, Chinesen, Farbige aller Schattierungen und Weiße mischten sich hier in scheinbarer Harmonie. Ich schlenderte durch die verwinkelten Gassen der Altstadt, an den nach Fäulnis riechenden alten Molen entlang, betrachtete die verkommenen Fischerboote und uralten Schiffe längst vergangener Zeiten. Ich bestieg ein kleines Motorboot und fuhr durch den öligen Hafen zum berüchtigten Chateau d'If, das als das angebliche Gefängnis des Grafen von Monte Christo berühmt war. Am Abend wanderte ich durch die eleganten Viertel und zog mich schließlich in ein gemütliches Restaurant zurück, wo mir ein ausgezeichnetes Abendessen serviert wurde.
Am 6. Januar stieg ich um 8 Uhr die weiten Marmortreppen zum Bahnhof Saint Charles hinauf und machte es mir in einem leeren Abteil des Schnellzugs nach Straßburg bequem. Während ich friedlich durch das Rhônetal, durch die sommerlich anmutenden Berge und Täler Südfrankreichs getragen wurde - beschossen in Rußland sowjetische Divisionen unsere Linien zum Auftakt ihrer Winteroffensive; bombardierten die

Amerikaner unsere italienische Front, um nach Rom durchzubrechen; wärmten die Tommies auf ihren englischen Inseln die Motoren einiger tausend Bomber für einen Nachtangriff auf Deutschland. Um 22 Uhr 30 kam mein Schnellzug in Straßburg an und überquerte den Rhein bei Kehl gegen Mitternacht.

In Mannheim wurde der Zug ungebührlich lange aufgehalten. Die Lokomotive stand scheinbar unruhig und schnaufend im pechschwarzen Bahnhof. Um die Ursache des Aufenthalts zu erfahren, stieg ich aus einem warmen Wagen in eine rauhe Winterkälte. Ein Beamter erklärte mit unterdrückter Stimme, daß Frankfurt unter einem schweren Luftangriff stünde. »Sie sagen, es sei der schlimmste. Es sieht aus, als ob wir für den Rest der Nacht hier stehenbleiben.«

Ich hatte plötzlich das Gefühl, dem Zug voraus nach Frankfurt eilen zu müssen. Was mochte in diesen Augenblicken mit meinen Eltern geschehen sein? Endlich, endlich rückte der Zug an, kroch durch den weitverzweigten Güterbahnhof von Mannheim und fuhr dann mit aufreizender Langsamkeit auf das brennende Frankfurt zu. Ein grauer, nebliger und kalter Morgen beendete eine qualvolle Nacht, als der Zug sich vorsichtig in den beschädigten Hauptbahnhof von Frankfurt hineinschob.

Ich ergriff meine Koffer und eilte durch den Gestank von Feuer und Kordit, durch Wolken von Staub und Berge von zersplittertem Glas auf die Straße. Die stattliche Rotunde einst stolzer Häuser, die den Platz vor dem Bahnhof umsäumten, war in einen schwelenden Trümmerhaufen verwandelt. Eine riesige Wolke schwarzen Rauchs lag über der Stadt. Feuerwehrautos, Wehrmachtsfahrzeuge, Krankenwagen, Luftschutzkolonnen und Tausende von Menschen bevölkerten die Straßen, gemeinsam bemüht, die Flammen zu bekämpfen und die Durchfahrtswege von Trümmern und Geröll zu befreien. Ich stolperte über Schutt am Rand zahlloser Bombenkrater, rannte über den Bahnhofsplatz, bog in die Mainzer Landstraße ein, machte eine Linkswendung in die Savignystraße, umging einen gigantischen Trichter, der in der Mitte der Straße gähnte, bemerkte Tausende von Aluminiumfolien, die die Bomber abgeworfen hatten, um unsere Funkmeßgeräte auszuschalten, und bewältigte keuchend die letzten fünfzig Meter.

Was ich dann sah, befreite mich von meinen größten Befürchtungen. Unser Haus stand noch. Ich öffnete das eiserne Tor, lief durch den Vorgarten zur Haustür und drückte die Klingel. Keine Antwort. In der Annahme, daß die Klingel nicht funktionierte, rannte ich in den Garten, um nach meinen Eltern zu rufen. Aber wo früher ein Garten war, lag ein Berg von Backsteinen, Mörtel, eisernen Geländern, Fensterrahmen, Glas, Heizungskörpern, Rohrleitungen und Trümmern aller Art. Die gesamte Hinterwand des Hauses war von einer Bombe abrasiert; alle fünf Etagen waren völlig bloßgelegt. Vier der fünf Geschosse waren leergeräumt. Die

Ausnahme machte das zweite Stockwerk, unsere Wohnung. Ich erkannte das Schlafzimmer meiner Eltern. Die Möbel standen noch wie früher. Die Betten waren unbenutzt. Über dem weißen Bettzeug lag eine Staubschicht. Dort war das Nähzimmer mit der Nähmaschine, die vor einer imaginären Wand stand. Und hier war das Zimmer meiner Schwester mit den türkisfarbenen Möbeln. In der äußeren Ecke der Wohnung hing eine Badewanne halbwegs in der Luft. Und nichts von meinen Eltern oder meiner Schwester.

Eine Frau erschien auf dem Erdgeschoß und rief: »Es ist Zeit, daß jemand nach dem Rechten sieht. Wir wunderten uns schon, warum sich niemand um die Möbel kümmert. Sie kamen gerade zur richtigen Zeit.«

Ich erkannte die Frau des Hausbesitzers und sagte: »Können Sie mir die Tür zu unserer Wohnung aufschließen? Ich habe keinen Schlüssel.«

»Natürlich. Ich gebe Ihnen auch einen Schlüssel und werde einige Nachbarn alarmieren. Sie werden Ihnen helfen, die Wohnung zu säubern.«

Ihre Ruhe und Unbekümmertheit war erfrischend. Ich hörte, daß meine Eltern in den Schwarzwald gefahren waren; für einige Tage, so hatten sie gesagt. Die Frau überreichte mir den Schlüssel, und ich trat wie ein Unbefugter in unsere Wohnung ein.

Die Türen zu den hinteren Zimmern waren aus dem Rahmen gehoben und zersplittert. Bilder waren von den Wänden gefallen. Der Boden war übersät mit Dingen, die von den Kommoden und Tischen gefegt worden waren. Verhältnismäßig wenig war zerstört, nur Glaswaren und einige Porzellanvasen. Aber eine dicke Schicht von Mörtelstaub bedeckte Möbel, Betten und Fußboden. Einer nahezu unlösbaren Reinigungsaufgabe gegenüberstehend, zog ich alte Sachen an, die ich in meinem Zimmer fand, und beantwortete dann das Klopfen an der Glastür. Ich hatte eine kräftige männliche Hilfe erwartet und war überrascht, vier Frauen im mittleren Alter gegenüberzustehen, die in ihrem hellgrauen Arbeitszeug wie berufsmäßige Möbeltransporteure aussahen. Sie übernahmen unsere Wohnung, als ob es ihre eigene wäre, und zusammen schoben, transportierten und zwängten wir die Möbel durch die Türöffnungen in die vorderen Räume. Es war spät am Nachmittag, als die Frauen mich verließen - ohne meinen Dank entgegenzunehmen.

Ich wusch mich in dem verbliebenen Bad mit kaltem Wasser, zwängte mich in meine staubige Uniform und arbeitete mich durch die Trümmer zur Stadtkommandantur. Hier erhielt ich ein kleines Bündel Lebensmittelkarten und einen Stempel auf meinen Fahrschein. Darauf schickte ich ein Telegramm an mein neues Kommando und erklärte den Grund meiner Verzögerung; in einem weiteren ermahnte ich meine Eltern, sofort zurückzukehren. Dann suchte ich nach einer Gelegenheit zum Essen. Aber dieses Vorhaben stieß auf erhebliche Schwierigkeiten. Vier bekannte Lokale der Vorkriegsherrlichkeit erwiesen sich als ausgebombte Ruinen.

Im fünften, einem bekannten Hotel an der Kaiserstraße, waren die feinen Leinentischdecken und Servietten durch Papier und die eleganten Ober durch mürrische Kellnerinnen ersetzt worden. Das Abendessen war ein böser Schock nach der appetitlichen Mahlzeit, die man mir in Marseille serviert hatte. Es war eine bittere Ironie. Die Franzosen, die den Krieg verloren hatten, aßen wie die Könige, während wir, die Sieger, uns mit Kartoffeln und Ersatzmitteln am Leben erhalten mußten.

Als sich die Nacht auf die Stadt senkte und ihre Bürger in Furcht vor einem neuen Angriff zitterten, kehrte ich zu unserem zerschlagenen Heim zurück und hörte die Luftwarnungen, die über den Rundfunk verbreitet wurden, bis die Gefahr eines neuen Angriffs vorüber war.

Ich erwachte im hellen Sonnenlicht und ließ meine Augen über die seltsame, doch so bekannte Einrichtung wandern. An der Wand gegenüber meinem Bett hing eine Zeichnung einer nackten Frau in den Dünen. Ich hatte sie gezeichnet, als ich achtzehn war. Mutter hatte sich immer gewundert, wer für mich Modell gestanden hatte. Daneben hing eine Reproduktion von Rembrandts »Mann mit dem Goldhelm«. An der Wand gegenüber dem Fenster hatte ich Flaggen und Mützenbänder und andere Embleme befestigt. Und auf den Regalen an der Wand standen die Bücher, die ich in Läden, die über ganz Europa verstreut lagen, eingekauft hatte. Dies war mein Zimmer, das ich 1939 verlassen hatte, um in einen Krieg zu ziehen, der, wie man mir sagte, innerhalb weniger Monate gewonnen sein würde.

Es war wieder dunkel, als sich ein Schlüssel in der Glastür drehte. Meine Eltern waren zurückgekommen. Mutter und Trudel waren bestürzt, verwirrt. Aber Vater sagte mit einem hörbaren Aufatmen: »Nun gut. Wir müssen uns eben an die geringere Bodenfläche gewöhnen. Es hätte viel schlimmer ausgehen können. Seid froh, daß wir wieder beisammen sind. Laßt uns darauf trinken.«

Vater öffnete eine Flasche Moselwein. Wir tranken auf meine doppelte Beförderung und auf unsere Überzeugung, daß die Alliierten viel härter zuschlagen mußten, um uns aus dem Gleichgewicht zu bringen. Wir saßen angeregt und gespannt bis gegen drei Uhr morgens im Herrenzimmer, redeten, erzählten und horchten auf die Stimme des Lautsprechers, die lakonisch die Warnungen über die feindlichen Einflüge übermittelte. Beruhigt, daß keine alliierten Bomber Frankfurt anflogen, riskierten wir es, ins Bett zu gehen.

Spät in der darauffolgenden Nacht verließ ich den langsamsten Zug der Reichsbahn im Ostseehafen Neustadt. Die Kriegsmarine hatte hier die fortschrittlichste U-Boot-Ausbildungsabteilung untergebracht. Ich fand eine leere Koje in einer der sauberen, hölzernen Baracken und warf mich auf eine Matratze, die mit Stroh gefüllt war.

Um 8 Uhr am nächsten Morgen wurde ich als Nachzügler einer kleinen Gruppe angehender Kommandanten zugeteilt, die an einem Spezialgerät praktizierten. Ein komplizierter Apparat, der das Innere eines U-Boot-Turms mit Ruderanlage und Sehrohr darstellte, war über einem großen Becken so angebracht, daß es von dem Kommandantenschüler in jede beliebige Richtung bewegt werden konnte. Diese Einrichtung, zusammen mit einer Anzahl kleiner Modelle von Frachtdampfern, Tankern, Zerstörern und anderen Kriegsschiffen, die im Bassin ferngesteuert jede erdenkliche Formation ausführen konnten, erlaubten es dem zukünftigen Kommandanten, sich mit allen Tricks des Unterwasserangriffs vertraut zu machen. Da ich schon einige Erfahrungen von der Front mitbrachte, bestand ich den Kurs mit Leichtigkeit. Nach zwei Wochen intensiver Ausbildung und langweiligen Lebens in der kleinen Stadt begrüßte ich meine Abkommandierung zur Schießflottille nach Danzig.

An einem späten Januartag bestieg ich in Berlin den Schnellzug nach Osten. Der Bahnsteig wimmelte von Infanteristen aller Dienstgrade. Sie stürmten den Zug, um sich, und sei es mit Gewalt, einen Sitzplatz für die lange Reise an die russische Front zu erobern. Bald saß mein Abteil voller Infanterieoffiziere, die ihre selbstgedrehten Zigaretten aus russischem Machorka qualmten, ein Tabak, den sie aus Mangel eines besseren zu rauchen gelernt hatten. Es dauerte nicht lange, bis ich ihnen meine aromatischen Zigaretten mit türkischem Tabak anbot, der uns Angehörigen der Marine zur Verfügung stand. Dieses Geschenk verbesserte das Verhältnis zwischen den beiden Wehrmachtsteilen beträchtlich - und auch die Luft im Abteil. Während der Schnellzug nach Osten raste, unterhielten wir uns über den Krieg im allgemeinen und über die Feldzüge in Rußland im besonderen. Diese Männer von der Front waren überzeugt, daß unsere Linien trotz der unaufhaltsamen sowjetischen Anstürme gehalten würden.

Sagte ein Hauptmann: »Die wenigen Meter, die wir hier und dort nachgeben, sind lediglich strategische Berichtigungen.«

»Die Sowjets haben nicht unser industrielles Potential«, behauptete ein anderer. »Sie haben nicht das Material, um ihre Angriffe auf die Dauer durchzuhalten oder unsere Gegenangriffe abzufangen.«

Da sagte ein dritter: »Ihre plumpe Ausrüstung kann niemals gegen unsere neuen, modernen Waffen aufkommen. Wartet nur, bis der Sommer kommt...«

Dies waren Männer kämpfender Einheiten. Sie alle glaubten, daß im Frühling unsere Waffen und eine neue Taktik die manchmal verwirrenden Situationen an den verschiedenen Frontabschnitten drastisch ändern würden. Als wir uns Danzig näherten, wünschte ich ihnen Glück in der russischen Steppe.

In Danzig brachte mich eine Straßenbahn in die Nähe der Mole, wo die

großen Ozeandampfer der Hamburg-Amerika-Linie seit Jahren vertäut lagen. Ich fand den Dampfer, auf dem die 23. U-Bootflottille in schäbiger Eleganz untergebracht war. Meine Unterkunft war eine antike Staatskajüte mit viel Plüsch und Samt. Obgleich sie stark nach Mottenpulver und Zigarren roch, fühlte ich eine unmittelbare Zuneigung zu dem alten Schiff.
Ich fand den Flottillenchef, Fregattenkapitän Lüth, in der Bar. Er war von einer Gruppe zukünftiger Kommandanten umgeben. Lüth, ein ehemaliger Kommandant mit über 250 000 Tonnen feindlichen Schiffsraums auf seinem Konto, grüßte mich höchst unmilitärisch und stellte mich den Männern des Lehrgangs vor. Ich erfuhr, daß außer mir nur ein Mann von der U-Bootwaffe kam. Keiner der anderen Lehrgangsteilnehmer hatte, wie es früher üblich war, als Kommandantenschüler an einer Unternehmung teilgenommen. Sie waren von Zerstörern, Minensuchbooten, Großkampfschiffen und sogar aus Schreibtischstellungen abkommandiert worden, um unsere erschreckenden Verluste zu ergänzen. Diese Neulinge hatten ein Jahr U-Bootausbildung bekommen, um das zu lernen, was mich drei Jahre härtesten Einsatzes an der Front gekostet hatte. Sie alle besaßen nicht, was nur der Einsatz lehren kann: die absolute Beherrschung des Bootes in allen Gefahrenlagen; die Fähigkeit zu sekundenschnellen Entscheidungen; das Vorausahnen der nächsten Maßnahme des Gegners; die Erfahrung, wann zu tauchen und wann oben zu bleiben und zu schießen ist; das Können, um die Gewalt über das Boot zu behalten, wenn Wabos und Bomben niederregneten und tausend Ausfälle den Sturz in die Unendlichkeit unvermeidbar erscheinen ließen. Diese Neulinge, denen in wenigen Wochen das Kommando über ein Boot anvertraut werden würde, hatten nur eine geringe Chance, ihre erste Feindberührung zu überleben.
Unsere Schießübungen begannen vor Morgengrauen am folgenden Tag. Sieben U-Boote und eine kleine Flotte von Überwasserfahrzeugen verließen den Hafen mit Kurs in die östliche Ostsee. Unsere Übungstorpedos, mit Druckluft angetrieben, erlaubten uns, die Blasenbahn zu verfolgen und unsere Tagesschüsse auszuwerten. Für das Nachtschießen wurden die Aale mit dem üblichen Leuchtkopf ausgerüstet, damit wir unsere Schüsse in der Dunkelheit registrieren konnten. Unsere Lehrer, erfahrene Kommandanten, hetzten uns durch eine harte Schule, durch haarsträubende Manöver, die uns zwangen, augenblicklich richtig zu denken und zu handeln. Diese Übungen wurden für uns nach drei langen Wochen zur Routine. Wir hatten kaum Zeit zum Schlafen und deshalb wenig Interesse an verlockenden Landgängen. Am Ende des Lehrganges versammelten wir uns in der Messe des alten Dampfers, zum erstenmal nach drei Wochen mit weißem Hemd und schwarzer Fliege, um über unsere Leistungen unterrichtet zu werden. Ich erfuhr, daß ich mit höchster Punktzahl bestan-

den hatte. Ich wünschte mir als Belohnung das Kommando über ein neues Wunderboot.
Zwei Abende später erhielt ich den Befehl, der meine Marinelaufbahn krönen sollte. Wir hatten uns zur Abschiedsfeier in der rauchigen Bar des Dampfers versammelt. Der Chef hielt eine Ansprache, voll von Lob und guten Wünschen für die Zukunft. Dann griff er nach einem Bündel Fernschreiben und sagte: »Meine Herren, ich habe hier die Anweisungen für Ihre zukünftige Verwendung in der U-Bootwaffe. Ich beginne mit dem einzigen Frontkommando, das ich heute zu vergeben habe. Der glückliche Gewinner des Haupttreffers ist Oberleutnant Werner.«
Ich sprang auf die Füße. Lüths Stimme schien plötzlich weit entfernt, als käme sie durch eine dicke Nebelwand. Ich hörte Lüth sagen: »Sie werden sich am 1. April bei der 1. U-Flottille in Brest melden und das Kommando von U-415 übernehmen.«
Ich nahm den Befehl entgegen. Er war so gut wie ein Todesurteil. Die Lebensspanne eines Frontbootes war auf drei oder vier Monate zusammengeschrumpft. Und U-415 hatte bereits zu viele Feindfahrten überlebt. Was mir mit der Übernahme dieses neuen Kommandos bevorstand, war lediglich ein Wechsel von einem Fahrzeug aufs andere.
Ich kehrte zu meinem Tisch zurück. Es gelang mir sogar, zu lächeln und meinen Verdruß zu verbergen. Anstatt mir ein neues Wunderboot zu geben, eines jener totalen U-Boote, die nun auf allen verfügbaren Werften gebaut wurden und erfahrenes Personal benötigten, hatte die Führung mir ein völlig veraltetes Boot aufdiktiert.
Wie um meinen Ärger zu lindern, gestattete mir die Führung einen zweiwöchigen Urlaub, bevor ich mein neues Kommando anzutreten hatte. Der März war ein guter Monat zum Skifahren, und ich reiste in Richtung Alpen. Ich erwartete dort viel Schnee und schnelle Abfahrten. In Berlin stieg ich um, schloß meine Augen vor den Verwüstungen und fuhr mit einem langsamen D-Zug durch schwelende Städte und unberührte Dörfer. Am zweiten Tage meiner Reise kam ich gegen 14 Uhr im bayrischen Immenstadt an. Ich verließ das Abteil, um den Bummelzug nach Oberstdorf zu besteigen. Ein zweiter Zug, der gerade in den kleinen Bahnhof einfuhr, entließ eine Welle Reisender, die mir den Weg versperrten. Plötzlich hörte ich jemanden meinen Namen rufen. Ich wandte mich um und schaute in das Gesicht eines Mädchens, mit dem ich vor unendlich langen Jahren befreundet gewesen war. Ich ließ mein Gepäck auf den Bahnsteig fallen, und sie warf sich ohne Zögern in meine Arme.
»Was für eine Überraschung, Marika. Was machst du hier?«
»Ich bin auf der Durchreise«, sagte sie.
»Ich auch. Wo gehst du hin von hier?«
»Ich fahr' wieder nach Hause. Ich war eine Weile bei meinen Eltern in Überlingen.«

Ich fragte mich, warum Marika dieses Wiedersehen herbeigeführt hatte. Sie hätte mich ebensogut vorbeigehen lassen können. Gerade so, wie sie es vor vielen Jahren getan hatte. Bevor ich jedoch eine Antwort fand, schlug Marika vor: »Laß uns die Züge überspringen. Wir können so nicht auseinandergehen, nachdem wir uns nur für Sekunden gesehen haben.«
Wir erkundigten uns nach den Abfahrten unserer Züge und entdeckten, daß wir nahezu drei Stunden Zeit hatten, bevor wir uns wieder trennen mußten. Wir gaben unser Gepäck bei der Aufbewahrung ab und traten auf die schneebedeckte Straße hinaus. Marika hängte sich an meinen Arm, fragte und beantwortete meine Fragen. Sie hatte schönes, blondes Haar, und ihre Gesichtszüge waren reifer geworden. Wir fanden einen leeren Tisch in einem Café nahe dem Bahnhof und nahmen an einem Fenster Platz, das eine wunderbare Aussicht auf die schneebedeckten Bergspitzen bot.
Acht Jahre hatten die Erinnerung an unsere Jugendfreundschaft verwischt. Wir hatten uns oft im Rosengarten der kleinen mittelalterlichen Stadt am Bodensee getroffen, wo die Rosen bis in den Dezember hinein blühten. Wir waren zum erstenmal in unserem jungen Leben verliebt gewesen und hatten nicht gewußt, was wir mit unserer Entdeckung anfangen sollten. Es war nichts zwischen uns gewesen, nur Versprechungen, Küsse und vorsichtige Umarmungen. Als ich damals vom See Abschied nahm, hatten wir uns gelobt, uns oft zu schreiben. Aber acht Monate später hörten ihre Briefe auf. Zwölf Monate genügten, um Marika in eine Braut zu verwandeln. Die Nachricht von ihrer Hochzeit bereitete jener Rolle, die sie in meinem Leben gespielt hatte, ein Ende. Seitdem hatte ich sie nahezu völlig vergessen - bis sie wieder meinen Weg kreuzte.
Marika erklärte mir unter Tränen, woran damals unsere Liebe zerbrochen war. Es war eine klassische Geschichte. Irgendwann im März 1938 hatte sie einen jungen Studenten getroffen, der sie in einer fröhlichen Faschingsnacht verführte. Bald entdeckte sie mit Schrecken, daß sie in anderen Umständen war. Das Ergebnis: eine Hochzeit und die Geburt eines Kindes, das sie nicht gewollt hatte. Erniedrigungen folgten. Eheliche Vergewaltigungen, so nannte sie sie, füllten die Jahre aus. Und nun geschah es, daß sie mich wieder traf. Sie bat mich: »Bitte, geh' heute nicht von mir fort. Nicht jetzt, nachdem wir uns wiedergefunden haben. Laß' uns das Beste aus dem Zufall machen. Verbringe deinen Urlaub mit mir.«
Zuerst lehnte ich mich dagegen auf. Aber es war nicht schwer, die alten Gefühle für sie wieder neu aufleben zu lassen. Ich schlug ihr vor, mit mir nach Oberstdorf zu fahren, wo uns niemand kannte und wo wir uns als Mann und Frau eintragen konnten. Ich kaufte eine zweite Fahrkarte, holte unser Gepäck am Schalter ab, dann bestiegen wir zusammen den altertümlichen Zug nach Oberstdorf.
Der Page im Hotel führte uns zu unserem Zimmer. Nachdem die Tür ins

Schloß gefallen war, waren acht Jahre der Trennung und ein endloser Krieg ausgelöscht. Marika war entzückend.

Am folgenden Morgen beim Frühstück lenkte ich die Unterhaltung auf den ursprünglichen Zweck meines Urlaubs. Marika war sehr verständig. Ich mietete eine Skiausrüstung, und sie begleitete mich zu der kleinen Station, von der aus die Drahtseilbahn zur Spitze des Nebelhorns fuhr. Als die Gondel mich über die steilen Abhänge und Schluchten trug, verlor ich Marika aus den Augen.

An der Endstation schnallte ich meine Skier an und stieg fast bis zur Spitze des Nebelhorns. Der Tag war auffallend klar. Um mich herum breitete sich das atemberaubende Panorama der Schweizer, der österreichischen und deutschen Alpen. Die Berge vermittelten mir ein Gefühl unbegrenzter Stärke, einer Kraft, wie ich sie im Atlantik auf der Höhe eines Orkans empfand, und ich wünschte, ich könnte den Bergen Trotz bieten, wie ich den himmelstürmenden Wellen Trotz geboten hatte. Ich stürzte in jäher Abfahrt die steilsten Abhänge hinunter, an den gefährlichen Klippen vorbei, bis die Baumlinie mich zwang, die Schußfahrt zu bremsen. Erst nach mehreren haarsträubenden Abfahrten war ich mit mir selbst zufrieden und kehrte in unser Hotelzimmer zurück.

Der Krieg hatte diese Stadt in den Bergen nicht berührt. Ein friedlicher Tag folgte dem anderen. Während der Morgenstunden fuhr ich regelmäßig zur Spitze des Nebelhorns und jagte dann über die Abhänge, bis es Zeit war, Marika zu treffen. An den Abenden saßen wir in einem der Lokale, in denen der Krieg nur die Qualität des Essens beeinflußt hatte, oder schlürften einen Cognac in einer Bar, tanzten oder sahen einen Film. Und dennoch war der Krieg auch hier schreckliche Wirklichkeit. Man brauchte nur das Radio einzuschalten. Tag für Tag und Nacht für Nacht hörten wir Meldungen über die Einflüge alliierter Bomber, Meldungen, die uns sagten, wo Luftangriffe zu erwarten waren und wo die Bomber ihre Lasten abluden. Diese zermürbenden Nachrichten warfen bald einen Schatten über das friedliche Städtchen. Während die Woche verfloß und der Tag näherkam, an dem ich mein neues Kommando anzutreten hatte, wurde ich immer ungehaltener, nervöser. Die Berge, der Schnee und das Skilaufen verloren langsam ihre Anziehungskraft.

Drei Tage vor meiner geplanten Abreise meldeten die Morgennachrichten, daß Frankfurt wieder von schwersten Bombenangriffen heimgesucht worden war. Der Angriff wurde als der verheerendste seit Beginn des Bombenkrieges bezeichnet. Da alle Telefonverbindungen nach Frankfurt unterbrochen waren, konnte ich über das Schicksal meiner Eltern nichts erfahren. Weder Marikas Liebe noch ihre Bitten konnten mich nun in den Bergen halten..

Wir verließen das Hotel und Oberstdorf zusammen, trennten uns aber in Immenstadt, wo wir uns getroffen hatten. Während ihr Zug nach Osten

dampfte, bestieg ich den Schnellzug nach dem Westen, nach dem Bodensee, dem Schwarzwald und dem Rheintal.
Mein Zug keuchte über die Berge und schlängelte sich durch Wälder und Täler. Er erreichte Lindau bei Einbruch der Dunkelheit. Eine Stunde später, es war Nacht und neblig, hielt er im Ostbahnhof von Überlingen. Hier lebten meine Verwandten, unendlich weit entfernt von den heulenden Sirenen, den Bombenteppichen und von dem Elend des Krieges. Ihre täglichen Ängste drehten sich um ihre kleinen Probleme. Sie wußten nichts vom Krieg zur See und hatten wahrscheinlich längst vergessen, daß ich noch lebte; denn die Fanfaren, die einst unsere Siege verkündeten, waren längst verklungen.
Als der Zug stand, sah ich im schwachen Licht einer Laterne einen Reisenden zusteigen. Er trug die Uniform der Infanterie. In der Sekunde, in der er an meinem Fenster vorbeikam, erkannte ich meinen Onkel. Als er die Tür des Abteils zugeschlagen hatte, sagte ich mit verstellter Stimme: »Hier ist noch ein Sitzplatz frei, Herr Major.«
Mein Onkel zündete ein Streichholz an, hielt es mir vors Gesicht und sagte lächelnd: »Was machst du denn ausgerechnet hier?«
»Ich hatte einige Tage Urlaub, bevor ich ein neues Kommando antrete«, antwortete ich. »Ich bin auf dem Rückweg zur Front; über Frankfurt, versteht sich.«
Eine kurze Pause trat ein - lang genug, um mir anzudeuten, daß zu Hause nicht alles in Ordnung war. Ich fragte schnell: »Hast du von meinen Eltern gehört?«
»Ja, sie sind alle am Leben. Aber du brauchst nicht nach Frankfurt zurückkehren. Ihr habt alles verloren. Deine Eltern und Trudel sind im Bahnhofshotel in Karlsruhe untergekommen. Ich habe vor einer Stunde mit deiner Mutter gesprochen.«
Ich preßte die Lippen zusammen und hielt eine plötzliche Welle der Wut zurück. Glücklicherweise war es dunkel, und mein Onkel konnte mein verzerrtes Gesicht nicht sehen. Es mußte von Bitternis entstellt gewesen sein. Denn ich dachte an meine Eltern, an all das Leid und an das Sterben, das mein Vaterland erlitt.
Eine Weile saßen wir still nebeneinander. Dann begann mein Onkel von seiner Laufbahn als Kommandant eines Gefangenenlagers zu sprechen. Er berichtete von einem völlig anderen Krieg, in dem wahnsinnige Vernichtung durch unsinniges Nichtstun ersetzt war. Seine Kommandierung auf diesen Posten hatte eine lange Vorgeschichte. Seit dem Januar 1933 war er gegen das neue Regime gewesen und hatte seine Meinung mutig in seiner Zeitung veröffentlicht. Daraufhin hatte die Regierung ihn und die Zeitung lange vor dem Krieg aus dem Umlauf genommen. Er hatte viele Jahre auf dem Lande verbracht, nur von seinen Verwandten unterstützt. Dann kam der Krieg. Als ehemaliger Offizier der kaiserlichen Armee

wurde mein Onkel reaktiviert, befördert und bald mit der Führung des Gefangenenlagers im Schwarzwald beauftragt.
Eine Stunde vor Mitternacht verabschiedeten wir uns im schwärzesten Teil des Schwarzwaldes. Ich verbrachte zwei Stunden im kalten Bahnhofsgebäude in Villingen, wo einige weibliche Freiwillige des Roten Kreuzes Kaffee und Suppe für die durchreisenden Soldaten bereithielten. Ich schlürfte eine heiße Bouillon, bis es Zeit war, den Bummelzug zur Rheinebene zu besteigen. Nach sechsstündiger Fahrt hielt der Zug im Bahnhof von Karlsruhe. Ich eilte über den Bahnhofsplatz zum Hotel. Der Nachtportier zeigte mir den Weg zum Zimmer meiner Eltern.
»Wer ist da?« fragte Vaters Stimme auf mein Klopfen.
»Ich bin es«, war alles, was ich sagen konnte.
Vater war bleich und übernächtig; sein Haar war plötzlich eisgrau. Mutter und Trudel weinten, als sie mich sahen. Um den Schock des Wiedersehens zu überwinden, schlug Vater vor, zum Frühstück nach unten zu gehen. »Man kann sich dabei besser unterhalten«, meinte er.
Aber selbst am Frühstückstisch ging die Unterhaltung nur langsam voran. Trudel, noch sehr verwirrt, war ruhig. Mutter, entschlossen und resoluter, gewann bald ihr Gleichgewicht zurück. Vater erzählte mir, daß sie den Angriff im Keller überstanden hatten, wo sie für viele Stunden eingeschlossen waren. Sie hatten einige Sachen im Keller zurückgelassen, Koffer und Kisten, die er nun bergen wollte. Er hatte seinen Fahrer mit einem Lkw nach Darmstadt bestellt, von wo er nach Frankfurt vorstoßen wollte, um die wenigen Eigentümer zu retten und in seinem neuen Betrieb auf dem Lande unterzubringen.
Wir stiegen in den nächsten Zug nach Darmstadt. Zwei Stunden später trafen wir den Fahrer und fuhren auf der Darmstädter Landstraße nach Frankfurt. Wir drangen von Sachsenhausen kommend in die Stadt ein, passierten viele zerstörte Gebäude und rauchende Ruinen. Feuerwehrleute schaufelten die Toten aus den Trümmern; wir sahen Reihen von Leichen, auf dem Gehsteig aufgebahrt und mit Decken zugedeckt.
Der Lkw überquerte die Brücke über den Main, rumpelte durch Trümmer und an den geschwärzten Fassaden zerfallener Häuser vorbei. Wir überquerten den Bahnhofsplatz, umfuhren einige Bombentrichter und bogen vorsichtig in die Savignystraße ein. Große Berge von Schutt und Überreste von Brandmauern waren alles, was von den stattlichen Wohnhäusern übriggeblieben war. Der Lkw hielt vor einem Berg zerbrochener Backsteine und verbogener Stahlträger, hier hatte einmal unser Haus gestanden. Das Erdgeschoß des angrenzenden Wohnhauses stand noch, war aber von dem Gerümpel und dem Schutt der oberen Stockwerke voll beladen. Nur deshalb hatten die Rettungskolonnen ein Loch durch die Brandmauern im Keller schlagen und meine Eltern, Trudel und andere Mitbewohner aus dem angrenzenden Haus bergen können.

Ich folgte Vater in den Keller unseres Hauses - oder dessen, was noch von ihm übrig war. Vaters Taschenlampe wies auf das Loch in der Wand, gerade groß genug, um durchzukriechen. Dabei hatte ich das unbestimmte Gefühl, daß die Decke jeden Augenblick auf uns niederkrachen könnte.
Vaters Stimme kam hohl aus unserem Keller: »Komm und sieh dir das an. Hier haben wir gesessen . . .«
Ich kroch ins Schwarze und sah im Schein der Taschenlampe Bänke, Kisten und Kartons, mit Staub bedeckt. »Ich kann mir sehr gut vorstellen«, sagte ich, »wie es einem zumute ist, wenn man eine Ewigkeit auf Rettung wartet. Ich kenne das Gefühl, wenn man wie in einem Sarg aushalten muß.«
»Es war keine Hochzeitsnacht, das kannst du mir glauben. Es war wie damals in Flandern 1916, als ich in einem Bunker verschüttet war.«
Wir brachten unser Hab und Gut zur Oberfläche, und der kräftige Fahrer verstaute die letzten Überreste vergangenen Wohlstands auf dem Lkw. Mutter war wieder in Tränen aufgelöst. Sie hatte den Fehler begangen, auf den Schuttberg zu klettern und nach persönlichen Dingen zu suchen. Sie hatte einige zerbrochene Stücke einer früheren Welt gefunden, einer Welt, die aufgehört hatte zu existieren. Als Vater sie von den Ruinen wegführte, gab er seinem Optimismus Ausdruck: »Wir werden schon wieder neue Möbel bekommen, reg dich nicht auf. Die Tommies und Yankees werden die Rechnung bezahlen.«
Heeresfahrzeuge und Krankenwagen behinderten unseren Auszug aus Frankfurt, das nun nicht mehr unsere Heimatstadt war. Eine lange Zeit der Behaglichkeit und häuslicher Wärme war unwiderruflich zu Ende, als wir dem schweren Verkehr entkamen und auf der Autobahn nach Süden fuhren.
In einer knappen Stunde verließ der Lkw die Autobahn und fuhr in das kleine Pfungstadt, wo Vater einen neuen Betrieb eingerichtet hatte. Wir rumpelten über das Kopfsteinpflaster der alten Straßen in den Hof einer Molkerei, die Vater für die Herstellung seiner Nährmittel gemietet hatte. Wir brachten die Kisten und Koffer im Büro unter, dann zeigte Vater mir stolz die Räume, deren Wände und Fußböden mit weißen Kacheln ausgelegt waren.
Meine Abreise nach Brest konnte nicht weiter aufgeschoben werden. Wir fuhren mit dem Lkw nach Karlsruhe zurück. Es war dunkel, als wir am Bahnhof ankamen. Mein Zug war pünktlich. Ich umarmte meine Eltern und meine Schwester voller Zuversicht, daß sie ihre härteste Probe bestanden hatten und für den Rest des Krieges in Sicherheit waren. Als der Zug aus dem Bahnhof fuhr, sah ich sie lange auf dem Bahnsteig stehen und mir nachwinken. Ich sah sie, bis die Dunkelheit ihre Schatten auflöste.

Zusammenbruch und Niederlage

1

Es war der 4. April 1944, als mein Zug in Brest ankam. Der Morgen war klar wie Kristall, sonnig und warm. Ein alter Omnibus holperte mit mir durch die Straßen der Stadt, fuhr vorsichtig über die Drehbrücke über den Kanal, stotterte bergauf und dann westwärts auf der Anfahrtsstraße zur 1. U-Bootflottille. Hoch über der Bucht schaukelten eine Anzahl Fesselballons in der frischen Morgenbrise. Sie waren ein Teil einer neuen Abwehrmaßnahme, um den Bunker gegen Tiefangriffe aus der Luft zu schützen.

Der Bus hielt vor dem Tor des Stützpunkts. Ich sprang ab und schritt in die vertraute Umgebung. Ich fand die Verwaltungsräume noch verschlossen. Ein älterer Steward erbot sich, mich zum Stab der Flottille zu führen, der gemeinsam auf der breiten Veranda das Frühstück einnahm. Wir traten durch eine große Glastür ins Freie. Die aufgehende Morgensonne blendete mich. Weiße Gartenmöbel waren von etwa einem Dutzend Offiziere in Marineblau besetzt. Da ich den Flottillenchef nicht kannte, musterte ich die Ärmelstreifen der Offiziere und suchte nach dem höchsten Dienstgrad. Einer der Herren sprach mich an: »Sind Sie der neue Kommandant von U-415?«

»Jawohl, Herr Kapitän.«

»Freut mich, Sie zu begrüßen«, sagte der mittelgroße Offizier mit den drei goldenen Streifen und dem Ritterkreuz, das unter seinem weißen Kragen hervorblitzte. »Ich bin Korvettenkapitän Winter, dies hier sind die Herren meines Stabes.« Er stellte mich den Teilnehmern der Frühstücksrunde einzeln vor und bat den Steward, ein neues Gedeck zu bringen. Winter selbst brauchte keine Vorstellung. Sein Name war uns allen bekannt. Er hatte in den frühen Jahren des U-Bootkrieges als Kommandant eines Bootes an den Versenkungsrekorden teilgenommen und über 150 000 Tonnen alliierten Schiffsraums versenkt. Er war einer der wenigen überlebenden Asse der U-Bootwaffe.

Während ich mich mehr oder weniger wortlos meinem Frühstück wid-

mete, berichtete Winter die letzten Neuigkeiten. Ich horchte auf, als er sagte, daß einige Schnorchelanlagen in der Werft angeliefert worden waren und an Bord dreier Boote für Versuchszwecke eingebaut werden würden. Aber nahezu alles andere war nur eine neue Version unserer bekannten Schwierigkeiten. Alliierte Flugzeuge riskierten mehr und mehr regelmäßige Tiefflüge und warfen unter dem Schutze der Nacht Magnet- oder Geräuschminen in den Hafen von Brest und in die Fahrtrinne, die in die offene See führte. Der U-Bootkrieg trat immer noch auf der Stelle. Die Männer an der Front erwarteten mit deutlicher Offenheit die langversprochenen Veränderungen und neue, moderne Boote. Einige wenige der veralteten Tauchröhren, die in den Seegebieten um die englischen Inseln lauerten, waren das Ziel konzentrierter alliierter See- und Luftangriffe. Sogar die großen, freien Gebiete im Mittelatlantik, die lange von der feindlichen Luftaufklärung verschont geblieben waren, wurden nun von Langstreckenbombern und den Maschinen der zahlreichen U-Boot-Jagdgruppen, die mit kleinen Flugzeugträgern verstärkt waren, durchgekämmt. Hunderte der neuen, wendigen Korvetten unterstützten die systematische Verfolgung und Vernichtung unserer Boote. Die gegenwärtige Lage war erschütternd: vier von fünf Booten kehrten nicht mehr von Feindfahrt zurück. Das war eine Verlustziffer, die unsere mageren Versenkungserfolge alliierter Schiffe bei weitem übertraf.
Als sich die Unterhaltung der allgemeinen Kriegslage zuwandte, bemerkte ich, daß die Offiziere der Schlacht um Monte Cassino nur geringes Interesse schenkten und sich um unseren russischen Feldzug keine Sorge machten - Operationen, deren Verlauf nicht gerade den Voraussagen der Heeresführung entsprach. Ihre Gespräche drehten sich hauptsächlich um die Möglichkeit und Gefahr einer alliierten Landung auf dem Festland. Niemand wußte, wann und wo eine Invasion stattfinden würde. Aber niemand schien daran zu zweifeln, daß sie unmittelbar bevorstand. Die Herren des Stabes erwähnten die gegenwärtigen Anstrengungen, die überall entlang der französischen Küste im Gange waren, um unsere Küstenverteidigung, den Atlantikwall, zu verstärken und eine Landung am Strand abzuschlagen. Der Führer hatte wiederholt versichert, daß der Atlantikwall uneinnehmbar sei, und niemand zweifelte an seinen Worten. Eine Niederlage war ausgeschlossen. Selbst der Gedanke daran war Landesverrat.
Kapitän Winter erhob sich plötzlich. »Oberleutnant Werner«, sagte er, »Sie werden die Besatzung Ihres Bootes um 14 Uhr übernehmen. Mittlerweile richten Sie sich in Ihrem neuen Quartier ein. Und noch etwas: bereiten Sie sich darauf vor, Ihren Männern etwas zu sagen.«
Ich nahm den Rat dieses sympathischen Offiziers an, zog in ein großes Eckzimmer im Südostflügel des großen Gebäudekomplexes, plantschte in meinem Bad und versuchte dabei eine Rede zu verfassen. Aber mir fiel

nichts Gescheites ein, und ich setzte mich schließlich an den großen Schreibtisch, um ein Konzept zu verfassen. Doch auch das mißlang. Und so folgte ich meinem Drang, den Stützpunkt und den Bunker nach alten Gesichtern zu durchforschen - fand aber niemanden von der alten Garde.
Um 14 Uhr traf ich Kapitän Winter und die Besatzung meines neuen Bootes auf dem Innenhof der Flottille. In meiner kurzen Ansprache, die ich aus dem Stegreif hielt, erzählte ich den Männern von unserer Begegnung bei der Ölübernahme im Mittelatlantik und daß wir somit alte Bekannte wären. Ich versicherte ihnen, daß ich stolz auf ihre Leistungen sei und geehrt, ihr Kommandant zu werden, daß an der Bordroutine nichts geändert werden würde und daß U-415 nicht besiegt werden würde, solange ich auf den Planken des Bootes stünde. Ich drückte die Hand jedes einzelnen Mannes, und um 14 Uhr 20 hatte ich Boot und Besatzung übernommen.
Um 14 Uhr 25 gab ich meinen ersten Befehl. Ich wies den I.W.O. an, das Boot in 30 Minuten für Übungen in der Bucht seeklar zu haben. Ich war entschlossen, die Besatzung nach meinen Erfahrungen im U-Bootkrieg auszubilden. Der I.W.O. führte die Männer den steilen Abhang hinunter zum Bunker. Ich folgte mit dem Leitenden und dem II.W.O. und befragte sie über ihre Frontzeit und Ausbildung. Meine Erwartungen wurden zum erstenmal enttäuscht. Der L.I. war der einzige Offizier, der seit der Indienststellung des Bootes an Bord war. Die beiden Wachoffiziere hatten keine oder nur begrenzte Fronterfahrung. Es war mir klar, daß ich einen guten Teil ihrer Pflichten selbst zu übernehmen hatte.
U-415 lag ruhig an seinem Liegeplatz im Bunker. Ich ließ mich durch das Luk auf der Brücke in den Turm hinunter. Hier wartete die zweite unangenehme Überraschung. Das Sehrohr war von ältester Bauart. Ich war an ein völlig automatisches Sehrohr gewöhnt, das mit Drehsitz, elektrisch betriebener Fahrtanlage und zahlreichen sinnvollen Vorrichtungen versehen und integral mit dem Torpedo-Vorhaltrechner verbunden war. Um diesen prähistorischen Spargel zu benutzen, mußte ich in Kniebeuge gehen und ihn mit akrobatischen Übungen ein- und ausfahren. Eine eingehende Inspektion des Bootes enthüllte jedoch keine weiteren Nachteile - mit Ausnahme seines Alters: es war ein abgearbeiteter Ackergaul. Und das Fehlen eines modernen Sehrohrs wurde durch den Einbau eines neuen und größeren Arsenals elektronischer Geräte sowie zweier 2-cm-Doppellafetten und einer hervorragenden 3,7-cm-Schnellfeuerkanone ausgeglichen.
Den Rest des Nachmittags und drei volle Tage lang fuhr ich U-415 durch die Bucht von Brest, exerzierte alle erdenklichen Rollen- und Tauchmanöver durch, ließ die Männer mit scharfer Munition die Flawaffen einschießen und führte einige Neuerungen ein, die ich für wichtig hielt. Ich brachte die Männer auf die Spitze ihrer Leistung und vertiefte unser gegenseitiges

Vertrauen. Am vierten Tag war ich mit Boot und Besatzung zufrieden. Ich meldete Kapitän Winter unsere Bereitschaft. Von diesem Augenblick an ging alles nach Routine. Die Aufgaben, die ich jahrelang selbst ausgeübt hatte, wurden nun von meinen Offizieren übernommen, und ich hatte genügend Zeit, mich auf die erste Unternehmung vorzubereiten.

2

Um 15 Uhr 30 am folgenden Nachmittag betrat ich Winters Büro. Er fragte zunächst besorgt nach der Unterbringung meiner Leute. Ich versicherte ihm, daß wir alle gut aufgehoben waren.
»Gut«, sagte er, »wie Sie wissen, erwartet das Oberkommando eine alliierte Invasion in allernächster Zukunft. Alle Andeutungen weisen auf eine Landung im Mai hin.«
»Jeder hat so seine Theorie, wo sie landen mögen«, fügte ich ein, »aber niemand weiß es genau.«
»Niemand weiß das, nicht einmal die Führung. Norwegen ist eine Möglichkeit. Einige Stellen glauben, daß die Alliierten versuchen werden, an der Biskaya-Küste an Land zu gehen. Ich glaube eher an eine Landung nahe Le Havre. In jedem Fall müssen wir wachsam und vorbereitet sein. Ihr Boot muß in zehn Tagen auslaufklar sein. Während dieser Zeit müssen Sie Ihre Leute auf sechsstündiger Bereitschaft halten. Anweisungen über Ihren zukünftigen Einsatz im Invasionsgebiet werden Ihnen hier durch den FdU West übergeben, sobald alle Kommandanten, die an der Gegenoffensive teilzunehmen haben, eingetroffen sind.«
Ich erinnerte mich an seine Sorge um Boot und Besatzung, die ja auch die meine war, und forderte ihn heraus: »Es scheint mir unmöglich, Herr Kapitän, eine derartige Unternehmung ohne Schnorchel durchzuführen. Hat man irgendwelche Maßnahmen getroffen, um einen solchen auf U-415 einzubauen?«
»Mir ist darüber nichts bekannt«, sagte er ausweichend. »Soweit ich weiß, sind keinerlei neue Anlagen vorhanden. Es tut mir leid, aber Sie müssen sich damit abfinden, wieder ohne Schnorchel auszulaufen - wie viele andere Kommandanten. Wir müssen die Invasion bekämpfen mit dem, was wir haben.«
»Herr Kapitän, glaubt die Führung im Ernst, daß wir das Operationsgebiet ohne Hilfe des Schnorchels erreichen werden?«
»Ich verstehe Ihren Einwand sehr gut, bin jedoch nicht in der Lage zu

helfen. Ich wünschte, ich könnte mehr für Sie tun. Aber auch ich bin mit dem, was ich für meine Boote tun kann, gewissen Grenzen unterworfen.«
Ich verließ Winter, entschlossen, einen Schnorchel zu finden und ihn auf U-415 einzubauen, bevor die Invasion der Alliierten losbrach. Ich kannte die enorme Macht des Gegners auf See und war davon überzeugt, daß eine Landungsflotte von gigantischem Ausmaß und keines unserer Boote ohne Schnorchel in der Lage sein würde, einen Angriff darauf zu unternehmen, geschweige ihn zu überleben. Ich war mehr als beunruhigt, als ich sah, wie wenig die U-Bootführung von der Übermacht der Alliierten gelernt hatte und wie gering sie unsere Verluste einschätzte.
In der Absicht, mein Schicksal in eine günstigere Bahn zu lenken, telefonierte ich mit den Werften in Lorient und St. Nazaire und fragte nach der Verfügbarkeit von Schnorchelanlagen. Ich hatte aber keinen Erfolg. Schnorchel waren eine derartige Mangelware, daß nur sieben Boote, die von Brest aus operierten, mit dem neuen Unterwasseratemgerät ausgerüstet werden konnten. Für einen Augenblick jedoch sah ich einen Hoffnungsstrahl, als ein Werftingenieur mir berichtete, selbst einige Schnorchelanlagen auf dem Güterbahnhof von Montparnasse in Paris gesehen zu haben. Meine Anstrengungen, die so verzweifelt benötigte Ausrüstung mittels Lkw nach Brest zu transportieren, versank im Meer der bürokratischen Verwirrungen jener Zeit. Resigniert beugte ich mich schließlich der bitteren Tatsache, daß ich wieder ohne Schnorchel auslaufen mußte.
Tagelang krochen vereinzelte Boote in den Hafen von Brest. Sie stellten nur einen Teil jener Boote dar, die für eine Aktion gegen eine Invasion zurückbefohlen worden waren. Während der ersten vier Monate des neuen Jahres waren 55 U-Boote zerstört worden. Das waren ungefähr 70 Prozent der in See stehenden Boote. Die magere Tonnage, die wir in derselben Zeitspanne versenkten, rechtfertigte die Aufopferung einer derart großen Zahl von Booten nicht. Ihr Fortbestand hätte für die Führung von allergrößter Wichtigkeit sein müssen; schließlich galt es, im Fall einer Invasion genügend Boote zur Verfügung zu haben.
Mit dem Einlaufen von U-821 hörte der dünne Strom zurückkehrender Boote ganz auf. U-311 war auf seinem Rennen zum Hafen überwältigt und versenkt worden. U-240 traf nie sein Geleitfahrzeug am Aufnahmepunkt nahe den Felsen. U-625 und U-653 waren westlich Irland verlorengegangen; U-744 und U-603 waren und blieben verschwunden, ohne ein Kurzsignal abgegeben zu haben. Neben diesen verlorengegangenen Booten, die von Brest zu ihrer letzten Unternehmung ausgelaufen waren und hier wieder zurückerwartet wurden, um die Anti-Invasionsgruppe zu verstärken, waren 13 Boote von norwegischen Häfen nach dem Westen gesandt worden. Nicht einer dieser Neulinge war mit dem Schnorchel ausgerüstet, und allen fehlte die Erfahrung, um den britischen Zerstörern und Korvetten zu entgehen. Nur sieben Boote von den 13 erreichten ihren Be-

stimmungsort. Damit lagen nur 15 einsatzfähige U-Boote in Brest, sieben Boote mit Schnorchel und acht ohne, um das Tausendjährige Reich gegen einen Angriff über See zu verteidigen.

Der Monat Mai war mit einem duftenden Ausbruch von Magnolien- und Fliederblüten gekommen. Die Düfte wurden von einer sachten Brise vom Meer über die Wiesen und Felder der Bretagne getragen. Als ich im April angekommen war, war nur ein Hauch des Frühlings in der Luft: ein warmer Wind vom Süden und hier und dort einige Knospen. Inzwischen hatten sich die Bäume ganz entfaltet, das Gras war grüner geworden, Blumen blühten überall, und es herrschte heißes, sommerliches Wetter.

Unter dem Betondach des Bunkers arbeitete das Werftpersonal, Deutsche und Franzosen in spannungsgeladener Eintracht, in drei Schichten, um die 15 Boote für ihre wichtigste Unternehmung seeklar zu machen. Torpedos, Treibstoff und Proviant wurden in schneller Folge übernommen. Unsere Leute machten selbst einige Reparaturen, um ihr Boot zum festgesetzten Termin kampfbereit zu haben.

Während die Betriebsamkeit in den Werften langsam nachließ und die Invasionsnervosität im Stützpunkt zunahm, beendete der Gegner auf der anderen Seite des Kanals seine ungeheuren Vorbereitungen für den Tag der Abrechnung. Er verstärkte seine Luftangriffe auf die Biskaya-Häfen, belästigte uns zu jeder Stunde und hielt die Männer der schweren Flak buchstäblich an ihre Kanonen gekettet. Nacht für Nacht drangen alliierte Flugzeuge in den Luftraum unserer U-Boot-Stützpunkte ein und sperrten die Häfen und Wasserwege mit Magnet- und Geräuschminen. Tag für Tag waren unsere Minensuchfahrzeuge auf der Suche nach der verborgenen Gefahr, und der scharfe Knall der Explosionen hallte gelegentlich von den Klippen in der Bucht von Brest wider. Große anglo-amerikanische Bomberverbände flogen nach Frankreich ein und zerbombten und vernichteten systematisch Straßen, Geleise, Bahnhöfe, Güterbahnhöfe, Lagerhäuser, Flugplätze, Kasernen, Brücken, Dörfer und Städte - sie verwüsteten das schöne Frankreich, das bisher vom Krieg so gut wie unberührt geblieben war.

An einem dieser sonnigen, aber Unheil verkündenden Tage im Mai rief der FdU West, Kapitän zur See Rösing, uns Kommandanten zu einer Lagebesprechung in den Stützpunkt der 1. U-Boot-Flottille. Er war von Dönitz beauftragt, uns den Plan der U-Boot-Führung zu übermitteln, der die Versenkung der alliierten Invasionsflotte vorsah. Kapitän Winter empfing den hohen Gast und die Kommandanten der 9. U-Boot-Flottille von der anderen Seite der Stadt. Während wir um den großen Konferenztisch saßen, machte ich mir Notizen über meine Kollegen in dieser außerordentlichen Besprechung. Mein Freund Heinz Sieder, Kommandant von U-984, saß zu meiner Linken. Zu meiner Rechten saß Dieter Sachse,

Kommandant von U-413. Weiter anwesend waren Teddy Lehesten von U-373, Heinz Marbach von U-953, Brauer von U-256, Uhl von U-269, Hartmann von U-441, Stark von U-740, Bugs von U-629, Knackfuß von U-821, Boddenberg von U-693, Rodler von Rothenberg von U-989, Stuckmann von U-621, von Bremen von U-764 und schließlich ich selbst von U-415. Wir waren alle jung, voller Glauben und entschlossen, den Kampf zu gewinnen, für den wir so lange gelitten hatten. Aber acht Kommandanten, darunter ich selbst, waren, was die bevorstehende Unternehmung betraf, besonders skeptisch. Admiral Dönitz hatte nicht nach der Meinung jener gefragt, die das Unmögliche wagen mußten - die Invasionsflotte ohne Hilfe des Schnorchels zu erreichen und zu versenken.

Die Gruppe verfiel in Schweigen. Kapitän zur See Rösing strich eine silbrige Haarsträhne zur Seite, die ihn sichtlich in seinem Gedankengang zu stören schien. Nachdem er sie gezähmt hatte, begann er zu sprechen. »Meine Herren, wie Sie wissen, erwarten wir eine alliierte Landung praktisch stündlich. Sie müssen bereit sein, auf sofortigen Abruf auszulaufen. Da unser Nachrichtendienst leider nicht in der Lage war, das genaue Datum und den Ort einer Landung auszukundschaften, habe ich heute nur allgemeine Anweisungen. Wir müssen darauf vorbereitet sein, den Schlag aufzufangen, wo immer er fällt. Wir haben über zwanzig Boote in Norwegen in Bereitschaft liegen. Weitere fünfundzwanzig Boote liegen in den Biskaya-Häfen Lorient, St. Nazaire, La Pallice und Bordeaux. Aller Wahrscheinlichkeit nach wird jedoch eine Invasionsflotte den Kanal zu überqueren versuchen, um irgendwo, sagen wir zwischen zwanzig und fünfzig Seemeilen südlich England, an der nordfranzösischen Küste zu landen. Dort, meine Herren, werden Sie angesetzt werden. Der Befehl der U-Bootführung ist kurz und präzise: *Die Invasionsflotte ist rücksichtslos anzugreifen und zu versenken ... jedes feindliche Fahrzeug, das der Landung dient, auch wenn es nur ein halbes Dutzend Soldaten oder einen Panzer an Land bringt, ist ein Ziel, das den vollen Einsatz des Bootes verlangt. Es ist anzugreifen, auch unter der Gefahr des Verlustes des eigenen Bootes ... Das U-Boot, das dem Feind bei der Landung Verluste beibringt, hat seine höchste Aufgabe erfüllt und sein Dasein gerechtfertigt. Meine Herren, ich muß es Ihnen noch deutlicher sagen: ich erwarte, daß Sie, wenn angegriffen oder leergeschossen, auftauchen und Ihre Boote in den Angreifer oder in das nächste Ziel in der Landungsflotte rammen. Nur durch Selbstaufopferung können wir dem Feind die größtmöglichsten Verluste beibringen und ihn an einer Landung hindern ... Kommandanten, die es an der notwendigen Verantwortungsfreudigkeit fehlen lassen, werden nach dem Einlaufen zur Rechenschaft gezogen werden.*«

Grabesstille erfüllte den Raum. Fünfzehn Kommandanten, erfahrene U-Bootfahrer, konnten nicht glauben, was sie gerade gehört hatten. Es konnte doch nicht die Absicht des BdU sein, unsere Boote durch Rammstoß zu vernichten. Wir hatten hart gekämpft, um unser Leben zu erhalten und unsere Boote durch Monate der Niederlage und steigende Verluste hindurchzubringen, um für unsere größte Aufgabe bereit zu sein. Nun, da nur wenige von uns noch am Leben waren, forderte die Führung die Aufopferung aller Überlebenden, ohne einen weiteren Gedanken daran zu verschwenden, wie und mit was der Krieg zur See fortgesetzt werden sollte. War Selbstmord der Endzweck unserer langen Ausbildung? War diese unnütze, wertlose Geste der größte Ruhm, die größte Ehre und Genugtuung, die wir mit uns ins Grab nehmen durften?

Ich gewann meine Fassung wieder und fragte den Überbringer des Befehls: »Herr Kapitän, sagt Ihr Befehl, daß wir ein feindliches Fahrzeug zu rammen haben, auch wenn wir die Gelegenheit haben sollten, wieder zum Stützpunkt zurückzukehren und eine neue Ladung Torpedos zu übernehmen?«

»Der Befehl heißt: Rammen. Das ist genau, was die Führung meint. Meine Herren! Ich muß offen sprechen. Sie werden keine Gelegenheit haben, Ihren Angriff zu wiederholen. Ihr endgültiger Einsatz ist mit Ihrem ersten Angriff erfüllt. Admiral Dönitz verlangt totalen Einsatz, selbst wenn er vorsätzliche Selbstzerstörung bedeutet.«

Das war sehr deutlich. Rösing war in der Auslegung des Befehls des Oberkommandierenden in der Tat sehr präzise und ließ uns keine andere Wahl, als die deutsche Form des japanischen Kamikaze auszuführen. War dieser ungeheuerliche Befehl etwa ein verstecktes Zugeständnis der Führung, daß der Krieg bereits hoffnungslos verloren war? Ich wagte es nicht, in dieser Richtung weiterzudenken. Befehl ist Befehl, und ich hatte zu gehorchen.

Heinz Sieder, Kommandant eines Schnorchelbootes, erlaubte sich, den Gast zu unterbrechen: »Schlage gehorsamst vor, Herr Kapitän, die Schnorchelboote bereits jetzt in den Kanal zu senden. Es würde für uns ein großer Vorteil sein, im Operationsgebiet zu stehen, bevor der Gegner zuschlägt. Wir könnten seine Landungsflotte auf See abfangen und ihr empfindliche Verluste beibringen, bevor sie Gelegenheit hat, das Festland zu erreichen.«

»Wir können es uns nicht erlauben, unsere Boote der alliierten Abwehr vor der Invasion auszusetzen«, entgegnete unser Gast. »Außerdem haben wir keine Ahnung, wo seine Landungsflotte den Kanal überqueren wird. Sie werden den Befehl zum Auslaufen früh genug erhalten. Wir haben entlang der Küste ein gutfunktionierendes Alarmsystem aufgebaut. Anweisungen für den Einsatz jedes einzelnen Bootes werden Sie, meine Herren, im entscheidenden Augenblick erhalten, das heißt, wenn Sie Brest verlassen. Haben Sie noch irgendwelche Fragen? Noch haben Sie Zeit, Fragen zu stellen, meine Herren.«

Was war da noch zu fragen? Wir waren erzogen worden, Befehle auszuführen, ohne zu fragen. Ein jeder hing seinen eigenen Gedanken nach und kämpfte mit seinem Gewissen. Die Konferenz löste sich auf, und jeder ging seinen eigenen Weg, um Zweifel zu unterdrücken und mit seinen Gedanken ins reine zu kommen. Ich zog mich auf mein Zimmer zurück, drehte das Radio an, ließ mich in den breiten Lehnstuhl fallen und versuchte, klar zu denken. Ich rechnete damit, daß, nachdem die Invasion erst einmal begonnen hatte, unsere Boote ohne Schnorchel von der konzentrierten alliierten See- und Luftaufklärung versenkt sein würden, bevor wir einen bestimmten Punkt im Kanal erreichen konnten. Damit hatten nur sieben mit dem Schnorchel ausgerüstete Boote eine Chance, das Invasionsgebiet zu erreichen. Sieben U-Boote - das war die Höchstzahl, die die U-Boot-Führung aufbieten konnte, um einer Landung im Kanal entgegenzutreten. Und diese sieben Boote würden, wenn meine Erfahrungen mit der alliierten Seemacht ein Maßstab waren, einer Invasionsflotte von Tausenden von Frachtern, Kriegsschiffen aller Art und Landungsfahrzeugen gegenüberstehen - nicht zu vergessen die zehntausend Flugzeuge, die die See wie eine Decke beschatten würden. Natürlich konnten sieben U-Boote eine derart riesenhafte Armada nicht aufhalten. Selbst die Annahme, daß sie einer derartigen Landungsflotte irgendwelche bedeutenden Verluste zufügen könnten, war eine infantile Illusion. Wenn unsere Armeen und die Luftwaffe nicht in der Lage waren, den gigantischen Ansturm gegen unsere Küstenverteidigungen abzuwehren und die Alliierten in die See zurückzutreiben - dann gnade Gott unseren Seelen und Deutschland.

Die Einführung einer sechsstündigen Bereitschaft verbot unseren fünfzehn dem Untergang geweihten Besatzungen jeden Landgang. Ausgestellte Urlaubsscheine wurden eingezogen. Ich nahm mich meiner Leute mit besonderer Sorgfalt an und versuchte sie vergessen zu lassen, daß ihre letzte Stunde bald kommen würde. Omnibusfahrten, Ausmärsche und sportliche Veranstaltungen hielten die Männer in Bewegung und im Wettbewerb. Wir Kommandanten verbrachten viele Stunden im Erholungsort der Flottille, Le Treshier; wir schwammen im Meer, lagen in der Sonne, spielten Schach oder Bridge mit den Mädchen von der Marineverwaltung, die von unserer Aufgabe nicht die geringste Ahnung hatten. Wir sprachen niemals über eine Landung, dachten aber unaufhörlich daran.

Alles erinnerte uns an den Tod, besonders das Gerät, das eigentlich unser Leben erhalten sollte. An den Wochentagen sahen wir die mit dem Schnorchel ausgerüsteten Boote in dem blauen Wasser der Brester Bucht trainieren. Wir Nichtschnorchler, Mannschaften wie Offiziere, folgten den Manövern mit zunehmender Eifersucht. Wir beobachteten, wie die kleinen Schnorchelköpfe die Oberfläche schnitten und nur einen kurzen, weißen Schaumstreifen nach sich zogen. Dann wußten wir, die Vernachlässigten, daß der Schnorchel das Leben ermöglichte, während wir ohne ihn unweigerlich sterben mußten.

Am Sonntag, dem 28. Mai, wurden wir fünfzehn Kommandanten von einer SS-Division an die Kanalküste eingeladen, um einen Eindruck von den Verteidigungsanlagen zu gewinnen, die an ihrem Küstenstreifen errichtet waren. Wir wurden mit einem Lkw zur Küste gefahren, wo man uns die neuesten Waffen, schwergepanzerte Bunker, Artillerie und Hunderte von Fahrzeugen zeigte. Einige Kompanien der Waffen-SS demonstrierten in eindrucksvollen Manövern, wie sie etwaige Eindringlinge zurückschlagen würden. Die SS-Division bestand aus blutjungen Leuten. Die meisten waren noch nicht achtzehn, und ihre Offiziere waren nicht viel älter. Dennoch gab ihre Vorführung uns neues Vertrauen darauf, daß die Waffen-SS, die Wehrmacht und die Luftwaffe fähig waren, eine Landung in den Anfängen zu zerschlagen, und wir kehrten irgendwie erleichtert nach Brest zurück.
In jener Nacht zählten wir sieben Einflüge einzelner Maschinen in den Luftraum über der Bucht von Brest. Am nächsten Morgen, es war der 29. Mai, wurde mir vom Adjutanten mitgeteilt, daß alle Boote bis auf weiteres an ihren Liegeplätzen zu verbleiben hatten. »Die Tommies haben eine ihrer Minen vor unseren Bunker gelegt«, erklärte er. »Ein Flakkanonier, der auf dem Dach des Bunkers stationiert ist, hat die Mine fallen sehen. Unsere Minensuchfahrzeuge werden die Angelegenheit schnell bereinigen. Der Innenhafen wird bis Einbruch der Dunkelheit wieder dem Verkehr übergeben werden können.«
»Diese Tommies«, sagte ich ärgerlich, »bald werden sie ihre Eier in unsere Betten legen.« Der Adjutant wußte genau, was ich damit meinte.
Für den Rest des Tages kurvten zwei Minensuchboote im inneren Hafenbecken und konzentrierten ihre Suche auf die Einfahrten zum Bunker, in dem fünfzehn Boote gefangengehalten wurden. Trotz größter Anstrengung waren jedoch die beiden Fahrzeuge nicht in der Lage, die Mine zu finden. Am Abend wurde die Suche abgebrochen und der Hafen für den Verkehr freigegeben. Die Angelegenheit war damit beendet. Der Kanonier war sicherlich ein Opfer seiner Nervosität gewesen, die in uns allen langsam zum Siedepunkt kam.
Nach einer Rücksprache mit dem Kanonier war ich von seinen Angaben überzeugt und gab meinen Offizieren den Befehl, bei Manövern im Hafenbecken nur die leisen E-Maschinen zu benutzen.
Tage gespannten Wartens wechselten mit schlaflosen Nächten. Die zunehmenden Luftangriffe, die rege Aktivität der französischen Widerstandsbewegungen, die wachsende Abneigung der bretonischen Bevölkerung, die aggressive Propaganda des alliierten »Soldatensenders Calais« und die Aussicht auf Vollmond in Erdnähe, mit einer Hochflut verbunden - alle diese Dinge deuteten auf die Möglichkeit einer baldigen Landung. Und als am 4. Juni ein britisches Geschwader viermotoriger Liberators aus der Mittagssonne auf unseren U-Bootbunker niederstürzte,

um unsere Boote bereits im Hafen zu zerstören, da wußte ich, daß die Stunde unseres letzten Einsatzes sehr nahe war.
Dann kam der 5. Juni. In den frühen Morgenstunden, bevor das Zirpen der Vögel in der aufkommenden Tageshitze verstummte, nahm ich meine Männer wie üblich auf die Landstraße. Wir marschierten singend durch die Vorstädte aufs Land. Der Ausflug wurde von der Besatzung als eine willkommene Abwechselung von der täglichen Routine begrüßt; ihre Lieder hallten laut von den Wänden der alten Häuser wider und weckten manchen Franzosen, der ungehalten die Fensterläden schloß.
Am Nachmittag ließ ich die Leute in der Obhut der Wachoffiziere und ging mit Heinz Sieder, dem Kommandanten von U-984, nach Brest. Um 18 Uhr riefen wir im Stützpunkt an, um uns zu versichern, daß die Invasion nicht ohne uns begonnen hatte. Da keine alarmierenden Meldungen eingelaufen waren, entschlossen wir uns, das Abendessen in einem unserer bevorzugten Lokale einzunehmen, anstatt uns mit den dünnen Broten, die im Stützpunkt serviert wurden, zu begnügen. Wir traten in das Restaurant, wählten zwei große Hummer, hatten gebackene Schnecken als Vorspeise und genossen das bretonische Mahl, ohne an unsere zweifelhafte Zukunft zu denken. Ich vermißte die hübschen Mädchen der Bretagne, die seit kurzer Zeit so scheu und zurückhaltend geworden waren, dachte an Marguerite in Paris und bedauerte, sie nicht wiedersehen zu können.
Der Stützpunkt lag in völliger Stille, als wir in den Gebäudekomplex zurückkehrten. Alles war dunkel. Die wenigen Lampen und Lichter waren abgeblendet. Die Besatzungen schliefen in ihren Quartieren. Nur die Nachtwache und einige Männer im Funkraum waren noch wach.
Ein Hämmern weckte mich. Es war mitten in der Nacht. Faustschläge trommelten gegen die Tür. Da hörte ich die aufgeregte Stimme des Stewards: »Alarm, Alarm, die Alliierten sind gelandet, Alarm . . .«
Binnen einer Sekunde war ich an der Tür. »Wo sind sie gelandet?«
»In der Normandie. Die Invasion ist in vollem Gang.« Und weg raste er, um meine Kameraden zu wecken.
Ich drehte das Licht an und blickte auf meine Armbanduhr. Es war 3 Uhr 47. Der Tag: 6. Juni 1944. Während die Alliierten ihre Schiffe und Landungsboote bestiegen hatten, während sie die Motoren ihrer Jagdflugzeuge und Bomber angewärmt hatten, während sie unter dem Schutz der Dunkelheit über den Kanal geschlichen waren, um überraschend zuzuschlagen - lagen wir in tiefem Schlaf einige 200 Seemeilen von der Stelle entfernt, an der wir zu dieser Stunde eigentlich hätten sein sollen.
Voller Spannung, aber seltsam ruhig, zog ich mein U-Bootpäckchen an. Mir blieb nur wenig zu tun übrig. Methodisch sammelte ich meine wenigen Sachen, bündelte und lagerte sie im Spind, steckte meine Zahnbürste und eine kleine Tube Zahncreme in die Brusttasche meiner grünen Bluse,

warf meine Lammfelljacke um die Schultern, stülpte die weiße Mütze auf, verschloß das Zimmer, sprang die Treppen hinunter, lief aus dem Gebäude und hinunter zum Bunker. Meine Stunde war gekommen. Ich wußte, ich würde nicht mehr wiederkehren.

Die Besatzung war vollständig und zum letzten Appell an Oberdeck angetreten. Ich überschritt die Stelling, und der I.W.O. meldete: »Alle Mann an Bord. Boot ist klar zum Auslaufen.«

Ich berührte den Schirm meiner Mütze und stellte mich vor die Reihen meiner Männer. »Rührt euch, Leute. Ihr alle wißt, daß der Gegner gelandet ist - oder im Begriff ist - zu landen. Wir sind also nicht mehr in der Lage, das zu verhindern. Was wir aber tun können, ist dies: wir können seinen Nachschub abschneiden und ihn daran hindern, weiteres Kriegs- und Menschenmaterial über den Kanal zu transportieren. Wir werden unser Bestes versuchen. Bereitet euch auf sofortiges Auslaufen vor. Alle Mann auf Gefechtsstationen wegtreten.« Ich sah keinen Grund, ihnen die ganze tödliche Wahrheit zu sagen. Was meine Männer anging, würde die Unternehmung für sie genauso wie jede andere verlaufen. Sie wußten nicht, daß die Führung sie bereits aufgegeben hatte.

Ich lief mit langen Schritten auf dem Oberdeck auf und ab. Ich erwartete augenblicklich den Befehl zum Ablegen. Längsseits lag U-629. Oberleutnant Bugs rannte ebenso nervös herum. Ich hatte mit ihm in Le Treshier manche Flasche Wein geleert. Obgleich wir beide wußten, daß unser letzter Kampf nur noch ein paar Stunden vor uns lag, gelang es uns, ein Lächeln aufzusetzen und gute Wünsche auszutauschen. Dann nahm ich meine Schritte an Deck wieder auf. Die Minuten tickten. Eine Stunde verging ohne Maßnahmen. Dann starb die entscheidende Nacht langsam dahin.

Ein neuer Tag ging zögernd über der Küste der Normandie auf, an der die größte Invasion aller Zeiten im Gange war. Eine ungeheure Flotte - über 4000 Landungsfahrzeuge mit 30 Divisionen alliierter Truppen, 800 Zerstörer, Kreuzer, Schlachtschiffe, Kriegsschiffe aller Art - war dabei, die Küste des Festlands zu erreichen, die von über 10 000 anglo-amerikanischen Flugzeugen sturmreif gebombt war. Divisionen von Luftlandetruppen regneten hinter unseren Küstenverteidigungen nieder; zahllose Segelflugzeuge, vollbeladen mit Truppen, Material, Panzern, Geschützen und Nachschub aller Art, landeten auf den Wiesen der Normandie.

Während die französische Erde unter den Millionen explodierender Bomben und Granaten erbebte, während die ersten Wellen der Angreifer von dem konzentrierten Feuer der Verteidiger dezimiert wurden, während nur einige wenige unserer eigenen Flugzeuge den Weg in die Luft fanden, während der Widerstand unserer Soldaten, Panzer und Kanonen unter dem gewaltigen Angriff aus der Luft und von der See langsam zusammenbrach - warteten fünfzehn U-Boote unter der schützenden Decke des

Betonbunkers in Brest auf ihren Auslaufbefehl, lagen weitere einundzwanzig Boote sicher in anderen Biskaya-Häfen und zweiundzwanzig Boote in norwegischen Fjorden.
Um 10 Uhr noch immer kein Auslaufbefehl. Nicht ein einziges Wort hatte uns erreicht. Unsere Männer brachten die Kurzwellenempfänger an Oberdeck, um den laufenden Meldungen von der Front zuzuhören. Unsere Sender überfluteten das Reich mit den Nachrichten von der Landung, berichteten von dem heroischen Widerstand unserer Armeen und wie sie die Eindringlinge ins Meer zurückwarfen. Fanfaren schmetterten, Militärmärsche dröhnten und tausend Worte versprachen der Nation, daß die größte Schlacht mit einem Sieg unserer Waffen enden würde.
Befehle wurden gegeben und wieder aufgehoben. Die Verwirrung wuchs, je mehr Zeit verging. Um 12 Uhr mittags lagen die Boote immer noch untätig im Bunker. Gerüchte und falsche Alarme jagten einander wie Stiere in einer Treibjagd.
Um 14 Uhr 40 wurden wir fünfzehn Kommandanten aufgefordert, uns in Winters Büro einzufinden. Drückende Stille herrschte, als Winter uns Kommandanten je einen versiegelten Umschlag übergab. Ich öffnete den blauen Umschlag und entfaltete das rote Papier, das Dönitz' so lange aufgeschobenen letzten Befehl enthielt. Als ich auf das Fernschreiben blickte, liefen die Buchstaben ineinander über. Mit Mühe las ich: U-415. UM MITTERNACHT AUSLAUFEN. MIT HÖCHSTFAHRT ÜBER WASSER GEGEN DIE ENGLISCHE KÜSTE MARSCHIEREN. OPERATIONSGEBIET ZWISCHEN LIZARD HEAD UND HARTLAND POINT. NACHSCHUBSCHIFFAHRT IST ANZUGREIFEN UND ZU VERNICHTEN. DÖNITZ.
Dieser Befehl war noch unerklärlicher als der bestehende Rammbefehl. Die neue Anweisung verlangte von mir und meinen sieben Kameraden, ebenfalls ohne Schnorchel, aufgetaucht und ungeschützt auf die Südküste Englands zuzujagen und das zu einer Zeit, da der Himmel schwarz war von Flugzeugen und die See übersät mit Zerstörern, Korvetten und anderen U-Jagdfahrzeugen. Es war mir klar: wir würden gar nicht lange genug leben, um durch Rammstoß Selbstmord zu begehen.
Die sieben mit Schnorchel ausgerüsteten Boote wurden angewiesen, getaucht in das Seegebiet der Landung vorzustoßen. Ihre langsame Unterwasserreise würde aber ihre Vernichtung nur um Tage verschieben.
Winters Gesicht war bleich und finster. Er preßte die Hände der Kommandanten, die seine Freunde geworden waren. Er hatte getan, was in seiner Macht stand, um uns die letzten Tage zu erleichtern. Nun blieb nichts mehr zu tun. Der Wahnsinn triumphierte.

3

Es war kurz nach 17 Uhr, als ich zum Bunker zurückkehrte. Die Lautsprecher waren verstummt. Das riesenhafte Panzergewölbe erdröhnte von den Liedern unserer 800 Männer, die auf den Befehl zum Ablegen warteten. Sie ahnten nicht, daß die Fahrt gegen den Feind eine kurze Reise in den Tod sein würde.

Um 21 Uhr 30, als sich die Nacht langsam über die Schlachtfelder in der Normandie senkte, schlüpften fünfzehn U-Boote aus ihren Liegeplätzen und verholten sich, eines nach dem andern, in die Bucht von Brest. Die Nacht war klar. Die Sterne leuchteten schwach am schimmernden Firmament. Bald würde der Vollmond aufgehen und uns mit seinem Licht den Weg in den Atlantik zeigen.

Die sieben Schnorchelboote nahmen Kurs auf den Atlantik. Ihre Türme verschwanden in Zeitabständen von fünf oder zehn Minuten unter der schwarzen Oberfläche. Ihr Auslaufen blieb von den englischen Maschinen unentdeckt, die entlang der Küste flogen und bereit waren, alles anzugreifen und zu vernichten, was auf dem Wasser kroch. Als die Boote in sicheren Abständen und unsichtbar durch den schmalen Wasserweg in die offene See fuhren, lagen wir Nichtschnorchler in der dunklen Bucht neben den Vorpostenbooten und warteten, bis der große, rote Ball des Vollmonds in Erdnähe aufstieg.

22 Uhr 30. Acht Boote glitten lautlos mit den Sicherungsfahrzeugen auf die Einfahrt der Bucht zu. Als wir die tiefere Fahrrinne erreichten, begannen unsere Diesel zu brummen. Die schwarzen Silhouetten von acht Booten schwenkten nacheinander in das Kielwasser des führenden Minensuchbootes. U-989 unter Kapitänleutnant von Rothenberg übernahm die Spitze der langen Kette. U-413 mit Dieter Sachse folgte dicht auf. Dann brachte Boddenberg sein U-963 in die Kiellinie. U-740, Starck, folgte. Dann kamen Bugs, U-629; Knackfuß, U-821; dahinter folgte U-415 mit mir selbst auf der Brücke; Brauer auf U-256 machte den Schluß. Der Mond war inzwischen überm Horizont im Südosten aufgegangen. Er

stand wie eine riesige Laterne im Himmel. Sein Schein beleuchtete die lange Reihe der U-Boote und spiegelte sich in der ruhigen See. Entgegen üblicher Gewohnheit, hatten alle meine Männer ihre Schwimmwesten angelegt. Berge von Munition waren auf der Brücke aufgestapelt. Der Turm war ein Waffenarsenal. Die Kanoniere hingen in gespannter Erwartung der ersten feindlichen Maschinen in ihren 2-cm-Kanonen und in der 3,7-cm-Automatik. Die Ausgucks bohrten ihre Augen in die helle Nacht. Die Funker lauschten mit verhaltenem Atem nach den ersten Ortungen. Die Heizer arbeiteten mit fliegendem Puls in den heißen Räumen der Stahlröhre. Ich stand in der Steuerbordnock der Brücke und versuchte, mein Boot im Kielwasser von U-821 und in der vereinbarten Entfernung von 300 Metern zu halten.

23 Uhr 10. Die ersten zirpenden Ortungen wurden von unserer Mücke und der Fliege, den neuesten Warnungsgeräten, aufgenommen, je mehr die Küste zurückwich.

»Sechs Ortungen, alle im vorderen Sektor, nehmen an Lautstärke schnell zu . . .« Die Meldung von unten alarmierte jeden Mann auf der Brücke. Alle Ohren drehten sich in den Wind. Alle Augen konzentrierten sich auf den Himmel vor uns. Ich stellte mich auf die Fußraste und ließ meinen Blick über die Panzerplatten des Turms in die purpurne Dunkelheit dringen. Aber das helle Mondlicht verriet noch keines der schwarzen Ungeheuer.

23 Uhr 20. Die Spitze unserer Prozession erreichte die offene See. Mit den Sicherungsfahrzeugen auf Parallelkurs, pflügten die acht Boote die silbrige Oberfläche und drangen immer tiefer in die feindliche Verteidigungslinie ein. Das Kreischen lauter Ortungen und der Strom der Warnungen von unten vermischte sich mit dem Gebrüll der Diesel und dem Seufzen der Lüfter.

23 Uhr 40. Plötzlich brach im vorderen Backbord-Sektor ein Feuerwerk aus, etwa fünf Meilen voraus. Ich erinnerte mich an eine Warnung, die wir vor dem Auslaufen erhalten hatten, daß mehrere unserer Zerstörer von Lorient nach Brest unterwegs waren und wir sie nicht mit den Engländern verwechseln sollten. Ich hob mein starkes Nachtglas vor die Augen und sah sieben Zerstörer in Dwarslinie in einen Angriff aus der Luft verwickelt. Tausende von Leuchtspurgeschossen zogen durch den Nachthimmel, blendende Leuchtfallschirme segelten auf unsere Schiffe herab. Zusammen mit dem gelben Schein des Mondes verwandelten sie die Nacht in einen Tag. Der Schall der Fla-Waffen, ungezählter Kanonen und der Widerhall heulender Flugzeugmotoren wurde lauter, je näher wir an den Ort des Kampfes herankamen. Die Tommies, von unserem Näherkommen gewarnt, brachen plötzlich ihre wilden Angriffe auf die Zerstörer ab, um nicht zwischen U-Booten und Zerstörern ins Kreuzfeuer zu geraten. Die Zerstörer dampften kurz darauf in entgegengesetzter Richtung ent-

lang unserer langen Kiellinie nach Osten. Unsere Begleitfahrzeuge, ihre Chance für eine wohlbeschützte Rückfahrt in den Hafen erkennend, scherten aus der Formation und in das Kielwasser der Zerstörer. Ihr Manöver überließ unsere acht Boote der gnadenlosen Vernichtung aus der Luft. In diesem Augenblick handelten alle Boote nach dem Befehl der Führung, und ich rief ins Sprachrohr: »Beide Maschinen äußerste Kraft voraus - Schießen auf Sicht freigegeben.«

7. Juni, 0 Uhr 15. Unsere lange Kette karrte mit Höchstfahrt in Richtung Atlantik, Richtung Westausgang des Kanals. Die Diesel keuchten, die Auspuffs qualmten, Ortungen verfolgten uns mit zunehmender Lautstärke. Wiederholt warf ich einen kurzen Blick auf das Leuchtzifferblatt meiner Armbanduhr, um die Minuten zu zählen, die uns noch über Wasser vergönnt waren, bis der erste Schlag auf uns niedersausen würde.

0 Uhr 30. Ortungen zirpten über den ganzen Horizont. Die Lautstärken variierten von schwachen Klagetönen zu lauten Schreien. Die Tommies kurvten in gestaffelter Entfernung um unsere Prozession. Sie mußten überzeugt gewesen sein, daß wir nicht mehr Herr unserer Sinne waren: U-Boote, die sich sinnlos zeigten, waren ihnen bisher noch nicht ins Fadenkreuz gekommen. Ab und zu hörte ich das Gebrumm von Flugzeugmotoren in nächster Nähe, konnte aber keine Maschine entdecken. Die Zeiger meiner Armbanduhr krochen langsam vorwärts. Dies waren die Minuten, in denen die Tommies ihren Angriff planten, auf Verstärkung warteten und der leuchtende Mond weiter in den Himmel stieg; Minuten, in denen unsere Diesel röhrten und unsere Boote unbarmherzig dem Gegner entgegentrieben, in denen sich unsere Augen schärften und unsere Herzen immer schneller schlugen.

1 Uhr 12. Die Schlacht begann. Unsere Spitzenboote wurden angegriffen. Leuchtgranaten stoben in verschiedene Richtungen. Dann traf das Blaffen von Kanonen- und Geschützfeuer unsere Ohren. Wasserfontänen streckten sich in den Himmel.

1 Uhr 17. Eines der Flugzeuge war getroffen. Es fiel wie ein Komet in Richtung des Führers unserer Gruppe, überflog das Boot, warf vier Fässer und stürzte dann ins Meer. Ein Aufschlag - und die Maschine war verschwunden. Vier gewaltige Wasserpilze schossen hoch auf, und U-963 mit Boddenberg war lahmgebombt. Mit Ruderklemmer hart Backbord scherte das Boot aus der Reihe, verlor schnell Fahrt und sank.

1 Uhr 25. Die Flugzeuge wiederholten ihren Angriff. Wieder war er auf die Boote voraus gerichtet. Drei Boote, von Fallschirmen hell erleuchtet, konzentrierten ihr Abwehrfeuer und hielten die Maschinen auf Entfernung. Ein großartiges Feuerwerk brach aus, verschlang Boote und Bomber. Dann zogen sich die Engländer plötzlich zurück. Die Ortungen ließen erkennen, daß sie unsere hartnäckige Parade umkreisten und sich für einen neuen Angriff gruppierten. Ich streckte mich über den Rand der Brücke,

um die angreifenden Maschinen besser ausmachen zu können. Ich suchte und lauschte aufmerksam in die Nacht.
1 Uhr 45. Angriff auf das Boot achteraus, das letzte in der Kolonne, das erste Ziel der neuen gegnerischen Taktik. In der Absicht, den Bombenteppich von achtern auszurollen, kam eine viermotorige Liberator an Steuerbord herangeschossen und stürzte sich auf den Bug von U-256. Brauers Männer eröffneten das Feuer. Aber die Maschine flog tief vor das Boot und in den toten Winkel der Fla-Waffen. Das war unsere Gelegenheit.
»Feuererlaubnis«, schrie ich.
Fünf Rohre, alles was wir zur Verfügung hatten, schleuderten ihre tödliche Ladung gegen die Liberator. Im Vorbeiflug warf sie vier Wasserbomben vor den Bug von U-256. Vier Wassersäulen schossen himmelwärts. Aber das gutliegende Feuer unserer 3,7-cm-Automatik traf die Liberator in die Breitseite. Sie explodierte in der Luft und stürzte in die See.
U-256, angeschlagen und verstümmelt, lag gestoppt in unserem Kielwasser. Es fiel langsam aus Kiellinie. Das war das letzte, was wir von dem Boot sahen. Mit einem bitteren Geschmack auf der Zunge, wußte ich, daß wir das nächste Ziel eines neuen Angriffs waren. Ich befahl neue Munition auf die Brücke. Ich biß die Zähne zusammen. Nur jetzt nicht durchdrehen. Kräftig durchatmen und Ruhe bewahren.
2 Uhr 20. Ortungen von Steuerbord. Ich nahm an, daß mehrere Flugzeuge gleichzeitig anflogen. Plötzlich wurde eine Sunderland Steuerbord voraus sichtbar.
»Flugzeug - Steuerbord 40 - Feuererlaubnis!«
Kurze Feuerstöße jagten aus unseren Doppellafetten der angreifenden Maschine entgegen. Sie flog geschickt nach recht voraus. Unser Abwehrfeuer wurde wirkungslos. Vier Wasserbomben fielen vor unseren Bug. Im selben Augenblick griff eine Liberator von Steuerbord querab im Tiefflug an. Sie feuerte aus allen Bordkanonen. Im Bruchteil einer Sekunde knallten vier betäubende Detonationen mittschiffs unter dem Boot. Vier gewaltige Vulkane warfen das Boot aus dem Wasser. Dann fiel U-415 in die See zurück, und die zusammenfallenden Geyser überschütteten die Brücke mit Tonnen von Wasser und sandten Kaskaden durch das Turmluk ins Boot. Beide Diesel stoppten. U-415 scherte mit Steuerbord-Ruderklemmer in einem großen Bogen aus der Kiellinie aus. Es verlor schnell an Fahrt. Das war das Ende. Nahebei schwamm eine Leuchtboje an Steuerbord. Ihr verräterischer Schein erhellte unser sterbendes Boot. U-415, völlig verkrüppelt, lag dann still. Das Treiböl lief aus einem geborstenen Außenbunker - ein angeschossenes Wild, das mit Leichtigkeit erledigt werden konnte.
Verwirrt starrte ich durchs Turmluk ins schwarze Innere des Bootes. Alles

Leben schien gestorben. Ich fürchtete, daß das Boot jeden Augenblick wegsacken würde, und befahl: »Alle Mann an Deck - Schlauchboote und Rettungsboje fertigmachen.«
Aber nicht ein einziges Geräusch kam von unten. Die Leute mußten von den harten Explosionen besinnungslos geschlagen worden sein. Unendliche Sekunden vergingen. Aus einiger Entfernung hörte ich das dumpfe Gebrumm einiger Bomber, die zu neuem Angriff ansetzten. Der nächste Anflug mußte tödlich sein. Da kamen einige Männer die Aluminiumleiter herauf. Durcheinandergeschüttelt und noch benommen, atmeten sie die Nachtluft gierig ein und warfen die luftleeren Gummiboote auf die Brücke, sprangen dann an Oberdeck und begannen die Boote aufzublasen. Die Kanoniere richteten ihre Rohre gegen die unsichtbaren Maschinen, die wie Aasgeier unser todwundes Boot umflogen. Die Geschwindigkeit des Angriffs und die erlittenen Schäden hinderten uns, ein Notsignal abzugeben. So mußten viele meiner Kameraden auf See gestorben sein - den stillen Weg, totgeschlagen aus der Luft und unfähig, ein einziges Wort darüber zu funken.
U-415 lag bewegungslos und hoffnungslos beschädigt auf der trägen, hellbeleuchteten Oberfläche und wartete auf den Todesstoß. Da das Boot nicht sank, befahl ich den Männern, hinter dem Turm Deckung zu nehmen, anstatt mit den aufgeblasenen Dinghis ins Wasser zu gehen und wie die Tontauben abgeschossen zu werden. Ich war entschlossen, an Bord zu bleiben, solange das Boot schwamm und wir noch Munition hatten und schießen konnten. Bald stellte ich jedoch fest, daß wir nicht unabgemeldet sterben sollten. Es gelang unserem Funkmaat, den Notsender zu reparieren und die Meldung über unsere Vernichtung an die Führung abzugeben.
2 Uhr 28. Zunehmendes Motorengeräusch kündete einen neuen Angriff an. Neuer Anflug von Steuerbord voraus. Sunderland. Aus den Bordkanonen züngelten gelbe Flammen. Sie röhrte im Tiefflug über die Brücke, warf vier Wasserbomben und rauschte, gefolgt von unserem Abwehrfeuer, davon in die Nacht. Vier ohrenbetäubende Schläge. Wieder wurde das Boot aus dem Wasser gehoben. Dann griff eine Liberator in geringer Höhe von Backbord voraus an. Unsere Doppellafetten feuerten sofort, leerten ihre Magazine in die Kanzel der Maschine. Das schwarze Ungeheuer jagte über die Brücke, warf vier Kanister, heulte davon und blies heiße Abgase in unsere Gesichter. Das Boot machte vier wilde Sprünge. Vier weiße Pilze stiegen am Steuerbord-Außenbunker hoch. Der Mann an der 3,7-cm-Automatik hielt sich an seiner Waffe fest und knallte eine volle Ladung hochexplosiver Geschosse in den Rumpf des abfliegenden Bombers. Eine Stichflamme, und die Maschine stürzte ins Meer. Irgendwo in der Entfernung hörten wir das Motorengeräusch der Sunderland.
Dann war alles sehr still. Die Leuchtboje flackerte weiterhin neben unse-

rem Boot. U-415, dem Sterben nahe, schwamm immer noch. Fliege und Wanze waren weggeschossen. Wir waren ohne Warnungsgerät. Die Panzerung der Brücke war durchlöchert. Ein Mann lag von einem Querschläger skalpiert auf der Brücke. Der I.W.O. stöhnte vor Schmerzen. Sein Rücken war von zahlreichen Splittern durchlöchert. Ich fühlte heißen Schweiß unter meiner Mütze hervorquellen und über mein Gesicht strömen. Ich wischte über meine Augen - und meine Hand war rot. Meine weiße Mütze war durchlöchert wie ein Sieb; winzige Sprengstücke hatten mir die Kopfhaut aufgerissen.
Da kam plötzlich die Stimme des L.I. aus dem Innern des Bootes: »Boot macht stark Wasser durch Bugraum- und Kombüsenluk. Starker Wassereinbruch im Funkraum. Versuche Boot zu halten, vorausgesetzt, Sie halten uns die Bienen vom Leib.«
»Können Sie das Boot tauchklar machen?« rief ich zurück.
»Kann nichts versprechen. Wir haben keinen Strom, kein Licht. Wir tun unser Bestes.«
Ich ließ mich auf das schlüpfrige Oberdeck fallen. An verschiedenen Stellen waren die Planken aufgerissen. Einige Wasserbomben waren auf Deck aufgeprallt, bevor sie ins Wasser fielen und dort explodierten. Ein Kanister war auf einen Außenbordbunker aufgesprungen und hatte eine tiefe Beule hinterlassen. Der Steuerbord-Ballastbunker war weit aufgerissen. Dieselöl quoll in einem dicken Strom aus dem Leck und verbreitete sich über die Wasseroberfläche.
Mit jeder Minute dieses fragwürdigen Waffenstillstands nahm die Gefahr eines neuen Angriffs zu. Das Boot schaukelte weich in der langen Dünung, hilflos und scheinbar tödlich getroffen. Die nächsten zwanzig oder dreißig Minuten mußten uns das Ende bringen. Mit jedem Herzschlag erwarteten wir einen neuen Angriff oder daß das Boot unter unseren Füßen wegsacken würde.
Wieder die tiefe Stimme des Leitenden: »Boot ist bedingt tauchklar - nur für 20 Meter - ein Motor ist gut für 80 Umdrehungen.«
»Können Sie das Boot auf 20 Meter halten, L.I., oder rauschen wir auf den Grund durch?«
»Kann's nicht sagen. Wir müssen's versuchen.«
Ich versuchte es. Die Männer kletterten auf die Brücke und purzelten einer nach dem andern durch die runde Öffnung in ihren eisernen Sarg. Ich beobachtete noch, wie das Oberdeck langsam unterging. Als das Wasser auf die Brücke kroch, schlug ich den Deckel dicht. Sekunden später war das Boot von den Fluten umgeben.
Das Innere des Bootes sah aus, wie von einem Tornado heimgesucht. Im Schimmer der Notbeleuchtung sah ich die Flurplatten übersät mit Rohrleitungen, Luftschächten, Kabeln, Glassplittern, Handrädern, Matratzen und Tischen. Wasser rauschte durch das Leck im Funkraum, Wasser

strömte durch das Luk im Bugraum und durchs Kombüsenluk. Beide Schraubenwellen waren verbogen - die Steuerbordwelle derart, daß sie nicht bewegt werden konnte. Die vorderen Batterien waren gerissen, und die Säure floß in die Batterieabteilung. Der Funkraum war zerstört. Der Kreiselkompaß ein Wrack. Das Echolot zertrümmert. Beide Luftkompressoren demoliert. Beide Sehrohre ausgefallen, abgesoffen. Der Steuerborddiesel war aus seinen Fundamenten gerissen. Die Hauptlenzpumpe ruiniert. Da Seiten- und Tiefenruder sich elektrisch nicht bewegen ließen, befahl ich, sie auf Hand umzuschalten.
Vorsichtige, sachte, leise Tauchfahrt. Nur das Summen der einen E-Maschine und das unterdrückte, gedämpfte Klirren von Werkzeug war hörbar. Das Zittern der Nerven, die enorme Spannung, der gewaltige Druck ließen langsam nach. Vier Stunden glitt das Boot auf 20 Metern, dann begann es langsam zu sinken. Ich überwachte die Bewegungen des Bootes in der Zentrale, während der Leitende die Reparaturarbeiten überwachte. Wir fuhren blind, steuerten nach dem unzuverlässigen Magnetkompaß und erwarteten jeden Augenblick, ins Bodenlose durchzufallen.
Für Stunden trieben wir an der scharfen Kante zwischen Auftrieb und Untertrieb, entlang der scharfen Kante zwischen Leben und Tod. Die Preßluft entwich aus undichten Leitungen, und das eindringende Wasser zog uns langsam und stetig tiefer.
10 Uhr 27. Ein Schock traf das Boot auf 27 Metern. Zwei weitere Schläge folgten. Wir waren auf die Klippen, die der bretonischen Küste vorgelagert sind, aufgerannt. Eine entsetzliche Situation. Ich hatte kein brauchbares Sehrohr, um mich zu orientieren.
»Ruder hart Backbord. Tauchzelle drei kurz anblasen. Auf 270 Grad gehen.«
Ein neuer Aufprall, dann ein anderer. Dann ein scharfes Kratzen. Die Stahlröhre bäumte sich auf. Das Boot stieg schnell auf 15 Meter. Neue Schläge, ein unirdisches Mahlen. Das Boot erzitterte unter einem neuen Aufprall. Es wurde beinahe an die Oberfläche geworfen, wo wir nicht länger als einige Minuten zu leben gehabt hätten. Dann endlich schwenkte das Boot irrsinnig langsam auf westlichen Kurs, auf dem ich den tödlichen Klippen zu entkommen hoffte.
10 Uhr 45. Der L.I. fiel wie ein Stein in die Zentrale und meldete das Angriffssehrohr im Turm repariert. Ich übergab ihm die Tiefensteuerung und übernahm meine Aufgabe im Turm. Als das gläserne Auge endlich das trübe Wasser durchstieß, sah ich die schwarzen Felsspitzen um uns herum drohend aus dem Wasser ragen. Auf einem der grotesken Felsgipfel stand der Leuchtturm von Ouessant. Mir wurde klar, daß wir in der Gezeitenströmung gefangen waren, die uns langsam auf die kantigen Klippen trieb. Ich zwang mich zur Wirklichkeit zurück und rief: »L.I., welches sind die höchsten Umdrehungen für Backbordwelle?«

»Einhundertundzwanzig.«
»Gib mir einhundertundfünfzig, oder wir krachen in die Felsen.« Plötzlich erspähte ich eine Anzahl niedrigfliegender zweimotoriger Maschinen, richtete aber das gläserne Auge schnell wieder auf den Leuchtturm, um unseren Kampf gegen die Strömung zu verfolgen. Aber das Boot machte kaum Fahrt voraus. Es stand praktisch still. Wieder rief ich in die Zentrale: »L.I., gib mir noch fünfzig Umdrehungen, und mach' schnell!«
»Ich kann die Verantwortung dafür nicht übernehmen, der Motor bricht aus seinem Fundament«, brüllte er zurück.
»Zur Hölle mit Ihrer Verantwortung. Geben Sie mir 200 Umdrehungen, oder wir sitzen gleich auf den Felsen, und Sie kommen nicht mehr lebend aus Ihrer Röhre raus.«
Das half. Ich fühlte die erhöhte Erschütterung im Boot. Erneut richtete ich das Fadenkreuz auf einen der drohenden Felsen. Das Boot machte verzweifelt Fahrt nach Westen und kroch mit quälender Langsamkeit vorwärts, dem Ausgang der Falle entgegen. Minuten vergingen in höchster Spannung. Langsam wanderten die Klippen achteraus. Dann hatten wir die westlichsten Felsen ausmanövriert. Erleichtert wischte ich mir den Schweiß aus dem Genick. Später, als die Gezeiten gekentert waren, drehte ich U-415 auf seinen alten südlichen Kurs und verringerte die Umdrehungen der Backbordwelle auf sichere einhundert.
13 Uhr. Sehrohrtiefe. Der Himmel war von Flugzeugen, die in Formationen von vier und sechs flogen, übersät. Land war nirgendwo in Sicht.
13 Uhr 30. Der L.I. meldete, daß wir in weniger als zwei Stunden unseren Strom verausgabt haben würden. Es schien, als ob wir keinen anderen Ausweg hatten, als das Boot zu versenken. Aber ich war noch lange nicht bereit, das Boot aufzugeben. Ich hoffte, mit einem letzten, verzweifelten Vorstoß über Wasser, mit dem Einsatz aller letzten Kräfte den neuen Ansteuerungspunkt B-1 zu erreichen, einen Notruf abzugeben, auf Grund zu liegen und Rettung abzuwarten.
13 Uhr 45. Sehrohrtiefe. Eine Gruppe zweimotoriger Maschinen strich über die Oberfläche, nur eine Meile nordwärts.
13 Uhr 58. Zwei Liberator flogen von Osten heran. Ich zog das Sehrohr ein und wartete.
14 Uhr 10. Raus mit dem Spargel. Eine Unebenheit an der südlichen Kimm überzeugte mich, daß wir uns den westlichsten Klippen der Bretagne näherten, den Ausläufern der Küste nahe Brest. Ein schneller Rundblick. Drei zweimotorige Bienen waren von achtern herangeschlichen. Ich zog das Sehrohr ein so schnell es ging.
14 Uhr 18. Die Luft war rein. Das makellose Blau des Himmels war unbeschmiert. Das war unsere Chance.
14 Uhr 20. Das Boot brach mit letzter Kraft an die Oberfläche. Ich erreichte die Brücke, von der Sonne geblendet. Der Backborddiesel stotterte,

begann zu qualmen - und das träge Boot gewann langsam Fahrt voraus. Ich bestrich nervös den Himmel. Ein Funkmaat hantierte an den Knöpfen des Notsenders. Nach einigen vergeblichen Versuchen stellte er Verbindung mit Land her, jagte sein Kurzsignal in den Äther und verschwand schnell im Boot. Das Signal bat um Geleit und Feuerschutz für mein nächtliches Einlaufen. Kurze Minuten des Alleinseins auf der Brücke. Das Boot kroch mit schwerer Schlagseite durch eine ruhige See und schleppte eine breite Fahne schillernden Dieselöls verräterisch nach. Für einige Minuten blieb der Himmel klar und frei; ohne Einmischung aus der Luft erreichten wir den berechneten Punkt B-1, den möglichen Treffpunkt mit dem Geleit. Ich drehte das Boot nach Osten, um die Entfernung zum Land zu verringern. Aber da war unsere Gnadenfrist abgelaufen. Fünf zweimotorige Maschinen huschten über die nördliche Kimm.
»Alarm.«
Das Boot, stromlos, manövrierunfähig und von dem eindringenden Wasser schwer überladen, sank kopfüber in die See. Ein Stoß - und U-415 bohrte seinen Bug in den Grund. Ein harter Aufschlag. Dann hatte es sich auf ebenem Kiel in den Schlick gelegt. Der Tiefenmesser zeigte 42 Meter. Sekunden später gellte eine Serie von Explosionen durch das Boot. Wasser spritzte, schwappte über die Flurplatten, füllte die Bilgen und drohte die wichtigsten elektrischen Einrichtungen auszuschalten. Ich rechnete mit der Möglichkeit, unbeabsichtigt die Zeitgrenze zu überschreiten; dann würde das Boot zu schwer sein, um sich vom Grund zu lösen. Die Aussichten, wieder Land zu sehen, waren alles andere als ermutigend.
Stunden des Wartens schlichen langsam dahin. Stundenlang sahen wir das Wasser steigen, fühlten, wie die Atemluft versiegte und die Müdigkeit uns überwältigte.
19 Uhr 35. Der steigende Wasserspiegel verursachte einen Kurzschluß in unserer Stromversorgung. Die einzige noch arbeitende Lenzpumpe fiel damit aus. Die Möglichkeit, das Boot vom Grund zu lösen, hatte sich weiter verringert. Im Boot war es still wie in einer Gruft. Nur das weiche Plätschern des Wassers war hörbar. Ich warf mich auf meine Koje, schloß den grünen Vorhang und dachte über die wenigen Möglichkeiten nach, die mir noch offen blieben.
23 Uhr. Ich erwartete jeden Augenblick Maßnahmen vom Stützpunkt. Ich ließ das Horchgerät einschalten. Aber das einzige Geräusch, das wir hörten, war das Geräusch eindringenden Wassers.
1 Uhr. Immer noch keine Spur von einem Schraubengeräusch aus dem Osten, wo der Hafen und die Rettung so nahe schienen. Ich entschloß mich, noch zwei Stunden zu warten und dann allein den Durchbruch zu wagen.
1 Uhr 15. »Leise Schraubengeräusche recht voraus.« Die Stimme des Funkmaaten elektrisierte mich. Ich schlug den Vorhang zurück, sprang in

den Horchraum, drückte einen Kopfhörer gegen ein Ohr und lauschte. Das Geräusch wurde aber nicht lauter. Es wurde leiser und leiser und verschwand plötzlich. Enttäuschung. Ich fühlte plötzlich das gesamte Gewicht der Wassermassen über dem Boot physisch auf meinem Körper ruhen. Hatten die Vorpostenboote gestoppt? Waren sie umgekehrt? Wurden sie aus der Luft angegriffen? War unser Standort falsch? Peinliche, nervöse Stille folgte.

3 Uhr 07. Die Geräusche erschienen wieder und wurden schnell lauter. Das dreschende Rauschen zweier Schrauben verschiedener Boote war klar auszumachen. Ich mußte schnell handeln und verhindern, daß die beiden Fahrzeuge vor einer leeren See umdrehten.

3 Uhr 08. »Anblasen.« Preßluft zischte in die Tauchzellen. Aber U-415 blieb bewegungslos liegen.

3 Uhr 09. »Stop Anblasen. Alle Mann achteraus.« Das Boot lag wie festgenagelt.

3 Uhr 10. »Alle Mann voraus - Preßluft auf alle Zellen.« U-415 rührte sich nicht.

3 Uhr 11. »Alle Mann achteraus . . .« Kalter Schweiß brach aus meinen Poren.

3 Uhr 12. »Alle Mann zurück zum Bugraum, los, los, keine Müdigkeit vorschützen«, rief ich verzweifelt. Dann versiegte die Druckluft.

3 Uhr 13. »Alle Mann achteraus . . .« Da, sehr sachte, begann das Boot zu schwingen. Es zitterte, hob seinen Bug, dann sein Heck - und stieg. U-415 hatte sich freigearbeitet. Mit einem deutlichen Ruck brach es durch die Oberfläche, lag dann plötzlich still.

Ich schlug den Deckel des Turmluks zurück und sprang in die Dunkelheit. Die beiden Vorpostenboote vor unserem Bug schwangen sofort auf Gegenkurs. Ich signalisierte schnell, daß wir beschädigt waren und nur fünf Meilen Fahrt machen konnten. Da drehte eines der Fahrzeuge bei und setzte sich in unser Kielwasser. Somit zwischen beide Boote genommen, begann U-415 seinen langsamen Marsch nach Brest.

4 Uhr 45. U-415 kroch, von nur einem lahmen Diesel angetrieben, in das minenverseuchte Hafenbassin vor dem Bunker. Ich stoppte die Maschine und ließ das Boot ohne Kraft dahingleiten. Mit harter Ruderlage steuerte ich es in einen der schlechtbeleuchteten Liegeplätze unter der Betondecke. Ich erkannte einige schwarze Gestalten auf der Pier - unwirklich, verschwommen. Dann schob sich der Bug geräuschlos in den Bunker, die Leinen wurden an Land geworfen, der Steven krachte gegen die Kopfwand des Liegeplatzes, das Boot schüttelte sich und blieb dann, von den Leinen gezähmt, längsseits der Pier liegen.

Die Stelling wurde von Brücke zu Land gelegt, und Winter eilte an Bord. Er drückte mir wortlos und sichtlich bewegt die Hand. »Gratuliere zu Ihrer Rückkehr. Sie waschen sich besser das Gesicht. Sie sehen aus wie ein

Pirat. Schicken Sie Ihre Leute in die Quartiere und gönnen Sie sich jede erdenkliche Ruhe. Sehen Sie mich morgen, wenn Sie ausgeruht sind.« Dann wandte er sich an meine Männer, grüßte lange und nachdenklich und kehrte zur Pier zurück.

Als ich die Stelling überquerte, wurde ich von Boddenberg und Brauer begrüßt. Ich hatte die beiden für tot gehalten. Sie hatten aber unter sonderbarsten und schwierigsten Umständen in den Hafen zurückgefunden. Ihre schwerbeschädigten Boote waren von den Begleitfahrzeugen, die sich in das Kielwasser der Zerstörer geschwungen hatten, gerettet und eingeschleppt worden.

Ich stieg müde den Abhang zum Stützpunkt hinauf und ging auf mein Zimmer. Welches Glück mußte ich haben, wieder einmal davongekommen und dem irrsinnigen Selbstmordbefehl auf so wunderbare Weise enthoben zu sein! Ich war nun überzeugt, daß U-415 seine letzte Fahrt gemacht hatte. Das Boot war ein Wrack, zu stark beschädigt, als daß es wieder einsatzbereit gemacht werden konnte. Nun würde mir die Führung ein neues Boot mit Schnorchel geben müssen. Von dieser Überzeugung getröstet, duschte ich, wusch Blut und Schweiß aus meinen Haaren, rollte mich dann zwischen die weichen, weißen Leinentücher und fiel in einen todähnlichen Schlaf.

Schwere Schmerzen zwangen mich zurück in die Welt. Es war gegen Mittag, und mein Kopf schmerzte von den Splitterwunden. Die helle Sonne öffnete meine Augen, und ich sprang aus dem Bett, zog mich halb betäubt an und kämpfte mich zum Revier durch.

Ein junger Arzt betrachtete meine Wunden und sagte bedächtig: »Muß die Kopfhaut glattrasieren, um zur Wurzel Ihres Übels zu kommen.«

»Sind Sie ganz von Gott verlassen, Mann?«

Ich stritt mich eine Weile mit ihm, bis er schließlich einwilligte, nur kleine Haarbüschel zu entfernen und meinen übrigen Kopfschmuck unberührt zu lassen. Er vereiste die Kopfhaut, sondierte und schnitt für nahezu eine Stunde, bevor er mich als verarztet entließ. Von den Schmerzen befreit, besuchte ich den skalpierten Seemann und meinen verwundeten I.W.O. Beide waren guten Mutes und baten mich, nicht nach Ersatz zu suchen.

Der Flut der eingehenden Nachrichten, Funksprüche und Gerüchte entnahm ich, daß die alliierte Landung an der Küste der Normandie noch völlig unentschieden war. Die Amerikaner hatten starke Brückenköpfe auf der Halbinsel Cotentin gebildet, und die Engländer hatten sich nahe Bayeux festgefressen. Unsere Front hatte schwere Schläge erlitten, war aber nicht durchbrochen worden. Aber während der Kampf an der Küste tobte, wurden die Überreste der einst stolzen U-Bootwaffe weiterhin zerschlagen. In den Tagen, die dem schicksalsschweren 6. Juni vorangingen, waren fünfundzwanzig Boote versenkt worden. Damit war der Gesamtverlust auf die unglaublich klingende Zahl von 440 U-Booten angestiegen.

Das ließ uns weniger als sechzig einsatzbereite Boote, um die Invasion zu bekämpfen. Die größere Anzahl dieser Boote war in norwegischen und in den Biskaya-Häfen abgestellt; aber die einzigen, die unmittelbaren Kampfeinsatz im Kanal sahen, waren jene fünfzehn, die von Brest aus eingesetzt worden waren. In den ersten Tagen der Invasion sanken U-955, U-970, U-490, U-980, U-373, U-629, U-740 und U-821. Die letzten vier Boote waren aus Brest ausgelaufen. Vier zurückkehrende Boote ohne Schnorchel, U-415, U-989, U-963 und U-256, waren nur durch Zufall der Vernichtung entgangen. Das Schicksal der restlichen Boote, die mit uns am 6. Juni ausgelaufen waren, war zu diesem Zeitpunkt unbekannt. Aber von den fünf anderen Schnorchelbooten, die vom Atlantik in den Kanal gesandt worden waren, trafen nur zwei im Operationsgebiet ein. So waren innerhalb weniger Tage, während der ersten Phase der Invasion, mindestens zwölf U-Boote versenkt und ausgeschaltet worden.

U-415 wurde vor Ablauf von 48 Stunden ins Trockendock verholt. Praktisch alle Maschinen und der größte Teil der Einrichtung benötigte Überholung oder vollständige Auswechslung. Von unserem eingedrückten Druckkörper bis zu den beiden verbogenen Wellen war alles an Bord Schrott. Mein L.I. hatte eine Liste von nahezu 500 Punkten angefertigt; Dingen, die dringend einer Reparatur bedurften. Aber die Liste wurde auf 55 Punkte zusammengestrichen. Der Grund war Mangel an Ersatzteilen, Arbeitskräften und Zeit. Jedes verfügbare Boot mußte sobald wie möglich zurück an die Front, selbst wenn es nur begrenzt einsatzfähig war. Und so wurde in vollständiger Verachtung der Erfordernisse der Front bestimmt, daß U-415 innerhalb von zwei bis drei Wochen zu einer neuen Unternehmung bereitgestellt werden mußte.

Zu diesem Zeitpunkt hielt ich das Fehlen eines Schnorchels für absolut tödlich. Während die Arbeiten an Bord vorangingen, versuchte ich erneut, einen Luftmast in mein Boot eingebaut zu bekommen. Aber meine verzweifelten Anstrengungen stießen auf unüberwindlichen Widerstand. Ich versuchte erneut, einen Lkw zu requirieren, um meine Jagd nach einer Schnorchelanlage selbst durchzuführen. Aber eine Reise über Land wurde als zu gefährlich abgelehnt. Und so blieben die Schnorchel weiterhin auf dem Güterbahnhof in Montparnasse liegen, wo sie verrosteten. Wie diese Luftmaste waren andere Ausrüstungen und Ersatzteile derart große Mangelware, daß man beschloß, U-256 auszuschlachten und dessen Maschinen und Material zu verwenden, um U-415, U-989 und U-413, das in der Nacht zum 9. Juni schwer beschädigt eingelaufen war, wieder frontklar zu machen. Brauer, Kommandant von U-256, stellte sein Boot daraufhin außer Dienst und reiste mit seiner Besatzung nach Deutschland ab, um ein neues Boot zu übernehmen.

Nach Brauers Abreise waren Sachse, Boddenberg, von Rothenberg und ich vorübergehend die letzten Kommandanten in Brest. Ich erkannte, daß die,

die uns Befehle gaben, ihr gutes Urteilsvermögen verloren hatten. Aber wir waren in der Tradition erzogen, Gehorsam zu üben und selbst unvernünftige Befehle auszuführen. Wir wußten, daß wir mit unseren schnorchellosen Booten nur eine Zukunft hatten - den Tod in unseren eisernen Särgen.

Während der zweiten und dritten Woche der Invasion verstärkten die anglo-amerikanischen Kräfte ihre Stellungen auf der Cotentin-Halbinsel, durchbrachen dann plötzlich unsere Front an zwei Stellen und stießen nach Westen vor. Neue Divisionen wurden in die Schlacht geworfen. Weiterhin waren wir voller Hoffnung, daß unsere neuen Linien halten würden. Aber währenddessen verschlechterte sich der U-Bootkrieg immer mehr. U-247, ein Schnorchelboot, wurde von zwei Zerstörern gezwungen, in den Stützpunkt zurückzukehren, bevor es in den Kanal eindringen konnte. U-269, Uhl, ebenfalls ein Schnorchelboot, wurde nahe der englischen Südküste versenkt. Fünf Boote ohne Schnorchel verließen schließlich ihre norwegischen Häfen, wurden aber in schneller Folge versenkt. Am 30. Juni waren unsere U-Boot-Operationen seit Beginn der Landung ein vollständiges Dilemma. Um die geringe Zahl von sechs Frachtern und vier Fregatten zu vernichten, wurden in der entscheidendsten Kampfphase zweiundzwanzig U-Boote geopfert.

Während der letzten Junitage bereitete mir die Führung eine unwillkommene, unzeitgemäße Überraschung. Drei sehr junge und völlig unerfahrene Offiziere wurden dem Boot zugewiesen, um die Plätze der älteren, erfahrenen Veteranen einzunehmen. Die Jungen sollten ihre erste, möglicherweise auch ihre letzte Anschauungsprobe über den U-Bootkrieg bekommen. Meine Besatzung nahm die Neulinge mit einer gehörigen Portion von Zweifel und Skeptizismus auf. Der Verlust meines qualifizierten Leitenden Ingenieurs hinterließ eine Lücke, die ich nur selbst füllen konnte. Das Gewicht der Verantwortung für Boot und Männer wurde unter dieser neuen Last noch schwerer. Und dann, Anfang Juli, wurde U-415 für einsatzbereit erklärt.

Am Vorabend meiner neuen Unternehmung erhielt ich einen Brief von Zuhause. Darin stand, daß meine Eltern zusammen mit Trudel in eine neue Wohnung im Zentrum von Darmstadt eingezogen waren und daß meine Schwester bald ein Kind erwartete. Die Neuigkeit über das Baby war erfreulich. Ich mißbilligte aber Vaters Entscheidung, sich wieder in einer Großstadt niederzulassen, die die feindlichen Bomber anzog wie der Bienenstock die Bienen. In meinem letzten Brief nach Hause erklärte ich Vater meinen Standpunkt und bat ihn dringend, seinen Entschluß zu ändern. Ich sagte nicht, für wie gering ich meine eigenen Chancen hielt, die unmittelbare Zukunft zu überleben. Und gegen meine Überzeugung beendete ich die Zeilen mit meinen Wünschen für ein baldiges Wiedersehen.

4

Es war spät am Abend eines frühen Julitages und sehr dunkel. Die Besatzung schlich so unauffällig wie möglich in kleinen Gruppen an Bord, um bei den französischen Werftarbeitern der Nachtschicht nicht die Vermutung aufkommen zu lassen, daß wir ausliefen. Um Mitternacht warfen wir die Leinen los. Ich zog das Boot mit den E-Maschinen aus dem Bunker und navigierte es in die schwarze Wand der Nacht. Es war nicht ganz 2 Uhr, als U-415 - immer noch ohne Schnorchel - seine letzte Reise antrat. Sobald wir sichere Tiefe unter dem Kiel hatten, tauchten wir. Um Strom zu sparen, glitten wir mit geringster Kraft über Grund und trieben mit dem auslaufenden Ebbestrom westwärts. Ich hatte Befehl, in einem Seegebiet von etwa 200 Quadratmeilen, ungefähr 80 Seemeilen westlich der bretonischen Küste, zu operieren, um den Eingang zum Hafen von Brest von feindlichen Zerstörern oder Landungskräften freizuhalten. U-415 war nur noch ein Geisterschiff. In seinen Bewegungen beträchtlich eingeschränkt, von höchst zweifelhafter Einsatzfähigkeit und in seinen fundamentalen Notwendigkeiten dauernd herausgefordert, war es ein schwimmender Sarg. Unter dem Zwang, zur Lufterneuerung und zum Nachladen der Batterien aufzutauchen, war es auch weiterhin den massierten Angriffen aus der Luft ausgesetzt, denen es, wie die anderen 500 Boote, irgendwann einmal zum Opfer fallen mußte.
Als die Gezeiten kenterten und ein neuer Tag anbrach, setzte ich U-415 in den Sand, um Hochwasser abzuwarten. Der Bug berührte den Boden so sachte wie ein grasendes Pferd. Alle Maschinen und Motoren waren abgeschaltet. Bis auf eine kleine Wache lagen alle Mann in den Kojen oder auf den Flurplatten. Mit der auslaufenden Strömung löste ich das Boot vom Grund, glitt sechs Stunden lang geräuschlos in die offene See und legte es dann wieder auf den sandigen Boden der Biskaya. Ich wiederholte diesen Vorgang in gleichen Abständen. In der zweiten Nacht riskierten wir fünf endlose Minuten an der Oberfläche, um unsere Luft zu erneuern. Wir tauchten unter einem Hagel von Ortungen, nahmen dann

unsere Schleichfahrt über Grund wieder auf. Das Echo der Detonationen aus dem Kanal erinnerte uns daran, daß die Briten nur allzuoft ihre Beute fanden.
Nach 25 Stunden erreichte U-415 das ihm zugewiesene Operationsgebiet. Mit geringster Kraft bewegte es sich nach Norden, nur 30 Meter unter der Oberfläche. Unser Horchgerät meldete nicht die Spur eines Schraubengeräusches. Als der Tag verging und der Augenblick näherrückte, in dem wir uns stellen mußten, begann unser Puls wieder schneller zu schlagen. Dann stießen wir in eine unheimliche Nacht.
Etwas mehr als zwanzig Minuten ließen uns die Tommies unbelästigt. Dann aber kamen sie in großer Zahl. Geübt verschwanden wir in der tintenschwarzen See. Als das Wasser über unserem Boot zusammenschlug, kam ein Hagel von Wasserbomben auf uns niedergedonnert. Die plötzlichen Schläge waren zuviel für meinen neuen Leitenden. Unfähig, das Boot zu halten, steuerte er uns auf eine Berg-und-Tal-Fahrt, die uns abwechselnd auf den Grund und an die Oberfläche warf. Ich übernahm die Tiefensteuerung, stoppte die wilden Bewegungen des Bootes, zähmte und trimmte es, bis es ruhig auf ebenem Kiel dahinglitt. Mit einem tiefen Aufatmen sagte ich zu meinem L.I.: »Übernehmen Sie das Boot, Selde, und halten Sie es auf dieser Tiefe. Die Angst übernimmt der Kommandant alleine.«
Von den Detonationen noch tief beeindruckt, übernahm er seine Aufgabe. Es waren seine ersten Bomben, seine erste Berührung mit dem Tod. Ich wußte, daß ich auf seine Unerfahrenheit Rücksicht nehmen und ihm noch viele Gelegenheiten geben mußte, sich an die veränderten Verhältnisse zu gewöhnen.
Mit diesem Eröffnungsreigen begann der Todestanz. Die ganze Nacht kämpften wir, immer wieder auftauchend, um Luft und Strom. Eine Stunde vor Dämmerung und auf unserem letzten Sprung über Wasser gelang es uns, die Batterien voll zu laden. Und nach der letzten, ohrenbetäubenden Serie blieben wir in schützender Tiefe, müde, erschöpft, erschlagen.
Weder am ersten noch am zweiten Tag kamen die Zerstörer, zu deren Vernichtung wir ausgesandt worden waren, in Sichtweite. Während die *Royal Air Force* alles daransetzte, uns und andere einsame Wölfe zu versenken, ließ uns die *Royal Navy* unbelästigt. Nicht ein einziges Kriegsschiff oder Landungsfahrzeug drang in unser Seegebiet ein. Immer an der Kante seines Grabes operierend und pausenlos aus der Luft verfolgt, hielt sich U-415 im Operationsgebiet. In der folgenden Nacht forderte ich die Aufmerksamkeit der Tommies mit einem Funkspruch heraus: KEIN VERKEHR IM QUADRAT - ERWARTE NEUE ANWEISUNGEN - U-415.
Nach Abgabe des Funkspruchs tauchten wir sofort. Auf einer Tiefe von

25 Metern eingesteuert, erwarteten wir die Antwort der Führung. Sie befahl uns schließlich, nach Brest zurückzukehren. Wir schafften die Rückkehr zum Bunker in nur 18 Stunden, ließen uns in regelmäßigen Zeitabständen mit der Gezeitenströmung nach Osten treiben, setzten uns bei Gegenströmung auf Grund, lösten das Boot bei Niedrigwasser und ließen es mit der einlaufenden Flut in den schmalen Schlauch der Einfahrt von Brest hineingleiten. Am späten Abend des 13. Juli kamen wir am Aufnahmepunkt an. Ein schnelles Auftauchen, ein noch schnelleres Beantworten des Erkennungssignals, und U-415 begann seine letzte Fahrt in den Hafen.

Um 22 Uhr 35 manövrierte ich mein Boot in den Bunker, unter die schützende Decke von sieben Metern Eisenbeton. Die Maschinen stoppten, die Leinen wurden festgezurrt. Das geisterhafte Licht warf dunkle Schatten auf die gelben Gesichter meiner Männer, als Korvettenkapitän Winter über die Stelling schritt. Er dankte für meine Meldung, hieß die Besatzung mit einem steifen Lächeln willkommen, unfähig, seine Sorgen zu verbergen. Dann wandte er sich an mich und sagte mit gedämpfter Stimme: »Sie sind für eine Sonderaufgabe zurückgerufen worden. Besprechen Sie bitte mit dem Flo-Ing die wichtigsten Reparaturen, die sofort durchgeführt werden können. Sie müssen in drei Tagen für eine neue Unternehmung ausgerüstet sein. Mehr Zeit kann ich Ihnen leider nicht geben.«

Ich grüßte und kletterte auf die Brücke. Der Flottilleningenieur sprach bereits mit meinem Leitenden, und ich hörte, wie er sagte: »... ich schlage vor, daß wir das Boot morgen früh um sieben seeklar haben. Ich möchte es zwecks Feststellung der Mängel in die Bucht nehmen. Haben Sie was dagegen?«

Natürlich hatte ich etwas dagegen. Ich hatte seit Tagen nicht geschlafen, und die Besatzung brauchte ebenfalls Ruhe und eine Gelegenheit, die Sonne zu sehen. Ich sagte deshalb sehr betont zum I.W.O.: »Seeklar ist Punkt 9 Uhr. Nicht früher. Veranlassen Sie bitte, daß der Koch mich um sieben weckt. Haben Sie noch eine Frage?«

»Nein, Herr Oberleutnant.«

»Gut, lassen Sie die Leute wegtreten, und sehen Sie zu, daß kein Trinkgelage ausbricht, oder ich müßte einige Vorrechte streichen.«

Durch den Nebelvorhang meines langsamen Erwachens hörte ich das Dröhnen von Wasserbomben-Explosionen. Die letzten Schläge zwangen mich, die Augen zu öffnen. Ich erkannte mit Erleichterung, daß ich an Land, in meinem Zimmer war, und daß jemand heftig gegen die Außentür hämmerte. Benommen schwankte ich zur Innentür, öffnete sie und rief ins Vestibül: »Genug, genug! Ich hab' Sie gehört.«

Dann drang die Stimme des älteren Stewards durch die äußere Tür: »Herr

Oberleutnant, Sie werden an Bord erwartet. Sie hatten für neun Uhr seeklar befohlen. Es ist bereits zehn. Seit sieben Uhr heute morgen versuchen Ihr Koch und ich Sie zu wecken.«
»Besten Dank. Rufen Sie doch bitte den Bunker an, und sagen Sie dem I.W.O., daß ich in wenigen Minuten unten bin.«
Über meine Verspätung verärgert, zog ich mich in aller Eile an, fuhr mit den Fingern durch die Haare, setzte die weiße Mütze auf, rannte, immer fünf Stufen auf einmal nehmend, die Treppen hinunter, eilte den Serpentinenweg hinunter zum Bunker, bog nach links auf das große Tor zu - und sah mein Boot mit qualmenden Dieseln, Heck voraus, ins innere Hafenbecken gleiten. Plötzlicher Zorn stieg in mir auf. Der I.W.O. hatte keinerlei Befugnis, das Boot ohne meinen ausdrücklichen Befehl aus dem Liegeplatz zu ziehen. Gerade als ich mir überlegte, wie ich ihn zurechtsetzen würde, erschütterte eine donnernde Explosion die Luft. Eine riesige Fontäne schoß himmelwärts - dort, wo ich gerade mein Boot gesehen hatte. Dann - es mußte eine Sinnestäuschung sein - wurde das Heck von U-415 wie ein Baumstamm aus dem Wasser geschleudert. Ich sah zwei meiner Leute in hohem Bogen durch die Luft fliegen. Der Geyser brach zusammen und klatschte auf das Boot. U-415 war auf eine Mine gelaufen. Das Boot drehte scharf nach Steuerbord und fuhr dann langsam auf die lange Steinmole zu, die den Innenhafen umschloß.
Für einen Augenblick war ich ein gelähmter Zeuge der Hinrichtung meines Bootes. Dann erwachte ich aus meiner Betäubung, sprang auf einen naheliegenden Ponton, von dort in ein Motorboot, startete den Motor und jagte meinem todwunden U-415 nach. Das Boot trieb auf den Molenkopf zu und krachte dann mit dem Bug gegen die Steinwand. In diesem Augenblick kam ich längsseits. Seeleute und Heizer hasteten aus dem Turmluk, blutend, bleich und durcheinandergeschüttelt. Einige hinkten, andere krochen und schleiften ihre Beine nach. Das Boot holte stark über und legte sich auf die Backbordseite. Ich drängte mich durch den Strom der Verwundeten, die das Boot verließen, kletterte auf die Brücke und beförderte die gegen das Ersaufen kämpfenden Männer durch das enge Turmluk.
»Da sind noch mehr in den achteren Räumen, tot oder ohnmächtig«, keuchte ein Maschinenmaat.
»Und warum bringt ihr sie nicht in die Zentrale?« fragte ich. Der Mann gab mir keine Antwort. Auch er war ohnmächtig geworden.
Der Strom der Verwundeten kam weiter die Aluminiumleiter herauf. Einige hatten gebrochene Arme, andere gebrochene Beine. Nachdem der Andrang nachgelassen hatte, ließ ich mich in die Zentrale fallen, gefolgt von zwei unverwundeten Maaten. Das Boot war ruiniert. Rohrleitungen, elektrische Leitungen, Luftschächte, Schalter, Manometer, Handräder und Einrichtungsstücke aller Art lagen auf den Flurplatten und in den Bilgen.

Schmutziges, stinkendes Wasser drang durch einen breiten Riß im Druckkörper unter den E-Maschinen ins Boot und füllte es schnell. Drei Mann lagen besinnungslos auf den Metallplatten im Dieselraum. Zwischen den E-Maschinen im achteren Raum lagen zwei Maate. Während das Boot sich schnell mit dem öligen Wasser füllte und langsam nach Backbord überkippte, schleppten wir die Maschinisten in den Bugraum. Irgend jemand hatte das vordere Luk geöffnet, das gerade noch über dem Wasserspiegel lag. Mit Hilfe vieler Hände schafften wir die Verwundeten aus dem eisernen Sarg und legten sie behutsam in mehrere Motorboote, die längsseits gekommen waren.
U-415 bekam gefährliche Schlagseite. Das Heck war im Wasser versunken. Als ich auf eine der wartenden Pinassen übersprang, glitt das gute, alte Arbeitspferd von den Felsen. Das Deck verschwand in dem schmutzigen Wasser. Dann, mit einer letzten, zuckenden Bewegung, kippte der Turm über. U-415 verschwand unter der Oberfläche. U-415 war tot.
Ich starrte immer noch auf den Fleck über seinem Grab, als das Motorboot den Ponton berührte und mein I.W.O. hinkend herantrat. Mein Zorn über sein unbefugtes Manöver stieg wieder an, und ich sagte wütend: »Dafür bringe ich Sie vors Kriegsgericht, I.W.O.«
»Herr Oberleutnant, der Flo-Ing befahl mir, das Boot aus dem Liegeplatz zu ziehen. Er sagte, daß Sie mit einem Motorboot nachkommen würden. Wir hatten über eine Stunde auf Sie gewartet. Der Flo-Ing war sehr ungeduldig.«
»Der Flo-Ing ist nicht Ihr Vorgesetzter. Er kann Ihnen bezüglich des Bootes keine Befehle geben. Sie hätten das wissen müssen. Lassen Sie alle Mann zur Zählung antreten. Ich fahre mit den Verwundeten ins Lazarett.«
»Ich glaube, wir haben zwei Mann verloren, Herr Oberleutnant.«
»Sie denken diesmal richtig. Ich sah sie durch die Luft fliegen. Nehmen Sie ein Boot und kreuzen Sie im Hafen. Vielleicht können Sie die beiden auffischen. Bemühen Sie sich um alle, die Lebenden und die Toten, und machen Sie mir sofort Meldung.«
Die Explosion hatte Männer von anderen Booten sowie Werftpersonal und Stabsoffiziere herbeigelockt. Helfende Hände gab es überall. Wir trugen die Verwundeten in wartende Krankenwagen. Ich hatte nun Gelegenheit, ihre Verletzungen näher zu betrachten. Alle hatten gebrochene Beine; ihre Füße hingen lose am Körper, und ihre Zehen zeigten in die verkehrte Richtung. Einige hatten ganz deutlich innere Verletzungen erlitten und stöhnten vor Schmerzen. Andere, bewußtlos und aus Kopfwunden blutend, schienen auch Schädelbrüche zu haben.
Ich setzte mich in einem der Krankenwagen neben einen schwerverwundeten E-Maschinenmaat und raste mit heulender Hupe durch die Straßen von Brest. Plötzlich kam mir die Bedeutung des Tages zum Bewußtsein.

Es war Freitag, der 14. Juli, Bastille-Tag, und U-415 hatte als ein britisches Geschenk an die französische Bevölkerung sterben müssen. Mein Boot war der Mine zum Opfer gefallen, die in der Nacht vom 28. zum 29. Mai geworfen worden war. Der Flak-Kanonier hatte recht gehabt. Die klopfenden Diesel hatten den geräuschempfindlichen Zünder der Mine detonieren lassen. Trotz unserer Verluste erkannte ich plötzlich, daß das Schicksal uns gnädig gewesen war. U-415 war nicht auf hoher See gesunken, wo wir alle in unserer eisernen Hülle für immer eingeschlossen worden und ersoffen wären. Sein Ende kam im Hafen, wo wir eine Chance hatten, weiterzuleben. Warum nur hatte ich die Zeit verschlafen? Warum nur hatte der I.W.O. ohne Befehl gehandelt? Warum hatte er die lauten Diesel statt der leisen E-Maschinen eingeschaltet, wie ich es befohlen hatte? Und warum war ich bisher verschont geblieben, während Tausende meiner Kameraden auf See unter dem Hagel der Bomben sterben mußten? Diese Fragen marterten mein geplagtes Hirn; es sah so aus, als wollten weder Himmel noch Hölle einen Teil von mir haben.

Im Marinelazarett war Alarmzustand. Einige meiner Leute waren bereits auf dem Operationstisch. Die fünf Mann, die wir aus den achteren Räumen gerettet hatten, waren noch bewußtlos. Die gebrochenen Arme und Beine waren keine ernste Sache, aber die Ärzte waren sehr besorgt um zwei meiner Leute mit gebrochenem Rückgrat. Andere hatten Schädelbrüche, Gehirnerschütterungen und Kopfverletzungen, die sie erlitten hatten, als sie von dem wuchtigen Schlag von unten gegen die Decke geschleudert wurden. Als ich dem Lazarett den Rücken kehrte, ließ ich vierzehn Mann meiner Besatzung zurück.

Im Stützpunkt traf ich einen verstörten Kapitän Winter. Der Flottilleningenieur hatte ihn bereits über seinen fatalen Befehl aufgeklärt. Da der Flo-Ing der zweitälteste Offizier im Stützpunkt war, war Winter in einer unangenehmen Situation. Auch ich war nicht in der Lage, unter diesen Umständen gegen einen dienstälteren Offizier vorzugehen. Ich konnte nur die Abkommandierung des I.W.O. veranlassen, eine Maßnahme, die bereits illusorisch geworden war. Im Grunde hatte ich ihm seine Handlung schon vergeben. Es war allzu deutlich, daß er nur auf Befehl gehandelt hatte.

Der Verlust von U-415 war nur ein weiteres Kreuz in der Liste der schnell zunehmenden U-Bootverluste. In den ersten beiden Wochen im Juli, während meiner letzten Unternehmung, hatten wir allein elf Boote, acht ohne Schnorchel, verloren. Das war nahezu das gesamte einsatzbereite Kontingent der Biskaya-Boote. Zwei Schnorchelboote waren im Kanal versenkt worden. Damit war die Anti-Invasionsgruppe auf vier Boote zusammengeschmolzen. Nach dem Verlust von U-415 lagen nur U-256, U-413, U-963 und U-989 in der Werft zwecks Reparaturen und Einbau der Schnorchelanlage.

Mittlerweile benutzten die fünf im Kanal verbliebenen Boote ihren Luftmast, um der Vernichtung aus der Luft zu entgehen. Sie erzielten sogar einige Erfolge. U-953, Marbach, versenkte drei Zerstörer. U-984, Sieder, schickte drei Frachter und eine Fregatte auf den Grund des Kanals. U-763, Cordes, versenkte drei Handelsschiffe und einen Zerstörer.
Während dieser entscheidenden Tage griffen nicht mehr als drei U-Boote die Nachschubgeleite zwischen den südenglischen Häfen und der Küste der Normandie an. Nahezu 100 U-Boote hätten eingesetzt werden können, wäre der Einbau des Schnorchels zu einem früheren Zeitpunkt und mit höchster Dringlichkeit in den Frontbooten vorgenommen worden. Aufgrund des Entschlusses der Führung, den Krieg mit veralteten, der Forderung der Front nicht gewachsenen U-Booten fortzusetzen, um - nach Dönitz' eigenen Worten - die alliierten Streitkräfte zu Wasser und in der Luft zu binden, war es dem Feind gelungen, die U-Bootwaffe rechtzeitig auszuschalten. Nun war der U-Bootkrieg praktisch zum Erliegen gekommen, und die Alliierten verloren nur wenig von ihrem Nachschub auf See. Immer neue anglo-amerikanische Divisionen, Tausende von Panzern, Geschützen und Fahrzeugen strömten über riesige Pontonbrücken, die an die Küste der Normandie geschleppt und dort versenkt worden waren. Die Alliierten eroberten Cherbourg und sicherten sich damit einen Hauptstützpunkt mit einem funktionierenden Hafen. Von hier begannen sie ihre gigantischen Operationen; die Halbinsel Cotentin und die Normandie waren bald in ihrer Hand. Unseren Armeen gelang es nicht, den Ansturm der feindlichen Divisionen aufzuhalten, die tiefe Keile in unsere Linien trieben und in das französische Hinterland durchbrachen. Avranches war gefallen; amerikanische Einheiten stürmten entlang der Nordküste der Bretagne nach Westen und näherten sich unaufhaltsam der Stadt Brest.
Am Tage nach der Zerstörung von U-415 machte ich den ersten meiner vielen Besuche im Lazarett. Ich fand die meisten meiner verwundeten Männer in verhältnismäßig guter Verfassung und ihre Arme und Beine in Gipsverbänden. Die fünf Schwerverletzten lagen vom Kopf bis zu den Füßen in Gips. Zwei waren immer noch bewußtlos. Ich verteilte Zigaretten und Tabak. Das war alles, was ich tun konnte.
Bei meiner Rückkehr zum Stützpunkt wurde ich von meinem Obersteuermann aufgehalten, der mir eine interessante Geschichte erzählte. Der englische »Soldatensender Calais« hatte eine Mitteilung bezüglich unseres Bootes durchgegeben. »Der Ansager behauptete, Sie hätten selbst U-415 versenkt, um mit dem alten Blechkasten nicht mehr auslaufen zu müssen«, sagte Bruns belustigt.
Ich war darüber amüsiert, lächelte und sagte: »Da sehen Sie, Bruns, wie schnell die Tommies ihre Informationen kriegen und verdrehen. Es sollte für euch alle eine Warnung sein.«
Mit einem breiten Grinsen und einem kurzen Gruß sagte der Obersteuer-

mann im Davongehen: »Ich wette, die Kerle zählen sogar nach, wie oft wir auf die Latrine gehen.«
Die folgenden Tage verbrachte ich mit ungeduldigem Warten auf ein neues Kommando. Daß ich eines der modernsten Tauchboote erhalten würde, war für mich eine unumstößliche Tatsache. Während sich die Führung Zeit ließ, eine Entscheidung über meine Zukunft zu treffen, sah ich Heinz Sieder von seiner Unternehmung zurückkommen, begrüßte ich Marbach an der Pier und hörte Cordes' erstaunlichen Bericht. Wir feierten ihre Erfolge und versuchten, die guten alten Zeiten mit viel Champagner und verschwenderischen Fischgerichten wieder aufleben zu lassen. Falls einer unter uns befürchtete, daß der Krieg zu einem schrecklichen Ende kommen würde, so behielt er seine Befürchtung streng für sich. Wir waren voller Hoffnung und vom Endsieg überzeugt. Ich war sicher, daß der Krieg eine dramatische Wendung nehmen würde, wenn erst unsere neuen Wunder-U-Boote in größerer Zahl zur Verfügung ständen, und ich glaubte, bald eines dieser Unterwasserwunder gegen den Feind fahren zu können.
Dann kam der 20. Juli. Es war ein heißer Tag, und ich war bei meinen Verwundeten im Lazarett gewesen, wo es noch halbwegs kühl war. Nach meiner Rückkehr zum Stützpunkt am Spätnachmittag meldete mir der Steward, daß der Flottillenchef alle Offiziere in der Messe erwartete. Zu meinem Erstaunen fand ich Offiziere und Feldwebel dort versammelt. Nur ein Ereignis von größter Bedeutung und weitreichenden Folgen konnte diese Zusammenkunft veranlaßt haben. Vielleicht ein entscheidender Sieg in der Normandie? Es gab viele Vermutungen. Die Spannung war auf dem Höhepunkt, als Kapitän Winter mit seinem Stab die Messe betrat. Winters Gesicht war aschfahl, steinern. Er bat um Ruhe.
»Meine Herren«, begann er, »ich habe die Pflicht, Ihnen den Inhalt dieses Fernschreibens von unserem Großadmiral zu übermitteln, das ich soeben erhalten habe. Heute morgen wurde ein Attentat auf das Leben des Führers verübt. Der Führer ist jedoch nicht verwundet. Der Attentäter, ein Offizier der Wehrmacht, wurde verhaftet. Ich kann Ihnen versichern, daß die Kriegsmarine keinen Anteil an einer Verschwörung hatte. Meine Herren, das Attentat wird nichts ändern. Der Krieg geht weiter bis zu einem siegreichen Ende.«
Die Enthüllung verursachte Bestürzung. Die Tatsache, daß man versucht hatte, das Idol der Nation zu ermorden, ging über unser Begriffsvermögen. Unsere Reaktionen bewegten sich zwischen Unglauben und tiefer Sorge. Die Versammlung löste sich in totaler Verwirrung auf. Was sollte ich meinen Männern sagen? Die Nachricht eilte durch den Stützpunkt. Die Besatzungen wurden sofort über die Tatsachen aufgeklärt, bevor sie die entstellte Propaganda des Senders »Calais« zu hören bekamen. Die Leute nahmen meine Darstellung der Ereignisse mit stoischer Ruhe hin.

Ich zog mich daraufhin in die Stille meines Zimmers zurück. Natürlich wußte ich, daß es viel Unzufriedenheit zu Hause gab. Das war nach einem langen Krieg mit all seiner Härte, den schweren Verlusten und den weitverbreiteten Verwüstungen unvermeidlich. Aber ich hatte nie damit gerechnet, geschweige daran gedacht, daß es einen organisierten Widerstand gab, der Landesverrat und offene Rebellion plante. Anstatt alle Kräfte zu vereinen, um den Krieg zu gewinnen und dann den Grund allen Übels auszumerzen, hatten die Verschwörer unsere Kräfte zerrüttet, die Fronten in der Heimat wie am Feind geschwächt und das Bestehen Deutschlands in Frage gestellt. Obwohl ich befürchtete, daß die Moral unserer Männer angesichts des Attentats leiden würde, verursachte es nur eine einzige sichtbare Veränderung in unserem Marineleben: der militärische Gruß wurde abgeschafft und der Gruß der Partei in allen Wehrmachtsteilen eingeführt. Das Ergebnis waren oft erheiternde Situationen. Inzwischen ging der Krieg weiter - immer blutiger, immer vernichtender.
Dann kam eine Zeit tragischen Abschiednehmens. Am 21. Juli schleiften zwei Schlepper das gesunkene U-415 über Grund ins Trockendock. Ich erhielt Befehl, wertvolle Instrumente und die Geheimsachen sicherzustellen. Zusammen mit meinen Offizieren und dem Rest der Besatzung ging ich zum Dock. Dort fanden wir unser Boot auf der Steuerbordseite liegend. Der achtere Teil des Druckkörpers war wie Wellblech eingedrückt. Ein breiter Riß klaffte unter dem E-Maschinenraum. Spanten waren verbogen und gebrochen, die achteren Tauchzellen aufgeschlitzt, die Wellen verbogen, Seiten- und Tiefenruder vom Druckkörper abrasiert. Was von U-415 übriggeblieben war, war Schrott. Ich überließ die Aufsicht über die Arbeiten meinen Stellvertretern und wandte meinem Boot den Rücken.
Zwei Tage später gab die See die Leichen der beiden Männer zurück, die beim Untergang von U-415 gefallen waren. Ein Minenfahrzeug brachte die beiden an Land. Am 25. Juli begruben wir unsere Toten auf einem kleinen Militärfriedhof nahe dem Stützpunkt. Die Lebenden waren in ihren besten blauen Uniformen angetreten. Einige hatten noch die Arme im Gipsverband, als wir unseren Gefallenen, die ohne jeden Grund sterben mußten, die letzte Ehre erwiesen. Winter legte seinen Kranz wortlos an den Gräbern nieder. Dann, unter einer Salve von vierundzwanzig Gewehrschüssen, wurden die beiden Särge der französischen Erde übergeben.
Bevor der Tag zu Ende ging, sah ich mich der schwierigen Aufgabe gegenüber, den Eltern der Gefallenen zu schreiben. Was konnte ich den Eltern sagen, die erwarteten, daß ihre Söhne, wenn sie schon sterben mußten, im Kampf als Helden gefallen waren? Ich entfaltete das dünne Papier mit dem schwarzen, schmalen Rand und dem Eisernen Kreuz in der linken oberen Ecke und begann zu schreiben. Ich kämpfte mit meinen Sätzen noch lange nach Mitternacht.

5

Ich war froh, daß der Juli sich seinem Ende näherte. Wie in den vergangenen Monaten verschlechterten sich die Verhältnisse zusehends. Starke alliierte Kräfte, die von der Normandie gegen den leichten Widerstand unserer Etappe angerannt waren, drohten die Bretagne vom übrigen Frankreich abzuschneiden und unsere Verbindung mit Deutschland zu unterbrechen. Unsere wichtigen U-Boot-Stützpunkte an der Atlantikküste waren immer mehr der Gefahr der Einschließung ausgesetzt, je länger unsere Gegenoffensive auf sich warten ließ. Die Stützpunkte, die einst sehr lebhaften Häfen Brest, Lorient und St. Nazaire, zusammen mit den einst glorreichen U-Bootflottillen, waren praktisch schon ausgestorben. Allein im Juli wurden weitere achtzehn Boote versenkt. Die meisten fielen den Flugzeugen des *British Coastal Command* zum Opfer. Unter ihnen befanden sich die veralteten Boote U-212 und U-214, die ohne Schnorchel von Brest ausgesandt worden waren, um unser Küstenvorfeld von alliierten Streitkräften freizuhalten. Englische Zerstörer, die den Ring um Brest enger zogen, hatten beide Boote auf den Grund geschickt.
Ende Juli nahm ich auch Abschied von meinen Freunden Dieter Sachse, U-413, und Heinz Siedler, U-984. Sie waren auf Einzelunternehmung in den Kanal beordert. Beide Boote wurden eigenartigerweise am selben Tag, am 20. August, von U-Jagdgruppen erfaßt und vernichtet. Beide Boote waren Totalverluste.
Nach dem Auslaufen meiner beiden Kameraden fühlte ich mich ziemlich überflüssig. Die Führung hatte immer noch keine Entscheidung über meine Zukunft getroffen. Vergeblich suchte Winter sich für mich einzusetzen. In Ermangelung meiner gewohnten Bordtätigkeit bereitete ich mich auf einen Landkrieg vor. Die Belagerung von Brest war nicht mehr aufzuhalten. Starke amerikanische Panzerverbände rollten durch das Hochland der Bretagne, und unsere Truppen begannen sich auf Brest zurückzuziehen. Die Stadt wurde zur Festung erklärt. Meine Männer, soweit sie nicht im Lazarett lagen, erhielten Gewehre und Maschinenge-

wehre, und ich wurde angewiesen, sie für einen Landkampf auszubilden. Unsere Aussichten, in der Festung Brest eingeschlossen zu werden und damit in der Falle zu sitzen, waren nur zu gut.
An einem sonnigen Tag Anfang August, ich kehrte gerade mit meinen Männern von einer Feldübung zurück, wurde mir gemeldet, daß der Flottillenchef mich zu sehen wünschte. Winter begrüßte mich mit einem seltenen Lächeln. »Sie sind ein Glückspilz, Werner. Sie sind zum Kommandanten von U-953 ernannt worden. Gratuliere.«
Ich war angenehm überrascht, begeistert. Marbach, der Kommandant des Bootes, war nach der Versenkung der drei Zerstörer zu Dönitz ins Berliner Hauptquartier befohlen worden, um sein Ritterkreuz in Empfang zu nehmen. Mit dem Durchbruch der Alliierten durch unsere Stellung und mit der Einkesselung von Brest war Marbachs Rückkehr zum Stützpunkt unmöglich gemacht worden.
»Sie werden die Besatzung in einer Stunde als neuer Kommandant begrüßen«, fuhr Winter fort. »Das Boot ist, wie Sie wissen, mit einem Schnorchel ausgerüstet; die Reparaturarbeiten werden in etwa zehn Tagen beendet sein. Bereiten Sie sich auf eine interessante Aufgabe vor.«
»Ich danke Ihnen, Herr Kapitän.« Dieses neue Kommando gab meinen Aussichten für die unmittelbare Zukunft eine neue Richtung. Anstatt in der Festung Brest in der Falle zu sitzen, an Land erschossen oder in einem Gefangenenlager gedemütigt zu werden, würde ich zumindest in der Lage sein, auf See zu kämpfen und zu sterben. Das war der Krieg, den ich kannte, und der Platz, auf den ich gehörte.
Zur festgesetzten Stunde übernahm ich die Führung von Marbachs Boot. Die meisten seiner Leute kannten mich oder hatten zumindest von mir gehört. Diese Tatsache sowie die bevorstehende Belagerung veranlaßte die Männer, ihren neuen Kommandanten mit einem Gefühl der Erleichterung aufzunehmen. Da ein Teil der Besatzung auf Urlaub war und nicht mehr an Bord zurückkehren konnte, füllte ich die Lücken mit Seeleuten und Heizern von U-415 auf. Anstatt an Land gegen Panzer zu kämpfen, zogen sie es vor, mit einem Dinghi gegen die englischen Zerstörer zu fahren.
Die Tage vergingen schnell mit Vorbereitungen zum Auslaufen. Meine zusammengewürfelte Besatzung arbeitete mit allen Kräften, um den Auslauftermin einzuhalten, und ihre Hilfe ersetzte den Mangel an zuverlässigen und erfahrenen Werftarbeitern. Der alliierte Vormarsch ermunterte immer mehr französische Werftarbeiter, ihre Arbeit für die Besatzungsmacht einzustellen. Einige rannten während der Mittagspause davon, andere kehrten am Morgen nicht zur Arbeit zurück. Die Verhältnisse spitzten sich stündlich zu. Der Rest meiner Männer von U-415, diejenigen, die ich nicht auf mein neues Boot nehmen konnte, wurde in die vordersten Gräben von Brest geschickt. Und die Besatzung wurde fortwäh-

rend von deutschen Zivilangestellten, die ihnen große Beträge als Bestechung anboten, darum angegangen, sie an Bord zu schmuggeln und aus der Falle entwischen zu lassen. Unter derart hektischen Zuständen war es uns unmöglich, den Auslauftermin einzuhalten.
Brest erwartete den Feind. Immer mehr deutsche Truppen strömten in die Stadt, als schnelle motorisierte amerikanische Verbände aus der Normandie durchbrachen, Paris bedrohten, Lorient belagerten und den Hafen St. Nazaire erreichten. Die Bürger von Brest versteckten sich in ihren Häusern und erwarteten das Kommende mit einer Mischung von Furcht, Stoizismus und Hoffnung auf Befreiung. Viel zu spät befahl unsere U-Bootführung, die Stützpunkte Brest, Lorient und St. Nazaire, die bereits eingekesselt waren, von den verbliebenen U-Booten zu räumen. Zu diesem Zeitpunkt hatte die englische Flotte Dönitz' Befehl bereits erwartet und unsere Fluchtwege abgeriegelt. Starke Zerstörerverbände waren nach Süden gedampft und lagen nun vor den drei wichtigen Häfen. Nacht für Nacht warfen alliierte Flugzeuge ihre Minen in das Fahrwasser; sie stoppten damit allen Verkehr und verwandelten das Auslaufen der Boote in eine gefährliche Angelegenheit. Neben der Jagd auf See griff die *Royal Air Force* alle Stützpunkte wiederholt mit großer Stärke an. Die Überreste einer U-Bootflotte, die einmal mehrere hundert Frontboote umfaßte, versuchten ihre Zerstörung aufzuschieben, indem sie sich in dem düsteren, nahezu leeren Bunker und unter dem Schutz von sieben Metern Eisenbeton versteckten.
Am 12. August, um 10 Uhr 45, heulten die Luftschutzsirenen durch den Stützpunkt in Brest. Ich nahm mit meinen Männern Deckung in den Tunnels, die in den Felsen gesprengt waren. Fast sofort begann ein wütendes Schießen. Vom Eingang der unterirdischen Gewölbe sah ich einen Schwarm von etwa vierzig viermotorigen Flugzeugen aus der Sonne stürzen. Sie flogen in mittlerer Höhe und unbeirrt ins konzentrierte Feuer unserer schweren Flak. Schwarze Pilze standen plötzlich überall in der Luft. Die Maschinen kamen unbeirrt näher, hielten beharrlich Höhe und Kurs. Ein Flügel brach vom Rumpf einer Maschine und schwebte durch die Luft. Das Flugzeug trudelte, kreiste und fiel in die Bucht. Die weißen Punkte von vier Fallschirmen entfalteten sich in der Bläue des Morgens, kurz bevor die Maschine aufs Wasser aufschlug. Der Rest des Flugzeugpulks flog in gerader Linie auf unseren Bunker zu. Eine zweite Maschine fing Feuer und scherte aus der Formation. Ein drittes Flugzeug explodierte. In diesem Augenblick klinkten die andern Maschinen, alles Lancasters, je eine Bombe aus. Die Riesenkoffer waren deutlich sichtbar. Ich zog mich eiligst in das Dunkel des Tunnels zurück. Dann wurde die Welt aus den Angeln gehoben. Vulkanartige Ausbrüche erschütterten den Berg und ließen die Luft erzittern. Harte Druckwellen trafen uns mit niederschmetternder Gewalt und nahmen uns den Atem. Himmelhohe Fon-

tänen von Staub und Trümmern stoben gegen die nutzlosen Fesselballons und verwischten das Panorama. Einige heftige Stöße, ein unregelmäßiges Ballern unserer schweren Flak, ein tiefes Brummen in der Luft in nördlicher Richtung - dann seltsame Stille.
Besorgt um mein neues Boot, lief ich im Eilschritt den Berg hinunter zum Bunker, kletterte über Berge von Steinen, zerbrochenem Eisenbeton, stürmte in die dunkle Kühle des Bunkers und fand U-953 unversehrt an seinem Liegeplatz. Ich lief eilig durchs Gewölbe, an den vielen leeren Liegeplätzen entlang bis zum Ende des Bunkers. Eine Gruppe gestikulierender Arbeiter versperrte mir den Weg. Sie starrten wie gebannt zur Decke. Da sah auch ich die Risse. Verbogenes Moniereisen ragte hier und dort in das Gewölbe. U-247, das einzige Boot an der Pier, war mit einer dünnen Schicht Zementstaub bedeckt. Die Sechs-Tonnen-Bombe, die schwerste, die die Alliierten zur Verfügung hatten, hatte ihre Gewalt harmlos verpufft. Dieser Treffer war der einzige, den der Bunker erlitten hatte. Die enorme Anstrengung unserer Gegner, die letzten U-Boote bereits im Hafen zu versenken, war ein kompletter Fehlschlag.
Ich kehrte zu meinem Boot zurück, um den Fortschritt der Arbeiten zu überprüfen, die ich innerhalb der nächsten vier Tage zu beenden hoffte. An Oberdeck wurde ich von meinem Leitenden, der schon mit Marbach gefahren war, aufgehalten. Er bat mich in den Bugraum. Ich ließ mich durchs vordere Luk in das Halbdunkel des Bootes hinunter und starrte in die gähnende Öffnung von Rohr III. Der Bodenverschluß lag an Deck. Der runde Deckel, der einzige Sicherheitsverschluß außer der Mündungsklappe, hatte sich aus der Verriegelung gelöst und war am Scharnier abgebrochen. Ich war mehr als erstaunt - ich war äußerst besorgt.
Der L.I. erklärte mir: »Das kommt von der Druckwelle einer der Bomben, die etwa 50 Meter achteraus im Hafenbecken krepierten. Wir können auf diese Weise manches Boot verloren haben. Mit geöffneten Mündungsklappen und einem fehlerhaften Bodenverschluß braucht ein Boot nur eine Wasserbombe, um in die Ewigkeit abzusacken. Diejenigen, die die Erfahrung gemacht haben, können uns leider nicht erzählen, wie es passiert ist.«
»Hören Sie, L.I.«, antwortete ich verärgert, »wenn unsere Mündungsklappen offen gewesen wären, würde auch unser Boot nun auf dem Grund liegen, und wir beide müßten uns in Zukunft entweder in den Gräben herumquälen oder auf einen langen Fußmarsch in ein Gefangenenlager vorbereiten. Prüfen Sie bitte alle Bodenverschlüsse, und lassen Sie diesen da so schnell wie möglich ersetzen. Ich möchte mit dem Auslaufen nicht länger warten.«
Wie in Brest hatten auch die alliierten Luftangriffe auf unsere Bunker in Lorient, St. Nazaire, La Pallice und Bordeaux wenig oder keinen Erfolg. Die anglo-amerikanischen Fortschritte an der Landfront jedoch ver-

ursachten allgemeine Bestürzung. Jedes Boot, das fliehen konnte, verließ unsere bedrohten nördlichen Stützpunkte, um zur weiteren Überholung nach La Pallice und La Rochelle zu gehen. Diese beiden Häfen, die eine gemeinsame Einfahrt zwischen den Inseln Ile de Ré und Ile d'Oléron hatten, waren noch nicht von alliierten Truppen eingeschlossen oder von englischen Seestreitkräften blockiert; sie boten noch einen Fluchtweg durch Frankreich für Tausende von Marinesoldaten, denen befohlen wurde, sich abzusetzen. Diese beiden Häfen wurden vom Befehlshaber der U-Boote als Zufluchtsplätze für U-Boote aus den nördlichen Häfen bestimmt. Hier würden unsere Boote erhalten, was immer sie an Ausrüstung und Reparaturen für die anschließende Unternehmung benötigten.
Aber die *Royal Navy* beherrschte die Gewässer um die nördlichen Häfen, und unsere Besatzungen, die die Stützpunkte mit ihren lahmen, oberflächlich zusammengeflickten und meist schnorchellosen Booten verließen, hatten nur geringe Chancen, die beiden südlichen Häfen zu erreichen. Boote, die nicht von den Blockade-Zerstörern versenkt wurden, fielen den Minen oder den Flugzeugbomben zum Opfer. U-736, von Lorient auslaufend, wurde am 6. August in Landnähe versenkt. U-608 wurde beinahe am selben Standort am 10. August von Bomben zerschmettert. Einen Tag später wurde U-385 von Wasserbomben in Stücke zerrissen. Am 12. August wurde U-270 vor Lorient zerstört, und U-981 lief bei dem Versuch, in den Hafen von La Rochelle einzulaufen, auf eine Mine und wurde anschließend durch Bomben versenkt. Am 14. August wurde U-618 durch Luftangriff tauchunklar gebombt und kurz darauf von Zerstörern vernichtet. Am 18. August erlag U-107 einer Bombenserie, und U-621 wurde das Opfer einer erfahrenen englischen U-Jagdgruppe.
Während dieser Tage des langsamen Verfalls unseres Atlantikwalls an Land und zur See wurden auch von den anderen Fronten Rückschläge gemeldet. Sowjetische Armeen hatten die Städte Przemysl, Bialystok, Kowno und Preskow zurückerobert und stießen mit einer machtvollen Offensive immer tiefer in die alten russischen Gebiete vor. In Griechenland hatten unsere Divisionen eine Schlacht nach der andern verloren. Rumänien war in das Lager der Gegner übergelaufen. In Italien zogen sich unsere Truppen aus Rom zurück und wurden nördlich der Stadt in schwere Kämpfe verwickelt. Um das Maß der Niederlagen und Rückzüge voll zu machen, war eine starke alliierte Invasionsarmee am 15. August zwischen Marseille und Toulon an der französischen Mittelmeerküste gelandet. Motorisierte Einheiten, die von dieser neuen Front nach Norden jagten, drohten unsere Divisionen in Westfrankreich abzuschneiden. Der U-Bootstützpunkt in Toulon wurde überrannt und mit der Versenkung von acht U-Booten, darunter das alte U-230, ausgelöscht. Auf diese Weise kam der U-Bootkrieg im Mittelmeer zum Erliegen. Das grausame Bild des bevorstehenden Unglücks wurde noch durch den Ver-

lust unserer Zerstörer, Minensuchboote und Vorpostenboote im Mittelmeer und anderen französischen Gewässern abgerundet.
Mit unseren Rückzügen kamen Verwirrung und Panik. Die Atmosphäre in der Festung Brest näherte sich dem Flammpunkt. Unseren Soldaten war der Zutritt in die Stadt verboten. Auch der Bevölkerung war eine strenge Ausgangsbeschränkung auferlegt worden. Die Werften wurden durch Marinesoldaten gesichert. Alle Flakgeschütze wurden in strategische Positionen verlagert, um die Ringverteidigung von Brest zu verstärken. Marine-Einheiten, bis an die Zähne bewaffnet, patrouillierten durch Stadt und Vororte. Die Marineschule, der einstige Sitz der berühmten 1. U-Boot-Flottille wurde wegen ihrer weitverzweigten Bunkeranlagen zum Zentrum der Verteidigung von Brest erklärt. Die 9. U-Boot-Flottille wurde aufgelöst und ihr Chef von Dönitz angewiesen, den Hafen zu verlassen und per U-Boot nach Norwegen durchzubrechen. Tatsächlich gelang ihm die nahezu unmögliche Leistung, Brauers ausgeschlachtetes U-256 notdürftig zu reparieren und mit einem behelfsmäßigen Schnorchel auszurüsten, aus dem Hafen zu schlüpfen, die englische Blockade zu durchbrechen und Norwegen zu erreichen.
Korvettenkapitän Winter verlagerte die letzten Einheiten der 1. U-Boot-Flottille in die Höhlen in den Felsen und wehrte mit Bravour eine Invasion der Infanterie ab. Eine größere Anzahl arroganter Infanterieoffiziere, die der Schlacht um Deutschlands Schicksal entronnen waren und ihr leichtes Leben in Frankreich konserviert hatten, stürmten mit ihren Mätressen und einem Troß persönlichen Gepäcks, Wein und Champagner in die Hafenstadt. Einige der Herren verlangten U-Boot-Transport für sich und ihren Besitz und waren entrüstet, wenn Winter sie höflich, aber bestimmt abwies. Die Lage verschärfte sich fast bis zum Aufruhr, als in den vorderen Linien die ersten Schüsse abgefeuert wurden und die ersten Sherman-Panzer in Sichtweite der äußersten Verteidigungslinie kamen.
Während dieser chaotischen Tage, als die Kriegsmarine der einzige Verteidiger von Brest war und niemand wußte, wo die Front verlief, was der nächste Tag bringen oder wann die Alliierten angreifen würden, waren nur drei U-Boote im belagerten Hafen verblieben. U-953, U-256 und U-247 näherten sich ihrer oberflächlichen Fertigstellung, die ihnen erlauben würde, den Ausbruch in die relative Freiheit der See zu wagen. U-247, notdürftig seeklar, versuchte den Ausbruch, wurde aber vier Tage später versenkt. Es gab keine Überlebenden.
Mitte August wurde U-953 endlich für beschränkt seeklar erklärt. Beide Diesel waren in schlimmstem Zustand. Die Batterien waren bereits im Frühsommer zum Austausch vorgesehen. Aber es gab weder Ersatzteile noch Material noch eine Gelegenheit, diese Reparaturen auszuführen. Die Besetzung der Halbinsel Crozon durch die Amerikaner und die Einflüge der Engländer in den Luftraum über Brest hinderten uns daran, Tauch-

versuche oder Schnorchelübungen durchzuführen. Wir verdoppelten unsere Wache an Bord, um etwaige Versuche französischer Widerstandsgruppen zu vereiteln, unser Boot bereits an der Mole zu versenken. Mit viel Erfindungsgabe gelang es uns, das Boot mit Treibstoff und Proviant auszurüsten. Zu meiner Bestürzung erhielt ich Befehl, statt einer Ladung Torpedos Boot und Rohre mit Ingenieur-Ausrüstung, wissenschaftlichen Geräten, wertvollen Instrumenten und technischem Personal zu beladen. Diese wichtige Ladung sollte ich nach La Rochelle transportieren, wo die Zivilisten mit ihren Apparaten den Versuch unternehmen sollten, sich durch das feindliche Frankreich nach Deutschland durchzuschlagen.
Ich betrachtete die Lage mit einem kritischen Auge und kam zu einem schnellen Entschluß. Was für Zivilisten gut war, war für den Rest meiner alten Besatzung noch besser. Ich erhielt Winters Genehmigung, meine gesunden Leute von U-415 an Bord zu nehmen und sie aus der Falle herauszuführen. Ich sammelte die Leute in den Schützengräben auf, fuhr dann schwerbewaffnet zum Lazarett, um mich von unseren Verwundeten zu verabschieden; ich wußte, daß sie einer langen Belagerung und einem noch längeren Aufenthalt hinter Stacheldraht entgegenzusehen hatten. Dann wies ich meine Besatzung an, alle unnötigen Dinge im Stützpunkt zu belassen. Jeder Mann durfte nur einen Koffer oder Seesack mit an Bord nehmen; ich überwachte ihren Auszug aus dem Komplex der 1. U-Boot-Flottille. Als ich selbst mit meinen geringen Habseligkeiten auf der Pier im Bunker ankam, stand ich einer aufgeregten Menge schreiender und gestikulierender Zivilisten gegenüber, Deutschen und Franzosen, die mit Gewalt versuchten, an Bord zu gelangen. Meine Leute stießen die rasende Gruppe mit Faust- und Kolbenschlägen auf die Pier zurück. Einige der Zivilisten waren derart verzweifelt, daß wir sie mit Maschinenpistolen in Schach halten mußten.
Die Besatzung trat auf dem Achterdeck zur letzten Zählung an. Sechs Zivilisten standen auf der Brücke, gespannt und ein wenig verloren. Mein neuer I.W.O. meldete mir die verstärkte Besatzung. Mit den eingeschifften Technikern und mir selbst waren es 99 Mann, 45 mehr als unter normalen Verhältnissen. In der Hoffnung, die Menge auf der Pier zu verscheuchen, gab ich mit lauter Stimme wenig ermutigende Anweisungen: »Männer, ich möchte hervorheben, daß dies eine unserer schwierigsten Unternehmungen sein wird. Wir werden von Pier zu Pier mit allen Leuten, also auch den Überzähligen von U-415, auf Gefechtsstationen fahren. Die Besatzung von U-953 wird ihre Stationen besetzt halten; die Gäste von U-415 nehmen ihre alten Stationen ein. Ihr werdet auf Gefechtsstationen arbeiten, essen und schlafen. Es gibt kein Herumlaufen, kein unnötiges Sprechen, keine Unterhaltung. Büchsen als Toilettenersatz werden in allen Räumen bereitgestellt. Ihr müßt euch darüber im klaren sein, daß die Küstengewässer von feindlichen Fahrzeugen wimmeln und

ich unsere Chancen, die Blockade zu durchbrechen, für sehr gering halte. Macht euch also keine falschen Illusionen. Bereitet euch auf sofortiges Ablegen vor. Niemand verläßt das Boot, gleichgültig aus welchem Grund.«
Ich ließ die Männer wegtreten und wandte mich an die sechs Zivilisten. Zum erstenmal erkannten sie die bevorstehende Gefahr. Zwei ergriffen ihr Gepäck und eilten von Bord. Ich war amüsiert und froh, sie verschwinden zu sehen. Ihre Flucht gab uns desto mehr Raum zum Atmen. Die vier Mutigen folgten mir unter Deck. Der Mittelgang und die einzelnen Abteilungen, mit Ausnahme der Zentrale, waren mit großen, sperrigen Kisten, Koffern, Apparaten und Instrumenten vollgepackt. Im Bugraum war wichtiges Material in den Torpedolagerungen und Rohren verstaut und auf den Flurplatten aufgestapelt. Ich sagte den vier Gästen, daß dieser enge Schlauch ihr Aufenthaltsort sei und daß sie ihn nicht verlassen dürften. Dann ließ ich sie in voller Verwirrung stehen.
Ich ging nochmals an Land, um Winter meine Bereitschaft zum Auslaufen zu melden. Als ich den Abhang zum Stützpunkt emporstieg, hörte ich das Bellen von Maschinengewehrfeuer und sah Winters Adjutanten den Berg herabstürmen. Außer Atem meldete er mir, daß sich noch vier weitere Techniker an Bord einschiffen würden - Männer, die das Reich nicht an die Amerikaner verlieren wollte. Da diese Männer aber nicht vor dem nächsten Morgen bereit wären, würde unser Auslaufen um vierundzwanzig Stunden verschoben. Verärgert über diesen neuen Aufschub, ging ich zum Boot zurück. Denn je länger ich im Hafen gehalten wurde, desto härter würde meine Flucht aus Brest und der Durchbruch durch die Blokkaden nach La Rochelle sein.
Bald wehte der Duft von Gulasch durchs Boot. Die Männer hockten auf Kisten und Koffern, Rohrleitungen und Kojen und aßen die Mahlzeit, die, wie sie gehofft hatten, ihre letzte in der Festung Brest sein würde. Unsere Lautsprecher verbreiteten leise Schlagermusik. Ich saß an dem kleinen Schreibtisch in meiner Nische und dachte über meinen Ausbruch nach. Dann brach die Musik plötzlich ab, und der Ansager begann zu sprechen.
»Dies ist eine besondere Sendung für unsere U-Bootkameraden, die in Brest eingeschlossen sind. Die Zeit ist gekommen, euch von dem nutzlosen Kampf zu befreien. Wenn ihr mit einer weißen Flagge am Sehrohr aus dem Hafen kommt, werden wir euch mit Achtung empfangen und behandeln. Solltet ihr aber entschlossen sein, weiterzukämpfen, so werdet ihr einer schnellen Vernichtung entgegenfahren. Ich sage dies besonders zu euch, Männer von U-953. Ihr steht vor einer neuen Unternehmung. Ich kann euch verraten, daß Dutzende unserer Zerstörer darauf warten, euch gebührend zu empfangen. Sie werden euch das Los erteilen, das eure Freunde bereits gefunden haben. Sie werden euch, falls ihr euch entschließt, euren Krieg fortzusetzen, schnellstens versenken. Ich warne euch, es wird eure letzte . . .«

Ich hatte nur mit halbem Ohr zugehört und rief ärgerlich in den Funkraum: »Zum Teufel, schalte diesen Unsinn ab und bring' anständige Musik.«
»Herr Oberleutnant, das ist der einzige Sender, den wir hier im Boot empfangen können.«
»Dann schalte das Radio ab und lege ein paar Platten auf.«

Am Vormittag des 15. August kamen unsere letzten vier Gäste mit zahlreichen Koffern und Geräten an Bord. Ich verbot ihnen, mehr persönliches Eigentum mitzunehmen, als ich mir selbst und meinen Männern erlaubte, und nach einem heißen Wortwechsel trennten sie sich vom größten Teil ihrer privaten Reichtümer. Ich schloß sie im achteren Torpedoraum ein und sagte ihnen, daß sie darin zu bleiben, zu essen, zu schlafen und möglicherweise auch zu sterben hätten. Dann ließ ich den Druckkörper bis auf das Turmluk verschließen, befahl, das Radio abzuschalten und die Batterien aufzuladen. Als ich von Bord ging, qualmten und dröhnten die beiden Diesel in der Höhle des Bunkers um die Wette.
Ich trat aus dem kühlen, dunklen Bunker in blendendes Sonnenlicht und Sommerhitze und stieg bergauf, um Winter meine letzte Meldung zu machen. Der riesige Felsen mit den weitverzweigten Gebäuden der 1. U-Boot-Flottille war von Soldaten in Infanterieuniformen besetzt. Einige der Offiziere trugen Uniformen, die für einen Abend in der Pariser Oper geeignet waren, aber nicht für die Verteidigung von Brest. Überall herrschten Verwirrung und nervöse Spannung. Krankenwagen der Infanterie hielten vor dem Tunneleingang und luden die ersten Verwundeten ab. Grimmige Kämpfe wüteten an den äußeren Gräben. Einige amerikanische Panzer waren an verschiedenen Stellen durchgebrochen und in die unmittelbare Nachbarschaft der Flottille vorgedrungen. Auf der Suche nach Winter eilte ich durch die kühlen Katakomben, die in den Felsen gesprengt worden waren; dann erfuhr ich, daß er zum Stützpunkt zurückgegangen war. Ich folgte den deutlich hörbaren Abschüssen der Flak und erreichte die verödeten Quartiere in dem Moment, in dem sich knapp 700 Meter nördlich unseres Haupttors ein schwarzer Rauchpilz in den Himmel hob. Auf dem flachen Dach des Südostflügels sah ich einige Offiziere in Blau ihre Gläser auf die Rauchwolke richten. Ich jagte die Steintreppe nach oben und fand Winter inmitten seiner Vertrauten, die mit dem Erfolg unserer Geschütze höchst zufrieden waren. Ein amerikanischer Panzer war beim Angriff auf den Stützpunkt zerstört worden. Winter, wie ich feststellte, hatte sich bereits der Tatsache gebeugt, daß ein älterer General die Verteidigung von Brest übernommen hatte. Ich näherte mich meinem Chef und meldete U-953 auslaufklar.
»Sie können nach eigenem Ermessen auslaufen«, schlug Winter vor. »Wann gedenken Sie abzulegen?«

»Nach Sonnenuntergang, Herr Kapitän, um 21 Uhr 30.«
»Ich werde mich von Ihren Männern verabschieden. Aber bitte keine besonderen Maßnahmen. Die Werftarbeiter sollen möglichst nicht auf die Idee kommen, daß Sie heute nacht auslaufen könnten.«
Als wir den Berg hinunterstiegen, begannen wieder die Luftschutzsirenen zu heulen. Wir eilten zum Eingang der Tunnels. Augenblicke später erbebte der Berg unter einer endlosen Kette von Explosionen und heftigen Schlägen. Ich folgte Winter in das weitverzweigte Netzwerk der Tunnels, lief an zahlreichen Betten vorbei, in denen bereits die ersten Opfer der Schlacht lagen; warf einen Blick auf die bleichen deutschen Krankenschwestern, deren Zukunft düster war; musterte verstohlen die aufgelösten französischen Damen der Wehrmachtsoffiziere, die als Kollaborateure einem schrecklichen Schicksal entgegensahen; sah ihre Kavaliere in hohen Stiefeln, Ausgehuniformen und rotgestreiften Hosen hochmütig herumstolzieren und Seeleute und Infanteristen herumflitzen, die ihre Befehle geschäftig ausführten. Die Bombardierung ging indessen ununterbrochen weiter. Alles in den Katakomben - die Betten, die Felsen, die rennenden Menschen - zitterte unter den fortwährenden Detonationen der Bomben und dem Bellen der schweren Flak. Das war der Anfang vom Ende der Festung Brest.
Nach ungefähr dreißig Minuten hörte der Angriff plötzlich auf. Nachdem unsere kleine Welt zur Ruhe gekommen war, verkündeten die Sirenen den Abflug der Bombengeschwader, und ich kehrte mit Winter zum Stützpunkt zurück - oder zu dem, was davon übriggeblieben war. Was nur kurze Zeit zuvor ein stattlicher Gebäudekomplex gewesen war, lag nun völlig verwüstet vor uns. Die Tommies hatten ganze Arbeit geleistet. Mit dem Fall der Marineschule war das Schicksal der 1. U-Boot-Flottille besiegelt; Winter stand stumm inmitten der Ruinen seines Werkes. Es gab für ihn nichts mehr zu tun, als eines seiner letzten Boote auf See zu schikken. Ich erkannte, daß er allein gelassen sein wollte, und stieg langsam zu meinem Boot hinunter.

6

16. August 1944. Es war 22 Uhr 20. Nur wenige Seeleute waren an Deck, um die Leinen loszuwerfen. Ich stand auf der Brücke von U-953 und erwartete Winters Abschiedsbesuch.
Um 22 Uhr 29 schritt er über die Stelling. Er erwiderte meinen Gruß und sagte mit fester Stimme: »Passen Sie gut auf Ihre Männer auf - und auf das Boot. Und viel Glück, Mast- und Schotenbruch.«
»Ich wünsche Ihnen dasselbe, Herr Kapitän. Hoffe, daß wir uns bald unter besseren Umständen wiedersehen.«
»Lassen wir das die Zukunft entscheiden. Sehen Sie zu, daß Sie hier herauskommen, bevor es zu spät ist.«
Einige wenige Befehle. Die Leinen wurden von den Pollern geworfen, die Stelling zur Pier zurückgeschoben. U-953 glitt geräuschlos aus seinem Liegeplatz. Es fuhr ruhig in eine Nacht voller Ungewißheiten und in die Mitte der Bucht von Brest, langsam, vorsichtig, geräuschlos, um nicht eine der akustischen Minen zu aktivieren. Ich brachte das Boot zum Stillstand, kletterte in den Turm und ließ es dann von meinem Leitenden routinemäßig für den Trimmversuch auf Tiefe bringen.
Die Verhältnisse in der engen Stahlröhre waren katastrophal; sie hatten mit guter Seemannschaft und den Sicherheitsanordnungen für U-Boote nichts mehr zu tun. Der Mittelgang war von den Geräten und Instrumenten blockiert. Die Befehlsübermittlung zwischen den einzelnen Räumen war unterbrochen. Das schwere Gewicht der zusätzlichen Ladung und die verdoppelte Besatzung verursachten selbst meinem erfahrenen Ingenieur außerordentliche Schwierigkeiten. Es kostete ihn über eine Stunde, den notwendigen Trimm und Auftrieb herzustellen, um allen Gefahrenmomenten gewachsen zu sein.
U-953 tauchte auf und kroch in den Schatten eines Geleitfahrzeugs, eines der letzten verfügbaren Vorpostenboote in französischen Gewässern. Die Nacht war mondlos und schwarz. Das Vorpostenboot nahm Fahrt auf. U-953 folgte im Kielwasser. Nachdem wir das Unterwassernetz passiert

hatten, schaltete ich auf Diesel um. Als die Klippen in der Nacht zurücktraten, kamen die Ortungen von recht voraus auf uns zugeschossen. Ich wußte, daß wir bereits entdeckt waren. Plötzlich schoß eine Leuchtrakete 200 Meter vor unserem Bug ins nachtblaue Firmament. Im gleichen Augenblick signalisierte unser Sicherungsfahrzeug: VORSICHT - ENGLISCHE SCHNELLBOOTE IN ANGRIFFSSTELLUNG - BESETZEN SIE ALLE GESCHÜTZE.

Ich hatte nicht damit gerechnet, die Engländer auf diese Weise zu treffen. Alle meine Berechnungen waren plötzlich zerstört. Ich befahl ohne Zögern: »Oberfläche nach S-Booten absuchen - Feuererlaubnis ohne weiteren Befehl.«

Die Leuchtrakete erlosch; das Wasser und die Nacht waren wieder so schwarz wie zuvor. Das Vorpostenboot stoppte und zwang mich, dasselbe zu tun. Wir waren plötzlich einer Gefahr ausgesetzt, die wir nicht sehen konnten. Ein verteufeltes Gefühl. Schießen nach recht voraus war mit unseren Waffen unmöglich, der Turm war in der Feuerlinie. Um meine volle Feuerkraft auf den Gegner konzentrieren zu können, mußte ich das Boot um 180 Grad drehen und sein Heck seewärts richten. Aber wie konnte ich übers Heck am Gegner vorbei und in die offene See ablaufen? Es war ein unmögliches Manöver.

Ich signalisierte dem Begleitfahrzeug, langsam vorauszufahren und dauernd Leuchtraketen zu schießen. Auf diese Weise hoffte ich, die Schnellboote in tieferes Wasser zu zwingen, wo ich wegtauchen konnte. Aber sobald wir Fahrt aufnahmen, sah ich über ein Dutzend kleiner Schatten aus einer Entfernung von etwa 800 Metern zum Angriff ansetzen. Ich handelte sofort: »Beide Diesel äußerste Kraft voraus - Ruder hart Backbord.«

U-953 drehte nur widerwillig und bot unendlich lange den angreifenden S-Booten seine volle Breitseite. Als U-953 endlich den Kreis vollendete, begannen unsere Kanonen zu bellen. Wir jagten mit Höchstfahrt zum Hafen zurück und verdarben den Tommies die Chance, eine volle Ladung Torpedos auf uns abzufeuern. Die kleinen Boote, uns an Geschwindigkeit überlegen, kamen schnell auf. Im flackernden Licht der Leuchtraketen sahen wir sie heranzacken. Dann aber drehten die kleinen Teufel ebenso plötzlich ab, wie sie aufgetaucht waren und verschwanden in Richtung auf die offene See.

Dieser Zwischenfall zerstörte meine Hoffnung, in dieser Nacht auszulaufen - oder in irgendeiner anderen Nacht. Die kleinen Torpedoträger waren nicht die einzige Gefahr. Ihr unerwartetes Auftreten ließ auf die Anwesenheit einer starken Zerstörerflotte schließen. Wie es schien, war unsere Rückkehr nach Brest unwiderruflich. Wir waren dazu verdammt, unser Boot zu sprengen und das Schicksal der belagerten Stadt zu teilen.

Als U-953 in den Innenhafen zurückschlich und sich in seinen Liegeplatz hineinschob, dämmerte es bereits. Ich befahl den Männern, sich von den

Werftarbeitern fernzuhalten und nicht ein Wort über unser nächtliches Abenteuer verlauten zu lassen. Zum zweitenmal innerhalb eines Tages schloß ich den grünen Vorhang meiner Nische und dachte über einen Weg nach, der mich aus dieser Falle herausführen würde. Es gab nur eine Möglichkeit. Ich mußte getaucht aus dem Hafen auslaufen - ein Manöver, das jedoch infolge des niedrigen Wasserstandes, der Minen und der starken Strömung gefährlich und nie zuvor versucht worden war. Ich beabsichtigte, bei Hochwasser auszubrechen, mich ohne Begleitfahrzeug durch den engen Schlauch der Ausfahrt treiben zu lassen und, sobald ich genügend Tiefe unter dem Kiel hatte, zu tauchen. Mit nur einem oder zwei Metern Wasser über der Brücke konnten wir mit der auslaufenden Ebbe unter den S-Booten in die offene See gleiten.

Während einhundert Männer in vollem Vertrauen auf meine Fähigkeit, sie in die Freiheit zu entführen, geruhsam schliefen, erhob ich mich von meiner Ledermatratze. Auf dem Weg zu Winter schritt ich durch die verlassenen Werftanlagen. Ich fand Winter in dem unterirdischen Stollen inmitten seines Stabes. Winter war sehr ernst und machte einen müden Eindruck. Ich meldete ihm den S-Boot-Zwischenfall und beschrieb ihm, wie ich die Tommies zu überlisten gedachte. Er wünschte mir ein zweitesmal Glück und eine erfolgreiche Überführungsfahrt nach La Rochelle und fügte hinzu: »Wollen Sie mich auf einem Inspektionsgang durch die Gräben begleiten?«

»Herr Kapitän, ich muß leider ablehnen. Ich muß mich für die kommende Nacht vorbereiten und habe seit Tagen nicht geschlafen.«

Mit einem Anflug des Lächelns sagte Winter: »Dann versäumen Sie vielleicht etwas, das niemand der Nachwelt mitzuteilen in der Lage sein wird.« Dann, indem er seine Bewegung verbarg, fügte er mit lässiger Rauhheit hinzu: »Halten Sie die Ohren steif und den Kopf hoch. Ich kann Sie leider nicht verabschieden. Meine Pflicht hält mich hier fest.«

Wieder drückten wir uns die Hände. Ich verließ ihn mit dem deutlichen Gefühl, daß ich ihn nie wiedersehen würde.

Am 17. August, 2 Uhr 55, schob ich den grünen Vorhang zurück, zog meine Lederjacke an, ging in die abgedunkelte Zentrale und ermahnte erneut meinen L.I., sehr vorsichtig zu tauchen, wenn ich die Zeit und den Augenblick für gekommen hielt. Dann nahm ich meinen Platz auf der Brücke ein.

Um 3 Uhr zog ich U-953 aus dem Bunker. Als das Boot geräuschlos in die Sommernacht glitt und auf das enge Fahrwasser zutrieb, sah ich die schattenhafte Stadt achteraus. Der Hafen mit seinen weiten Dockanlagen zeichnete eine bizarre Silhouette in den nächtlichen Himmel. Und über allem waren die verschwommenen Umrisse von Brest, der Stadt, die in kurzer Frist Belagerung, Zerstörung und Übergabe erwartete. Nun fühlte ich, vielleicht zum erstenmal, daß alles unwiderruflich verloren war, daß

Ruhm, Erfolge, Triumphe und Siegesfeiern für immer vorbei waren. Die Vergangenheit würde nie wieder neu aufgebaut werden können.
U-953 trieb an dem verlassenen Unterwassernetz vorbei und glitt wie ein Geisterschiff in den engen Schlauch des Fahrwassers, das in die Biskaya, in den Atlantik führte. Der dunkle Hintergrund der Berge und Klippen verdeckte unsere Flucht. Um 3 Uhr 35, als die Flut am höchsten stand, schlüpften wir über den seichten Grund durch den Kanal nach Westen. Ich verließ mich auf mein Gedächtnis und steuerte das Boot langsam und vorsichtig den wartenden S-Booten entgegen. Als der Himmel im Osten die ersten hellen Striche zeigte, erkannten wir die kleinen Boote regungslos recht voraus auf dem flachen Wasser liegen, nur Punkte in einer purpurnen See - und das Wasser war noch nicht tief genug zum Tauchen. Ich fuhr mit langsamsten Umdrehungen und mit E-Maschinen, um jedes Geräusch zu vermeiden, und zeigte dem Gegner unsere schmalste Silhouette. Eine Andeutung von Morgenrot kündete die Dämmerung an, als wir der Blockade entgegentrieben. Dann sah ich plötzlich Bewegung in der starren Formation der S-Boote. Sie flitzten über die träge Oberfläche und verholten sich hinter die Felsen zu beiden Seiten der Ausfahrt. In diesem Augenblick hatten wir die Grenze unseres Vormarsches über Wasser erreicht.
Um 4 Uhr 23 wurden die Entlüftungen aufgerissen, das Boot entließ ein starkes Stöhnen, und der Bug schnitt schnell unter. Sekundenlang beobachtete ich die Bewegungen der kleinen Boote, dann ergoß sich das Wasser in das Hufeisen der Brücke. Ich schlug das Luk dicht und hörte, wie das Wasser gurgelte und schnell das Boot umhüllte. Laute, hochtönende Schraubengeräusche schlugen die Oberfläche. Die schnellen S-Boote huschten aufgeregt durch die ruhige See. Nachdem der L.I. das Boot eingetrimmt hatte, begann ich mit meinen vorausberechneten Maßnahmen. Ich senkte das Boot auf 15 Meter und befahl langsamste Schleichfahrt. Drei Wabos detonierten in einiger Entfernung.
4 Uhr 40. U-953 sank auf 20 Meter. Eine größere Zahl der flinken Boote kreuzte über unserer überladenen Tauchröhre. Sie warfen Handgranaten, um uns zu erschrecken. Ein alter Trick!
5 Uhr 08. Sechs Wabos explodierten Steuerbord voraus. Zahllose schrille Schrauben schnitten durchs Wasser wie Sägen. Wir saßen mit angehaltenem Atem, schwitzend und kalkulierend, in dem feuchten Sarg.
5 Uhr 20. Eine Serie von zwölf Detonationen hallte seewärts. Asdic-Impulse zirpten durch die seichte Tiefe. Eine neue Serie Wabos donnerte recht voraus, rollte durch die Küstengewässer und hallte lange nach.
6 Uhr 45. Das Boot glitt nun auf 45 Meter. Die S-Boote kreuzten immer noch weit achteraus und warfen weiterhin ihre Handgranaten. Über den gesamten vorderen Sektor, von Ouessant bis zu den südlichsten Klippen des Festlands vibrierte das Meer von den Wabos, die die Jäger wahllos verschwendeten.

7 Uhr 30. Wechselte Kurs nach Südwesten und brachte das Boot auf 50 Meter.
8 Uhr 10. Wir waren 12 Seemeilen über Grund geschlichen, mehrere Male auf Sandbänke aufgelaufen, aber immer wieder hatte uns die Strömung hochgehoben und uns sachte über den unebenen Boden in die offene See geschoben. Einige Meilen voraus zackten vier Zerstörer mit geringer Fahrt. An Steuerbord lotete eine andere Suchgruppe die Tiefe nach dem Flüchtling.
9 Uhr. Neuer Kurs 200 Grad. Tiefe 65 Meter. Unfähig, zu sehen oder mich auf andere Weise zu orientieren, steuerte ich das Boot mit Eingebung und viel Gefühl. Mit abgeschalteten E-Maschinen ließ ich das Boot auf einem Luftkissen und mit dem auslaufenden Ebbstrom in südliche Richtung treiben. Asdic-Impulse trafen unsere Stahlhaut mit zunehmender Stärke. Die Suchtätigkeit der U-Jagdgruppen auf der Oberfläche nahm stündlich zu.
9 Uhr 40. Ebbe. Stillwasser. Der L.I. setzte die Nase des Bootes in den sandigen Grund, 85 Meter unter dem Kiel der Jäger. Um uns herum peitschten die nervös drehenden Schrauben einiger Zerstörer. Sie fuhren im Kreis, stoppten, horchten, warfen Wabos, gruppierten sich um, fuhren an, stoppten wieder, horchten und warfen wieder ihre Fässer, die uns langsam gegen die Felsen rollten und unsere Röhre in eine Folterkammer verwandelten.
12 Uhr Mittag. U-953 hatte seinen Bug in die Strömung gedreht und schaukelte sachte wie ein Pendel. Explosionen und Schraubengeräusche hielten jeden Mann in höchster Bereitschaft. Graues, schlammiges Wasser voller Algen legte eine schützende Schicht über unser Boot.
16 Uhr 30. Die Gezeiten kenterten. Die Strömung ging seewärts. U-953 hob seine Nase und nahm wieder seine lautlose Fahrt über den Grund auf. Von einem rasselnden, zirpenden Schleier von tausend Geräuschen eingehüllt, glitt das Boot sachte in die Biskaya. Als der Lärm langsam nachließ, wußten wir, daß wir aus der Falle entkommen waren. Wir waren frei - aber trotzdem noch die Gefangenen unserer eigenen Hölle. Ein übler Geruch von Treib- und Schmieröl, vermischt mit dem, der von den vielen schwitzenden Körpern und von überfließenden sanitären Kanistern kam, erfüllte die Enge unserer Stahlröhre. Einige der Werftingenieure erbrachen sich in die Bilgen und sanken erschöpft an Deck.
18. August. 3 Uhr. Es war höchste Zeit, den Schnorchel zu benutzen und das Boot durchzulüften. Der Vorgang erlaubte uns, unsere Diesel unter Wasser laufen zu lassen, eine Neuheit, um die ich mich lange bemüht hatte. Der Leitende brachte das Boot auf 14 Meter, ließ den Luftmast aufrichten, dann lenzen. Mit einem langen Seufzer strömte die frische Seeluft in unsere schwitzende Hülle. Die Trommelfelle knackten scharf unter dem Druckausgleich. Die Diesel begannen zu stottern und saugten in Sekun-

denschnelle die verbrauchte Luft aus dem Boot. Die technische Leistung war überzeugend: das totale U-Boot war da. Wir waren nicht mehr gezwungen, um Luft und Strom aufzutauchen und unsere Vernichtung herauszufordern. Das Leben in der Tauchröhre war wieder tragbar geworden.

Wir luden unsere erschöpften Batterien in aller Eile auf und trieben getaucht durch die vom Feind beherrschte Biskaya. Wir stoppten unsere Diesel in unregelmäßigen Zeitabständen, um die See ringsum abzuhorchen. Eine außerordentlich wichtige Maßnahme. Sie erlaubte uns, U-Jagdgruppen oder einzelne Zerstörer zu orten, die unseren Standort und Kurs erfaßt hatten und sich im Rhythmus unserer eigenen geräuschvollen Fortbewegung auf unseren verlängerten Generalkurs zu legen versuchten, um uns mit einer tödlichen Ladung Wasserbomben zu empfangen. Blind und mich nur auf den Mann am Horchgerät verlassend, steuerte ich das Boot nur wenige Meter unter der Oberfläche durch die Hölle der Biskaya, die beiden dröhnenden Diesel verrieten jedem Gegner in Horchnähe, daß wir der Blockade um Brest entkommen waren. Unser Schnorchelkopf ragte nur wenige Zentimeter aus der sommerlich trägen See. Mit höchster Aufmerksamkeit schlichen wir nach Süden. Als sich der neue Tag im gläsernen Auge des ausgefahrenen Sehrohrs ankündigte, brach ich die Schnorchelei ab. Das Sehrohr wurde eingefahren, der Schnorchelmast niedergelegt und U-953 auf einer Tiefe von 40 Metern eingesteuert.

Während die Sonne ihre tägliche Bahn vollzog, fuhr U-953 immer tiefer in die Biskaya. Um 12 Uhr änderte ich den Kurs nach Südost. Die lange Unterwasserfahrt ohne Navigationsunterlagen, den Strömungen und Gezeiten ausgesetzt, blind und unfähig, mich zu orientieren, war eine seemännische Herausforderung, die die Seefahrt zuvor nicht gekannt hatte. Während die Besatzung auf entfernte Explosionen horchte oder vor Erschöpfung auf Gefechtsstationen eingenickt war, saß ich über die Seekarte gebeugt an meinem kleinen Pult und kalkulierte meine Chancen, in die Falle von La Rochelle einzudringen. Um Mitternacht streckten wir wieder den Schwimmer und die Spitze des Sehrohrs vorsichtig aus dem Wasser, und unsere lärmenden Diesel verkündeten aller Welt, daß wir noch am Leben waren. Aber keine der tieffliegenden Maschinen ortete unsere Blankteile, die mein Leitender mit größtem Geschick an der Oberfläche tanzen ließ.

Als die vierte Nacht unserer Flucht nach dem Süden zu Ende war und der Morgen des 20. August zögernd über der Biskaya aufging, glaubte ich den südlichsten Punkt unseres Marsches erreicht zu haben. Ich entschied mich, den Anlauf an die Küste zu wagen. Fünf Stunden später, von schwachen, aber hartnäckigen Schraubengeräuschen verfolgt, berührte U-953 auf einer Tiefe von 48 Metern sachte den Grund. Ich ließ das Boot auf Sehrohrtiefe bringen und unterschied bald im Morgendunst eine dünne,

dunkle Linie im Osten - Land. Ein sorgfältiger Rundblick. Dort, an der verschwommenen nördlichen Kimm, entdeckte ich Mastspitzen und einige Schornsteinkappen einer Anzahl Zerstörer, die auf der Lauer lagen. Wir hatten die Jäger durch Zufall umsteuert.
13 Uhr 20. Wieder durchbrach das Auge des Sehrohrs das trübe, schlammige Wasser. Die Küste stand plötzlich wie eine Wand vor dem Boot. Wir waren zu nahe an Land, zu nahe für unsere Sicherheit. Um nicht von der Strömung an den Strand gespült zu werden, befahl ich sofort: »Ruder hart Backbord, neuer Kurs 320 Grad.«
Bald darauf sichtete ich den Leuchtturm auf der nördlichen Spitze der Ile d'Oléron. Ein Geschwader von sechs zweimotorigen Maschinen kam im Tiefflug dahergeschossen. Ich zog das Sehrohr schnell ein und ließ sie passieren. Drei Minuten später war die Luft wieder rein. Ich nahm mehrere Peilungen vom Leuchtturm, und Bruns, mein Obersteuermann, koppelte Kurs und Fahrt. Wir entdeckten eine starke Strömung nach Norden. Ich wußte, daß ich das Boot bis zum Einbruch der Nacht, also bis die Dunkelheit mir erlauben würde, aufzutauchen und unter dem Schutze der Nacht in die Bucht von La Rochelle einzudringen, nicht in dieser starken Strömung halten konnte. Das Boot hatte den Punkt erreicht, an dem nur Tage zuvor einige meiner Kameraden versenkt worden waren. Ich ließ mich vom Turm in die Zentrale fallen und begann die Seekarte zu studieren, die alle Einzelheiten des Küstengewässers um die der Einfahrt vorgelagerten Inseln enthielt. Die Ile de Ré auf der Nordseite der Einfahrt hatte eine zweifelhafte Berühmtheit erlangt: die alte Festung St. Martin war einst eine Zwischenstation auf dem Weg in die Verdammnis gewesen. Von hier hatte die französische Regierung ihre hartgesottenen Gewohnheitsverbrecher und politischen Gefangenen zur Teufelsinsel in Französisch-Guayana transportiert.
Ich legte das Boot auf Grund. Der Bug bohrte sich hörbar in den Küstensand. Mit geringer Vorlastigkeit pendelte U-953 kaum merklich in der Strömung. Das Knirschen des Sandes am Druckkörper war im Boot deutlich vernehmbar; das gleiche galt für die Schraubengeräusche der englischen U-Jagdgruppe, die sich in respektabler Entfernung von unserer Küstenverteidigung vor der Einfahrt versammelt hatte. Zwei Stunden nach Sonnenuntergang tauchten wir auf. Die Nacht war undurchdringlich schwarz. Der Leuchtturm, der seine friedensmäßige Feuerung vor Jahren eingestellt hatte, war verschwunden. In der Annahme, daß die Strömung uns nach Norden getrieben hatte, drehte ich den Bug in die Strömung und lief mit leisen E-Maschinen nach Süden. Lautlos, ohne die Aufmerksamkeit der Zerstörer auf mich zu ziehen oder eine der akustischen Minen unterm Kiel detonieren zu lassen, kämpfte das Boot gegen die Strömung an. Sieben Minuten später schob sich der hohe, dünne Leuchtturm verschwommen in mein Nachtglas. Ich erkannte ihn als den gesuchten Turm

auf dem Nordende der Ile d'Oléron, schickte einen Strom von Peilungen zu Bruns in den Turm und verließ mich ganz auf sein Können, das Boot durch das enge Fahrwasser in den Hafen von La Rochelle zu navigieren.
»Zeit nach Osten zu drehen - neuer Kurs 115 Grad«, schlug Bruns vor.
»Ruder hart Backbord - neuer Kurs 115 Grad«, befahl ich dem Rudergänger.
Als U-953 geräuschlos dem Land zudrehte, hatte ich das Gefühl, als führen wir geradewegs in den Grund. Dann plötzlich ein Mahlen und Schleifen - ein leichter Stoß -, und das Boot saß tatsächlich im Schlick fest.
»Preßluft auf alle Zellen, beide Maschinen äußerste Kraft zurück«, rief ich sofort.
Das Boot hob sich, und die wilddrehenden Schrauben zogen es aus dem Sand und in tieferes Wasser zurück. Ich mißachtete die Zerstörer und befahl, das Echolot anzustellen und laufend zu loten. Nach einigen Kurven in totaler Finsternis glaubte ich die Fahrrinne gefunden zu haben und verfolgte einen östlichen Kurs, nicht ohne gelegentlich Grund zu berühren. Mit dem Echolot die Kontur des Grundes abtastend, schlichen wir langsam in die Bucht. Der Leuchtturm löste sich achteraus in der Schwärze der Nacht auf. Vier Stunden angestrengten Tastens und Suchens vergingen. Ich war nicht in der Lage, irgendeinen Punkt an Land auszumachen, und begann an der Richtigkeit meiner Maßnahme zu zweifeln. Als der Grund sich stetig und unaufhaltsam unserm Kiel näherte, wurde ich noch argwöhnischer. Dann kam der Augenblick, der uns nicht den geringsten Spielraum mehr ließ. Ich drehte das Boot einige Male im Kreis, traf aber überall auf Grund. Die Dämmerung begann, Nebel rollte heran. In der Absicht, mich in der Strömung zu halten, bis die Sonne die weiße Masse weggebrannt hatte und ich einige Peilungen von Land nehmen konnte, ließ ich Anker werfen.
7 Uhr 40. Der Nebel bedeckte See und Land und ließ nur die höhergelegenen Teile der Küste erkennen. Dann, unvermittelt, hob sich das weiße Tuch, verdunstete, und die Küste erschien rings um uns herum. Das Boot lag wie eine Ente in einem Teich. Ich ließ sofort Anker lichten, verglich die Seekarte mit dem Seehandbuch und den Punkten an Land. Doch dann zerriß eine Explosion in unmittelbarer Nähe die Morgenstille. Eine Fontäne sprang etwa 100 Meter an Backbord in die Bläue der Morgenluft. Der tiefe Knall eines Geschützes folgte. Wir wurden von unserer eigenen Artillerie beschossen.
»Aufforderung von Land. Sie verlangen das Erkennungssignal«, meldete der erste Seemannsmaat.
»Nimm den Scheinwerfer, und raus mit dem E. S. Gib ihnen auch unsere Bootsnummer und sag' ihnen, sie sollen den Stützpunkt benachrichtigen, daß wir um 23 Uhr am Aufnahmepunkt sein werden.«
Die Tatsache war eindeutig - ich war in die verkehrte Bucht eingelaufen.

Da ich nicht die Absicht hatte, mich wie eine sitzende Ente aus der Luft abschießen zu lassen, befahl ich dem L.I., sofort zu tauchen. Mit einem leichten Aufschlag legte sich das Boot in den weichen Schlick. Nur zwei Meter des grauen, sandigen Wassers bedeckten die Oberkante der Brücke - und die Flut hatte eben ihren Höchststand erreicht! Mein Versprechen, vor Mitternacht im Hafen zu sein, war mehr als optimistisch.
Es war nicht zu leugnen: ich hatte in der Nacht den Leuchtturm am Nordende der Ile de Ré irrtümlich für den Leuchtturm an der Nordspitze der Ile d'Oléron gehalten. Da ich am Vortag mit Sicherheit den richtigen Leuchtturm ausgemacht hatte, schloß ich, daß wir von der starken Strömung um die unwahrscheinliche Strecke von 17 Seemeilen nach Norden abgetrieben worden waren. Dabei hatten wir, ohne es zu ahnen, die minenverseuchte Einfahrt von La Rochelle passiert, wo drei unserer Boote in der vergangenen Woche zerstört worden waren. Weil sich unbefeuerte Leuchttürme in der Nacht nicht voneinander unterscheiden lassen, hatte ich keinen Grund, an meiner Annahme zu zweifeln; ich hatte meine Peilungen vom falschen Leuchtturm genommen und war in die Bucht von Pontius Bretin eingelaufen. Die Einfahrt in diese Bucht hat die gleichen charakteristischen Merkmale wie jene, die in den Hafen von La Rochelle führt.
Ich zwängte mich in den Sitz des Angriffssehrohrs und ließ das gläserne Auge nur Zentimeter über die Oberfläche schauen. Ich war dazu verdammt, das stete Fallen des Wassers zu beobachten, das uns schließlich freigeben und dem Angriff aus der Luft aussetzen würde. Ich fragte mich, wie lange es mir wohl erlaubt sein würde, Bucht und Landschaft durchs Sehrohr zu beobachten, bevor die angriffslustigen Bomber uns als Zielscheibe benutzten. Draußen, nahe dem Leuchtturm von Ile de Ré kämmten drei Maschinen die Oberfläche ab; gleichzeitig hoben sich die Brükkenaufbauten langsam aus der silberigen Fläche der Bucht. Mit schweißbedecktem Gesicht beobachtete ich, wie der Wasserstand Zentimeter um Zentimeter fiel und immer mehr vom Turm sichtbar werden ließ. Endlich, um 14 Uhr, war Niedrigwasser. Bald begann das Wasser zu steigen, Millimeter, Zentimeter. Ich war von den britischen Maschinen, die draußen auf See hochmütig ihre Kreise zogen, derart hypnotisiert, daß ich nicht bemerkte, wie das Wasser wieder die Brücke umschloß. Ich erwachte aus meiner Trance, als das Auge des Sehrohrs umspült wurde und dann unter der Oberfläche verschwand. Erleichtert wischte ich den Schweiß von Stirn und Nacken und ließ mich auf die Flurplatten der Zentrale fallen. Für den Rest des Nachmittags spielte ich mit dem Leitenden und den Zentralemaaten Skat, immer darauf gefaßt, daß eine der Bienen den Schatten des Bootes in dem seichten Wasser entdeckte und unserem Leben mit einer wohlgezielten Ladung ein Ende bereitete.
21 Uhr 30. U-953 löste sich vom Grund und tauchte auf. Wieder war die

Nacht mondlos. Wir jagten mit donnernden Dieseln aus der unfreundlichen Bucht, passierten den Leuchtturm, rasten eine halbe Meile seewärts, drehten nach Süden und hämmerten parallel zum Strand der Ile de Ré der Einfahrt in den Hafen von La Rochelle entgegen. Die Schatten der Zerstörer folgten uns, verwirrt über unser rücksichtsloses Auftauchen. Nach einer scheinbar endlosen Stunde, von Ortungen und schattenhaften Silhouetten verfolgt, erreichten wir die tiefe Fahrrinne zwischen den beiden Inseln. Ich stoppte sofort die Diesel und schaltete auf E-Maschinen um.

Bald erspähten wir die Silhouette eines kleinen Minenräumboots. Ein gegenseitiges Austauschen des Erkennungssignals - und das Boot eilte mit rasselndem Suchgerät in Richtung Hafen zurück. Sechs Minen explodierten nacheinander in unmittelbarer Nähe des Fahrzeugs und brachten die letzten Männer aus unserem Boot an Deck.

Um 2 Uhr 30, am Dienstag, dem 22. August, glitt U-953 in einen Liegeplatz im Bunker von La Pallice. Es war eines der wenigen Boote, dem die Verlagerung in den südlichen Stützpunkt gelungen war.

Der aromatische Duft von Bohnenkaffee und das leise Huschen der Backschafter, die den Kaffee durch den blockierten Mittelgang reichten, weckten mich. Ich schob den grünen Vorhang zur Seite und drehte die kleine Kopflampe an. Bald von dem starken Gebräu erfrischt, verließ ich Boot und Bunker, um meine Ankunft dem Chef der 3. U-Bootflottille mitzuteilen. Ich sah nur zwei alte Boote verrostet und mit beschädigten Türmen im Bunker liegen. Die Zeichen der Verödung waren überall deutlich sichtbar. Ich erreichte das Ende des kühlen, dunklen Bunkers und trat in die schwüle Morgenluft. Eine kurze Fahrt mit einem Citroën brachte mich schnell in die mittelalterliche Stadt La Rochelle. Der Wagen hielt vor einem zweistöckigen Gebäude in der Innenstadt. Bewaffnete Posten begleiteten mich zum Büro des Flottillenchefs.

Ein mittelgroßer Offizier in einer ausgewaschenen Khaki-Uniform erhob sich hinter seinem Schreibtisch. »Habe Sie bereits erwartet. Weiß auch von Ihrer seltsamen Ankunft. Wir sind das ganze Wochenende über geöffnet, Sie brauchten nicht bis heute zu warten, um einzulaufen. Sie hatten Glück, daß unsere Artillerie Ihr Signal verstanden hat. Sie verstehen es gewöhnlich nicht. Haben Befehl, auf alles zu schießen, was Land ansteuert. Die dachten erst, ein englisches U-Boot sei im Begriff, Saboteure abzusetzen. Sie sehen, wir sind gut auf eine Landung vorbereitet.«

»Erwarten Sie eine Landung, Herr Kapitän?«

»Natürlich. Die Alliierten werden wahrscheinlich versuchen, von See aus anzugreifen. Aber unsere Geschütze werden ihnen den Spaß schnell verderben. Wir haben einige Vorteile gegenüber Brest und Lorient.«

Mit kurzen Worten beschrieb er die Anstrengungen aller Wehrmachtsteile, die Verteidigung der Stadt auszubauen. Unsere Front an der Biskaya-Küste fiel langsam weiter zurück, und die Marineverteidigung von La Rochelle erwartete einen großen Zustrom von schwerer Artillerie, Panzern und Infanterie, die die Seeleute von ihren unvertrauten Landpflichten ablösen sollten.

Der Chef riet mir dringend, meine Riesenfracht - die überflüssigen Leute von U-415, die Ingenieure und Techniker - sofort zum Adjutanten zu schicken. Dieser würde für ihren Weitertransport nach Deutschland sorgen. Alle Geräte und Apparate, die wir dem Zugriff der Alliierten entrissen hatten, sollten auf Lkws verladen und ohne weitere Verzögerung in die deutschen Häfen transportiert werden.

»Ihr Boot muß am Wochenende für eine neue Unternehmung seeklar sein. Vier Tage Liegezeit ist alles, was ich Ihnen bewilligen kann«, schloß der Flottillenchef seine Rede.

»Herr Kapitän, ich benötige mehr Zeit als vier Tage«, entgegnete ich überrascht. »Meine Batterien und Diesel hätten vor Monaten ausgewechselt werden sollen. Man hat mir in Brest versichert, daß ich hier in La Pallice neue Batterien bekommen würde. Ich habe den Weg hierher hauptsächlich aus diesem Grund gemacht. Die Kapazität der alten Batterien ist weit unter das Maß des Erlaubten gesunken.«

»Es tut mir sehr leid, aber Sie sind nicht richtig informiert«, sagte er mit Nachdruck. »Wir haben keine Ersatzteile, keine Vorräte irgendwelcher Art. Es tut mir wahrhaftig leid, aber Sie müssen mit dem Auswechseln der Batterien und Diesel warten, bis Sie nach Norwegen kommen.«

Ich würgte meinen Ärger hinunter und meldete mich ab. In dem Zustand, in dem sich das Boot befand, würde eine Reise nach Norwegen eher auf dem Boden des Atlantik, als in einem norwegischen Fjord enden. Und in vier Arbeitstagen konnten wir nicht einmal die allernotwendigsten Reparaturen ausführen, die für die Sicherheit des Bootes notwendig waren. Die kurze Fahrt von Brest nach La Pallice hatte bereits zahllose Mängel aufgedeckt; sie würden sich zweifellos noch gefährlich vermehren, je länger sie nicht behandelt oder abgestellt wurden.

Nach meiner Rückkehr zum Bunker, zum Boot und der Besatzung begann ich sofort, meine lange Unternehmung nach dem kalten Norden vorzubereiten. Ich informierte meine neuen Offiziere über den Blitztermin. Ich entdeckte überdies, daß das deutsche Werftpersonal nahezu vollständig geflohen war und die französischen Werftarbeiter sich in alle Winde zerstreut hatten, um dem aufziehenden Unheil zu entrinnen. Ich befahl deshalb die gesamte Besatzung an die Arbeit, um U-953 zum festgesetzten Termin einsatzbereit zu haben. Eine emsige Tätigkeit entwickelte sich an Bord und an der Pier, an der unser Boot vorübergehend Zuflucht gefunden hatte. Die sperrige Ladung, die unsere Bootsroutine so nachteilig beeinflußt hatte, wurde ans Tageslicht befördert und auf Lastkraftwagen

verladen. Die Fahrer standen ungeduldig und nervös neben ihren Fahrzeugen; sie brannten sichtlich darauf, sich nach Osten abzusetzen.
Die Lage im Hafen spiegelte die Verwirrung wider, die sich über das französische Hinterland verbreitet hatte. Die Alliierten, die mit starken motorisierten Einheiten in alle Richtungen vorstießen, hatten während unserer Überführungsfahrt beträchtliche Fortschritte erzielt. In der Bretagne hatten amerikanische Einheiten die Stadt Nantes überrannt und marschierten mit großer Geschwindigkeit entlang der Küste nach Süden. Paris war am 24. August, zur Freude der französischen Bevölkerung, in alliierte Hände gefallen. An der Côte d'Azur hatten die Angreifer Toulon eingenommen, Marseille erobert und damit unsere Widerstandszentren im Süden Frankreichs zerschlagen. Überall in den deutschbesetzten Gebieten gewannen Saboteure und Gruppen der französischen Untergrundbewegungen an Stärke. Von anglo-amerikanischem Nachschub aus der Luft unterstützt und ausgerüstet, schnitten sie unsere Verteidigungs- und Nachschublinien ab und überfielen unsere Rückzugsstraßen im Hinterland. Schienenstränge und Straßen wurden die Ziele alliierter Bombengeschwader. Jagdflugzeuge beschossen die langen Kolonnen, die aus den westlichen Häfen strömten, mit ihren Bordwaffen. Tausende von Männern, ungeschult im Landkampf - Seeleute und Zivilisten, Techniker und Schreibstubenpersonal, Werftangestellte und Arbeiter - konnten sich gegen die Überfälle aus dem Hinterhalt und aus der Luft nicht wehren und wurden in Massen zusammengeschossen. Manche Marschgruppe schmolz zu einer erbärmlichen Handvoll von Flüchtlingen zusammen, die schließlich ihren Weg nach Deutschland durch Wälder und Felder erzwang und sich von dem ernährte, was die Natur hergab.
Fünfundzwanzigtausend Männern gelang es, aus La Rochelle und den südlicheren Häfen während dieser Tage allgemeinen Rückzugs auszubrechen. Darunter waren meine Leute von U-415, zusammen mit Hunderten von Seeleuten anderer Boote, die nicht mehr seeklar gemacht werden konnten. In Lorient und Bordeaux versenkten die Besatzungen von U-123, U-129, U-178 und U-188 ihre ruhmreichen, alten Boote, bevor sie den Marsch ins Elend antraten. Ihre Flucht durch das feindliche Frankreich führte sie durch eine Hölle von Erniedrigung und Verderben. Nur wenige erreichten die deutsche Grenze. Die übrigen endeten entweder tot und verstümmelt in den Straßengräben Frankreichs oder hinter Stacheldraht.
Auch in La Rochelle kam die U-Boot-Tragödie zu einem Ende - wenn auch etwas verspätet. U-260 lief Ende August mit dem Ziel aus, ebenfalls nach Norwegen zu gehen. Es war eines der wenigen Boote, denen der Durchbruch durch die Blockade gelang und die Norwegen erreichten. Es ging später in einem Minenfeld nahe der südirischen Küste verloren. Nach dem Auslaufen von U-260 war mein Boot eines der beiden, die noch

in dem Betongewölbe von La Pallice lagen. Zur Blütezeit unserer Macht zur See hatte der Bunker bis zu 40 Booten Sicherheit geboten. Seit Beginn der Invasion waren 66 Boote versenkt worden, nahezu das gesamte einsatzbereite Kontingent; eine unfaßbar hohe Verlustziffer, wenn man sie den 200 000 Tonnen feindlichen Schiffsraums gegenüberstellt, die unsere Boote im gleichen Zeitraum dem Gegner abgerungen hatten. Die Alliierten hatten ihre U-Bootjagd so hervorragend ausgebaut und ihre Abwehr so wirksam zusammengefaßt, daß nahezu siebzig Prozent der Schnorchelboote, die im Kanal eingesetzt worden waren, zerschlagen und zerbombt wurden. Während der entscheidenden Tage im August wurde die britische Abwehr entlang der Geleitzugrouten im Nordkanal und in der Irischen See von unserer Führung als schwach bezeichnet. Aber auch hier kamen nur wenige Boote, die ausgesandt waren, um diese Schwäche auszunutzen, mit dem Leben davon.
Nach der Vernichtung von über neunzig Prozent unserer Atlantikboote und mit dem Verlust der Biskaya-Häfen als U-Bootstützpunkte, war unsere Führung gezwungen, den U-Bootkrieg im Kanal aufzugeben. Der letzte Akt der Tragödie sollte in den nördlicheren Seegebieten gespielt werden - und mein Boot lag noch in La Rochelle.
Ich erkannte, daß Frankreich für uns unwiderruflich verloren war und wir nur noch wenige Tage hatten, unseren Sold zu verschwenden, und erlaubte deshalb meinen Männern am Sonnabendnachmittag eine dreistündige Einkaufstour in den Läden der Innenstadt von La Rochelle. Auch meine Taschen waren voll wertloser Francs, ich fand aber nur wenig, das meinem Geschmack entsprach. Schließlich reichte ich mein Bündel französischer Banknoten der Inhaberin einer Boutique als Entgelt für eine farbenfreudige Hausjacke für meine Mutter und Seidenstrümpfe für meine Schwester. Die Männer kehrten pünktlich vor Einbruch der Dunkelheit in ihre Quartiere zurück, denn ihre Sicherheit konnte nach Dunkelwerden nicht mehr garantiert werden. An jenem Morgen hatte man zwei Marineoffiziere tot im Rinnstein einer Gasse in La Rochelle aufgefunden - halbnackt, die Kehlen zerschlitzt und die Geschlechtsteile abgeschnitten.
U-953 war natürlich zum festgesetzten Termin am Wochenende nicht seeklar. Meine Leute arbeiteten am Sonntag und am Montag, um die wichtigsten Reparaturen zu beenden. Erst am Dienstagabend, am 29. August, erklärte der L.I. das Boot für seetüchtig - mit gewissen Einschränkungen, wie er betonte. Ich legte daraufhin das Auslaufen für die Nacht vom Mittwoch zum Donnerstag fest.
Um 10 Uhr am 30. August betrat ich wieder das Büro des Chefs der 3. U-Boot-Flottille und meldete U-953 klar zum Auslaufen. Er nahm meine Meldung lässig entgegen und wünschte mir eine gute Reise. Dann teilte er mir mit, daß der FdU West, Kapitän Rösing, mich in seine Villa befohlen

hätte. Ich fragte mich, was Rösing mir noch so Wichtiges zu sagen haben würde. Seine wirkliche Funktion war mir nie ganz klar geworden, denn der taktische Einsatz der Boote wurde von Dönitz selbst geführt. Ich sprang in den wartenden Wagen und raste mit dem Flottillenchef und zwei schwerbewaffneten Seeleuten durch die aufgeregte Stadt. Minuten später hielten wir vor einer stattlichen Villa. Überall gab es Zeichen einer hastigen Abreise - einer Flucht. Rösing war gerade dabei, der Belagerung der Stadt mittels Flugzeug zu entgehen. Marinesoldaten verbrannten Berge von Dokumenten auf dem Rasen, andere luden Büromaschinen und Aktenschränke auf Lastkraftwagen. Ich wurde in das elegante Zimmer des FdU geführt.
Der Kapitän, in blütenweißer Flanellhose, packte seine Tennisbälle und Schläger in einen Koffer und begann dann in seiner abgehackten Weise zu sprechen: »Hatte Zeit, Ihr Kriegstagebuch durchzublättern. Ich sehe, Sie manövrieren gut in Küstengewässern. Ist das Ihre Spezialität? Mir scheint auch, Sie haben keine Schwierigkeiten, Blockaden zu durchbrechen.«
»Herr Kapitän, es kommt darauf an, von welchem Standpunkt man die Sache sieht«, antwortete ich leicht verstimmt. Ich erinnerte mich mit gewissem Unbehagen an seine letzte Konferenz mit uns Anti-Invasions-Todeskandidaten. Denn er war es gewesen, der uns Kommandanten den Rammbefehl gegeben hatte. Auch bedeutete das Kompliment sehr wenig; es kam von einem Mann, der seine U-Boot-Fahrenszeit ersichtlichermaßen längst vergessen hatte.
»Nun gut«, fuhr der FdU fort, »wir werden Ihnen diesmal eine harte Nuß zu knacken geben.« Dabei entfaltete er eine Seekarte und den Plan der Führung für meine nächste Unternehmung. Mein Operationsgebiet war der Nordkanal, das gefährliche Seegebiet zwischen der nordirischen Küste und den angrenzenden Minenfeldern westlich Schottland und südlich der Hebriden. Einzelheiten des Einsatzbefehls würden per Funkspruch folgen. Er übergab mir einige Unterlagen, die die Minensperren betrafen, und gab mir gute Ratschläge für den Ausbruch aus La Rochelle und meine Fahrt ins Operationsgebiet. Dann sagte er kurz: »Haben Sie noch eine Frage?«
Da ich über meine Taktik meine eigenen Gedanken hatte, antwortete ich einfach: »Keine Fragen, Herr Kapitän.«
Der Gruß des FdU beendete das eigenartige Treffen. Ich eilte zu dem wartenden Citroën, jagte an bewaffneten Kolonnen vorbei zum Stützpunkt, packte meine wenigen Sachen und stieg wieder in das bereitstehende Auto. Auf meinem Weg nach La Pallice und zum Bunker sah ich Panzer, motorisierte Einheiten und schwere Artillerie durch die Stadt strömen und offensichtlich ihre Verteidigungsstellungen einnehmen. Von weither dröhnte der tiefe, grollende Donner der näherkommenden Schlacht. In einer knappen Woche war La Rochelle von einer schlafenden, mittel-

alterlichen Stadt in eine starke Festung verwandelt worden, die entschlossen war, entscheidenden Widerstand zu leisten.
In La Pallice hielt ich vor dem Eingang zum Bunker kurz an und hob mein Gesicht zum Himmel und zur Sonne. Ich genoß den Augenblick mit dem Bewußtsein, daß ich von der kommenden Nacht an viele Wochen in Dunkelheit und Verborgenheit leben würde und die Sonne nicht zu sehen bekäme, bis ich nach einer Unterwasserreise von über 2000 Seemeilen wieder auftauchen würde, nachdem der Sommer längst vergangen und der Herbst oder sogar der Winter eingekehrt war.
Als ich auf der Pier ankam, war ich von dem Anblick der Körbe mit frischem Gemüse, die an Oberdeck meines Bootes standen, seltsam berührt. Für einen Augenblick schien es, als hätte sich seit den Tagen unseres Ruhms, als ich meinen Dienst auf U-Booten antrat, nichts geändert. Natürlich war nichts mehr wie früher. Wie unsere großen Siege an Land war auch unsere einst stolze Flotte von einigen hundert U-Booten eine Sache der Vergangenheit. Über 600 Boote lagen bereits zerhackt und zerbombt auf den Friedhöfen der Meere. Aber U-953 würde nicht kampflos sterben.
Mein I.W.O., der die Übernahme und Verstauung des Proviants überwachte, kam auf mich zu und nickte wortlos zu meiner Entscheidung: »Wir verlassen diese Falle eine Stunde nach Mitternacht - ohne Begleitfahrzeug. Behalten Sie das bitte für sich. Und keine Musterung an Oberdeck.«
»Soll ich die Artillerie benachrichtigen, die Küstenbatterien?«
»Nicht nötig. Ich möchte nicht, daß irgend jemand von unserem Auslaufen erfährt. Die Tommies haben ihre Ohren überall. Ich nehme das Risiko auf mich, beschossen zu werden«, antwortete ich und ließ mich in die Zentrale hinunter.
Um 20 Uhr 30, nach dem Abendessen, wurden die Lichter gelöscht. Ich schloß den grünen Vorhang vor meiner Nische und streckte mich auf der Ledermatratze aus. Die Last der Verantwortung, der Druck der Ungewißheit ergriffen mich wie eine kalte Faust. Mit dem Auslaufen von U-953 - dem Verschwinden eines der letzten U-Boote aus unserem letzten funktionierenden Hafen an der Biskaya-Küste - kam die Schlacht im Atlantik zu einem bitteren, herausfordernden Ende.

7

31. August, 1 Uhr. Ich studierte die Seekarten im trüben Licht der Zentrale und war so in meine Gedanken vertieft, daß ich überrascht war, die gedämpfte Stimme des I.W.O. zu hören: »Boot ist auslaufklar - die Besatzung ist auf Gefechtsstationen.«

»Danke, I.W.O. Schließen Sie alle Schotten und lassen Sie die Leute Schwimmwesten anlegen. Und nur zwei oder drei Mann unter Deck, wenn wir den verminten Hafen durchqueren.«

Die wasserdichten Schotten klickten, und die Besatzung schlüpfte in die aufblasbaren, gelben Jacken. Ich zog meine Lammfelljacke über, folgte dem letzten Mann auf die Brücke und befahl: »Alle Leinen los - beide E-Maschinen langsame Fahrt zurück - Ruder mittschiffs.«

Das Boot klarierte die vorderen Tiefenruder, trennte sich von der Pier und glitt, Heck voraus, aus dem Betonbunker und in eine dunkle Nacht. Nicht eine Seele hatte unseren heimlichen Ausbruch bemerkt.

»Beide Maschinen stop - beide Maschinen kleine Fahrt voraus - Ruder Backbord 20 - neuer Kurs 280 Grad.«

Ich steuerte das Boot in das Fahrwasser zwischen den beiden dem Festland vorgelagerten Inseln Ile de Ré und Ile d'Oléron. Zum letztenmal blickte ich auf die schattenhaften Umrisse der Stadt La Rochelle, die bald das Schicksal von Brest teilen würde. Das schlanke Boot fuhr geräuschlos durch die schwarzen Gewässer der Bucht. Eine dicke Wolkenschicht verdeckte die Sterne; die Nacht war geisterhaft dunkel. Einer der letzten Wölfe verließ sein Lager. Bitternis überkam mich, als U-953 die Küste aufgab, von der aus wir unsere Flagge über die sieben Weltmeere getragen hatten.

Irgendwie hatte ich das Gefühl, daß alle unsere Siege und großen Opfer vergebens waren.

Als der schwache Streifen Land achteraus langsam zusammenschrumpfte und die Bucht in das Meer überging, erreichte die Flut ihren Höchststand. Der schlanke Turm des Leuchtfeuers auf der Nordspitze der Ile d'Oléron

Backbord voraus zeigte uns den Weg in den bläulichen, nächtlichen Dunst. »Schatten an Steuerbord - Zerstörer in 40 Grad.«
Sechs feindliche Fahrzeuge, nur verschwommene Silhouetten an der Kimm, lagen scheinbar regungslos. Alles blieb ruhig. Die Luft, die See, selbst das Boot machten nicht das geringste Geräusch. U-953 schlich, von den E-Maschinen sachte angetrieben, mit dem auslaufenden Ebbstrom in die See. Keine Ortung. Kein Schuß. Selbst unsere eigene Artillerie hatte uns nicht entdeckt.
Der schattenhafte Umriß des Leuchtturms wanderte nach Backbord 120 Grad. Ich ging auf Südkurs, schwenkte geräuschlos mit langsamen Umdrehungen aus dem Fahrwasser und benutzte den niedrigen Streifen der Insel in unserem Rücken als Deckung für unseren Ausbruch. Nachdem der Leuchtturm außer Sicht gekommen war, schaltete ich auf Diesel um. Die abgenutzten Maschinen fingen an zu stottern und qualmten lange. U-953 gewann schnell Fahrt. In unmittelbarer Nähe der Küste fuhren wir zehn Seemeilen nach Süden, immer bereit, von einem überlegenen Gegner überrascht zu werden. Doch wie ich erwartet hatte, zogen sich die Wachhunde mit dem ersten Zeichen eines neuen Tages vor den Rohren unserer Küstenbatterien an den westlichen Horizont zurück. Ich drehte das Boot in die offene See. Und als die Sterne von der Morgenröte ausgelöscht wurden, verschwand U-953 von der Oberfläche. Es wurde nie wieder an der Biskaya-Küste gesehen.
Nach Sonnenuntergang an unserem zweiten Tag auf See kam ein schwerer Sturm auf. Harte Böen fegten hohe Wellen über unseren Schnorchelkopf, schnitten die Luftzufuhr ab und verursachten eine Luftleere im Boot, die uns den Atem raubte, die Trommelfelle platzen und unsere Köpfe nahezu explodieren ließ. Aber trotz des wütenden Sturms fühlte ich mich halbwegs sicher. Das Boot, von einer vierzehn Meter hohen Wassersäule beschützt, Sehrohr und Schnorchelkopf von schäumenden Wellen überrollt, konnte von der gegnerischen Funkmeßortung nicht erfaßt werden. Es war lange her, daß ich mich in der Biskaya so sicher gefühlt hatte. Und die unangenehmen Begleiterscheinungen der Schnorchelroutine wurden durch die raffinierte Eleganz ausgeglichen, mit der wir uns vor den Flugzeugen versteckten.
Während dieser Stunden heimlicher Aktivität und höchster Wachsamkeit nur wenige Meter unter der Oberfläche waren unsere Funker damit beschäftigt, Signale der Führung an die wenigen Wölfe, die bisher der Vernichtung entgangen waren, zu entziffern. Unter den Nachrichten, die mich in der Zentrale erreichten, war auch eine genaue Anweisung bezüglich meines neuen Einsatzes. U-953 wurde angewiesen, zusammen mit U-484, U-743 und U-925 einen Vorpostenstreifen westlich des Eingangs zum Nordkanal zu errichten. U-953 sollte in einem fächerförmigen Sektor die südlichste Position einnehmen.

Nach der üblichen Sendung der Funksprüche taktischen Inhalts gab die Führung die letzten Wehrmachtsberichte aus. Sie unterrichteten uns von den wütenden Schlachten und schweren Verlusten im westlichen und südlichen Frankreich. Die Engländer hatten einen dramatischen Vorstoß bis nach Belgien erzwungen; die Amerikaner hatten eine Linie, die von Namur bis nach Orleans führte, erreicht. Wir hörten auch, daß französisch-englische Einheiten durch das Rhônetal nach Norden vorstießen und daß sowjetische Armeen unsere östlichen Provinzen zu überrennen drohten.

Andere Meldungen berichteten von Luftangriffen, die unsere Städte einebneten und in Verbrennungsöfen verwandelten. Es gab nicht eine einzige ermutigende Nachricht, nicht ein hoffnungsvolles Wort, nicht die geringste Andeutung einer Wendung unseres niedergehenden Kriegsglücks.

In der Nacht zum 10. September begann unsere ununterbrochene Serie von Ausfällen. Ein Kabelbrand in der Zentrale brachte uns nahezu an den Rand der Vernichtung. Nur dem schnellen Zugriff des Leitenden, der die Flammen mit seinen behandschuhten Händen erstickte, war es zu verdanken, daß uns ein Auftauchen erspart blieb.

U-953 verfolgte einen nordwestlichen Kurs quer durch die weite Fläche der Biskaya. Starke Herbststürme türmten Wasserberge auf und machten den Gebrauch des Schnorchels fast unmöglich. Während der frühen Morgenstunden des 11. September, kurz nachdem wir den 8. Längengrad West überschritten hatten, fiel unsere Hauptlenzpumpe aus. Ihr Zusammenbruch war mit größter Gefahr verbunden. Sie war die einzige Pumpe mit genügender Kapazität, um in plötzlichen Gefahrenlagen das Boot vor dem Absaufen zu bewahren. Berger, Maschinist und Mädchen für alles, nahm die Pumpe auseinander und arbeitete über einen Tag, bis er sie wieder zusammensetzen konnte.

Nicht lange nach Mitternacht am 13. September empfingen unsere Funker wie üblich den Wehrmachtsbericht. Aber diesmal enthielten die alarmierenden Nachrichten des Oberkommandos der Marine eine persönliche Mitteilung. Was ich immer befürchtet hatte, war eingetroffen: Darmstadt, der neue Wohnsitz meiner Eltern, war in der vorletzten Nacht das Ziel eines schweren Luftangriffs gewesen. Nach dem Wehrmachtsbericht hatte der Angriff die Innenstadt zerstört. Zehntausende waren in den Flammen umgekommen, Tausende waren obdachlos geworden. Meine Eltern, die gegen meinen Rat in das Zentrum der Stadt gezogen waren, hatten wahrscheinlich wieder alles verloren, es sei denn ... Ich zögerte, weiterzudenken. Ich konnte nur hoffen, daß sie in einem der öffentlichen Luftschutzbunker Schutz gefunden hatten.

Am nächsten Tag setzte ich U-953 auf einen nordwestlichen Kurs entlang der 200-Meter-Linie, entlang der Kante des Festlandsockels. Seit unserem Auslaufen aus La Rochelle war unsere Reise vom Feind ungestört verlau-

fen. Ohne Zweifel verdankten wir unser Leben dem Schnorchel, wie dessen Fehlen Hunderten von U-Booten den Tod gebracht hatte.
16. September. Vierzig Minuten nach Mitternacht stoppte plötzlich der Steuerbord-Diesel. Die Ausfälle begannen mich zu verfolgen. Der Leitende fing das Boot ab, eilte in den Dieselraum, während ich das Boot auf dreizehn Metern einsteuerte. Als der L.I. von achtern zurückkehrte, verriet sein verzerrtes Gesicht seine Gedanken. »Zum Teufel mit diesem alten Gerümpel«, zischte er durch die Zähne, »Dieselstopfbuchse ist . . .« Ein plötzliches Vakuum hinderte ihn, weiterzusprechen. Der Schwimmer des Schnorchels klemmte in geschlossener Lage, vom Wellenschlag festgerammt. Die Luftzufuhr war unterbrochen, der Backbord-Diesel saugte in Sekundenschnelle die Luft aus dem Boot. Bevor der Diesel abgestellt werden konnte, verdünnte sich die Luft zu einem undurchsichtigen Nebel. Plötzliche Atemnot. Die Befehle des L.I. erstarben in der dünnen Luft. Mit hervortretenden Augen rangen die Männer nach Sauerstoff. Der L.I. ließ das Boot auf größere Tiefe durchsacken, in der Hoffnung, den Schwimmer lösen zu können. Vergeblich. Der gewaltige Unterdruck im Boot, der Mangel an Sauerstoff ließ unsere Kräfte schnell erlahmen. Der L.I., wild gestikulierend, gab seinen Leuten Zeichen, den Schnorchelmast niederzulegen. Diese Maßnahme mochte den Schwimmer lösen. Mit letzter Kraft erhoben sich die Leute, drehten, der Ohnmacht nahe, an den Handrädern, betätigten die Winde, legten den Mast an Oberdeck und richteten ihn wieder auf. Qualvolle Minuten verstrichen. Alles röchelte, rang nach Luft. Dann hoben die E-Maschinen das Boot wieder auf Schnorcheltiefe. Das Seewasser im Luftmast rauschte in die Zentralebilge - und endlich löste sich der Schwimmer mit einem dumpfen Schlag, und frische Seeluft rauschte wie ein Wirbelwind ins Boot. Die Trommelfelle knackten und rissen beim plötzlichen Druckausgleich. Die Männer gingen in die Knie, fielen auf die Flurplatten und wälzten sich vor Schmerzen.
Wir nahmen das Schnorcheln mit einem Diesel wieder auf, und die Leute in der Maschine begannen die schwere Aufgabe, den Steuerbord-Diesel auseinanderzunehmen und unter Wasser zu reparieren.
Maschinenausfälle aller Art verfolgten das Boot unablässig. Rohre platzten, elektrische Leitungen fielen aus und brachten das Boot in dauernde Gefahr. Kurzschlüsse durchzuckten das Boot wie der Spuk in einem Gespensterhaus. Dann kam die Nacht zum 17. September. Die See ging hoch, von orkanartigen Winden gepeitscht. Das Schnorcheln mit nur einem betriebsklaren Diesel war ein Alptraum. Es erforderte stahlharte Nerven und größte Geschicklichkeit, um das Boot auf Tiefe zu halten. Der Leitende versuchte seit Stunden, die Batterien vollzuladen. Doch seine Maßnahmen wurden durch die wilde See und den fortwährend klemmenden Schwimmer stark beeinträchtigt. Dann, ohne Warnung, sackte das Boot plötzlich ab. Ein Schrei aus dem Dieselraum: »Wassereinbruch!«

Das Geräusch einbrechenden Wassers elektrisierte alle Männer im Bruchteil einer Sekunde. Das Boot wurde sofort achterlastig und glitt, Heck voraus, in die Tiefe. Mit Preßluft in den achteren Tauchzellen, den E-Maschinen auf Höchsttouren und den Tiefenrudern in harten Lagen gelang es dem L.I., das Boot auf 285 Metern abzufangen und es nach einigen gewaltigen, jähen Sinuskurven auf ebenen Kiel zu legen. Die Lenzpumpen summten, und jeder schaute in die verwunderten Augen des andern. Was war geschehen?
Der Wassereinbruch war ein Rätsel. Das Leck war irgendwo im Zuluftmast. Gemessen an den Wassermassen, die durch den Zuluftschacht ins Boot eingedrungen waren, mußte das Leck im Mast gewaltig sein. Wir hatten etwa 20 Tonnen Wasser in der Dieselbilge und fünf Tonnen im Zuluftmast. Ich wagte nicht daran zu denken, daß das Ende unserer Schnorchelei gekommen war. Während ich mit dem L.I. die Ursache des Wassereinbruchs zu ergründen suchte, wurden die Bilgen gelenzt, das Boot wieder auf Schnorcheltiefe eingesteuert und bei höchster Alarmbereitschaft die Ventile geöffnet. Aber anstatt der erwarteten Luft rauschten wieder Tonnen von Seewasser durch den Luftschacht ins Boot und zwangen es abermals in die Tiefe.
Es gab keinen Zweifel, der Schnorchelmast war ausgefallen. Unsere Lage war hoffnungslos. Das einzige Mittel, das uns vor der Vernichtung aus der Luft bewahrte, war zusammengebrochen. Das Schicksal ließ uns damit nur zwei Möglichkeiten offen: Unterwasserfahrt mit E-Maschinen bis Strom und Luft ausgegangen waren und das Boot als ein stiller Sarg sich auf den Grund legen würde - oder hinauf an die Oberfläche, wo wir zumindest kämpfend sterben würden. Ich wählte die Oberfläche. Hier hatten wir eine, wenn auch sehr geringe Chance, die irische Küste zu erreichen, wo ich hoffte, das Boot hinter den Klippen verstecken und die Schäden reparieren zu können.
Ich legte U-953 auf Ostkurs und ließ auftauchen. Mächtige Wellen ergriffen sofort das langsame Boot. Die Nacht war schwarz wie Pech. Regen peitschte mir ins Gesicht. Der Sturm heulte in allen Oktaven. Die Männer sprangen an ihre Kanonen und hakten sich fest. Zwei Leute aus der Maschine lösten die Deckplatten vom oberen Zigarettendeck und verschwanden in dem Raum zwischen Aufbauten und Druckkörper. Würde es ihnen in dieser schweren See möglich sein, das Leck zu finden? Der Backbord-Diesel stöhnte, und das Boot begann vor dem Wind und der See Fahrt aufzunehmen. Von gewaltigen Wellen fortgetragen, von krachenden Brechern ständig überrollt und von brausenden Regenkaskaden eingehüllt, lief U-953 rollend und stampfend nach Osten. Es war eine abscheuliche Nacht, eine Nacht, in der die Zerstörer Schutz im sicheren Hafen suchten und Flugzeuge in ihren Hangars blieben.
Da das Wetter uns günstig gesinnt war, verlängerte ich das Rennen an die

Küste, und es gelang uns sogar, die Batterien voll aufzuladen. Die beiden Männer unter der Gräting hangelten sich prustend und durchnäßt zur Brücke zurück. Sie hatten gute Nachricht. Mit einem schnellen Blick auf die tobende See ließ ich das Boot tauchen. Wir verschwanden von der Oberfläche ohne jegliche Feindberührung. Der L.I. steuerte das Boot auf 40 Metern ein und berichtete vom Ergebnis der feuchten Untersuchung. Ein blinder Flansch an einem TEE, wo der Luftmast außenbords mit dem Dieselluftkopfventil verbunden war, war aus seinem Sitz gerissen worden. Ein neuer Flansch konnte binnen 24 Stunden angefertigt werden. Die Aussicht auf die Reparatur unserer Lebensleine machte den Morgenkaffee besonders schmackhaft. Bald vernahm ich das ruhige Atmen der Freiwächter und das dumpfe Geklirr von Werkzeug aus den achteren Räumen.

Eine neue Nacht in einer orkanartigen See an der Oberfläche, wo nur U-Boote mit Sicherheit fahren konnten, bewahrte uns vor der Vernichtung aus der Luft. Nach zweistündigem Kampf mit den Elementen war es den beiden Mechanikern gelungen, den Flansch unterm Zigarettendeck einzubauen. Durchweicht von der See und dem Ertrinken nahe, zogen wir sie auf die Brücke. Ohne unser unwahrscheinliches Glück weiter herauszufordern, tauchte ich U-953 in eine Zwanzigmeterwelle.

Um 23 Uhr 18 in der folgenden Nacht sichteten wir das erste Leuchtfeuer von Irland. Es brannte friedensmäßig. Nach der Beschreibung der Feuerung durch meinen I.W.O. am Sehrohr identifizierte ich das Feuer als das von Loop Head an der Mündung des Shannon-Flusses. Fünfunddreißig Minuten nach Mitternacht, während eines Horchrundblicks, hörten wir das Echo einer Wasserbombenschlacht an den Felsen. Die Serien kamen aus der Richtung, wo wir nur eine Nacht zuvor gewesen waren. Die Briten waren wieder in ihre Jagdgründe zurückgekehrt.

Aber der Kampf gegen Ausfälle ging ohne Unterbrechung weiter. Die Männer in der Maschine arbeiteten seit Tagen, um die Steuerbord-Stopfbuchse zu reparieren. Wir in den vorderen Räumen konzentrierten uns darauf, das Boot durch die Küstenströmungen und Klippen zu steuern, auf Schnorcheltiefe zu halten, Luft zu holen, die Batterien zu laden und den U-Jagdgruppen zu entwischen. Während dieser nächtlichen Stunden höchster Gefahr erreichten uns die Kurzsignale und Funksprüche, die wir bei Tage nicht empfangen konnten. Wiederholt wies die U-Bootführung die wenigen verbliebenen Wölfe an, auf ihrem Marsch ins Operationsgebiet oder zurück nach Norwegen, an der 200-Meter-Linie entlangzumarschieren. Aber die verstärkte alliierte Aktivität, die ich an dieser Linie beobachtet hatte, ließ in mir den Verdacht aufkommen, daß Verrat die englischen Zerstörer vor uns dort hingeschickt hatte. Etwa ein halbes Dutzend Boote, die Tag und Nacht getaucht operierten, waren dort den Attacken einer überwältigenden alliierten Seemacht ausgesetzt, die starke

Streitkräfte hier konzentriert hatte, um die Wölfe abzufangen. Alle, bis auf zwei Boote, wurden systematisch verfolgt. Die Todesmeldungen trafen uns mit unverminderter Heftigkeit. Ein Notsignal, von der Führung wiederholt, wurde mir in der Zentrale übergeben: BOMBEN - BOOT SINKT 62N O1E - U-867. Nicht viel später kam ein weiteres Kurzsignal aus demselben Seegebiet: VON FLUGZEUG ANGEGRIFFEN - TAUCHUNKLAR - U-865. Diese Meldung war die letzte des Bootes. Bevor der Tag anbrach, wurde es das Opfer eines neuen Angriffs aus der Luft. Es gab keine Überlebenden.
Später in derselben Nacht erfuhren wir, daß die Festung Brest gefallen war. Sie hatte der Belagerung nur vier Wochen standgehalten. Ich dachte an Korvettenkapitän Winter zurück, der alles getan hatte, was in seiner Macht stand. Dann wanderten meine Gedanken weiter nach Osten - nach Darmstadt. Hatten meine Angehörigen das Flammenmeer überstanden? Ich wußte es nicht. Vor einem Jahr, als Dönitz noch enge Verbindung mit seinen Kommandanten an der Front hielt, würde ich längst eine Antwort auf meine Fragen erhalten haben. Aber solche Tage waren unwiderruflich vorbei.
Ein plötzlicher Schrei. Er kam vom Rudergänger im Turm: »Kann Kurs nicht halten. Kompaß ausgefallen.«
Ich fluchte in zwei verschiedenen Sprachen und befahl dem Rudergänger, nach dem Magnetkompaß in der Zentrale zu steuern. Dieser Ausfall war besonders schwerwiegend. Ohne Kreiselkompaß war unsere Unternehmung in größter Gefahr. Der Magnetkompaß war keine Hilfe, im Gegenteil, er konnte uns in die Minenfelder führen. Seit das Boot vor einem Jahr Kiel verlassen hatte, war er nicht justiert worden und deshalb völlig unzuverlässig. Ich wollte in diesen schwierigen Küstengewässern kein weiteres Risiko eingehen, legte das Boot auf Grund und hoffte auf ein Wunder. Es kam in Gestalt von Berger. Er erinnerte sich an einen Kurs, den er vor Jahren beim Hersteller des Kreiselkompasses in Kiel besucht hatte, und nahm den Kompaß auseinander. Wiederholt drohte er, er habe nicht die geringste Ahnung, wie er ihn wieder zusammensetzen sollte. Den ganzen Tag hörten wir die Schraubengeräusche der U-Jagdgruppen in verschiedenen Peilungen und Entfernungen. Gelegentliche Waboexplosionen erhöhten die vibrierende Spannung. Endlich, nach neunzehnstündiger Arbeit, war es Berger gelungen, die Einzelteile des Kompasses wieder zusammenzumontieren.
In der Morgendämmerung am 20. September nahm ich Peilungen vom Inishbofin-Leuchtturm. Die Schraubengeräusche hatten inzwischen an Zahl und Stärke bedeutend zugenommen, und ich erwartete unmittelbare Feindberührung. Ich beendete das Schnorcheln und suchte bei Hellwerden nach dem Gegner. Asdic-Ortungen und abscheuliche Rasselgeräusche verbanden sich zu einem höllischen Konzert. Aber ich entdeckte nur eine

leere See, die Klippen von Claire Island und eine Maschine in geringer Höhe.
Da kam mir die Erleuchtung: wir waren von einem neuen englischen Trick getäuscht worden. Die Tommies hatten, es konnte gar nicht anders sein, die Küstengewässer mit Geräuschbojen aller Art verseucht, die in den Gezeitenströmungen an der Küste entlangtrieben, um die lauernden U-Boote in die offene See zu scheuchen, wo sich die U-Jagdgruppen versammelt hatten und die Wasserverhältnisse keinen nachteiligen Einfluß auf Horch- und Ortungsgeräte ausübten. Ich wies meine Leute an, den Krawall zu mißachten, und setzte die Unterwasserfahrt fort.
In der darauffolgenden Nacht umsteuerte U-953 Erris Head und glitt geräuschlos in die Donegal-Bay. Die See war ruhig und träge. Die Geräuschbojen rasselten abscheulich. Um 3 Uhr stoppte der Backbord-Diesel. Die Meldung von achtern war vernichtend: »Dieselkupplung festgefressen.«
Ich fluchte wie ein Korsar, übernahm die Tiefensteuerung und befahl dem Leitenden, den neuen Ausfall zu untersuchen. Das Ergebnis bestätigte meine Befürchtung: die Kupplung mußte auseinandergenommen werden. Die Arbeit würde zwei Tage beanspruchen. Ich entschloß mich, das Boot unter dem Schutz der Küste auf Grund zu legen und eine Generalreparatur durchzuführen. Vorsichtig und mit leisen E-Maschinen stieß ich in die Sligo-Bay vor und legte das Boot nur eine halbe Meile von der Küste in weichen Sand. Die Leute im Dieselraum, dick mit Fett und Öl beschmiert, begannen keuchend und schwitzend in der heißen, sauerstoffarmen Luft ihre Arbeit. Das Dröhnen von Wasserbomben am westlichen Horizont, Asdic-Impulse, falsche und wahre Schraubengeräusche hielten unsere Spannung und Aufmerksamkeit auf dem Höhepunkt. Die Arbeit an den beiden Dieseln nahm den Rest der Nacht, den folgenden Tag und die Hälfte der nächsten Nacht in Anspruch. Eine Stunde nach Mitternacht meldete der L.I. die Reparaturen beendet und die Diesel wieder fahrklar. Das schier Unmögliche war Wirklichkeit geworden. Im Schatten der irischen Küste tauchte ich kurz auf, ließ das Boot durchlüften, die zahlreichen Abfallsäcke über Bord werfen, erlaubte den Heizern einige Minuten auf der Brücke, ließ dann das Boot in die schwarze Flut zurücksinken und setzte unsere Unterwasserfahrt fort.
Die harten Schläge, das dumpfe Rollen und Rumpeln der detonierenden Wabos folgte uns an der felsigen Küste nach Norden. Bei Morgengrauen erkannte ich den Leuchtturm von Aran im prächtigen Sonnenlicht, und in der Abenddämmerung nahm ich Peilungen von Tory Island, dessen himmelragende Klippen wie eine Kathedrale aus dem Meer stiegen. In dieser Nacht drang U-953 in den Nordkanal ein - das Ziel unseres Einsatzes. U-953 schnorchelte vorsichtig von Leuchtfeuer zu Leuchtfeuer und erreichte Inishtrahull Island bei Tagesanbruch. U-953 war in seinem

Jagdrevier angekommen. Es war 6 Uhr. Ich legte das Boot auf den felsigen Grund des Kanals, um Strom für einen Angriff zu sparen.
Die Donnerschläge im Westen nahmen an Heftigkeit zu. Die Tommies warfen ihre teuren Wasserbomben, als wären es billige Murmeln. Die Zähigkeit, mit der sie ihre Jagd fortsetzten, ließ mich wieder vermuten, daß die Briten über unsere Unternehmung unterrichtet waren und starke Abwehrkräfte dort massiert hatten, wo meine Kameraden Aufstellung genommen hatten. Infolge dieser Aktivität war ich tiefer als befohlen in den Kanal eingedrungen; ich erwartete hier nicht nur freie Jagd, sondern auch eine Konzentration der Schiffsrouten. Gegen Abend lief ein Zerstörer, von See kommend, in einer Entfernung von etwa zwei Seemeilen an uns vorbei in Richtung Londonderry Harbour. Um Mitternacht legte ich das Boot auf Ostkurs, schnorchelte und drang tiefer in den Kanal ein, wo das enge Fahrwasser den Geleitzügen nicht viel Spielraum zum Entkommen gab. Starke Gezeitenströmungen packten das Boot und drückten es wiederholt auf die Minensperre im Norden zu, nur meine Gewaltmaßnahmen retteten uns vor dem unheimlichen Tod aus der Tiefe. Drei Stunden patrouillierten wir durch die enge Gasse, manövrierten vorsichtig, horchten und fuhren mit beiden Dieseln gegen die Strömung an. Dann legte ich das Boot 13 Meilen östlich Inishtrahull wieder auf Grund. Ein ausgezeichnetes Versteck. Der Donner der Wabo-Explosionen und schwache Schraubengeräusche schnellfahrender Zerstörer berichteten uns von den wütenden Kämpfen seewärts. Aber nicht einer der britischen Zerstörerkommandanten dachte daran, die Einfahrt zum Kanal zu untersuchen. Sie hätten uns zwischen der felsigen Küste im Süden und den Minenfeldern im Norden leicht stellen können. Starke Gezeitenströme, unterstützt von der heranstürmenden See aus dem Atlantik, trieben unser Boot auf die felsigen Klippen zu, und das Knirschen, Mahlen, Schleifen und Kreischen, das unser schlürfender Kiel verursachte, war eine Einladung zum Selbstmord. Aber die Strömung selbst war der beste Schutz gegen die feindliche Unterwasser-Ortung. Wir gewöhnten uns an den Donner der Wabos, an die Schraubengeräusche der Zerstörer, an die Lärmbojen, die Asdic-Ortungen und das Dröhnen der Brandung an der nahen Küste.
Während unseres dritten Tages im Kanal klirrten zwei Zerstörer, vom Atlantik kommend, in die Irische See. Ich ließ die beiden in Erwartung größeren und lohnenderen Wildes, das hier vorbeikommen sollte, laufen. Ein vorzeitiger Angriff hätte uns verraten und die Sperrung des Kanals für die Nachschub-Schiffahrt veranlaßt. Zwei weitere Tage gingen vorüber. Wir saßen in unserer nassen und kalten Röhre und warteten gespannt auf den Feind. Es gab genügend Aktivität entlang der 200-Meter-Linie - aber nicht ein einziges lohnendes Ziel, nicht ein Geleit im Kanal.
Am 29. September, nach acht Tagen angestrengter Suche und nervenaufpeitschender Fahrerei unter Wasser, kam unsere Unternehmung zu

einem plötzlichen, vorzeitigen Ende. Die Schnorchelroutine war wieder ein Alptraum gewesen. Ein wilder Sturm trieb hohe Wellen vom Atlantik gegen die Küste. Eine starke Grundsee verursachte gefährliche Querströmungen, und U-953 kämpfte wie ein schwerfälliges Walroß, um nicht auf die Klippen geworfen zu werden. Der L.I. arbeitete, in Schweiß gebadet, um das Boot auf Schnorcheltiefe zu halten und es den Zugriffen der Bomber zu entziehen. Dennoch ragte der Luftmast oft genug drei oder vier Meter in die Luft und bot den Tommies ein ausgezeichnetes Ziel für einen Anflug. Ich sah deshalb keinen Grund, mit der riskanten Schnorchelei fortzufahren, nur um gebombt oder in die Felsen geworfen zu werden, und rief, um die Folter zu beenden: »Genug für heute nacht, L.I., bring das Boot auf 40 Meter.«

Einige kurze Befehle - und die Diesel stoppten. Dann ein Schrei vom achteren Teil der Zentrale: »Luftmast läßt sich nicht niederlegen.« Es war der Mann, der die Winde betätigte. »Das Kabel ist gerissen . . . das verdammte Ding ist gerissen . . .«

Das war schlimm. Jede geringste Vorlastigkeit würde den Mast umkippen und an Deck fallen lassen. Und keine Macht der Welt würde ihn wieder aufrichten. Das würde das Ende unserer Unterwasserfahrt, das Ende unserer Existenz bedeuten. Jeder Mann an Bord wußte, daß wir außer Gefecht gesetzt waren. Und doch war das Glück uns hold gesinnt: der Mast war in aufrechter Stellung festgehalten und erlaubte uns den weiteren Gebrauch des Schnorchels, vorausgesetzt, wir konnten ihn in dieser Lage halten. Und sein auffallender Schwimmer, der auf Sehrohrtiefe weit sichtbar aus dem Wasser ragte, nahm uns jede Hoffnung auf einen Unterwasserangriff. In der Tat, mit diesem neuen Ausfall war die Einsatzbereitschaft des Bootes zerschlagen. Die weitere Durchführung unserer Aufgabe war illusorisch geworden.

Der Schnorchelschaden war der Schlußakt einer Feindfahrt, bei der es technische Ausfälle und Mängel in Fülle gegeben hatte. Obgleich die Besatzung zumindest einen Sieg als Belohnung für ihren Einsatz verdiente, entschloß ich mich, die Unternehmung abzubrechen. Mit aufgerichtetem Schnorchelmast setzte ich U-953 in einer Tiefe von 40 Metern auf neuen Kurs - Richtung Bergen, Norwegen. Diagonal den Nordkanal überquerend, kämpfte das Boot mit gefährlich vibrierendem Schnorchelmast gegen die starke Strömung an und nahm zwischen Minenfeldern und U-Jagdgruppen Kurs auf die Hebriden.

Es war Mitternacht, am 1. Oktober. U-953, wieder auf Schnorcheltiefe, gewann die freie See. Die Diesel drückten das Boot kräftig nach Norden. Ich lehnte über dem Kartentisch in der Zentrale und verfaßte ein Kurzsignal, das die Führung über unsere Panne sowie über die Verhältnisse im Kanal unterrichten sollte. Gleichzeitig plante ich unser schnelles Ausrücken aus diesem Seegebiet nach Abgabe des verräterischen Funkspruchs.

Um 1 Uhr, eine neue Wellenlänge war gerade in Kraft getreten, drückte mein Funkmaat auf die Taste und sandte unsere Nachricht über die kleine Antenne auf dem Schnorchelkopf in den Äther. Es waren nur vier Buchstaben. Entschlüsselt bedeuteten sie: KEIN FEINDLICHER VERKEHR IM OPERATIONSGEBIET - SCHÄDEN - KEHRE ZUM STÜTZPUNKT ZURÜCK - U-953.

Meine Mitteilung veranlaßte die Führung, die anderen Boote, die in dasselbe Seegebiet entsandt worden waren, nach ihren Feststellungen zu befragen. Drei Kameraden, die ebenfalls in den Nordkanal befohlen worden waren, hörten diese Aufforderung nicht mehr. U-484 und U-743 wurden nordwestlich Inishtrahull am gleichen Tag und nur 20 Seemeilen voneinander entfernt versenkt. U-925 war nahe der irischen Küste gestellt und von den englischen Jagdgruppen vernichtet worden.

Mein Kurzsignal hatte auch andere, noch unangenehmere Folgen. Wie erwartet, erfaßte unser Horchgerät drei Zerstörer, die bei Tagesgrauen von achtern aufkamen. Ich schwor, nie wieder einen FT abzugeben und den Herren in der Führung das Raten zu überlassen. Um 10 Uhr 30 wurde eine neue Suchgruppe backbord voraus vom Horcher entdeckt. Sechs Korvetten, wahrscheinlich von einem ganzen Geschwader von Flugzeugen unterstützt, waren angesetzt worden, um ein verhältnismäßig kleines Seegebiet abzuriegeln und einen der letzten Wölfe zu vernichten. Das singende, pochende, stampfende, zirpende Getöse erfüllte bald alle Räume. Einige Männer horchten mit weitgeöffneten Augen, andere drehten sich in ihren Kojen um und taten, als hörten sie nichts. Die Tommies kurvten, stoppten, horchten, fuhren wieder an, zackten, gingen mit der Fahrt hoch, versuchten uns zum Schnorcheln zu verleiten, entdeckten aber nicht, daß wir nur drei Meilen östlich an der Westkante der Minenfelder lagen und langsam nach Norden trieben. Bei Einbruch der Nacht waren die Geräusche seewärts und achteraus gewandert. Um Mitternacht war nur noch eine geringe Andeutung von einem Geräusch in unserem Gerät. Zwei Stunden später war der Spuk vollständig verschwunden. Und um 3 Uhr atmeten wir wieder frische Luft und nahmen unsere geräuschvolle Schnorchelroutine wieder auf.

Mehrere Nächte und Tage marschierte U-953 entlang der westlichen Hebriden in die nördlichen Seegebiete. Starke Herbststürme peitschten das Meer und drohten unseren beschädigten Luftmast zu zerschlagen. Dauernd von Zerstörern gejagt, von zahllosen Flugzeugen beschattet, blieb U-953 trotzdem unentdeckt. Während dieser Wochen nervenzerreißender Unterwasserfahrt lebten die Männer mit geplatzten Trommelfellen und mit vermindertem Augenlicht, mit mißhandelten Lungen und, schlimmer noch, mit den heimlichen, zermürbenden Gedanken an die Heimat. Manch einer dachte an die Jugend, an die Schulzeit, an die einstigen Erfolge an Land und auf See, an Versenkungen und Siegesfeiern, an Frauen und an

Liebe. Doch gleichzeitig erinnerten wir uns auch unserer verlorenen Schlachten, unserer Niederlage auf den Meeren, unserer Flucht aus den westfranzösischen Häfen, unserer gefallenen Kameraden, die nun auf dem Meeresboden ruhten, der Rückzüge an Land und der zerbombten Städte. Aber neben all diesen Gedanken und Erinnerungen plagte mich der Gedanke über das ungewisse Schicksal meiner Eltern und meiner Schwester mit zunehmender Heftigkeit.

Während U-953 auf seinem östlichen Kurs dahinglitt und in der zweiten Oktoberwoche die Shetland-Inseln passierte, war die Vernichtung der U-Bootwaffe eine unwiderrufliche Tatsache. Seit wir aus dem Hafen von La Rochelle ausgebrochen waren, waren weitere 17 Boote den massierten Angriffen des Gegners zum Opfer gefallen. Mit Ausnahme von vier Booten waren sie alle von Norwegen auf ihre erste Unternehmung ausgelaufen. Sie waren alle mit dem Schnorchel ausgerüstet. Ihre Besatzungen waren prächtige Männer, gut ausgebildet - aber falsch beraten und mit den grausamen Frontverhältnissen nicht vertraut, wurden sie ein schnelles Opfer eines völlig veränderten U-Bootkrieges.

Vierzig Seemeilen nordöstlich der Shetlands rannten wir in eine Suchgruppe, die die Norwegische See abgeriegelt hatte. Es folgten achtundzwanzig Stunden unablässiger Verfolgung, nervenzerreißender Jagd, atemberaubender Schleichfahrt; ständiges Ausweichen, schreiende Asdic-Impulse, jagende Schrauben, kreisende Zerstörer, detonierende Wabos. Nur wenige Meter unter der Oberfläche trieben wir weiter nach Osten. Trotzdem gelang es uns, dem Zugriff der Suchgruppe zu entwischen. Noch viele Stunden danach hörten wir den Lärm in unserem Kielwasser, bis nach sechs Wochen ständiger Unterwasserfahrt die Berge Norwegens unseren Vormarsch nach Osten aufhielten.

U-953 näherte sich vorsichtig den Schären, die dem Festland vorgelagert sind. Seit Wochen ohne Navigationsunterlagen, Gezeiten und Kalkulationsfehlern ausgesetzt, manövrierte ich das Boot mit einem wohlausgebildeten sechsten Sinn an die gefährliche Küste. Stundenlang saß ich am Sehrohr und hoffte einen Punkt an Land auszumachen. Bald nach Tagesanbruch entdeckte ich die englischen Flieger vom Dienst, die an der Küste patrouillierten. Bald sah ich auch den niedrigen Leuchtturm auf einem einsamen Felsen mitten in der Einfahrt in den Bornjefjord. Die See brach sich an dem nackten Gestein und legte einen Schaumkranz um die kleine Insel. Weil ich dem aufgerichteten Mast in der starken Strömung nicht mehr traute, brach ich das Schnorcheln ab und schaltete auf E-Maschinen um. U-953 arbeitete hart, um die Strömung zu bewältigen und eine Position zu gewinnen, von der aus ich das Boot in den Fjord steuern konnte. Die Röhre schüttelte sich unter dem Aufprall der heranstürmenden See. Ein plötzlicher dumpfer Schlag, ein Rumpeln, ein Krachen - der Luftmast war an Deck gefallen. Die Kraft der Strömung drohte das Boot in die dem

Festland vorgelagerten Schären zu schleudern. U-953 schoß mit nahezu zehn Meilen Höchstfahrt vorwärts und kämpfte wie ein Lachs gegen die Strömung, die 7 bis 8 Meilen pro Stunde erreichte. Meter um Meter kroch es nach vorn. Auf der Höhe des Leuchtturms wurde es von einem Wirbel erfaßt und gegen eine Bergwand geworfen, die fast senkrecht aus dem Meer stieg. Eine harte Ruderlage, U-953 drehte scharf nach Steuerbord, ging mit einer Maschine voll zurück - dann schob sich das Boot in den Fjord hinein.

8

Ein Vorpostenboot lag fast bewegungslos im Fjord, etwa zwei Meilen innerhalb der Einfahrt. Es war von unserer Rückkehr nicht unterrichtet. Als ich die Gesichter der Besatzung klar erkennen konnte, fuhr ich das Sehrohr ein. Mein Befehl zum Auftauchen beendete die lange Unterwasserfahrt. Druckluft zischte durch die Rohrleitungen. Mit einem tiefen Stöhnen schoß U-953 ans Tageslicht - exakt in die mit Flakgeschützen gespickte Breitseite des Vorpostenbootes.
»Was, zum Teufel, machen Sie denn da?« brüllte der überraschte Kommandant des Bootes durch die Flüstertüte.
Mit dem Erfolg meines Tricks zufrieden, rief ich zurück: »Eine Razzia, mein Lieber. Haben Sie Konterbande an Bord?«
»Nein, nur einen Harem. Aber nicht für Ihre Leute.« Und als rechnete er tatsächlich damit, daß meine Männer, bärtigen Piraten gleich, einen eingehenderen Blick auf sein Schiff werfen könnten, drehte er sein Boot auf Gegenkurs. Mittlerweile war unsere Besatzung durchs Turmluk geströmt. Einige saßen an den Geschützen, andere stapelten Munition auf der Brücke auf; die übrigen schwangen sich durch die Reling an Oberdeck und steckten sich weiße Glimmstengel in ihre gelben Gesichter.
Nachdem ich für einige Zeit die frische, gesunde Seeluft geatmet hatte, wurde mir von dem scheußlichen Geruch nach Fäulnis und Verwesung, der dem Turmluk entwich, fast übel. Selbst der aromatische Duft von Tabak, den wir so lange vermißt hatten, konnte den widerlichen Gestank nicht vertreiben. Im Gegenteil. Die ersten Zigaretten verursachten einen bitteren, fast ekelhaften Geschmack auf der Zunge. Erst nach zwei Stunden, nachdem U-953 in den Bergenfjord eingebogen war, entdeckte ich ihr altes, würziges Aroma wieder.
Das Vorpostenboot hatte unsere Heimkehr vorausgefunkt. Ein magerer Empfang war schnell vorbereitet worden. Eine Handvoll Leute in blauer Uniform und grauem Lederzeug war zu unserer Begrüßung an die Pier gekommen. Für sie war es eine seltene Gelegenheit, ein U-Boot von

Feindfahrt zurückkehren zu sehen. Seit Monaten waren die Boote ausgelaufen, aber nur wenige waren wieder zurückgekommen. Doch meine Männer paßten kaum in die heroische Rolle, die man von ihnen erwartete. Wir hatten filzige Haare, lange Bärte, gelbe Haut, hohle Backen und Augen wie Golfbälle. Wir sahen aus wie unterernährte, erschöpfte Dschungelkämpfer, aber nicht wie die Helden der Nation, die gelobt hatten, die Schlacht im Atlantik zu gewinnen.

Unsere Leinen wurden an Land geworfen und an den Pollern festgezurrt. Der Chef der 11. U-Bootflottille kam an Bord, nickte kurz zum Dank für meine Meldung, begrüßte die Männer und beglückwünschte sie zu ihrer Leistung. Gleichzeitig teilte er uns mit, daß noch größere Opfer von uns erwartet wurden; das Schlimmste aber läge hinter uns, und die Dinge würden sich bald grundsätzlich ändern. Dann lud er uns zum Empfangsessen ein. Die Getränke waren stark und die Mahlzeit ungewohnt schwer. Wir wurden von den neugierigen Landratten über unsere letzten Tage in Brest und unseren Aufenthalt in La Rochelle ausgefragt, und unsere Männer antworteten mit Seemannsgarn im Stil von Tausendundeiner Nacht. Als es deutlich wurde, daß die Leute zuviel von den an Bord vermißten Getränken zu sich genommen hatten, stand ich schnell auf und beendete das Gelage. Wir wurden in sauberen Quartieren, in einem Haus für uns allein, untergebracht, und bald konnte man hören, wie die bärtigen Seefahrer ihre Shanties sangen und in Badewannen und Brausebädern plätscherten. Nach meiner ersten Nachtruhe in sechs Wochen begann ich meinen Kampf um ein neues Boot. Der Zustand von U-953 war unter aller Kritik. Das Boot fiel buchstäblich auseinander. Es benötigte nicht nur eine neue Schnorchelanlage, sondern auch zwei neue Diesel, neue Batterien und tausend andere Teile, die nicht greifbar waren. Rohrleitungen und elektrische Kabel waren in denkbar schlechtester Verfassung und eine Gefahr für die Besatzung. Meine Besprechung mit dem Flottillen-Ingenieur ging in die gewünschte Richtung. Es gab im Stützpunkt nicht einen Diesel, nicht eine Batterie, nicht einen Schnorchel, noch gab es ein Trockendock, das für eine völlige Überholung des Bootes notwendig war. Es schien, als hätte ich meinen Fall bereits gewonnen.

Aber ich vermißte in Bergen noch mehr als nur Ersatzteile und neue Maschinen. Ich wartete vergeblich auf unsere Post, auf einen Brief oder ein Telegramm von zu Hause - auf irgendeine Mitteilung, die mir sagte, daß alles in Ordnung war. Aber unsere Postsäcke waren entweder in dem gigantischen Umleitungswirrwarr in Frankreich verlorengegangen oder mit einem Nachschubdampfer im Skagerrak oder in den norwegischen Fjorden von englischen Flugzeugen oder U-Booten versenkt worden. Wir waren buchstäblich von Deutschland abgeschnitten, und die Ungewißheit über das Schicksal unserer Angehörigen lastete auf jedem meiner Soldaten.

Durch graue Schichten tiefliegender Wolken verholte ich U-953 in das Arsenal, um die Torpedos abzugeben. Dort sahen wir einige Hüllen einstiger stolzer U-Boote, aus denen man Material und Ersatzteile ausschlachtete. Ich hatte eine lebhaftere Aktivität in den norwegischen Häfen erwartet, nachdem die Stützpunkte in Frankreich verlorengegangen waren. Aber die Stille war erdrückend. Ich suchte vergeblich nach den neuen Bootstypen, die man uns so lange versprochen hatte.
Im Stützpunkt war das Abendessen sehr mager und genau zugeteilt, ein deutlicher Maßstab unseres Kriegsglücks im fünften Kriegsjahr. Nach dem Essen wurde ich zu einer kleinen Feier in eine Villa im Walde eingeladen. Ich kehrte auf meine Stube zurück und nahm meine verdrückte blaue Uniform aus dem einzigen Koffer, den ich noch besaß. Sie war feucht und roch stark nach Schimmel. Der Geruch begleitete mich, als ich zu dem behaglichen Forsthaus in den Bergen gefahren wurde. Hier waren die Verhältnisse denen im Stützpunkt entgegengesetzt. Es gab Delikatessen, gute Getränke, einige sehr hübsche, blonde norwegische Mädchen und verlockende Angebote. Aber weder die Mädchen noch die Klänge der vertrauten Schlager waren dazu angetan, meine Stimmung zu heben oder mich von den Gedanken an ein drohendes Unheil abzulenken; ich war froh, als der Wagen mich wieder im Quartier meiner Besatzung absetzte.
Am folgenden Morgen, es war der dritte Tag an Land, traf ich einen alten Bekannten - Kapitän zur See Rösing. Es war ihm gelungen, nur wenige Stunden vor der Einkesselung von La Rochelle durch die Amerikaner die Stadt mit dem Flugzeug zu verlassen. Nun hatte er sich bereits wieder nahe dem Stützpunkt niedergelassen, um unsere unerfahrenen Besatzungen in die Schlacht um England zu führen. Nach einer kurzen Besprechung meiner letzten Fahrt brachte ich mein Anliegen vor: »Herr Kapitän, U-953 ist so gut wie Schrott. Es gibt hier in Norwegen keinerlei Anlagen noch Ersatzteile, um es wieder frontklar zu machen. Ich bitte Herrn Kapitän gehorsamst um ein neues Boot, um einen größeren, schnelleren Typ.«
»Ich sehe zu dieser Zeit keine Möglichkeit, Ihnen ein neues Boot zu geben«, entgegnete der FdU. »Wir tun schon, was wir können, um alle alten Boote im Frühjahr frontreif zu haben. Wir werden mit einer großangelegten Offensive zurückschlagen und dem Gegner zeigen, daß er uns nicht zermürben kann.«
»Herr Kapitän, es wird mehr Zeit in Anspruch nehmen, U-953 wieder seetüchtig zu machen, als ein neues Boot an die Front zu bringen.«
»Das lassen Sie mal unsere Sache sein. Wir treffen die Entscheidungen. Sie führen Befehle aus.« Das war sehr deutlich. Diese Feststellung war das Ende unserer Unterhaltung und meines Vortrags. Ich war entlassen.
Noch am selben Tag fiel die Entscheidung, U-953 in einer deutschen Werft zu überholen. Meine Zukunft war untrennbar mit der meines Bootes ver-

woben. Ich erkannte, daß es besser war, mich darauf zu konzentrieren, das Leben des alten Arbeitspferdes zu erhalten, anstatt von einem neuen Boot zu träumen.
Der Befehl, das Boot in einer deutschen Werft von Grund auf zu überholen, wurde von der Besatzung mit gedämpfter Zustimmung aufgenommen. Wir würden für die nächste Unternehmung zumindest einen seetüchtigen Untersatz unter unsere Füße bekommen. Es gab andere Neuigkeiten, Nachrichten, die über das Radio kamen und weit mehr Sorge verursachten. Die Engländer, hörten wir, hatten den Niederrhein erreicht, und die Amerikaner waren in Aachen eingedrungen, der ersten deutschen Stadt, die den Landkrieg zu spüren bekam. Stuttgart, München und sogar Innsbruck waren das Ziel großer alliierter Bomberverbände gewesen. Man sagte uns, daß die Lage sehr ernst, aber nicht hoffnungslos sei. Die Stimme aus Berlin versicherte uns immer wieder, daß wir bald mit neuen Waffen zurückschlagen würden. Wir glaubten, wir vertrauten, und wir fuhren weiter zur See.
Bei Einbruch der Dunkelheit, es war ein nebliger Tag spät im Oktober, verließ U-953 den Hafen von Bergen. Ein kleiner Vorposten-Kutter geleitete uns in den Fjord. Bald lag totale Finsternis über dem schmalen Wasserweg, und es schien, als wollten die himmelragenden Berge auf uns niederstürzen. Ich bohrte meine Augen in die Nacht, um meinen Abstand zum Führungsfahrzeug zu wahren und die gefährlichen Klippen zu umsteuern. Es war ein stiller Marsch durch unfreundliche Gewässer, in denen englische S-Boote unvermittelt zuschlugen. Am Ende der ersten Nacht fuhren wir in den Hafen von Haugesund und versteckten unser Boot hinter einem Holzgebäude. Am Abend, als alles dunkel und schwarz war, folgten wir einem neuen Begleitfahrzeug durch Klippen und Stromschnellen nach Egersund. Hier befestigten wir unsere Leinen an verkrüppelten Föhren, die aus den Spalten eines riesigen Felsen wuchsen, und versteckten das Boot unter den Ästen. In der nächsten Nacht jagten wir allein in die offene See und schnorchelten - das Kabel war in Bergen notdürftig repariert worden - um die Südspitze Norwegens in das Skagerrak. Zwei Nächte später trafen wir in der westlichen Ostsee einen deutschen Geleitzug und passierten kurz vor Tagesanbruch das Feuerschiff KIEL. Es war ein grauer, kalter, nebliger Morgen, als U-953 an der Tirpitz-Brücke anlegte. Wir waren endlich wieder in Deutschland.
Unsere Ankunft verursachte keinerlei Aufmerksamkeit. Übermüdet und in mein altes, faltiges Lederzeug verpackt, stieg ich auf die Mole und schritt über die vertrauten Planken zu dem alten Dampfer, der seit Kriegsbeginn an der Nordseite der Mole vertäut lag. Der Tender *Lech* war verschwunden, und ich suchte nach den Räumen der 5. U-Boot-Flottille. Ein Posten sagte mir, daß die Flottille an Land verlegt worden war. Unbeholfen schritt ich über die geteerten Planken und sah weitverbreitete Zerstö-

rungen, das Ergebnis gewaltiger Luftangriffe, die seit meinem letzten Besuch vor 22 Monaten den Hafen verwüstet hatten. Ein alter Tender lag neben der Mole auf Grund, ein ausgebombtes Wrack. Sein Oberdeck war von öligem Wasser überspült. An Land erkannte ich in der Ferne die schwarzen Grundmauern zerbombter Häuser. Berge von Schutt, die das Ufer übersäten, kündeten von dem einstigen Wohlstand des eleganten Stadtviertels Bellevue. Ich fand die Räume der Flottille inmitten zerstörter Kasernen, und der Flottillenchef nahm meine Meldung mit erschütternder Gleichgültigkeit hin. Dann klärte er mich auf, daß ich hier am falschen Platz war. Die Überholung meines Bootes konnte in Kiel nicht durchgeführt werden; im Gegenteil, sie würde nur seine Existenz gefährden. Ich erhielt deshalb Befehl, unverzüglich nach Lübeck zu gehen.
Eine Stunde nachdem wir die Leinen an den Pollern der Tirpitz-Brücke befestigt hatten, warfen wir sie wieder los. U-953 röhrte aus dem Kieler Hafen, passierte abermals das Feuerschiff und jagte auf Ostkurs in einen tiefhängenden Abendhimmel hinein. Eine neue Nacht ohne Schlaf und größter Aufmerksamkeit bei zunehmendem Verkehr. Als sich der Morgennebel hob, steuerte ich das Boot in die Mündung der Trave, und kurz vor 12 Uhr kam das Boot an einer Behelfsbrücke des kleinen Marinestützpunktes Lübeck-Siems zu liegen. Mein Versuch, dem Stützpunktleiter unsere Ankunft zu melden, endete vor verschlossenen Türen. Ein Posten gab mir freiwillig Auskunft. Der Chef war zum Mittagessen nach Hause gegangen, und es würde Stunden dauern, bis er sich wieder sehen ließe.
Das Barackenlager lag verlassen da. Die geringe Betriebsamkeit verriet, daß die Marine von dieser Einrichtung wenig Gebrauch machte. U-953 war das einzige Boot an der Pier. Die Männer saßen auf dem Rand der Brücke und auf der Reling oder hockten an Oberdeck und verzehrten ihr letztes bordmäßiges Mittagessen. Es war nicht viel, aber wir alle waren dankbar dafür. Der Nachmittag war bereits fortgeschritten, als mir gemeldet wurde, daß der Stützpunktleiter geneigt war, uns zu empfangen. Die Besatzung trat auf dem kleinen Hof zwischen den Baracken an. Ich meldete die bärtigen Männer dem wohlgenährten Offizier. Es bedeutete für mich wenig, daß er hier einen idealen Platz gefunden hatte, seinem Vaterland zu dienen und gleichzeitig seine Gewohnheiten und sein Familienleben zu pflegen. Aber ich war mehr als aufgebracht, als ich einen Zug des Widerwillens und des Ekels über sein Gesicht huschen sah, während er meine Seefahrer besichtigte, die ungekämmt und mit langen Haaren und Bärten, von Monaten des Fronteinsatzes erschöpft und mitgenommen waren.
Unsere Rückkehr zu einer normalen Lebensweise begann mit der Verholung des Bootes in die Werft. In den Stützpunkt zurückkehrend, bemerkte ich mit Zufriedenheit, daß der I.W.O. von einer sehr sauberen

Baracke Besitz ergriffen hatte und dabei war, die Männer in ihre Quartiere einzuweisen. Mein Koffer war in ein Eckzimmer gebracht worden, das mir für die Dauer unseres Aufenthalts als Heim dienen sollte. Ich sandte meine Sachen in die Wäscherei und zur Reinigung und versuchte dann, mit meinen Eltern in Verbindung zu treten. Aber die Telefonverbindung nach Darmstadt war immer noch unterbrochen - zwei Monate nach dem Angriff! Ich schickte daraufhin ein Telegramm und bat meine Eltern um telegrafische Antwort.
Dann nahm meine Sorge um Boot und Besatzung meine ganze Aufmerksamkeit in Anspruch. Man teilte mir mit, daß die Überholung des Bootes acht bis zehn Wochen dauern würde, der endgültige Termin aber von der Anlieferung neuer Diesel abhängig wäre. Diese Nachricht garantierte jedem Besatzungsmitglied den lange erwarteten Urlaub und entsprechende Erholung nach sechsmonatigem Einsatz. Es war eine angemessene Belohnung und ein Geschenk für manche, deren Wunsch, nach Hause zu eilen und nach den Angehörigen zu forschen, seit unserem Einlaufen in Norwegen mächtig angestiegen war. Ich selbst machte keine Ausnahme. Nachdem meine Eltern auf mein dringendes Telegramm nicht geantwortet hatten, beabsichtigte ich, früher abzureisen, als ursprünglich vorgesehen. Ich war gerade dabei, den Stützpunkt zu verlassen, als ich von der Personalabteilung die Mitteilung bekam, daß der Leitende und der I.W.O. auf neue Boote abkommandiert waren. Der Verlust des L.I., eines hervorragenden Ingenieurs, traf mich schwer; ernst jedoch wurde die Situation, als sich herausstellte, daß der Ersatz jener unerfahrene, ehemalige Leitende von U-415 war, der nur eine zweiwöchige Fronterfahrung nachweisen konnte. Um die Personalveränderung auf die Spitze zu treiben, wurde ich mit einem blutjungen Oberfähnrich belastet, der die Stellung des II.W.O. übernehmen sollte. Abgesehen davon, daß er nicht die geringste U-Booterfahrung besaß, veranlaßte mich die Umgruppierung, meinen bisherigen II.W.O., den unerfahrenen Ziehmer, zum I.W.O. zu ernennen. Diese gefährliche Personalveränderung verlangte energische Gegenmaßnahmen, aber ich beschloß, nichts zu unternehmen, bis ich aus dem Urlaub zurückgekehrt war.
Es war ein kalter und nebliger Tag früh im November, als ich aus Lübeck abreiste. Der Schnellzug war mit Menschen vollgepackt, die mit hartem baltischem Akzent sprachen. Menschen, die aus ihren Heimen vertrieben und vor der anrückenden russischen Armee geflohen waren. Die Flüchtlinge, Frauen, Kinder und alte Leute, waren ärmlich gekleidet und trugen nur wenige bescheidene Besitztümer mit sich. Sie standen zitternd in Gruppen neben Schachteln, Bündeln, Koffern und Bettzeug. An dieser erbärmlichen, bemitleidenswerten Menschenkette entlang gingen alarmierende Nachrichten von Mund zu Mund, von Abteil zu Abteil. Die Front im Osten bewegte sich schnell, allzu schnell nach Westen. Königsberg

war in größter Gefahr, in die Hände der Sowjets zu fallen. Und zur gleichen Zeit bewegte sich die Westfront unaufhaltsam ostwärts.
Ich lehnte im Gang am Fenster, tief in Gedanken verloren. Zu meinen Füßen stand der Koffer mit den Geschenken für meine Eltern und Trudel. Die Landschaft huschte vorbei, trostlos und schwarzgrau. Nach einiger Zeit rückten immer größere Mengen schwarzer Überreste von Häusern, von Bombentrichtern, Schutt und abgebrochenen Schornsteinen in das monotone Bild der norddeutschen Ebene. Dann schlossen sich die einzelnen Ruinen zu einer Wüste zerstörter Stadtviertel zusammen. Wir waren in Berlin angekommen.
Menschen in ewiger Bewegung, Menschen auf der Flucht. Tausende füllten den Bahnhof. Frauen in Rotkreuz-Uniformen verteilten warmes Essen und Ersatzkaffee. Magere, junge Infanteriesoldaten, mit Rucksack und Gewehr überschwer beladen, trugen fadenscheinige Uniformen, die an vielen Stellen geflickt waren, und bewegten sich wie alte Männer. Ich drängte mich mit meinem Koffer über den überfüllten Bahnsteig, fuhr mit der U-Bahn durch die Stadt zum Anhalter Bahnhof und ersparte mir so den Anblick der Ruinen, aber nicht der menschlichen Wracks, der Heimatlosen, die in der U-Bahn saßen: hohlwangige Frauen und Kinder auf der Flucht, verwirrte Soldaten auf ihrem Weg von zerstörten Heimen zurück zu den zerschmetterten Fronten. Not, Entbehrung, Hunger und Elend und Mangel an Schlaf, Gleichgültigkeit und Verzweiflung und Ergebung ins Unvermeidliche hatte diese Gesichter gezeichnet.
Nacht war über die Reichshauptstadt gefallen, als mein verdunkelter Zug das verwüstete Berlin verließ und auf seinem Weg nach Süden langsam dahinratterte. Ich verbrachte die Stunden rauchend, wartend, träumend. Ich rechnete damit, um die Mittagszeit am folgenden Tag zu Hause zu sein; wenn nicht in Darmstadt, so in Vaters neuem Betrieb in Pfungstadt auf dem Land, vorausgesetzt, die Reise verlief gut.
Eine Stunde nach Mitternacht. Eine junge Frau in der Uniform der Luftwaffenhelferinnen trat ins Abteil und setzte sich mir gegenüber. Bald zeigte sie ein etwas mehr als nur gewöhnliches Interesse. Um ihrer Neugierde zu entgehen, trat ich in den Gang und zündete mir eine neue Zigarette an. Aber nur wenige Augenblicke später folgte sie mir.
Sie fragte zögernd: »Sind Sie nicht Trudel Werners Bruder Herbert?«
Ohne zu wissen, warum, leugnete ich: »Nein, Sie müssen sich irren.«
»Verzeihen Sie«, fuhr sie fort, »der Bruder meiner Freundin ist auch bei der Marine und Ihre Ähnlichkeit ist verblüffend.«
Es tat mir bereits leid, daß ich so abweisend war; ich gab nun zu: »Nun gut, ich bin Trudels Bruder - und wer sind Sie?«
Sie lächelte. Ihre Erinnerung hatte sie nicht betrogen. »Erkennen Sie mich denn nicht? Ich bin Klara Ehinger, ich war Trudels Klassenkameradin und vielleicht beste Freundin.«

Nein, ich hätte diese junge Frau nicht wiedererkannt. Aber ich erinnerte mich an sie, als sie noch ein kleines Mädchen war und ich ein Junge von fünfzehn. Zehn Jahre, ein ganzes Leben, waren seither vergangen. Nun, da sie hier war, nahm ich die Gelegenheit wahr, meine Reise mit angenehmen Erinnerungen an eine glückliche Jugend zu verkürzen. Wir unterhielten uns über die Schuljahre und riefen längst vergessene Episoden wach. Sie war in der Tat die beste Freundin meiner Schwester, als wir noch in Singen wohnten, wo der Hohentwiel mit seiner alten Burgruine meine ganze Welt war. Dann erzählte Klara von meinen Eltern, daß sie sie immer gemocht hätte und daß der lange Artikel im »Seeboten«, der lokalen Zeitung, so schön abgefaßt gewesen war.
Da legte sich plötzlich eine eiskalte Hand um meine Kehle, und ich fragte sie zögernd: »Was für einen Artikel meinen Sie?«
Ihre Augen weiteten sich, ihr Mund öffnete sich vor Schrecken. »Wissen Sie denn nicht . . .« stotterte sie, »nein, Sie können es ja nicht wissen . . .« Sie bedeckte ihr Gesicht mit beiden Händen. Sie brauchte mir nichts mehr zu sagen.
Alles um mich herum begann sich zu drehen. Sehr langsam zuerst, dann immer schneller, als wäre ein Riesenrad außer Kontrolle geraten. Ich hörte das Mädchen weinen und wie aus weiter Entfernung sagen: »Oh, verzeihen Sie mir, die arme Trudel und Ihre Eltern sind bei dem Luftangriff auf Darmstadt ums Leben gekommen.«
In einem Schwindelanfall preßte ich mich gegen die Glaswand des Abteils, um aufrecht stehen zu bleiben. Das Fenster, die Wand, die Menschen verschwammen vor meinen Augen. Ich preßte meine Zähne zusammen und kämpfte meine Tränen zurück. Ich schloß die Augen und holte tief Luft.
Endlich - ich weiß nicht, wie lange es mich gekostet hatte - erfaßte ich die Umgebung und die Nachricht, die ich gerade gehört hatte. Nein, Klara mußte alles falsch verstanden haben. Aber ich wußte, so sehr ich mich dagegen sträubte, daß es die Wahrheit war. Nun war alles vorbei. Nie wieder würde ich meine Lieben sehen können, nie wieder das helle Lachen meiner Schwester hören, nie wieder Mutters Sorge fühlen, nie wieder Vaters Plänen lauschen. Sie waren das Opfer eines schrecklichen Fehlers geworden. Ich war es, der hätte sterben sollen. Ich war es, der tausendmal darauf vorbereitet war, sie zurückzulassen. Ich war zur See gegangen, um für ihr Leben, für ihre Sicherheit zu kämpfen. Aber ich hatte kläglich versagt.
Klara erholte sich langsam von dem Schock. Sie war tief bestürzt über die Rolle, die sie als Überbringerin der Todesnachricht gespielt hatte. Ich versuchte sie zu trösten und sagte ihr, daß sie mir viel Kummer und eine Reise in die verkehrte Richtung erspart hatte. Dann änderte ich meine Pläne.
In Eisenach wechselten wir den Zug, und ich fuhr mit Klara zum Bodensee. Die Nacht war lang, und unsere Unterhaltung schlich träge dahin. Ich

konnte an nichts anderes denken, als an den Verlust dessen, was mir lieb und teuer war, und an die Sinnlosigkeit dessen, was zurückblieb. Als der Zug in einen neuen, grauen Novembermorgen hineinfuhr und ich die milchige Feuchtigkeit vom Fenster wischte, kam es wie eine erdrückende Ironie über mich; mit großen Buchstaben in weißer Farbe war die Losung unserer schweren Stunde an die Wand eines Bahnhofsgebäudes geschrieben: UNSERE MAUERN BRECHEN, ABER UNSERE HERZEN NICHT.

Als eine neue Nacht über die östlichen Ausläufer des Schwarzwalds fiel, erreichte der Schnellzug Klaras Heimatstadt. Ich reiste weiter in die Nacht, bis der Mond sich im stillen Wasser des Bodensees spiegelte. In Überlingen-Ost verließ ich den Zug. Hier hatten meine Verwandten Zuflucht vor dem Krieg gefunden. Der Weg zu ihrem Haus war nur kurz. Auf der Höhe, am Ende der Granit-Treppe, die zum oberen Teil der kleinen Stadt führte, blieb ich stehen. Ich hatte plötzlich den Drang, umzukehren, einen anderen Zug zu nehmen und zu Boot und Besatzung zurückzukehren. Das war der Platz, wo ich hingehörte. Aber ich ging weiter den Berg hinauf, und der Koffer mit den Geschenken hing schwer in meiner Hand. Ich wußte nicht, wem ich die Geschenke geben sollte. Ich hatte niemanden, dem ich die Dinge geben konnte, nicht einmal eine Freundin. Marianne lag unter den Trümmern Berlins begraben. Yvonne war verschwunden. Marguerite hatte ich in Paris an die Amerikaner verloren, und Marika war die Frau eines anderen Mannes.

Mein Erscheinen im Haus meines Großvaters verursachte größte Bestürzung. Meine zahlreichen Verwandten, die in mehr oder weniger verträglicher Harmonie unter seinem Dach zusammenlebten, hatten meine Rückkehr nicht mehr erwartet. Sie waren überzeugt, daß ich im Wirrwarr der Invasion verschollen sei. Es war ungefähr ein halbes Jahr her, seit meine Eltern meinen letzten Brief erhalten hatten. Und sechs Monate des Schweigens waren im Krieg eine lange Zeit. Ihr Schock über meine Rückkehr wich schließlich verstohlenen, beunruhigten Blicken und nervösem Geflüster hinter meinem Rücken. Um sie zu beruhigen, sagte ich endlich: »Ich hab's bereits gehört. Ihr braucht mir nichts zu erklären.«

»Was hast du jetzt vor«, fragten sie mit gequälten Blicken.

»Ich weiß nicht.«

»Willst du hierbleiben?«

»Nein, ich kam nur, um euch guten Tag zu sagen. Ich werde einige Bücher hierlassen und einige andere Dinge . . .«

Ich erfuhr, daß meine Kusine im Schwarzwald Zuflucht gefunden hatte. Ich rief sie sofort an. Lore berichtete von sehr viel Schnee, und daß das Skilaufen ausgezeichnet sei. Endlich, glaubte ich, hatte ich einen Ort gefunden, an dem ich zu mir selbst zurückfinden konnte.

Früh am nächsten Morgen, von Büchern und Geschenken erleichtert, reiste ich ab. Der langsam dahinschleichende Zug trug mich in die Berge des Schwarzwalds, die sich innerhalb einer Stunde von Dunkelgrün in glitzerndes Weiß verwandelten. Der Winter war hier früher eingekehrt als erwartet. Vor dem Bahnhof in Triberg bestieg ich einen Schlitten. Von zwei Pferden gezogen, gelangte ich in die höhere Region und erreichte bald Schönwald, wo meine Kusine für mich ein Zimmer im Hotel *Hirschen* reserviert hatte. Es war Spätnachmittag, die Sonne war bereits hinter den Spitzen der Tannen versunken, als ich endlich am Ende meiner Reise ankam.

Lore war nicht nur ein hübsches Mädchen, sondern auch eine gute Skiläuferin geworden. An den nächsten Tagen trafen wir uns sehr früh, bevor die Sonne die andern Gäste weckte, stiegen in die weißen Wälder hinauf und schossen im Slalom hinunter in die Täler. Wir wiederholten unsere ermüdende Tour mehrere Male, aßen aus einem Proviantbeutel, den ich mitgenommen hatte; dann fuhren wir wieder über die steilen Hänge und gefrorenen Flüsse und Bäche, bis der frühe Abend uns zwang, ins Hotel zurückzukehren.

Lore tat alles, um meine Stimmung zu heben. Aber sie konnte nicht viel tun. Sie konnte das dumpfe Rollen der Artillerie nicht aus der Welt schaffen, das wir an den stillen Abenden zu hören verurteilt waren. Der Donner unserer schweren Geschütze in den Vogesen, nur sechzig Kilometer entfernt, war eine schlechte Begleitmusik für unsere Gespräche nach dem Abendessen; er hielt mich davon ab, in der Nacht meine Ruhe zu finden. Wir konnten auch unsere Ohren nicht den Rundfunkmeldungen verschließen, die uns von den niederschmetternden Verlusten an allen Fronten berichteten. Die Sowjets hatten Riga erobert, Litauen und die Hälfte von Polen überrannt und den Balkan eingenommen. Am Westufer des Rheins waren heftige Kämpfe entbrannt. Amerikanische Bomber hatten Aachen und Köln dem Erdboden gleichgemacht. Ich hörte die Berichte mit wachsender Unruhe. Nein, ich konnte hier nicht länger bleiben, während unsere Männer an den Fronten verbluteten, die Verteidigung unseres Reiches zusammenbrach und unsere Städte in Feuer und Rauch zusammenfielen. Ich gehörte zu meinem Boot, zu meinen Leuten. Sie waren alles, was ich noch besaß.

An einem kalten Novembernachmittag sagte ich Lore Adieu und nahm den Schlitten zurück nach Triberg. Auf der Fahrt ins Tal fragte ich mich, wohin unser Weg noch führen würde. Was war mit all den Wunderwaffen geschehen, die man uns immer und immer wieder versprochen hatte? Wie sollten wir ohne sie die Russen, die Amerikaner, die Engländer, die Franzosen, die ganze Welt aufhalten und besiegen?

Zwei Tage später kam ich im Stützpunkt in Lübeck-Siems an. Das Wetter war sehr rauh und bitter kalt. Ein eisiger Wind fegte vom Osten heran. Selde, mein neuer L.I., den ich mit der Aufsicht über die Besatzung während meiner Abwesenheit beauftragt hatte, berichtete von Luftangriffen und Terminverschiebungen. Fehlende Ersatzteile hatten die Arbeiten an unserem Boot sehr nachteilig beeinflußt; es war vorauszusehen, daß wir nicht vor Neujahr den Hafen verlassen würden. Trotz der schlechten Nachrichten ließ ich mich in meinem gemütlichen Zimmer in der Holzbaracke mit dem Gefühl nieder, endlich zu Hause angekommen zu sein. Der Raum duftete nach Holz und Harz. Ich wußte meine Männer in den angrenzenden Räumen, hörte ihre lauten Gespräche und ihr Gelächter. Ich fühlte mich erleichtert. Ihre Gegenwart gab mir Vertrauen, war Inhalt meines Tuns und Handelns.

Ich erfuhr bald, daß eine größere Anzahl meiner Leute ähnliche bittere Erfahrungen gemacht hatten. Obermaschinist Berger hatte seine Heimatstadt Cleve zertrümmert vorgefunden. Die Stadt lag nur einen Steinwurf von der Front entfernt. Seine Frau und sein Kind waren in den Flammen umgekommen. Irgend jemand zeigte ihm ein Grab und sagte ihm, daß sie dort begraben lägen. Zur selben Stunde war er umgekehrt und zu Boot und Besatzung zurückgefahren. Ein Maschinenmaat hatte das Haus seiner Eltern in Trümmern vorgefunden, ohne die Angehörigen selbst zu finden. Sie waren, ohne eine Anschrift zu hinterlassen, nach dem Westen gegangen. Auch er war zu seinen Kameraden zurückgeeilt. Andere hatten ihren Urlaub auf Zügen, Omnibussen und auf Bahnhöfen verbracht und hatten die Fluchtwege ihrer Familien von Stadt zu Stadt verfolgt. Für jene, die ihre Lieben schließlich gefunden hatten, blieb wenig Zeit, das Wiedersehen gebührend zu feiern. Einige der Männer waren zurückgekehrt, ohne das Ziel ihrer Reise erreicht zu haben. Die Front war bereits über ihre Heimat, über Höfe und Orte in Ostpreußen hinweggerollt. Für alle, wie auch für mich, führte der Weg nur in eine Richtung - zurück zum Boot und zu den Kameraden, mit denen wir unsere schwersten Stunden geteilt hatten.

Inzwischen war der Dezember mit Eis und Schnee eingekehrt; die beißenden Stürme aus dem Osten kündeten einen langen Winter an. Und die Schwierigkeiten mit meinen drei Offizieren machten meine Stimmung so schlecht wie die trostlosen, grauen Tage. Sie waren nicht nur zu jung für eine verantwortliche Stellung an Bord eines eingefahrenen Frontbootes, sie waren unreif und sehr unerfahren. Sie waren eher ein Problem als eine Hilfe. Mehr noch, sie wurden von den alten Seefahrern nicht mit der notwendigen Achtung, die ihnen als Vorgesetzten gebührte, behandelt. Männer mit langen Fahrenszeiten und hohen Auszeichnungen waren nicht bereit, unverständlichen Befehlen unerfahrener Neulinge Folge zu leisten. Ich war mir klar, daß das Gleichgewicht der Besatzung gestört war, und bemühte mich wiederholt bei der Personalabteilung um die Zukommandierung fronterfahrener Offiziere. Dieser normale Antrag, der noch vor einem Jahr widerspruchslos angenommen worden wäre - selbst wenn man die Wünsche des Kommandanten als launenhaft erkannte -, wurde mir rundweg abgelehnt. Obwohl meiner Bitte meine Sorge um den Bestand des Bootes und damit um das Leben der Besatzung zugrunde lag, war die Antwort der Führung nur allzu deutlich: Wozu sich noch bemühen? Die Lebensspanne eines Bootes war viel zu kurz, als daß eine sorgfältige Auslese der Besatzung sich lohnte.

Meine Schwierigkeiten mit dem Oberfähnrich begannen mit seiner allgemeinen Inkompetenz. Doch um die Dinge auf die Spitze zu treiben, war er von der Führung und der Partei dazu ausersehen, meine Männer in den Richtlinien der Partei zu unterrichten. Die Einmischung der Partei in Marine- beziehungsweise U-Bootangelegenheiten hatte eine kurze, aber stürmische Geschichte. Sie begann mit dem Attentat auf Hitler. Die U-Bootwaffe war bis dahin frei von politischem Einfluß gewesen. Sogar nach dem Attentat, als die Macht der Partei überall zunahm, hatten wir U-Bootkommandanten gegen die Einsickerung politisch geschulter Offiziere erfolgreich passiven Widerstand geleistet. Aber mit dem zunehmenden Verfall des Reiches wuchs der Einfluß der Partei auch in der Marine - zum Entsetzen der U-Bootveteranen mit und ohne Portepée. Meine Leute hatten sich wiederholt über die Durchhaltephrasen beschwert, die der Oberfähnrich ihnen ohne mein Wissen vermittelte. Ihre Reaktion war absolut normal: sie hatten ihre Treue und ihren Mut an der Front bewiesen. Sie brauchten keinen Parteiprediger, der ihnen sagte, wie sie zu kämpfen und zu sterben hatten.

Gleichgültig, ob ich die Abkommandierung des Oberfähnrichs durchsetzen konnte oder nicht - ich war entschlossen, seine Vorträge zu verhindern. Ich befahl meine drei Offiziere zu einer Besprechung in mein Zimmer und machte ihnen klar, daß sie sich für ihre Stellungen an Bord von U-953 noch nicht bewährt hätten und daß ihre Tage gezählt wären, falls sie nicht mein Ausbildungsprogramm einhalten und sich für die kommende Unternehmung entsprechend vorbereiten würden. Ich legte zusätzlich dem Oberfähnrich zahlreiche kleinere Pflichten auf, die ihm keine Zeit für seine Parteireden übrig ließen.

In der zweiten Dezemberwoche hatte die Betriebsamkeit im Hafen und im Stützpunkt bedeutend zugenommen. Sie deutete auf eine Frühjahrsoffensive unserer Kräfte auf See hin. Innerhalb von zehn Tagen waren fünf Boote des Typs VII, Boote einer längst überholten Bauart wie das unsrige, von der Ostsee kommend eingelaufen. Die Baracken sprühten von neuem Leben, und die Werft hallte vom Hämmern und Nieten wider. Aber diese Boote versprachen keine dramatische Veränderung unserer Lage zur See. Sie hatten alles mit unserem altertümlichen U-953 gemeinsam. Und all diese Aktivität konnte unser nachlassendes Kriegsglück nicht aufhalten.

Aber plötzlich erleuchtete eine glänzende Offensive unserer Truppen im Westen den dunklen Horizont; sie weckte neue Hoffnung auf einen Sieg unserer Waffen. In den frühen Morgenstunden des 16. Dezember begannen unsere Armeen in den Ardennen einen gewaltigen Gegenangriff auf die anglo-amerikanischen Linien. Die Rundfunksender des Reichs verkündeten Siege und erstaunliche Fortschritte in den ersten Stunden unseres Angriffs. Die große Offensive, lange versprochen, hatte sich endlich verwirklicht. Wir marschierten endlich wieder nach Westen! Und unsere Divisionen würden nicht anhalten, bis der letzte alliierte Soldat ins Meer getrieben war. Ich lauschte gespannt den Nachrichten und den schmetternden Fanfarenklängen mit einer Mischung von Hoffnung, Sorge und vorsichtiger Bewertung der Meldungen. Obgleich der Massenangriff anfänglich enorme Erfolge erzwang, war der Vorstoß auf einen zu engen Frontabschnitt begrenzt; ein tieferes Eindringen in die feindliche Etappe war von vornherein nicht möglich. Als die Tage vergingen und die Nachrichten aus dem Westen langsam versiegten, ließen meine Hoffnungen nach, und meine Sorgen wuchsen. Eine Woche, nachdem wir von den Fanfaren und den Klängen der Marschmusik aufgerüttelt worden waren, schwiegen die Stimmen, die uns einen schnellen Sieg verkündet hatten. Die Offensive war durch Eis, Schnee und Schlamm aufgehalten und von frischen alliierten Truppen, die eiligst in die Bresche geworfen worden waren, gestoppt worden. Am Weihnachtsabend waren unsere Aussichten auf einen Sieg zerronnen.

Weihnachten im Stützpunkt war ruhig und feierlich, zumindest bis Mitternacht. Ich hatte die Abendrunde durch die verschiedenen Räume gemacht und hier und dort ein ermunterndes Wort gesagt, was bei meinen Männern im Grunde nicht nötig war. Sie hatten sich ihre eigene harte Schale zugelegt, um das, was um sie herum vorging, abzuweisen. Ich zog mich bald auf mein Zimmer zurück.

Im Raum war der Duft des Tannenbaums, den meine Leute in einer Ecke errichtet hatten. Der Baum, das Lametta und das Engelshaar erinnerten mich an glücklichere Weihnachten. Der Stützpunkt war zur Ruhe gekommen. Alles war still.

Stunden nach Mitternacht. Ich wurde von lautem Klopfen aufgeweckt. Es war der politische Oberfähnrich, der Wachhabende in dieser Nacht.

»Herr Oberleutnant, ich muß Ihnen melden, daß sich einige Mädels in den Unterkünften aufhalten.«

»Leiden Sie unter Wahnvorstellungen?«

»Nein, Herr Oberleutnant. Ich beobachtete, wie einer der Seeleute sich mit einem Frauenzimmer durch den Zaun zwängte und in einem der Räume verschwand.«

Die Angelegenheit fing an, interessant zu werden. Ich schlüpfte in meine Uniform und begann meine Runde am entfernten Ende der Baracke, wo die meisten der Männer einen Raum teilten. Ich öffnete leise die Tür. Alles war dunkel und friedlich. Ich knipste das Licht an - aber alles blieb dun-

kel. Die Leute hatten vorsichtigerweise die Birnen aus den Fassungen geschraubt.
»Holen Sie Ihre Taschenlampe, Oberfähnrich.«
»Jawohl«, sagte er voller Unternehmungslust.
Ich blieb an der Tür horchend stehen. Das langsame, rhythmische Atmen der schlafenden Männer war alles, was ich hörte. Ich bedauerte die Einmischung des Oberfähnrichs in diese Angelegenheit, wie auch meine eigene. Welchen Unterschied machte es zu diesem Zeitpunkt des Krieges, in welchem Bett die Männer liebten? Sicher war, daß keiner von uns noch lange Zeit zum Leben hatte, geschweige denn Zeit zum Lieben. Aber Befehle waren gegeben. Befehle mußten befolgt werden.
Der Oberfähnrich kam mit seiner Taschenlampe zurück, und ich ließ den Lichtstrahl über das Gesicht des ersten Mannes und über seine Decke gleiten. Alles schien normal zu sein. Das nächste Gesicht erwachte, aufgerissene Augen blickten in das kalte Lichtbündel. Die dritte Decke war verräterisch aufgebauscht; ich hob eine Ecke hoch - und entdeckte das kleine Gesicht eines erschrockenen, blonden Mädchens. Ich erkannte, wie grob ich war, und ließ die Decke fallen. Dann ging das Licht in der Baracke an, und ich entdeckte noch zwei weitere Mädchen.
Ich verzögerte die weitere Untersuchung und hoffte, daß die Männer in den anderen Räumen die Flucht ihrer Mädchen aus der Baracke unterstützten. Was die drei Männer anbetraf, die ich auf diese Weise in etwas ungewöhnlicher Lage ertappt hatte, konnte ich den alten Konflikt zwischen militärischer Disziplin und persönlicher Zuneigung nicht vermeiden. Ich verschob die Entscheidung auf die Tage nach Weihnachten.
Am zweiten Weihnachtstag begann die Erde zu zittern - ein bekanntes Symptom. Es war ein stetes, dumpfes Dröhnen in weiter Entfernung. Eine Stadt wurde zerbombt und in Asche verwandelt: Hamburg. Ich nahm eines der starken Zeissgläser und ging auf die nahe Landstraße, von wo man ausgezeichnete Sicht über die Landschaft hatte. Der Winterhimmel war hellblau und wolkenlos. Die Luft war kalt und klar. Eine weiße Wintersonne schien über Hamburg. Sie spiegelte sich wider in den Flügeln und Rümpfen von Hunderten »Fliegender Festungen«, die von der Nordsee her einflogen. Sie kamen aus der unwahrscheinlichen Weite immer näher heran. Pulk auf Pulk zog seine Bahn durch die frostklirrende Morgenluft. Winzige graue und schwarze Sprengwolken entfalteten sich zwischen den vielen hundert Bombern, die von unzähligen Jagdflugzeugen begleitet waren. Durch mein Glas sah ich den Bombenregen, den die Maschinen fallen ließen. Dann explodierten die ersten Flugzeuge, rote und gelbe Feuerbälle an einem seidenblauen Himmel. Ich sah brennende Maschinen durch die Luft wirbeln und unsere Messerschmitt-Jäger wie die Falken auf die Bomber niederstürzen. Der Boden zitterte unter meinen Füßen, viele Kilometer von der eigentlichen Hölle entfernt. Tausende unschuldiger

Menschen, die am Weihnachtsabend noch um ein gnädiges Schicksal gebetet hatten, wurden nun zerschmettert und verbrannt. Ich dachte an meine Eltern und an meine Schwester, die denselben Tod gefunden hatten.
Was für ein miserabler, scheußlicher Krieg, in dem taugliche Männer und hochentwickelte Maschinen eingesetzt wurden, um die Hilflosen und Harmlosen zu töten. Ich bildete mir ein und glaubte fest daran, daß mein Krieg zur See anders war. Es war ein Krieg, in dem Schiffe benutzt wurden, um andere Schiffe zu versenken und Waffen zu vernichten, bevor sie zur Vernichtung und Zerstörung eingesetzt werden konnten. Aber auf welche Weise auch immer einer seinen Krieg führte und kämpfte, das Endergebnis war unteilbar, unbeeinflußbar von allen, die darin verwickelt waren. Das Sterben in gigantischem Ausmaß war zu einer derartigen Gewohnheit geworden, daß das Leben belanglos erschien. Auch die ehemals so allgemeinen Freuden des Lebens schienen plötzlich unheimlich belanglos zu sein.
Meine Bitternis über den Krieg und über die groben Fehler unserer Führung, die unsere Aufopferung bagatellisierten, wurde Anfang Januar 1945 immer unerträglicher. Nachdem ich die Tage zwischen Weihnachten und Neujahr mit vergeblichen Versuchen verbracht hatte, die Arbeit an unserem Boot zu beschleunigen, erhielt ich Befehl, mich bei Admiral Dönitz in seinem Hauptquartier östlich Berlin zu melden. Es war ein unerwarteter Befehl. Schon seit geraumer Zeit hatte sich der Löwe immer weiter von der Front und von seinen Kommandanten entfernt. In den Jahren glorreicher Siege hatte er seine Männer bei jeder Gelegenheit in den westlichen Stützpunkten besucht. Später, als er Oberbefehlshaber der Marine wurde, hatten seine häufigen Besuche aufgehört; statt dessen sahen ihn seine Kommandanten in der kühlen Atmosphäre seines Hauptquartiers in Paris. Dann, nachdem der Seekrieg seine gewaltige Wendung genommen hatte und unsere Frontboote in Massen dahinstarben, hatte der BdU seinen Sitz nach Berlin verlegt, und die Besprechungen mit seinen Kommandanten hörten bald ganz auf.
In Berlin nahm ich ein Zimmer im altbekannten Hotel *Fürstenhof,* nahm ein langes Brausebad, zog ein neues, weißes Hemd an, fuhr mit der S-Bahn in die Vorstadt Bernau, bestieg einen kleinen Bus, der offenbar nur auf mich gewartet hatte, und rollte dann über eine geteerte Landstraße durch Kiefernwälder in das strengbewachte Hauptquartier mit dem exotischen Namen Koralle. Ein Posten prüfte meine Papiere auf das genaueste und ließ mich eintreten. Irgend jemand führte mich dann in das Innere des Marinehauptquartiers. Sein Labyrinth steriler Gänge, dazu Legionen makellos weißbejackter Offiziere erweckten den Eindruck eines großen Krankenhauses. Nur der Geruch von Äther und Karbol fehlte.
Der Admiral, sagte man mir, war noch nicht anwesend; ich wurde ein-

geladen, zusammen mit dem Stab das Mittagessen einzunehmen. Die dekorierten Tische, das feine Leinen, das erlesene Porzellan, das ausgesuchte Silberbesteck, die dichten Reihen weißgekleideter Offiziere - all das schien mir übertrieben vornehm. Ich ertappte mich bei dem Gedanken, daß die meisten dieser Herren die Kriegsjahre mit besserem Nutzen hätten verbringen können. Wenn sie sich nur etwas weniger amüsiert und etwas mehr angestrengt hätten, uns an der Front zur richtigen Zeit mit den wirksamsten Waffen auszurüsten, mit Waffen, die wir so dringend benötigten, um zu kämpfen und erfolgreich zu sein, dann würde Deutschland noch die meisten der Besatzungen der 241 Boote haben, die allein im vergangenen Jahr versenkt worden waren - vielleicht sogar noch eine aktive U-Bootwaffe, nahezu so umfangreich wie die Geisterflotte von 630 U-Booten, die seit Beginn des Krieges auf den Boden des Meeres geschickt worden waren.
Die eleganten Stabsoffiziere standen auf und verschwanden. Ich blieb mit fünf Offizieren allein, die sich durch ihr Marineblau von den weißbejackten Herren unterschieden. Das Fehlen des U-Boot-Abzeichens brandmarkte die fünf Kommandanten als Neulinge, die noch keine Wasserbombenschlacht durchgestanden hatten. Ich erfuhr zu meiner Überraschung, daß sie Kommandanten neuer Boote einer Serie waren, die bereits bei der Indienststellung veraltet war. Sie hatten ihre Ausbildung beendet und waren gerade im Begriff, zu ihrer ersten Feindfahrt auszulaufen, als auch sie zu ihrem Befehlshaber gerufen wurden. Ich betrachtete sie mit einem verstohlenen Blick und sah tote Männer. Sie hatten in der Tat kaum eine Chance, ihre erste Unternehmung zu überstehen. Obwohl sie Männer von hoher Intelligenz waren und eine erstklassige Ausbildung genossen hatten, waren sie äußerst verwundbar. Ihr Mangel war, daß sie nicht an der Front aufgewachsen waren. Ohne die eigene Erfahrung von den gigantischen Abwehrmaßnahmen des Gegners, ohne die harte Lehre der Front hatten sie weder den Instinkt noch das Können, sich erfolgreich mit den unbekannten Verhältnissen auseinanderzusetzen. Ohne Fronterfahrung waren ihre Boote eiserne Särge. Aber es war nicht ihre Schuld. Sie alle waren jung wie ich. Wir glaubten und gehorchten; wir hatten Gehorsam geschworen.
Nach einer kurzen Wartezeit wurde uns mitgeteilt, daß der Löwe bereit war, uns zu empfangen. Wir traten in einen großen, hellen Raum. Dönitz stand am Fenster. Das winterliche Sonnenlicht fiel über sein fahles Gesicht. Er war beträchtlich gealtert, seitdem ich ihn zum letztenmal im Herbst 1941 in Lorient gesehen hatte, an jenem heißen Herbsttag, an dem er das Eiserne Kreuz an meine Jacke geheftet hatte. Er war mager geworden, schmaler und weniger dynamisch.
Der Admiral drückte uns die Hände und wies auf eine Reihe Stühle, die seinem Schreibtisch gegenüberstanden. Für Sekunden schritt er nervös

auf und ab. Dann begann er zu sprechen. Er redete langsam, ruhig, jedes Wort wohlüberlegt - ganz im Gegensatz zu seiner energischen, feurigen Art früherer Jahre. Aber er war voller Zuversicht und Entschlossenheit. Er sprach von der Notwendigkeit weiterer Opfer und von neuen Entwicklungen, die den U-Bootkrieg bald günstig beeinflussen würden. Er wiederholte seine früheren Darlegungen, daß wir weiterfahren müßten, bis die neuen Boote zum Einsatz kämen, um die alliierten Seestreitkräfte in ihren eigenen Gewässern zu binden und sie daran zu hindern, in die Seegebiete vorzustoßen, die noch von unseren eigenen Einheiten kontrolliert wurden. Wir seien die Vorposten des Reiches, die den ungleichen Kampf aufrechterhalten mußten, bis sich das Kriegsglück uns wieder zuwenden würde. Dann würden auch wir mit dem Kommando eines neuen Bootes belohnt werden.

Abschließend gab er uns seinen erstaunlichen Entschluß bekannt, alle verfügbaren alten Boote, einschließlich der zur Ausbildung abgestellten Schulboote, im Frühjahr an die Front zu schicken, um den Gegner mit einer großangelegten Offensive zu überraschen.

Die Ansprache des Admirals war kurz und eindrucksvoll. Dönitz, obgleich sichtlich abgespannt, war immer noch in der Lage, den Funken der Begeisterung zu übermitteln, der uns in den Jahren unserer Triumphe angespornt hatte. Doch nichts, was er sagte, war wirklich neu, und ich hatte das Gefühl, daß er nur deshalb so überzeugend wirkte, weil er so verzweifelt um unseren Glauben und Ergebenheit kämpfte. Was ich von ihm wußte, war, daß seine Taktik, die uns einst zum Sieg geführt hatte, nun den Tod Tausender treuer Männer in ihren veralteten Tauchröhren verursachte. Sein letzter Befehl wirkte wie ein verzweifelter Versuch, die unvermeidliche Niederlage zu verzögern. Ich wünschte jedoch von ganzem Herzen, daß meine Annahme falsch war.

Nach zweitägiger Abwesenheit und einer Reise durch Trümmerfelder und rauchgeschwängerte Berliner Luft kehrte ich in den Stützpunkt zurück. Beim Frühstück am nächsten Morgen meldete mir der I.W.O., daß die Überholung unseres Bootes beendet und das Boot an die Mole des Stützpunkts verholt worden sei. Dann berichtete er von zwei U-Booten neuester Bauart, die vor Einbruch der Nacht längsseits gekommen waren. Ich schlüpfte in mein Lederzeug und ging zur Trave hinunter. U-953 lag mit frischgestrichenen Aufbauten, gescheuertem Deck und eingefetteten Flakgeschützen an der Mole. Meine Männer waren zur Morgenmusterung an Oberdeck angetreten, schauten aber mit einem Auge auf die neuen, großen Boote längsseits. Ich schritt über die Stelling auf mein Boot, erwiderte den Gruß des I.W.O. und das donnernde »Guten Morgen, Herr Oberleutnant« der Besatzung. Ich berichtete von meinem Treffen mit dem Löwen und sagte den Männern, daß wir noch einmal mit unserem alten, braven Boot an den Feind fahren mußten, bevor wir ein neues bekämen -

eines von dem Typ, der längsseits lag. Ich machte das Versprechen in dem Glauben, daß Dönitz sein Wort einlösen würde.
Meine Inspektion von U-953 verlief zufriedenstellend. Die Werft hatte gute Arbeit geleistet. Das Boot, das an allen möglichen Alterskrankheiten gelitten hatte, war wieder tauglich und überraschte mich mit einigen völlig neuen Einrichtungen. Eine hydraulische Schnorchelanlage mit einem bedeutend verbesserten Schwimmer hatte das alte, primitive Gerät ersetzt. Zwei neue Diesel und eine neue Batterieanlage versprachen eine Reise ohne Ausfälle. Der Verwesungsgestank war dem guten Geruch frischer Farbe gewichen. U-953 war erneut frontklar.
Das Interesse an meinem Boot war aber durch die Anwesenheit der beiden neuen Boote beeinträchtigt, die inzwischen meine Aufmerksamkeit auf sich gezogen hatten. Ich überquerte die schmale Laufplanke zu dem großen Walfisch, der neben uns lag, und fragte den Posten an Oberdeck:
»Ist der Kommandant an Bord?«
»Jawohl, Herr Oberleutnant.«
»Wie heißt Ihr Kommandant?«
»Kapitänleutnant Siegmann.«
Was für ein Zufall! Mein alter Kommandant von U-230! Ich kletterte schnell auf die Brückenaufbauten, fiel durchs Luk in einen geräumigen Turm voller rätselhafter Anlagen und ließ mich dann an der Leiter in die Zentrale hinunter, die dem Turbinenhaus eines Kraftwerks glich. Ich erkannte Siegmann in seiner Nische im Vorschiff; er wandte mir den Rücken zu. Ich beugte mich durchs Kugelschott und sagte: »Guten Morgen, Herr Kapitänleutnant, melde mich gehorsamst an Bord.«
Er fuhr herum. »Sind Sie das wirklich? Was, zum Teufel, bringt Sie denn in diesen lausigen Hafen?«
»Bin von Norwegen gekommen, um aus meiner alten Schaluppe ein neues Boot zu machen.«
»Was, Sie fahren noch einen dieser alten Särge?«
»Ja, ich habe leider nicht Ihre Verbindungen. Gratuliere zu Ihrem neuen Boot.«
»Besten Dank. Kommen Sie, ich nehme Sie auf einen Rundgang mit - oder haben Sie so ein Boot schon gesehen?«
»Nein, hatte noch nicht das Vergnügen.«
Auf dem Weg zum Bugraum berichtete Siegmann in kurzen Worten, daß er im Frühjahr des vergangenen Jahres sein altes U-230 gegen dieses Wunderboot eingetauscht hatte, daß Friedrich weiterhin sein Leitender war und daß er einige Schlüsselstellungen mit Männern von U-230 besetzen konnte. Dann verriet er mit deutlicher Besorgnis in der Stimme, daß unser U-230 bei der Invasion im südlichen Frankreich auf See verlorengegangen war, wobei aber laut Agentenmeldung unsere treuen Männer in Gefangenschaft geraten seien. Nein, Riedel war nicht unter den

Gefangenen. Er war kurz vor dem Ende der U-Boot-Ära im Mittelmeer auf U-242 kommandiert worden und sah seiner ersten Unternehmung als Kommandant entgegen.
Wir waren im Bugraum angekommen. Sechs Torpedorohre, statt unserer vier, ragten in den großen Raum. Am Druckkörper waren die Halterungen für vierzehn Torpedos angebracht. Die Abteilung glich einem technischen Laboratorium mit einer Fülle neuester Apparate und Instrumente.
»Wir laden unsere Rohre in zehn Minuten nach. Alles geht mühelos und völlig hydraulisch«, erklärte Siegmann stolz. »Wir drücken einige Knöpfe, und das Nachladen wird geräuschlos und automatisch vorgenommen. Wir fassen unsere Torpedos überhaupt nicht mehr an.«
Der Bugraum war allein für die Lagerung, Bedienung und das Nachladen der Aale bestimmt. Die Besatzung, die auf den alten Booten zwischen Torpedos und Nachladeeinrichtung wie die Heringe zusammengepackt lebte, schlief und ihre Mahlzeiten einnahm, war nun in einer eigenen, geräumigen Abteilung untergebracht. Unteroffiziers-, Oberfeldwebel- und Offiziersräume glichen Luxuskabinen auf Ozeanriesen. Die Wasserverdrängung dieses Bootes war nahezu dreimal so groß wie die von U-953.
Siegmann erläuterte weiter: »Sie werden erstaunt sein, zu hören, daß wir unter Wasser schneller sind als über Wasser. Wir können eine Tauchfahrt von 17 Seemeilen für mehrere Stunden halten, ohne unsere Batterien völlig zu erschöpfen.«
»Das bedeutet, daß Sie die alten Geleitzugschlachten im getauchten Zustand wieder aufleben lassen können.«
»Mehr als das. Wir sind nicht nur schneller als die alten Boote und viele Zerstörer, wir können auch aus einer Tiefe von 50 Metern schießen, ohne die Ziele zu sehen. Wir tauchen fast doppelt so tief wie Sie mit Ihrer alten Tauchröhre, und wir laufen vor jedem Zerstörer mit Leichtigkeit weg.«
»Das macht das Boot praktisch unverwundbar.«
»Richtig. Die hohe Unterwasser-Geschwindigkeit erlaubt uns, anzugreifen und abzulaufen, ohne entdeckt oder geortet zu werden. Ein neuer Vorhaltrechner gibt uns eine hundertprozentige Treffsicherheit. Unser neuer Schnorchel wird in derselben Weise ein- und ausgefahren wie das Sehrohr. Er erlaubt uns schnelleres Nachladen der Batterien. Dieses Boot ist das totale U-Boot.«
Was man uns seit Monaten erzählt hatte, war tatsächlich wahr: die neuen Wunderboote existierten. Der Beweis war überwältigend. Es waren Wunderwerke der Technik. Diese Boote, in genügender Anzahl eingesetzt, konnten noch immer die Alliierten zur See in die Defensive zwingen. Wenn nur die Fronten im Osten und im Westen lange genug standhielten . . .
Siegmann bedauerte, meine Einladung zum Mittagessen ablehnen zu müssen. Er hatte seiner Frau versprochen, das Wochenende mit seiner Fa-

milie auf dem Lande nahe Hamburg zu verbringen, und der Zug verließ Lübeck in einer knappen Stunde. Wir trennten uns mit einem herzhaften Händedruck und wünschten uns gegenseitig Glück und Erfolg. Aber wir beide wußten, daß unsere guten Wünsche nur wohlgemeinte Phrasen waren und daß eine Riesenwand zwischen uns aufgerichtet war. Sein Boot gab ihm alle Garantien, weiterzuleben und das Ende des Krieges zu sehen. Mein Boot verdammte mich zum sicheren Tod.

Mit wachsender Bitternis und in großer Sorge um meine Besatzung bereitete ich mich auf ein Auslaufen am frühen Morgen vor.

9

Am Morgen des 4. Februar lief U-953 aus der Kieler Bucht. Kurs war Nord. Wir hatten in Kiel mitten im Schneesturm abgelegt, nachdem wir dort Torpedo-Übernahme und Ausrüstung unter völlig veränderten Verhältnissen vorgenommen hatten. Nach zwölfstündigem Rollen und Schlingern in den kurzen Brechern der winterlichen Ostsee schien es uns, als wären wir niemals an Land gewesen. Trotz der vielen Flüche und unfreundlichen Bemerkungen, die wir über unser Boot gemacht hatten, war es seetüchtig und benahm sich wie ein anständiges Schiff.

U-953 pflügte mit »Großer Fahrt« durch das Fahrwasser zwischen den dänischen Inseln. Ein umfangreiches Arsenal elektronischer Geräte sicherte es vor einem Überraschungsangriff aus der Luft. Ein neues Funkmeßortungsgerät, das »Hohentwiel«, das wie ein Sehrohr ausgefahren werden konnte, drehte sich stetig im Kreis. Noch war die Luft feindfrei, und das neue Gerät bewährte sich ausgezeichnet, indem es die Bojen im Fahrwasser bereits an der Kimm aufnahm.

Wir erreichten das Skagerrak am zweiten Abend. Zugleich mit unserer Ankunft in tiefem Wasser kam Nebel auf. Feindliche Flugzeuge hatten uns seit Stunden verfolgt, ihren Angriff aber auf die Nachtstunden verschoben. Schwache Ortungen zirpten aus verschiedenen Richtungen, aber der dichte Nebel umhüllte das Boot wie Baumwolle. Trotz der weißen Decke hatte ich nicht vor, das Boot zu riskieren und mich an der Oberfläche mit den Bienen herumzuschlagen. Als unser Funkmeßgerät zwei Flugzeuge an der unsichtbaren Kimm aufnahm, befahl ich dem neuen Leitenden, das Boot langsam unter Wasser zu bringen, und fügte hinzu: »Keine übermäßige Lastigkeit, bitte, und bring das Boot vorsichtig auf 25 Meter.«

Ich hörte noch den langgezogenen, zischenden Laut der aus den Tauchzellen ausströmenden Luft und fühlte, wie das Boot vorne schnell wegfiel. Bevor ich das Turmluk zuschlug, war mein letzter Gedanke, daß die Tommies unsere Tauchstelle in diesem Nebel wohl kaum finden würden.

U-953 tauchte, wie ich annahm, für eine Unterwasserreise von sieben oder acht Wochen, die mit dem Einlaufen in einem norwegischen Hafen enden würde.
Dann hörte das Zischen und Dröhnen entweichender Luft auf, das Boot pendelte durch, legte sich auf ebenen Kiel, und ich ließ mich vom Turm auf die Flurplatten fallen.
Plötzlich ein Schrei von achtern: »Dieselladeluk gerissen, macht stark Wasser!«
»Gottsakra, auch das noch!« fluchte ich. »Zur Hölle mit diesem alten Kasten.« Dann gab ich schnell meine Befehle: »Entlüftungen schließen - klar zum Anblasen. - Hauptlenzpumpe anstellen.«
Aber bevor die Kreiselpumpe wirksam wurde, sackte das Heck des Bootes schnell weg. Ich gab meine weiteren Befehle so ruhig wie möglich. »Schwimmwesten oder Tauchretter anlegen - klar zum Gefecht - beide Maschinen große Fahrt voraus - anblasen!« Dann kletterte ich in den Turm.
Ein Ruf aus der Zentrale: »Brücke kommt frei.«
Ich öffnete das Luk, stemmte mich auf die Brücke. Die Kanoniere folgten sofort. Nacht hatte die Abenddämmerung abgelöst. Der Nebel lag so dicht um das Boot, daß es aussah, als hätte es Heck und Bug verloren. Es gab nur einen Weg, den nach Norden in den Oslofjord. Ich hoffte - sollten wir die Nacht überleben -, in dem kleinen Marinestützpunkt Horten Werfteinrichtungen vorzufinden, um das Leck zu reparieren.
»Flugzeug in rechtweisend 125 Grad - Entfernung 500 - kommt schnell näher«, kam der Ruf des Funkers durchs Sprachrohr. Dann ein Gebrumm in der Luft. Die Steuerbord-Doppelflak begann loszuhämmern. Die 3,7-cm-Automatik folgte. Im Bruchteil einer Sekunde huschte ein Schatten über unser Boot. Irgendwo detonierten zwei Bomben. Die Motoren einer zweiten Maschine heulten auf. Unsere Geschütze schickten eine Barriere von Metall in den Nebel. Dann wieder das Dröhnen über uns. Es bellte und spuckte. Plötzlich fiel helles Licht vom Himmel. Der Nebel leuchtete wie loderndes Feuer. Der Tommy hatte einen Leuchtfallschirm abgeworfen, der irgendwo im Nebel hing.
Neuer Angriff von Steuerbord achteraus. Unsere Leuchtspurgeschosse spritzten durch die Helligkeit. Eine zweite Leuchtrakete entfaltete sich, blendete uns. Wir hörten das Brummen zweier Maschinen, die über der Nebeldecke um unser Boot kreisten. Dann nahm unser »Hohentwiel« eine dritte Maschine auf. Bald waren es vier, die wie hungrige Aasgeier um uns herumflogen. Schußbereit, die Munition zu Bergen aufgestapelt und mit einigen Seitenblicken auf das eiskalte Wasser des Skagerrak, erwarteten wir den Angriff. Dann tauchte eine Maschine nach der anderen im Sturzflug auf uns nieder. Hartes Rudermanöver - wildes Feuern unserer Flawaffen. Das Heulen der Motoren und das Klirren unserer Diesel

vermischte sich mit dem Kläffen der Kanonen. Als der Angriff vorbei war, stellte unser »Hohentwiel« nur noch drei Maschinen fest.
Unsere Diesel hämmerten mit den Flugzeugmotoren um die Wette. Unsere Geschütze bewegten sich langsam und folgten der Richtung, die unser Funkmeßgerät anzeigte. Über zwei Stunden kein neuer Angriff. Dann, um 2 Uhr 20, brach unser »Hohentwiel« zusammen: das Hauptkabel war durchgeschmort. Mit dem Ausfall unseres Auges in der Luft hatten wir keine Möglichkeit mehr, genau zu schießen. Das Ende unseres Bootes schien näher als der Oslofjord.
Wir rauschten mit langen Zickzackschlägen nach Norden. Weitere zwei Stunden hingen die Bienen über uns, ohne anzugreifen. Dann ereignete sich wieder das Unbegreifliche, das Unwahrscheinliche. Eine Maschine nach der andern gab die Verfolgung auf und verschwand hinter der westlichen Kimm. Um 4 Uhr 40 war die Luft frei von Flugzeugen. Kurz nach 6 Uhr hob sich der Nebel und legte die norwegische Küste bloß. Ein scharfer Kurswechsel nach Nordosten - und eine Stunde später liefen wir in den Hafen von Horten ein.
Zu meiner Enttäuschung war der Stützpunkt nicht hinreichend ausgerüstet, um mein Dieselladeluk zu reparieren. Ich beschloß, in der kommenden Nacht nach Kristiansand zu fahren; die dortige Flottille besaß eine größere schwimmende Reparaturwerkstatt. Es gelang mir jedoch, einen tüchtigen Elektroingenieur aufzutreiben, der das verbrannte Hauptkabel des »Hohentwiel« durch ein neues ersetzte. Nach einem rastlosen Tag in einem ungeschützten Hafen steuerte ich U-953 nach Einbruch der Dunkelheit in die gefährlichen Küstengewässer. Mit Höchstfahrt rauschten wir an den schwarzen Schären entlang, ertasteten unseren Weg mit Hilfe des Funkmeßgeräts durch kleine Ansammlungen norwegischer Fischerboote und entkamen so den Ortungen der Tommies, die die südlichen Seegebiete nach U-Booten absuchten. Eine Stunde vor Sonnenaufgang schlängelte sich U-953 durch das tückische Fahrwasser in den Hafen von Kristiansand. Hier erfuhr ich zu meinem erneuten Ärger, daß der einzige Platz, an dem meine Ladeluke geschweißt werden konnte, die Werft in Bergen war. Ich hatte keine andere Wahl, als meine Reise tauchunklar fortzusetzen, hoffte jedoch auf mein sprichwörtliches Glück und auf die Unachtsamkeit der englischen Flieger. Ich wußte, daß ich keine Möglichkeit hatte, eine Katastrophe zu verhüten, falls der Gegner mit einem Massenangriff aus der Luft zuschlug.
Eine Stunde nach Dunkelwerden legten wir ab, hämmerten durch eine mittelmäßige See, jagten durch die gefährlichen Klippen bei Mandal, schwenkten entlang der schattenhaften Küste nach Norden, tasteten uns mit dem Funkmeßgerät in einen Fjord und rauschten im Schatten der norwegischen Berge nach Egersund. Wieder versteckten wir uns unter den Ästen der Krüppelföhren, die aus den Felsen wuchsen, rauschten nach

Einbruch der Nacht wieder hinaus in die offene See, karrten mit brummenden Dieseln und brausenden Lüftern, von brüllenden Ortungen verfolgt, an der Küste entlang nach Stavanger. In der folgenden Nacht schlängelten wir uns durch enges Fahrwasser und erdrückende Fjorde an den Rohren englischer S-Boote vorbei immer weiter nach Norden, bis endlich bei Sonnenaufgang am 16. Februar der Bug unseres Bootes in den Bergenfjord wies. Damit kam unsere selbstmörderische Reise zu einem Ende, eine Leistung, die zur damaligen Zeit als undurchführbar galt. Wir hatten den ganzen Weg von Kiel bis Bergen, ohne Schaden zu nehmen, aufgetaucht zurückgelegt. Ich war überzeugt, daß ich diese Fahrt nicht wiederholen konnte.

Wir fanden die 11. U-Boot-Flottille in einem Zustand größter Besorgnis. Die Aufregung galt nur teilweise dem mysteriösen Verschwinden von U-1053 am vorhergehenden Tag. Das Boot, das nach dem Einlaufen von seiner ersten Unternehmung einen Tieftauchversuch an der tiefsten Stelle des Fjords durchgeführt hatte, war nicht mehr an die Oberfläche zurückgekommen. Trotz aufgeregter und verzweifelter Suche war keine Spur des Bootes gefunden worden.

Der zweite Grund der Aufregung war eine erschütternde Rundfunkmeldung, nach der die Rote Armee durch unsere Front im Osten durchgebrochen war und unsere Truppen auf das Westufer der Oder zurückgetrieben hatte. Außerdem war es den Russen gelungen, auf der Westseite der Oder nahe Wriezen einen Brückenkopf zu errichten. So unwahrscheinlich es klingen mochte - Tatsache war, daß die Sowjets damit nur 60 Kilometer östlich von Berlin und nur 40 Kilometer vor Dönitz' Hauptquartier standen. Es war allzu deutlich, daß die Wahrheit stärker war als Hoffnungen und Wünsche. Die Wahrheit war brutal und unparteiisch. Ich erkannte mit erschreckender Nüchternheit, daß das Bestehen Deutschlands in viel größerer Gefahr war, als wir den Mut hatten, zuzugeben.

Trotz all dieser erdrückenden Nachrichten, die täglich auf mich einstürmten, fuhr ich fort, meine Arbeit zu verrichten, als ginge der Krieg nie zu Ende. Mit grimmiger Energie konzentrierte ich mich darauf, mein Boot so zu führen, wie es mir befohlen war. Am Nachmittag jenes Tages verholte ich U-953 in die Werft, um das Dieselladeluk nieten und schweißen zu lassen. Ich hatte alle Maschinen, Batterien und Ausrüstung an Bord und nicht die Absicht, das Luk zu benutzen, solange ich das Boot führte. Ich zog mich früh auf mein Zimmer im Stützpunkt zurück. Es war die letzte Gelegenheit, um in Frieden zu schlafen, bevor ich wochenlang über das Leben von Boot und Besatzung Wache halten würde.

Am frühen Nachmittag des 9. Februar entließ die Werft mein Boot. Ich hatte die Versicherung des Werftpersonals, daß die Schweißnaht um die Ladeluke auch den schwersten Wasserbombenschlägen standhalten würde. Um die Dichtigkeit und Druckfestigkeit des Bootes zu prüfen,

folgte ich dem Weg, den U-1053 auf seiner Fahrt in den Tod genommen hatte. Dasselbe kleine Sicherungsfahrzeug, das vergeblich auf die Rückkehr von U-1053 gewartet hatte, legte sich längsseits und erwartete den Beginn unseres Tieftauchversuchs. Ich brachte U-953 zum Stillstand, schloß mich mit meinen Leuten in der langen Trommel ein und befahl dem L.I., das Boot vorsichtig und schulmäßig unter die Oberfläche zu bringen. Das Boot sank, schwebte tiefer und tiefer, langsam, vorsichtig. Wir horchten auf das kleinste Geräusch, lauschten und warteten auf das Krachen eines Niets, das Reißen einer Schweißnaht, das Brechen einer Spante. Aber alles blieb still. U-953 sank auf 250 Meter, die Grenze unseres Versuchs. Das Boot blieb dicht, verhielt sich gut und führte alle Befehle willig aus.
Am späten Abend des 21. Februar verließen wir Bergen. Die Nacht war schnell über den Fjord gefallen. Die Berge ragten über uns zusammen, als wollten sie uns erdrücken. Ein Sturm jagte schwere Wolken von West nach Ost. Fetzen schnell dahinziehender Regenböen bedeckten gelegentlich den klaren Mond und lieferten den Vorhang für unser Verschwinden. Nach zwei Stunden erreichten wir die nördliche Ausfahrt des Bergenfjords. Bizarre Klippen, drohende Schären reflektierten das fahle Mondlicht und brachen den gischtenden Ansturm des Meeres.
»Ortungen über den ganzen vorlichen Sektor«, brüllte der Funkmaat durchs Sprachrohr.
Ich stand in meiner Steuerbordnock auf der Brücke und spähte angestrengt in die Weite des nächtlichen Himmels. Ich wußte, daß unsere Überwasserfahrt nur sehr kurz sein würde und daß die Tommies bereits ungeduldig auf ihr Opfer warteten. Aber ich brauchte noch Zeit, vielleicht todbringende Minuten, um das Boot von der Strömung und den Klippen freizusteuern. Als U-953 aus den relativ ruhigen Wassern des Fjords in die aufstürmenden Wellen der Norwegischen See überwechselte, rief ich den L.I. ans Turmluk. »Hören Sie gut zu, Selde«, sagte ich wie zu einem Kind, »bei Alarm will ich, daß Sie das Boot sehr vorsichtig und sehr flach nach unten bringen. Keine Eile, keine übermäßige Vorlastigkeit. Nicht mehr als dreißig Grad und nicht tiefer als dreißig Meter. Haben Sie mich verstanden?«
»Jawohl, nicht mehr als dreißig Grad, nicht tiefer als dreißig Meter.«
»Ortung in 2500 Metern, Lage Null . . .« schrie der Maat von unten.
Das war das Ende unserer Überwasserfahrt. Die Alarmglocke schrillte. Die Luft entwich pfeifend. Noch als ich mich durchs Turmluk zwängte, bemerkte ich, wie der Bug zu schnell und zu steil wegfiel. Ich rief entsetzt: »Halt' das Boot über dreißig Meter, L.I. Paß auf, oder wir sitzen auf den Felsen . . .«
Ich schlug den Deckel dicht und fühlte im selben Moment, wie das Boot in eine starke Vorlastigkeit fiel. »Verflucht, Selde, fangen Sie das Boot ab und halten Sie die Nase hoch . . .«

Ein erschütternder Schlag, ein Krachen, Schleifen - Aufprall. Ich wurde durch die Zentrale gegen das vordere Schott geworfen. Dann bäumte sich das Boot wie ein wildes Pferd auf und schoß unkontrolliert an die Oberfläche. Ich griff sofort ein. Harte Tiefenruderlagen, schnelles Trimmen und Regeln - und das Boot beruhigte sich langsam. Mit rasendem Puls und noch außer Atem fragte ich den L.I.: »Was in Teufels Namen haben Sie gemacht?«
»Der Trimm muß sich verlagert haben«, murmelte Selde entschuldigend.
»Unsinn, L.I., Sie haben den Trimm vor drei Stunden selbst hergestellt.«
»Es kann auch der frontale Angriff der See gewesen sein.«
»Nun reden Sie kein dummes Zeug, Selde. Ich sehe, ich muß Ihnen das Tauchen beibringen, wenn wir wieder eingelaufen sind, vorausgesetzt, wir kehren wieder zurück.« Ich griff nach dem Mikrophon und befahl: »Achtung Bugraum. Alle Torpedorohre, Mündungsklappen, Gestänge und Außenbordventile überprüfen. Meldungen sofort erbeten.«
Nach Minuten angespannten Wartens kamen die Meldungen. Der I.W.O. im Bugraum meldete alles in Ordnung. Meine Befürchtungen hatten sich nicht verwirklicht. Obwohl der Stoß gewaltig war, schienen wir ohne Schäden davongekommen zu sein. Für eine ganze Weile glitt U-953 auf der vorgeschriebenen Tiefe. Kurs war Nordwest - Richtung Atlantik. Aber bald demonstrierte der L.I. wieder seine Unerfahrenheit, schlimmer noch, das Fehlen jeglicher Eignung. Unfähig, das Boot auf ebenem Kiel und auf Schnorcheltiefe zu halten, setzte er uns wiederholt den wachsamen Augen der Tommies aus und ließ Sehrohr und Schnorchel fünf bis sechs Meter aus dem Wasser ragen, nur um uns anschließend mit jäher Vorlastigkeit dem Grund entgegenzujagen. Wieder und wieder verlagerte er den Trimm des Bootes und bereitete der Besatzung unerträgliche Foltern. Plötzliche Luftleere ließ die Männer erbrechen, ihre Trommelfelle platzen und ihre Augen hervorquellen. Zu alledem warfen uns die Pirouetten des Bootes auf den nassen Flurplatten einmal nach voraus, dann unversehens achteraus. Wenn die Marter untragbar wurde, sprang ich nach vorne, übernahm die Tiefensteuerung, zwang das Boot in ruhige Lage und versuchte dem L.I. die Grundbegriffe des Schnorchelns beizubringen.
Nacht für Nacht schnorchelten wir unter wilden Bewegungen des Bootes immer tiefer in das feindliche Abwehrgebiet. Seit wir die westfranzösischen Häfen aufgeben mußten, hatten die Alliierten ihre vormals weitverteilten Seestreitkräfte zusammengezogen und um die englischen Inseln konzentriert. Zerstörer in überwältigender Anzahl waren nahe den Faröer- und den Shetland-Inseln postiert, um die wenigen einsamen Wölfe abzufangen, deren Ein- und Auslaufen der britischen Admiralität von Verrätern aus unseren eigenen Reihen mitgeteilt wurde. Keine unserer Vorbereitungen für die Frühjahrsoffensive zur See, kein Operationsbefehl war dem Gegner unbekannt geblieben. Während der ersten Tage im Februar

wurden sechs Boote versenkt. Alle waren zu ihrer ersten Feindfahrt ausgelaufen. Eines nach dem anderen fuhr in die gigantische Abwehr des Gegners, der auf ihr Kommen bereits vorbereitet war. Unerfahren und unter Wasser zu langsam, hatten sie keine Chance, der engen Zusammenarbeit der gegnerischen Kräfte auf See und in der Luft auszuweichen. Die Gewässer um England waren eine Art privates Schwimmbecken für die Alliierten geworden, in dem sie mit den lahmen U-Booten ihr Spiel trieben und sie erbarmungslos dahinschlachteten. Und sollte es den vielen hundert Flugzeugen und den U-Jagdgruppen nicht gelungen sein, das eine oder andere Boot zu stellen, dann gab es noch die Hunderte von Quadratmeilen minenverseuchten Seegebietes.
Das war die Lage, als U-953 sich der ersten Linie der alliierten Abwehr näherte. Seit Tagen hatte die Besatzung unter den Manövern des Leitenden gelitten. Aber trotz ihrer geplatzten Trommelfelle, ihrer hervorquellenden Augen und gequälten Lungen verlor keiner den Sinn oder den Humor. Wenn ruhige Unterwasserfahrt die Schnorchelroutine ersetzte, entspannten sich die Männer. Einige schrieben Briefe, die, wie sie genau wußten, niemals abgesandt werden würden. Andere lasen oder schrieben Gedichte. Ich erhielt gelegentlich Abschriften ihrer literarischen Erzeugnisse zusammen mit den maschinengeschriebenen Blättern des täglichen Wehrmachtberichts. Die Verse ersetzten an Echtheit und Glaubwürdigkeit, was ihnen an Stil abging.
Die »Schnorchel-Klage«, von dem Maschinengefreiten Hagemann verfaßt, behandelte mit Humor die Leiden, die wir jede Nacht erduldeten:

»Seit Bergen ist uns Armen schon
Soviel Trauriges beschieden.
Mit Zittern, Zagen und klagendem Ton
Gehen wir immer auf Schnorchelstation.
Denn das Trommelfell wird uns aus dem Ohr gerissen,
Und wir werden vor Schmerz an Deck geschmissen.
Die Augen aus dem Kopfe kommen,
Sie werden zum Sehen in die Hand genommen.
Mit verzerrtem Gesicht steht die ganze Blase
Und kneift zum Druckausgleich sich die Nase.
Ein jeder denkt: ›Wie wär' es mir lieb,
Wenn das Schnorcheln mir nur ein Geheimnis blieb'.‹
Doch wir sind eben zum Schnorcheln geboren
Und vom Schicksal dazu erkoren,
Alle einmal in späteren Tagen
Trommelfell und Augen in der Tasche zu tragen.«

Der Mechanikergefreite Müller, gutmütig und noch sehr jung, brachte ein heitereres Thema in Verse:

»Ein Seemann trägt zur Dekorierung
Mitunter eine Tätowierung.
Geständnisse all seiner Sünden,
Sind auf seiner Haut zu finden.
Bei Ankertau und Rettungsringen,
Bei Sägefisch und Schmetterlingen
Thront wunderschön in Grün und Blau
die einst geliebte nackte Frau.
Er hält sie sicher, fest und warm
Auf dem behaarten linken Arm.
Rechts ein verschlungenes Händepaar,
Darunter: Hanni, dein für immerdar.
Manche Mädchen stehen dazwischen,
Mitsamt dem Datum durchgestrichen.
Ja, so ein Seemann ist beherzt.
Ein falsches Weib ist schnell verschmerzt.
Ein Strich hindurch! Wo ist noch Platz?
Ich hab' schon einen neuen Schatz.«

Nach einer Woche erbarmungsloser Tortur und verzweifelter Versuche, den Horden der U-Jagdgruppen auszuweichen, erhielten wir unseren Einsatzbefehl. Unsere Funker empfingen den F. T. eine Stunde vor Mitternacht am 3. März. U-953 stampfte schwer, schlug und pendelte, am Schnorchelmast und am Sehrohr hängend, in einem wilden Sturm aus westlicher Richtung. Der L.I. versuchte vergeblich, das Boot auf Schnorcheltiefe zu halten. Es stieg und fiel wie eine Schaukel und zwang die Männer, sich an Rohrleitungen und Handrädern festzuklammern. In schierer Verzweiflung über so viel Unzulänglichkeit und nach Tagen endloser Quälerei, die uns wiederholt an den Rand der Vernichtung brachten, übernahm ich die Tiefensteuerung und rief in das Chaos: »Wie oft soll ich Ihnen denn noch zeigen, wie man das Boot steuert und auf ebenem Kiel hält?«
»Der Sturm ist an allem schuld. Er wird von Minute zu Minute schlimmer. Nur deshalb kann ich das Boot nicht halten.«
»Erzählen Sie mir keine Geschichten, Selde. Sie sehen, das Boot steht wie ein Felsen im Wasser. Nehmen Sie es, und halten Sie es auf dreizehn Meter.«
Innerhalb von Minuten hatte das Boot seine Stabilität wieder verloren. Die Männer rangen nach Luft und rutschten erneut auf den nassen Flurplatten wie auf Eis. Und dann kippte das Boot plötzlich an und schoß an die Oberfläche. Brückenaufbauten, Sehrohr und Schnorchelmast ragten fünfzehn Meter aus dem Meer und boten jedem aufmerksamen Gegner das beste Ziel.

Und die Habichte hatten uns schon entdeckt. »Ortung Lautstärke drei ...« brüllte der Funker.
Ich widerstand meinem Drang, in den Turm zu klettern, das Turmluk aufzureißen, die Männer auf die Brücke zu jagen und die Kanonen zu besetzen, und brüllte statt dessen: »Beide Diesel äußerste Kraft voraus - alle Entlüftungen öffnen - alle Mann in den Bugraum - das gilt auch für Sie, L.I.«
Die Diesel hämmerten wild. Das Boot stampfte hart in der langen Dünung. Einige Sekunden, die wie ein ganzes Leben schienen, hielt die See das Boot in einem eisernen Griff, fuhren wir in der Trommel eingeschlossen an der Oberfläche. Dann endlich sank es, ganz langsam zuerst, dann immer schneller. Als es in eine vierziggradige Vorlastigkeit abkippte, kämpften sich die Männer zu ihren Stationen zurück, krochen, schoben und zwängten sich in die achteren Abteilungen. Die E-Maschinen übernahmen den Antrieb, Schnorchel und Sehrohr schnitten unter, und das Boot stürzte in die Tiefe. Auf 80 Metern gelang es mir, das Boot abzufangen, auszupendeln und zu trimmen. Erst dann bemerkte ich, daß uns keine Bomben in die Tiefe gefolgt waren.
Zwanzig Minuten später, als U-953 wieder seinen Weg westwärts schnorchelte, schloß ich das Kapitel »Leitender« ein für allemal. Es war mir klar, Selde würde es nie lernen. Es war mir aber auch klar, daß ich es nicht verantworten konnte, ihm auch nur noch eine einzige Gelegenheit zu geben, vierundfünfzig Männer mit ihrem Boot ins nasse Grab zu schicken. Sie waren mir anvertraut. Ich würde sie nicht sinnlos opfern. Ich befahl dem L.I., die Zentrale zu verlassen, sich für die Dauer der Unternehmung in der Offiziersmesse aufzuhalten und sich als meinen Gast zu betrachten.
Für den Rest der Nacht fuhr ich das Boot weiter auf Schnorcheltiefe und änderte den Kurs nach Westsüdwest. Als die ersten Asdic-Ortungen gegen den Druckkörper schlugen und eine Anzahl Schraubengeräusche in typischen Suchschlägen näherkamen, ließ ich die Diesel abstellen, den Luftmast niederlegen und bereitete das Boot auf einen Zusammenstoß mit dem Gegner vor.
Der Funkspruch der Führung lag seit Mitternacht unberührt auf dem Koppeltisch. Ich hielt das Papier unter die kleine Lampe und las: U-953 - OPERATIONSGEBIET IN PLYMOUTH BUCHT VON LIZARD HEAD BIS START POINT - ENTLANG 200-METER-LINIE MARSCHIEREN - ANGABEN ÜBER NEUE MINENFELDER FOLGEN.
Der Befehl war aus zwei Gründen verblüffend. Admiral Dönitz hatte den U-Boot-Einsatz im Kanal bereits im Oktober vorigen Jahres aufgegeben, da unsere Verluste in keinem Verhältnis zu den Erfolgen standen. Warum hatte er sich jetzt entschlossen, uns in ein Seegebiet zurückzuschicken, das bereits mit den Trümmern unserer U-Boote übersät war? Und warum bestand er auf dem hartnäckigen Befehl, unsere Boote entlang der 200-Me-

ter-Linie marschieren zu lassen, wo sie wie die lahmen Enten abgefangen und versenkt wurden? Die Führung war oft genug - und nicht von mir allein - von der enormen feindlichen Abwehr an dieser Linie unterrichtet worden. Konnte es die Absicht der Führung sein, uns dem Gegner auszusetzen und in unser Massengrab fahren zu lassen, statt das Leben der letzten U-Bootfahrer sinnvoll einzusetzen? Entschlossen, keinen Selbstmord zu begehen, ließ ich den letzten Teil des Befehls unbeachtet und steuerte das Boot auf meiner bewährten, alten Route nach Süden.
U-953 machte auf seinem Marsch entlang der westlichen Hebriden gute Fortschritte. Ich navigierte es auf 40 Metern Tiefe vorsichtig an der westlichen Kante der riesigen Minenfelder entlang, umging eine Horde Zerstörer am Eingang zum Nordkanal, glitt durch die gefährlichen Küstengewässer westlich Irlands, passierte die bekannten Leuchtfeuer, nahm Peilungen mit dem Sehrohr, entwischte einem Zerstörer, der sich auf meine verlängerte Kurslinie geschmuggelt hatte, und setzte meine Reise nach dem Süden mit größter Vorsicht fort. Während unserer geheimen Reise ins Operationsgebiet brachte der Versuch der Führung, den U-Bootkrieg im Kanal wieder aufleben zu lassen, die ersten Opfer. U-480 wurde nahe Land's End versenkt. U-927 wurde von einem Flugzeug bei den Eddystone Rocks vor Plymouth vernichtet. U-322 fand sein Ende nahe den Shetland-Inseln, und U-869 wurde vor Gibraltar von einer U-Jagdgruppe in die Tiefe geschickt. U-869 war das fünfzehnte Boot, das im Februar auf den Grund geschickt wurde.
Drei Wochen Unterwasserfahrt lagen bereits hinter uns. Drei Wochen ohne Schlaf. Einundzwanzig Tage, erfüllt vom Lärm der Diesel, von der wütenden See, von entfernten Wasserbombenexplosionen, Schraubengeräuschen, Asdic-Impulsen, von dem Krach wandernder Geräuschbojen und dem Sägen der Zerstörer. Die Tiefensteuerung mit meinem Obermaschinisten Berger teilend, fuhr ich das Boot unaufhaltsam nach Süden. Während dieser Tage lasen wir die Wehrmachtsberichte mit verzweifelter Hoffnung und suchten vergeblich nach einem Zeichen der Besserung. Aber die Nachrichten wurden immer hektischer, niederschmetternder, als unsere Fronten unter der Wucht des alliierten Anpralls mehr und mehr zusammenbrachen. Am 5. März marschierten amerikanische Truppen in Köln ein. Zwei Tage später überquerten sie bei Remagen den Rhein, und kurz darauf fiel die gesamte Länge des Rheins, von Holland bis Koblenz, in alliierte Hände. Im Osten standen die sowjetischen Armeen an der gesamten Front von der Ostsee bis nach Schlesien auf deutschem Gebiet und trieben Hunderttausende von Soldaten und Zivilisten vor sich her. Während wir noch auf das Wunder warteten, das unser Vaterland retten sollte, wurde die Heimatstadt manch eines Mannes vom Feind überrannt. Zur gleichen Zeit brach auch unsere Frühjahrsoffensive zur See unter den vernichtenden Schlägen der englisch-amerikanischen Seemacht zusammen.

Unzulängliche Boote, unerfahrene Offiziere und ihnen hilflos ausgesetzte Mannschaften wurden erbarmungslos mit Wasserbomben überschüttet, systematisch verfolgt und auf den Grund geschickt. Das Geräusch Tausender von Bojen, die falsche Signale feindlicher Zerstörer zirpten, war die Beerdigungsmusik für Deutschlands treueste Männer.
Dieses diabolische Konzert begleitete uns Tag für Tag und Nacht für Nacht durch die Tiefe. Die Explosionen, die U-683 versenkt hatten, hallten noch von der Küste wider, als wir Lizard Head an der Südwestküste Englands an einem klaren, sonnigen Morgen ansteuerten. Das Gerassel verfolgte uns bis zum Eingang des Hafens von Falmouth, wo ich drei wirkliche - nicht nur akustisch vorgetäuschte - Zerstörer entdeckte. Die Fahrzeuge zackten in der starken Strömung den ganzen Vormittag, aber die Dichte des Wassers schützte uns wie ein Schild, und die Strömung, die uns tiefer in die Bucht hineinschob, half ebenfalls, unsere Gegenwart zu verbergen.
Für mehrere Tage schlichen wir in Sicht der Küste durch die starken Gezeitenströmungen und hatten oft nur fünf Meter Wasser über der Kante der Brücke und zwei Meter unterm Kiel. Unberechenbare Ebbströme und saugende Grundseen trieben unser Boot über Sandbänke in den Kanal zurück. Wenn die Gezeiten kenterten und die Flut mit ihren tückischen, schleichenden, gurgelnden, reißenden Strömen der Küste zutrieb, wurde das Boot wie von einer großen Faust erfaßt und hochgetrieben, über den Grund geschleift, in eine ungewünschte Richtung gedreht und gewaltsam auf Land getrieben. Mit einer Mischung von Gefühl, sechstem Sinn und navigatorischem Geschick gelang es mir, die Fahrt des Bootes über Grund zu schätzen, Ruder und Schrauben geschickt anzuwenden und das Boot meinem Willen unterzuordnen. Um uns herum rauschte und krachte, dröhnte und zirpte, rasselte und krachte die Tiefe, als wäre das Jüngste Gericht herangebrochen. Zwischen Eddystone Rocks und den Hafen von Plymouth eingezwängt, lagen oder trieben wir auf der Lauer, pendelten auf und ab, hin und her, von Zerstörern, Korvetten und Trawlern gesucht, von Flugzeugen beschattet und von Geräuschbojen verfolgt, die uns davon abhielten, unseren Luftmast aufzurichten und den Schwimmer, wenn auch zaghaft und vorsichtig, über die Oberfläche zu recken und das Boot durchzulüften.
Am 19. März waren wir nahe daran, das Schicksal unserer versunkenen Kameraden zu teilen. U-953 lag auf Grund und wartete auf den Gezeitenwechsel. Plötzlich Schraubengeräusche achteraus. Sie schwollen mit unerklärlicher Geschwindigkeit zu dröhnenden Umdrehungen an. Bevor ich Zeit hatte, das Boot vom Grund zu lösen, waren drei Fahrzeuge, Korvetten oder Zerstörer, über unserer Tauchstelle und hielten uns auf nur 38 Metern gefangen. Ein Hagel von Asdic-Ortungen schlug gegen die Bordwand. Dann krachte eine Serie von sechs Wasserbomben und ließ das

Boot sechs Sprünge seitwärts machen. Harte Schläge, ohrenbetäubendes Knallen, Bersten, Gellen. Das Boot zitterte, klirrte. Der Krach der betäubenden Hiebe war jedoch erträglicher, als die Geräusche, die dem Angriff folgten. Ein Kratzen, Schlürfen, Schleifen, als ob Ketten oder stählerne Netze über den Druckkörper geschleppt würden, ließ uns jäh den Atem anhalten. Dann folgte ein noch gräßlichereres Geräusch. Es war, als schütteten die Verfolger eine Ladung Kieselsteine nach der anderen über dem Boot aus. Ein infernalischer Lärm, ein teuflischer Trick, eine höllische Situation. Was bedeuteten diese neuartigen, quälenden Geräusche, das irrsinnige Kratzen und Trommeln? War es ein neuer Geräuscheffekt, erfunden, um uns an die Grenze des Wahnsinns zu bringen? Aber ich war überzeugt - und mit Recht, wie ich später erfuhr -, daß die Tommies ein neues Suchgerät angewendet hatten, um Boote in ungünstigen Wasserverhältnissen zu orten.
Der Widerhall der ersten Serie war noch nicht verklungen, als die Verfolger einen zweiten Anlauf machten. Das Meer barst unter neuen Schlägen, die Bomben ließen den Grund erbeben, schlugen und peitschten das Boot, bogen den Stahl bis zur Leistungsgrenze. Aber U-953 blieb dicht. Asdic-Impulse prallten auf unsere Stahlhaut wie Hammerschläge. Die dritte Serie detonierte weiter seewärts. Die vierte war bereits harmlos. Es war eindeutig, die Jagdgruppe war durch Zufall über unsere Tauchstelle gelaufen, und ihr Suchgerät war nicht in der Lage gewesen, unser Boot zu erfassen, trotz der unwahrscheinlich geringen Tiefe von 38 Metern. Bald trieb der auslaufende Ebbstrom die Jäger weiter in den Kanal; noch drei Stunden danach hörten wir ihre vergeblichen Versuche, uns zu vernichten.
20. März. U-953 kreuzte mit der Strömung auf Sehrohrtiefe. Die See war spiegelglatt und reflektierte die kleinen Wolkenknäuel, die in dem tiefblauen Himmel standen. Leichter Dunst lag in der Ferne über der Kimm. Es war ein herrlicher Frühlingstag. Um 9 Uhr 20 erspähte ich mehrere Mastspitzen, die im Osten sich langsam aus dem Wasser hoben. Zehn Minuten später waren die Masten hoch herausgewachsen, und ich zählte die Schornsteinkappen von sieben Frachtern, die von einigen Zerstörern bewacht wurden. Berauscht von der Sicht und dem Gedanken, einige dieser schwarzen Ungetüme auf den Grund zu schicken und für alles, was wir bisher ertragen mußten, Vergeltung zu üben, befahl ich: »Auf Gefechtsstationen - beide Maschinen halbe Fahrt voraus.«
Nach Wochen und Monaten des Fahrens und einem einzigen Kampf ums nackte Leben würden wir endlich mit Erfolg belohnt werden. Ich setzte das Boot auf Kollisionskurs mit dem Geleit, kalkulierte meine Chancen, ging mit der Fahrt hoch, ließ die Rohre bewässern und die Gegnerwerte im Vorhaltrechner einstellen. Zwei Feger sicherten das kleine Geleit nach voraus, zwei folgten im Kielwasser der Frachter, und die andern Zerstörer beschützten sie seewärts. Die Steuerbordseite des Geleits war frei für mei-

nen Angriff, es war die Landseite, von wo sie keinen Angriff erwarteten. Drunten in der Zentrale steuerte Obermaschinist Berger das Boot wie ein alter, erfahrener L.I., seine leisen Befehle wirkten beruhigend. Er behandelte das Boot wie seine Braut - mit Fingerspitzengefühl und mit Liebe. Ich war sehr zufrieden mit meiner Wahl. U-953 stieß aus dem Hinterhalt vor und schloß die Entfernung zum Geleit, das nicht die geringsten Ausweichbewegungen machte. Es fuhr in gerader Richtung und mit unglaublicher Arroganz direkt nach Lizard Head oder Falmouth Harbor. Begeistert über den leichten Anlauf, gab ich meine Befehle: »Steuerbord zehn - recht so - beide Maschinen zwanzig Umdrehungen mehr.«
Schneller Rundblick. Einige Flugzeuge hingen am südlichen Himmel wie ein Fliegenschwarm. Sonst war alles leer - bis auf den Verband. Und der konnte mir nicht mehr entkommen. Bruns koppelte eifrig den Angriffskurs, Berger gab fachmännisch seine Trimmbefehle, die seemännische Nummer Zwei drehte liebevoll die Knöpfe am Vorhaltrechner.
»Mündungsklappen öffnen - Rohr eins bis vier fertig zum Unterwasserschuß - neue Entfernung 2000 - beide Maschinen große Fahrt voraus . . .«
U-953 jagte mit hoher Fahrt gegen die Ziele, gut verborgen und bereit, augenblicklich zu schießen. Dann aber kam die Meldung, die den Angriff zerschlug: »Mündungsklappen lassen sich nicht völlig öffnen!«
Siedendheißes Erschrecken. Eine Kette von Flüchen. »Himmelkreuzdonnerwetter - macht die Mündungsklappen auf!«
Wertvolle Sekunden vergingen. Das Boot schoß weiter nach vorne.
»Wir können die Mündungsklappen nicht ganz öffnen - Gestänge muß verbogen sein«, brüllte der I.W.O. durchs Sprachrohr.
»Zum letztenmal: dreht was das Zeug hält!« Mein Temperament flammte auf.
Stille, quälende Stille.
»Mündungsklappen bewegen sich nicht«, rief plötzlich der I.W.O. von der Zentrale voller Bestürzung in den Turm.
»Haben Sie denn die Mündungsklappen nicht vorschriftsmäßig geprüft, wie ich Ihnen befohlen hatte?«
»Jawohl, Herr Oberleutnant. Ich habe sie geprüft. Sie funktionierten damals.«
Enttäuscht legte ich das Boot auf Grund. Ich war nun überzeugt, daß der I.W.O. die Mündungsklappen nicht nach dem vorgeschriebenen Verfahren geprüft hatte. Ich eilte in den Bugraum, in der Hoffnung, das Problem selbst zu lösen. Mehrere Leute versuchten vergeblich, das Gestänge zu drehen. Aber die Mündungsklappen blieben in halboffener Stellung blokkiert. Der Ausfall der Rohre versagte uns nicht nur den Erfolg, sondern auch zukünftige Erfolge. Darüber hinaus war die Lage gefährlicher als alles, was wir bisher durchgestanden hatten. Mit den Mündungsklappen in halboffener Stellung waren die Bodenverschlüsse die einzige Verriege-

lung, die einzige Wand zwischen den gewaltigen Wassermassen und unserem engen Lebensraum. Aber die Bodenverschlüsse boten keinen genügenden Schutz gegen den enormen Druck von außen. Sie waren zu schwach, um den Schock einer Wasserbombenexplosion aufzuhalten. Mit Unbehagen erinnerte ich mich an den Luftangriff auf den Bunker in Brest, als eine einzige Bombe, die etwa 50 Meter von unserem Boot entfernt detonierte, einen Bodenverschluß abgeschlagen hatte, obwohl die Mündungsklappe geschlossen war. Ich fühlte einen eisigen Schauer meinen Rücken hinunterlaufen. Ein Zusammenstoß mit einer U-Jagdgruppe, wie wir ihn am Tage zuvor erlebt hatten, würde unweigerlich unsere Bodenverschlüsse eindrücken und uns innerhalb weniger Sekunden ersaufen lassen.

Ich gab mir selbst die Schuld, das Ergebnis der Untersuchung des I.W.O. nicht nachgeprüft zu haben, als wir noch in der Nähe einer Werft waren. Ich hätte wissen müssen, daß seine Ausbildung mangelhaft war, und daß er mit den Routinemaßnahmen in derartigen Fällen nicht vertraut sein konnte.

Nun sah ich mich der dunklen Aussicht gegenüber, mich auf dem Rückweg nach Norwegen von Bomben oder Wasserbomben überraschen zu lassen, die absolut tödlich sein mußten. Mit nur dem achteren Rohr V einsatzbereit, bereitete ich mich darauf vor, durch die gefährlichen Gewässer zwischen England und Irland zu schleichen, mich entlang der Küste Irlands nach Norden zu verholen, mich durch den Nordkanal und durch die mörderische Nordpassage zu schmuggeln.

Als die Gezeiten gekentert waren und der auslaufende Ebbstrom einsetzte, ließ ich das Boot vom Grund lösen und legte es auf westlichen Kurs, zum Ausgang des Kanals. Der Tod stieg vor unseren Augen auf, als eine wütende Wasserbombenschlacht aus der Richtung Lizard Head herandonnerte. Am gleichen Tag wurde das Todesurteil an zwei weiteren Booten vollzogen. U-1003 wurde im Nordkanal abgefangen und versenkt und U-905 nahe den Hebriden zerstört. Die Schlacht um England wurde zu einer völlig einseitigen Angelegenheit. Die Boote wurden methodisch geortet oder auf ihren lauten Schnorchelfahrten gestellt, verfolgt und oft ohne Warnung und innerhalb von Sekunden aus der Luft mit wohlgezielten Waboserien ausgelöscht. Die donnernden Willkommensgrüße, mit denen unsere Neulinge im Nordkanal, in der Irischen See, nahe Land's End und Lizard Head empfangen wurden, waren ein neuer Beweis, daß die Engländer von unserem Kommen wußten und über unsere Einsatzbefehle vorzeitig unterrichtet waren.

Es war in diesen Wochen irrsinniger Selbstzerstörung, daß ich auch meinen alten Freund und Kameraden Heinz Riedel verlor. Auf seiner ersten Feindfahrt als Kommandant von U-242 fand er sein Grab in den englischen Küstengewässern. Er sank ohne Aufhebens, ohne eine Meldung.

Er starb so ruhig, wie sein Leben gewesen war. Niemand weiß genau, wo sein eiserner Sarg seine letzte Ruhestätte fand.

U-953 glitt heimlich aus dem Kanal, überquerte das Vorfeld der Irischen See, klarierte die Minenfelder südlich Irlands, schnorchelte vorsichtig an der Westküste der irischen Insel entlang, durchkreuzte den Nordkanal, passierte die Hebriden und schnorchelte Nacht für Nacht in einer satinartigen See. Wir entkamen zahlreichen Zerstörern, umgingen ganze Horden von Jagdgruppen in der Nordpassage und entgingen einem letzten britischen Versuch, uns in der Norwegischen See abzufangen und zu vernichten. Als U-953 endlich nur drei Meilen westlich der majestätischen Berge Norwegens stand, gaben die Verfolger in der Luft und auf See die Jagd auf, in der Annahme, daß wir bald wiederkehren würden. Ohne um Geleitschutz zu funken, drang ich getaucht in die Nordeinfahrt des Bergenfjords ein, fuhr tiefer und tiefer in den Fjord, wartete, bis der Himmel frei von Flugzeugen war, tauchte auf und nahm Kurs auf Bergen. Nach dieser langen, quälenden und tragischen Reise hatten wir nichts zu zeigen, als unser Leben.

10

Graue Wolken hingen tief im Fjord, als U-953, von Rost zerbissen, am »Dobbaskai« in Bergen festmachte. Es war 16 Uhr 10, am 3. April 1945. Niemand hatte uns erwartet. Niemand war gekommen, um uns zu begrüßen; ich hatte es vorgezogen, nicht zu funken und die Bienen auf mich zu ziehen. Es begann zu nieseln, als die Männer zum Stützpunkt hinaufmarschierten. Die Berge und Hügel um die Stadt und den Fjord verschwanden in einer kalten Regenbö. Es war ein trauriger Sonnenuntergang voll schlechter Vorzeichen.

Der Chef der 11. U-Boot-Flottille ordnete schnell ein Empfangsessen an. Ich meldete, daß ich die Feindfahrt nicht gemäß den Erwartungen der Führung und unseren eigenen durchgeführt hätte, und berichtete von der gewaltig zunehmenden Abwehr und von dem Geleit, das ich hatte laufen lassen müssen.

»Es gibt immer eine zweite Chance«, sagte der Flottillenchef. »Die Engländer verschwinden nicht einfach von der Oberfläche. Sie werden auf Ihrer nächsten Unternehmung noch genügend Ziele vorfinden.« Er versicherte, daß wieder größere Erfolge in Aussicht ständen, daß die neuesten Bootstypen bald in Bergen einträfen und daß die alten Boote von den Lehrdivisionen und die Reste alter Serien in derart großer Zahl eingesetzt werden würden, daß den Engländern bald Hören und Sehen verginge.

Unsere Unterhaltung schlich dahin. Wir sprachen von dem Schaden, den das Boot erlitten hatte, aber nicht vom Krieg in der Heimat. Ich war zu müde, um Konversation zu machen. Ich hatte während der Unternehmung kaum geschlafen und in den letzten fünf Tagen nicht einmal den Kopf auf die Ledermatratze gelegt. Als die ungewohnten Getränke ihre Wirkung auf meine Leute zeigten, stand ich kurzentschlossen auf und beendete die Feier.

Am nächsten Morgen verholte ich U-953 zwecks gründlicher Untersuchung der Schäden in die Werft. Sie erwiesen sich als viel ernsthafter, als ich zuerst angenommen hatte. Die umfassenden Reparaturarbeiten verlangten ein Trockendock. Da in Bergen kein Trockendock vorhanden war, wurde die Überstellung des Bootes nach Drontheim befohlen, wo die Werft über größere Anlagen verfügte. Bewaffnet mit einem schriftlichen Bericht der Werft, der mir neuen Grund zu Maßnahmen gegen meinen Leitenden gab, steckte ich Seekarten und Kriegstagebuch ein und machte mich in meinem zerknitterten und abgetragenen Lederzeug auf den Weg zum FdU.

In makelloses Blau gekleidet, begrüßte er mich nervös und ohne menschliche Wärme. Sorgenfalten prägten seine Züge. Die Zuversicht, die er an jenem Tag im Mai 1944 an den Tag legte, als er mir den Rammbefehl übermittelte, war völlig verschwunden. Ohne Umschweife bat ich um die Abkommandierung meines Leitenden.

»Wir haben keinen Ingenieur mit den Eigenschaften, die Sie suchen«, erklärte er. »Ingenieure sind Mangelware; Sie müssen sich mit dem, was wir haben, zufrieden geben. Ich schlage vor, daß Sie Ihrem Mann das Tauchen und Schnorcheln im Fjord beibringen, bevor Sie wieder auslaufen.«

»Herr Kapitän, ich war sehr geduldig. Habe wieder und wieder versucht, ihm die Grundbegriffe der Tiefensteuerung beizubringen. Alles vergebens. Er hat nicht die geringste Eignung. Mein Oberfeldwebel Berger hat schließlich seine Aufgaben übernommen. Ohne ihn wäre die Kriegsmarine um ein Boot ärmer, Herr Kapitän.«

Mit sichtlichem Unbehagen versprach er mir, die Angelegenheit zu prüfen. Ich verließ die Lagebesprechung mit dem Gefühl, meine Forderung nicht hart genug vorgebracht zu haben, so daß die Sache damit nicht zum Abschluß gekommen war.

Doch die Entscheidung fiel am nächsten Tag. Ich war dabei, Boot und Besatzung für die Überführungsfahrt nach Drontheim vorzubereiten, als ich zum FdU gerufen wurde.

»Ihr Leitender hat sich darüber beschwert, daß Sie ihn während des größten Teils der Unternehmung in die Offiziersmesse gesperrt hätten«, begann Kapitän Rösing. »Warum haben Sie zu dieser drastischen Maßnahme gegriffen? Und warum haben Sie mir davon nicht Meldung gemacht?«

»Herr Kapitän, die Maßnahme war für die Sicherheit des Bootes erforderlich. Ich habe die Angelegenheit nicht gemeldet, weil ich ihr keinen größeren Wert zumaß.«

»Ganz im Gegenteil. Die Angelegenheit ist ernst genug und ändert die Sachlage bedeutend. Ich verstehe nun Ihre Situation. Aber ich kann Ihre Maßnahme trotzdem nicht billigen.«

»Herr Kapitän, ich erlaube mir, Sie daran zu erinnern, daß die Verantwortung des Kommandanten mit der Sicherheit von Boot und Besatzung beginnt. Wenn diese Sicherheit gefährdet ist, hat der Kommandant die Pflicht, jede Maßnahme zu ergreifen, die er unter den gegebenen Umstän-

den für richtig hält. Ich allein war zum Zeitpunkt der Ereignisse in der Lage, diese Umstände zu beurteilen. Ich tat, was ich für notwendig hielt.«
»Ich erlaube Ihnen diese Ausführung. Ich sehe nun klar. Ihr Leitender wird abgelöst.«
Trotz der Dringlichkeit unseres Aufbruchs nach Drontheim verwickelte mich der FdU in eine Unterhaltung. Er berichtete, daß nahezu 60 Boote alter Bauart für den Fronteinsatz ausgerüstet würden. Wichtiger noch, 80 große und 40 kleine Boote neuester Konstruktion sähen dem Ende ihrer Ausbildung entgegen und würden in wenigen Wochen frontreif sein, um in einer gewaltigen Offensive zuzuschlagen. Bald würden wir mehr als 150 Boote um die britischen Inseln einsetzen können und den alliierten Nachschubverkehr für immer unterbinden. Ich hörte seiner Rede mit wachsendem Erstaunen zu. Alles schien so einfach - so unendlich einfach. Ich fragte mich, ob mein Vorgesetzter die letzten Wehrmachtsberichte gehört hatte.
Am selben Abend, es war der 11. April, legte U-953 ab. Noch vor dem Auslaufen hatte man mir einen Lotsen, einen Leutnant der Vorpostenboote, an Bord gegeben, der mit dem heimtückischen Fahrwasser in den Fjorden vertraut war. Das Boot hämmerte laut durch schwarze Schluchten und forderte die englischen S-Boote, die hier schon einige unserer Schiffe versenkt hatten, zum Angriff heraus. Drei anstrengende Nächte lang schlängelten wir uns durch die engen Fahrrinnen, schlichen durch die tintenschwarze Dunkelheit und glitten um Haaresbreite an den Klippen und Schären vorbei. Bei Hellisoey, wo die Tommies in der Nacht zuvor U-486 torpediert und versenkt hatten, entkamen wir dem Tod; gerieten nahe Aalesund auf Grund, schlüpften aber mit heulenden Dieseln rückwärts von den Felsen; röhrten mit hohen Umdrehungen hinaus in die offene See und setzten uns für eine Ewigkeit zahlreichen Ortungen aus; steuerten dann in ein Loch in einem Riesenfelsen, die Einfahrt zu einem weiteren Fjord; verfehlten um Handbreite die Klippen bei Smoela, wo die norwegische Untergrundbewegung das Leuchtfeuer verstellt hatte, um uns in die Schären zu locken, und kamen schließlich am Ende der dritten Nacht in Drontheim an. Es war 6 Uhr, am 14. April, als U-953 im Betonbunker festmachte.
Da es noch zu früh war, dem Chef der 13. U-Boot-Flottille meine Ankunft zu melden, für die Besatzung Unterkünfte und für das Boot ein Trockendock zu beschaffen, entschloß ich mich zu einem ausgiebigen Frühstück. Ein deutscher Sender brachte leichte Musik, die leise durchs Boot schwang. Ich schlürfte meine erste Tasse heißen Bohnenkaffee in meiner engen Nische, als der Ansager die Stimme Rosita Serranos unterbrach und mit einer gewissen Erregung in seiner Stimme sagte: »Achtung, Achtung. Wir werden Ihnen in Kürze eine wichtige Mitteilung machen.«
Die Töne des Schlagers erklangen von neuem. Meine Müdigkeit ver-

schwand augenblicklich. Eine Sondermeldung - das bedeutete eine gute Nachricht. Doch noch in der vergangenen Nacht hatten wir über denselben Sender erfahren, daß das Ruhrgebiet von alliierten Truppen eingeschlossen war, daß eine englische Armee auf Hamburg vorstieß, daß die Amerikaner Darmstadt, Frankfurt und Stuttgart besetzt hatten, der Schwarzwald von französischen Truppen überflutet wurde, die Russen in Wien standen und im Begriff waren, Berlin zu erobern. Wenn Deutschland noch durch ein Wunder gerettet werden konnte, mußte es schon ein gigantisches Wunder sein.
Die Musik verklang, und die Stimme erschien wieder: »Achtung, Achtung. Es folgt eine Sondermeldung aus dem Führerhauptquartier. Franklin Delano Roosevelt, der Präsident der Vereinigten Staaten von Amerika, ist am 12. April gestorben. Die Vorsehung hat damit einen der heftigsten Gegner unseres Vaterlandes beseitigt. Roosevelts Tod ist von weittragender Bedeutung. Die Einheit der Alliierten wird zerbrechen und der Krieg sich zu unseren Gunsten entscheiden. Ich wiederhole, Franklin Delano Roosevelt ist in den Vereinigten Staaten gestorben . . .« Die Stimme des Ansagers ging in den Klängen eines Militärmarsches unter.
Meine Männer, die still zugehört hatten, frühstückten gelassen weiter. Die Nachricht schien nicht wichtig genug zu sein, um ihre Aufmerksamkeit von ihren Gedanken an das Boot, an die Heimat und an ihre Familien abzulenken. Ich selbst konnte im Tod Roosevelts keinen Lichtblick für Deutschland entdecken. Ein anderer würde an seinen Platz treten und denselben Kurs steuern. Siegreiche Armeen machen nicht einfach auf dem Schlachtfeld kehrt und marschieren in der entgegengesetzten Richtung davon.
Die Unterkünfte der 13. U-Boot-Flottille waren klein und beengt, obwohl Drontheim zu einer früheren Zeit ein wichtiger Stützpunkt für unseren U-Bootkrieg in der Arktis gewesen war. Ich fand niemanden, den ich kannte. Ich meldete meine Ankunft und brachte die Mannschaft in den sauberen Gebäuden unter. Der Umzug vom Boot in die Quartiere ging schnell und reibungslos vonstatten: eine Zahnbürste, etwas Unterwäsche, ein U-Bootpäckchen - mehr besaßen wir nicht. Um mich über die Entwicklungen in der Heimat auf dem laufenden zu halten, nahm ich den Kurzwellenempfänger vom Boot mit auf mein Zimmer. Die Berichte des OKW ließen meine Gedanken zurückwandern zu den Plätzen, wo ich meine Jugend verbracht hatte, nach Frankfurt und in den Schwarzwald, wo deutsche Menschen und deutsche Erde bereits unter alliierter Herrschaft waren. Deutschland wurde ganz offensichtlich zwischen zwei gigantischen Kräften zerdrückt, zermalmt.
Am 17. April erhielt ich die Meldung, daß U-953 nahezu irreparable Schäden erlitten hatte. Die Bugrohre mußten neu ausgerichtet werden, ein langes und schwieriges Verfahren. Die Reparatur würde unsere nächste Unternehmung beträchtlich verzögern. Und die Tatsache, daß das

Trockendock für eine geraume Zeit nicht verfügbar war, verschlimmerte die Lage erheblich.
Ich wurde immer nervöser. Mit plötzlicher und erschreckender Klarheit erkannte ich nun, daß der Krieg verloren war. Ich sah die Niederlage in der Heimat so, wie sie wirklich war, und wußte, daß wir alle im Gefangenenlager enden würden.
Wir würden verachtet, bespien, brutalisiert und erniedrigt werden, und es würde keinen Ausweg geben aus dieser Niederlage, als den Tod durch Hunger und Verzweiflung.
Aber es gab einen Ausweg aus dem Chaos, das uns zu verschlingen drohte; einen sicheren Weg, zu entkommen. Drunten im Bunker lag mein Boot. Voll ausgerüstet, konnte ich es nach Südamerika, nach Uruguay oder Argentinien fahren. Mich mit dem Boot davonzumachen, schien mir plötzlich die einzige Möglichkeit, der Katastrophe zu entgehen.
Ich versuchte diese Eingebung sofort in die Tat umzusetzen. Ich bat Bruns, meinen Obersteuermann, die notwendigen Seekarten von Südamerika zu beschaffen, ohne ihm meine Absicht mitzuteilen. Tagelang blieb ich in meinem Zimmer, über meine Karten gebeugt, und erwog verschiedene Fluchtwege. Ich kalkulierte meine Chancen, den Rio de la Plata zu erreichen, dachte daran, die Besatzung zu verringern, nur die zuverlässigsten, unverheirateten Leute mitzunehmen und dadurch das Risiko des Verrats zu vermindern. Ich wußte, ich konnte mich auf meine Männer verlassen. Meine jungen Offiziere durfte ich keinesfalls in meinen Plan einweihen. Der L.I. war bereits abkommandiert worden; ein neuer Leitender, mit Boot und Besatzung nicht vertraut, würde nur eine Belastung sein. Dasselbe galt für den I.W.O. und den Oberfähnrich. Beide waren zu jung, um die Lage richtig zu beurteilen. Ich wählte deshalb nur die wichtigsten Männer, eine kleine Schar, denn ich spielte ein sehr gefährliches Spiel. Ich würde mich nicht nur der Befehlsgewalt der Marine entziehen, sondern auch der Gewalt einer starken Gruppe unverwüstlicher Parteinachläufer, die Norwegen zu einer Festung ausbauen und ihren privaten Krieg weiterführen wollten.
Mittlerweile zerbrach der deutsche Widerstand in Italien, in Österreich und innerhalb Deutschlands. Nur ein Irrer konnte noch von einer Wiederauferstehung, von einem Sieg überzeugt sein. Aber der Eid für Führer, Volk und Vaterland war so tief in uns verwurzelt, die Disziplin so hoch geachtet, daß viele Männer ihr Leben in das Feuer einer verlorenen Sache warfen. Unter ihnen waren die Kommandanten und Besatzungen der Boote auf See. Sie wurden das Opfer einer Massenschlächterei unvorstellbaren Ausmaßes. Sie alle waren aus Bergen oder Kristiansand zu ihrer ersten und letzten Feindfahrt ausgelaufen, waren aber zu unerfahren, um sich mit der Übermacht des Gegners erfolgreich auseinanderzusetzen. Im Durchschnitt sanken täglich zwei unserer Boote. Es gab aber auch Tage,

an denen vier U-Boote den vereinigten Maßnahmen alliierter See- und Luftstreitkräfte zum Opfer fielen.
Am 27. April lag U-953 immer noch in der Werft, und ich befürchtete, daß es nicht mehr zur rechten Zeit seeklar gemacht werden konnte, um meinen Fluchtplan in die Tat umzusetzen. Doch am gleichen Tag erhielt ich Befehl, mich beim FdU in Bergen zu melden. Über den dringenden Ruf erstaunt, bereitete ich mich für eine lange Bahnfahrt durch die norwegischen Berge vor. Weil ich nur ein grünes U-Bootpäckchen besaß, das für eine Reise denkbar ungeeignet war, beschaffte ich mir einen Ski-Anzug aus der Kleiderkammer, die in besseren Tagen Offizieren zur Verfügung gestanden hatte, die ihren Urlaub in den Bergen verbrachten. In hellblauen Skihosen und grüngrauem Anorak, mit Proviant für drei Tage in einem kleinen norwegischen Rucksack, begann ich meine Reise durch die Schneelandschaft. Am Spätnachmittag des 30. April rollte der Zug in den Bahnhof von Bergen ein. Ich fand den Stützpunkt, ohne zu fragen. Irgend jemand gab mir ein Zimmer. Ich fühlte mich wie ein Fremder in einem Hotel.
Dienstag, 1. Mai. Um 8 Uhr 30 klopfte ich an die Tür zum Heiligtum des FdU. »Melde mich wie befohlen zur Stelle, Herr Kapitän.«
»Sie wurden bereits gestern erwartet«, war Rösings trockene Antwort.
»Herr Kapitän, ich bin gekommen, so schnell ich konnte.«
»Macht nichts. Ihr Boot wird nicht mehr rechtzeitig für die Offensive fertig sein. Wir brauchen alle erfahrenen Kommandanten an der Front. Wir können es uns nicht leisten, Sie in einem Stützpunkt herumsitzen zu lassen. Sie werden das Kommando über ein anderes Boot übernehmen, das von Deutschland kommend in Kristiansand einlaufen wird. Es ist zur Feindfahrt ausgerüstet. Sie werden den Kommandanten ablösen.«
»Jawohl, Herr Kapitän.«
»Sie werden mit Entschlossenheit und Energie gegen England fahren.«
»Jawohl, Herr Kapitän.«
»Admiral Dönitz hat allen fahrbaren Booten befohlen, nach Norwegen zu gehen. Wir werden von hier aus den Krieg zur See fortsetzen. Wir werden uns niemals ergeben. Wir werden durchhalten, und unsere U-Boote werden dem Feind unsere Bedingungen aufzwingen.«
Er übergab mir den Befehl, mich bei der 15. U-Boot-Flottille in Kristiansand zu melden, und fügte hinzu: »Übrigens können Sie bei dieser Gelegenheit als eine Art Kurier einspringen. Ich werde Ihnen einige geheime Kommandosachen übergeben, die Sie in unseren Stützpunkten in Oslo, Horten und Kristiansand abliefern werden. Die Papiere liegen am Nachmittag für Sie bereit.«
Ich schlug die Hacken zusammen und verließ den Raum. Auf dem Gang angekommen, biß ich mir auf die Lippen. Mein wunderbarer Plan, dem unvermeidlichen Chaos zu entkommen, war zerschlagen. Aber dann kam

mir plötzlich in den Sinn, daß ein neues Boot, zur Feindfahrt ausgerüstet, noch eine viel bessere Gelegenheit bot, Südamerika zu erreichen. Mein Entschluß, dem Zusammenbruch zu entgehen, wurde noch durch den vernunftlosen Befehl der Führung bestärkt, den Kampf zur See fortzusetzen, bis das letzte Boot und der letzte Mann der U-Bootwaffe auf dem Meeresboden lag.

Das Ergebnis des Einsatzbefehls war überall erkennbar. Im Stützpunkt und an den Molen wurden die letzten Vorbereitungen getroffen, die veralteten Boote in den Tod zu schicken. Besatzungen und Werftpersonal arbeiteten hektisch, als hinge der Bestand des Reiches einzig von ihren Anstrengungen ab. Mittlerweile verbreiteten sich verwirrende Nachrichten. Der Wehrmachtsbericht hatte zugegeben, daß die Schlacht um Berlin sich dem Höhepunkt näherte. Hitler selbst habe den Oberbefehl über die Verteidigung der Reichshauptstadt übernommen.

Um 19 Uhr erhielt ich die Geheimpapiere, auf die ich ungeduldig gewartet hatte. Aber es war schon zu spät, um abzureisen. Ich nahm das spärliche Abendessen in der Offiziersmesse ein und ging früh auf mein Zimmer. Ich hatte vor, meine Reise nach Kristiansand gut ausgeruht anzutreten.

Ich schaltete das Radio ein, streckte mich auf dem Bett aus und wartete auf die Nachrichten. Plötzlich wurde die Musik unterbrochen. Die Stimme des Ansagers, zuerst heiser, dann laut und klar, brach die kurze Stille: »Achtung, Achtung. Ich habe eine wichtige Ansage zu machen . . .«

Ich war augenblicklich hellwach und schaute auf die Uhr. Es war genau 21 Uhr 30. Tragische Takte aus einer Wagneroper kündeten eine sehr ernste Mitteilung an. In dieser Schicksalsstunde war alles möglich: Berlin konnte in sowjetische Hände gefallen sein, ein Waffenstillstand konnte das sinnlose Morden beendet haben. Dann sprach der Ansager wieder. Mit tiefer, feierlicher Stimme begann er: »Aus dem Führerhauptquartier wird gemeldet, daß unser Führer Adolf Hitler heute nachmittag in seinem Befehlsstand in der Reichskanzlei, bis zum letzten Atemzug gegen den Bolschewismus kämpfend, für Deutschland gefallen ist.

Am 30. April hat der Führer den Großadmiral Dönitz zu seinem Nachfolger ernannt. Der Großadmiral und Nachfolger des Führers spricht zum deutschen Volk.«

Das war das Ende. Das Ende des Krieges, das Ende Deutschlands und deutscher Geschichte. Das einzig mögliche Unglück war nun vollendete Tatsache. Hitlers Tod konnte nur eines bedeuten: das Geständnis absoluter Niederlage. Wie aus weiter Ferne hörte ich die Stimme des Löwen. Er sagte, daß der Kampf weitergehen müßte, um Millionen Flüchtlingen das Leben zu retten; daß wir weiterkämpfen mußten, um unsere Rechte zu verteidigen. Seine Erklärungen gingen in den Klängen des Deutschlandliedes unter.

Eine unendliche Trauer überkam mich. Zusammen mit Millionen Deut-

schen hatte ich alles gegeben, was mir lieb war. Ich hatte Eltern und Schwester geopfert um des Vaterlandes, des Sieges willen; hatte blind geglaubt, gekämpft und gehofft und gelitten und in tiefer Ergebenheit auf das Wunder gewartet. Nun war alles vorbei - einfach vorbei. Es war das Ende.
Verstört taumelte ich hinunter in die Offiziersmesse. Der Flottillenchef und einige Offiziere saßen bleich in ihren Sesseln. Einer sagte: »Er starb auf den Barrikaden. Wir müssen weiterkämpfen . . .«
Ein anderer erklärte: »Er gab uns ein Beispiel. Wir müssen aushalten und den Kampf hier in Norwegen fortsetzen. Die Alliierten werden es nicht leicht haben, uns hier in den Bergen auszuräuchern.«
Andere äußerten vorsichtig ihre Meinung und gaben zu, daß dies das Ende war. Hoffnungslosigkeit ließ die Unterhaltung bald verstummen. Wir gingen auseinander.
Am folgenden Morgen, am 2. Mai, nahm ich den Schnellzug nach Oslo und kam dort spät am Abend an. Am 3. Mai lieferte ich einen Umschlag mit Geheimpapieren bei der befohlenen Adresse ab, bestieg dann einen Zug nach Horten, übergab dort dem Adjutanten des Stützpunktes einen weiteren Umschlag und nahm schließlich den nächsten Zug für die letzte Strecke meiner Fahrt.
4. Mai. Nach einer schlaflosen Nacht auf einer hölzernen Bank in einem ungeheizten Abteil kam ich gegen 7 Uhr in Kristiansand an. Ein blauer Himmel wölbte sich über der Stadt. Ich wanderte auf einem staubigen Weg durch ein Wäldchen verkrüppelter Kiefern zum U-Boot-Stützpunkt und betrat das Verwaltungsgebäude der Flottille genau um 8 Uhr 30. Ein sehr junger Leutnant, der Adjutant, zeigte mir den Weg zum Zimmer des Flottillenchefs. Vor mir erhob sich ein mittelgroßer Offizier mit Ritterkreuz. Korvettenkapitän Jürgensen war Kommandant eines Bootes gewesen, als das Jagen und Schießen noch ein Vergnügen war. Jürgensen war einer der wenigen Glücklichen, die man rechtzeitig von der Front zurückgezogen hatte, um sie der Nachwelt zu erhalten.
»Melde mich gehorsamst zur Stelle«, grüßte ich vorschriftsmäßig.
»Ja, ja, natürlich. Bin von Ihrer Ankunft unterrichtet. Sie sollen einen Kommandanten ablösen. Das Boot ist noch nicht eingetroffen. Wird wohl in Kürze einlaufen. Machen Sie es sich inzwischen bequem. Ich lasse Sie rufen. Das ist im Augenblick alles.«
Der kühle, kurze Empfang vermittelte mir ein seltsames Gefühl. Irgendetwas im Verhalten Jürgensens war eigenartig. Sein Gesicht war wie eine Maske. Er schien abwesend, verwirrt. Ich verließ den Raum und war überzeugt, daß er mehr wußte, als er willens war, zuzugeben.
Ich eilte hinunter ans Wasser. Zwei U-Boote alter Bauart lagen längsseits eines Pontons. Neben einem der Boote erspähte ich den kleinen Turm eines neuen, kleineren Wunderbootes. Ich trat näher, um die Aufbauten

zu betrachten; doch dann erschien die weiße Mütze des Kommandanten über dem Rand der Brücke; das Gesicht folgte.
»Angermann, bist du es wirklich?« rief ich über den Fjord.
»Hallo, du hast dich ja prächtig über Wasser gehalten«, kam es zurück.
»Unkraut verdirbt nicht.«
»Ist einer von diesen Kähnen deiner?« fragte er und wies auf eines der alten, grauen Boote.
»Nein, ich warte darauf, ein anderes zu übernehmen. Soll von Deutschland kommen.«
»Ich will dich nicht entmutigen, Alter, aber da draußen ist die Hölle los. Das Boot ist vielleicht schon abgesoffen. Wir selbst haben das Skagerrak unter den verheerendsten Verhältnissen durchquert. Ich kann dir was erzählen! Flugzeuge wie Sand am Meer. Und in Deutschland ist der Teufel los. Berlin ist von den Sowjets eingenommen. Die Amerikaner haben sie an der Elbe getroffen. Wir sind unter direktem Beschuß von Land aus Kiel ausgebrochen.«
Er wischte sich den Schweiß vom Gesicht und fuhr fort: »Die Tommies haben Kiel erobert. Die ersten Panzer erreichten die Tirpitz-Brücke, als ich in der Mitte der Bucht war. Sie schossen verdammt gut. Gott, es ist ein Wunder, daß wir es bis hierher geschafft haben. Wir haben auf der Überfahrt mindestens sieben Boote verloren. Ich habe mit dem Zählen heute morgen aufgehört. Ich sage dir, es kann nicht mehr lange dauern.«
In Angermanns Gesicht stand noch die Erinnerung an das Grauen. Da glitt langsam ein anderes kleines Boot auf die Pier zu. Ein Mann warf eine Leine. Im selben Augenblick erkannte ich das Gesicht unter der weißen Mütze des Kommandanten. Es war mein Freund Fred Schreiber. Auch er war der Schlacht in der Ostsee entkommen.
Fred hob seine rechte Hand und grüßte müde. Seine ehemals munteren, sprühenden Augen hatten ihre Lebhaftigkeit verloren. Seine Haut war aschfahl. Sobald die Stelling niedergelegt war, eilte ich an Bord. Wir drückten uns wortlos die Hände. Er zog ein zerknülltes Papier aus der Tasche seiner Lederjacke und reichte es mir. Seine Augen waren feucht. Ich entfaltete das Blatt. Es war ein entschlüsselter Funkspruch des Löwen:
ALLE U-BOOTE - AB SOFORT SICH JEGLICHER ANGRIFFSHANDLUNG ENTHALTEN UND RÜCKMARSCH ANTRETEN - DÖNITZ.
Ich starrte auf die Meldung. Die Buchstaben begannen sich zu verwischen. Ich hörte Fred sagen: »Wir erhielten den FT vor einer halben Stunde. Das ist das Ende.«
Ich fühlte einen plötzlichen Schmerz in mir aufsteigen. Ich wandte mich ab und kämpfte meine Tränen zurück. Man hatte uns nicht gelehrt zu verlieren.
Am 5. Mai wurden die Kriegshandlungen eingestellt. Dönitz, der Chef der

neuen deutschen Regierung, hatte einem Waffenstillstand und der bedingungslosen Kapitulation aller Wehrmachtsteile im Nordraum an die Engländer zugestimmt.
Am folgenden Tag kam ein neuer Funkspruch von Dönitz, der sich an alle Männer im Stützpunkt richtete. Der Admiral, der die U-Boote zu Ruhm und Niederlage geführt hatte, trauerte um die Toten, die auf dem Boden der Weltmeere lagen, und dankte den Überlebenden der gigantischen Schlacht:

»Meine U-Boot-Männer!
Sechs Jahre U-Boot-Krieg liegen hinter uns. Ihr habt gekämpft wie die Löwen. Eine erdrückende Materialübermacht hat uns auf engstem Raum zusammengedrängt. Von der verbleibenden Basis aus ist eine Fortsetzung unseres Kampfes nicht mehr möglich.
U-Boot-Männer! Ungebrochen und makellos legt ihr nach einem Heldenkampf ohnegleichen die Waffen nieder. Wir gedenken in Ehrfurcht unserer gefallenen Kameraden, die ihre Treue zu Führer und Vaterland mit dem Tod besiegelten.
Kameraden! Bewahrt euren U-Boot-Geist, mit dem ihr lange Jahre tapfer und unbeirrt gekämpft habt, auch in Zukunft zum Besten unseres Vaterlandes.
Es lebe Deutschland!

Euer Großadmiral.«

Dies war die Mitteilung, die allem Leiden ein Ende setzte. Sie gab zum erstenmal die völlige Niederlage zu. Das Morden war endlich vorbei. Von nun an würden wir wieder ohne die Angst leben können, morgen sterben zu müssen. Eine unbekannte Ruhe überkam mich, als ich erkannte, daß ich mit dem Leben davongekommen war. Das Urteil, längst gefällt, das mich zum Tod in einem eisernen Sarg verdammte, war endlich aufgehoben. Die Wahrheit war wunderbar, sie war wie ein Traum.

Epilog

Der Waffenstillstand beendete den Krieg am 5. Mai 1945. Ich hatte aber noch für weitere sechs Monate zu kämpfen, bevor ich die Schlacht um mein Leben gewann. Der Zusammenbruch Deutschlands traf mich besonders schwer, ich fühlte mich betrogen und verführt. Nach dem Tod Hitlers, der Auflösung der von uns anerkannten Ordnung und der Zerschlagung der Wehrmacht kam ich zu dem Schluß, daß ich von meinem Eid auf den Führer enthoben war. Alles, was mir teuer gewesen war, war tot. Mein einziger Gedanke war, frei zu sein und zu bleiben. Aber zwischen mir und der Freiheit lag die Macht der alliierten Besatzung. Ich war überzeugt, daß wir alle, die für Deutschland gekämpft hatten, schmachvoller Gefangennahme und erniedrigenden Verhören ausgesetzt werden würden. Ich weigerte mich, die Anmaßung der alliierten Besatzungstruppen anzuerkennen, die entweder von der ungeheuren Aufgabe verwirrt oder ihren früheren Gegnern gegenüber im höchsten Grade rachsüchtig sein mußten. Ich war entschlossen zu fliehen, um meinen eigenen Frieden zu finden. Ich gelobte mir selbst, daß nichts mich davon abhalten konnte, genau das zu tun, was ich tun wollte.

In den Tagen nach der Kapitulation fand ich auch keinen Grund, den Siegermächten zu vertrauen. Die Engländer setzten ihre Angriffe auf unsere letzten U-Boote fort, die aus deutschen Häfen entkommen und nach Norwegen unterwegs waren. Ich schloß daraus, daß sie ihre Ausrottung für unbestimmte Zeit weiterbetreiben würden. Ich verbrachte meine schwerste Zeit drunten an der Pier und auf Fred Schreibers Boot und hatte Gelegenheit, einige wenige Boote zu begrüßen, die schwer angeschlagen einliefen. Eckel von U-2325 und Wex von U-2354 berichteten noch im Schock, daß fünf weitere Boote im großen Belt und im Skagerrak versenkt worden waren. Dies brachte die Zahl der nach dem Waffenstillstand vernichteten Boote auf 16, womit die Gesamtverluste an U-Booten seit Beginn des Krieges auf 779 angestiegen waren.

Der 7. Mai war ein Tag, an dem die Hysterie unbeschränkt regierte. Die

norwegische Bevölkerung feierte ihre Befreiung mit Ausgelassenheit. Dabei ereignete es sich, daß drei Seeleute aus dem Stützpunkt nahe der Stadt im betrunkenen Zustand angetroffen wurden und im Begriff waren, ihre Hoheitsabzeichen mit den Zähnen abzureißen. Ihr kurzer Ausflug in die neue Welt kam aber zu einem schnellen Ende, als der Chef des Stützpunkts, Korvettenkapitän Jürgensen, aus der Stadt kommend die grölenden Männer verhaftete und sie mit seinem Wagen zurückfuhr. Bei einer sofort eingeleiteten Untersuchung wurde gemeldet, daß die Verhafteten Waffen gestapelt und nach Aussage anderer Stützpunktsoldaten versucht haben sollten, Kameraden zu einer Meuterei aufzuwiegeln. Daraufhin wurden die drei Aufgegriffenen im Keller des Verwaltungsgebäudes in Ketten gelegt und ein Standgericht angeordnet. Überdies landete eine englische Korvette im Hafen von Kristiansand, was den wilden Gerüchten über eine unmittelbare Besetzung des U-Boot-Stützpunkts freien Lauf ließ. Vor diesem hektischen Hintergrund versuchte ich Fred Schreiber zu überreden, mit mir nach Südamerika zu fliehen. Obwohl anfänglich skeptisch und abgeneigt, willigte er schließlich ein. Wir würden mit seinem kleinen Boot und einigen seiner Leute heimlich aus dem Hafen schleichen, entlang der norwegischen Küste nach Drontheim schnorcheln und dort auf U-953 übersteigen, das irgendwo an einer Pier liegen mußte und auf mich wartete. Wir würden versuchen, es mit Proviant auszurüsten und mit Treibstoff vollzupumpen, und uns dann mit den von mir ausgesuchten Leuten heimlich davonmachen und nach Argentinien durchbrechen. Wir setzten die Stunde unseres nächtlichen Ausbruchs fest und bereiteten uns innerlich schon auf eine aufregende Reise vor.
Bevor wir unseren Plan in die Wirklichkeit umsetzen konnten, nahmen uns Korvettenkapitän Jürgensens Maßnahmen in Anspruch. Die Nacht hatte sich bereits auf die Schären gelegt und den Stützpunkt in tiefe Dunkelheit getaucht, als alle Soldaten und Besatzungen der an der Pier liegenden Boote auf den Platz vor der kleinen Werft befohlen wurden. Fred und ich folgten den Männern seines Bootes durch die nachtblaue Luft. Bestürzung lähmte unsere Schritte, als wir den schwacherhellten Platz betraten. Die U-Bootbesatzungen waren in Hufeisenform gegenüber der weißgetünchten Wand des Werkstattgebäudes angetreten, die Front einem behelfsmäßigen Galgen zugekehrt. Drei groteske, weiße Schlingen hingen von einem Stahlgerüst, von dem flackernden Schein einer Schiffslaterne beleuchtet. Unter den Schlingen stand ein großer Tisch, auf dem drei Hocker aufgereiht waren. Für jeden Knoten ein Hocker: der Ersatz für die Falltür. Vor diesem primitiven Galgen stand ein zweiter Tisch, mit einer Kriegsflagge bedeckt. Sie leuchtete im Schein der Schiffslaterne, die auf der einen Seite des Tisches stand, blutigrot auf. Auf der anderen Seite lag ein Buch: Hitlers *Mein Kampf*. In der Mitte lag ein Marinedegen. Eine Gruppe bewaffneter Stützpunktsoldaten nahm hinter dieser Bühne Auf-

stellung. Offiziere des Flottillenstabs eilten geschäftig hin und her. Jürgensens Adjutant erteilte nervös Befehle.
Die Menge verfiel in bedrücktes Schweigen. Korvettenkapitän Jürgensen trat in den Lichtkreis der Laterne. Sein Gesicht leuchtete im Schein der Lampe hell auf, als er zu sprechen begann: »Soldaten! Ich habe euch zusammengerufen, um euch zu zeigen, wie wir ein neues 1918 vermeiden. In unserer Marine haben wir keinen Platz für Revolutionäre. Ich werde den drei Anführern, die wir heute in der Stadt aufgegriffen haben, die Strafe erteilen, die ihnen gebührt und die das Gericht für richtig hält. Es soll eine Lehre sein für jeden, der sich mit revolutionären Ideen beschäftigt. Wir werden unsere Ideale zu behüten und zu erhalten wissen. Wache, bringt diese Männer vor Gericht!«
Was nun folgte, war ein Alptraum, der sich in harte Wirklichkeit verwandelte. Die Gefangenen wurden aus den Kellern herausgeholt und durch den dunklen Kiefernwald geführt. Mit auf dem Rücken gefesselten Händen wurden sie nacheinander auf den hellen Platz geschoben. Jähes Erschrecken - da stand ein Galgen, pendelten weiße Schlingen. Irrsinniges Begreifen des nahen Todes. Der augenblicklichen Lähmung folgte die Reaktion. Eine Wendung - und die drei Gefangenen brachen aus und rannten in das dunkle Kieferngestrüpp. Der Adjutant zog seine Pistole und schoß einen der Männer, es war ein Maat, mehrmals in den Rücken. Der Mann strauchelte und fiel auf sein Gesicht. Die beiden anderen Flüchtigen wurden schnell umstellt, ergriffen und zusammen mit dem Maat zum Galgen geführt.
Der Adjutant postierte sich vor den Besatzungen und den wenigen Offizieren der Boote, die schweigend dem Geschehen folgten, und rief eine lange Liste von Anklagen in die Stille der Nacht. Am Ende seiner mit atemloser Spannung aufgenommenen Rede verlangte er schließlich die schärfste Bestrafung: Tod durch Erhängen.
Dann trat Korvettenkapitän Jürgensen wieder in das Licht der Laterne und hinter den Tisch mit der blutroten Fahne. Mit abwägenden Worten befragte er die angetretenen Besatzungen, ob sie die Urteile im Sinne der Anklagen für richtig fanden. Die Reaktion gab ihm die Macht, über Leben oder Tod der Angeschuldigten zu entscheiden, und er verurteilte die drei Soldaten zur Hinrichtung durch den Strang, »bis der Tod die Seele vom Körper getrennt hat«.
Der Wache wurde befohlen, das Urteil zu vollstrecken.
Der Maat und angebliche Anführer, der während der Anklage und dem Urteil in den Armen von zwei bewaffneten Matrosen hing, erwachte zu plötzlichem Leben. Mit den Kugeln in seinem Körper kämpfte er sich frei, sprang mit wenigen Sätzen in die Reihen der Mannschaften. Die beiden anderen Angeklagten, die Überraschung ihrer Bewacher ausnutzend, spurteten davon. Schüsse fielen, Schreie, Stampfen; Staub wurde aufgewirbelt;

Flüche, Schläge, Tumult. Das trübe Licht der Laterne beleuchtete eine Szene von roher Wildheit. Mit übermenschlichen Kräften kämpften, stießen und rannten die Todeskandidaten um ihr Leben. Aber bald waren sie umringt und überwältigt.
Korvettenkapitän Jürgensen, die Unmöglichkeit der wortgetreuen Durchführung seines Befehls erkennend, änderte das Urteil »Tod durch den Strang« in »Tod durch Erschießen« um.
Die Wache hörte den Befehl. Dann ging alles sehr schnell. Ein Posten hob sein Gewehr zum Anschlag und schoß aus kürzester Entfernung auf den Maat. Sein Gesicht flog wie ein Pfannkuchen davon. Sekunden später brachen die beiden anderen Verurteilten von Kugeln durchsiebt zusammen. Die Soldaten schleiften die Toten zur weißen Wand der Werkstatt, wo ein Sanitätsoffizier ihren Tod bestätigte. Das Standgericht wurde für beendet erklärt. Die Bootsbesatzungen wurden entlassen. Die Wache marschierte ab.
Nach Mitternacht halfen mir zwei Unteroffiziere, die drei Leichen in ein Ruderboot zu heben. Das war alles, was ich für die Toten tun konnte. Wir befestigten schwere Grundgewichte an Hals und Füßen der Erschossenen, ruderten das Boot in die Mitte des dunklen Fjords - dann drei Aufschläge auf dem Wasser, und die toten Matrosen hatten ihr Seemannsbegräbnis erhalten.
Die Warnung des Stützpunktleiters verfehlte ihre Wirkung nicht. Angesichts dieser drastischen Maßnahme entschloß sich Fred, weder in dieser noch in irgendeiner anderen Nacht auszulaufen. Und so blieb mein Schicksal weiterhin an Deutschland gekettet.
Für die nächsten Tage lag der Stützpunkt in tödlicher Stille. Wir erwarteten die Sieger. Das Standgericht machte meine letzte Hoffnung zunichte: wenn Deutsche ohne Umstände Deutsche erschossen, konnte es in Deutschland keine Zukunft geben, konnten wir von den Eroberern keine Gnade erwarten. Aber zur allgemeinen Überraschung zeigten die Sieger weder an uns, noch an unseren Booten im Stützpunkt Interesse. Sie versenkten auch jene nicht, die ihrem Befehl Folge leisteten, sich mit schwarzer Flagge am ausgefahrenen Sehrohr zu ergeben. Und meine Befürchtungen wurden weiterhin gemildert, als ich meine erste Berührung mit einem englischen Offizier hatte.
Es war Mitte Mai. Ich hatte Befehl, mit dem englischen Bezirkskommandanten in einem kleinen Ort östlich Kristiansand Verbindung aufzunehmen. Meine Aufgabe war, über die Evakuierung des Marinepersonals vom Stützpunkt mit den Siegern zu verhandeln. Mit einem leichtgepanzerten Fahrzeug machte ich mich auf den Weg. Zwei Seeleute mit schußbereiten Maschinenpistolen saßen auf dem Rücksitz. Ich war vor der Abfahrt vor einem möglichen Hinterhalt einer norwegischen Untergrundbewegung gewarnt worden. Doch ohne einen Schuß abzufeuern, kam ich

in dem kleinen Dorfhotel an und fand in einem Zimmer im zweiten Stock den Colonel Mac Gregor, der mich, nur mit einer Sporthose bekleidet, empfing.
Mac Gregor schloß die Tür und bot mir einen Stuhl an. *»I have just taken my morning exercises«*, sagte er entschuldigend mit schottischem Akzent. »Ich mache jeden Tag einen Dauerlauf, um mich in guter Verfassung zu halten. Ein Mann in meinem Alter muß auf sein Gewicht achten.« Ich schätzte ihn auf etwa vierzig Jahre. Er war mittelgroß, stark gebaut und hatte rotblondes Haar. Zu meiner Überraschung ergriff Mac Gregor zwei Gläser, füllte sie mit Wein, reichte mir eines und sagte: *»It's the best stuff I could find in this damn town ...«* Während er seine Felduniform überzog, erzählte Mac Gregor mir eine faszinierende Geschichte. Drei Monate zuvor war er mit Fallschirm in den norwegischen Bergen abgesprungen und hatte den Widerstand der Bevölkerung und der Untergrundbewegungen organisiert. Während wir auf unsere letzten Feindfahrten gingen, uns in den Fjorden sicher fühlten und manche Dienststelle die Fortsetzung des Kampfes in Norwegen für möglich hielt, hatte er bereits den totalen Widerstand und wirksame Sabotage in die Wege geleitet. Dann kam er zum eigentlichen Punkt unseres Treffens. Wir hatten unseren Stützpunkt innerhalb drei Tagen zu räumen. Alle Marineverbände in und um Kristiansand mußten sich geschlossen und in ordentlicher Formation auf die nahegelegene Insel Tromöy zurückzuziehen. Unsere Waffen, betonte er, konnten wir vorläufig behalten. Von Mac Gregors Ungezwungenheit beeindruckt, kam ich zu dem Schluß, daß es weder entehrend noch erniedrigend war, sich einem solchen Offizier unterzuordnen.
Am Abend vor dem Abmarsch ging ich zur Pier hinunter, wo die U-Boote noch längsseits lagen. Zum letztenmal betrachtete ich die grauen Wölfe, die der Inhalt meiner Laufbahn gewesen waren. Ich wußte, daß ich nie wieder an Bord eines U-Bootes gehen würde. Die bittere Erkenntnis, daß alle meine Anstrengungen vergebens und alle Opfer umsonst gewesen waren, machte mich schwermütig. Ich drehte mich schnell um und ging auf mein Zimmer zurück.
In der Hitze eines Maitages strömten Tausende von Marinesoldaten und U-Bootmännern über die Brücke in die gutgepflegten Kasernen auf Tromöy. Die Insel hatte jahrelang einem Regiment der deutschen Küstenbatterien als Unterkunft gedient. Unsere Leute wurden in saubere Baracken einquartiert. Fred Schreiber und ich schlossen uns einer Gruppe von Seeoffizieren an und belegten ein gepflegtes Farmhaus, das einst als Offiziersmesse gedient hatte. Die vollständige Abwesenheit englischer Truppen und unser ungestörtes Niederlassen in geschlossenen Gruppen ließ den Gedanken aufkommen, daß unser Aufenthalt auf Tromöy eine kurzfristige und angenehme Angelegenheit werden würde.
Doch schon bald sollte sich das Gegenteil beweisen. Trotz unserer selbst-

auferlegten Tagesroutine, die geordnete Tätigkeiten wie Sport, Unterricht und einen frühen Zapfenstreich einschloß, krochen die Stunden und Tage träge und langweilig dahin. Gerüchte, phantastische Meldungen und wilde Spekulationen über den Zusammenbruch in der Heimat, über Deutschlands und unsere eigene Zukunft, flackerten wie Waldbrände im Lager auf. Als es bekannt wurde, daß Hitler nicht, wie man uns gesagt hatte, auf den Barrikaden in Berlin als kämpfender Soldat gefallen war, sondern sich feige aus dem Chaos geschlichen und sich das Leben genommen hatte, brach der letzte Pfeiler unserer Traumwelt zusammen. Während wir unser Leben für ihn und die Nation im Glauben an seine Idee in die Schlachten geworfen hatten, hatte der Führer uns rücksichtslos in einen totalen Zusammenbruch getrieben. Hitlers Selbstmord war eine Verhöhnung unserer Taten, unserer Leistungen - eine Verhöhnung unserer millionenfachen Opfer. Anstatt »des besonderen Schutzes des Führers sicher zu sein«, wie unser Offizierspatent versicherte, waren wir unseren Gegnern hoffnungslos ausgeliefert gewesen. Nun hatten wir uns selbst zu helfen. Der Verursacher unseres Unglücks hatte es vorgezogen, die Konsequenzen uns zu überlassen.

An einem der langen Abende einer Mittsommernacht saß ich auf den roten Felsen von Tromöy und schrieb mir meine Qual vom Herzen:

»Wir waren jung, wir haben geglaubt und alles ertragen.
Wir haben gekämpft, uns bitter und tapfer geschlagen.
Wir haben gelitten und wurden zerschunden, ohne zu klagen.
Wir haben gehofft und haben Treue erwiesen, ohne zu fragen.
Wir haben gestritten, bis wir alle waren erschlagen.
Wir haben gehorcht, aber ihr Alten habt uns alle verraten.«

Unter dem Druck der Niederlage und der Bekanntgabe von Greueltaten und der Zerstückelung unseres Vaterlandes verlor manch einer das Gleichgewicht. Und es gab andere, die einfach zusammenbrachen. In einer dieser hellen Nächte erhängte sich ein Offizierskamerad auf dem Dachboden unseres Hauses. Wir beerdigten ihn zwischen den Felsen von Tromöy.

Unsicherheit, Empfindlichkeit und Verdruß wuchsen stetig, als die Tage sich zu Wochen streckten und wir von den Engländern nichts über unsere Zukunft oder unseren Abtransport nach Deutschland hörten. Etwa drei Wochen nach unserer Ankunft auf der Insel brach plötzlich ein Aufstand in einer der Baracken aus. Soldaten, die behaupteten, weder Deutsche noch Grenzlanddeutsche und in den Wehrdienst gepreßt worden zu sein, rebellierten gegen ihre Gefangenhaltung. Sie verbarrikadierten sich in den Quartieren und erschossen einen unserer Offiziere, der die Lage zu ermitteln versuchte. Die Meuterei dauerte nur einen Tag und kam zu einem schnellen, unheroischen Ende, als britische Truppen die Baracke umzingelten und die Aufrührer in Lastwagen abtransportierten.

Zwei Nächte später kehrten die Engländer zurück. Wir wurden mit viel

Geschrei und Gewehrschüssen aus dem Schlaf geschreckt, auf einer Wiese zusammengetrieben und erhielten Befehl, uns nackt auszuziehen. Während einige Tommies unsere Quartiere nach Waffen durchsuchten, schritten wir im Adamskostüm durch ein Spalier von Bajonetten. Unsere Nacktheit war eine wohlberechnete Beleidigung. Sie löschte den Unterschied zwischen Offizieren und Mannschaften aus und ließ uns alle wissen, daß unsere Unterwerfung bedingungslos war. Die Tommies fanden wenig, das sie interessierte. Nachdem sie in ihrer Enttäuschung unsere Räume in Wildwestmanier beschossen hatten, fuhren sie ebenso plötzlich ab, wie sie gekommen waren.

In den ersten Julitagen kamen sie wieder. Diesmal, um unter freiem Himmel eine Prüfungskommission einzurichten. Wir wurden aufgefordert, uns zwecks Verschickung in die Heimat registrieren zu lassen. Über die neuen Aussichten erfreut, gab ich dem Engländer alle Angaben, die er wissen wollte. Als meinen gewünschten Entlassungsort nannte ich ohne Zögern Frankfurt. Es war der einzige Ort, wo ich ein neues Leben beginnen konnte, obwohl ich keine weiteren Verbindungen in der Stadt hatte, als traurige Erinnerungen und ein Bankkonto mit wertloser Währung. Nachdem die Kommission Tromöy verlassen hatte, war alles ruhig wie zuvor. Nichts ereignete sich. Zwei weitere Wochen fast unerträglichen Wartens ließen unsere Hoffnungen tiefer und tiefer sinken.

Aber am 24. Juli fiel die Entscheidung. Eine Abteilung englischer Truppen schwärmte durchs Lager und forderte diejenigen von uns, die sich für die Entlassung in die französische und amerikanische Besatzungszone gemeldet hatten, auf, die bereitgestellten Leichter zu besteigen. Eine eintägige Reise auf dem Wasserweg entlang der klippenreichen Küste brachte uns nach Mandal. Bei der Ausschiffung wurden wir von einer gemischten englisch-norwegischen Einheit, die sich alarmierend kriegerisch gebärdete, umringt und hinter starkbewachte Stacheldrahtzäune geschleust. In jener Nacht schliefen wir auf einem norwegischen Kornfeld in englischen Zelten und unsere Bäuche, zum erstenmal nach vielen Wochen, mit einem warmen *Irish Stew* gefüllt.

Am nächsten Morgen folgte eine lange Kette von Filzungen und Verhören. Um uns in die möglichst ungünstigste Lage zu versetzen und eine Täuschung auszuschließen, mußten wir uns bis auf die Haut ausziehen. Dann brachten sie uns zum Verhör einzeln in eine nahegelegene Scheune. Mein Inquisitor war ein englischer Offizier, etwa vierzig Jahre alt. Zum erstenmal wurden mir Fragen gestellt, die ich ehrlich beantwortete und die in der Zukunft noch oft an mich gerichtet werden sollten.

»Was war Ihre letzte Stellung in der Kriegsmarine?«

»U-Boot-Kommandant.«

»Ich dachte, wir hatten euch ausgerottet. Wieviel Schiffe haben Sie versenkt?«

»Ich habe sie nicht gezählt.«
»*Come, now,* haben Sie Ihre Versenkungen nicht gemeldet?«
»Natürlich. Aber ich habe nicht darüber Buch geführt.«
»Heißt das, daß Sie die Verantwortung für Ihr Handeln ablehnen?«
»*Sir,* ich habe meine Pflicht getan. Ich stehe dafür ein.«
»*Well,* lassen Sie uns nicht darüber streiten. Wir haben Ihre Reihen ganz gehörig gelichtet, nicht wahr?«
»Es mögen noch etwa ein Dutzend Kommandanten am Leben sein. Darunter zwei oder drei, die wie ich den größten Teil des Krieges überstanden haben.«
»Waren Sie Mitglied der Nazipartei?«
»Nein.«
»Waren Sie Mitglied der Hitlerjugend?«
»Nein.«
»Waren Sie Mitglied irgendeiner Nebenorganisation der Partei?«
»Nein.«
»*Nonsense!* Das sagen alle Deutschen heute. Sie mußten Mitglied mindestens einer der Nazi-Organisationen gewesen sein. Wie konnten Sie sonst Marineoffizier werden und bis zum U-Boot-Kommandanten aufsteigen? *Come on,* geben Sie schon zu, daß Sie Mitglied der Hitlerjugend waren.«
»Tut mir leid, Sie zu enttäuschen. Aber Sie sind falsch unterrichtet. Die Kriegsmarine hat ihren Offiziersnachwuchs nicht aus der Hitlerjugend rekrutiert. Und Mitgliedschaft in der Partei war ebenfalls keine Voraussetzung zum Eintritt in die Kriegsmarine. Wir hatten lediglich dieselben Qualifikationen nachzuweisen, die auch von der *Royal Navy* verlangt werden.«
»Das weiß ich besser. Ich muß Sie warnen. Sagen Sie die Wahrheit. Jede falsche Antwort wird schwer bestraft. Sie geben besser Ihre Mitgliedschaft zu und ersparen sich somit eine Menge Unannehmlichkeiten. Wir haben alle Unterlagen der Partei erbeutet, und es ist für uns leicht, die Wahrheit herauszufinden.«
»Dies sind die Tatsachen. Ich habe nichts hinzuzufügen.«
Der Engländer brach seine Befragung ab und griff nach einem dicken Band, dem Verbrecheralbum der Alliierten. Nachdem er vergeblich nach meinem Namen gesucht hatte, fragte er mich, wie es mir gelungen war, den Krieg zur See zu überleben. Für eine geraume Zeit hörte er sich meine Ausführungen an und drückte dann einen Stempel auf meine Entlassungspapiere. Er reichte sie mir mit einem schiefen Lächeln und sagte betont: »Passen Sie gut auf diese Papiere auf. Ohne sie werden Sie hinter Stacheldraht enden. Und - *Captain - good luck.*«
Bei Sonnenuntergang stand ich an der Reling eines schmutzigen, alten Frachters, der uns nach Deutschland brachte. Mehrere Tausend Marinesoldaten, mit knisternden Entlassungspapieren in den Taschen, überflute-

ten das Deck und sahen die norwegische Küste langsam verschwinden. Es gab kein Lachen, keine Fröhlichkeit. Nur gedrückte Stille und gespannte Erwartung.
Am nächsten Morgen, es war der 26. Juli, waren wir alle an Deck. Die Sonne ging auf, und der Himmel war wolkenlos. Die Nordsee atmete ruhig, als der Dampfer vorsichtig in die weite Mündung der Weser fuhr. Der Hafenverkehr verstärkte sich, je tiefer wir nach Bremerhaven vordrangen. Dann kamen zwei Schlepper längsseits und bugsierten den trägen Frachter an eine Pier. Plötzlich jähes Erwachen. Amerikanische Soldaten in olivgrünen Uniformen sprangen aus bereitstehenden Fahrzeugen und riegelten die Pier ab. Wir waren alle sprachlos, als wir die Stelling hinunterliefen und unsere Füße auf deutsche Erde setzten und unsere englischen Entlassungspapiere eingezogen wurden. Noch benommen von dem Überfall, wurden wir auf Lkws verladen, in ein Lager außerhalb Bremerhavens gefahren, entlaust und in ein leeres *Cage* geschleust. Die Nacht fiel über ein Lager ohne Zelte und über mehrere Tausend deutsche Soldaten, die, von den Engländern entlassen, von den Amerikanern wieder gefangengenommen waren. Fred und ich teilten eine Büchse Sardinen aus seinem abnehmenden Bordbestand sowie einige Biskuits, die wir auf Tromöy gespart hatten, rollten uns in unsere Decken und fielen bald unter den Sternen in einen leichten Schlaf.
27. Juli. In der Morgendämmerung wurden wir - dreitausend Mann - wie eine Herde zur Schlachtbank in einen wartenden, offenen Güterzug verladen. Das Ziel war Frankfurt, wie man uns versicherte, wo unsere englischen Papiere einen amerikanischen Stempel erhalten und wir entlassen werden würden. Es war eine lange, langsame, traurige Fahrt in den offenen, windigen, rußigen Güterwagen. Wir fuhren durch Weizenfelder, die reif zur Ernte waren; durch zerstörte Städte und Ortschaften; vorbei an idyllischen Dörfern und Straßenkreuzungen, die von den Eroberern bewacht und gesichert waren; an Autostraßen entlang, auf denen sich amerikanische Artillerie, Panzer und motorisierte Kolonnen stauten; durch Berge von Trümmern, die einst deutsche Städte gewesen waren. Wir erreichten Frankfurt am Spätnachmittag des zweiten Tages unserer Reise. Als die lange Kette unserer offenen Wagen durch die Vorstädte und dann am Schaumainkai entlangfuhr, nahm ich die bittere Tatsache zur Kenntnis, daß meine Heimatstadt bis zur Unkenntlichkeit zerstört und eine amerikanische Garnison geworden war.
Der Zug hielt am Kai inmitten des einst blühenden Nizza-Parks. Ich fragte einen der fünf amerikanischen Posten, wo und wann wir entlassen werden würden. Der Korporal hatte keine genauen Anweisungen, gab mir aber zu verstehen, daß wir bis Hoechst noch in unseren Güterwagen zu bleiben hätten.
Bald rollte der Zug wieder weiter, schlängelte sich durch Weichen und ein

Gewirr von Schienen, verließ Frankfurt, rollte nach Hoechst, dann durch Hoechst hindurch und immer weiter westwärts in den Abend hinein. Dann öffnete sich das Rheintal - und mit plötzlichem Erschrecken erkannte ich, daß wir betrogen worden waren. Mit einem Ruck hielt der Zug westlich von Rüdesheim. Schüsse - Aufregung - Waffengeklirr - Motorenlärm. Französische Truppen umschwärmten den Zug. Eine Stimme sprach in fließendem Deutsch über einen Lautsprecher: »Runter mit euren Köpfen! Hier ist die französische Armee. Wir werden beim geringsten Zeichen des Ungehorsams schießen. Und wir schießen gut. Bleibt ruhig und befolgt unsere Befehle.«
Bestürzung, wahnwitzige Unfähigkeit zu handeln! Wir waren verkauft, gefangen. Ich wußte nun, daß der Gedanke an die Freiheit nur ein Traum gewesen war. Die Wirklichkeit war Gefangenschaft, Stacheldraht. Wir fluchten und beklagten uns erbittert über unsere widerrechtliche Auslieferung an die Franzosen. Aber es gab niemanden, der unsere Anklage hörte. Die Nacht war still wie ein Grab. Keiner schlief. Wir saßen in unseren offenen Wagen, von den Siegern umringt, von Scheinwerfern beleuchtet und von drohenden Gewehrläufen im Schach gehalten.
29. Juli. Morgendämmerung. Die Klänge der Marseillaise klirrten durchs Rheintal. Wieder sprach die Stimme mit dem elsässischen Dialekt über den Lautsprecher: »Verlaßt sofort die Wagen. In Dreierreihen am Ufer antreten. Macht keinen Versuch, zu fliehen. Er würde tödlich sein - *allez, allez hopp.*«
Dreitausend Deutsche, die niemals gegen die Franzosen gekämpft hatten, traten ihren Weg in die Gefangenschaft an. Wir formierten uns am Ufer; dann ging es über eine schwingende Pontonbrücke über den Rhein in die französische Besatzungszone.
Angetrieben von einer brüllenden, gestikulierenden Abteilung französischer Truppen, marschierten wir durch die Morgenhitze. Um die Mittagszeit waren wir ausgetrocknet, durstig und von dem ungewohnten Marsch erschöpft. Staubig und zutiefst gedemütigt, schleppten wir uns durch ein geschmücktes Siegestor in das berüchtigte Lager von Dietersheim. Ein Pferdefuhrwerk, das das Lager verließ, drängte uns zur Seite. Es war mit abgemagerten, nackten Leichen angefüllt. Blinkende Bajonette trennten uns Offiziere von den Mannschaften und stießen uns in einen riesigen Käfig, der mit bärtigen, zerlumpten Gestalten angefüllt war. Wandelnde Skelette, nahezu nackt und verkommen, Haare und Bärte lang und filzig, die Haut tiefbraun und hart wie Leder und von Unterernährung aufgerissen, empfingen uns. Seit Monaten hatten diese Gefangenen im Freien gelebt und geschlafen und in Erdlöchern gehaust. Regen würde die nackte Erde in einen See von Schlamm verwandeln und die Männer in ihren eigenen Gräbern verschütten, die sie mit ihren Händen gegraben hatten.
Fred und ich wählten ein verlassenes Loch, vergruben unsere Uhren,

Ringe und andere Wertsachen im Staub und warteten auf das, was sich ereignen würde. Ich stellte fest, daß unsere Bewacher marokkanische Soldaten waren. Sie warfen dauernd Handgranaten und feuerten zur Belustigung Maschinengewehrsalven über unsere Köpfe. Am Spätnachmittag wurde ein Leiterwagen mit Aluminiumkannen in unser *Cage* gefahren. Es enthielt unsere erste Mahlzeit seit dem *Irish Stew*. Man sagte uns, die Flüssigkeit in den Kannen sei Suppe. Aber sie sah aus - und schmeckte - wie schmutziges Spülwasser. Ich wandte mich angeekelt ab und sagte kurzentschlossen zu Fred, daß ich nicht hier herumsitzen würde, um ebenfalls zum Skelett dahinzusiechen. Ich war entschlossen zu fliehen.

Noch in derselben Nacht begann ich meinen verzweifelten Kampf um die Freiheit. Als die Dunkelheit sich über die kahle Erde legte, verließ ich meine Höhle. Die Bogenlampen an der Umzäunung des ausgedehnten Lagers erzeugten einen gespenstischen Schein. Flach in den Staub gedrückt, kroch ich langsam durch das erste Hindernis - einen drei Meter hohen Stacheldrahtzaun - ins Niemandsland. In dieser Gasse zwischen zwei parallellaufenden Zäunen, die das *Cage* der Offiziere von dem der Unteroffiziere trennte, schlich ich, robbte ich vorsichtig, oft verhaltend und lauschend, auf den hellerleuchteten Doppelzaun des äußeren Drahtverhaus zu. Mit angehaltenem Atem schlängelte ich mich der beleuchteten Zone immer näher, wechselte zwischen zwei Maschinengewehrnestern auf hohen Wachttürmen auf die andere Seite des Niemandlands, drückte mein Gesicht in den Staub, zwei, drei Züge - und ich lag im dünnen Schatten des Eckpfostens der inneren Umzäunung. Regungslos verweilte ich auf dem schmalen, dunklen Strich, den die Bogenlampen nicht erfassen konnten. Mein Atem ging schnell, mein Puls schlug hart, meine Zunge klebte am Gaumen. Vor mir lag die Feuerlinie zwischen dem Innen- und Außenzaun, das letzte Hindernis. Eine Stacheldrahtrolle versperrte den Weg. Außerhalb des Zauns war im Halblicht der Bogenlampen die Außenwelt erkennbar. Das Gras am Zaun war auf eine Breite von etwa fünfundzwanzig Metern abgemäht. Aber dahinter, in der unwirklichen Dunkelheit, versprach hohes Gras oder ein Kornfeld Schutz und Versteck.

Minuten verstrichen. Vielleicht eine ganze Stunde verging. Ich lag, horchte und beobachtete. In langen Abständen hämmerten Maschinengewehrgarben durch die Stille der Nacht. Eine Handgranate explodierte weitab. Posten patrouillierten durch das Schußfeld. Von den Wachttürmen hallten Rufe in die Nacht. Meine Augen erfaßten alle Einzelheiten. Da entdeckte ich in nächster Nähe eine dunkle Zone in der Feuerlinie zwischen den beiden Zäunen, einen dreieckigen Schatten, der von zwei zu weit auseinanderstehenden Bogenlampen verursacht wurde. Das war die Stelle meines Ausbruchs. Hier würde ich durch das Niemandsland kriechen, mich durch die Rolle zwängen und den Außenzaun überwinden. Ich dachte weder an die Kugeln, die mich treffen würden, noch an das, was mir

blühte, sollte ich im Stacheldraht hängend überrascht werden. Dort draußen war die Freiheit - und ich mußte sie erreichen.
Ich schaute auf meine Uhr - ich hatte über drei Stunden kriechend und beobachtend zugebracht. Es war bereits zu spät für einen Versuch. Ich entschloß mich zur Flucht in der kommenden Nacht, kroch langsam und leise in das Zwielicht der Lampen zurück und robbte an den inneren Zäunen entlang in die Tiefe des Lagers, wo die Dunkelheit mich verschluckte. Als ich in mein Erdloch sprang, kündete ein heller Streifen im Osten den neuen Tag an.
Die Klänge der Marseillaise rissen mich aus meinem ersten Schlaf. Ich berichtete Fred von meiner Entdeckung. Zu meiner Überraschung teilte Fred meine Begeisterung nicht. Er war überzeugt, daß unsere Gefangennahme ein Mißverständnis war, daß die Dinge sich bald aufklären und wir bis zum Wochenende entlassen werden würden. Ich sah aber in unserem Freiheitsentzug genau das, was es war, und befürchtete eine jahrelange Inhaftierung, die in den Dschungeln von Guayana enden würde. Ich hielt an meinem Plan fest, gab Fred eine Frankfurter Adresse, unter der er mich finden würde, falls er sich später zur Flucht entschließen sollte, und bereitete mich auf meinen Ausbruch vor.
Die Stunden zogen sich träge dahin. Die Hitze stieg an, zitterte über der ausgedörrten Erde und ließ die abgezehrten Körper der alten Gefangenen noch mehr vertrocknen. Ich begriff das Elend in seinem ganzen Ausmaß und wußte, daß nur Flucht mich vor dem Hungertod bewahren konnte. Ich lief wie in Trance durch das *Cage,* überlegte jede Bewegung für die Nacht, gab meine Suppe einem der Todgeweihten und begnügte mich mit dem letzten Zwieback, den ich von Tromöy aufgespart hatte.
Als die Nacht sich über das Tal der Nahe gelegt hatte, begann ich wieder zu kriechen. Es war 21 Uhr 30. Langes, atemraubendes Schleichen. Vorsichtig schlängelte ich mich in den schmalen Schatten des Eckpfostens der inneren Umzäunung. Wieder lagen vor mir nur die Stacheldrahtrolle und die letzte Hürde: der Außenzaun. Minutenlang blieb ich unentschlossen liegen. Dann zwang ich mich zum Handeln. Zentimeter um Zentimeter kroch ich in die dunkle Zone zwischen den beiden Bogenlampen. Flach auf die Erde gepreßt, die Zähne zusammengepreßt, mit einem Puls so stark wie Hammerschläge, glitt ich durch die Feuerzone. Jede Sekunde konnte eine Maschinengewehrgarbe aufknattern. Ich streckte die Arme nach vorne, grub die Finger in die Erde und zog den Körper nach. Schweiß rann mir aus allen Poren, rann mir in die Augen, durchnäßte meine Kleidung. Dann berührte ich die Stacheldrahtrolle, teilte den Draht ganz langsam, ganz leise, zu einer Öffnung, kroch in das Gewirr - und lag plötzlich vor dem Außenzaun. Stille. Unheimliche Ruhe. Ich holte tief Luft, warf zwei Blicke auf die Wachttürme, schob mich unter den untersten Draht des Zauns, schlüpfte hindurch, ließ den Draht langsam los - und war in Frei-

heit. Langsam rollte ich einmal um meine Achse. Nicht ein Laut, keine Reaktion von den Türmen. Dann rollte ich wie eine Walze weg von den Lampen und dem Licht, über die Feuerzone, immer weiter weg vom Zaun und in das tiefe Gras und in die Dunkelheit. Ich hatte es geschafft.
Stille. Kein Schuß war gefallen. Ich schlich durch Wiesen und Kornfelder und näherte mich einem Dorf im Nahetal, etwa drei Kilometer südlich des Lagers. Mit meinen Schuhen in den Händen, schritt ich barfuß über das Kopfsteinpflaster, huschte im Schatten der Gebäude tiefer in den Ort, fand eine Scheune, warf mich in einen Ballen Heu und fiel sofort in tiefen Schlaf.
Ein scharfer Klang weckte mich. Ich spähte durch einen Spalt in der Tür und sah den Bauern seinen Pferden das Geschirr anlegen. Ich öffnete die knarrende Tür, eilte auf ihn zu und gestand ohne Umschweife, daß ich aus dem Lager entkommen war und Hilfe brauchte. Der Bauer war mehr als überrascht. Das Kunststück, aus dem Lager herauszukommen, war, wie er mir erzählte, bisher nur Gefangenen gelungen, die sich unter Druck der Fremdenlegion verschrieben hatten. Er nahm mich schnell in die Küche, wo seine Frau und Tochter mir bald ein Riesenfrühstück mit Eiern, Speck und Bratkartoffeln vorsetzten. Zwischen den Bissen aufatmend, gab ich meinen Helfern einen kurzen Bericht über meine militärische Vergangenheit und ungewöhnliche Gefangennahme. Ihre Sorge um meine recht fragwürdige Freiheit ging so weit, daß der Bauer sich erbot, Ausweispapiere für mich und Fred zu besorgen.
»Ohne Papiere«, mahnte er, »werden Sie an der nächsten Straßenkreuzung verhaftet und landen hinter demselben Stacheldraht, aus dem Sie ausgerissen sind.«
Bald saß ich in einer Zinkbadewanne in der Scheune, seifte den Schmutz des Lagers von meinem Körper, wusch meine Wäsche und ließ dann Haut und Hemd in der Sonne trocknen. Lange bevor der Tag zu Ende ging, kroch ich in ein weiches Bett, das nach herber Seife roch, und deckte mich mit einer Daunendecke zu, die so groß war wie ein Ballon.
Nach erfrischendem Schlaf erwachte ich mit neuer Kraft und dem unumstößlichen Entschluß, Fred aus dem Lager herauszuholen. Obgleich der Bauer und seine Frau das Risiko für zu hoch hielten, versorgten sie mich mit Brot, Kartoffeln, Mehlspeisen, Marmelade, Wurst und einigen Päckchen amerikanischer Zigaretten für die Kameraden, die zurückbleiben mußten. Nach Einbruch der Dunkelheit schulterte ich den Sack und marschierte durch die nachtblaue Luft, durch Wiesen und Felder zum hellerleuchteten Lager. Zweihundert Meter vor dem Zaun legte ich mich wieder flach auf die Erde und kroch langsam, mich nach allen Seiten sichernd, auf die Bogenlampen zu. Als die Silhouetten der Wachttürme über dem hohen Gras erschienen, überfiel mich ein unsicheres Gefühl. Aber nur für Sekunden übermannte mich das Gefühl der Sinnlosigkeit meines Tuns, das

in meiner Hinrichtung im Gewirr des Stacheldrahts enden konnte. Dann kroch ich weiter, den Sack an einem Lederriemen nachziehend. Plötzlich Stimmen, ganz nahe. Schritte im hohen Gras. Zwei marokkanische Soldaten standen wie riesige Schatten vor mir. Ich hatte verspielt.

Ich stand sofort auf und erwartete das Unvermeidliche. Aber zu meiner Überraschung waren die beiden Posten mehr an dem Inhalt meines Sacks, als an mir persönlich interessiert. Ein kurzes Palaver - und ich erkannte meine Chancen. Da meine französischen Sprachkenntnisse besser waren als die der Wüstensöhne, überzeugte ich sie leicht von meinem harmlosen Unternehmen: daß ich lediglich versuchte, Nahrungsmittel zu den hungrigen Gefangenen zu schmuggeln. Ich zündete mir lässig eine amerikanische Zigarette an und reichte den Rifkabylen in Uniform den Rest des Päckchens. Mit gierigen Fingern griffen beide nach den begehrten Zigaretten, und ich gab ihnen Feuer. Damit beherrschte ich die Lage. Ich versprach ihnen einen regelmäßigen Nachschub amerikanischer Zigaretten als Gegenleistung für ihre Hilfe, mich nach Belieben den Stacheldraht passieren zu lassen. Das Verlangen nach Tabak triumphierte. Sie griffen schnell nach dem zweiten Päckchen *Camel*, führten mich zum Wachtturm an der Ecke, wo ich dem Posten auf der Plattform ein drittes Päckchen opferte, dann öffneten sie den Zaun und hielten ihn offen, bis ich mich mit meinem Sack hindurchgezwängt hatte. Ein geübtes Bücken, eine schnelle Bewegung - und ich hatte den zweiten Zaun hinter mir. Ein Wink mit meiner freien Hand - und ich verschwand in der relativen Dunkelheit des Lagers.

Ich sprang in das Loch, das ich mit Fred geteilt hatte. Er erwachte aus tiefem Schlaf. Zuerst benommen, dann sprachlos über meine Rückkehr, griff er in den Sack, zog ein Stück Bauernbrot hervor und biß hinein. Mit aufflammendem Ärger erkannte ich, daß er mehr an dem kulinarischen Segen, als an einer Flucht interessiert war, die durch meine Bestechung alle Gefahren verloren hatte. Er bestand darauf, daß er seine Entlassungspapiere mit einem französischen Stempel am Sonnabend wieder in Händen haben würde, und daß alle Kameraden aus Norwegen der gleichen Meinung wären. Vom Zusammenbruch meines Plans enttäuscht, ließ ich Fred, den Sterbenden und den Hoffnungslosen den Proviant zurück, erzwang aber noch sein Wort, daß er mir, falls es sich anders ergäbe, in der Nacht zum Sonntag folgen würde.

Mein letztes Päckchen *Camel* sicherte mir den Rückzug aus dem Lager. Eine Stunde später war ich wieder in der Scheune und warf mich erschöpft in den Ballen Heu.

Für zwei Tage genoß ich das Leben auf dem Bauernhof. Ich half dem Bauern bei seiner Arbeit auf den Feldern, rechte das Heu und lud es auf die Wagen, aß das kräftige Essen mit ungewöhnlichem Appetit, badete nach Sonnenuntergang in der Zinkbadewanne in der Scheune und war mit

meinem Schicksal recht zufrieden. Ich hatte entdeckt, daß die Freiheit in einem einzigen mutigen Augenblick gewonnen werden konnte.
Es kam der Samstagabend, dann die Nacht. Fred hatte den Weg in die Freiheit nicht gefunden, weder legal, noch illegal. Um seine Hoffnungen betrogen, hoffte ich ihn in der notwendigen Verfassung vorzufinden, um den entscheidenden Schritt zu wagen. Entschlossen, ihm das Schicksal einer langen Inhaftierung zu ersparen, machte ich mich auf den Weg zum Lager. Alles war ja so einfach. Wieder war ich mit amerikanischen Zigaretten versehen, traf dieselben Posten, die mit derselben Gier die *Camel* an sich rissen, und zwängte mich durch denselben Stacheldraht, der sich inzwischen als so leicht überwindbar erwiesen hatte. Aber einmal innerhalb der Umzäunung, wurde ich durch das aufgeregte Umherhuschen schattenhafter Gestalten alarmiert. Ich näherte mich Freds Lager voller Neugierde. Dann wurde ich plötzlich von Gestalten umringt und in das Erdloch gestoßen. Mit siedendheißem Erschrecken erkannte ich, daß ich von meinen eigenen Kameraden gefangengehalten wurde.
Aus den verwirrten Gesprächen entnahm ich, was sich am Nachmittag ereignet hatte. Bei einer überraschenden Zählung wurde ich als anwesend gemeldet. Doch als der französische Lagerkommandant nach der Zählung bekanntgab, daß der gesamte Zuwachs aus Norwegen nach Frankreich abgeschoben würde, und daß für jeden fehlenden Mann am Ende der Reise fünf Soldaten erschossen würden, fanden sich meine Offizierskameraden plötzlich in einer verzweifelten Lage. Anstatt die Drohung als das, was sie war, zu akzeptieren oder den Lagerkommandanten aufzuklären und meine Flucht zu melden, verließen sie sich auf mein Versprechen, das ich Fred gegeben hatte. Ich konnte den Mitgefangenen den Verrat nicht vergeben und zog in dieser Stunde einen scharfen Trennungsstrich zwischen mir und meinen Kameraden von gestern.
Bei Sonnenaufgang und unter den Klängen der Marseillaise wurde ich zusammen mit viertausend Gefangenen auf die Lagerstraße getrieben. Unter der Bewachung senegalesischer Truppen, die die Ausfallstraße säumten, wurden wir unter lautem Geschrei durch ein Spalier aufgepflanzter Bajonette geschleust, durch eine deutsche Landschaft gehetzt und in zweiundvierzig Viehwagen verladen, die auf einem Nebengeleis bereitstanden. Jeweils hundert Mann wurden in einen der stinkenden, geschlossenen Wagen gezwängt und die Rolltür geschlossen.
Unter der Glut der Sommersonne setzte sich der lange Zug in Bewegung. Atemraubende Hitze, der Geruch ungewaschener Körper und der Gestank von Mist verwandelten den Viehwagen in eine Folterkammer. Der Zustand gab meinem Freiheitsdrang neue Energie. Während der Güterzug mit seiner menschlichen Fracht ruckweise und langsam nach Westen rollte, saß ich an der Rückwand des Wagens und sägte mit einem Pfadfindermesser durch die Planken. Ich sägte im Rhythmus der Schläge, die die

Räder verursachten, wenn sie über die Fugen der Schienen klickten. Ich sägte vorsichtig, verhalten, heimlich. Während die Mitgefangenen stumpfsinnig, halb betäubt von dem Gestank, von Durst und Hunger herumlagen, bereitete ich meinen Ausbruch vor. Bei Einbruch der Dunkelheit hatte ich die Hälfte meiner Arbeit bewältigt. Gegen Mitternacht entfernte ich ein Stück der Rückwand. Die so entstandene Öffnung war groß genug, um hindurchzukriechen. Bald verlangsamte der Zug die Fahrt. Das war der günstige Augenblick. Ich zwängte Kopf und Oberkörper durch den Spalt in die kühle Nachtluft. Doch dann wurde ich plötzlich an den Füßen gepackt. Ich stieß und kämpfte verzweifelt in ungünstigster Lage. Ich wurde in den Wagen hineingezogen und von einem Dutzend schattenhafter Gestalten überwältigt. Wieder war ich der Gefangene meiner Kameraden von gestern.

Die Reise in die Erbärmlichkeit nahm ihren Fortgang. Sie dauerte die ganze Nacht, noch einen Tag und die nächste Nacht. Niemand öffnete die Tür, niemand reichte uns Wasser oder gab uns Nahrung. Der Gestank von Mist, Urin und menschlichen Exkrementen stand wie eine dichte Wolke im Viehwagen. Männer übergaben sich, krümmten sich unter den Anfällen von Ruhr. Eines der Skelette starb in der zweiten Nacht, ein weiteres am folgenden Morgen. Der Geruch von Verwesung, Tod und menschlicher Auflösung wurde unerträglich. Mein Atem ging schwer. Ich stand auf und preßte mein Gesicht gegen die vergitterte Öffnung. Dann roch ich das Meer.

Die Lokomotive zischte, verlangsamte ihre Fahrt. Üppiger Laubwald, nahezu tropisch, wuchs an der Bahnstrecke. Ein Quietschen von hundert Bremsen und ein Ruck. Der Zug kam neben einer improvisierten Plattform zum Stehen. Eine Kompanie regulärer französischer Soldaten umschwärmte die Wagen, Gewehre und Maschinengewehre im Anschlag. Ein schrilles Geräusch - die Tür wurde zurückgeschoben. Rufe, Geschrei, Befehle in französischer Sprache, die keiner verstand oder verstehen wollte. Taumelnd kletterten, fielen wir aus den Wagen. Die meisten schleppten sich mit schlaffen Gliedern auf die Plattform. Totale Ergebenheit in ihr Schicksal, zweifelndes Erstaunen oder der nahe Tod standen in ihren Gesichtern. Unter Kolbenschlägen, Schreien und Bajonettstößen trotteten wir auf einem moosbewachsenen Waldboden in ein verborgenes Lager, das einer kolonialen Dschungelfestung glich. Mit den geübten Augen eines gehetzten Wildes suchte ich sofort nach einem Fluchtweg.

Aber das Lager verschlang mich zusammen mit der Masse der Verdammten. Wir Offiziere wurden wieder von den Männern getrennt und in ein *Cage* in der Nordostecke des Lagers verfrachtet, dort eiligst registriert und in eine große Lagerhalle eingewiesen. Zusammen mit Fred belegte ich eine hölzerne Doppelkoje, ich nahm die untere, Fred die obere Hälfte. Es gab weder einen Strohsack noch eine Strohunterlage. Aber es gab über viertausend Neuankömmlinge, die mit den veränderten Verhältnissen zufrieden waren. Ohne weiteres Zögern machte ich einen Erkundungsgang durch das *Cage.*

Das Lager, wie ich schnell von den Altinsassen erfuhr, lag zwischen Le Mans und Nantes, nahe dem Ort La Flèche. Ein stark gesicherter, doppelter Außenzaun mit überhängenden Sicherungsdrähten, mehreren Stacheldrahtsperren, starken Bogenlampen, rotierenden Scheinwerfern und Bewachungstürmen, besetzt mit regulären, blutjungen französischen Truppen, die sich nicht mit amerikanischen Zigaretten bestechen ließen, machten das Lager ausbruchsicher. Ich sah ein, daß ich mich auf ein langsames Dahinsiechen hinter Stacheldraht bei winzigen Rationen vorzubereiten hatte.

Die Tage schlichen in Hitze und Hunger dahin. Ich machte endlose Runden durch das *Cage* und suchte verzweifelt nach einem Weg in die Freiheit. Stundenlang lag ich nackt im Schatten der Latrinen nahe dem Eckturm und dem Zaun und beobachtete die Gewohnheiten der Wachen. Nachts, wenn die Hitze nachgelassen hatte, kroch ich an den Drahtverhauen und Bogenlampen entlang, schlüpfte aus dem Lichtkegel der rotierenden Scheinwerfer und kletterte über die Zäune der angrenzenden Käfige für Unteroffiziere und Mannschaften. Vergebens. Es gab keinen Ausweg. Obwohl ich den Gedanken an Flucht nicht aufgab, fügte ich mich äußerlich in das Lagerleben ein. Ich trank morgens die braune Rübenbrühe als mageren Kaffee-Ersatz, schlürfte das Spülwasser mit Spuren von Gras, wenn die Sonne am höchsten stand, und empfing die fünf Stücke Schiffszwieback am Spätnachmittag, die ich mit ritueller Langsamkeit kaute und wiederkaute und schließlich mit einigen Schlucken Bohnenkaffee hinunterspülte, den Fred wie ein Medizinmann aus den Bohnen herzustellen verstand, die er aus den Säumen seines Rucksacks hervorzauberte.

Aber nach zwei Wochen waren meine Backen hohl, und meine Rippen traten beängstigend unter der ledernen Haut hervor. Ich verachtete die, die mich in diese Lage gebracht hatten, aber auch die, die sich apathisch in ihr Schicksal ergeben hatten. Hunger war größer als Freundschaft, stärker als Gebete, tödlicher als Krankheit. Erbarmungsloses Handeln unter den Gefangenen war so allgemein wie das Sterben. Ringe, Uhren, Kleidungsstücke und Goldzähne wurden gegen Nahrungsmittel und Tabak eingetauscht. Essenrationen wurden für feuchte Zigarettenkippen weggegeben. Es gab Verräter, Diebe, religiöse und politische Fanatiker, Verrückte und Schwache, aber nur wenige, die ernsthaft daran dachten, zu fliehen.

Nach drei Wochen ruheloser Suche fand ich durch Zufall den Fluchtweg. Mein Plan war so einfach, daß ich fürchtete, er könnte von den Franzosen vorzeitig durchschaut werden. Seit Tagen hatte ich eine Gruppe unserer Soldaten beobachtet, die am Vormittag regelmäßig in unser *Cage* kamen und die schweren Tonnen aus den Latrinen einsammelten, sie unter Bewachung aus dem Lager trugen und nahe dem Nordtor in ausgehobene Gruben entleerten. Nach dreißig Minuten kehrten die erbarmungswürdigen Skelette mit den leeren Tonnen zurück. Mein Plan war, daß Fred und ich uns der Arbeitskolonne anschließen, mit einem der Kübel aus dem Lager marschieren und anstatt zurückzukehren, im angrenzenden Wald verschwinden würden.

Der Plan war einfach, die Ausführung aber konnte tödlich sein. Unser erster Fluchtversuch mißlang am folgenden Morgen. Als wir unser *Cage* mit der Arbeitskolonne verließen - wir hatten unsere Garderobe mit viel Geschick von allen militärischen Kennzeichen befreit –, wurden wir von einem jungen österreichischen Leutnant erkannt, der uns der Wache verriet. Glücklicherweise konnte ich Fred und mich selbst vor einer zweimonatigen Einzelhaft bewahren. Der Vorfall zwang mich, meinen Plan zu ändern. In der nächsten Nacht, zwischen Mitternacht und Morgengrauen, schlüpfte ich aus der verdunkelten Baracke in den Hof. Im Lager herrschte tiefste Stille. Der Hof lag verlassen da. Ich huschte in den Schatten des nächsten Gebäudes, sprang zum Zaun, der unser *Cage* von dem der Unteroffiziere trennte, kletterte hoch, schwang mich hinüber und verschwand in der Latrine. Sekunden später war Fred an meiner Seite.

Bei Sonnenaufgang erwachte das Lager zum Leben. Zwei Stunden angestrengten Wartens folgten. Dann erschien die Arbeitskolonne. Fred und ich hoben eine Tonne aus der Halterung, schlossen uns der Gruppe an und marschierten unerkannt aus dem *Cage* der Unteroffiziere hinaus auf die breite Lagerstraße. Mit fliegendem Puls keuchten wir unter der Last menschlicher Exkremente, passierten das Lagertor, die Wachttürme und schleiften unsere Tonne zur entferntesten Grube. Ein schneller Rundblick. Keine verdächtigen Bewegungen der Posten. Keine alarmierende Massierung von Maschinenpistolen. Alles schien normal. Wir bückten uns schnell hinter der großen Tonne. Ein kühner Entschluß - und ich fiel flach auf den Boden, kroch in den hohen Farn, robbte auf Händen, Knien und Fußspitzen dem nahen Wald entgegen, jeden Augenblick den scharfen Knall eines Gewehres erwartend. Dann war ich im Unterholz; zwei, drei Züge, und ich stand hinter einer wuchtigen Tanne. Laubbäume versperrten mir die Sicht. Einige Herzschläge später knisterte es: Fred. Wir drangen sofort tiefer in das Dickicht ein. Aber alles blieb still, unwahrscheinlich still. Wir drängten uns durch dichtes Unterholz, jagten durch Hochwald, überquerten Bäche und Waldwege und keuchten weiter nach Westen, immer tiefer in den Wald hinein.

Nach dreistündigem Kampf gegen Dornen, Äste und Unterholz fielen wir erschöpft in ein Dickicht. Hier fanden wir einige Beeren. Sie beruhigten unsere Magennerven, konnten aber unseren Durst nicht stillen. Hitze, Durst und Ungeziefer machten unsere Ruhepause zur Hölle. Bei Einbruch der Nacht schlichen wir in die Richtung, aus der wir Motorengeräusch gehört hatten. Von der Kühle der Nacht erfrischt, betraten wir die Straße und marschierten nach Osten, immer nach Osten, wo Deutschland sein mußte.

Lange, unendlich lange und quälende Stunden schleppten wir uns auf der geteerten Straße dahin, sprangen in den Graben, so oft das Geräusch eines Wagens näherkam, krochen auf das harte Pflaster zurück, wenn wir uns wieder sicher fühlten, und setzten unseren Marsch mit schmerzenden Füßen fort. Unsere Socken lösten sich auf, Blasen entstanden an Zehen und Fersen, und die Haut schälte sich bald von den Füßen. Wir stolperten durch endlose, pechschwarze Nächte, passierten französische Posten und Bauern auf ihrem Weg nach Le Mans, ernährten uns von Tomaten, die wir in Vorgärten fanden, oder von dem, was wir aus dem Abfallhaufen eines Schlachthauses hervorzogen, schliefen während der Tage tief in Laub vergraben in kleinen Wäldchen oder in einem Dickicht - immer auf dem Sprung, rastlos, jede Minute gewärtig, entdeckt und wieder eingekerkert zu werden. Am Ende der dritten Nacht erreichten wir endlich den westlichen Stadtrand von Le Mans. Wir säuberten unsere Kleidung, rasierten uns in einem Park und wagten uns dann vorsichtig und mit äußerster Wachsamkeit in das Zentrum der Stadt. Hungerkrämpfe schüttelten uns, als wir an einer Bäckerei vorbeiliefen und den Duft frischgebackenen Brotes einatmeten. Wir fanden den Hauptbahnhof, ohne zu fragen. Ich las die Abfahrtzeiten der Züge und fand, daß der Nachtschnellzug nach Paris die beste Möglichkeit bot, um aus der Gefahrenzone herauszukommen. Es war derselbe Zug, den wir in besseren Zeiten benutzt hatten, als wir noch die Sieger waren. Wir schüttelten die Erinnerungen ab, verließen die Innenstadt, suchten vergeblich nach einem schützenden Wäldchen und versteckten uns schließlich in Ermangelung eines Besseren in einem Resedafeld. Schlaf war ausgeschlossen. Gehetzt und hungrig, hielt uns die Spannung hellwach. Nach Einbruch der Dunkelheit traten wir zögernd auf die Straße, hinkten mit wunden Füßen schwerfällig durch die Altstadt von Le Mans und drangen vom Güterbahnhof her in die unmittelbare Nachbarschaft des Hauptbahnhofs vor, wo Dunkelheit und abgestellte Güterwagen das Anschleichen an die Bahnsteige erleichterte.

Um 1 Uhr 07 lief der Schnellzug aus Brest im Bahnhof ein. Ein Sprung aus unserem Versteck, einige große Sätze durch den verdunkelten Güterbahnhof, dann auf den Bahnsteig und in die Menge der aufgeregten Reisenden, die uns wie eine Welle in den Pullmanwagen schwemmte. Kurz darauf ein Ruck - und der Zug fuhr langsam aus Le Mans. Wir fanden uns zwischen rauchenden, schwätzenden Passagieren eingeklemmt. Andere hockten schlafend auf dem Boden. Ich flüsterte Fred zu, dieselbe Stellung einzunehmen. Ich hoffte, daß sich der Schaffner dann nicht die Mühe machen würde, uns aufzuwecken und nach einer Fahrkarte zu fragen, die wir nicht hatten. Da erschien auch schon der Beamte im vorderen Teil des Wagens und rief mit sonorer Stimme: *»Vôtre billets, mesdames, messieurs ...«* Ich fiel sofort in Hockstellung und winkte Fred, meinem Beispiel zu folgen. Aber Fred hatte seinen eigenen Willen. Er drehte sich unvermittelt um und verschwand im nächsten Wagen. Wie erwartet, ließ der Schaffner uns Schlafende unbehelligt, und bald hörte ich seinen Ruf im hinteren Teil des Zuges verklingen. Dann wartete ich auf Freds Rückkehr. Ich wartete vergebens.

Es war ein wunderschöner, klarer Sonnabendmorgen, jener erste Tag im September 1945. Der Schnellzug fuhr langsam in den Bahnhof Montparnasse in Paris ein. Es war genau 7 Uhr. Ich stand wie ein Felsen inmitten der ausströmenden Reisenden auf dem Bahnsteig und suchte Fred. Bald lag der Bahnsteig verlassen da. Mein Versuch, mich mit den letzten Reisenden durch die Sperre zu zwängen, mißlang. Es war das Ende meiner Freiheit. Ein Kontrolleur verwickelte mich in ein Frage- und Antwortspiel. Ein Gendarm forschte tiefer. Ich versuchte, ihm die alte Geschichte vom gestohlenen Gepäck glaubhaft zu machen, hatte aber wenig Glück. Plötzlich sah ich mich von Uniformen umringt. Eine blitzschnelle Reaktion - und ich floh mit blutenden Füßen durch Paris. Die Qual verlangsamte mein Tempo. Nach einer kurzen Jagd durch die Straßen, auf denen ich einst mit Marguerite spazierengegangen war, wurde ich umstellt. Ich war wieder gefangen. Da ich meinen Status als Kriegsgefangener dem eines Verbrechers vorzog, gab ich zu, aus dem Lager La Flèche entwichen zu sein.

Die Wirkung meines Geständnisses kam wie erwartet. Unter dem Beifall aller Gendarmen wurde ich ausgezogen und in eine fensterlose Zelle geschoben.

Auf meine Forderung nach einem französischen Offizier erschien ein Korporal. Er erlaubte mir, meine Kleider, aber nicht meine Schuhe anzuziehen, legte mir Handschellen an und winkte mir mit seiner entsicherten Pistole, auf die Straße zu treten und vor ihm herzugehen. Barfuß betrat ich die Stadt, in der ich so viele glückliche Stunden verbracht hatte; die Erinnerungen stiegen auf wie Lava aus einem Vulkan. Mit einem schnellen Seitenblick erhaschte ich die verstohlenen Blicke der Pariserinnen, die in ihren leichten Sommerkleidern meine Lage noch miserabler erscheinen ließen. Mit einer energischen Kopfbewegung schüttelte ich die Gedanken ab. Wieder fühlte ich den Lauf der Pistole in meinem Rücken und folgte den Anweisungen des Korporals mit dem Bewußtsein, die unterste Sprosse meiner Lebensleiter erreicht zu haben. Von nun an konnte es nur noch bergauf gehen. Wir stiegen in die kühlen Gewölbe der Metro hinab, fuhren durch das unterirdische Labyrinth zum Gare de Nord, bestiegen einen elektrischen Vorortzug, den wir in Cormeille-en-Parisis verließen, und marschierten durch eine sonnenüberflutete Landschaft, die wie ein Ge-

mälde von Monet aussah, den Abhang eines Hügels hinan, auf dem sich schließlich das düstere Fort Cormeille erhob.
Eine neue Leibesvisitation, ein neues Verhör. Ich verweigerte dem Sergeanten jede Auskunft und bestand auf meinem Recht, als gefangener Offizier von einem Offizier verhört zu werden. Der Sergeant jedoch hielt sich an eine andere Auslegung der Haager Abmachungen. Kopfüber wurde ich in ein unterirdisches Verlies geworfen. Es hatte kein Fenster, kein Bett, keinen Stuhl. Ich tastete in der Dunkelheit umher, fand einen Strohhaufen und fiel sofort in tiefen Schlaf.
Später - ich weiß nicht, wieviel später - wurde ich geweckt und von zwei Soldaten aus der Zelle geschleift. Sie schleppten mich durch zahlreiche Korridore, durch Kasematten, die wie Leichenhäuser rochen, in ein Büro. Dort bot mir ein elsässischer Sergeant ein Geschäft an: ein Glas Wasser für ein volles Geständnis. Durstig willigte ich ein. Aber die Wahrheit gefiel dem Sergeanten nicht. Mit blumenreicher Umschreibung beschrieb er die Konsequenzen, die ein derartiges Paket von Lügen nach sich zöge - unbegrenzte Einzelhaft und Entzug aller Vorrechte. Jedoch, betonte er, gäbe es noch eine andere Lösung. Offiziere mit meiner Ausbildung und Vergangenheit wären in der Fremdenlegion sehr gesucht. Als »Freiwilliger« könnte ich in vier Wochen ein freier Mann sein und das vorzügliche Essen, den täglichen Rotwein und die talentierten Prostituierten von Sidi-bel-Abbès mit anderen Legionären teilen. Mit deutlichem Nachdruck ließ ich ihn wissen, daß er die Prostituierten, den Wein und das Essen für sich selbst haben könnte, kurz, daß ich nicht sein Mann sei. Er lächelte boshaft und bewilligte mir genügend Zeit, um mir meinen hastigen Entschluß gründlich zu überlegen. Bald darauf schloß sich wieder die Tür der Zelle hinter mir.
Nacht umgab mich. Hunger verzehrte mich. Aber die Dunkelheit war ein Trost. Sie ersparte es mir, das Ungeziefer zu sehen, das meine Zelle bevölkerte. Stundenlang, tagelang lebte ich in einem Zustand tiefer Trance, von dem Rat des Sergeanten verfolgt, mir die Sache noch einmal zu überlegen. Meine Aussichten waren denkbar schlecht. Wie die Dinge standen, gab es für mich keine Möglichkeit, aus dieser Festung auszubrechen. Ich mußte die Mauern mit List hinter mich bringen, um einen Weg in die Außenwelt zu finden.
Als die Wache mich aus der Zelle trug, sagte ich dem Sergeanten: »Ich unterschreibe. Du hast gewonnen.« Er setzte wieder sein boshaftes Lächeln auf und befahl einem Soldaten, mir etwas zum Essen zu bringen. Von Gulasch, Weißbrot und Kaffee genügend gestärkt, verpfändete ich mein Leben.der Fremdenlegion. Wovon ich einst glaubte, es käme nur in Romanen vor, das erlebte ich nun selbst im vollen Bewußtsein meiner verzweifelten Lage. Ich unterschrieb, wurde untersucht, für tauglich befunden und auf die Trikolore eingeschworen. Als Gegenleistung versprach

mir der Sergeant einen schnellen Abtransport in ein anderes Lager, wo ich mich auf den Dienst in der Legion vorbereiten könnte. Aber meine Abreise wurde durch einen schlimmen Fall von Ruhr verzögert, der mich für eine Woche ins Revier des Forts verbannte. Mehrere Tage lang hing mein Leben an einem seidenen Faden. Nur mein Wille, zu fliehen, bewirkte meine erstaunlich schnelle Genesung. Am 28. September wurden mir überraschend meine Besitztümer zurückgegeben. Aber statt meines neutralen Anzugs wurde mir eine schäbige Arbeitsdienstuniform ausgehändigt. Erneut wurde ich daran erinnert, daß eine neue Macht für mich dachte und sorgte. Ein Korporal bewachte mich auf der Bahnreise von Cormeille-en-Parisis nach Paris und von dort nach Le Mans und in ein mir unbekanntes Lager.

Als neuer Legionär war ich alles andere als frei. In der Tat war meine Lage recht undurchsichtig. Zwei Tage war ich ein Gefangener in dem stark bewachten Gefängnis innerhalb des Lagers und teilte die Zelle mit einem Heeresoffizier. Am Montagvormittag wurde ich zum Lagerkommandanten geführt. Er warnte mich äußerst korrekt, daß ich als zukünftiger Legionär den Gesetzen der Legion unterstand. Ein neuer Fluchtversuch würde unweigerlich Kriegsgericht und Todesurteil zur Folge haben. Sollte ich aber zu meinem Eid stehen, würde ich in wenigen Wochen von Offizieren der Legion abgeholt werden, und einer neuen glorreichen Laufbahn unter der Flagge Frankreichs stünde nichts mehr im Wege.

Am 1. Oktober wurde ich in ein Offiziers-*Cage* entlassen, das in der Mitte des Lagers lag. Hier traf ich einige der Gefangenen von La Flèche wieder, die man aus Sicherheitsgründen hierher verlagert hatte. Das Lager Le Mans, insbesondere das *Cage* der Offiziere, galt als ausbruchsicher. Obwohl ich fast dreißig Pfund abgenommen hatte, begann ich noch am selben Abend, mich nach Ausbruchsmöglichkeiten umzusehen. Hohe Zäune, komplizierte Drahtverhaue und aufmerksame Posten erschwerten mir die Suche. Tag für Tag verbrachte ich viele Stunden mit dem Studium der Gewohnheiten der Wache auf den Türmen und an den Doppelzäunen, die unser *Cage* von der Unterkunft der französischen Truppen trennten. In den kühlen Nächten kletterte ich über Zäune in andere *Cages,* um die schwächste Stelle des Lagers herauszufinden. Meine Suche nach einem Fluchtweg wurde um so dringlicher, je näher der Tag meines Abtransports nach Afrika und Sidi-bel-Abbès heranrückte.

Am 13. Oktober begann mein Glücksstern aufzusteigen wie ein Komet. Die französische Verwaltung übergab mir ein Paket des Internationalen Roten Kreuzes, für das ich im Revier von Fort Cormeille gezeichnet hatte. Das Paket machte mich plötzlich zu einem reichen Mann: Käse, Biskuits, konzentrierte Nahrungsmittel, und das Beste von allem: vier Päckchen amerikanischer Zigaretten und eine Büchse Tabak. Ich besaß damit wertvolle Waren, die ich gegen Zivilkleidung eintauschen konnte. Aber eine

noch viel wertvollere Entwicklung ergab sich zwei Tage später. Auf einem meiner routinemäßigen Erkundungsausflüge in das angrenzende Revier machte ich die Bekanntschaft eines deutschen Medizinstudenten, der unsere schwersten Krankheitsfälle in das Krankenhaus von Le Mans begleitete. Ich betrachtete seine Frage, ob ich etwas zu verkaufen hätte, als ein weiteres Glied meiner Glückskette und bot ihm meine Armbanduhr an. Wir einigten uns über den Preis, und dann wechselte die Uhr, die ich während des ganzen Krieges getragen und durch manche Filzung geschmuggelt hatte, den Besitzer. Der Student versprach mir tausend Francs, die er mir am nächsten Abend durch den Zaun reichen würde. Einen vollen Tag lang zweifelte ich an der Ehrlichkeit des Studenten und war angenehm überrascht, als er mir, wie versprochen, ein Bündel Francs durch den Maschendraht reichte. Die Summe stimmte. Mit einem Augenzwinkern bemerkte er, daß das Bündel für eine Fahrkarte bis zur deutschen Grenze reichen würde.
Während ich wohlüberlegt um meine Reisekleidung feilschte, nahm mein Fluchtplan langsam konkrete Formen an. Meine Mitgefangenen waren meinen amerikanischen Zigaretten besonders zugetan, und ich erstand für sechs Zigaretten eine Ledertasche für meinen mageren Besitz und den noch magereren Reiseproviant. Ein taubengrauer Wintermantel kostete mich zehn Zigaretten, ein Hut und ein Hemd nur drei. Meine größte Auslage waren zwanzig Zigaretten und meine verräterische braune Uniform als Kaufpreis für einen unauffälligen blauen Anzug. Aber noch bedeckte die umgearbeitete Marineuniform die dünne Gestalt meines Mitgefangenen Horst Bender. Er allein hatte mein ganzes Vertrauen, und ihn allein hatte ich gebeten, mir in der Nacht meiner Flucht behilflich zu sein. Als letzten Artikel benötigte ich eine Anzahl Metzgerhaken. Ich erhandelte zehn Haken für zehn Zigaretten von einem jungen Gefangenen, der in unserem *Cage* beschäftigt war. Ich erzählte ihm, ich brauchte die Haken für einen Kleiderständer. In Wirklichkeit aber brauchte ich sie, um das dichte Drahtverhau eines weniger hellbeleuchteten Teils der Umzäunung zwischen der Lagerküche und der französischen Unterkunft zu überwinden.
Ich überprüfte meinen Fluchtplan stündlich, legte im voraus jede Bewegung, jeden Schritt fest und erwog jede mögliche Überraschung. Viele Stunden verbrachte ich in den dunklen Herbstnächten im Schatten der Bäume nahe der Zäune. Ich war entschlossen, eher kämpfend zu sterben, als in Sidi-bel-Abbès den roten Wein und die Prostituierten mit den Legionären zu teilen. Ich legte meine Flucht auf 22 Uhr am 27. Oktober fest. Zu dieser Stunde war der Mond noch nicht aufgegangen.
Sonnabend, der 27. Oktober. Die Morgenzählung ging wie üblich ohne Zwischenfall vorüber. Der Gedanke, daß in vierundzwanzig Stunden das Lager in hellem Aufruhr sein würde, versetzte mich in beste Stimmung.

Ich sprach noch einmal mit allen Männern, die ich kannte. Es war meine Weise, »auf Wiedersehen«, zu sagen. In den Nachmittagsstunden stieg meine Spannung. Wiederholt gab ich Horst Bender letzte Anweisungen für die Rolle, die er in meinem nächtlichen Schauspiel zu spielen hatte. Währen die Gefangenen ihre Abendsuppe schlürften, schnürte ich im verdunkelten Hof und unter dem Schatten eines Baumes den Wintermantel um die Ledertasche, gab Horst Bender das Bündel und postierte mich dann im Lichtschatten einer trüben Laterne in der Nähe des kleinen Wachgebäudes. Dort stand der Wagen mit den leeren Suppenkannen, die allabendlich in unser *Cage* gefahren wurden.
Es war eine rauhe und kühle Nacht. In meine Arbeitsdienstuniform gekleidet, wartete ich ungeduldig auf das Erscheinen der Arbeitskolonne. Kurz nach 20 Uhr erschienen einige Männer, griffen in die Speichen der Räder und begannen den Leiterwagen aus unserem *Cage* hinauszuschieben. Ein Sprung - und ich war bei ihnen, griff kräftig mit in die Speichen und schob und drückte das Fahrzeug durchs Tor, über die Lagerstraße und durch die Umzäunung der Lagerküche. Unter dem Schutz der Dunkelheit huschte ich in die Latrine. Ich versteckte mich, bis die abendlichen Spaziergänger im *Cage* den Hof verlassen hatten. Dann trat ich in die pechschwarze Nacht und näherte mich dem Zaun. Eine schattenhafte Gestalt löste sich von einem Baum - Horst Bender. Ein Bündel flog über den hohen Zaun in meine ausgebreiteten Arme. Ich eilte zur Latrine zurück, packte das Bündel aus, streifte meine braune Uniform vom Leib und zog Benders blauen Anzug an. Dann schnürte ich die Arbeitsdienstuniform zusammen, schlich leise zum Zaun und warf das Paket in die Hände des halbnackten Komplizen. Als Gegenleistung warf er meine Tasche mit dem Wintermantel über den hohen Draht. Dann winkte eine weiße Hand in der dunklen Nacht. Sie war das letzte, was ich von Bender sah.
Ein paar Sprünge zum doppelten Drahtverhau. Ich legte mich flach ins Laub. Vor mir ragte das schier unüberwindliche Gewirr der Umzäunung. Auf der anderen Seite des Doppelverhaus aus Stacheldraht stand das Wachhaus der französischen Truppen. Einige Fichten und Tannen zu beiden Seiten der Umzäunung, von den Bogenlampen angestrahlt, warfen gespenstische Schatten. Lange, bange Sekunden lag ich regungslos, als ein Posten, nur wenige Meter von mir entfernt, am Außenzaun entlangpatrouillierte. Dann war wieder Stille. Ich bündelte einige der untersten Drähte des Innenzauns mit zwei Haken, warf einen kurzen Blick auf das Wachhaus, dann auf die beiden Türme zur Rechten und zur Linken - und kroch durch das Hindernis, schob mein Kleiderbündel vor mir her, robbte am Schatten einer Tanne entlang, der sich quer über das Niemandsland streckte, erreichte die Stacheldrahtrolle, hängte sie vorsichtig mit zwei Haken an den Außenzaun, schlüpfte unter ihr durch, bündelte mit den letzten Haken einige Drähte des Außenzauns, dann zwei, drei Stöße - und

ich hatte das Gewirr bewältigt. Im Schatten der Wachstube richtete ich mich auf, holte tief Atem, warf den Wintermantel um, stülpte den Hut über meine schweißnassen Haare, klemmte die Ledertasche unter den linken Arm, steckte eine Zigarette zwischen die Lippen und ging, wachsam um mich blickend, in das Lager der französischen Soldaten. Zuerst zögernd, schritt ich bald zügig und bestimmt über den Exerzierplatz. Plötzlich löste sich eine Gruppe Soldaten aus der Dunkelheit. Ich blieb stehen, zündete die Zigarette an, zog ein-, zwei-, dreimal und paffte eine weiße Wolke in die Nachtluft. Vorsichtig und ohne mich umzublicken, setzte ich einen Fuß vor den anderen, marschierte über den Platz, zwischen die Baracken, überquerte die belebte Lagerstraße und verschwand nach endlosen Minuten in der Schwärze des unbeleuchteten Teils der französischen Unterkunft. Ein letzter Zaun war schnell überwunden. Dann stieg der Mond am fahlen Nachthimmel auf.

Rauchend betrat ich die Landstraße, die nach Le Mans führte, und marschierte auf den großen Lichtschein im Westen zu. Mit einem unangenehmen Gefühl in der Magengegend ließ ich einige Fahrzeuge passieren. Ich erreichte unbehelligt die Stadt, durchquerte einen Vorort und erreichte den Hauptbahnhof um 23 Uhr 10. Meine Nerven bestanden eine neue Zerreißprobe, als ich für einige meiner Scheine eine Fahrkarte zweiter Klasse nach Paris kaufen mußte. Zwei Stunden später, am Sonntag, dem 28. Oktober, bestieg ich als legaler Fahrgast den Schnellzug nach Paris und besetzte einen Eckplatz in einem rauchigen Abteil. Genau um 7 Uhr lief der Zug im Bahnhof Montparnasse ein. Mit einem Gefühl enormer Sicherheit gab ich meine Fahrkarte am Durchgangsschalter ab, drückte mich an dem Gendarmen vorbei, der mich zwei Monate zuvor verhaftet hatte, und nahm die Metro zum Gare de l'Est. Ich orientierte mich über die Züge nach der deutschen Grenze, entschied mich für einen Nachtschnellzug nach Metz und kaufte eine neue Karte zweiter Klasse. Dreizehn Stunden des Wartens lagen vor mir, 780 Minuten, die mir zum Unheil werden konnten. In größter Unruhe, doch äußerlich beherrscht, durchquerte ich in der Metro das unterirdische Paris, streifte durch die bekannten Straßen und Alleen, glaubte die Augen aller Spaziergänger auf mich gerichtet und war darauf gefaßt, von einem Gendarmen nach Papieren gefragt zu werden, die ich natürlich nicht besaß. Aber es gelang mir, die Stunden zunehmenden Hungers und Durstes mit Haltung zu überstehen. In meiner Rastlosigkeit kehrte ich viel zu früh zum Bahnhof zurück. Auf dem Bahnsteig gab es weder Gendarmen, noch eine Militärstreife, und ich hatte genügend Zeit, mir ein behagliches Abteil auszusuchen, in dem ich mich erschöpft in eine Ecke zwängte.

Die neunstündige Fahrt nach Metz brachte mich an den Rand der Erschöpfung. Seit zwei Tagen und zwei Nächten war ich ohne Schlaf, immer von dem Gefühl verfolgt, erkannt zu werden. In Metz schloß ich mich in einen Waschraum ein, rasierte meinen verräterischen Bart, lief dann ruhelos vor der Tafel mit den Abfahrtszeiten der Züge auf und ab, entschied mich für einen Zug nach dem französisch besetzten Saarbrücken, erstand eine neue Fahrkarte zur Grenzstadt Forbach und nahm mir vor, meine Reise nach Deutschland fortzusetzen, sobald die Dunkelheit Schutz für meine Flucht über die Grenze bieten würde. Wieder trat ich auf die Straße. Ich war benommen, und mein Magen schmerzte unerträglich. Ich war am Ende meiner Kraft. Ich brauchte Schlaf, aber ich wagte nicht zu schlafen. Ich hatte Hunger, aber ich zögerte, einen Laden zu betreten. Ich hatte Durst, aber die Vorsicht hielt mich davon ab, aus einem Wasserhahn zu trinken. Doch endlich gewann das Vertrauen auf mein Glück, das mir bis hierher geholfen hatte, die Oberhand. Vorsichtig betrat ich eine Bäkkerei, gab murmelnd vor, meine Brotkarten vergessen zu haben, und wurde von einem erfrischend pausbäckigen Mädchen bedient. Ich wanderte durch die Gassen der Altstadt und würgte die zwei knusprigen, langen Brote hinunter. Doch das warme Brot machte mich nur noch hungriger. Ich unternahm einen erneuten Vorstoß, diesmal in ein Restaurant, und meine Frage nach einem Mittagessen ohne Marken wurde von der Wirtin mit einem gewinnenden Lächeln beantwortet. Arglos servierte sie mir einen Teller Erbsensuppe, Lyoner Wurst mit Kartoffelsalat und zum Nachtisch Reispudding - eine Götterspeise. Nach diesem reichlichen Mahl nahm ich meine rastlose Wanderung wieder auf.

Nach Einbruch der Dunkelheit, um 18 Uhr 45, kehrte ich zum Bahnhof zurück. Überzeugt, daß in Forbach eine scharfe Grenzkontrolle zu erwarten war, suchte ich auf dem wartenden Zug nach einem sicheren Versteck. Die Dunkelheit verhüllte den schlechtbeleuchteten Bahnsteig. Aber die alten, hochrädrigen Personenwagen waren zu allem, aber nicht zu einer Flucht geeignet. Bei der Lokomotive angekommen, traf mich die Idee wie ein Blitz. Die Lokomotive war unbemannt. Ein schneller Entschluß, ein Sprung auf den Tender, und ich lag flach auf einem Berg staubiger Kohle. Nur Augenblicke später kehrten Lokführer und Heizer zurück. Sie hantierten an Hebeln und Rädern, dann schrillte die Pfeife, und der Zug fuhr langsam aus dem Bahnhof von Metz.

Nach zwei Stunden hatte der Heizer sich gefährlich nahe an mein Versteck herangearbeitet. Vorsichtig kroch ich ans Ende des Tenders, fand einen großen Werkzeugkasten, öffnete den Deckel, nahm einen Schlauch heraus, stieg hinein und schloß den Deckel wieder bis auf einen kleinen Spalt. Ich tat es genau zur rechten Zeit. Die Bremsen kreischten, der Zug verlangsamte seine Fahrt und hielt mit einem Ruck im Bahnhof Forbach. Lärm, Waffengeklirr, Tumult. Eine Abteilung französischer Truppen umschwärmte die Wagen, kroch auf die Dächer und beleuchtete die Achsen. Dann hörte ich Stimmen. Ich schloß sofort den Deckel. Ich spürte, daß die Lok vom nächsten Wagen abgehängt wurde. Dann schnaufte sie plötzlich davon. Einige zischende Kolbenstöße, und die Maschine blieb stehen. Ein Rauschen verriet mir, daß sie frisches Wasser übernahm. Erneut Schritte. Der Deckel des Kastens wurde aufgerissen - und ich blickte in die rußigen, vom trüben Licht einer Laterne beschienenen Gesichter des Lokführers und des Heizers. Völlige Überraschung, stammelnde Fragen. Ich antwortete auf französisch, murmelte eine Entschuldigung, die die beiden scheinbar zufriedenstellte - daß ich Freunde auf der anderen Seite der Grenze besuchen wollte -, und sah mich plötzlich einer unerklärlichen menschlichen Reaktion gegenüber. Anstatt mich den französischen Soldaten auszuliefern, verboten sie mir nur, ihre Lok weiterhin zu benutzen. Mit einer schnellen Wendung sprang ich von der Maschine, huschte in die Dunkelheit, schlich in den Güterbahnhof, versteckte mich unter einem Viehwagen und wartete. Die Soldaten brachen ihre Suche nach entsprungenen Kriegsgefangenen ab und zogen sich ins Bahnhofsgebäude zurück. Die Lok dampfte, bewegte sich rückwärts, wurde an den ersten Wagen angekuppelt und zog dann den kleinen Zug langsam aus der Station Forbach hinaus. Ich sprang aus meinem Versteck, rannte über die Geleise, schwang mich auf den Puffer des Gepäckwagens, kletterte an einer dünnen, schwankenden Leiter aufs Dach und legte mich flach nieder.

Der Zug stöhnte schwankend durch die Nacht. Ich spürte weder die Kälte, noch den beißenden Qualm in meinem Gesicht. Irgendwo war die deutsche Grenze, und vor mir lag Deutschland. Ich legte mich auf den Rücken und starrte in den klaren Sternenhimmel hinauf. Dann tauchten Lichter auf. Ich ließ mich an der wackelnden Leiter auf den Puffer nieder und wartete. Ein Quietschen, ein Ruck, und der Zug hielt auf dem Bahnhof in Saarbrücken. Ich sprang auf den Bahnsteig. Französische Truppen überall. Reisende strömten aus den Abteilen. Ich mischte mich schnell unter die Ankömmlinge. Zwei deutsche Bahnbeamte standen am Ausgang. Ich näherte mich dem einen und flüsterte: »Ich brauche Hilfe, bin aus einem Lager ausgebrochen.«

Der Mann nickte, ergriff meinen Arm und zog mich in die Dunkelheit. »Komm mit«, sagte er einfach, »tu so, als wärst du einer von uns.« Dann brachte er mich über den nachtschwarzen Güterbahnhof zu einem verlassenen Pullmanwagen. Ein Klopfen, und die Tür wurde geöffnet. Ein scharfer Lichtstrahl; zwei Hände zogen mich schnell in das Innere des geräumigen Wagens. Mit einem Schlag fiel die Tür ins Schloß.

Während ich den Ruß aus meinem Gesicht und von meinen Händen wusch, überschütteten mich die beiden Beamten mit Fragen. Ich antwortete ihnen und spülte gleichzeitig eine Portion heißer Bratkartoffeln mit Ersatzkaffee hinunter. Ihre Hilfe und Sorge waren wohltuend. Sie rieten mir, die Gefahrenzone schnellstens zu verlassen und den nächsten amerikanischen D-Zug aus Paris für meine weitere Flucht zu benutzen. Der Zug sollte um Mitternacht eintreffen und würde von hier aus mit einer deutschen Lokomotive und deutschem Personal die Reise nach Frankfurt fortsetzen.

Der Augenblick erneuten Handelns kam mit Eilzuggeschwindigkeit. Mit einer Laterne in der Hand, einen Hilfsbeamten vortäuschend, ging ich mit meinen beiden Samaritern zum Bahnsteig zurück. Im gleichen Moment schob sich der D-Zug aus Paris in den Bahnhof. Amerikanische Militärpolizisten sprangen heraus und beleuchteten die Achsen der Schlafwagen mit langschäftigen Taschenlampen. Die Lok wurde ausgewechselt, und der Schnellzug war fertig zur Abfahrt. Aufs äußerste gespannt, stand ich zwischen meinen Helfern neben der Lokomotive, zum Sprung bereit. Alles um mich herum, das Schnaufen der Lok, der Lärm der Militärpolizisten, Worte in französisch, Befehle in englisch, alles drang wie Messerstiche auf mich ein. Plötzlich ein lautes Knarren. Die Lok setzte sich in Bewegung. Ich drückte meinen Helfern die Hände und sprang auf die fahrende Maschine. Zehn, zwölf Kolbenstöße, und der Schnellzug rollte aus dem Bahnhof in die Dunkelheit, weg von der Grenze, weg von der Gefahr, immer tiefer nach Deutschland hinein.

Als sich der Himmel im Osten langsam purpurrot färbte, polterte der Zug auf der Mainzer Brücke über den Rhein und rollte weiter ostwärts, immer ostwärts. Als die ersten Sonnenstrahlen die Baumspitzen eines Kiefernwaldes südlich von Frankfurt berührten, wußte ich, daß ich frei war. Um 6 Uhr 40, am Dienstag, dem 30. Oktober 1945, kam der Zug vor einem Signal zum Stillstand. Ich sprang von der Lok und verschwand in den Wäldern meiner Jugend.

Worterklärungen

Anblasen Das Wasser mittels Preßluft aus den Tauchzellen eines U-Boots blasen, wodurch das U-Boot aufsteigt oder auftaucht.

Asdic Aktives Unterwasser-Ortungsgerät, mit dem Überwasserfahrzeuge getauchte U-Boote mittels hochfrequentierter Schallwellen feststellen. Asdic ist der gebräuchliche Name für ein englisch-amerikanisches Gerät. Deutsche Bezeichnung: S-Gerät.

Back Bezeichnung für »Tisch« und für den vorderen Teil des Schiffes.

Backbord Die linke Seite eines Schiffes, gesehen von einer Person, die sich dem Bug zuwendet. Auch: auf der linken Seite.

Backbord achteraus Links hinten, von der Brücke des Schiffes aus gesehen.

Backschafter Essenträger, Geschirrspüler.

BdU Befehlshaber der U-Boote.

Ballasttank oder Ballastbunker Außenbordzelle eines U-Bootes, hauptsächlich bei älteren Typen. Mehrere dieser Bunker waren zu beiden Seiten des Druckkörpers in der Wasserlinie angebracht und bei Beginn der Unternehmung mit Treibstoff gefüllt. Im gleichen Maße, wie der Treibstoff verbraucht wurde, füllte sich der Bunker durch eine Bodenöffnung mit Seewasser. Die Tanks wurden auch als Ausgleichszellen benutzt.

Bilge Raum im untersten Teil des Schiffes, in dem sich Wasser und Ölreste sammeln.

Biskaya-Kreuz Deutsches Funkmeß-Warngerät; passives Gerät; ein Kabel, um die Spitzen eines hölzernen Kreuzes gelegt, diente als Antenne und konnte Wellenlängen im Dezimeterbereich aufnehmen. Das Gerät, das zuerst von den U-Booten in der Biskaya angewandt worden war, war bald veraltet, da die Alliierten ihre Wellenlängen verkleinerten.

Bold Störgerät gegen die Asdic-Ortungen.

Davits Galgen zum Aufhängen der Rettungsboote.

Deck Jede waagerechte Unterteilung im Schiffskörper.

Dwarslinie Formation, in der die Schiffe seitlich gestaffelt fahren.

FdU Führer der U-Boote. FdU West = Befehlshaber der im Atlantik eingesetzten Boote, in der Stellung dem BdU, dem Befehlshaber der U-Boote, untergeordnet.

Festlandsockel Der Teil des Festlands (Kontinents), der unter verhältnismäßig geringer Wassertiefe liegt und von dem tiefergelegenen Meeresbassin durch einen steilen Abhang getrennt ist. Die obere Linie des Abhangs liegt auf einer ständigen Tiefe von etwa 200 Metern unter Mittelwasserstand.

Fieren Herablassen oder Lockern von Tauen.

Fliege Deckname für ein verbessertes deutsches Funkmeß-Warngerät, das Ortungsstrahlen feindlicher Radargeräte im niedrigsten Zentimeterbereich feststellen und die Richtung der Ortung angeben konnte.

Fluten Tauchbefehl. Die Entlüftungen werden geöffnet, das Wasser dringt in die Tauchzellen ein. Damit wird der Auftrieb des U-Bootes aufgehoben, und das Boot taucht.

Funkmeßgerät Aktives Gerät: Funkmeß-Ortungsgerät (Radar), sendet hochfrequentierte Strahlen aus, die von einem Gegenstand über Wasser zurückgeworfen und von dem Gerät wieder aufgefangen werden, das Entfernung und Winkel zu diesem Gegenstand anzeigt. Passives Gerät: Funkmeß-Beobachtungsgerät, ist eine Warnanlage, die feindliche aktive Funkmeß-Ausstrahlungen anzeigt.

Funkpeiler Antenne auf einem Schiff in der Form eines Ringes, mit dem Funk- oder Radiowellen empfangen und der Standort des Senders festgestellt werden kann. Der Treffpunkt dreier oder mehrerer Funksignale, die von dem Schiff bekannten Sendern ausgestrahlt werden, bestimmen den genauen Standort des Schiffes. Die von einem an einem Geleitzug stehenden U-Boot ausgesandten Funkzeichen, sogenannte Peilzeichen, konnten andere Boote an das Geleit heranführen.

Hieven Heben, hochwinden.

Horizont Die Linie, die die Grenze zwischen Himmel und Meer beschreibt. Der Horizontkreis erweitert oder verringert sich je nach der Wetterlage und der Höhe des Standorts eines Beobachters. Der Horizont, von der Brücke eines U-Bootes gesehen, liegt an einem klaren Tag bei etwa 16 Seemeilen.

Impuls Elektrische oder physikalische Einheit, die von einem Gerät ausgesandt wird.

Kimm Seemännischer Ausdruck für Horizont.

Klappbuchse Kleine Lichtquelle für Morsezwecke.

Kreisel Ein schnell rotierendes Rad, das so aufgehängt ist, daß seine Achse in jede gewünschte Richtung gedreht werden kann, und das dann in der Lage ist, diese Richtung absolut festzuhalten, ohne Rücksicht auf die Bewegungen der Aufhängung und anderer umgebender Teile.

Kreiselkompaß Ein Instrument, das wie ein Magnetkompaß gebraucht wird, um den Kurs eines Schiffes zu bestimmen. Statt einer Magnetnadel benutzt der Kreiselkompaß einen Kreisel, der elektrisch angetrieben und auf 20 000 Umdrehungen pro Minute gehalten wird und so aufgehängt ist, daß seine Achse dauernd den geographischen Nordpol und somit die wahren geographischen Längengrade anzeigt, die in der Navigation im Gegensatz zu den magnetischen Längengraden maßgeblich sind.

Kugelschott Runder, druckfester Verschluß in den druckfesten Querwänden zwischen zwei Abteilungen des Bootes.

Lage Lagewinkel: der Winkel, in dem ein anderes Schiff zur Blickrichtung des Beobachters fährt.

Lenzen Wasser außenbords pumpen. Geschieht auf U-Booten auch mit Preßluft.

L.I. Leitender Ingenieur an Bord eines Schiffes.

Luftzielsehrohr Sehrohr in der Zentrale eines U-Bootes, das es erlaubt, den Himmel genau über dem Boot zu beobachten. Der Kopf dieses Sehrohrs ist bedeutend größer als der des Angriffsehrohrs und deshalb für einen Unterwasserangriff bei Tag ungeeignet.

LUT Lageunabhängiger Torpedo, der aus großer Entfernung in einen Konvoi geschossen werden und in einem vorher eingestellten Programm lange oder kurze Schleifen senkrecht zum Geleitkurs pendeln konnte.

Maat Unteroffizier.

Magnetkompaß Gerät, das die Richtung des magnetischen Nordpols anzeigt. Auf modernen Schiffen nur als Reserve benutzt, falls der Kreiselkompaß ausfällt.

Mahalla Ansammlung von Schiffen.

Maschinentelegraf Einrichtung zur direkten Übertragung von Maschinenbefehlen der Brücke an die Maschine.

Metox Deutsches Funkmeßwarngerät, Ersatz für das sperrige Biskaya-Kreuz. War in der Lage, feindliche Radarwellen im Dezimeterbereich aufzunehmen, hatte aber starke Eigenstrahlung.

Mixer Torpedomechaniker.

Nock Seitlicher Vorsprung der Brücke auf Schiffen.

Ortung Erfassung eines Gegenstands mittels Funkmeßwellen. Auch: passive Feststellung einer feindlichen Funkmeßausstrahlung.

Peilen Richtung nehmen.

Peilzeichen Funksignale, ausgestrahlt, um anderen die Feststellung des Standorts des Zeichengebenden zu ermöglichen.

Pier Steinerne Hafenmauer, auch zum Anlegen von Schiffen benutzt.

Planquadrat Mit Buchstaben und Zahlen angegebenes Quadrat eines Seegebiets, das anhand einer Seekarte, die mit einem dichten Netz von Quadraten versehen ist, identifiziert werden kann.

Poller Holz- oder Metallpfosten zum Befestigen von Tauen.

Pulk Ansammlung von Schiffen auf See.

Radar Englische Bezeichnung des aktiven Funkmeß-Ortungsgeräts.

Schnorchel Luftmast für U-Boote, durch den Luft in das Boot gesaugt wird, um das Arbeiten der Diesel im Tauchzustand zu ermöglichen.

Schott Senkrechte Trennwand auf Schiffen, auch Tür.

Schußwinkel Winkel, der durch die Kreiselkontrolle des Torpedos kurz vor dem Schuß festgelegt wird. Winkel »null« läßt den Torpedo in der Verlängerung der Kiellinie des Bootes weiterlaufen, also auf demselben Kurs, den das Boot im Augenblick des Schusses fuhr. Winkel 45 zwingt den Torpedo in einen seitlichen Winkel von 45 Grad.

Seemännische Nummer Eins Ältester seemännischer Unteroffizier, für alle seemännischen Aufgaben an Bord verantwortlich.

Sehrohr Optisches Instrument, bestehend aus einem langen Schaft mit einer Anzahl von Prismen und Spiegeln, das eine Beobachtung der Wasseroberfläche im Tauchzustand ermöglicht.

Sextant Winkelmeßinstrument zur Positionsbestimmung.

Sperrbrecher Spezialschiff, das in minengefährdeten Gewässern den Booten vorausfuhr.

Stelling Laufbrücke zwischen Schiff und Land.

Steuerbord Die rechte Seite eines Schiffes, gesehen von einer Person, die sich dem Bug zuwendet.

Tauchretter Sauerstoffgerät für U-Bootfahrer, um aus großer Tiefe auszusteigen.

Tauchzelle Druckfester Tank innerhalb des Druckkörpers. Mehrere dieser Zellen, auf die Länge des Bootes verteilt, ermöglichen das Tauchmanöver und die Regulierung des Gewichts des Bootes, Auftrieb und Untertrieb.

Trimmzelle Druckfester Tank innerhalb des Bootes. Mehrere dieser Zellen ermöglichen es, Gewicht und Lastigkeit des Bootes zu regulieren.

Trimmen Wasser mittels Preßluft oder durch Überlaufen in Längsrichtung des Bootes von einer Trimmzelle in die andere verlagern.

T 5 Horchtorpedo, auf Schraubengeräusch usw. reagierend, steuert den Gegner an und verfolgt ihn bis zum Ziel oder bis die Batterien erschöpft sind.

UZO U-Boot-Zieloptik. Ein Gerät, das auf der Brücke angebracht und mit einem starken Nachtglas versehen ist, mittels dessen die Schiffspeilung gemessen und automatisch in den Vorhaltrechner übertragen wird.

Vorhaltrechner Elektrisches, schnellarbeitendes Rechengerät, das die Schußwerte für die Torpedos anhand Gegnerfahrt, Kurs und Entfernung zusammen mit der Eigenfahrt und dem Eigenkurs des Bootes bestimmt und somit den Kurs im Augenblick des Schusses an den Torpedo überträgt. Der Vorhaltrechner erlaubt sekundenschnelles Schießen und ist unabhängig von der Bewegung des Bootes im Augenblick des Schusses.

Wanze Bordjargon für WANZ = Wellenanzeiger. Verbessertes deutsches Funkmeßwarngerät, das feindliche Radar-Ortungen im niedrigsten Zentimeterbereich auffassen konnte.

W.O. Wachoffizier. I.W.O. = Erster Wachoffizier. II.W.O. = Zweiter Wachoffizier.

Zentralemaat Technischer Unteroffizier in der Zentrale eines U-Bootes.

Bildnachweis:
Compix (3), Imperial War Museum (9), World Wide Photos (4), Archiv des Verfassers.